Psicologia da Educação Virtual

P974	Psicologia da educação virtual : aprender e ensinar com as tecnologias da informação e da comunicação / César Coll, Carles Monereo ; tradução Naila Freitas ; consultoria, supervisão e revisão técnica : Milena da Rosa Silva. – Porto Alegre : Artmed, 2010. 365 p. ; 25 cm.

ISBN 978-85-363-2286-5

1. Psicologia da educação virtual. I. Coll, César. II. Monereo, Carles.

CDU 37.015.3-021.131

Catalogação na publicação: Renata de Souza Borges CRB-10/1922

Psicologia da Educação Virtual

Aprender e Ensinar com as Tecnologias da Informação e da Comunicação

César Coll
Carles Monereo
e colaboradores

Tradução
Naila Freitas

Consultoria, supervisão e revisão técnica desta edição
Milena da Rosa Silva
Doutora em Psicologia pela UFRGS

artmed®

2010

Obra originalmente publicada em espanhol sob o título *Psicología de la educación virtual: Enseñar y aprender con las tecnologías de la información y la comunicación*
Originalmente publicado em espanhol por Ediciones Morata S.L., Madrid, Espanha, © 2008.

ISBN 978-84-7112-519-4

© 2008 César Coll & Carles Monereo
Todos os direitos reservados.
Primeira edição em língua portuguesa © 2010 Artmed Editora S.A.
Todos os direitos reservados.

Capa
Gustavo Macri

Preparação do original
Simone Dias Marques

Leitura final
Rafael Padilha Ferreira

Editora Sênior – Ciências Humanas
Mônica Ballejo Canto

Editora responsável por esta obra
Carla Rosa Araujo

Projeto e editoração
Armazém Digital® Editoração Eletrônica – Roberto Carlos Moreira Vieira

Reservados todos os direitos de publicação, em língua portuguesa, à
ARTMED® EDITORA S.A.
Av. Jerônimo de Ornelas, 670 - Santana
90040-340 Porto Alegre RS
Fone (51) 3027-7000 Fax (51) 3027-7070

É proibida a duplicação ou reprodução deste volume, no todo ou em parte,
sob quaisquer formas ou por quaisquer meios (eletrônico, mecânico, gravação,
fotocópia, distribuição na web e outros), sem permissão expressa da Editora.

SÃO PAULO
Av. Embaixador Macedo Soares, 10.735 - Pavilhão 5 - Cond. Espace Center
Vila Anastácio 05095-035 São Paulo SP
Fone (11) 3665-1100 Fax (11) 3667-1333

SAC 0800 703-3444

IMPRESSO NO BRASIL
PRINTED IN BRAZIL

Autores

CÉSAR COLL. Universidade de Barcelona. ccoll@ub.edu
CARLES MONEREO. Universidade Autônoma de Barcelona. carles.monereo@uab.es

ALFONSO BUSTOS. Universidade de Barcelona. abustos@ub.edu
ANA ESCOFET ROIG. Universidade de Barcelona. annaescofet@ub.edu
ANNA ENGEL. Universidade de Barcelona. anna.engel@ub.edu
ANTONI BADIA. Universidade Aberta da Catalunha. tbadia@uoc.edu
ANTONIO JOSÉ BELLVER. Universidade Jaume I. bellver@sg.uji.es
CARLES BELLVER. Universidade Jaume I. carles.bellver@sg.uji.es
ELENA BARBERÀ. Universidade Aberta da Catalunha. ebarbera@uoc.edu
ISABEL CRESPO. Universidade Autônoma de Barcelona. isabel.crespo@uab.es
JAVIER ONRUBIA. Universidade de Barcelona. javier.onrubia@ub.edu
JORDI ADELL. Universidade Jaume I. jordi@edu.uji.es
JOSÉ LUIS LALUEZA. Universidade Autônoma de Barcelona. joseluis.lalueza@uab.es
JOSÉ LUIS RODRÍGUEZ. Universidade de Barcelona. jlrodriguez@ub.edu
JUAN IGNACIO POZO. Universidade Autônoma de Madri. Nacho.pozo@uam.es
Mª JOSÉ ROCHERA. Universidade de Barcelona. mjrochera@ub.edu
MARGARIDA ROMERO. Universidade de Toulouse-Le Mirall. mail@margarida-romero.com
MARTA FUENTES. Universidade Autônoma de Barcelona. marta.fuentes@uab.es
ROSA COLOMINA. Universidade de Barcelona. rosacolomina@ub.edu
SILVIA CAMPS. Universidade Autônoma de Barcelona. silvia.camps@uab.es
TERESA MAURI. Universidade de Barcelona. teresamauri@ub.edu

Sumário

Apresentação 9
César Coll e Carles Monereo

PARTE I
O impacto das TIC sobre a educação e a psicologia da educação

1 Educação e aprendizagem no século XXI: novas ferramentas, novos cenários, novas finalidades 15
César Coll e Carles Monereo

2 As tecnologias da informação e da comunicação e os processos de desenvolvimento e socialização.. 47
José Luis Lalueza, Isabel Crespo e Silvia Camps

3 A incorporação das tecnologias da informação e da comunicação na educação: do projeto técnico-pedagógico às práticas de uso 66
César Coll, Teresa Mauri e Javier Onrubia

PARTE II
Fatores e processos psicológicos envolvidos na aprendizagem virtual: um olhar construtivista

4 O aluno em ambientes virtuais: condições, perfil e competências 97
Carles Monereo e Juan Ignacio Pozo

5 O professor em ambientes virtuais: perfil, condições e competências......... 118
Teresa Mauri e Javier Onrubia

6 Os conteúdos em ambientes virtuais: organização, códigos e formatos de representação.......... 136
José Luis Rodríguez Illera

PARTE III
Ambientes virtuais de ensino e aprendizagem

7 Os ambientes virtuais de aprendizagem baseados no projeto de materiais autossuficientes e na aprendizagem autodirigida...................... 157
Elena Barberà e María José Rochera

8 Os ambientes virtuais de aprendizagem baseados em sistemas de emulação sociocognitiva....... 171
Carles Monereo e Margarida Romero

9 Os ambientes virtuais de aprendizagem baseados
na análise de casos e na resolução de problemas 189
César Coll, Teresa Mauri e Javier Onrubia

10 Os ambientes virtuais de aprendizagem baseados no
trabalho em grupo e na aprendizagem colaborativa 208
Javier Onrubia, Rosa Colomina e Anna Engel

11 Os ambientes virtuais de aprendizagem baseados
na representação visual do conhecimento 226
César Coll, Anna Engel e Alfonso Bustos

12 Ambientes virtuais de aprendizagem e padrões de *e-learning* 245
Jordi Adell, Antoni J. Bellver e Carles Bellver

13 As comunidades virtuais de aprendizagem 268
César Coll, Alfonso Bustos e Anna Engel

PARTE IV
O ensino e a aprendizagem de competências básicas em ambientes virtuais

14 Alfabetização, novas alfabetizações e alfabetização digital:
as TIC no currículo escolar 289
César Coll e José Luis Rodríguez Illera

15 Ensino e aprendizado de estratégias de aprendizagem em ambientes virtuais 311
Antoni Badia e Carles Monereo

16 Ensino e aprendizagem de competências comunicacionais em ambientes virtuais...................... 329
José Luis Rodríguez Illera e Ana Escofet Roig

17 Ensino e aprendizagem de estratégias de busca
e seleção de informações em ambientes virtuais 346
Carles Monereo e Marta Fuentes

Apresentação

CÉSAR COLL E CARLES MONEREO

O livro que o leitor tem em suas mãos trata sobre a educação e a aprendizagem em ambientes virtuais e, ao mesmo tempo, posiciona-se de maneira clara e explícita no âmbito da psicologia e, mais especificamente, da psicologia da educação. No transcurso das duas ou três últimas décadas, tem havido uma produção relativamente abundante, tanto em espanhol quanto em outras línguas, de livros que tratam de temas relacionados com a educação e com as tecnologias da informação e da comunicação (TIC) a partir de perspectivas epistemológicas, teóricas e disciplinares diversas, alguns deles de grande valor e interesse e com importantes implicações teóricas e práticas. Quando analisada em conjunto, contudo, é possível constatar que essa produção responde majoritariamente a preocupações e colocações de tipo sociológico, tecnológico ou didático, e que as abordagens e análises psicológicas são escassas.

Neste contexto, nosso objetivo é contribuir, na medida do possível, para compensar tal carência por meio da adoção de um ponto de vista psicológico ao estudo dos processos educacionais que ocorrem em ambientes que se apoiam total ou parcialmente na utilização de tecnologias digitais da informação e da comunicação. Não se trata, é claro, de contrapor a perspectiva psicológica a outras perspectivas disciplinares, mas de mostrar como, no marco de uma abordagem multidisciplinar, o olhar psicológico complementa e enriquece outros olhares com contribuições específicas. Levando em consideração essa orientação psicológica e psicoeducacional, a seleção, a organização e o tratamento dos conteúdos do livro respondem basicamente a três opções fundamentais relacionadas respectivamente com a visão epistemológica geral da psicologia da educação, com o marco teórico de referência escolhido para dar conta dos fatores e processos psicológicos e com o peso respectivo dos fatores ou elementos tecnológicos e pedagógicos nos processos educacionais que se apoiam total ou parcialmente nas TIC.

Do ponto de vista epistemológico, o delineamento do livro é tributário de uma visão da psicologia da educação como disciplina, de natureza aplicada, entre o conhecimento psicológico e a teoria e prática educacional, o que implica adotar uma série de princípios básicos no concernente ao estudo dos fenômenos e processos educacionais, entre os quais convém lembrar os seguintes:

- a caracterização da psicologia da educação como âmbito de saber e de conhecimento ao mesmo tempo psicológico e educacional;
- a firme rejeição a qualquer tipo de reducionismo – psicológico, sociológico, biológico, organizacional, etc. – e a necessidade de se adotar uma perspec-

tiva decididamente multidisciplinar na abordagem dos fenômenos e processos educacionais;
- a caracterização do objeto de estudo da Psicologia da Educação como os processos de mudança comportamental – em um sentido amplo – que ocorrem nas pessoas como consequência de sua participação em situações ou atividades educacionais;
- a exigência epistemológica de se ver os processos de ensino e os processos de aprendizagem como uma unidade indissolúvel, ao se analisar fenômenos e processos educacionais;
- a necessidade de considerar as dimensões da psicologia da educação – teórica ou explicativa, tecnológica ou projetiva e técnica ou prática – como âmbitos de saber e de conhecimento de natureza aplicada e, consequentemente, a vontade de abordar seu objeto de estudo com uma tripla finalidade: proporcionar teorias e modelos que contribuam para compreendê-lo e explicá-lo; elaborar procedimentos gerais de intervenção sobre este e gerar instrumentos e técnicas concretas que ajudem a enfrentar e resolver problemas e situações particulares.

Quanto ao enfoque teórico de referência que foi escolhido para dar conta dos fatores e processos psicológicos envolvidos no objeto de estudo – as mudanças comportamentais que ocorrem nas pessoas como consequência de sua participação em situações ou atividades educacionais –, os capítulos do livro compartilham em grande medida – ainda que com nuanças e diferenças de ênfase que o leitor poderá detectar facilmente – de uma visão construtivista ou socioconstrutivista do psiquismo humano. Essa afirmação não deve ser interpretada, de forma alguma, no sentido de que o leitor não irá encontrar nas páginas deste livro contribuições provenientes de perspectivas teóricas não construtivistas. Como é possível comprovar por meio da leitura dos diferentes capítulos, este não é, absolutamente, o caso. É verdade, contudo, que praticamente todos os autores adotam algum tipo de enfoque construtivista de orientação sociocultural na apresentação e revisão dos temas que abordam, em sua valoração do estado da arte, nos desafios que identificam e em sua tentativa de estabelecer a agenda da pesquisa em psicologia da educação virtual – entendida como psicologia da educação em ambientes que se apoiam total ou parcialmente nas TIC – dos próximos anos. Também é a partir desse tipo de enfoque que se justifica a seleção dos conteúdos, sua forma concreta de organização em capítulos e a estrutura geral do livro.

Finalmente, no que se refere ao peso relativo dos fatores tecnológicos e pedagógicos ou psicopedagógicos no planejamento e desenvolvimento dos processos educacionais que se apoiam nas TIC, parte-se do princípio, amplamente compartilhado pelos autores dos diferentes capítulos, de que existe uma inter-relação e influência recíproca entre ambos os tipos de fatores. A adoção deste princípio significa renunciar, na mesma medida, a duas posturas ou colocações amplamente presentes nos trabalhos que indagam a respeito do uso – ou do impacto – das TIC nos fenômenos e processos educacionais. Renunciar, por um lado, à ideia de que a introdução das TIC na educação constitui, em si, um elemento inovador e transformador das práticas educacionais, que levaria, necessária e inevitavelmente, à sua modernização e qualificação. Mas renunciar, também, à ideia de que as TIC devem ser consideradas como mais um entre os elementos ou fatores que podem intervir nos fenômenos e processos educacionais, de modo que sua potencialidade para transformar e melhorar a educação não reside nas próprias TIC, mas nas propostas psicopedagógicas e didáticas a partir das quais se defende sua utilização educacional. Frente a ambas as posturas, o enfoque adotado neste livro postula que, de fato, a incorporação das TIC na educação não transforma nem melhora automaticamente os processos educacionais, mas, em compensação, realmente modifica substancialmente o contexto no qual estes processos ocorrem e as relações entre seus atores e entre esses atores e as tarefas e conteúdos de aprendizagem, abrindo, assim, o caminho para uma eventual transformação profunda desses processos, que ocorrerá, ou não, e que representará, ou não, uma melhora efetiva, sempre em função dos usos concretos que se dê à tecnologia.

A partir das considerações e opções básicas apontadas, o livro está organizado em quatro partes, de acordo com a lógica argumental e a distribuição de conteúdos que é descrita a seguir em linhas muito gerais.

Na primeira parte, com o título *O impacto das TIC sobre a educação e a psicologia da educação*, são incluídos três capítulos que, como introdução aos conteúdos e colocações que serão desenvolvidos posteriormente no resto do livro, analisam o impacto das tecnologias digitais da informação e da comunicação sobre a educação e exploram as consequências desse impacto quando visto sob um olhar psicológico e psicoeducacional. Os três capítulos constituem, de fato, três aproximações sucessivas, e progressivamente mais delimitadas, aos temas e argumentos próprios de uma Psicologia da Educação virtual; ou, o que vem a ser o mesmo, ao estudo dos processos de aprendizado que ocorrem como consequência da participação das pessoas em situações e atividades educacionais caracterizadas pelo uso de tecnologias digitais da informação e da comunicação.

Na segunda parte, intitulada *Fatores e processos psicológicos envolvidos na aprendizagem virtual: um olhar construtivista*, são incluídos três capítulos dedicados, respectivamente, a aprofundar os três vértices do triângulo interativo: o vértice relativo ao aprendiz – *O aluno em ambientes virtuais: perfil, condições e competências* –, o vértice relativo ao agente educacional – *O professor em ambientes virtuais: condições, perfil e competências* –, e o vértice relativo aos conteúdos de aprendizagem – *Os conteúdos nos ambientes virtuais: organização, códigos e formato de apresentação*.

A adoção do triângulo interativo como esquema básico de análise das práticas educacionais é incompatível com um tratamento compartimentalizado de cada um de seus vértices – aprendiz, conteúdo, agente educacional – e de suas inter-relações. Por essa razão, os três capítulos, mesmo estando centrados cada um em seu vértice correspondente, situam suas contribuições no marco mais amplo da unidade de análise e interpretação, que é o triângulo interativo. Essa é a razão pela qual nos três casos sejam abordadas as contribuições relativas ao aprendiz, aos agentes educacionais e aos conteúdos de aprendizagem em ambientes digitais no marco mais amplo de suas interconexões e inter-relações. É, também, por isso que nos três casos se expõe, junto com o ponto de vista da aprendizagem – o papel que desempenham os fatores e os processos abordados na aprendizagem e sua contribuição para uma melhor e mais ampla compreensão da mesma –, o ponto de vista do ensino – a forma como tais fatores e processos condicionam a ação educacional do professor, como ele pode, e talvez, deva levá-los em conta e/ou como incide ou pode incidir sobre eles.

A terceira parte, com o título *Ambientes virtuais de ensino e aprendizagem*, tem como foco alguns destes ambientes – materiais autossuficientes, sistemas especialistas, PBL (*Problem-Bases Learning*, Aprendizado Baseado em Problemas), aprendizagem colaborativa, representação visual, comunidades virtuais, etc. – que contam com mais presença e aceitação atualmente, tanto entre os projetos educacionais mais inovadores quanto na pesquisa educacional e psicoeducacional. Hoje, não é mais possível estabelecer uma correspondência tão clara entre enfoques ou correntes psicológicas e tipos de ambientes (comportamentalismo e ensino assistido por computador; construtivismo de raiz piagetiana e MicroMundos LOGO; o paradigma do processamento humano da informação e sistemas especialistas baseados na inteligência artificial) quanto o era nas duas últimas décadas do século passado.

As respostas dos projetistas de ambientes virtuais de ensino e se aprendizagem diversificaram em consonância com a multiplicidade de necessidades educacionais que a sociedade da informação coloca, de maneira que a correspondência entre perspectivas e modelos psicológicos, por um lado, e ambientes virtuais de ensino e aprendizagem, por outro, não é mais tão direta e diáfana quanto era no passado. Mesmo assim, os ambientes selecionados são uma amostra representativa da aplicação de concepções psicoeducacionais vigentes sobre a maneira pela qual devem ser apresentados os conteúdos e como devem ser estabelecidas as interações com os aprendizes para conseguir um determinado tipo de aprendizagem.

A última parte, *O ensino e a aprendizagem de competências básicas em ambientes virtuais*, inclui quatro capítulos relativos a quatro blocos de competências de caráter geral ou transversal, considerados em praticamente todos os relatórios internacionais sobre os desafios da educação no século XXI como habilidades imprescindíveis para sobreviver na sociedade-rede: a alfabetização digital, as estratégias de aprendizagem, as modalidades de múltiplas comunicação e a busca e seleção de informação.

PARTE I
O impacto das TIC sobre a educação e a psicologia da educação

A primeira parte deste livro, formada por três capítulos, articula-se em torno dos fatores históricos, socioeconômicos, tecnológicos, psico e socioevolutivos que influenciaram no acelerado desenvolvimento das tecnologias da informação e da comunicação (TIC) na última década e que, por sua vez, foram influenciados por estes.

O Capítulo 1 defende a ideia de que as TIC fazem parte de um novo paradigma tecnológico que modifica as práticas sociais e, de maneira especial, as práticas educacionais. Essa influência se manifesta no desenvolvimento de novas ferramentas, cenários e finalidades educacionais, marcadas pela adaptabilidade, pela acessibilidade permanente, pelo trabalho em rede e pela necessidade de uma crescente alfabetização digital, aspectos que posteriormente são recolhidos e analisados ao longo do livro.

O Capítulo 2, por sua vez, aborda o impacto das TIC no desenvolvimento humano, considerando o conjunto de ferramentas virtuais que permitem gerenciar as práticas comunicacionais como ferramentas de socialização que redefinem os limites daquilo que até agora entendíamos como comunidade.

A potencialidade dessas ferramentas socializadoras nas escolas, nas salas de aula e nos processos de ensino-aprendizagem é tratada no Capítulo 3. Nesse capítulo é feita uma revisão crítica das formas habituais de classificar os usos educacionais das TIC e os diversos vieses subjacentes a essas tipologias. Finalmente, é proposta uma classificação que tenta contemplar, ao mesmo tempo, a potencialidade educativa que caracteriza as diferentes ferramentas tecnológicas e as principais dimensões que caracterizam as práticas educacionais.

Educação e aprendizagem no século XXI
Novas ferramentas, novos cenários, novas finalidades

CÉSAR COLL E CARLES MONEREO

TECNOLOGIA, SOCIEDADE E EDUCAÇÃO: UMA ENCRUZILHADA DE INFLUÊNCIAS

As forças da mudança

Tentar entender e valorizar o impacto educacional das tecnologias da informação e da comunicação (TIC) considerando apenas sua influência sobre as variáveis psicológicas do aprendiz que opera com um computador e que se relaciona, por seu intermédio, com os conteúdos e tarefas de aprendizagem, com seus colegas ou com seu professor, seria, do nosso ponto de vista, uma abordagem tendenciosa e míope da questão. O impacto das TIC na educação é, na verdade, um aspecto particular de um fenômeno muito mais amplo, relacionado com o papel dessas tecnologias na sociedade atual. Como já assinalaram, em 1994, os autores de um relatório encomendado pela Comunidade Europeia,[1] estamos assistindo já há algumas décadas ao surgimento de uma nova forma de organização econômica, social, política e cultural, identificada como Sociedade da Informação (SI), que comporta novas maneiras de trabalhar, de comunicar-se, de relacionar-se, de aprender, de pensar e, em suma, de viver. O fato significativo é que essa nova sociedade se sustenta, em grande medida, no desenvolvimento espetacular das TIC durante a segunda metade do século XX. Como consequência desse desenvolvimento, estaríamos, nas palavras de Castells (2000, p. 60), diante de um "novo paradigma tecnológico, organizado em torno das tecnologias da informação" e associado a profundas transformações sociais, econômicas e culturais.

---

[1] Estamos falando do relatório elaborado por uma *força-tarefa* de especialistas presidida por Martin Bangemann, que na época era comissário europeu da indústria, sobre as medidas a serem adotadas pela Comunidade Europeia e os Estados-membros para "o estabelecimento de infraestruturas no âmbito da informação". O relatório, publicado em maio de 1994 sob o título *Europa e a sociedade global da informação: recomendações ao Conselho Europeu*, constitui, no critério de muitos especialistas, o ponto de partida das políticas dirigidas a impulsionar e promover a sociedade da informação na Europa. O relatório está disponível em: http://www.barcelonesjove.net/pafiledb.php?action=download&id=227

O fenômeno da internet e seu impacto na vida das pessoas seriam, neste sentido, apenas uma manifestação a mais, e com toda certeza não a última, do novo paradigma tecnológico e das transformações socioeconômicas e socioculturais a ele associadas. Com efeito, a internet não é apenas uma ferramenta de comunicação e de busca, processamento e transmissão de informações que oferece alguns serviços extraordinários; ela constitui, além disso, um novo e complexo espaço global para a ação social e, por extensão, para o aprendizado e para a ação educacional (Castells, 2001).

Neste contexto, foram configurando-se progressivamente "novas formas sociais por meio das quais as pessoas não estão obrigadas a viver, encontrar-se ou trabalhar face a face para produzir mercadorias, oferecer serviços ou manter relações sociais significativas" (Shayo et al., 2007, p. 187). Os fatores que contribuíram para a expansão e o rápido crescimento destas novas "sociedades virtuais" (corporações virtuais, bibliotecas virtuais, aulas virtuais, etc.) e as práticas a elas relacionadas (comércio eletrônico, *telemarketing*, teletrabalho – ou trabalho remoto –, tele-educação – ou ensino a distância –, telemedicina, trabalho cooperativo apoiado por computador, teledemocracia, etc.) são de natureza muito diversa. Shayo e seus colaboradores (2007), em um recente trabalho dirigido a identificar os fatores que estão promovendo o rápido crescimento dessas "sociedades virtuais", os reordenamentos que elas estão introduzindo na vida das pessoas, as práticas que as caracterizam e suas consequências, identificam quatro grandes forças impulsoras: o desenvolvimento de economias globais, as políticas nacionais de apoio à internet, a crescente alfabetização digital da população e o melhoramento gradual das infraestruturas tecnológicas. A Figura 1.1 mostra a incidência dessas forças sobre diferentes esferas da atividade humana e como isso

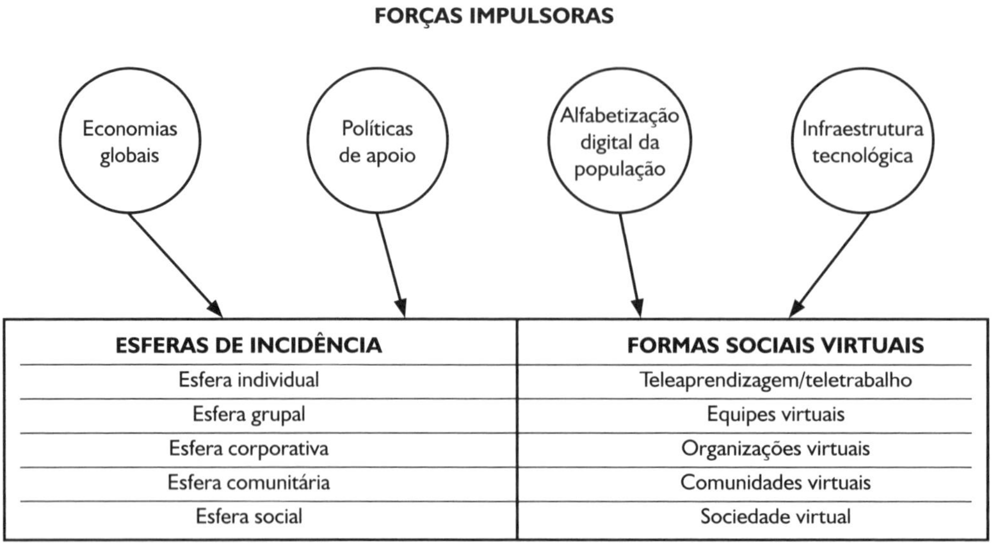

FORÇAS IMPULSORAS

- Economias globais
- Políticas de apoio
- Alfabetização digital da população
- Infraestrutura tecnológica

ESFERAS DE INCIDÊNCIA	FORMAS SOCIAIS VIRTUAIS
Esfera individual	Teleaprendizagem/teletrabalho
Esfera grupal	Equipes virtuais
Esfera corporativa	Organizações virtuais
Esfera comunitária	Comunidades virtuais
Esfera social	Sociedade virtual

FIGURA 1.1
Forças impulsoras do desenvolvimento de "novas formas sociais" de natureza virtual.
Fonte: Adaptado de Shayo e colaboradores (2007, p.188.)

contribui para o desenvolvimento de "formas sociais virtuais" e de novas práticas a elas associadas.

A inevitável liberalização da economia propiciou a realocação de empresas, a queda das taxas de importação, a abertura dos investimentos supranacionais, a privatização de empresas estatais e, em resumo, que o mundo pudesse ser considerado como um grande mercado. As TIC, em sua dupla condição de causa e efeito, têm sido determinantes nessa transformação. A facilidade para se comunicar e trocar informações, junto com a enorme redução de custos que isso traz consigo, vem ocasionando, por exemplo, que alguns países tenham passado diretamente de uma economia centrada na agricultura para outra baseada nas TIC. Como consequência disso, tanto as grandes empresas e corporações quanto numerosos estados nacionais, principalmente entre os países desenvolvidos, aumentaram substancialmente seus investimentos em TIC para melhorar as infraestruturas e redes de comunicação e propiciar o acesso à internet de seus cidadãos, pensando principalmente nos desafios do comércio (*e-business*), do trabalho (*e-work*), da governabilidade (*e-governance*) e da educação (*e-learning*) a distância.

As outras duas forças apontadas por Shayo e seus colaboradores também possuem um efeito multiplicador. Por um lado, a convergência digital, que permite incluir no mesmo documento texto escrito, sons e imagens estáticas e em movimento, juntamente com a pressão do mercado, que exige mais rapidez e segurança na transmissão de dados, aceleram o contínuo surgimento de novos aplicativos que melhorem as comunicações. Por outro lado, cresce também o número de usuários que diariamente têm acesso à internet e, consequentemente, as necessidades de alfabetização digital aumentam. Alguns estudos sociológicos mostram, além disso, que as mudanças nos valores e no estilo de vida dos cidadãos, cada vez mais interessados em melhorar sua qualidade de vida – e, portanto, em flexibilizar seus horários de trabalho e aumentar o tempo dedicado ao lazer ou a outras atividades –, são também fatores que estão dando impulso ao desenvolvimento deste novo cenário social.

A evolução das TIC e das modalidades educacionais associadas

Entre todas as tecnologias criadas pelos seres humanos, aquelas relacionadas com a capacidade de representar e transmitir informação – ou seja, as tecnologias da informação e da comunicação – revestem-se de uma especial importância, porque afetam praticamente todos os âmbitos de atividade das pessoas, desde as formas e práticas de organização social até o modo de compreender o mundo, de organizar essa compreensão e de transmiti-la para outras pessoas. As TIC têm sido sempre, em suas diferentes fases de desenvolvimento, instrumentos para pensar, aprender, conhecer, representar e transmitir para outras pessoas e para outras gerações os conhecimentos adquiridos (Coll e Martí, 2001). Todas as TIC repousam sobre o mesmo princípio: a possibilidade de utilizar sistemas de signos – linguagem oral, linguagem escrita, imagens estáticas, imagens em movimento, símbolos matemáticos, notações musicais, etc. – para representar uma determinada informação e transmiti-la. Para além dessa base comum, contudo, as TIC diferem profundamente entre si quanto às suas possibilidades e limitações para representar a informação, assim como no que se refere a outras características relacionadas à transmissão dessa informação (quantidade, velocidade, acessibilidade, distância, coordenadas espaciais e temporais, etc.), e essas diferenças têm, por sua vez, implicações do ponto de vista educacional. Atendendo às análises realizadas por diversos autores oriundos da psicologia, da pedagogia, da sociologia, da filosofia, da linguística e da informática (Adell, 1997; Bautista, 2004; Castells, 2000; De Kerckhove, 2005; Echevarría, 1999; Ellerman, 2007; Palamidessi, 2006; Retortillo, 2001), sintetizamos no Quadro 1.1 a seguir os principais marcos da evolução das TIC e das modalidades educacionais a elas associadas.

Há um consenso bastante generalizado em considerar três etapas-chave no desenvolvimento das tecnologias da comunicação e seu efeito na educação. A primeira, dominada pela linguagem natural (fala e gestualidade), caracteriza-se pela necessidade de adaptação do homem primitivo a um meio adverso e hostil, no qual o trabalho coletivo era crucial e a possibilidade de se comunicar de maneira clara e eficiente se constituía em um requisito indispensável. A transmissão oral, como único sistema de comunicação, dependia de alguns requisitos essenciais: os falantes deviam coincidir no tempo e no espaço e precisavam estar fisicamente presentes; as habilidades que precisavam possuir eram principalmente a observação, a memória e a capacidade de repetição. Tais habilidades estão na origem de algumas modalidades educacionais e de alguns métodos de ensino e aprendizagem – a imitação, a declamação e a transmissão e reprodução de informação – muito úteis para fixar e conservar conhecimentos imprescindíveis não apenas para preservar a cultura como também para reproduzir e manter a separação entre os diferentes estamentos sociais que compõem uma sociedade altamente hierarquizada.

A segunda etapa representa a clara hegemonia do ser humano sobre o restante das espécies; não mais se trata apenas de sobreviver, mas de adaptar a natureza às necessidades humanas por meio do desenvolvimento de técnicas alimentares, de construção, de vestimenta, etc., privilegiando, por exemplo, certas espécies animais e vegetais sobre outras por meio da agricultura e do pastoreio, e influindo, desse modo, na seleção natural. Mais uma vez, a necessidade de registrar certos dados, como uma memória externa, e de transmitir e compartilhar com outros as informações, experiências, conselhos, etc., está na origem do nascimento da escrita, que, embora não exija a presença física dos interlocutores, requer certa proximidade, dado que primeiro os mensageiros e depois o correio postal não podiam cobrir distâncias muito grandes.

Tanto a prensa tipográfica quanto o correio revolucionam a sociedade do momento e estão na base da progressiva industrialização da economia, da migração urbana e da formação de uma sociedade de massas. Na educação, essas tecnologias de comunicação encontram seus referenciais em um ensino centrado em textos e no nascimento dos livros didáticos e do ensino a distância, por correspondência. A partir desse momento, e até a época atual, a formação de uma mente alfabetizada, letrada, capaz não apenas de decodificar foneticamente os grafemas como também de compreender os conteúdos de maneira significativa para utilizá-los, tem sido, provavelmente, o principal objetivo da educação formal.

Com a chegada dos sistemas de comunicação analógica, primeiro o telégrafo e, posteriormente, o telefone, o rádio e a televisão, as barreiras espaciais foram rompidas definitivamente e a troca de informações em nível planetário passou a ser uma realidade. Os novos meios audiovisuais entraram nos centros educacionais, embora ainda como complemento da documentação escrita. Fala-se hoje da necessidade de promover uma alfabetização gráfica e visual, embora as tentativas sejam tímidas e seu impacto, ainda limitado. Isso ocorre, em grande medida, devido à fulgurante entrada em cena da linguagem digital e à possibilidade de as diferentes tecnologias existentes conver-

QUADRO 1.1
Evolução das tecnologias da comunicação e das modalidades educacionais a elas associadas

Tipo de ambiente psicossocial	Origem	Linguagem dominante	Etapas	Tecnologias de comunicação	Características da interação	Tipo de sociedade	Modalidades educacionais
Natural (fisiológico)	Adaptação das pessoas ao meio natural, facilitada por instrumentos, para sobreviver em um ambiente hostil.	Oral	■ Protolinguagem ■ Etapa gestual ■ Etapa oral	■ Fala ■ Mímica ■ Relatos em prosa e verso ■ Trovas e canções	■ Presença física dos interlocutores ■ Proximidade espacial e temporal ■ Ações simultâneas ou sincrônicas	■ Sociedade agrária ■ Sociedade artesanal ■ Sociedade estamental	■ Imitação ■ Recitação ■ Aula magna
Artificial (técnico)	Modificação do meio natural para adaptá-lo às pessoas.	Escrita	■ Escrita ideográfica ■ Escrita fonética	■ Escritura manual em diferentes suportes ■ Prensa gráfica ■ Correio postal	■ Presença simbólica dos interlocutores ■ Contiguidade espacial e temporal ■ Ações assíncronas	■ Sociedade industrial ■ Sociedade urbana ■ Sociedade de massas	■ Textos manuscritos ■ Livros didáticos ■ Ensino por correspondência
Virtual (eletrônico)	(Re)criação de novos meios de comunicação e desenvolvimento para responder aos desafios da globalização.	Analógica	■ Analógica	■ Telégrafo, telefone, TV	■ Representação simbólica dos interlocutores	■ Sociedade audiovisual	■ Ensino a distância e audiovisual
		Digital	■ Digital	■ Multimídia	■ Independência espacial e temporal	■ Sociedade da informação	■ Ensino apoiado por computador
			■ Sem fio	■ Internet	■ Ações síncronas e assíncronas		■ e-learning

Fonte: Quadro elaborado a partir de: Adell (1977), Bautista (2004), Castells (2000), De Kerckhove (2005), Echenarría (1999), Ellerman (2007), Palamidessi (2006) e Retortillo (2001).

girem em um único sistema de codificação que, além disso, utiliza suportes mais confiáveis, mais fáceis de transportar, mais econômicos e com maior capacidade de armazenamento. Fruto da nova tecnologia foram os primeiros computadores digitais, no fim da década de 1940, que encontrariam na corrente comportamentalista e suas máquinas de ensino analógicas um terreno fértil para o desenvolvimento da educação assistida por computador que, apesar das críticas recebidas, continua com boa saúde e presente em muitas aplicações edumáticas[*] atuais.

Graças à interligação entre diferentes computadores digitais e à internet chegamos, assim, *strictu sensu*, à Sociedade da Informação, que poderíamos definir como um novo estágio de desenvolvimento das sociedades humanas, caracterizado, do ponto de vista das TIC, pela capacidade de seus membros para obter e compartilhar qualquer quantidade de informação de maneira praticamente instantânea, a partir de qualquer lugar e na forma preferida, e com um custo muito baixo. Neste momento, por outro lado, já estamos iniciando uma nova subetapa, caracterizada pelo desenvolvimento das redes sem fio e pela internet móvel, os quais podem tornar possível a velha utopia da conectividade total.

Desde que apareceu, na forma em que a conhecemos atualmente, em 1990,[2] a internet não parou de crescer e, ao mesmo tempo, de evoluir. Ellerman (2007), em um interessante trabalho dirigido a compreender o impacto da internet na sociedade contemporânea, expõe alguns aspectos dessa evolução a partir da análise das metáforas utilizadas para descrevê-la nos artigos publicados sobre o tema e incluídos na base de dados acadêmicos ASAP.[3] A primeira, e provavelmente também a mais lembrada, segundo a autora, é a metáfora da internet como "estrada" (*highway*) da informação e da comunicação. De acordo com sua análise, essa metáfora surge em 1992, atinge seu ponto culminante em 1996 e, a partir desse momento, sua presença nas publicações especializadas sofre um progressivo declínio. A metáfora promove um grande número de termos associados à ideia de tráfego e circulação: acesso aberto, mapas, saídas, buracos, calçada, rotas, rotatórias, atalhos, engarrafamento, etc. Surgida durante a administração do presidente Bill Clinton nos Estados Unidos, tal metáfora respondia em grande medida, de acordo com a interpretação da autora, à necessidade de construir as infraestruturas requeridas para uma circulação rápida e fluida da informação, de modo que, uma vez criadas tais infraestruturas, a metáfora caiu em desuso. A segunda metáfora nasce um ano após a anterior, em 1993,

---

[2] A origem da internet remontam à Arpanet, a rede do *Advanced Research Project Agency* do Departamento de Defesa dos Estados Unidos, criada em 1969. Contudo, foi somente em 1974 que V. Cerf, R. Khan e outros projetaram a arquitetura básica da internet e estabeleceram o Protocolo de Controle de Transmissão (*Transmission Control Protocol*, TCP). Posteriormente, em 1978, o próprio V. Cerf e outros especialistas dividiram esse protocolo em duas partes, o Protocolo de Controle de Transmissão de computador principal a computador principal (TCP *Transmission Control Protocol*) e o Protocolo Inter-redes (*Interconection Protocol*, IP), dando lugar ao protocolo (TCP/IP), que atualmente ainda é o padrão de comunicações entre computadores.

[3] ASAP é uma base de dados de orientação acadêmica que inclui as referências e o texto completo de trabalhos publicados em revistas e periódicos de todo o mundo em três áreas: artes e humanidades, ciências sociais e ciência e tecnologia (http://www.cdlib.org/inside/resources/choosecampus/eaasap.html).

[*] N. de R.T. o termo "edumática" se refere à relação entre educação e informática. É ainda pouco utilizado em português, mas muito frequente em estudos sobre o tema da TIC na língua espanhola.

e atinge sua maior popularidade também em 1996. Trata-se da internet identificada como "ciberespaço" (*cyberspace*), cujo significado remete à regulamentação, autorregulamentação ou controle do espaço "virtual" da internet. A metáfora responderia sobretudo, ainda segundo a autora, à preocupação por introduzir regulamentações ou controles sobre a utilização da internet em todos os âmbitos, surgida como consequência do medo ao caos social e moral que pudesse sobrevir do fluxo e do acesso praticamente sem limites à informação. Assim, contra o jogo, a pornografia, a pirataria, o terrorismo, etc., aparecem filtros, zonas privilegiadas de acesso, proteção para menores de idade, protocolos, normas de conduta, regulamentações legislativas, vírus e antivírus, vacinas, etc. Finalmente, a terceira metáfora é posterior e consiste na utilização do adjetivo "virtual" para referir-se às organizações, comunidades, atividades e práticas que operam e ocorrem na internet. Neste caso, a metáfora destaca a potencialidade da internet como imitadora da realidade, capaz, por exemplo, de permitir uma comunicação entre usuários que é muito parecida com aquela que ocorre realmente. A simulação de todo tipo de objetos, fenômenos, situações e processos fazem da internet uma realidade paralela – mais do que algo irreal ou fictício – que está adquirindo, pouco a pouco, um *status* próprio. Assim, são adjetivados como virtuais todos os fenômenos que ocorrem na rede, dado que, em algum sentido, eles emulam a outros semelhantes que ocorrem no mundo real: comunicação virtual, ensino virtual, aprendizagem virtual, trabalho virtual, comunidade virtual, etc.

Posteriormente, foram aparecendo novas metáforas que se inscreveram nesta última: uma nova *polis* ou *infopolis*, uma nova sociedade-rede, um novo território, um novo espaço pelo qual viajar, ou *telépolis*, etc.* Seja qual for a imagem utilizada, contudo, não há duvida de que, como veremos na seção seguinte, a interação entre a mente dos agentes educacionais e um sistema complexo de processamento e transmissão de informação, como é a internet, está modificando de maneira significativa as ferramentas, os cenários e as finalidades da educação neste começo do século XXI. Antes disso, contudo, convém comentar brevemente algumas características destacadas da Sociedade da Informação, as quais têm importantes implicações para a educação, o ensino e a aprendizagem.

O contexto da mudança: algumas características da Sociedade da Informação que são relevantes para a educação

O consenso generalizado sobre a existência de transformações profundas em praticamente todos os âmbitos da organização social, política, econômica e cultural contrasta com a heterogeneidade das conclusões das análises dirigidas a identificar e descrever essas transformações, verificar a sua importância e seus efeitos na vida das pessoas e formular propostas concretas de ação diante dos desafios decorrentes. As razões dessa heterogeneidade são, sem dúvida, múltiplas e diversas e é preciso buscá-las, pelo menos em parte, na impossibilidade de adotar a distância crítica mínima necessária

---

* N. de R. Na língua portuguesa, os termos "infopolis" e "telépolis" não têm referências; na literatura especializada, contudo, há os termos "infovia" e "cosmópolis" (Pierre Lévy, *As tecnologias da inteligência: o futuro do pensamento na era da informática*, Ed. 34, 1993, São Paulo [1990, Paris, Ed. La Decouverte]).

para analisar as transformações nas quais estamos imersos e que nos afetam diretamente; e em parte, também, essas razões podem estar na natureza instável das transformações que continuam ocorrendo a um ritmo cada vez mais acelerado, tanto no âmbito estritamente tecnológico, com contínuos avanços e desenvolvimentos das TIC, como no âmbito social, político, econômico e cultural. Assim, sem ânimo de sermos exaustivos e com a prudência imposta pelas considerações precedentes, vamos assinalar e comentar brevemente alguns fenômenos, tendências ou características que, de acordo com boa parte das análises feitas até agora, são próprios da SI, ou adquirem especial relevância nesse marco, e que formam, no nosso critério, o pano de fundo da educação neste novo cenário (Coll, 2003).

- A complexidade, a interdependência e a imprevisibilidade (Cebrián, 1998) que presidem as atividades e as relações dos indivíduos, dos grupos, das instituições e dos países são, junto com a globalização ou mundialização da economia, características frequentemente atribuídas à SI. O contexto das atividades humanas, que as condiciona e por sua vez é condicionado por elas, não é mais o contexto físico imediato, no qual estas surgem e se desenvolvem, mas um contexto muito mais amplo, sujeito a uma densa rede de inter-relações, de envolvimentos e de influências mútuas.
- Informação, excesso de informação e ruído. A informação é a matéria-prima da SI. As TIC, e especialmente as tecnologias de redes de informação, trouxeram consigo um aumento espetacular da quantidade e do fluxo de informação, facilitando não apenas o acesso à informação de setores cada vez mais amplos da população como também a possibilidade de submeter esses setores a um verdadeiro "bombardeio informativo". A abundância de informação e a facilidade de acesso a ela não garante, contudo, que os indivíduos estejam mais e melhor informados. A ausência de critérios para selecioná-la e confirmar sua veracidade, a abundância de informação, que responde, além disso, aos interesses e finalidades daqueles que têm poder, os meios e a capacidade para fazê-la circular, transformam-se facilmente, para muitos cidadãos e cidadãs, em excesso, caos e ruído. A grande quantidade de informação e a facilidade para transmiti-la e acessá-la é, sem dúvida nenhuma, um avanço com enormes potencialidades para permitir o desenvolvimento individual e social e para melhorar a vida das pessoas, mas por si só não garante nada. O risco de manipulação, de excesso de informação, de intoxicação provocada por esse excesso – de "infoxicação" – e sobretudo o desafio de conseguir passar da informação para o conhecimento, o que "envolve informação interiorizada e adequadamente integrada nas estruturas cognitivas do indivíduo" (Adell, 1997) –, são aspectos estreitamente relacionados com a preeminência da informação na SI.
- A rapidez dos processos e suas consequências. A rapidez com que ocorrem as mudanças e transformações, aumentando, com isso, o impacto e a imprevisibilidade de seus efeitos e consequências, é outra das características que distinguem a SI (Cebrián, 1998). A rapidez afeta praticamente todos os processos e aspectos envolvidos na SI: rapidez na transmissão da informação, na sua caducidade e na sua renovação; rapidez no desenvolvimento e aperfeiçoamento de *hardware* e de *software*; rapidez na incorporação dos usuários às novas tecnologias (internet, televisão digital, telefonia digital, internet e tecnologia móvel, etc.); rapidez nas mudanças de tendências econômicas

em nível mundial; rapidez no auge e queda de produtos comerciais e áreas de negócios; rapidez nas mudanças de tendências do mercado de trabalho; rapidez na difusão, aceitação e abandono de modas culturais e de valores éticos e estéticos que se sucedem com uma velocidade vertiginosa; rapidez, em suma, nos processos de tomada de decisão forçados pela necessidade de responder a uma realidade que está submetida a um processo de mudança contínua e, em muitos aspectos, imprevisível.

- A escassez de espaços e de tempo para a abstração e a reflexão. Como assinala Cebrián (1998, p. 181), "a velocidade é contrária à reflexão, impede a dúvida e dificulta o aprendizado. Hoje, estamos obrigados a pensar mais rápido, mais do que a pensar melhor". A rapidez dos processos e transformações próprios da SI, juntamente com os fenômenos de excesso, obsolescência e renovação contínuos da informação, assim como a multiplicidade e heterogeneidade das fontes de informação, podem levar facilmente à "diminuição e dispersão da atenção, [a] uma cultura de 'mosaico', carente de profundidade, à falta de estruturação, à superficialidade, à padronização das mensagens, à informação como espetáculo, etc." (Adell, 1997, p. 5).
- A preeminência da cultura da imagem e do espetáculo. As TIC, e especialmente as tecnologias audiovisuais e multimídia, têm contribuído para configurar e consolidar uma autêntica "cultura do espetáculo" que, de acordo com Ferrés (1999), prioriza formas de expressão que podem ser resumidas em cinco grandes características: a primazia do sensorial – ou multissensorial – e do concreto sobre o abstrato e o simbólico; a primazia do narrativo sobre o taxonômico e o analítico; a primazia do dinâmico, tanto no que concerne à forma quanto aos conteúdos, sobre o estático; a primazia das emoções sobre a racionalidade; e a primazia do sensacionalismo sobre o previsível e rotineiro. O fato importante a destacar é que, segundo o autor, ao primar essas formas de expressão, a cultura da imagem e do espetáculo está contribuindo, também, para desenvolver nas pessoas determinadas maneiras de agir, de pensar e de sentir.[4]
- A transformação das coordenadas espaciais e temporais da comunicação. O espaço e o tempo têm sido sempre dois condicionantes básicos com os quais os seres humanos se confrontam nas suas tentativas de melhorar sua capacidade de comunicação. A evolução das tecnologias e dos meios de comunicação pode ser descrita, em certa medida, como o resultado dos esforços humanos para superar estes condicionantes: da comunicação gestual ou oral face a

---

[4] A tese de que as TIC, e em especial as novas formas culturais e os processos de socialização e culturalização que essas tecnologias propiciam, estão provocando mudanças profundas, nem sempre positivas, nas formas de pensar e aprender das pessoas tem sido defendida com veemência por autores como Giovanni Sartori ou Raffaele Simoni. Assim, Sartori (1998) defende a tese de que a revolução multimídia desencadeada pelo desenvolvimento das TIC na segunda metade do século XX está "transformando o *homo sapiens*, produto da cultura escrita, em um *homo videns*, para o qual a palavra foi destronada pela imagem" (op. cit., p. 11). Simoni (2001), por sua vez, afirma que, com o computador e as mídias – ou seja, com as TIC –, a espécie humana está adentrando em uma nova fase de sua história, caracterizada pela conquista de novas formas de acesso ao conhecimento, mas também pelo abandono ou pela perda de outras, baseadas na leitura e na escrita, que não podemos ignorar.

face, que exige a coincidência temporal dos interlocutores no mesmo espaço físico, até a comunicação virtual, na qual os interlocutores podem estar a milhares de quilômetros de distância e, inclusive, podem não saber onde o outro está fisicamente, e, mesmo assim, podem comunicar-se de forma síncrona ou assíncrona. O ciberespaço, o espaço virtual no qual ocorre a comunicação por redes, na verdade é um "não lugar", um "espaço não físico" diferente dos espaços pessoais em que os interlocutores se encontram fisicamente (Martínez e Solano, 2003, p. 21). Quanto ao tempo, é preciso considerar, por um lado, que a velocidade de transmissão da informação por redes o anula, praticamente, como condicionante para efeitos de comunicação; e, por outro, que ocorre uma dissociação entre o tempo pessoal, ou "tempo vivido", dos interlocutores (ibidem, p. 24) e o tempo durante o qual se tem acesso à informação comunicada.

- A homogeneização cultural. A possibilidade de transmitir e ter acesso a qualquer momento, de maneira praticamente instantânea, a grandes volumes de informação modifica substancialmente o contexto das atividades e das práticas sociais e econômicas. O contexto se amplia até atingir limites gigantescos, ou pode até não ter limites. Mas a globalização, ou mundialização, não ocorre apenas no âmbito da economia, do mercado e do consumo, mas afeta todas as facetas da atividade e da expressão humanas. Também a cultura, entendida em um sentido amplo, torna-se globalizada, mesmo que nem todas as expressões e valores culturais tenham as mesmas possibilidades de difusão e circulação pelas novas redes de comunicação. As expressões, valores e sistemas culturais dos grupos que estão no poder e contam com os meios e a capacidade para serem difundidos, vão se impondo progressivamente.

- O surgimento de novas classes sociais: os "inforricos" e os "infopobres". Algumas das características da SI e das TIC que acabamos de comentar parecem sugerir que estamos diante de uma revolução de alcance mundial que afeta o conjunto da humanidade. Esta apreciação é correta, mas convém matizá-la imediatamente assinalando que, pelo menos até agora, não está afetando a todo mundo da mesma maneira. Por um lado, o ritmo de incorporação à SI das diferentes regiões e países do mundo, e mesmo dos diferentes setores ou classes sociais dentro de um único país, é muito desigual.[5] Por outro lado, a participação na SI tem um alcance e um significado diferentes, dependendo de cada caso: de produção, criação e negócio nos países ricos; de consumo e maior dependência econômica e cultural nos países pobres. A consequência dessa situação é que está ocorrendo um "aumento das diferenças entre países pobres e países desenvolvidos, a sociedade dual está sendo potencializada, mesmo no seio de um país ou de uma cidade, e estão sendo criadas novas classes: os inforricos e os infopobres." (Cebrián, 1998, p. 187).

Esta breve e resumida revisão de algumas de suas características mais des-

---

[5] Ver as estatísticas publicadas periodicamente por algumas corporações, fundações e organismos governamentais e não governamentais como, por exemplo, *Internet World Stats* (http://www.internetworldstats.com/stats.htm), Comissão Europeia (http://europa.eu/pol/infso/index_es.htm), Observatório Nacional das Telecomunicações e da SI (http://observatorio.red.es/index.action), Associação de Usuários da Internet da Espanha (http://www.aui.es), e Fundação Orange (http://www.fundacionorange.es/areas/25_publicaciones/publi_251_7.asp).

tacadas basta para mostrar o alcance e a transcendência das mudanças que a SI e as TIC estão provocando em nossas vidas. Dedicaremos a seção seguinte à revisão de algumas dessas mudanças no que se refere ao sentido e alcance da educação, aos contextos e práticas educacionais e aos modos de ensinar e aprender.

A INFLUÊNCIA DA INTERNET: NOVAS FERRAMENTAS, CENÁRIOS E FINALIDADES EDUCACIONAIS

Em um trabalho dedicado a revisar os paradigmas teóricos dominantes nos estudos da interação entre humanos e computadores (*Human-Computer Interaction*, HCI), Kaptelinin (2002) apresenta um esquema que contempla três grandes grupos de abordagens, o qual é igualmente útil para revisar as abordagens teóricas dadas aos processos de ensino e aprendizagem baseados nas TIC durante as três últimas décadas, conforme mostra o Quadro 1.2 a seguir.

Embora Kaptelinin fale de períodos temporais ou etapas que teriam ocorrido em "ondas", considerando que cada nova etapa supera a anterior, e apostando claramente pela última, temos sérias dúvidas de que as duas primeiras etapas tenham tornado-se obsoletas, especialmente se prestarmos atenção a determinados desenvolvimentos atuais, como, por exemplo, os agentes artificiais inteligentes que se busca incorporar às interfaces (ver Capítulo 8). Por isso, preferimos falar em aproximações, mais do que em períodos ou etapas.

A primeira aproximação tem sido orientada basicamente ao estudo do impacto do uso das TIC sobre os processos cognitivos do aprendiz-usuário. A segunda incorpora decididamente em suas pesquisas as variáveis relativas ao contexto edu-

QUADRO 1.2
Três abordagens sobre o estudo da interação entre seres humanos e computadores

I. A aproximação cognitiva	■ Foco nas interfaces ■ Estudos experimentais sobre a eficácia da interação computador-ser humano ■ Modelos de usuários ■ Critérios de usabilidade
II. A aproximação sociocognitiva	■ De produtos a processos em pesquisa e *design* ■ De indivíduos a grupos ■ Do laboratório ao local de trabalho ■ Dos novatos aos especialistas ■ Da análise ao *design* ■ Do *design* centrado no usuário ao envolvimento do próprio usuário no *design*
III. A aproximação a partir da teoria da atividade	■ Para além do ambiente laboral: aprendizagem, jogo, lazer ■ Para além do mundo adulto: as crianças e os jovens como autores e *designers* ■ Para além da realidade virtual: computadores ubíquos ■ Para além das ferramentas passivas: tecnologias persuasivas ■ Para além da interação computador-ser humano: interação com *Web* adaptativa

Fonte: Adaptado de Kaptelinin (2002).

cacional no qual ocorre a aprendizagem. A terceira, finalmente, amplia ainda mais o foco e introduz outros contextos de atividade social, além dos especificamente orientados à educação. Com esse esquema em mente, vamos revisar, a seguir, algumas ferramentas, cenários e finalidades que surgem no panorama educacional atual como consequência da irrupção das TIC.

Novas ferramentas

Fazer uma análise prospectiva das novas ferramentas das TIC que são relevantes para a educação não é tarefa fácil, considerando o ritmo vertiginoso com que surgem as novidades neste âmbito. Serve como exemplo disso o "Diretório de Ferramentas para a Aprendizagem" elaborado anualmente pelo *Centre for Learning & Performance Technologies*, que, em sua edição de 2008, inclui em torno de 2.400 referências, quase 700 a mais que em 2007, entre ferramentas de *software* livre e de *software* comercial. O Quadro 1.3 apresenta as 20 ferramentas preferidas pelos especialistas em aprendizagem e outros profissionais da educação que contribuíram com suas avaliações para a edição de 2008. Para cada ferramenta, indica-se, além de seu lugar no *ranking*, suas características, se é *software* livre ou proprietário e se pode ser baixada ou opera *on-line*.

De qualquer maneira, existem pelo menos três conceitos que se repetem permanentemente na literatura e que apontam para um horizonte bastante provável: adaptabilidade, mobilidade e cooperação. Em um mundo em que as distâncias são cada vez mais reduzidas, as fronteiras desaparecem e os grandes problemas são compartilhados, cresce a mobilidade das pessoas, aumenta a heterogeneidade das comunidades e torna-se patente a necessidade de trabalhar conjuntamente para resolver problemas comuns. A educação é obrigada a enfrentar essa situação e fala-se em escolas inclusivas (que tentam satisfazer a diversidade de necessidades educacionais de seus alunos), de educação não formal e informal (para aproveitar as oportunidades que a sociedade atual oferece para a educação e formação das pessoas) e de aprendizado colaborativo e cooperativo (com a finalidade de tirar proveito dos conhecimentos e habilidades dos diversos membros de um grupo para satisfazer objetivos comuns). As TIC em geral, e suas aplicações e usos educacionais em particular, logicamente refletem essas inquietações.

Da acessibilidade e usabilidade à adaptabilidade

Longe de serem contrapostas, a acessibilidade, a usabilidade e a adaptabilidade são propriedades das TIC fortemente interdependentes: quanto maior for a acessibilidade e a adaptabilidade, maior será a usabilidade, e vice-versa. Em qualquer caso, a universalização do acesso, mesmo ainda sendo uma utopia, avança a passos agigantados e não parece ter retorno. Quanto à usabilidade, os esforços para que as interfaces tornem cada vez mais amigáveis, intuitivas e fáceis de ser utilizadas por qualquer pessoa estão dando seus frutos, e as possibilidades de se operar um computador utilizando, por exemplo, a voz ou pequenos movimentos voluntários quase imperceptíveis começam a tornar-se realidade. O desafio agora é que os programas sejam capazes de se transformar em um *alterego* para o aluno – ou para uma equipe de trabalho –, auxiliando-o de modo personalizado em suas tarefas graças à possibilidade de "aprender" com suas ações, omissões e decisões; estamos falando dos chamados "agentes artificiais" (ver o Capítulo 8).

Por outro lado, a necessidade de aproximar cada vez mais os computadores

QUADRO 1.3
As 20 ferramentas preferidas para a aprendizagem, segundo o "Diretório" de 2008

Ranking 2008	Nome da ferramenta	Descrição	Software livre/ proprietário	Podem ser baixados/ On-line
1.	Del.icio.us	Folksonomia de páginas Web	Livre	On-line
2.	Firefox	Navegador Web	Livre	Podem ser baixados
3.	Google Reader	Leitor de feeds	Livre	On-line
4.	Skype	Mensagens instantâneas, comunicação VoIP	Livre	Podem ser baixados
5.	Google Search	Buscador	Livre	On-line
6.	Wordpress	Ferramenta de blogs	Livre	Podem ser baixados/On-line
7.	PowerPoint	Ferramenta de apresentações	Proprietário	Podem ser baixados
8.	Blogger	Ferramenta de blogs	Livre	On-line
9.	Audacity	Editor de som e gravador	Livre	Podem ser baixados
10.	Wikipedia	Enciclopédia on-line	Livre	On-line
11.	Gmail	Programa de correio eletrônico	Livre	On-line
12.	Google Docs	Site para abrigar, processar e compartilhar documentos	Livre	On-line
13.	Moodle	Sistema de gestão de cursos on-line	Livre	Podem ser baixados/On-line
14.	Flickr	Site para abrigar e compartilhar fotos	Livre	On-line
15.	iGoogle	Página inicial de web personalizável	Livre	On-line
16.	YouTube	Site para abrigar/compartilhar vídeos	Livre	On-line
17.	Slideshare	Site para abrigar/compartilhar apresentações	Livre	On-line
18.	Ning	Redes sociais de trabalho	Livre	On-line
19.	Twitter	Microblogs e redes	Livre	On-line
20.	Wikispaces	Ferramenta de wikis	Livre	On-line

Fonte: Centre for Learning & Performance Technologies (http://c4lpt.co.uk/recommended/index.html).

das mentes dos aprendizes não termina com as iniciativas das empresas dedicadas à criação e produção de *hardware* e *software*; outro núcleo importante de avanço tem como protagonistas os próprios usuários e seu interesse em participar de projetos e desenvolvimentos de novos protótipos, seja em relação ao *software* livre, a desenvolvimentos de personagens e jogos ou à criação e oferta de conteúdos pela Internet. Esta corrente, que coloca o usuário na posição de produtor e difusor de conteúdos, é conhecida com o nome de *Web* 2.0, em contraposição à perspectiva anterior de *Web* 1.0, que conferia ao usuário um papel de mero consumidor relativamente passivo. Mais adiante, na seção relativa aos desafios, voltaremos a tratar sobre esta diferença.

Do e-learning ao m-learning

Uma das perspectivas de futuro mais verossímeis é a possibilidade de expandir as opções de aprendizado para outros cenários que não sejam os tipicamente escolares. A progressiva miniaturização e integração das tecnologias, junto com o desenvolvimento de plataformas móveis e da conexão sem fio, permitirão que os alunos possam continuar avançando em sua formação tendo acesso, a qualquer momento, por meio de seu celular, de agendas eletrônicas, computadores de bolso ou de outros dispositivos, a documentos, portfólios, fóruns, *chats*, questionários, *webquests*, *weblogs*, listas de discussão, etc. O *m-learning* ou "escola nômade", segundo o termo cunhado por P. Steger,[6] abre imensas possibilidades para se empreender trabalhos de campo, trocar reflexões, analisar conjuntamente atuações profissionais que estejam ocorrendo neste mesmo instante ou para integrar em um trabalho de equipe pessoas geograficamente afastadas entre si (Pea e Maldonado, 2006; Rheingold, 2002).

Da competição individual à cooperação

A maioria das atividades humanas socialmente relevantes incluem um trabalho em grupo. Assim, ser competente, em sua dupla acepção de que uma tarefa ou responsabilidade compete a alguém e de que alguém é competente para realizar uma tarefa ou assumir uma responsabilidade, dificilmente pode ser considerado como um atributo exclusivamente individual, independente da competência de outros que estejam, direta ou indiretamente, envolvidos na situação e influindo e condicionando processos e produtos.

Tradicionalmente, contudo, na educação formal e escolar, demonstrar a própria competência significa mostrar que se é competente em comparação ao resto dos aprendizes da mesma turma, da mesma escola ou do mesmo nível educacional, o que geralmente se traduz em entrar em competição com os demais, às vezes de maneira muito explícita (por exemplo, quando as notas são dadas a partir de uma distribuição normativa de pontuações que se expressam graficamente em uma "curva de Gauss") e outras de maneira mais encoberta (por exemplo, quando se estabelecem comparações formais ou informais entre os alunos, com o "melhor" e "pior" rendimento). Frente a essa postura, encontramos com cada vez mais frequência, em todos os níveis educacionais, experiências que tendem a apresentar e organizar as atividades de ensino e aprendizagem, e também as atividades de avaliação, como atividades e tarefas de gru-

---

[6] O projeto e diversos exemplos de "escola nômade" podem ser consultados em: http://www.epi.asso.fr/revue/sites/s0501c.htm.

po. Particularmente interessantes neste sentido são as atividades que, por sua própria complexidade, exigem a participação interdependente de todos os membros do grupo. São tarefas nas quais somente no caso de cada membro do grupo contribuir com a informação que possui, ou executar de maneira competente a função ou o papel que lhe corresponde, consegue-se uma solução ótima ou chega-se ao resultado procurado. Estamos falando de tarefas de tipo cooperativo, nas quais a competência do grupo prima sobre a competência individual de seus membros.

A incorporação das TIC aos diferentes âmbitos da atividade humana, e especialmente às atividades laborais e formativas, vem contribuindo de maneira importante para reforçar essa tendência de projetar metodologias de trabalho e de ensino baseadas na cooperação. Assim, por exemplo, trabalhar em rede com o apoio das TIC representa uma nova maneira de se entender e de estabelecer as competências necessárias para cumprir as tarefas e realizar as atividades estabelecidas. Parafraseando Pea (1993), poderíamos dizer que as competências são mais exercidas e distribuídas do que possuídas, de modo que estão: *simbolicamente distribuídas* (entre os diferentes sistemas de signos com carga semiótica que operam no ambiente de trabalho em rede); *socialmente distribuídas* (entre todos os membros do grupo, que, por sua vez, são provedores e receptores de conhecimentos) e *fisicamente distribuídas* (entre os dispositivos tecnológicos e os membros do grupo).

Tomando como ponto de partida a confluência entre trabalho cooperativo e TIC, Mittleman e Briggs (1998) identificam sete tipos básicos de grupos virtuais suscetíveis de funcionar tanto em contextos laborais quanto de formação. De nossa parte, e como resultado da aplicação cruzada de dois critérios relativos, respectivamente, ao caráter esperado ou inesperado da demanda que está na origem da atividade e à existência de uma relação de independência ou de interdependência entre os membros, sintetizamos os sete tipos básicos de grupos em quatro grandes categorias, conforme mostra o Quadro 1.4 a seguir.

a) Grupos de trabalho virtual que atuam sobre demandas previstas e, com frequência, previamente planejadas, e que estabelecem as relações com base em um formato colaborativo, ou seja, com papéis e funções independentes entre seus membros. Exemplos desse tipo de grupos são as denominadas "equipes de trabalho em rede" (*networked teams*), nas quais vários indivíduos colaboram para alcançar uma meta comum, e as "equipes de serviço", criadas para proporcionar um serviço específico durante um período de tempo determinado.

b) Grupos de trabalho virtual que são centrados, também, em demandas previstas ou conhecidas, mas cujos membros

QUADRO 1.4
Tipos básicos de equipes virtuais

	Demanda esperada	Demanda inesperada
Relação de independência	Equipes de trabalho em rede Equipes de serviços	Equipes paralelas Equipes de ação imediata
Relação de interdependência	Desenvolvimento de projetos Equipes de produção	Equipes de gestão

Fonte: Adaptado de Mittleman e Briggs (1998).

estabelecem relações de cooperação com a finalidade de abordar essas demandas e alcançar as metas desejadas. Neste caso, as funções que os membros do grupo assumem são interdependentes: se um membro não possui ou não proporciona a informação apropriada, ou se não realiza adequadamente sua parte do trabalho, todo o grupo é afetado, o que torna imprescindível um apoio mútuo entre todos. São exemplos desse tipo de grupo as equipes de desenvolvimento de projetos ou as equipes de produção, nas quais a realização da tarefa e o cumprimento dos objetivos requer a coordenação eficaz de todos e de cada um dos membros.
c) Grupos de trabalho virtual que devem atuar em situações inesperadas e nos quais são potencializadas basicamente as relações de independência entre seus componentes. As equipes paralelas, que desempenham funções que uma organização regular não quer ou não pode assumir, e as equipes de ação, que tentam dar uma resposta imediata em situações de emergência, são exemplos desse tipo de grupo.
d) Grupos de trabalho virtual, finalmente, que também devem enfrentar situações inesperadas e que não são previamente conhecidas, mas que se baseiam em relações de interdependência entre seus membros. As equipes de gestão, constituídas por administradores que trabalham conjuntamente para enfrentar um determinado problema emergente, são um exemplo dessa categoria.

Gostaríamos de assinalar ainda, para concluir este ponto, que as três características mencionadas – adaptabilidade, mobilidade e cooperação –, em torno das quais estão sendo desenvolvidas as novas ferramentas de TIC que, segundo nosso critério, são mais interessantes devido ao seu potencial impacto educacional, respondem à filosofia e às ideias da chamada *Web* 2.0, como veremos mais adiante.

Novos cenários

Os cenários educacionais, assim como quaisquer outros cenários, são constituídos por um conjunto de variáveis que os definem: certos atores particulares com papéis e formas de interação estabelecidos, conteúdos concretos e determinadas modalidades de organização do tempo, do espaço e dos recursos específicos. A entrada em cena das TIC modifica em grande medida cada uma dessas variáveis e leva os processos educacionais para além das paredes da escola. Deixando de lado as metas e conteúdos, dos quais nos ocuparemos mais adiante, queremos destacar aqui as mudanças que estão sofrendo os papéis de alunos e professores, as possibilidades e modalidades de interação, as coordenadas espaçotemporal e o acesso aos recursos.

Começando por este último aspecto, não é excessivamente arriscado sugerir que nos próximos anos os computadores serão onipresentes – pelo menos nos países desenvolvidos e nos contextos socioculturais próprios das classes médias – em qualquer contexto: em casa, na academia, no banco, no trabalho, no museu, na rua e também nas escolas e nos centros educacionais. Já faz muito tempo que Weiser (1991) antecipou, com sua expressão *ubiquitous computer*, uma época em que os computadores estariam presentes em toda parte, até tornarem-se invisíveis devido à sua integração com a nossa paisagem cotidiana, como mais um elemento desta. A expressão de Weiser não apenas revelou-se afortunada e bem-sucedida como sua previsão está em vias de tornar-se realidade. Dos primeiros computadores, grandes máquinas que serviam a muitos usuários ao mesmo tempo, passou-se ao formato de um usuário e um computador pessoal para, atualmente, começar a considerar a ideia de um usuário que tem ao seu alcance muitos computadores. Para Weiser (1991), a ideia básica é oposta àquela que defende o enfoque da realidade virtual. Não se trata de pôr a pessoa dentro do mundo fictício gerado pelo computador, mas de integrar o computador ao nosso mundo humano.

Cada terminal e cada rede sem fio – que estão cada vez mais numerosos e acessíveis – poderá, além da possibilidade de conectar-nos com nossos próprios servidores, oferecer um serviço educacional. Enquanto esperamos para ver um filme ou que nos tragam o cardápio, vamos poder revisar a filmografia desse diretor ou as opiniões que diferentes *gourmets* emitiram sobre a cozinha desse estabelecimento. Atualmente, já há, em alguns museus, roteiros eletrônicos (*electronic guidebooks*) que estimulam uma interação sofisticada entre a obra exibida e o espectador. Assim, os cenários denominados de educação não formal e informal podem passar a ser plenamente educacionais, caso sejam programados conteúdos com esse propósito. Visitar um parque temático e aprender sobre a história milenar da China enquanto passeamos por uma grande muralha feita de papelão, ou sobre o funcionamento do barco a vapor ao mesmo tempo em que navegamos em um protótipo sobre um Mississippi feito à escala, já são possibilidades absolutamente verossímeis.

Autores como Schilit, Adams e Want (1994) ou Bravo, Hervás e Chavira (2005) utilizaram a noção de computador sensível ao contexto (*Context-aware computing*) ou de "inteligência ambiental" para descrever as possibilidades que pode ter um espaço educacional – e, claro, também uma sala de aula – no qual os participantes são identificados eletronicamente (graças à leitura, por radiofrequência, de uma etiqueta eletrônica que o indivíduo leva consigo) e a informação que o sistema emite (por exemplo, uma projeção em uma lousa eletrônica ou uma mensagem de áudio) pode ser personalizada pela informação registrada e analisada a partir da última visita do participante. Assim, o computador pode adaptar-se às características do usuário (idioma, idade, conhecimentos, experiência, etc.), comparar sua conduta anterior com a que está tendo nesse momento (por exemplo, o desenvolvimento da solução de um problema que ele resolveu antes com a solução desse mesmo problema em que está trabalhando nesse momento), oferecer-lhe um registro estatístico de suas intervenções, etc.

Quanto ao papel de professores e alunos e às formas de interação que as TIC propiciam, as mudanças também parecem irreversíveis. A imagem de um professor transmissor de informação, protagonista central das trocas entre seus alunos e guardião do currículo começa a entrar em crise em um mundo conectado por telas de computador. Continuamente, aparecem grupos de estudantes que, através da internet, colaboram e se ajudam em suas tarefas escolares com espantosa facilidade; *Webs* temáticas que tratam sobre qualquer tema de forma atualizada, com diferentes níveis de profundidade e, às vezes, permitindo acesso direto aos autores mais relevantes e à sua obra, a consultores especialistas ou, simplesmente, a estudantes avançados que já passaram pelo mesmo problema ou que enfrentaram uma dúvida parecida; *Webs* que põem à disposição dos usuários todo tipo de recursos videográficos ou ferramentas para representar dados e informações de um modo altamente abrangente e compreensível; etc. No médio prazo, parece inevitável que, diante dessa oferta de meios e recursos, o professorado abandone progressivamente o papel de transmissor de informação, substituindo-o pelos papéis de seletor e gestor dos recursos disponíveis, tutor e consultor no esclarecimento de dúvidas, orientador e guia na realização de projetos e mediador de debates e discussões.

Novas finalidades

Segundo a Comissão Europeia (1996), o modelo tradicional de emprego, de jornada integral e de duração indefinida no mesmo local de trabalho durante toda a vida, não responde às necessidades de uma produção de bens e serviços baseada no conhecimento. No futuro, segundo se afirma, as pessoas deverão confiar mais em sua qualificação e em suas competências para encontrar trabalho do que na segurança de um emprego fixo. Lamentavelmente, a evolução do mercado de trabalho parece dar razão à Comissão Europeia, e a precariedade no emprego, junto com a crescente competitividade e mobilidade dos trabalhadores, auguram mudanças radicais no mercado laboral, nos perfis profissionais e, consequentemente, nos processos de formação.

Quais são as competências que, neste novo cenário, deverão adquirir e desenvolver as pessoas para poder enfrentar, com garantias de êxito, os processos de mudança e transformação que estão ocorrendo? De acordo com o projeto DeSeCo – *Definition and Selection of Competencies* – da OCDE (Organização para Cooperação e Desenvolvimento Econômico), estas macrocompetências, competências básicas ou competências-chave que todos os cidadãos deveriam adquirir podem ser agrupadas em três categorias (Rychen e Salganik, 2001, 2003):

- ser capaz de atuar com autonomia (inclui as capacidades de elaborar e pôr em prática planos de vida e projetos pessoais, de defender e afirmar os próprios direitos, interesses, limitações e necessidades e de agir levando em consideração o contexto ou marco mais amplo);
- ser capaz de interagir em grupos socialmente heterogêneos (o que inclui as capacidades de cooperar, de ter um bom relacionamento com os demais e de controlar e resolver conflitos);
- ser capaz de utilizar recursos e instrumentos de maneira interativa (incluídas as capacidades de utilizar com flexibilidade dados, linguagens e textos, especialmente os meios digitais).

Esta última competência-chave, por outro lado, está estreitamente relacionada com a denominada alfabetização digital (*e-literacy*), que pode ser caracterizada, de acordo com Gilster (1997), como "a capacidade de compreender e usar a informação em múltiplos formatos e de fontes diversas quando apresentada por meio de computadores" (ver Capítulo 14).

Monereo e Pozo (2007) assinalam que essas competências precisam ser aplicadas e utilizadas nos quatro grandes cenários sociais nos quais, de modo geral, transcorre o desenvolvimento das pessoas, pelo menos nos países desenvolvidos:

- o cenário *educacional*, entendido em um sentido amplo e incluindo tanto as situações e atividades de educação formal e informal quanto a aprendizagem e a formação ao longo da vida;
- o cenário *profissional e laboral*;
- o cenário *comunitário*: próximo (vizinhança, bairro, cidade, município) e mais afastado (país, região, mundo);
- o cenário *pessoal* (relacionamentos amorosos, familiares e de amizade).

As pessoas devem adquirir as competências necessárias para enfrentar e resolver as situações e problemas com os quais se defrontam em cada um desses cenários e que, no juízo dos autores, podem ser de três grandes tipos: situações e problemas que, por sua natureza e frequência, são *prototípicos* de cada cenário (por exemplo, fazer uma apresentação no cenário educacional; atender um cliente no cenário profissional; adotar uma postura e exercer o direito de voto no cenário comunitário; ou respeitar a intimidade e a privacidade das pessoas com as quais se convive no cenário pessoal); situações e problemas *emergentes* que, apesar de serem ainda relativamente escassos, podem aumentar significativamente, de acordo com os indícios existentes (por exemplo, a violência escolar; os transtornos alimentares, como anorexia, bulimia ou obesidade; a implantação da administração eletrônica; o vício em TIC e internet e seu impacto sobre as relações familiares e amorosas); e, finalmente, situações ou problemas proativos, no sentido de tentar pôr em evidência e resolver problemas latentes ou procurar chamar a atenção sobre situações injustas ou pouco satisfatórias (por exemplo, a regulamentação do uso das TIC no âmbito escolar e familiar; a necessidade de aplicar medidas de discriminação positiva para as mulheres em determinados meios laborais; ou o grau de tolerância aceitável diante de determinadas condutas e manifestações religiosas e culturais).

O impacto das TIC sobre o aparecimento dessas necessidades educacionais e a importância das novas competências que precisamos adquirir e desenvolver no marco da Sociedade da Informação é um tema complexo, uma vez que, por um lado, ambos os fatores estão na origem das novas necessidades educacionais e de formação, mas, por outro, parecem destinados a desempenhar um papel decisivo na satisfação dessas mesmas necessidades. De que modo e em que medida são capazes disso, contudo, é algo sobre o que ainda pairam numerosas incertezas, algumas das quais os diferentes capítulos deste livro tentam começar a esclarecer. De qualquer maneira, como afirma Suarez (2003), nem tudo o que é tecnologicamente viável é pertinente em termos educacionais. E poderíamos acrescentar que nem tudo que é tecnologicamente viável e pertinente em termos educacionais é realizável em todos os contextos educacionais.

Os estudos realizados até agora evidenciam a dificuldade de implementar usos educacionais das TIC em todos os níveis do sistema, da educação fundamental à educação superior universitária, que realmente representem uma inovação nos métodos de ensino e uma melhoria dos processos e resultados do aprendizado. Venezky e Davis (2002), por exemplo, mostram como experiências satisfatórias de aplicação das TIC em determinadas escolas são depois dificilmente transferíveis para outras realidades. Está amplamente documentado, por outro lado (veja, por exemplo, Cuban 2003, além dos estudos referidos no Capítulo 3 deste livro), que escolas dotadas com os últimos avanços em ferramentas, infraestruturas e *softwares* de TIC frequentemente desenvolvem práticas educacionais cujo nível é muito baixo.

É preciso procurar a explicação para tal dificuldade no fato de que tanto as possibilidades que oferecem as TIC para o ensino e o aprendizado quanto as normas, sugestões e propostas de uso pedagógico e didático das mesmas são sempre e irremediavelmente reinterpretadas e reconstruídas pelos usuários, professores e alunos, de acordo com os marcos culturais em que eles se desenvolvem e a dinâmica das atividades que realizam conjuntamente nas escolas e nas salas de aula (Coll, Mauri e Onrubia, 2008; Coll, Onrubia e Mauri, 2007). Assim, uma escola, uma equipe docente ou um professor com muitos anos de experiência, com sólidas concepções objetivistas e com práticas eminentemente transmissivas, provavelmente acabarão utilizando as TIC para complementar as aulas expositivas com leituras e exercícios autoadministráveis na rede, mas dificilmente farão uso destas para que os estudantes participem em fóruns de discussão, trabalhem de maneira colaborativa ou procurem e contrastem informações diversas sobre um determinado tema.

Como já disse McLuhan há meio século: "Em nome do progresso, a cultura estabelecida luta sempre para forçar os novos meios a fazerem o trabalho dos antigos".[7] A chave, portanto, não está em comparar o ensino baseado nas TIC com o ensino presencial, tentando estabelecer as vantagens e inconvenientes de um e outro. Em vez disso, melhor seria pesquisar como podemos utilizar as TIC para promover a aquisição e o desenvolvimento das competências que as pessoas precisam ter na "era do conhecimento" (Scardamalia, 2004).

LINHAS EMERGENTES E SEUS DESAFIOS

A Psicologia da Educação, como disciplina que estuda as mudanças psicológicas que ocorrem nas pessoas como consequência de sua participação em situações e atividades educacionais, deve colocar em um lugar privilegiado de sua agenda o estudo das mudanças provocadas pelas situações educacionais baseadas total ou parcialmente no uso das TIC. Isso supõe adotar um olhar duplo. Em primeiro lugar, um olhar sobre a natureza das mudanças que podem ocorrer nos atores educacionais, especialmente alunos e professores, e em suas formas de interação. Mais concretamente, trata-se de analisar o que muda (os discursos, as representações, as práticas, os processos, os resultados, etc.). E, também, saber como acontecem essas mudanças e se elas têm características diferentes daquelas que ocorrem em situações e atividades educacionais nas quais as TIC não estão presentes. E, é claro, analisar qual é o sentido das mudanças e se elas são generalizáveis e transferíveis para outros contextos e situações de ensino e aprendizagem. Em segundo lugar, um olhar sobre as características e qualidades das situações educacionais que podem induzir a essas mudanças, ou seja, sobre os diversos tipos de contextos e ambientes nos quais são utilizadas atividades e práticas educacionais baseadas total ou parcialmente no uso das TIC.

Basta uma rápida consulta aos trabalhos apresentados nos congressos das principais associações internacionais de pesquisa educacional – a *European Association for Research on Learning and Instruction* (EARLI) na Europa e a *American Educational Research Association* (AERA) nos Estados Unidos –, para perceber que, de fato, os esforços dos pesquisadores estão se orientando há alguns anos em ambas as direções. Independente dessa constatação, contudo, falta uma certa visão em perspectiva sobre qual pode ser o horizonte da pesquisa educacional neste âmbito durante a próxima década. Mesmo correndo o risco de errar, dada a rapidez com que ocorrem as mudanças e transformações na SI em geral, e nas TIC em particular, pensamos que existem alguns eixos básicos de desenvolvimento que permitem especular sobre, novamente, as ferramentas, os cenários e as finalidades em torno dos quais se desenvolverá boa parte da pesquisa psicológica centrada no uso educacional das TIC ao longo da próxima década.

Ferramentas previsíveis: da *Web* 1.0 à *Web* 3.0

Desde o aparecimento da internet tal como a conhecemos atualmente, com a construção e a implantação do primeiro navegador e do primeiro servidor *Web* em 1991, no CERN de Genebra, pela mão

---

[7] Citado por Horacio C. Reggini em uma entrevista publicada no portal educacional do Estado argentino educ.ar (http://coleccion.educ.ar/CDInstitucional/contenido/entrevistas/horacio_reggini.html) "Os computadores devem ser considerados como um meio expressivo para a criação: essa foi a essência de Logo".

de Tim Berners-Lee,[8] passaram-se apenas duas décadas durante as quais a rede de redes experimentou um desenvolvimento espetacular. Situa-se já distante o impacto provocado pelo *Netscape*, o primeiro navegador de massa, e pelos aplicativos que permitiam *baixar* da rede arquivos de texto, de música, imagens e, posteriormente, vídeos. Esta forma de conceber a internet como um imenso repositório de conteúdos ao qual os usuários podem acessar para procurar e baixar arquivos, corresponde, por assim dizer, à infância da rede e tem sido denominada "*Web* 1.0" ou fase "pontocom". Seu paralelismo com o que poderíamos denominar de visão tradicional da educação e uma postura transmissiva-receptiva do ensino e da aprendizagem são evidentes. Existe um administrador (o *webmaster* em um caso, o professor no outro) que é quem determina o que, quando e como, dos conteúdos aos quais os usuários podem acessar (os internautas em um caso, os alunos no outro); os usuários, por sua vez, limitam-se a ler, seguir as instruções e baixar arquivos de um lugar estático que se atualiza com determinada periodicidade. Um dos carros-chefe da *Web* 1.0 foi o acesso em rede à *Enciclopædia Britannica*.[9]

O declínio desse período coincide com o auge e posterior fechamento de um programa emblemático para toda uma geração, o *Napster*, primeiro sistema de distribuição de arquivos de popularidade massiva.[10] O programa, surgido em 1999, oferecia a possibilidade de compartilhar todo o tipo de arquivos (especialmente de música) com outros usuários, funcionando, de fato, como um buscador e utilizando um servidor principal para hospedar a lista de usuários conectados e seus respectivos arquivos compartilhados. O *Napster* atingiu sua máxima popularidade em 2001, com mais de 26 milhões de usuários, mas, nesse mesmo ano, um juiz ordenou seu fechamento em consequência de uma denúncia por violação de direitos autorais interposta por várias gravadoras. A filosofia que estava na origem do *Napster*, contudo, sobreviveu e foi incorporada às propostas da nova fase da internet em que estamos hoje, conhecida como "*Web* 2.0" ou "*Web* social".

A expressão *Web* 2.0 começou a ser utilizada a partir de 2001, por autores como T. O'Reilly (2005). Se a *Web* 1.0 pode ser entendida como a infância da internet, poderíamos dizer, prosseguindo com a metáfora, que com a *Web* 2.0 a internet chega à puberdade. A rede não é mais apenas um espaço ao qual ir para procurar e baixar informação e todo tipo de arquivos. Além disso, começa a incorporar e coordenar informação proveniente das mais diversas fontes, como peças de um enorme quebra-cabeças, relacionando dados e pessoas e facilitando uma aprendizagem mais significativa por parte do usuário. O *mash-up*, a mistura de recursos e conteúdos com a finalidade de construir ambientes mais ajustados às necessidades e desejos de um usuário ou de um grupo de usuários, passa a ser uma estratégia habitual de uso da internet. O software "se abre" (*open software*)* e se li-

---

[8] http://es.wikipedia.org/wiki/Tim_Berners-Lee.
[9] http://info.britannica.co.uk/.
[10] http://es.wikipedia.org/wiki/Napster.
* N. do R. Uma vez que um *software* é um objeto intangível, diz-se que se "abre" no sentido de extrair sua lógica de programação. O código "aberto" é denominado *Open Source*, uma iniciativa da Open Source™ e refere-se ao mesmo *software* também chamado de "livre", que respeita as liberdades definidas pela Free Software Foundation. A diferença entre ambos é de discurso: o *Open Source* refere-se a um ponto de vista técnico, enquanto o *software* livre fundamenta-se em questões éticas. Ambos os movimentos se complementam para agregar conhecimento à tecnologia, por meio da cooperação para depuração coletiva.

berta (*free software*) e os usuários passam a ser os verdadeiros protagonistas de seu próprio crescimento e sofisticação. Frente à prestigiosa, embora fechada, *Britannica online*,[11] nasce a *Wikipedia*,[12] que se alimenta das definições e artigos dos seus usuários, contribuições estas que são depuradas e corrigidas por meio de diversos mecanismos, para evitar erros e vandalismo informático.

Basicamente, a *Web* 2.0 pretende substituir a mesa do nosso computador. Por meio da utilização de protocolos padronizados, graças a linguagens como XML ou AJAX (ver Capítulo 14), qualquer usuário pode utilizar o conteúdo de uma página *Web* em outro contexto e acrescentar aplicações específicas em uma página pessoal (por exemplo, criando páginas híbridas com informação própria e acrescentando um aplicativo de estradas e uma agenda, que ele pegou em outro lugar). A anexação de conteúdo alheio denomina-se *sindicação de conteúdos*. Junto com essa potencialidade, existe outro mecanismo tão simples quanto poderoso, a *folksonomia*, termo utilizado para referir-se à organização colaborativa da informação em categorias a partir de uma série de etiquetas ou palavras-chave (*tags*) propostas pelos próprios usuários. A ideia básica é que o resultado final, a classificação da informação resultante das *tags* atribuídas pelo conjunto dos usuários, será melhor e mais útil do que qualquer uma das classificações individuais e, evidentemente, do que qualquer classificação taxonômica pré-determinada. A *folksonomia* está na base de serviços e aplicativos tão conhecidos e populares como o *del.icio.us*[13] e é uma utilidade que, assim como a sindicação de conteúdos, atualmente está incorporada na maioria dos *blogs* e *wikis* – outras ferramentas típicas da *Web* 2.0 – e em cada vez mais páginas *Web*.

A *Web* 2.0 ainda está em plena expansão e resulta difícil aventurar quais serão seus limites (veja, por exemplo, Anderson, 2007; Cobo Romaní e Pardo Kuklinski, 2007; Franklin e Harmelen, 2007). Em qualquer caso, ao colocar o destaque nos aplicativos, utilidades e serviços que permitem ao usuário criar e difundir seus próprios conteúdos, assim como na possibilidade de trocar, compartilhar e reutilizar os conteúdos criados pelo próprio usuário e por outros, a *Web* 2.0 abre perspectivas de sumo interesse para o desenvolvimento de propostas pedagógicas e didáticas baseadas em dinâmicas de colaboração e cooperação. É lógico, portanto, que boa parte das 20 ferramentas mais valorizadas da edição de 2008 do "Diretório de ferramentas para a aprendizagem", elaborada pelo *Centre for Learning & Performance Technologies* (conforme mostra a Quadro 1.5), participem da filosofia e das ideias que estão por trás da *Web* 2.0. Essa filosofia atualmente impregna, além disso, a maioria das propostas tecnológicas e pedagógicas centradas no uso das TIC e, por isso, não é de se estranhar que boa parte dos conteúdos apresentados nos capítulos seguintes deste livro, especialmente os dedicados a revisar e analisar os ambientes virtuais de ensino e aprendizagem, sejam, em grande medida, tributários dessas ideias.

Contudo, algumas vozes autorizadas, como a do próprio Berners-Lee, já estão anunciando uma nova etapa no desenvolvimento da internet, a da "*Web* 3.0" ou "*Web* semântica". A *Web* semântica é uma visão da internet cuja proposta é de que a informação possa ser *compreensível* para – e não apenas localizável e acessível

---

[11] www.britannica.co.uk.
[12] http://es.wikipedia.org/.
[13] http://delicious.com/.

– os computadores, e isso com a finalidade de que eles possam realizar exatamente as mesmas tarefas que os humanos e não se limitem apenas, como realmente fazem agora, a armazenar, buscar, encontrar, processar, combinar e transferir informação:

> Tenho um sonho da Web [no qual os computadores] são capazes de analisar todos os dados da Web – o conteúdo, os *links* e as trocas entre pessoas e computadores. Uma *Web* semântica, que seria então possível, ainda tem que surgir, mas, quando isso acontecer, os procedimentos comerciais, burocráticos e nossas vidas cotidianas serão administrados por máquinas que falarão com outras máquinas. Os "agentes inteligentes" que as pessoas vêm apregoando desde tempos ancestrais finalmente irão se materializar (Tim Berners-Lee, 1999)[14]

Para além dessa descrição visionária, a *Web* 3.0 se anuncia como uma base de dados global capaz de proporcionar recomendações personalizadas para os usuários diante de perguntas do tipo: A partir das minhas características psicológicas, físicas, culturais, orçamentárias, etc., o que eu deveria visitar nesta cidade? Em que curso de pós-graduação seria conveniente que eu me matriculasse no ano que vem? Que tipo de plano de aposentadoria eu deveria contratar? E outras dúvidas como essas. A rede semântica ainda é uma ideia experimental que conta com alguns protótipos, como FOAF (*Friend of a friend*),[15] *Powerset*[16] ou *Hakia*,[17] para mencionar apenas três projetos muito diferentes entre si, mas igualmente interessantes quanto às perspectivas de futuro para as quais apontam.

Como resumo da evolução que acabamos de descrever em grandes traços, no Quadro 1.5 a seguir são colocadas em paralelo as características essenciais da *Web* 1.0, da 2.0 e da 3.0.

Cenários educacionais prováveis: educação sem paredes

A evolução da internet ao longo das suas escassas duas décadas de existên-

---

[14] Citado em http://en.wikipedia.org/wiki/Semantic_Web/. Tradução para o espanhol dos autores).
[15] O projeto *Friend of a Friend* tem como objetivo criar uma rede de computadores capazes de ler páginas que descrevem pessoas, as relações que existem entre elas e o que elas criam ou fazem. Após proporcionar uma descrição rápida das coordenadas de uma pessoa – o nome, o endereço eletrônico e uma lista de amigos –, é ativado um motor de busca automatizado que tenta descobrir informações sobre ela, explorando os lugares e comunidades às quais ela pertence ou é mencionada. A finalidade última do projeto é que, a partir da informação gerada, seja possível procurar pessoas com interesses semelhantes, constituir comunidades virtuais sobre projetos comuns, pôr em marcha *weblogs* com artigos e opiniões afins, constituir clubes de lazer nos quais os membros sejam confiáveis, etc. (www.foaf-project.org/).
[16] A finalidade última de *Powerset* é mudar a maneira pela qual as pessoas interagem com a tecnologia, fazendo com que os computadores possam compreender nossa linguagem. O primeiro produto de *Powerset*, disponível desde maio de 2008 (http://www.powerset.com/), é uma ferramenta construída para melhorar e enriquecer a busca, exploração e navegação através dos conteúdos da *Wikipedia* a partir de palavras-chave, frases ou perguntas formuladas pelo usuário, proporcionando como resultado uma síntese de informações extraídas de todos os artigos relevantes.
[17] *Hakia* é um buscador que utiliza uma tecnologia de busca "semântica" baseada na comparação e contraste de significados e conceitos (http://company.hakia.com/).

QUADRO 1.5
Comparação entre a Web 1.0, 2.0 e 3.0

Linguagem	Web 1.0	Web 2.0	Web 3.0
	HTML*	XML-AJAX**	OWL***
Programas emblemáticos	Netscape Napster	Mozilla Google Moodle	
Metáfora	"pontocom"	puzzle	"sistema nervoso"
Descrição	Rede de documentos	Rede social	Rede semântica
Função principal	Repositório de informação estática (com possibilidade de enlaces hipermidiais).	Criação e difusão de informação dinâmica (continuamente atualizável e combinável)	Respostas e informações personalizadas a partir de perguntas e buscas.
Usuários e papéis	Usuários humanos. Basicamente, o professor seleciona e administra a informação. Basicamente, os alunos têm acesso à informação e a consultam.	Usuários humanos. O professor e os alunos selecionam, administram e trocam informação, estabelecendo dinâmicas de colaboração e cooperação.	Usuários humanos e agentes artificiais. O professor e os alunos são consumidores e produtores. O computador seleciona e assessora.
Produtos típicos	*Britannica on-line* *Ofoto* *Mp3.com* Páginas Web pessoais Sistemas de gestão de conteúdos. Diretórios (taxonomias)	*Wikipedia* *Flickr* *Napster* Blogs pessoais Wikis Folksonomias	Em fase experimental (exemplos): *FOAF (Friend-of-A-Friend)* *Powerset* *Hakia*

* HTML *(Hyper Text Markup Language)*: Linguagem desenvolvida para estruturar textos e apresentá-los em forma de hipertexto. É o formato-padrão das páginas Web. Uma linguagem de marcação é uma forma de codificar um documento que, juntamente com o texto, incorpora tags ou marcas que contêm informação adicional sobre a estrutura do texto ou sua apresentação.

** AJAX *(Asynchronous JavaScript And XML)*: É uma técnica de desenvolvimento Web para criar aplicações interativas. Estas aplicações são executadas no navegador do usuário e mantêm uma comunicação assíncrona com o servidor em segundo plano. Desta forma, é possível realizar mudanças sobre a própria página sem necessidade de recarregá-la. Isso permite aumentar e melhorar a interatividade, a velocidade e a usabilidade.

*** OWL *(Web Ontology Language)*: É uma linguagem baseada em uma ontologia, ou seja, em um conjunto de termos precisos utilizados para definir e representar conhecimentos específicos em um determinado domínio. A precisão e homogeneização desses termos pode permitir que uma pessoa ou um programa informático reconheçam e compartilhem um determinado significado.

cia, e especialmente a subjacente visão das TIC às propostas da *Web* 2.0, abrem perspectivas inéditas do ponto de vista dos contextos de desenvolvimento e dos cenários educacionais, ao mesmo tempo em que apresentam novos desafios para a educação formal e escolar.

A educação escolar deve servir para dar sentido ao mundo que rodeia os alunos, para ensiná-los a interagir com ele e a resolverem os problemas que lhes são apresentados. E nesse contexto as TIC são onipresentes. A exigência de que as TIC estejam presentes nas escolas, portanto, não suscita qualquer dúvida. A questão é, na verdade, como assinala Brunner (2000), a extensão e o sentido dessa presença. Não é a mesma coisa considerá-las como uma fonte de informação, como um laboratório no qual experimentar a manipulação de variáveis ou como uma ferramenta para construir conhecimento por meio da interação social. Também não é igual pensar no computador como um instrumento educacional, totalmente incorporado aos afazeres cotidianos de professores e alunos, e pensar nele como um passatempo à margem da atividade escolar.

Os novos cenários educacionais que se abrem aos nossos olhos – lembre-se do que comentamos antes a cerca do caráter ubíquo dos computadores, das tecnologias móveis e do *m-learning* – questionam o ponto em que exatamente começa e termina a ação de escolas e professores. As paredes dos estabelecimentos escolares tendem a tornar-se difusas e no futuro os processos educacionais deverão ocorrer onde existam tecnologias disponíveis e adequadas para mediar entre aprendizes, professores e conteúdos. Neste sentido, tudo aponta na direção de que podem acabar surgindo três cenários paralelos e claramente interdependentes. Em primeiro lugar, salas de aula e escolas cada vez mais "virtualizadas", ou seja, com mais e melhores infraestruturas e equipamentos de TIC e com projetos pedagógicos e didáticos que tentarão aproveitar as potencialidades dessas tecnologias para o ensino e a aprendizagem. Em segundo lugar, uma expansão das salas de aula e das escolas para outros espaços (bibliotecas, museus, centros culturais, etc.) nos quais será possível realizar, com o apoio das TIC, atividades e práticas com finalidades claramente educacionais – e provavelmente seja este o cenário que terá um maior desenvolvimento em um futuro próximo, como consequência do impacto das ferramentas e aplicativos próprios da *Web* 2.0 (*weblogs*, *wikis*, *webquests*, portfólios virtuais, *folksonomias*, etc.). Em terceiro e último lugar, um cenário global e onipresente, uma espécie de "megaescola" na qual a ubiquidade das TIC e o desenvolvimento das tecnologias móveis e das redes sem fio tornarão possível o aprendizado em praticamente qualquer lugar e situação.

Nestes três cenários, e em função tanto das concepções epistemológicas sobre o ensino e a aprendizagem mantidas pelos atores quanto das finalidades educacionais consideradas como prioritárias em cada caso e das dinâmicas concretas que forem estabelecidas, acabarão sendo definidos os usos efetivos que professores e alunos – ou, dito de modo mais geral, agentes educacionais e aprendizes – farão, finalmente, das TIC. No Capítulo 3, voltaremos ao tema dos usos educacionais das TIC, revisaremos algumas tipologizações de usos e vamos propor alguns critérios para avaliar seu impacto sobre o ensino e a aprendizagem. De momento, e adotando um olhar estritamente descritivo, vamos finalizar este ponto destacando a existência de usos das TIC que são fortemente contrastantes entre si em função dos elementos ou ingredientes dos processos educacionais e instrucionais que focalizam: usos centrados nos conhecimentos e na atividade autônoma e autorregulada dos alunos (atividades de indagação, exploração, experimentação, descobrimento, etc.); usos centrados na apresentação, organização e exploração dos conteúdos da aprendizagem (leituras, glossários, esquemas, mapas conceituais, simulações, etc.); usos centrados na apresentação e transmissão de informação pelo professor ou por especialistas (apresentações, demonstrações, conferências, videoconferências, etc.); e usos centrados na interação e na comunicação entre os participantes, professor e alunos (fóruns, *chats*, análise colaborativa de casos, resolução colaborativa de problemas, desenvolvimento de projetos em grupo, etc.).

Finalidades potenciais: entre o neoliberalismo e os movimentos sociais

Ao falarmos das finalidades da educação escolar, não devemos esquecer que os sistemas educacionais, a partir da segunda metade do século XIX, assentaram-se, em todos os países, sobre a ideia de Estados-nação como construções políticas, sociais e culturais relativamente homogêneas. Neste marco, as escolas tinham como função principal ensinar conteúdos estáveis, perduráveis, institucionalizados, necessários para o cultivo de um "bom" cidadão em um determinado Estado nacional. A missão do docente consistia, justamente, em garantir a transmissão dos valores e das formas culturais dessa comunidade idealizada que é a nação para as novas gerações, mas a uniformidade e a homogeneidade cultural deixaram de ser, em grande medida, traços distintivos dos Estados-nação – se é que alguma vez chegaram a sê-lo realmente –, o que gera várias incertezas e ambiguidades quanto às finalidades da educação escolar no mundo atual.

As TIC e a internet não apenas têm uma importante parcela de responsabilidade nessa situação, como estão, com muita frequência, no centro do debate. Assim, por exemplo, em alguns círculos, são cultivadas posturas – as quais, de nossa parte, não duvidamos em qualificar como maniqueístas e pouco realistas – que apresentam as escolas como instituições obsoletas que concentram todos os males, e as TIC e a internet como o remédio capaz de acabar com esses males e de refundar a instituição escolar. Com as TIC seria possível, finalmente, fazer com que o "mundo real" entrasse nas salas de aula e nas escolas e basear a aprendizagem dos alunos na indagação e na criatividade. Por trás dessas posturas, frequentemente se escondem, em nosso juízo, os interesses de grupos econômicos que aspiram a criar novos consumidores e a usurpar, de passagem, o poder que, embora enfraquecido, continuam tendo os sistemas de educação formal. Avivando sentimentos de incompetência e desesperança entre o professorado, os alunos e suas famílias, estes grupos esperam, à espreita, que as escolas adotem "soluções externas", alheias às finalidades da educação escolar, sem perguntar-se sobre o sentido e o alcance dessa opção.

Outra frente de debate são as diversas "brechas digitais",[18] as distâncias que, como já comentamos na primeira seção deste capítulo, surgem na Sociedade da Informação entre os "inforricos" e os "infopobres", entre os países e os setores da população que têm acesso a um uso construtivo, enriquecedor e criativo das TIC e aqueles que não têm acesso a elas ou que as acessam apenas como consumidores.

Às duas questões mencionadas, seria necessário acrescentar ainda as críticas

---

[18] Em geral, o termo refere-se à marginalização que sofrem os países pobres em relação aos ricos ou desenvolvidos; contudo, também se fala em brecha entre gerações (marginalização dos idosos), relativa a gênero (marginalização das mulheres), brecha cultural (marginalização das pessoas com poucos estudos), idiomática (marginalização dos usuários não anglófonos), etc. Existe uma página na *Web* especializada nesse tema: http://www.labrechadigital.org.

que, às vezes, são dirigidas às TIC e à internet por seus efeitos colaterais negativos para a educação, o ensino e o aprendizado. Haythornthwaite e Nielsen (2007) resumiram essas críticas nos seguintes pontos:

- Promovem uma comunicação de baixa qualidade, basicamente apoiada em textos escritos.
- Restringem as comunicações emocionais, complexas e expressivas.
- Potencializam as relações sociais superficiais e, às vezes, favorecem a irresponsabilidade e a falta de compromisso.
- Permitem a agressão verbal, o insulto e os diversos "ismos" (racismo, sexismo, etc.).
- Favorecem o abandono das relações locais.
- Tendem a propagar e reforçar um saber mais instável, profano e mundano (*infoxicação*).
- Diante deste estado de coisas, quais finalidades e atitudes educacionais seria necessário promover?

Vamos finalizar o capítulo comentando, de modo necessariamente esquemático, alguns desafios especialmente urgentes, segundo o nosso critério, das TIC em geral, e da internet em particular, do ponto de vista das finalidades da educação escolar, assim como algumas vias para abordá-los.

a) Com relação ao descrédito da escola como instituição legitimada para conservar, criar e transmitir o conhecimento e à proposta de substituí-la por ambientes e professores virtuais por meio do uso generalizado das TIC.

Parece pouco controverso que parte da crise das instituições educacionais tradicionais obedece à sua perda de poder e influência social, especialmente nos níveis do ensino não universitário.

Por um lado, a rejeição aos modos tradicionais e autoritários de exercer a autoridade, opostos aos modos próprios das sociedades democráticas e, por outro, as facilidades de acesso à informação e ao conhecimento fora das escolas, e sem intervenção direta do professorado, causaram forte erosão à tradicional relação assimétrica que governava as relações entre docentes e discentes. Essa erosão está, em grande medida, na origem das vozes que apregoam a obsolescência da escola e da ação docente do professorado, e a conveniência de substituí-los por aulas e professores virtuais. Contudo, como já argumentamos anteriormente (Monereo, 2005), essas propostas são – além de ofensivas para um setor profissional que ainda tem o conceito de "vocação" como traço distintivo – inaceitáveis, devido, pelo menos, aos seguintes motivos: porque as escolas e os professores continuam sendo, por enquanto, os depositários da cultura e os únicos que podem transmiti-la para as novas gerações em condições de confiabilidade e significatividade; porque alguns aprendizados adquiridos nas escolas – como aprender a falar, a ler e a escrever – são fundamentais para alguém chegar a ser um usuário competente das TIC; e porque, como já assinalamos, as informações que estão na internet precisam com frequência ser filtradas, ordenadas, selecionadas e contextualizadas para que possam ser assimiladas e transformadas em conhecimento pelos aprendizes, e, ao menos por enquanto, quem melhor pode realizar essa tarefa são os professores.

b) Com relação à falta de compromisso pessoal e social que, segundo se afirma, as TIC e a internet, às vezes, têm como efeitos colaterais.

Diante dessa afirmação, cabe opor dois argumentos de peso. Por um lado, a possibilidade de utilizar as TIC e a internet como uma "tecnologia persuasiva"

– *Captology* –,[*] ou seja, como uma tecnologia suscetível de influenciar os usuários com a finalidade de ganhá-los para uma causa determinada e, em princípio, nobre (Fogg, 2002).[19] E, por outro lado, a existência de movimentos sociais de todo tipo que concentram boa parte das suas atividades na internet (campanhas de sensibilização, convocatórias para comícios e manifestações, abaixo-assinados, etc.) conseguindo, frequentemente, um forte compromisso dos participantes e atingindo seus objetivos (Doménech, Tirado e Vayreda, 2005).

c) Com relação aos riscos de que as TIC e a internet favoreçam o isolamento, potencializem o *flaming*[20] e permitam esconder, manipular ou usurpar identidades.

Não há dúvida de que as narrativas do plano social e da própria identidade também sejam construídas através da rede. Por meio das trocas com os demais, mas também através do seu comportamento como aprendiz, consumidor, produtor de documentos, etc., o usuário adquire uma reputação que lhe permite entrar em determinados espaços exclusivos (listas de discussão), ser considerado confiável como comprador, ter determinados privilégios e preferências de acesso em certas comunidades, etc. É preciso reconhecer, contudo, que a possibilidade de fabular e inventar uma "personalidade virtual" ou construir identidades falsas é fácil e até mesmo frequente na internet (Wallace, 2001). Com a chegada da *Web* 3.0 e dos aplicativos capazes de seguir as pistas de um usuário através dos seus endereços de correio eletrônico, contudo, as táticas de camuflagem serão cada vez mais difíceis.

Por outro lado, já começam a proliferar na internet medidas específicas destinadas a fazer com que as interações entre usuários resultem mais adequadas e satisfatórias, por exemplo: o estabelecimento de regras e princípios de atuação por parte de administradores e moderadores, que devem ser respeitados por todos os participantes sob ameaça de expulsão em caso de seu não cumprimento; o estabelecimento das denominadas "*netiquetas*"; os protocolos de conduta e as famosas FAQ (*Frequently Asked Questions*). Todas essas medidas têm como finalidade potencializar uma comunicação fluida e um tratamento correto e agradável nas interações que ocorrem na internet. Não faltam, contudo, vozes que advertem sobre o perigo de que uma excessiva regulamentação impeça a controvérsia e acabe ameaçando a pluralidade.

d) Com relação às consequências negativas derivadas do excesso de informação e aos perigos da "*infoxicação*".

Também nesse aspecto estão sendo realizados esforços importantes orientados a formar os alunos como buscadores "estratégicos" de informação, com a finalidade de que possam discriminar entre a informação verídica, genuína e rigorosa e a informação errônea, simplista ou mal-intencionada (ver Capítulo 17). Além disso, uma vez que a sobrecarga e a circulação de informações incorretas, tendencio-

---

[19] Ver também o *site* do Stanford University Persuasive Technology Lab (http://captology.stanford.edu/).
[20] O termo *flaming* é utilizado para designar a prática de enviar mensagens hostis, agressivas ou ofensivas.
[*] N. do R. Acrônimo baseado na frase *computers as persuasive technologies*. *Persuasive technology – using computers to change what we think and do*. B. J. Fogg. Morgan Kaufmann, 2003.

sas ou mal-intencionadas são fenômenos inevitáveis na Sociedade da Informação, a implementação de programas formativos que facilitem, por parte dos usuários, a aquisição e o desenvolvimento das competências necessárias para enfrentá-los é a única linha de ação razoável.

e) Com relação às "brechas digitais" e ao aparecimento de novas fraturas sociais em torno das TIC.

O aparecimento de novos mecanismos de segregação e exclusão social em torno do acesso às TIC, e sobretudo do seu uso, é um fato incontestável que afeta, em todos os países do mundo, setores da população muito definidos (pessoas com baixo nível de renda e sem estudos ou com estudos básicos, idosos, emigrantes, portadores de deficiências físicas, etc.). Também é um fato a distância que separa os países desenvolvidos dos países em vias de desenvolvimento no que concerne ao acesso às TIC e seu uso. Afortunadamente, a sensibilização dos governos, das instâncias internacionais e das grandes corporações diante dos problemas provocados pelas "brechas digitais" é cada vez maior, e tudo leva a prever que, no que se refere especificamente ao acesso às TIC, as distâncias entre países e setores da população devem diminuir progressivamente. Entre outras razões, porque, como se sabe, a internet já é, e será cada vez mais no futuro, uma importante via de acesso ao consumo de todo o tipo de mercadorias e serviços; portanto, ao facilitar o acesso a ela, facilitar-se-á o acesso ao consumo, ampliando-se assim o mercado. Mais dificuldades traz, sem dúvida, a superação das brechas digitais no concernente aos usos das TIC. Conseguir que, uma vez alcançado o acesso às TIC, todos os setores da população possam fazer dessas tecnologias um uso enriquecedor, construtivo e criativo é o verdadeiro e complexo desafio que enfrentamos atualmente. E, mais uma vez, a educação formal e escolar, a única instituição das sociedades modernas capaz de chegar ao conjunto da população sem discriminações de nenhum tipo, é o melhor instrumento para conseguir isso.

As TIC em geral, e a internet em particular, proporcionam uma excelente oportunidade para se saltar em direção a uma educação de mais qualidade, baseada em princípios de solidariedade e igualdade. Contudo, se esse salto não for bem-dimensionado, se não partirmos das diferentes realidades sociais e educacionais, com suas conquistas e suas carências, podemos acabar dando um salto no vazio e o avanço educacional esperado pode acabar não passando de mais uma operação econômica e comercial. Será preciso fazer um esforço importante para, como já preconizou Edgar Morin em 1981, clarificar o que queremos, e é imprescindível conservar a educação que temos, ponderar o que realmente precisamos criar ou inventar para que a educação chegue a ser efetivamente universal e libertadora e também para decidir o que podemos, e talvez devemos, abandonar.

REFERÊNCIAS

Adell, J. (1997). Tendencias en educación en la sociedad de las tecnologías de la información. EDUTEC, Revista Electrónica de Tecnología Educativa, 7. Acesso (31.07.2008) em: http://www.uib.es/depart/gte/edutec-e/revelec7/revelec7.html

Anderson, P. (2007). What is Web 2.0? Ideas, technologies and implications for education. *JISC Technology and Standards Watch*, Consultado (08.10.2007) em: http://www.jisc.ac.uk/whatwedo/services/services_techwatch/techwatch/techwatch_ic_reports2005_published.aspx

Bautista, A. (Coord.) (2004). *Las nuevas tecnologías en la enseñanza. Temas para el usuario*. Madrid: Akal.

Bravo, J.; Hervás, R. e Chavira, G. (2005). Ubiquitous Computing in the Classroom: An Approach through Identification Process. *Journal of Universal Computer Science*, 11(9);1494-1504. Consultado (22.12.07) em: http://www.jucs.

org/jucs_11_9/ubiquitous_computing_in_the/jucs_11_9_1494_1504_jbravo.pdf

Brunner, J. J. (2000). *Educación: Escenarios de Futuro. Nuevas Tecnologías y Sociedad de la Información*. Documento Nº16, PREAL (Programa de Promoción de la Reforma Educativa en América Latina y el Caribe). Consultado (3.08.2008) em: http://www.preal.org/Biblioteca.asp?Id_Carpeta=63&Camino=63|Preal Publicaciones

Castells, M. (2000). *La era de la información. Vol 1. La sociedad red* (segunda edición). Madrid: Alianza.

Castells, M. (2001). *La galaxia Internet*. Barcelona: Areté.

Cebrián, J. L. (1998). *La red. Cómo cambiarán nuestras vidas los nuevos medios de comunicación*. Madrid: Santillana/Taurus.

Cobo Romaní, C. e Pardo Kuklinski, H. (2007). *Planeta Web 2.0. Inteligencia colectiva o medios fast food*. México. Barcelona. E-book. Consultado (08.10.2007) em: http://www.planetaweb2.net.

Cole, M. e Engeström, Y. (1993). Enfoque histórico-cultural de la cognición distribuida. En G. Salomon (Ed.), Cogniciones distribuidas. *Consideraciones psicoógicas y educativas* (pp. 23-74). Buenos Aires: Amorrortu.

Coll, C. (2003). Módulo 4. Tecnologías de la información y la comunicación y prácticas educativas. En C. Coll (Coord.), *Psicología de la Educación*. Versión en línea. Barcelona: UOC.

Coll, C. e Martí, E. (2001). La educación escolar ante las nuevas tecnologías de la información y la comunicación. En: C. Coll, J. Palacios e A. Marchesi (Comps.), *Desarrollo psicológico y educación. 2. Psicología de la educación escolar* (pp. 623-651). Madrid: Alianza.

Coll, C., Mauri, T. e Onrubia. J. (2008). El análisis de los usos reales de las TIC en contextos educativos formales: una aproximación socio-cultural. *Revista Electrónica de Investigación Educativa – REDIE* (no prelo).

Coll, C., Onrubia, J. e Mauri, T. (2007). Tecnología y prácticas pedagógicas: las TIC como instrumentos de mediación de la actividad conjunta de profesores y estudiantes. *Anuario de Psicología*, 38(3), 377-400.

Comisión Europea (1996). *Libro verde: vivir y trabajar en la sociedad de la información. Prioridad para las personas*. Bruselas: Comisión Europea. Consultado (22.12.07) em: http://foroconsumo.cepymev.es/archivos/libros%20verdes/sociedad%20de%20la%20informaci%F3n.pdf

Cuban, L. (2001). *Oversold and Underused. Computers in the Classroom*. Cambridge, MA: Harvard University press.

De Kerckhove, D. (2005). *Los sesgos de la electricidad*. Barcelona: UOC. Documento en línea. Consultado (14.12.07) em: http://www.uoc.edu/inaugural05/esp/kerckhove.pdf

Domènech, M. Tirado, F. e Vayreda, A. (2005). Aprender a participar en la vida pública a través de Internet. En C. Monereo (Coord.), *Internet y competencias básicas* (pp. 117-142) Barcelona. Graó.

Echevarría, J. (1999). *Los Señores del Aire: Telépolis y el Tercer Entorno*. Barcelona: Destino.

Ellerman, E. (2007). The Internet in context. En J. Gackenbach (Ed.), *Psychology and the Internet* (pp. 11-33). San Diego: Elsevier.

Ferrés, J. (1999). Educar en una cultura de l'espectacle. *Temps d'Educació*, 21, 285-295.

Franklin, T. e Harmelen, M. van (2007). *Web 2.0 for Content for Learning and Teaching in Higher Education*. Joint Information Systems Committee (JISC). Consultado (8.10.2007) em: http://www.jisc.ac.uk/media/documents/programmes/digitalrepositories/web2-content-learning-and-teaching.pdf.

Fogg, B, J. (2002). *Persuasive Technology: Using Computers to Change What We Think and Do*. San Diego: Morgan Kaufmann/Elsevier.

Gilster, P. (1997). *Digital Literacy*. New York: John Wiley.

Haythornthwaite e Nielsen (2007). *Revisiting Computer-Mediated Communication for work, community and learning*. En J. Gackenbach (Ed.), *Psychology and the Internet* (pp.167-185). San Diego: Elsevier.

Kaptelinin, V. (2002). Activity theory and HCI. Presentación en línea. Acesso (31.07.2008) em: http://www.nada.kth.se/kurser/kth/2D5339/oldversions/fall2002/Kaptelinin-2002.ppt

Martínez, F. & Solano, I. M. (2003). El proceso comunicativo en situaciones virtuales. En: F. Martínez (Comp.), *Redes de formación en la enseñanza. Las nuevas perspectivas del trabajo cooperativo* (pp. 13-29). Barcelona: Paidós.

Mittleman, D. & Briggs, B. (1998). Communication technology for teams: electronic collaboration. En E. Sunderstrom & assoc. (Eds.) *Supporting work team effectiveness: best practices for fostering high-performance*. (pp. 246-270). San Francisco. Jossey-Bass.

Monereo, C. (2005). Internet un espacio idóneo para desarrollar las competencias básicas. En C. Monereo (Coord.), *Internet y competencias básicas* (pp. 5-25) Barcelona: Graó.

Morin, E. (1981). *Pour Sortir du XX Siècle*. Paris: Nathan.

Monereo, C. y Pozo, J.I. (2007). Competencias para (con)vivir con el siglo XXI. *Cuadernos de Pedagogía*, 370, 12-18.

O'Reilly, T. (2005). What Is Web 2.0. Design Patterns and Business Models for the Next Generation. Documento en línea. Consultado (4.08.2008) em: http://www.oreillynet.com/pub/a/oreilly/tim/news/2005/09/30/what-is-web-20.html

Palamidessi, M. (Comp.) (2006). *La escuela en la sociedad de redes*. Buenos Aires: Fondo de Cultura Económica.

Pea, R. D. (1993). Seeing what we build together: distributed multimedia learning environments for transformative communications. *Journal of the Learning Sciences*, 3(3), 285-299.

Pea, R. D. & Maldonado, H. (2006). WILD for learning: interacting trhough new computing devices anytime, anywhere. En R. K. Sawyer (Ed.), *The Cambridge Handbook of the learnung sciences* (pp. 427-441). Cambridge, MA: Cambridge University Press.

Rheingold, H. (2002). *Smart mobs: the next revolution*. Cambridge, MA: Perseus Publishing.

Retortillo, F. (2001). Implicaciones sociales y educativas de las tecnologías de la información y la comunicación. *Psicología educativa*, 7 (2), 1-32.

Rychen, D. & Salganik, L. H. (2001). *Defining and Selecting Key Competencies*. Göttingen: Hogrefe & Huber.

Rychen, D. & Salganik, L. H. (2003). *Key Competencies for a successful life and a well-functioning society*. Göttingen: Hogrefe & Huber.

Roth, W.-M. & Lee, Yew-Jin (2007). Vygotsky's Neglected Legacy": Cultural-Historical Activity Theory. *Review of Educational Research*. 77(2), 186–232.

Sartori, G. (1998). *Homo videns. La sociedad teledirigida*. Buenos Aires: Taurus.

Simone, R. (2001). *La tercera fase. Formas de saber que estamos perdiendo*. Madrid: Taurus.

Scardamalia, M. (2004). Reflections on the transformation of education for the knowledge age. *Teoría de la Educación: Educación y cultura en la sociedad de la información*, 5. Consultado (22.12.07.) em: http://www.usal.es/~teoriaeducacion/rev_numero_05/n5_art_scardamalia.htm

Schilit, B., Adams, N. & Want, R. (1994). Context-Aware Computing Applications. En *Proceedings of the Workshop on Mobile Computing Systems and Applications*, Santa Cruz (USA). Consultado (14.12.07) em: http://schilit.googlepages.com/wmc-94-schilit.pdf

Shayo, C., Olfman, L., Iriberri, A. & Igbaria, M. (2007). *The virtual society: its driving forces, arrangements, practices and implications*. En J. Gackenbach (Ed.), Psychology and the Internet (pp.187-220). San Diego: Elsevier.

Suarez, C. (2003). Los entornos virtuales de aprendizaje como instrumento de mediación. *Teoría de la Educación: Educación y cultura en la sociedad de la información*, 4. Consultado (22.12.07) em: http://www.usal.es/~teoriaeducacion/rev_numero_04/n4_art_suarez.htm

Venezky, R.L. & Davis, C. (2002). *Quo Vademus? The transformation of Schooling in a Networked World*. Paris: OECD/CERI. Consultado (22.12.07) em: http://www.oecd.org/dataoecd/48/20/2073054.pdf

Wallace, P. (2001). *La psicología de Internet*. Barcelona: Paidós [Publicação original em inglês em 1999].

Weiser. M. (1991). The computer for the 21st century. *Scientific American*, 265(3), 94-104.

GLOSSÁRIO

Aprendizagem eletrônica móvel (*m-learning*). Refere-se às modalidades de ensino e aprendizagem que se utilizam de dispositivos móveis (computadores portáteis, agendas eletrônicas, celulares, *tablets PC*, *iPods*, *pockets PC*, etc.) e da conectividade sem fio para estabelecer comunicações entre os diversos agentes educacionais com uma finalidade instrucional (a denominada "escola nômade" é baseada no *m-learning*).

Folksonomia (*folksonomy*). Termo que se refere à construção de um sistema de categorias para organizar a informação a partir das contribuições espontâneas de um conjunto de pessoas, habitualmente feita sob a forma de etiquetas (*tags*).

Globalização. Processo pelo qual a crescente comunicação e interdependência entre os diversos países do mundo unifica mercados, sociedades e culturas.

Formação mista (Blended Learning ou B-Learning). Define um modelo de formação pelo qual se combinam atividades de ensino presenciais, ou "face a face", com outras realizadas a distância e apoiadas em TIC (*e-learning*). Sua finalidade é contribuir para alcançar os objetivos educacionais desejados a partir das vantagens que oferece cada ambiente:

a) presencial: interação física, vínculo emocional, atividades de maior complexidade cognitiva; e
b) virtual: redução de custos – de deslocamento, alojamento, etc. –, eliminação de barreiras espaciais, flexibilidade temporal.

Rede semântica. Em sentido estrito, trata-se de uma forma de representação de conhecimento verbal no qual os diferentes elementos semânticos de um determinado tema (por exemplo, conceitos) são representados por meio das inter-relações com outros elementos semânticos, formando redes, árvores ou mapas conceituais. Também define a denominada *Web* 3.0, sucessora da *Web* 2.0, que supostamente consistirá em uma rede de conexão em escala universal por meio da qual os usuários poderão ter acesso a informações personalizadas graças à capacidade dos computadores de *entender* a linguagem natural.

Tecnologia ubíqua (*Ubiquitous technology*). Expressão que se refere à progressiva integração dos meios informáticos nos diferentes contextos de desenvolvimento dos seres humanos, de maneira que não são percebidos como objetos diferenciados. Em inglês são utilizadas outras expressões de forma sinonímica, como *pervasive computing*, *calm technology*, *everyware* ou *Context-aware computing*.

Virtual. Refere-se a uma forma de representação de um objeto, fenômeno ou acontecimento da realidade sensível através de um suporte que emula suas características definitórias (por exemplo, um meio eletrônico) e que permite sua percepção e existência dentro dos limites desse suporte (por exemplo, um computador).

RECURSOS

Bautista, A. (coord.) (2004). *Las nuevas tecnologías en la enseñanza. Temas para el usuario*. Madri. Akal.

O título desta obra conjunta, coordenada por Antonio Bautista, pode induzir ao engano. Longe de ser mais uma publicação com recomendações gerais para utilizar as TIC nas salas de aula e algumas sugestões sobre programas educacionais concretos, oferece um autêntico compêndio de temas psicossocioeducacionais, tratados com profundidade, que ajudam o leitor a construir uma boa representação das principais tensões que a introdução da internet nas escolas espanholas está provocando. Temas, entre outros, como desigualdade tecnológica e brecha digital, o papel das TIC na construção de conhecimento científico, seu impacto sobre a democracia e a inovação educacional, a construção de uma identidade na rede ou as crenças e expectativas do professorado perante a internet são tratados de forma argumentada e crítica, perfilando o desafiante horizonte que as TIC apresentam para escolas e professores.

Gackenbach, J. (Ed.) (2007). *Psychology and the Internet*. San Diego, CA: Elsevier.

Ainda são pouco frequentes as publicações que tentam analisar o impacto da utilização generalizada da internet sobre as variáveis e processos psicológicos. Esta obra conjunta, integrada pelas contribuições de diferentes autores, analisa o impacto da internet agrupando as variáveis e processos psicológicos em três seções: variáveis intrapessoais (internet e gênero, etnias, condutas antissociais, sexualidade ou adições e dependências); variáveis interpessoais (internet e trabalho, comunidades, organizações, grupos de ajuda) e variáveis transpessoais (internet e ambiente ecológico, inteligência global, cultura, etc.). Trata-se, em suma, de um trabalho completo, atualizado e muito bem-documentado.

Palamidessi, M. (Comp.) (2006) *La escuela en la sociedad de redes*. Buenos Aires: Fondo de cultura económica.

Esta breve compilação oferece uma análise política, sociológica e psicoeducacional clara, concisa e crítica sobre a integração das TIC nas escolas, especialmente nos países latino-americanos. Boa parte das lúcidas reflexões que a obra contém podem ser generalizadas para outras realidades educacionais.

2

As tecnologias da informação e da comunicação e os processos de desenvolvimento e socialização

JOSÉ LUIS LALUEZA, ISABEL CRESPO E SILVIA CAMPS

TECNOLOGIA E DESENVOLVIMENTO HUMANO

Entender o desenvolvimento como uma exibição predeterminada de capacidades e habilidades pessoais, como simples atualização de potencialidades genéticas, levaria-nos a considerar as tecnologias como meros elementos contextuais que acompanham o amadurecimento do indivíduo. Pelo contrário, visto a partir de uma perspectiva construtivista que entende o desenvolvimento como a transformação por meio do processo de troca entre organismo e ambiente físico e social, as tecnologias desempenham um papel essencial na definição dos processos evolutivos.

Neste capítulo, vamos adotar esta última perspectiva, de modo que entenderemos o desenvolvimento, conforme Rogoff (2003), como a "participação mutável nas atividades socioculturais da própria comunidade, que também está em processo de mudança". Essa aproximação supõe entender o desenvolvimento como função da ação do indivíduo sobre seu meio, através das práticas próprias da sua comunidade. Cultura e cognição estariam, então, mutuamente constituídas por meio das atividades concretas que são realizadas na vida diária.

Por outro lado, toda atividade humana é mediada pelo uso de ferramentas, de maneira que, de acordo com Vygotsky (2000), o desenvolvimento é, em grande medida, a apropriação das ferramentas (materiais e simbólicas) do nicho cultural em que a criança opera. A cultura proporciona mecanismos de mediação cultural – ferramentas ou signos – para a criança em desenvolvimento em contextos de atividade específica, e a criança se apropria desses meios culturais e os reconstrói na atividade. Assim, as ferramentas não são apenas um complemento acrescentado à atividade humana, mas a transformam e, ao mesmo tempo, definem as trajetórias evolutivas dos indivíduos cujas habilidades se adaptam às ferramentas em uso e às práticas sociais por elas geradas.

Esta relação estreita entre desenvolvimento e uso de ferramentas pode ser situada tanto em escala filogenética quanto ontogenética. Cole (1999; Cole e Derry, 2005) assinala as implicações do fato de o *homo habilis* – construtor de ferramentas rudimentares – ter um cérebro várias vezes menor que o do *homo sapiens*. Isso significa que o desenvolvimento desse órgão, até adotar sua forma atual, ocorreu como adaptação a um ambiente já modificado pelo uso de ferramentas. Ou, o que vem a ser a mesma coisa, que nossa própria biologia é produto das interações proporcionadas pelas tecnologias e pela cultura. De modo que, tal como já afirmava o antropólogo Geertz (citado por Bruner, 1991), um homem sem cultura – e sem tecnologia, acrescentamos aqui – seria uma monstruosidade impossível. As implicações no nível ontogenético são claras: o desenvolvimento de cada pessoa ocorre em um ambiente povoado por ferramentas e se dirige, necessariamente, ao domínio de seu uso.

Assim, o "projeto evolutivo" de uma criança que pertença a uma sociedade de caçadores-coletores é radicalmente diferente daquele de outra nascida em uma sociedade de agricultores-pecuaristas ou do desenvolvimento daquela criança que cresce em uma sociedade industrial. Caçar, ou seja, utilizar os instrumentos de caça, requer habilidades motrizes, perceptivas e cognitivas muito diferentes daquelas que são necessárias para trabalhar a terra ou para dominar uma variedade de instrumentos próprios de uma sociedade complexa como a industrial. Além disso, as tecnologias próprias de cada momento histórico contribuem para promover metas coletivas, relações sociais, práticas cotidianas e expectativas de comportamento diferentes. As relações familiares, as formas legitimadas de poder, as relações de gênero e a forma de divisão do trabalho diferem à medida que estejam inseridas em contextos de atividade diferentes e sejam mediadas por ferramentas também diferentes. Não se trata, então, apenas das diferenças entre as habilidades necessárias para usar, por exemplo, o arco e as flechas e aquelas requeridas para utilizar o arado. As práticas sociais nas quais estão envolvidos os membros de uma sociedade de agricultores, tais como a acumulação de recursos, a conservação de excedentes, o comércio, a construção de moradias, a divisão do trabalho, com o aparecimento de castas e de ofícios, a gestão de impostos, etc., supõem um conjunto de tecnologias inexistentes nas sociedades de caçadores, cujo uso transformaria radicalmente a vida dos seus indivíduos, assim como os ideais de homem e mulher que guiam a educação das suas crianças.

Dito brevemente, as mudanças históricas estão relacionadas com mudanças nas tecnologias e com mudanças nos processos evolutivos. Este é o fundamento dos conhecimentos construídos pela arqueologia: os objetos resgatados nas escavações nos informam sobre a tecnologia de sua época, e o conhecimento dessa tecnologia nos permite reconstruir as práticas cotidianas, a economia, a organização social, as formas de vida. Por exemplo, no Museu Nacional de Lima, a história pré-colombiana é narrada eficazmente, explicando-se como as diferenças entre as vasilhas de diferentes épocas, encontradas na mesma área dos Andes, informam-nos sobre os processos de mudança histórica (grupos hegemônicos, dinastias, crenças, economia), através das ferramentas que as tornaram possíveis, e do uso dessas vasilhas como ferramentas materiais e como ferramentas de representação simbólica.

Essas mudanças supõem, portanto, mudanças nos processos evolutivos das pessoas. Em uma escala temporal mais próxima, Greenfield (1999) refere as profundas transformações que ocorreram em um período de apenas 25 anos em uma população indígena mexicana, descrevendo – nos anos de 1960 e 1990 – duas gerações de meninas em seu aprendizado do uso do tear. Ele analisa como a introdução do dinheiro e da escritura leva a uma transformação importantíssima do processo de socialização dessas meninas: elas continuam trabalhando no tear, mas mudaram suas metas; agora, estão interessadas em produzir uma grande variedade de modelos para comercializá-los fora da comunidade e apareceram novas ferramentas mediadoras, padrões e instruções escritas. Ao mudarem umas e outras, mudam os métodos educacionais, as formas de aprendizado guiado, de modo que agora se tolera a criatividade pessoal como prática legítima, ao mesmo tempo em que mudam as formas de representação que acompanham os processos de produção do tear. Evidentemente, isso não afeta apenas a produção de tecidos, mas todo o processo de desenvolvimento que transforma essas meninas em mulheres, uma vez que ocorrem transformações importantes nos valores relacionados com a autoridade, com a experiência, com a autonomia, com o gênero e com o *self*. O desenvolvimento histórico das ferramentas reflete, respectivamente, em cada momento e lugar, as características do desenvolvimento cognitivo e social.

Segundo a noção de atividade de Leontiev (Wertsch, 1988; Cole, 1999), no triângulo sujeito-ferramentas-objeto que caracteriza toda atividade, cada um dos vértices se transforma quando qualquer um dos outros o faz. O indivíduo se constrói em função do objeto da sua atividade e dos artefatos que a medeiam. Podemos, assim, entender as mudanças tecnológicas como transformações dos artefatos que medeiam a atividade que promovem e, ao mesmo tempo, são influenciados pelas transformações nos indivíduos e pelos objetos dessa atividade. Os processos evolutivos são, ao mesmo tempo, o requerimento para utilizar artefatos e o resultado da amplificação promovida pelos mesmos: "A tecnologia é produto da cognição e sua produção é um processo cíclico, que se autoperpetua. A cognição inventa a tecnologia, a tecnologia inventada amplifica a habilidade da cognição para inventar tecnologia adicional, a qual amplifica, assim, a cognição..." (Nickerson, 2005, p. 25).

A escrita é, talvez, o exemplo mais claro desta espiral autopoiética. Leitura e escrita transformam as capacidades cognitivas no que se refere ao tratamento da informação, tornando possível os avanços tecnológicos por meio da construção de novas ferramentas, como a imprensa e os meios de comunicação digital. Contudo, essas ferramentas expandiram, ao mesmo tempo, o uso da leitura e da escrita, universalizando-as e mediando o desenvolvimento das pessoas.

Ou seja, a tecnologia – pelo menos no sentido que estamos dando aqui – não é apenas um conjunto de ferramentas, uma vez que deve ser considerada no marco das práticas institucionais em que está inscrita e que, ao mesmo tempo, mantém. Prosseguindo com o exemplo da escrita, não devemos estar atentos apenas à forma como sua prática organiza o pensamento dos indivíduos, mas também à sua função social na mediação de múltiplas formas de comunicação e no estabelecimento de instituições relacionadas com a governança, a lei e a economia (Olson, 2003). E, principalmente, devemos estar atentos ao contexto institucional em que tais habilidades são adquiridas: a escola (LCHC, 1988). O impacto do uso da leitura e da escrita tem seu fundamento nas instituições que tornam necessário seu uso e na sua extensão para o conjunto da população; primeiro, com o surgimento de tecnologias como a imprensa e, depois, fundamentalmente, com a universalização da escola.

No que se refere às tecnologias da informação e da comunicação (TIC), a questão é a mesma: quais são as práticas institucionais que elas medeiam, quais as atividades que possibilitam e promovem e como umas e outras acabam se inscrevendo no "projeto evolutivo" de uma parte importante da população? Assim como o acesso universalizado aos textos promovido pela imprensa, tanto o acesso quase ilimitado a textos por meio da internet quanto o uso da comunicação telemática (correio eletrônico, fóruns, *chat* ou *SMS*) possuem um elevado potencial para a transformação dos indivíduos, uma vez que promovem práticas cotidianas que medeiam de maneira decisiva sua socialização.

A seguir, vamos examinar este impacto das novas tecnologias no desenvolvimento e na socialização em três áreas que consideramos fundamentais. Em primeiro lugar, examinaremos as potencialidades das TIC na definição do desenvolvimento humano, analisando quais habilidades cognitivas são promovidas pelo uso do computador, como se articulam diferentes ferramentas telemáticas entre si, funcionando como próteses ou amplificadores cognitivos, ou qual é o papel que desempenham no desenvolvimento social.

O segundo passo consistirá em analisar a mudança nos marcos de socialização promovidos pelas TIC. Após algumas chaves para entender a comunidade como contexto de produção e transmissão de significados, vamos analisar estudos que mostram o impacto das TIC nos limites das comunidades, a permeabilidade cultural e o surgimento das relações virtuais.

Finalmente, examinaremos algumas das linhas emergentes no estudo das novas tecnologias e sua relação com os processos de desenvolvimento e socialização.

O IMPACTO DOS COMPUTADORES NO DESENVOLVIMENTO

Vamos começar com um exemplo que nos permita seguir o rastro da nossa própria experiência pessoal: que mudanças relevantes ocorrem nas nossas habilidades quando deixamos de utilizar o lápis e o papel (ou a máquina de escrever) para usar um editor de textos?

Em primeiro lugar, poderíamos entender o editor como uma prótese que amplifica nossas habilidades, que nos permite fazer mais coisas em menos tempo ou fazê-las melhor. Assim, o editor de textos nos permite refazer um parágrafo, mudá-lo de lugar, combinar frases que antes estavam em outros parágrafos, introduzir facilmente uma citação disponível em outro texto, etc. Esse é um exemplo do que é possível fazer com a tecnologia, ou seja, de como as TIC ampliam nossas habilidades do mesmo modo que os óculos, um microscópio ou um telescópio ampliam nossa visão.

Em segundo lugar, podemos perguntar-nos quais habilidades adquirimos com o uso do editor de textos ou em quais aspectos melhoramos nossas capacidades mesmo em tarefas nas quais não utilizamos essa ferramenta. Por exemplo, o uso habitual do editor para revisar nossos documentos pode ter nos tornado mais eficazes em pensar formas alternativas de expressar algo, em recompor frases ou em melhorar nosso estilo de redação. Neste caso, esse seria um efeito da tecnologia sobre nossas capacidades. Usar uma determinada ferramenta não só permite que melhoremos nossas habilidades quando a utilizamos como deixa um "rastro", ou seja, uma vez que nos apropriamos de seu uso, nossas capacidades melhoram.

E, em terceiro lugar, podemos perguntar como o uso do editor de textos mudou nossa forma de redigir, de encarar o texto que queremos produzir, desde o modo de organizar a informação até a edição final, adotando uma ou outra apresentação. Todas elas são questões que teríamos nos colocado de maneira muito diferente se continuássemos usando lápis e papel ou máquina de escrever. A ferramenta transformou nossa forma de entender a tarefa e, inclusive, gerou novas metas. Esse seria o efeito provocado pela tecnologia.

Este exemplo é uma adaptação da aproximação metafórica sobre os efeitos na inteligência humana "com" a tecnologia, "da" tecnologia e "por meio" da tecnologia, proposta por Salomon e Perkins (2005) a propósito do que eles denominam ferramentas cognitivas. Uma tecnologia aparece em um contexto histórico como amplificadora das habilidades humanas (efeitos "com"). No caso das ferramentas que amplificam capacidades cognitivas, como a escrita, ocorre também um efeito de melhora dessas capacidades (efeitos "de"). Finalmente, mediante o uso da nova tecnologia, a longo prazo há uma reorganização do próprio sistema cognitivo, da maneira pela qual se pensa nessa cultura. É esta última modalidade, os efeitos "por meio" da tecnologia, a que mais nos interessa a partir de uma perspectiva evolutiva.

A tecnologia contribui para orientar o desenvolvimento humano, pois opera na zona de desenvolvimento proximal de cada indivíduo por meio da internalização das habilidades cognitivas requeridas pelos sistemas de ferramentas correspondentes a cada momento histórico. Assim, cada cultura se caracteriza por gerar contextos de atividade mediados por sistemas de ferramentas, os quais promovem práticas que supõem maneiras particulares de pensar e de organizar a mente.

Vejamos um exemplo. Em uma pesquisa sobre execução de tarefas de memória (Dasen, 1974), foram encontradas diferenças entre crianças aborígenes australianas e crianças anglo-australianas. Após uma breve apresentação de vários objetos em uma determinada ordem espacial, pedia-se às crianças que tentassem reproduzi-la. As crianças aborígenes foram as que obtiveram resultados levemente superiores; porém, o mais interessante foi a diferente estratégia utilizada: enquanto as crianças aborígenes guiavam-se pela representação visual, pelo aspecto dos objetos e pela relação espacial entre os mesmos, as crianças não aborígenes utilizavam estratégias verbais de memória, baseadas na categorização e na classificação. A primeira estratégia parece responder às necessidades ecológicas do modo de vida dos aborígenes australianos, cujos membros são especialmente hábeis para orientar-se no deserto a partir da observação do entorno e da detecção de pequenos detalhes, e em cujas práticas educacionais abundam os jogos de esconder e procurar. Pelo contrário, as crianças das sociedades urbanas industrializadas são envolvidas desde cedo, em casa e na escola, em tarefas de classificação de objetos, coerentes com as exigências da sua educação posterior e das formas de trabalho próprias de sua cultura. Esse exemplo mostra como a mesma tarefa é realizada mediante processos mentais diferentes, adquiridos por meio de práticas mediadas por ferramentas próprias de cada cultura e momento histórico.

A natureza das ferramentas culturais em um determinado momento histórico incide na definição operacional de inteligência, de modo que as habilidades necessárias para utilizar esse conjunto de ferramentas são um componente importante na definição implícita de inteligência por parte do grupo; trata-se de um claro efeito "por meio" *da* tecnologia. Assim, mudanças nas ferramentas culturais supõem mudanças nas formas de inteligência valorizadas pela sociedade e, portanto, na orientação do desenvolvimento cognitivo, social e emocional dos indivíduos.

No estudo do impacto das TIC no desenvolvimento humano, a questão é conhecer quais habilidades se potencializam com o uso das novas ferramentas, como esse uso repercute no aperfeiçoamento das capacidades dos indivíduos e como transformam a atividade, de tal maneira que sejam geradas novas necessidades para seu desenvolvimento.

Videogames e novas metas do desenvolvimento cognitivo

Sem dúvida nenhuma, a nova ferramenta mais estudada no que se refere ao seu impacto no desenvolvimento cognitivo, social e emocional é a dos *videogames*, provavelmente porque foi a primeira relacionada com os computadores que entrou na vida cotidiana de crianças e adolescentes. Uma série de estudos realizados durante uma década por equipes de pesquisadores da Universidade da Califórnia (Greenfield e Cocking, 1996) tornaram-se referência sobre o impacto do uso de *videogames* em diferentes áreas cognitivas, entre as quais se destacam a atenção visual, a representação espacial, o descobrimento indutivo, a representação icônica e a construção de gênero. Para além da evidência quanto à sua influência no aperfeiçoamento de determinadas habilidades, o mais revelador é ver como essas habilidades chegam a se consolidar, uma vez que são úteis para o manejo de diversas ferramentas envolvidas em práticas sociais emergentes.

Os *videogames* impõem uma prática que requer uma continuada atenção a elementos dinâmicos que são exibidos na tela, o que exige uma acurada discriminação visual e espacial. Mas o que resulta mais relevante é o tipo de atenção que promovem. Concretamente, os *videogames* exigem uma atenção visual dividida, ou processamento visual paralelo (Maynard, Subrahmanyam e Greenfield, 2005). Assim, em muitos *videogames* é necessário, ao mesmo tempo, controlar o movimento de um personagem no centro do campo de visão e prestar atenção a objetos periféricos ("fontes de energia", "pistas", "bônus", "armadilhas", etc.) que podem estar em movimento ou aparecer e desaparecer em pontos da tela diferentes daquele em que transcorre a ação principal. Ao longo de duas décadas, foram realizadas algumas pesquisas (Green e Bavelier, 2003) que mostram a existência de melhores habilidades desse tipo em indivíduos que jogam *videogame* e, também, que tais habilidades se consolidam de maneira cumulativa. A comparação de resultados distantes quase 20 anos entre si (entre meados da década de 1980 e o início deste século) também mostra um aumento dessas habilidades na população escolar norte-americana de classe média, o que se explicaria pela introdução massiva desse tipo de jogos nos lares e a consequente precocidade dessas práticas (Maynard, Subrahmanyam e Greenfield, 2005). O desenvolvimento das habilidades de atenção visual dividida ou processamento visual paralelo contrasta com aquelas que a escola tem promovido até este momento, mais orientadas para a atenção continuada e focalizada em eventos únicos.

No que se refere às habilidades espaciais, resulta muito interessante a transição ocorrida nos jogos desde a representação em duas dimensões até a representação tridimensional. A primeira está muito próxima das práticas escolares e acadêmicas, nas quais normalmente se representa o espaço real no plano, mas a representação virtual de três dimensões supõe uma prática nova. O jogador, frequentemente, precisa movimentar-se em "salas" que devem ser examinadas girando-se sobre seu eixo ou adotando pontos de vista diferentes, ou precisa situar-se em um espaço tridimensional, como um edifício disposto com vários andares e salas, sendo a localização em um ou outro lugar relevante para os objetivos do jogo. Diversas pesquisas já mostraram que a prática de *videogames* melhora as habilidades que permitem resolver tarefas escolares relacionadas com a orientação espacial, como a rotação ou integração de diversas imagens em uma única representação tridimensional (Maynard, Subrahmanyam e Greenfield, 2005).

A adequação dessas novas habilidades para a atividade humana também é relevante. A leitura de mapas demorou vários séculos para estender-se de uma reduzida casta – como oficiais da marinha e militares – para a população em geral, que hoje usa um mapa do metrô ou mapas de estradas sem muita dificuldade. Em compensação, as formas de representação espacial por meio de computadores estenderam-se de maneira vertiginosa, dos centros de *design* para o comércio. Já é comum vender apartamentos ou móveis a partir de projetos virtuais em duas ou três dimensões, e existem muitos âmbitos laborais nos quais a simulação ou a representação virtual do projeto até seus mínimos detalhes reduz custos e melhora o produto antes de se mexer em um único parafuso, agulha ou palheta. Até poucos anos atrás, era difícil encontrar o domínio desse tipo de representações fora de grupos profissionais, como arquitetos e engenheiros. Hoje, contudo, isso é exigido nos mais diversos tipos de práticas.

O impacto da representação icônica é ainda mais revelador dos processos de mudança cognitiva que afetam a população das sociedades pós-industriais. O uso de ícones e diagramas como meio de representação tem sido habitual em vários *videogames* a partir da década de 1980. Greenfield mostrou que, após utilizarem *videogames* que incorporam esse tipo de representações, os indivíduos tendem a utilizá-las como apoio para suas descrições verbais muito mais do que aqueles que não tiveram contato com os jogos. Ou seja, eles potencializariam formas de representação icônica que podem resultar como alternativas à linguagem em determinadas tarefas. Além disso, o uso de computadores – não só de *videogames* – aumenta não apenas a utilização como também a compreensão dos modos de representação icônica (Maynard, Subrahmanyam e Greenfield, 2005).

O uso de iconografia tem estendido-se exponencialmente a partir de novas interfaces – *Macintosh, Windows, Linux* –, as quais demonstraram seu potencial ao criar uma linguagem iconográfica que os indivíduos podem utilizar rapidamente, uma vez que tenham se apropriado dela, para aprender o uso de novos programas, mesmo que sejam desconhecidos e incorporem funcionalidades inovadoras, porque eles resultam familiares graças à iconografia compartilhada. Embora os ícones e diagramas tenham sido habituais em algumas áreas, como a pesquisa científica – em que são úteis para explicar novas ideias e relacioná-las com conceitos já assimilados –, seu uso estendeu-se progressivamente a múltiplas atividades. Qualquer manual de uso de uma máquina ou de montagem de qualquer artefato se apoia na utilização de abundante iconografia, que, além disso, é semelhante à utilizada para outras aplicações completamente diferentes: em aeroportos e estações, as informações são dadas por meio de ícones compreensíveis para viajantes que falem qualquer idioma. Expressar-se de modo adequado por meio de representações icônicas é, cada vez mais, uma tarefa necessária na alfabetização entendida de maneira ampla, e a interiorização dessa forma de representação supõe a aquisição de uma forma de organizar o pensamento.

Todos esses indícios apontam que a prática dos *videogames* está relacionada com determinadas formas de processamento cognitivo. Processamento de grandes volumes de informação em tempo reduzido, atenção em paralelo, deslocamento de funções do texto para a imagem, ruptura da linearidade no acesso à informação, busca de *retroalimentação imediata* para corrigir ou modificar a ação. Tudo isso supõe algumas mudanças no que se refere ao tipo de inteligência promovida e valorizada pela escola. Não é um modelo oposto, mas é, em alguns aspectos, diferente ao do meio escolar, no qual se pretende oferecer a informação de maneira escalonada, promove-se a atenção continuada e focalizada, o texto e a linguagem escrita têm prioridade acima de tudo e geralmente a retroalimentação é administrada a médio prazo.

Uma vez que o uso do computador e dos consoles de jogos se alastra socialmente, ele se transforma em uma prática de socialização habitual na nossa sociedade, e a prática precoce das tecnologias propiciada pela generalização dos *video-*

games no âmbito doméstico acaba produzindo um forte impacto nas habilidades cognitivas que definem a inteligência em uma cultura particular, assim como um desenvolvimento mais precoce dessas habilidades.

Processos evolutivos e de aprendizagem na apropriação das TIC

Diferentemente de outros importantes artefatos culturais, como a escrita, não parece que as TIC são adquiridas majoritariamente na escola, mas basicamente no âmbito doméstico, e em geral o desenvolvimento das habilidades correspondentes está ligado mais nitidamente aos contextos informais, como o grupo de iguais.

Voltando aos *videogames*, em muitos estudos o seu potencial motivador é apresentado como elemento central. Em uma revisão das pesquisas sobre as potencialidades educacionais dos *videogames*, Méndiz e colaboradores (2001) mencionam alguns trabalhos que, já na década de 1980, destacam sua capacidade motivadora como estímulo da fantasia infantil e a presença de outros fatores que são atraentes para a infância, como, por exemplo, o desafio e a curiosidade. Nesta revisão, são recolhidos vários aspectos que explicam esse potencial motivador:

- caráter lúdico;
- incorporação de níveis de dificuldade progressivos, que apresentam a tarefa como um desafio;
- objetivos claramente colocados;
- existência de incentivos intrínsecos à tarefa;
- impacto sobre a autoestima conforme os objetivos propostos são alcançados;
- individualização ou adaptabilidade ao ritmo pessoal imposto ao jogador;
- identificação/projeção de fantasias com os conteúdos simbólicos dos *videogames*.

No que se refere ao contexto social, os *videogames* são uma atividade de lazer, são realizados com o grupo de pares, carecem do rigor de um horário e de um espaço determinado e são objeto de um escasso controle parental sobre o jogo. Em resumo, os *videogames* parecem triunfar ali onde a escola frequentemente encontra dificuldades.

Gee (2005) faz uma provocativa leitura dessas diferenças. Ele afirma que os *videogames* – muito mais os que são comerciais que os pretensamente "sérios" – são baseados em um sólido modelo de aprendizagem, do qual a escola frequentemente carece. Em uma análise de alguns desses *videogames* comerciais, ele encontra um paralelismo com as formas tradicionais de aprendizagem dirigida: "Seleciona inteligentemente as habilidades e o conhecimento a serem distribuídos, constroi um sistema de valores integrado no jogo e relaciona claramente instruções explícitas com contextos e situações específicos".

Facer e colaboradores (2001) advertem, a partir dos resultados de uma extensa pesquisa sobre o uso doméstico do computador no Reino Unido, que o acesso de crianças e jovens a essa ferramenta não se exerce devido a uma prospecção do tipo "é importante aprender coisas sobre computadores, porque serão úteis no futuro profissional". Pelo contrário, os sujeitos do estudo – em sua maioria adolescentes – valorizavam os efeitos imediatos do uso das TIC: divertir-se, comunicar-se ou obter ajuda em suas tarefas escolares. Eles nunca colocaram o uso das TIC como acumulação de saber, e a apropriação de seu uso ocorre geralmente sem atender a manuais, mas diretamente "deixando rodar" o programa. Ocorre, então, uma interessante convergência entre aprender e usar, na qual o novato procura o especialista para solucionar problemas concretos de uso.

Tal proximidade entre o processo de aprendizagem e o uso orientado a metas – diferentes da aprendizagem em si – e o âmbito institucional – geralmente informal – no qual se realizam as práticas, são características fundamentais do processo de apropriação das TIC, e não apenas dos *videogames*. É o contexto de atividade que determina as metas das práticas, e isso faz com que encontremos uma grande pluralidade de usos das TIC, dependentes tanto das características das ferramentas quanto dos contextos nos quais elas são aprendidas e utilizadas.

Por outro lado, a informalidade desse processo contribui para elucidar a especificidade de domínio nos processos de desenvolvimento e sua relativa independência da idade. Ao não haver um marco institucional regulamentado para a aprendizagem do emprego das TIC, podemos encontrar especialistas e novatos de todas as idades no seu uso, o que situa o foco dos estudos de aquisição nos processos microgenéticos, ou seja, nas mudanças que ocorrem no momento de realizar uma tarefa ou construir um aprendizado. Assim, Yan e Fischer (2004) fazem uma revisão das pesquisas que analisam as habilidades de navegação em crianças e adultos; em nenhuma delas são encontradas diferenças substanciais em função da idade, mas sim em função da experiência.

Os autores citados propõem uma aproximação evolutiva que conecte esses processos microgenéticos com os processos sociogenéticos aos quais fizemos referência nos parágrafos anteriores. Tal conexão se estabelece mediante um caminho de ida e volta, de internalização e construção. Para o processo de internalização, os contextos sociais têm um impacto no desenvolvimento humano "com" a tecnologia como parte do contexto social e "por meio" da tecnologia como artefato. Para o processo de construção, as pessoas precisam aprender a tecnologia como ferramenta cultural e utilizá-la em sua interação em contextos sociais. É esse processo de construção que se explica por meio da microgênese. Os autores analisam a execução por parte de especialistas e novatos de um programa desconhecido para eles. Os caminhos que uns e outros seguem são diferentes em função de seu nível de experiência; os mais novatos flutuando entre diversos níveis de representação da tarefa, enquanto os especialistas já interiorizaram um sistema de representações que aplicam à nova tarefa.

Pelo visto, as TIC supõem uma linguagem particular, um sistema particular de representações. Como todas as linguagens, é adquirida pelo uso em situações sociais, por meio de tarefas dirigidas a metas. O domínio das ferramentas estaria, assim, ligado à compreensão da sua particular semiótica, à maestria ao ler seus símbolos.

As TIC como ferramenta de socialização: violência, gênero e valores culturais

Uma das mais antigas abordagens sobre o impacto das TIC é centrada na percepção das ameaças que elas podem representar para o desenvolvimento social e emocional. Tanto os temas dos *videogames* quanto os conteúdos aos quais é possível ter acesso utilizando a internet são objeto de debate com relação à educação dos menores. No que se refere aos primeiros, as questões que obtiveram, até agora, maior atenção da mídia referem-se aos conteúdos violentos e machistas, enquanto questões como os vieses culturais e de classe social têm despertado muito menos atenção. No que se refere à internet, a questão mais tratada é a proteção dos menores em relação à sua exposição a conteúdos sexuais e à ação de pedófilos. Que relevância real têm essas preocupações na pesquisa psicológica?

É evidente que uma parte importante dos *videogames* tem conteúdo violento, mas isso absolutamente não é uma novidade histórica no que diz respeito à oferta dirigida a crianças, adolescentes e jovens adultos, especialmente os de sexo masculino. Nas revistas em quadrinhos, filmes e espetáculos dirigidos a esse setor da população, sempre estiveram presentes – e de maneira predominante – os conteúdos violentos. E mesmo antes do aparecimento dessas formas de representação simbólica podemos encontrar práticas dirigidas a jovens que supõem uma inegável valorização positiva da violência – ou, no mínimo, sua tolerância – em festas populares ou em rituais de iniciação, como aqueles relacionados com o alistamento em exércitos. Atualmente, as TIC articulam, como toda ferramenta mediadora, conteúdos simbólicos que fazem parte da rede de significados da cultura, sendo abundantes entre eles formas diversas de violência, da mesma maneira que são, também, um meio – porém minoritário – para divulgar um discurso contra a violência.

A questão socialmente mais debatida consiste em se os *videogames* têm um impacto específico na população que os usa, gerando, por exemplo, mais condutas violentas. Diversos estudos (Estalló, 1995) negam isso, como também negam outros efeitos comportamentais, o que não é de surpreender, uma vez que os *videogames* são narrativas que fazem parte da rede de significados da cultura e, por isso, não são autônomos na geração de valores. Pelo contrário, suas narrativas cobram significado em relação àquelas geradas pelo restante das práticas sociais das quais participam os indivíduos. Mais uma vez, é o marco institucional no qual essas práticas ocorrem que se mostra relevante.

Uma questão diferente é a existência de efeitos de gênero. Em primeiro lugar, há uma forte presença de conteúdos machistas, do que poderíamos falar nos mesmos termos utilizados quanto à violência. Mas há um elemento especialmente relevante para os processos de socialização:

> É dado como fato que, a começar pelos criadores, e terminando com os próprios usuários e aficionados, a grande maioria dos atores envolvidos são homens, embora também seja possível apreciar um lento, mas progressivo, aumento do número de mulheres que participam neste setor do lazer. Apesar disto, tanto o conteúdo dos jogos quanto seu enfoque se caracterizam por potencializar os elementos que atraem seu público majoritário – os meninos –, constituindo uma espécie de círculo vicioso: os *videogames* são pensados para homens porque eles são o seu público majoritário, e o público majoritário é masculino porque a maior parte dos *videogames* são pensados para os homens (Díez, 2004, p. 330).

Facer e colaboradores (2005) chegam à mesma conclusão após uma profunda revisão de publicações a esse respeito e de uma extensa pesquisa entre jovens britânicos. Entendem que a troca de jogos e conhecimentos informáticos funciona como uma moeda de troca na construção das relações de amizade em grupos masculinos, especialmente durante a adolescência, ficando as meninas geralmente à margem. A maestria nesta área funciona como marca de distinção e contribuiria para a criação de uma cultura masculina similar à do futebol, mas, ao mesmo tempo, alternativa a ela. Fazer parte do grupo dos "antenados" em *videogames* ou na internet seria, então, um elemento de socialização com um claro viés de gênero, fato que contribui para a percepção social da tecnologia como algo ligado ao masculino. Embora esse marcador de gênero seja implícito e sutil, não ocorre o mesmo com a publicação de *videogames* explicitamente dirigidos às meninas, nos quais a marca de gênero passa a ser um elemento distintivo: consoles cor-de-rosa, jogos que representam meninas realizando atividades como ir às compras ou ir a festas. De qualquer modo, nem os *videogames* femininos, que podemos qualificar como sexistas, nem aqueles que pretendem não ser sexistas conseguem equilibrar o viés de gênero na prática dos *videogames*, e isso parece ter contribuído para decantar o acesso ao conjunto das TIC a favor dos meninos, que apresentam menor "ansiedade diante da tecnologia".

Contudo, esse efeito de gênero parece estar mais circunscrito à cultura ocidental dos países do Norte. Yan e Fischer (2004) relatam algumas pesquisas que mostram indícios de que a masculinização da tecnologia, própria das sociedades ocidentais, parece não operar da mesma maneira nas orientais, nas quais esta aparentemente não se estabeleceu como elemento de troca e de prestígio entre grupos de meninos.

Por outro lado, estudos da Organização Internacional do Trabalho (OIT) apontam que as diferenças de gênero relacionadas com a internet estão diminuindo. No relatório de 2003, assinala-se que a porcentagem de mulheres usuárias da rede está aumentando, já representando em torno de 45% do total mundial de usuários e chegando a 50% nos países industrializados. O mesmo relatório destaca que a porcentagem de mulheres conectadas à rede na América Latina é maior que a de homens, e indica que as TIC oferecem às mulheres oportunidades de expansão de seus projetos e a possibilidade de uma mudança social, política e cultural. As TIC facilitam para elas a possibilidade de acessar a informação e comunicar-se a partir de qualquer ponto do planeta, o que pode servir como contrapeso ao isolamento de muitas mulheres em seus lares ou em lugares remotos, além de facilitar todo tipo de contatos culturais, econômicos, políticos ou sociais.

Anteriormente, assinalávamos que as tecnologias presentes em uma cultura contribuem na definição daquilo que nessa cultura se considera inteligência. Isso ocorre em consonância com os valores, de modo que esses valores contribuem com o desenvolvimento e uso das ferramentas em uma cultura; as culturas, por sua vez, têm um claro impacto na transformação dos valores. Maynard, Subrahmanyam e Greenfield (2005) fazem uma interessante comparação entre as habilidades que se desenvolvem com o uso de *videogames* e as que são adquiridas na prática do tear por meninas índias zinacantecas.[1] O aprendizado do manejo do tear transcorre em um contexto em que a função social da tarefa, a interdependência com a comunidade e a clara transmissão de conhecimentos de especialistas adultos para aprendizes mais jovens contrasta com o que temos visto sobre os *videogames*. No primeiro caso, a tecnologia do tear está inscrita em práticas próprias de uma sociedade na qual predominam valores coletivistas, os quais educam prioritariamente por meio da promoção de habilidades sociais que favoreçam a integração na comunidade (inteligência social). Pelo contrário, o uso dos *videogames* nas sociedades modernas orienta o desenvolvimento prioritariamente visando o domínio do mundo físico (inteligência tecnológica). Os autores defendem que "um *videogame* não tem, por definição, nenhuma meta nem propósito social externo, diferentemente da aprendizagem zinacanteca do tear" (op. cit., p. 48). O uso das TIC apresenta-se, assim, em sintonia com os valores das culturas ocidentais modernas, fortemente individualistas, que orientam a educação mais para a transformação do mundo físico do que para tratar do mundo social.

---

[1] Originárias do município de Zinacantán, no Estado de Chiapas, México.

Neste ponto, gostaríamos de matizar a afirmação de Greenfield e sua equipe. A relação entre tecnologia e práticas culturais é evidente, mas é a prática social, e não a ferramenta em si, o que define a atividade. As TIC medeiam atividades orientadas para metas, e é nesse contexto que adquirem significado. Os *videogames* têm sido utilizados em sistemas de atividade projetados por Michael Cole (1999) para produzir diversas formas de aprendizagem colaborativa. Desse modo, os *videogames*, junto com outras TIC, servem como prática social no marco de comunidades de aprendizagem – denominadas "Quinta Dimensão" –, orientadas para formas de ação combinada as quais integram-se às formas de ação e valores de seu marco cultural local. Vinte anos de funcionamento em marcos culturais muito diferentes, em países como Estados Unidos, México, Suécia, Espanha, Rússia ou Austrália, demonstram que é o marco institucional no qual se desenvolvem as práticas que definem o significado do uso das ferramentas. Elas não são autônomas, uma vez que cobram sentido através do seu uso em contextos concretos de atividade (Cole, 1999; Nilsson e Nocon, 2005).

AS TIC E OS NOVOS MARCOS DE SOCIALIZAÇÃO

Na seção anterior, fizemos uma aproximação sobre o estudo do papel das TIC no desenvolvimento humano a partir da consideração dessas tecnologias como artefatos mediadores. Centramos nossos comentários no computador, mais concretamente nos *videogames*, seguindo a trilha de uma parte importante das pesquisas sobre TIC e desenvolvimento, especialmente no que diz respeito à infância e à adolescência. Um enfoque similar poderia ser adotado no estudo da internet.

Para isso, da diferenciação estabelecida por Hine (2004) entre as conceitualizações da internet como artefato ou como cultura, vamos utilizar esta última. Estamos interessados agora em nos aproximarmos do estudo das TIC, especialmente da internet, em sua vertente de contexto cultural do desenvolvimento. Essa oposição tem uma finalidade exclusivamente heurística. Na verdade, tal como afirma Cole (1999), o contexto não se limita a "envolver" os indivíduos. Em vez disso, deveríamos entendê-lo como uma "malha", como os fios de uma corda, em que não tem sentido falar de núcleo e invólucro. O principal mecanismo pelo qual cultura e pessoa se relacionam é o de "entretecer-se mutuamente". Este entretecer reflete um processo geral no qual "a cultura se torna individual e os indivíduos criam sua cultura". Wertsch (1988) apresenta esse processo como uma situação interativa pela qual as pessoas envolvidas em contextos de atividade conjunta guiam umas às outras em seu desenvolvimento. Definitivamente, a apropriação dos significados culturais ocorre em contextos de atividade conjunta entre indivíduos que mantêm uma intersubjetividade, ou seja, que compartilham uma definição similar da situação.

Mas nas sociedades tradicionais, e mesmo nas cidades modernas da era industrial, as relações sociais estavam circunscritas basicamente ao espaço e ao tempo imediato. A maioria dessas relações eram pessoais e aconteciam no seio de pequenas comunidades: a família, a vizinhança, o povoado onde se residia. A socialização, a entrada em um âmbito cultural, a apropriação dos significados da própria cultura, ocorria a partir da relação entre esses sistemas. Em contraposição a isso, a proliferação atual das TIC está configurando novas estruturas sociais e formas de organização nas quais os limites espaço-temporais tradicionais são colocados em xeque.

Gergen (1992) situa essas mudanças no núcleo do que passou a ser chamado pós-modernidade e que tem como resultado um novo tipo de identidade. Tanto nas sociedades tradicionais pré-modernas quanto na modernidade, o mundo e as relações que nele se estabeleciam eram mais estáveis e, portanto, mais previsíveis. Assim, a variabilidade nos processos de socialização em um contexto determinado era mínima. Mas as TIC permitiram aumentar continuamente a quantidade e variedade das relações que estabelecemos, a frequência potencial dos nossos contatos humanos, a intensidade expressada nessas relações e sua saturação. Portanto, criaram-se novas formas de relação que trouxeram consigo novos marcos de socialização.

Engeström (citado por Cole, 1999) introduz a noção de comunidade no estudo da atividade humana. As relações entre os sujeitos e os objetos através de ferramentas não acontecem mediante ações solitárias, mas em um contexto de relações comunitárias, em que as mudanças nas normas ou nas formas de divisão do trabalho transformam radicalmente a atividade e, portanto, o sujeito. A partir dessa perspectiva, o papel das TIC no estudo do desenvolvimento humano adquire importância não apenas como ferramenta, mas também como em sua contribuição para a transformação da comunidade como marco de socialização.

Veremos a seguir como as TIC contribuem para redefinir a comunidade, entendida como o espaço social no qual participa o indivíduo em desenvolvimento, com cujos membros ele estabelece um sistema de significados compartilhados – intersubjetividade – e onde transcorrem as práticas por meio das quais esse sujeito irá apropriar-se das ferramentas próprias de seu grupo social.

Redefinição dos limites da comunidade e cibercultura

Considerar a internet como um local onde é gerada uma cultura – o ciberespaço – tem sua primeira formulação teórica em Rheingold (1993), que destacou que as comunicações mediadas por computador (CMC) eram capazes de prover formas de interação muito ricas e de proporcionar o espaço idôneo para a formação de comunidades. Definiu a expressão "comunidade virtual" da seguinte maneira: "As comunidades virtuais são congregações sociais que emergem da internet quando suficientes pessoas se mantêm em uma discussão pública, durante tempo suficiente, com sentimento humano suficiente para estabelecer redes de relações pessoais no ciberespaço" (Rheingold, 1993, p. 5).

Essa perspectiva leva a considerar a internet como cultura em que as coordenadas espaçotemporais são redefinidas e, conforme comenta Castells:

> As localidades deslocam-se dos seus significados culturais, históricos e geográficos e reintegram-se em redes funcionais ou em *colagens* de imagens, induzindo um espaço de fluxos que substitui o dos lugares. O tempo é apagado no novo sistema de comunicação quando o passado, o presente e o futuro podem ser programados para interagir entre si em uma única mensagem. O espaço de fluxos e o tempo atemporal são as fundações materiais de uma nova cultura que transcende e inclui a diversidade dos sistemas de representação historicamente transmitidos: a cultura da virtualidade real, onde fazer acreditar é acreditar no fazer (1996, p. 375),

As comunidades virtuais devem ser entendidas como tais porque compartilham as mesmas características: geram sociabilidade e redes de relações humanas (ver Capítulo 13 deste livro). O que as diferencia das comunidades físicas é que são comunidades pessoais, ou seja, compostas por pessoas com base em interesses individuais e afinidades pessoais. São, portanto, redes mais nitidamente utilitárias do que as comunidades físicas. Estudos posteriores (Lipman, citado por Castells, 2002) destacam a maior sustentabilidade das comunidades que estão mais ligadas a tarefas ou a perseguir interesses comuns conjuntos. Em qualquer caso, as comunidades contribuem para configurar parte de uma rede social. Diferentemente do que as antiutopias mais catastrofistas prognosticavam, o uso da internet não parece estar associado ao isolamento. Pelo contrário, quanto mais rede social física se tem, mais se utiliza a internet; e quanto mais se utiliza a internet, mais se reforça a rede física que se possui (Welman, 2004).

Conforme crianças e adolescentes vão tendo acesso ao uso da internet, suas possibilidades de participação em novos âmbitos comunitários e seu acesso a novas fontes de significado aumentam. Isso rompe os limites da comunidade física, ampliando o número de microssistemas e tornando mais complexa a relação entre estes. Aos desafios da relação entre a família, a escola e o grupo de amigos – os microssistemas "clássicos" –, soma-se agora o das relações com um número ilimitado de sistemas virtuais, cada um deles gerador da sua própria microcultura.

Novas formas de narrativa e de comunicação

Na tradição vygotskiana mais remota, o acesso à escrita é considerado responsável por uma mudança cognitiva qualitativa, tanto no desenvolvimento histórico de um grupo cultural quanto no desenvolvimento ontogenético de cada indivíduo. As pesquisas de Luria (Wertsch, 1988) sobre os povos asiáticos da União Soviética, ou o clássico estudo de Cole e colaboradores (LCHC, 1988) sobre o impacto cognitivo da aquisição e prática da leitura e da escrita para os *Vai* da Nigéria demonstram isso. O que esses autores afirmam, assim como o fizeram, posteriormente, Rogoff (2003) e Wertsch (1988), é que o que explica as transformações cognitivas não é a aquisição da ferramenta em si, mas o conjunto das práticas em que seu uso se introduz, ou seja, o marco institucional no qual é adquirida e utilizada. Da mesma maneira, acreditamos, o impacto cognitivo das TIC reside nas práticas dentro das quais elas são utilizadas, no seu papel de mediação das atividades realizadas por meio dessas práticas.

Tal como ocorre com os *videogames*, a atenção em paralelo e a interpretação de representações icônicas são habilidades que a navegação na internet também exige. Porém, o mais relevante é que navegar na internet envolve leitura, e que a utilização de aplicativos como correio eletrônico, fóruns, *chats* ou *blogs* supõe escrever. Mas é importante salientar que tanto a leitura quanto a escrita são praticadas na internet de maneira muito diferente da tradicional. A leitura não é necessariamente linear e é o próprio leitor que escolhe o "fio da meada" que seguirá, a partir de diferentes opções, de modo que uma parte considerável do esforço estará relacionado à seleção daquilo que será lido e do que será descartado.

Esta não linearidade na sequência de fatos é o que Castells (2002) denomina de *colagem* ou *superposição temporal*. Ou seja, diferentemente da narrativa convencional, na qual os eventos podem se diferenciar segundo o momento em que ocorreram e aparecem uns após os outros, a internet se caracteriza, entre outras coisas, pelo aparecimento de múltiplos padrões complexos de temporalidade. E é aqui que se desenvolvem essas competências da atenção em paralelo que são necessárias para dar sentido à informação que recebemos.

Por exemplo, apesar da apresentação da informação em um *blog* ser linear no sentido temporal, ou seja, cada um dos *posts* é apresentado em ordem cronológica, isso não significa que sua leitura esteja limitada pela temporalidade, uma vez que a hipertextualidade da rede nos permite romper essa estrutura, ir e voltar no tempo. A hipertextualidade passa a ser a principal característica das narrativas em rede, rompendo com a própria ideia de narrativa linear, permitindo a transgressão desse modelo; "o rizoma do hipertexto não privilegia nenhuma ordem de leitura ou interpretação: não há uma visão geral última ou um 'mapa cognitivo', não existe a possibilidade de unificar os fragmentos dispersos em um marco narrativo coerente que o englobe; a pessoa está irremissivelmente atraída em direções contraditórias" (Zizek, 1997, p. 4).

No que se refere à escrita (como no *chat* e em determinados tipos de fóruns), tal como assinala Crystal:

> A fala da rede é algo completamente novo. Não se trata de escrita falada nem de discurso escrito (...). É, em suma, um quarto meio. Nos estudos linguísticos, estamos acostumados a discutir as coisas em termos de oralidade ante a escrita e esta ante a linguagem gestual. A partir de agora, deveremos acrescentar uma dimensão a mais em nossos trabalhos comparativos: língua falada ante a língua escrita, esta ante a linguagem gestual e esta ante a linguagem que se transmite por meio de computadores (2002, p. 273).

O que faz com que este último tipo de linguagem, também chamado *netspeak*, seja diferente enquanto forma de comunicação é o modo pelo qual se nutre de características que pertencem igualmente a ambos os campos da divisória oralidade/escrita. Nessa mistura de características próprias da escrita e da oralidade emergem formas de escrita que em outros contextos seriam consideradas incorretas.

> A maioria dos erros ortográficos não distraem [o leitor] do conteúdo da mensagem. Dada a relativa brevidade das frases, as mensagens escassamente pontuadas apresentam poucos problemas de ambiguidade. O receptor de uma mensagem também não questiona seriamente a credibilidade de uma pessoa que cometa erros ortográficos ou que se esqueça de pontuar um texto, uma vez que é plenamente consciente das condições de pressão sob as quais a mensagem foi escrita; e este receptor é consciente disso porque várias vezes por dia escreve, por sua vez, mensagens sob as mesmas condições de pressão (Crystal, 2002, p. 133).

Contudo, talvez o elemento mais novo seja o que se refere à audiência. Publicar de maneira instantânea, a partir de quase qualquer idade, um texto que pode chegar a ser lido por milhares de desconhecidos, e isso sem ter que passar por uma editora; manter uma conversa com alguém que não se viu nunca e que nem se está vendo no momento; trocar textos diariamente com pessoas que vivem em outro continente são coisas que dão uma nova dimensão à escrita.

Em suma, estamos diante de novas ferramentas desenvolvidas a partir de uma velha ferramenta, a escrita. A apropriação dessas ferramentas por meio de determinadas práticas sociais põe em jogo elementos que supõem o desenvolvimento de algumas habilidades diferentes das requeridas na leitura e na escrita clássicas, ao mesmo tempo que constituem, em si, novos marcos de socialização e vinculação às redes sociais.

LINHAS EMERGENTES PARA O ESTUDO DAS TIC NOS PROCESSOS DE DESENVOLVIMENTO E SOCIALIZAÇÃO

A definição que tomamos de Rogoff (2003) sobre o desenvolvimento humano no início deste capítulo nos dá uma ideia da difícil tarefa do psicólogo evolutivo: dar conta de processos de mudança que ocorrem em contextos que, por sua vez, estão em transformação. Atualmente, podemos observar a primeira leva de crianças, famílias e escolas em que a interação cultural é mediada por computadores e outros tipos de meios digitais, tais como celulares, *videogames*, câmaras digitais, etc. Estes artefatos estão cada vez mais conectados à internet, de modo que o ambiente sociocultural dessas crianças e seus pais inclui um âmbito absolutamente novo, como o ciberespaço, no qual se promovem novas práticas nunca antes imaginadas. As mudanças que em um futuro muito próximo serão possíveis graças ao que tem sido denominado de banda larga, capaz de transportar grandes volumes de dados que podem se apresentar por meio de interfaces multimodais, fazem com que qualquer análise fique obsoleta em muito pouco tempo. Fazer, nessas condições, uma perspectiva dos processos de mudança evolutiva relacionados com as TIC no futuro é uma tarefa que corre o risco de cair na simples especulação. Portanto, sem nenhuma pretensão de sermos exaustivos, vamos nos limitar a apontar três linhas de estudo sobre os novos âmbitos de socialização ligados às TIC que, pelo menos neste momento, parecem ser importantes.

A primeira, e mais chamativa, está relacionada com as possibilidades da virtualidade levada ao extremo. No mundo educacional surgiram, há poucos anos, ambientes virtuais tridimensionais na internet, como *Active Worlds*, *Quiz Atlantis* ou *5DLabyrinth* (veja uma resenha a respeito de todos eles em http://www.5d.org), que foram apenas um esboço de fenômenos atuais como *Second Life*; este, em pouco tempo transformou-se em um espaço de interações virtuais do qual já participam – no momento de escrever este capítulo – mais de um milhão de pessoas de todo o mundo. Embora nossa análise sobre a construção da identidade no ciberespaço tenha se baseado no texto escrito e na descorporização, encontramo-nos aqui com algo como uma nova recorporização, com formas de construção de identidades que utilizam não apenas a narrativa e o texto como também a imagem e representações icônicas nas quais o corpo se satura de conteúdos simbólicos.

As novas possibilidades que as TIC oferecem aos indivíduos para que experimentem a própria identidade permitem reabrir o estudo de processos evolutivos, como a moratória psicossocial da adolescência nos países ocidentais. Estamos falando da tarefa evolutiva da adolescência da segunda metade de século XX, consistente em "ensaiar" diversas identidades a fim de aproveitar a "moratória" que a sociedade oferecia aos jovens antes da adoção de compromissos (casamento, paternidade, vida laboral). Assim, as atuais possibilidades de ensaiar diversas narrativas sobre a própria identidade, por meio de interações virtuais, em um contexto social no qual, além disso, o período de moratória torna-se mais amplo (uma emancipação familiar tardia) têm um elevado potencial de impacto nesse processo evolutivo. Igualmente, as possibilidades do espaço virtual para continuar "brincando com a identidade" durante a vida adulta também podem ser relevantes na definição dessa etapa vital.

A segunda linha é, aparentemente, menos nova. As questões relacionadas com a brecha digital estiveram em moda nos anos de 1990, mesmo que agora pareçam ter sido esquecidas. Contudo, o acesso às TIC continua sendo segregado ao privilégio de uma classe social ou por se residir em determinadas regiões do planeta. Apesar do fato de existir um contingente cada vez maior de população integrado ao uso das TIC, a questão radica – como vimos ao longo deste capítulo – no contexto de atividade em que esse acesso existe. Não é a mesma coisa atuar em um âmbito limitado da rede sempre como um consumidor e utilizá-la como espaço para difundir novos significados. Por um lado, enquanto o âmbito doméstico continuar sendo a principal via de acesso às TIC para crianças e adolescentes, haverá uma brecha digital ligada ao nível de renda familiar. Contudo, em uma direção oposta, surgem fortes iniciativas comunitárias de apropriação das TIC por parte de coletivos caracterizados por seu pouco poder, como, por exemplo, grupos de mulheres ou grupos minoritários, o que faz destas ferramentas um elemento importante na redefinição das relações de gênero e de classe social. A forma que o acesso às TIC adotar, no futuro, através de quais práticas e em que marcos institucionais será algo decisivo para as condições de desenvolvimento das pessoas. O modo pelo qual as TIC vão influir nas potencialidades de desenvolvimento humano, em relação aos diferentes cenários em que estamos imersos, será necessariamente um âmbito de estudo e intervenção da psicologia educacional do futuro.

Em terceiro lugar, e para terminar, achamos especialmente interessante explorar as possibilidades que as TIC abrem para formas de expressão e criação desde as idades precoces. O acesso aos meios digitais de produção e publicação de texto e imagem na infância e na adolescência está começando a ser explorado, agora, por iniciativas como a *Digital Story Telling* (veja por exemplo, http://www.coe.uh.edu/digitalstorytelling) ou construção de *narrativas digitais*. Trata-se do uso de um variado conjunto de ferramentas de TIC, entre elas o vídeo digital, para construir relatos multimídia como forma de acesso a uma plena alfabetização digital. Essa iniciativa, encontrou espaços de ação na educação formal e não formal, na intervenção terapêutica, na dinamização sociocultural, no desenvolvimento cultural comunitário, etc. Para Bruner (1991), a passagem de espectador para narrador é fundamental na socialização dos seres humanos. As possibilidades que as TIC abrem na construção de narradores será, sem dúvida, um elemento fundamental no estudo dos processos evolutivos no futuro.

REFERÊNCIAS

Bruner, J. (1991). *Actos de Significado; más allá de la revolución cognitiva.* Madrid Alianza.

Castells, M. (1996). *The rise of the network society.* Cambridge, MA: Blackwell.

Castells, M. (2002). *Internet y Sociedad en Red.* Conferencia inaugural del programa de doctorado sobre la sociedad de la información y el conocimiento de la UOC. Consultado (26.11.2007) em: http://www.uoc.edu/web/esp/articles/castells/castellsmain2.html.

Cole, M. (1999). *Psicología Cultural.* Madrid. Morata. [Publicação original em inglês em1996]

Cole, M. e Derry, J. (2005). We Have met Technology and It IsUs. En R. J. Stenberg e D. D. Preiss (Eds.), *Intelligence and Technology. The Impact of Tools on the Nature and Development of Human Abilities* (pp. 209-227). New Jersey. LEA.

Crystal, D. (2002) *El lenguaje e internet.* Madrid: Cambridge University Press. [Publicação original em inglês em 2001].

Dasen, P.R. (1974). *Culture and Cognition.* London: Methuen.

Díez, J. (Ed.) (2004). *La diferencia sexual en el análisis de los videojuegos*. Madrid: CIDE/Instituto de la Mujer.

Estalló, J. A. (1995). *Los videojuegos. Juicios y prejuicios*. Barcelona: Planeta.

Facer, K., Sutherland, R., Furnlong, R. e Furlong, J. (2001). What's the point of using computers? The development of young people's computers expertise in the home. *New media & Society. 2(3),* 199-219

Gee, J. (2005). *What would a state of the art instructional video game look like?*. Innovate 1(6). Consultado (1.11.07) em: http://www.innovate-online.info/index.php?view=article&id=80.

Gergen, J.K. (1992). *El yo saturado*. Barcelona: Paidós.

Green, C. S. e Bavelier, D. (2003). Action video game modifies visual selective attention. *Nature, 423*, 534-537.

Greenfield, P.M. (1999): Cultural change and human development. *New Directions for Child and Adolescent Development*. 83, 37-59.

Greenfield, P.M. e Cocking, R. R. (Eds.) (1996): *Interacting with video. Advances in applied developmental psychology*. Stanford: Ablex Publishing Corp. & University of California.

Hine, C. (2004). *Etnografía Virtual*. Barcelona: Editorial UOC. [Publicação original em inglês em 2000.]

Laboratory of Comparative Human Cognition – LCHC – (1988). Cultura e inteligencia. En R. J. Sternberg (Comp.), *Inteligencia Humana. Vol. III*. (pp 1001-1099). Barcelona. Paidós. [Edição original em inglês em 1983.]

Maynard, A. E., Subrahmanyam, K. e Greenfield, P. M. (2005). Technology and the Development of Intelligence. From the loom to the computer. En R. J. Stenberg & D. D. Preiss (Eds.), *Intelligence and Technology. The Impact of Tools on the Nature and Development of Human Abilities* (pp.29-53). New Jersey. LEA.

Méndiz, A., Pindado, J., Ruiz, J. e Pulido, J. M. (2001). Videojuegos y educación: una revisión crítica de la investigación y la reflexión sobre la materia. En Aguilera, M. Méndiz, A. (Eds.), *Videojuegos y educación*. Informes Ministerio de Educación y Ciencia. Consultado (30.10.07) em: http://ares.cnice.mec.es/informes/02/documentos/home.htm.

Nickerson, R. S. (2005). Technology and Cognition Amplification. En R. J. Stenberg e D. D. Preiss (Eds.), *Intelligence and Technology. The Impact of Tools on the Nature and Development of Human Abilities* (pp.3-28). New Jersey. LEA.

Nilson, M. e Nocon, H. (2004). *School of Tomorrow. Developing Expansive Learning Environments*. London: Peter Lang.

Olson, D. R. (2003). *Psychological theory and educational reform: How school remakes mind and society*. Cambridge, UK: Cambridge University Press.

Rheingold, H. (1993). *The virtual community: Homesteading on the electronic frontier*. Reading, MA: Addison-Wesley.

Rogoff, B. (2003). *The Cultural Nature of Human Development*. Oxford NY. Oxford University Press.

Salomon, G. e Perkins, D. (2005). *Do Technologies Make Us Smarter? Intellectual Amplification With, Of and Through Technlogy*. En R. J. Stenberg & D. D. Preiss (Eds.), *Intelligence and Technology. The Impact of Tools on the Nature and Development of Human Abilities* (pp. 71-86). New Jersey. LEA.

Vygotsky, L. (2000). *El desarrollo de los procesos psicológicos superiores*. Barcelona: Crítica.

Wellman, B. (2004). *Connecting communities: On and off line*. Contexts, 3(4), 22-28.

Wertsch, J. (1988). *Vygotsky y la formación social de la mente*. Barcelona. Paidós. [Publicação original em inglês em 1985.]

Yan, Z. e Fischer, K. W. (2004). How Children and Adults Learn to Use Computers: A Developmental Approach. *New Directions for Child and Adolescent Development, 105*, 41-61.

Zizek, S. (1997). *The Cyberspace Real*. Consultado (30.10.07) em: http://www.egs.edu/faculty/zizek/zizek-the-cyberspace-real.html

RECURSOS

Stenberg, R. J., Preiss, D. D. (Eds.) (2005). *Intelligence and Technology. The Impact of Tools on the Nature and Development of Human Abilities*. New Jersey: LEA.

Neste livro, no qual colaboram autores da categoria de Gabriel Salomón, David Olson, Patricia Greenfield e Michael Cole, são exploradas as relações entre tecnologia e desenvolvimento cognitivo, abordando os níveis filogenético, histórico, ontogenético e microgenético. Não se limitando às TIC, a obra explora do uso do tear pelos índios centro-americanos até o impacto da escrita na história da humanidade. São exploradas as implicações da relação entre inteligência e tecnologia nos âmbitos da educação e do trabalho.

Crystal, D. (2002). *El lenguaje e internet*. Madrid: Cambridge University Press. [Edição original de 2001, em inglês.]

É um livro dedicado ao estudo da nova linguagem criada na internet: a ciberfala. Está centrado na descrição detalhada das particularidades discursivas e semióticas geradas pela internet a partir dos diferentes gêneros: o correio eletrônico, o chat, as páginas web, etc., enfatizando as potencialidades desta nova linguagem. A descrição e análise das particularidades da ciberfala partem da sua natureza híbrida no que se refere à adscrição ao âmbito da escrita ou da oralidade. É também um livro que abre interrogações, permitindo um "diálogo" aberto com o leitor.

Nilson, M. e Nocon, H. (2004). *School of Tomorrow. Developing Expansive Learning Environments*. London: Peter Lang.

Neste livro, colaboram pesquisadores de diversos países europeus e dos Estados Unidos, os quais desenvolveram comunidades de aprendizagem mediadas pelas TIC. São analisadas as características que podem vir a constituir uma escola que integre as TIC a partir do estudo de processos de aprendizado colaborativo promovido por comunidades locais em diferentes ambientes culturais. São analisadas, também, as formas de colaboração educacional em comunidades virtuais nas quais colaboram entidades de diferentes países e culturas.

GLOSSÁRIO

Contexto de atividade. Espaços de ação e interação, dotados de um sentido e de objetivos compartilhados pelos participantes, nos quais se desenvolve a troca simbólica e o uso de ferramentas culturais para a resolução de uma tarefa.

Narrativas digitais. Práticas de produção de relatos que utilizam uma variedade de meios digitais e nas quais se expressa uma voz pessoal.

Tecnogênese. Processo pelo qual os humanos constroem, manipulam e interagem com tecnologias da informação e da comunicação, cujos efeitos consistem na aquisição de novas funções e estruturas da mente humana e na constante transformação do meio sociocultural.

3

A incorporação das tecnologias da informação e da comunicação na educação
Do projeto técnico-pedagógico às práticas de uso

CÉSAR COLL, TERESA MAURI E JAVIER ONRUBIA

O objetivo deste capítulo é analisar o impacto das TIC na educação formal e escolar a partir de uma revisão dos estudos sobre a incorporação destas tecnologias (computadores, dispositivos e redes digitais) na educação e de seus efeitos sobre as práticas educacionais e os processos de ensino e aprendizagem. Apesar de que, inicialmente, não circunscreveremos a análise no nível educacional concreto, a maioria dos dados empíricos que a sustentam correspondem a estudos e pesquisas realizados no ensino fundamental e no ensino médio.

A tese que vamos expor e desenvolver pode ser brevemente enunciada como segue. Os estudos de acompanhamento e avaliação realizados em diversos países mostram que no transcurso das últimas duas décadas ocorreram avanços inegáveis no concernente à incorporação das TIC em todos os níveis da educação formal e escolar. Contudo, como também indicam esses estudos, em muitos países – como é, sem duvida, o caso da Espanha e dos países latino-americanos, entre outros – a penetração das TIC nas escolas e nas salas de aula ainda é limitada. Além disso, em geral, essa incorporação está encontrando mais dificuldades do que estava previsto inicialmente e, embora com exceções, a capacidade efetiva dessas tecnologias para transformar as dinâmicas de trabalho, em escolas e processos de ensino e aprendizagem nas salas de aula, geralmente fica muito abaixo do potencial transformador e inovador que normalmente lhes é atribuído. Pensamos, contudo, que tal constatação não deve nos levar a baixar as expectativas depositadas no potencial das TIC para inovar e transformar a educação e o ensino, nem para promover e melhorar a aprendizagem. Do nosso ponto de vista, essas expectativas estão plenamente justificadas. O que ocorre é que se trata de um *potencial* que pode ou não vir a ser uma realidade, e pode tornar-se realidade em maior ou menor medida, em função do contexto no qual as TIC serão, de fato, utilizadas. São, portanto, os *contextos de uso* – e, no marco desses contextos, a finalidade ou finalidades perseguidas com a incorporação das TIC e os usos efetivos que professores e alunos venham a fazer dessas tecnologias em escolas e salas de aula – que acabam determinando seu maior ou menor impacto nas práticas educacionais e sua maior ou menor capacidade para transformar o ensino e melhorar a aprendizagem.

Para argumentar e desenvolver essa tese, vamos organizar o restante do capítulo em três seções e alguns comentários finais. Em primeiro lugar, revisaremos brevemente algumas afirmações habituais relacionadas com o impacto das TIC na educação formal e escolar. São afirmações que situam-se no meio do caminho entre a descrição de processos de mudança (supostos ou reais), a exposição de expectativas e a formulação de predições, e nem sempre é fácil definir de qual destas se trata. Esta revisão nos permitirá delimitar o tema e justificar a escolha das práticas educacionais – entendidas como o desenvolvimento de atividades de ensino e aprendizagem na sala de aula e, mais concretamente, os usos que professores e alunos fazem das TIC enquanto realizam tais atividades – como foco da indagação sobre o impacto das TIC na educação formal e escolar. Em segundo lugar, e tomando como referência alguns estudos recentes de acompanhamento e avaliação da implantação e do uso das TIC no ensino fundamental e no ensino médio em diferentes países, mencionaremos alguns dados que mostram uma clara defasagem entre realidades e expectativas, e que proporcionam, segundo nosso entendimento, algumas chaves interessantes para valorizar o alcance e tentar compreender as causas de tal defasagem. Em terceiro lugar, tentaremos justificar a parte da tese que afirma que este fato não deve nos levar a reduzir as expectativas postas no potencial das TIC para transformar o ensino e melhorar a aprendizagem. Para isso, iremos apoiar-nos na ideia vygotskiana das TIC como instrumentos psicológicos, como ferramentas de pensamento e de *interpensamento* (do inglês *interthinking*). Nesta mesma seção, e para que possamos avaliar melhor o potencial transformador das TIC e as dificuldades para torná-lo realidade, também vamos introduzir a distinção entre projeto técnico-pedagógico e práticas de uso, e apresentaremos, como proposta, o rascunho de um esquema para a identificação e análise dos usos das TIC. Finalmente, encerraremos o capítulo com breves comentários sobre os objetivos da incorporação das TIC na educação escolar e sua presença no currículo, assim como ofereceremos algumas sugestões sobre a orientação dos trabalhos e pesquisas dirigidos a aprofundar nosso conhecimento sobre o impacto das TIC nas práticas educacionais.

O IMPACTO DAS TIC NA EDUCAÇÃO: DISCURSOS E EXPECTATIVAS

Por que normalmente associamos as TIC com expectativas de processos de mudança e melhora da educação formal e escolar? Quais são, em linhas gerais, estas expectativas? Em que argumentos elas se sustentam? O primeiro e principal argumento sobre o impacto das TIC na educação em geral, e na educação formal e escolar em particular, guarda relação com o papel dessas tecnologias na chamada Sociedade da Informação (SI). E, embora este seja um argumento que se situa em um patamar relativamente afastado do nosso centro de interesse neste capítulo, convém lembrá-lo brevemente, entre outras razões, porque se refere a um conjunto de fenômenos e processos que atualmente demarcam, presidem ou orientam as políticas de aperfeiçoamento da qualidade da educação – e não apenas naquilo que concerne às TIC – na maioria dos países, chegando, inclusive, a marcar o sentido do conceito de qualidade na educação. Estamos falando, para dizê-lo da maneira mais breve possível, do argumento segundo o qual, no novo cenário social, econômico, político e cultural da SI – muito facilitado pelas TIC e outros desenvolvimentos tecnológicos que estão ocorrendo desde a segunda metade do século XX –, o conhecimento passou a ser a *mercadoria* mais valiosa de todas, e a educação e a formação são as vias para *produzir* e *adquirir* essa mercadoria.

Neste cenário, a educação deixou de ser vista apenas como um instrumento para promover o desenvolvimento, a socialização e a enculturação das pessoas, um instrumento de construção da identidade nacional ou um meio para construir a cidadania. Neste cenário, a educação adquire uma nova dimensão: transforma-se no motor fundamental do desenvolvimento econômico e social. Tradicionalmente, a educação tem sido considerada uma prioridade das políticas culturais, de bem-estar social e de equidade. Junto com as TIC, na SI a educação e a formação passam a ser uma prioridade estratégica para as políticas de desenvolvimento, com tudo o que isso representa.

Mas o que nos interessa sublinhar agora é que a centralidade crescente da educação e da formação na SI tem vindo acompanhada por um protagonismo igualmente crescente das TIC nos processos educacionais e formativos. O objetivo de construir uma economia baseada no conhecimento requer que a aprendizagem seja colocada em destaque, tanto no plano individual quanto no social; neste marco, as TIC, e mais especificamente as novas tecnologias multimídia e a Internet, apresentam-se como instrumentos poderosos para promover a aprendizagem, tanto de um ponto de vista quantitativo como qualitativo. Por um lado, estas tecnologias tornam possível, por meio da supressão das barreiras espaciais e temporais, que mais pessoas tenham acesso à formação e à educação. Por outro, graças às tecnologias multimídia e à Internet, novos recursos e possibilidades educacionais estão disponíveis.

Além disso, a utilização combinada das tecnologias multimídia e da Internet torna possível aprender em praticamente qualquer cenário (na escola, na universidade, no lar, no local de trabalho, nos espaços de lazer, etc.). E esta ubiquidade aparentemente sem limites das TIC, juntamente com outros fatores, como a importância da aprendizagem ao longo da vida ou o surgimento de novas necessidades formativas, está na base tanto do aparecimento de novos cenários educacionais quanto dos profundos processos de transformação que, no juízo de muitos analistas da SI, começaram a ocorrer, e continuarão ocorrendo nos próximos anos, nos espaços educacionais tradicionais (veja, por exemplo, Feito, 2001; Luisoni, Instance e Hutmacher, 2004; Tedesco, 2001). As instituições de educação formal – escolas, institutos, centros de educação superior, universidades, etc. – estão sofrendo transformações progressivas como consequência do impacto destes fatores e fenômenos típicos da SI, associados, pelo menos até certo ponto, com as TIC; outras instituições, que não são estritamente educacionais – como a família, o local de trabalho, os museus e centros culturais –, têm sua potencialidade como cenários de educação e formação consideravelmente aumentada; e outros espaços até agora inexistentes – como, por exemplo, os espaços virtuais de comunicação, *on-line* ou em rede, que as TIC permitem configurar – emergem como cenários particularmente idôneos para a formação e o aprendizado. Em suma, as TIC estão transformando os cenários educacionais tradicionais e, ao mesmo tempo, promovendo o surgimento de outros novos.

Centrando-nos no primeiro destes aspectos, o da transformação dos cenários educacionais tradicionais, a incorporação das TIC na educação formal e escolar é frequentemente justificada, exigida ou promovida, dependendo do caso, pelo argumento de sua potencial contribuição para o aperfeiçoamento da aprendizagem e da qualidade do ensino.[1] Contudo, esse argumento até agora não encontrou um apoio empírico suficiente. Embora as razões para isso provavelmente sejam muitas e diversas – a heterogeneidade dos recursos tecnológicos incorporados, sua natureza e características, sua desigual potencialidade como ferramenta de comunicação e de transmissão de informação, a diferença de uso efetivo desses recursos por professores e alunos, as diferentes posturas pedagógicas e didáticas em que estão circunscritos, etc. –, a verdade é que resulta extremamente difícil estabelecer relações causais confiáveis e passíveis de interpretação entre a utilização das TIC e o aperfeiçoamento da aprendizagem dos alunos em contextos complexos, como são, inegavelmente, os da educação formal e escolar, nos quais intervêm simultaneamente muitos outros fatores.

Assim, os argumentos a favor da incorporação das TIC na educação formal e escolar passam a ser, na verdade e com muita frequência, um axioma que não se discute ou que encontra sua justificativa última nas facilidades que essas tecnologias oferecem para implementar certas metodologias de ensino ou certos postulados pedagógicos previamente estabelecidos e definidos em suas linhas essenciais. Assim ocorreu, primeiro, com a incorporação dos computadores; depois, com a incorporação da internet; e, agora, está acontecendo com o *software* social e com as ferramentas e aplicativos da chamada *Web* 2.0. A seguinte citação, extraída do interessante livro eletrônico de Cobo e Pardo (2007) sobre a *Web* 2.0, pode servir como exemplo – mas, antes de reproduzi-la, é bom notar que tanto a incorporação das TIC na educação quanto seus efeitos benéficos sobre a educação e o ensino são apresentados neste texto como fatos, e não como o que na verdade são: uma potencialidade que pode tornar-se efetiva, ou não, em função de uma complexa rede de fatores que, em grande medida, ainda precisam ser identificados:

> No contexto da sociedade do conhecimento, as tecnologias para uso educacional – sejam elas utilizadas no ensino presencial ou à distância – passaram a ser um suporte fundamental para a instrução, beneficiando um universo cada vez mais amplo de pessoas. Esta associação entre tecnologia e educação não só gera melhorias de caráter quantitativo – ou seja, a possibilidade de ensinar mais estudantes –, mas principalmente de ordem qualitativa: os educandos encontram na internet novos recursos e possibilidades para enriquecer seu processo de aprendizagem.
>
> A educação tem sido uma das disciplinas mais beneficiadas pela irrupção de novas tecnologias, especialmente as relacionadas com a *Web* 2.0. Por isso, é fundamental conhecer e aproveitar a bateria de novos dispositivos digitais, que abrem inexploradas potencialidades para a educação e a pesquisa.

---

[1] Este argumento não contempla o tratamento das TIC como um conteúdo curricular a mais, ou seja, como um conjunto de conhecimentos, habilidades e atitudes relacionadas com o manejo dessas tecnologias no marco dos esforços para promover a alfabetização digital dos alunos. De acordo com os resultados dos estudos de acompanhamento e avaliação realizados até agora (veja, por exemplo, Sigalés, Mominó e Meneses, 2007), a incorporação das TIC na educação escolar como conteúdo curricular, ou seja, como objeto de ensino e aprendizagem, é sensivelmente maior do que sua incorporação como instrumento de apoio ao ensino e à aprendizagem.

Inclusive, no jargão acadêmico já se fala em *Aprendizagem 2.0* (...) Essas ferramentas estimulam a experimentação, a reflexão e a geração de conhecimentos individuais e coletivos, favorecendo a formação de um ciberespaço de *intercriatividade* que contribui para criar um ambiente de aprendizagem colaborativa (Cobo e Pardo, 2007, p. 101).

A dificuldade para se estabelecer relações causais mais ou menos diretas entre a utilização das TIC e a melhora da aprendizagem fez com que alguns autores (*Cognition and Technology Group at Vanderbilt*, 1996; Jonassen et al., 2003; Twining, 2002) deslocassem seu foco de atenção para estudar como a incorporação das TIC nos processos formais e escolares de ensino e aprendizagem pode modificar, e muitas vezes de fato modifica, as *práticas educacionais*. O raciocínio subjacente a essa mudança de perspectiva é o de que não há muito sentido em tentar criar uma relação direta entre a incorporação das TIC e os processos e resultados da aprendizagem, uma vez que esta relação estará sempre modulada pelo amplo e complexo leque de fatores que formam as práticas educacionais. O que é preciso fazer, segundo algumas propostas, é indagar como, até que ponto e sob quais circunstâncias e condições as TIC podem modificar as práticas educacionais nas quais são incorporadas.

As implicações dessa mudança de perspectiva são claras. Por um lado, o interesse se desloca da análise das *potencialidades das TIC* no ensino e na aprendizagem para o estudo empírico dos *usos efetivos* que professores e alunos fazem dessas tecnologias no transcurso das atividades de ensino e aprendizagem. Por outro lado, as possíveis melhoras de aprendizagem dos alunos são vinculadas à sua participação e envolvimento nessas atividades, nas quais a utilização das TIC é um aspecto importante, mas apenas um entre os muitos aspectos relevantes envolvidos. De acordo com essa postura, não é nas TIC nem nas suas características próprias e específicas que se deve procurar as chaves para compreender e avaliar o impacto das TIC sobre a educação escolar, incluído o efeito sobre os resultados da aprendizagem, mas nas atividades que desenvolvem professores e estudantes graças às possibilidades de comunicação, troca de informação e conhecimento, acesso e processamento de informação que estas tecnologias oferecem.

SOBRE OS USOS DAS TIC NAS ESCOLAS E NAS SALAS DE AULA

Porém, quais são as informações que temos sobre a incorporação das TIC na educação escolar e sobre os usos que o professorado e os alunos fazem dessas tecnologias? Os estudos de acompanhamento e avaliação realizados até agora mostram claramente que, em geral, as expectativas e os discursos que acabamos de comentar estão sensivelmente afastados do que ocorre nas escolas e nas salas de aula.

Por um lado, os estudos comparativos internacionais e regionais (Balanskat, Blamire e Kefala, 2006; Benavides e Pedró, 2008; Kozma, 2003, 2005; *Ramboll Management*, 2006) indicam que há enormes diferenças entre os países no que se refere à incorporação das TIC na educação e à conexão das escolas à internet. Assim, enquanto em alguns países a maioria, ou mesmo a totalidade, das escolas contam com equipamentos de alto nível e dispõem de conexão à internet de banda larga, em outros continuam existindo carências enormes em ambos os aspectos. Tais diferenças, por outro lado, não existem apenas entre países ou entre regiões como frequentemente são detectadas também dentro de uma única região ou até do mesmo país. A incorporação das TIC na educação está, portanto, longe de apresentar um panorama tão homogêneo quanto às vezes se supõe, e seus efeitos benéficos sobre a educação e o ensino distam muito de ser tão generalizados quanto algumas vezes se insinua, entre outras razões porque na maioria dos cenários de educação formal e escolar as possibilidades de acesso e uso dessas tecnologias ainda são limitadas ou mesmo inexistentes.

Mas, por outro lado, algo que provavelmente é ainda mais importante na perspectiva deste capítulo é que todos os estudos, tanto os de âmbito internacional e regional quanto os de âmbito nacional (veja, por exemplo, o trabalho do Instituto de Avaliação e Assessoria Educacional [2007], com dados sobre a situação na Espanha; o de Sigalés, Mominó e Meneses [2007], referente à Catalunha; o de Conlon e Simpson [2003], referente à Escócia; o de Gibson e Oberg [2004], sobre a situação no Canadá; ou, ainda, os de Cuban [1993, 2001, 2003], sobre a situação nos Estados Unidos), coincidem em destacar dois fatos que, com maior ou menor intensidade, conforme o caso, aparecem com frequência. O primeiro fato guarda relação com o uso limitado que professores e alunos normalmente fazem das TIC. E o segundo, com a limitada capacidade que parecem ter essas tecnologias para impulsionar e promover processos de inovação e melhora das práticas educacionais. Vejamos um pouco mais detalhemente as conclusões de alguns desses trabalhos.

Das expectativas às realidades: os resultados da pesquisa

O trabalho de Gibson e Oberg (2004) está especificamente orientado a estudar tanto as propostas e expectativas quanto a situação real da introdução e uso da internet nas escolas canadenses no início do ano de 2000. Utilizando uma combinação de métodos quantitativos e qualitativos – entrevistas em profundidade, análise de documentos oficiais e de informações, questionários –, os autores conseguiram juntar um grande volume de dados de quatro coletivos diferentes: responsáveis e técnicos das administrações educacionais, representantes das associações de professores, administradores das escolas e professorado. Entre os resultados obtidos pelos autores, cabe destacar o que segue.

Em primeiro lugar, os quatro coletivos apresentam, majoritariamente, uma atitude positiva frente à incorporação da internet nas escolas e compartilham a ideia de que é um instrumento com um grande potencial para melhorar o ensino e promover a alfabetização digital dos estudantes. Em segundo lugar, a realidade do uso da internet nas escolas está longe de corresponder a essa atitude e a essa visão positiva sobre a utilidade potencial da internet para o ensino e a aprendizagem. Em terceiro lugar, o uso mais frequente nos quatro coletivos é a utilização da internet para aumentar e melhorar o acesso à informação. Isso contrasta com a baixa utilização da internet como instrumento inovador ao ensino e à aprendizagem e com o fato de que pouquíssimos professores mencionam empregar as possibilidades oferecidas por essa tecnologia para a colaboração, a criação a difusão de informação. Finalmente, as três razões assinaladas com mais frequência para explicar o uso escasso e restrito das possibilidades que, segundo esses mesmos coletivos, a internet oferece são: uma infraestrutura de apoio limitada, dificuldades para incluir a internet no currículo escolar e falta de um desenvolvimento profissional adequado do professorado.

O relatório *E-learning Nordic 2006* sobre o impacto das TIC sobre a educação na Dinamarca, Finlândia, Noruega e Suécia (*Ramboll Management*, 2006) responde especificamente à preocupação de conhecer o retorno dos altos investimentos feitos nesta área por esses países. Para isso, os autores obtiveram informação de uma ampla amostra de estudantes, professores, pais e diretores de escolas sobre três questões básicas: Os alunos aprendem mais e melhor com as TIC? As TIC fizeram com que aparecessem novos métodos de ensino? A cooperação entre as escolas e as famílias melhorou com as TIC?

No que se refere à segunda questão, que é a que nos interessa mais diretamente, dois resultados chamam poderosamente a atenção. O primeiro deles, relacionado com a frequência de uso das TIC, informa que aproximadamente um terço dos professores consultados respondeu que absolutamente não utiliza essas tecnologias no ensino; aproximadamente a metade disse que utiliza entre uma e cinco horas por semana, e apenas 17% deles – principalmente professores do ensino médio – utilizam-nas seis ou mais horas por semana. O segundo resultado, relacionado com os usos das TIC, mostra que essas tecnologias não comportam uma revolução dos métodos de ensino e, para os professores, sua utilidade está muito diretamente relacionada com a aprendizagem de conteúdos específicos. Quanto aos estudantes, posicionam-se frente às TIC mais como "consumidores" do que como "produtores" e utilizam-nas mais para trabalhar individualmente do que em grupo. Finalmente, no que concerne aos diretores, estes expressam majoritariamente uma visão das TIC como instrumentos valiosos para o "desenvolvimento pedagógico", mas, em compensação, poucos deles afirmam que esse impacto possa realmente ocorrer em suas escolas.

Tendências similares mostram os resultados obtidos por Conlon e Simpson (2003) em seu trabalho sobre o impacto das TIC nas escolas escocesas. Segundo os autores, tal impacto é parecido com o descrito por Cuban (2001) nas escolas do Silicon Valley, na Califórnia. Em ambos os casos, assim como ocorre no Canadá, na Dinamarca, na Finlândia, na Noruega e na Suécia, o equipamento e a infraestrutura são adequados e a maioria do professorado e dos alunos tem acesso às TIC nas escolas e nos lares. Contudo, os resultados obtidos indicam que enquanto as TIC, em geral, e os computadores e a internet, em particular, são utilizados frequentemente por uns e outros no lar, eles praticamente não são usados nas escolas. Ou, ainda pior, os usos que são dados às TIC na sala de aula são, com frequência, "periféricos" aos processos de ensino e aprendizagem (por exemplo, para digitar textos).

Mudando de cenário, Benavides e Pedró (2008), em um recente trabalho sobre o estado das TIC nos países ibero-americanos, também constatam tendências similares a essas que foram descritas, descontando, é claro, as enormes diferenças no que diz respeito a equipamentos, infraestrutura e possibilidades reais de acesso às TIC e à internet banda larga da maioria dos alunos e do professorado. Segundo esses autores,

> Os níveis de uso das TIC no ambiente escolar são extremamente baixos, a ponto de não ser possível equipará-los aos níveis que os próprios alunos desenvolvem fora do ambiente escolar, pelo menos nos países da OCDE – e, provavelmente, em um número crescente de Estados latino-americanos. Os números disponíveis mostram um balanço pobre e muito afastado das expectativas iniciais. É possível que tanto o número de alunos por computador quanto as condições dos equipamentos, assim como a inevitável obsolescência de uma parte do parque instalado, sejam razões de peso, mas provavelmente não são as únicas (Benavides e Pedró, 2008, p. 65).

Queremos, ainda, examinar um pouco mais detalhadamente um último exemplo relacionado com a implantação e uso das TIC nas escolas de ensino fundamental e de ensino médio na Espanha durante o ano letivo de 2005-2006, de acordo com o relatório realizado conjuntamente pelo Instituto de Avaliação e Assessoria Educacional do Ministério da Educação da Espanha, Neturity e pela Fundação Germán Sánchez Ruipérez (2007). Assim como nos casos anteriores, iremos nos concentrar na frequência e nos tipos de usos das TIC pelos alunos e pelo professorado, com uma única nota relativa ao equipamento e à infraestrutura. As principais conclusões sobre esses aspectos podem ser resumidas brevemente como segue:

- Apesar de o relatório considerar que a dotação de recursos de TIC (concebendo como tais computadores, periféricos e acesso à internet) pode ser considerada aceitável do ponto de vista do conjunto das escolas, ele também indica que ainda é necessário melhorar muito no que se refere ao número de salas de aula com computadores com conexão à internet e ao número de computadores nas salas de aula ordinárias (em contraposição com as chamadas salas de computadores ou salas de aula de informática). É razoável supor que, enquanto não houver melhoras substanciais nesses aspectos, o impacto das TIC sobre as práticas educacionais docentes e sobre os processos de ensino e aprendizagem continuará sendo, necessariamente, limitado.
- Em geral, as TIC ainda são pouco utilizadas com fins especificamente educacionais nas escolas e, principalmente, nas salas de aula. Sem exagero, poderíamos dizer que, de acordo com os dados apresentados no relatório, as atividades de ensino e aprendizagem desenvolvidas na maioria das aulas ordinárias do ensino fundamental e do ensino médio na Espanha não incorporam as TIC. O impacto dessas tecnologias sobre as práticas educacionais escolares é, por enquanto, extremamente limitado e está muito afastado das expectativas que normalmente são mantidas para justificar sua incorporação.
- Os usos mais frequentes – embora não sejam elevados em termos absolutos – das TIC pelo professorado e os alunos nas escolas e nas salas de aula estão relacionados principalmente com a busca e processamento da informação. Os usos relacionados com a comunicação e com a colaboração são praticamente inexistentes. Poderíamos dizer que as TIC são utilizadas basicamente, quando o são, como tecnologias da informação, muito mais do que como tecnologias da comunicação.
- Da mesma maneira, os usos mais frequentes das TIC pelo professorado estão situados no âmbito do trabalho pessoal (busca de informação na internet, utilização do editor de textos, gerenciamento do trabalho pessoal, preparação das aulas). Os usos menos frequentes são os de apoio ao trabalho docente na salas de aula (apresentações, simulações, utilização de *software* educacional, etc.) e os relacionados com a comunicação e o trabalho colaborativo entre os alunos.
- Há uma defasagem considerável entre a atitude positiva e a elevada valorização que o professorado expressa e tem das TIC e o uso limitado que dá a elas em sua prática docente.
- Há uma defasagem clara entre o nível de comodidade que sentem os alunos e o que sente o professorado frente às TIC: em geral, os alunos afirmam que se sentem muito mais cômodos e têm um sentimento de autocompetência significativamente mais alto que o professorado.

- Chama a atenção a defasagem existente entre os conhecimentos e as capacidades relacionadas com as TIC que os alunos dizem ter e o escasso aproveitamento que é feito destas nas escolas e nas salas de aula.

Chaves para a compreensão da defasagem entre expectativas e realidades

A rápida revisão precedente, apesar de seu caráter limitado e de absolutamente não ser exaustiva, proporciona um sólido apoio à ideia de que, no que se refere ao impacto e aos usos educacionais das TIC na educação formal e escolar, a defasagem entre expectativas e realidades não pode ser atribuída apenas a problemas de acesso. Certamente, o acesso do professorado e dos alunos às TIC é uma condição necessária que ainda está longe de ser cumprida em muitos países, escolas e salas de aula, e, portanto, é imprescindível continuar fazendo esforços nesse sentido; contudo, os estudos que foram revisados indicam também que de modo algum esta pode ser considerada uma condição suficiente. Mesmo quando se dispõe de um equipamento e de uma infraestrutura que garanta o acesso às TIC, professores e alunos frequentemente fazem um uso limitado e pouco inovador dessas tecnologias. Poderíamos dizer, parafraseando o título de um conhecido trabalho de Cuban (1993), que os computadores entram em choque com a realidade das escolas e que, como resultado desse choque, a realidade das escolas vence. As seguintes afirmações do mesmo autor, referentes aos Estados Unidos, mas que poderiam ser aplicadas com mais ou menos matizes, dependendo de cada caso, a países e escolas nos quais, de um modo geral, o acesso do professorado e dos alunos às TIC está garantido, são ilustrativas da situação e não deixam espaço para ambiguidades:

Os fatos são claros. Duas décadas depois da introdução dos computadores pessoais na nação, com cada vez mais e mais escolas conectadas e bilhões de dólares investidos, pouco menos de dois em cada 10 professores utilizam habitualmente (várias vezes por semana) os computadores em suas aulas. Três ou quatro são usuários ocasionais (utilizam computadores uma vez por mês). E o restante – quatro ou cinco em cada 10 – nunca utilizam computadores para ensinar. Quando se analisa o tipo de uso, resulta que estas potentes tecnologias frequentemente acabam sendo utilizadas como editores de textos e em aplicações de um nível baixo, que reforçam as práticas educacionais existentes em vez de transformá-las. Após tantos aparelhos, dinheiro e promessas, os resultados são escassos (Cuban, 2003, p. 1-6).

Frente a este estado de coisas, não é de se estranhar que os trabalhos sobre os usos das TIC tenham se orientado progressivamente para o estudo de como os atores da atividade educacional – especialmente o professorado e o alunado – se apropriam das TIC e integram essas tecnologias nas atividades de ensino e aprendizagem, das condições que tornam possível colocar em andamento processos de inovação com TIC nas salas de aula e dos fatores que incidem sobre o maior ou menor grau de sucesso desses processos (Area, 2005; Cuban, 2001; Hernández-Ramos, 2005; Sigalés, 2008; Sung e Lesgold, 2007; Tearle, 2004; Waserman e Milgram, 2005; Zhao et al., 2002; Zhao e Frank, 2003). Assim, por exemplo, no que se refere à frequência de uso das TIC nas salas de aula, a maioria dos estudos coincide em destacar a importância de fatores como o nível de domínio das TIC pelos professores – ou que é atribuído a eles –, a formação técnica e, principalmente, pedagógica que receberam neste campo e suas ideias e concepções prévias sobre a utilidade educacional das tecnologias.

Em compensação, no concernente aos tipos de usos, como destaca Sigalés (2008) em um trabalho recente sobre o tema, tanto a revisão dos estudos realizados até este momento quanto a análise dos próprios resultados apontam para a importância dos pressupostos pedagógicos que os professores têm – ou são atribuídos a eles. Em outras palavras, os professores tendem a dar às TIC usos que são coerentes com seus pensamentos pedagógicos e com sua visão dos processos de ensino e aprendizagem. Assim, com uma visão mais transmissiva ou tradicional do ensino e da aprendizagem, tendem a utilizar as TIC para reforçar suas estratégias de apresentação e transmissão de conteúdos, enquanto aqueles que têm uma visão mais ativa ou "construtivista" tendem a utilizá-las para promover as atividades de exploração ou indagação dos alunos, o trabalho autônomo e o trabalho colaborativo.

Este fato impõe a obrigação de se reconsiderar o suposto efeito transformador e inovador das práticas educacionais escolares, o qual, como já mencionamos, é, às vezes, atribuído de maneira automática à incorporação das TIC na educação. Os resultados dos estudos mencionados indicam que esta suposição é basicamente incorreta. A simples incorporação ou *o uso em si* das TIC não geram, inexoravelmente, processos de inovação e melhoria do ensino e da aprendizagem; na verdade, são determinados *usos específicos* das TIC que parecem ter a capacidade de desencadear esses processos. As TIC podem ser utilizadas no marco de posturas pedagógicas e práticas de aula muito diferentes entre si; sua incorporação na educação escolar não comporta necessariamente a colocação em marcha de inovações profundas nos postulados e práticas nos quais elas estão inseridas. Na verdade, o que indicam os resultados da pesquisa é que essa incorporação se traduz, em geral, em mais um reforço das posturas e práticas já existentes do que na mudança ou transformação destas.

Contudo, em nosso critério, seria um erro concluir a partir disso uma espécie de determinismo pedagógico ou didático, no sentido de que o potencial das TIC para transformar, inovar e melhorar as práticas educacionais depende diretamente do enfoque ou da postura pedagógica em que estiver inserida sua utilização. As relações entre tecnologia, por um lado, e pedagogia e didática, por outro, são muito mais complexas do que temos suposto tradicionalmente e se alinham mal tanto com o reducionismo tecnológico quanto com o pedagógico. Com certeza, os resultados dos estudos indicam que nem a incorporação nem o uso em si das TIC comportam de forma automática a transformação, inovação e melhora das práticas educacionais; não obstante, as TIC, e em especial algumas aplicações e conjuntos de aplicações de TIC, têm uma série de *características específicas* que abrem novos horizontes e possibilidades para os processos de ensino e aprendizagem e são suscetíveis de gerar, quando exploradas da maneira adequada – ou seja, quando utilizadas em determinados *contextos de uso* – dinâmicas de inovação e aperfeiçoamento que seria impossível ou muito difícil conseguir sem elas.

Convém, portanto, que nos detenhamos brevemente nestas características específicas das TIC que justificam, em nosso critério, que continuemos mantendo expectativas elevadas sobre seu potencial para o ensino e a aprendizagem. Para tanto, e para apresentar e comentar um esquema conceitual que pode ajudar a analisar e compreender melhor os contextos e tipos de usos das TIC, e seu maior ou menor impacto sobre o ensino e a aprendizagem escolar, dedicaremos a seção a seguir.

O POTENCIAL DAS TIC PARA O ENSINO E PARA A APRENDIZAGEM

As TIC como instrumentos para pensar e interpensar

O argumento fundamental para continuar mantendo um nível elevado de expectativas sobre o potencial educacional das TIC, apesar dos limitados efeitos documentados até agora, é, em nosso critério, o fato de considerá-las ferramentas para pensar, sentir e agir sozinhos e com outros, ou seja, como *instrumentos psicológicos* no sentido vygotskiano da expressão (Kozulin, 2000). Este argumento se apoia na natureza simbólica das tecnologias da informação e da comunicação em geral, e das tecnologias digitais em particular, assim como nas possibilidades inéditas que as TIC oferecem para procurar informação e acessá-la, representá-la, processá-la, transmiti-la e compartilhá-la.

Na verdade, a novidade das "novas" TIC, ou TIC digitais, não está em sua natureza de tecnologias "para" a informação e a comunicação. Nós, humanos, sempre utilizamos tecnologias para transmitir informação, para nos comunicarmos e para expressar nossas ideias, sentimentos, emoções e desejos, desde sinais ou símbolos entalhados na pedra ou na casca de uma árvore e os sinais de fumaça, até o telégrafo, o telefone, o rádio ou a televisão, passando pelos gestos e os movimentos corporais, a linguagem de sinais, a linguagem oral, a língua escrita ou a imprensa. A novidade também não está na introdução de um novo sistema simbólico para manejar a informação. Os recursos semióticos que encontramos nas telas dos computadores são basicamente os mesmos que podemos encontrar em uma sala de aula convencional: letras e textos escritos, imagens estáticas ou em movimento, linguagem oral, sons, dados numéricos, gráficos, etc. A novidade, em resumo, está realmente no fato de que as TIC digitais permitem criar ambientes que integram os sistemas semióticos conhecidos e ampliam até limites inimagináveis a capacidade humana de (re)apresentar, processar, transmitir e compartilhar grandes quantidades de informação com cada vez menos limitações de espaço e de tempo, de forma quase instantânea e com um custo econômico cada vez menor (Coll e Martí, 2001).

Contudo, todas as TIC, digitais ou não, somente passam a ser instrumentos psicológicos, no sentido vygotskiano, quando seu potencial semiótico é utilizado para planejar e regular a atividade e os processos psicológicos próprios e alheios. Neste sentido, o potencial semiótico das TIC digitais é, sem dúvida, enorme. E, consequentemente, o potencial dessas tecnologias como instrumentos psicológicos mediadores dos processos intra e intermentais envolvidos no ensino e na aprendizagem também é gigantesco. No marco dos processos de ensino e aprendizagem, a capacidade mediadora das TIC pode se desenvolver basicamente, em uma primeira aproximação, em duas direções. Em primeiro lugar, as TIC podem mediar as *relações entre os participantes – especialmente os estudantes, mas também os professores – e os conteúdos de aprendizagem*. Em segundo lugar, as TIC podem mediar as *interações e as trocas comunicacionais entre os participantes*, seja entre professores e estudantes, seja entre os próprios estudantes. Mas o que nos interessa destacar neste ponto é, principalmente, que o potencial mediador das TIC somente se atualiza, somente se torna efetivo, quando essas tecnologias são utilizadas por alunos e professores para planejar, regular e orientar as atividades próprias e alheias, introduzindo modificações importantes nos processos intra e interpsicológicos envolvidos no ensino e na aprendizagem.

Em resumo, a capacidade mediadora das TIC como instrumentos psicológicos é uma potencialidade que, como tal, torna-se ou não efetiva – e pode tornar-se efetiva em maior ou menor medida – nas práticas educacionais que transcorrem nas salas de aula em função dos usos que os participantes fazem delas. De que modo podemos identificar e descrever estes usos e de que depende que os participantes em um determinado processo educacional deem às tecnologias disponíveis certos usos e não outros são indagações que atualmente estão na mira de um bom número de pesquisas e trabalhos. De nossa parte, pensamos que os esforços dirigidos a buscar respostas para essas questões devem contemplar três níveis deferentes, embora complementares, de indagação e análise (Coll, 2004; Onrubia, 2005; Coll, Onrubia e Mauri, 2007).

Ferramentas tecnológicas e práticas educacionais: do projeto ao uso

Em primeiro lugar, os usos que os participantes efetivamente façam das TIC dependerão, em grande medida, da natureza e das características do equipamento e dos recursos tecnológicos que forem postos à sua disposição. Neste primeiro nível, o do *projeto tecnológico*, o que conta são as possibilidades e limitações que oferecem esses recursos para representar, processar, transmitir e compartilhar informação. Os aplicativos de *software* informático e telemático – ferramentas de navegação, de representação do conhecimento, de construção de redes semânticas; hipermídia; bases de dados; sistemas especialistas, de elaboração de modelos, de visualização, de comunicação síncrona e assíncrona, de colaboração e elaboração conjunta; micromundos, etc. – variam enormemente quanto a tais possibilidades e limitações. Esta variação, por sua vez, estabelece restrições diferentes quanto às atividades e tarefas que, por meio do uso desses aplicativos, professores e estudantes poderão desenvolver; ou seja, impõe limites quanto às possibilidades que oferece para que professores e alunos possam organizar as atividades de ensino e aprendizagem: a forma de apresentá-las e abordá-las, suas exigências, sua duração, as modalidades de participação, as responsabilidades dos participantes, as fontes e formas de ajuda e o suporte que os estudantes poderão receber durante seu desenvolvimento, o acompanhamento que o professor poderá fazer do progresso e das dificuldades dos estudantes, o acompanhamento que os estudantes poderão fazer sobre seu próprio processo de aprendizagem, as características dos resultados ou produtos esperados, os critérios e procedimentos de avaliação, etc.

Em segundo lugar, quando nos aproximamos do estudo de um processo formativo concreto que incorpore as TIC, seu projeto tecnológico resulta praticamente indissociável de seu *projeto pedagógico ou instrucional*, o que nos leva ao segundo nível de análise proposto. Com efeito, os ambientes de ensino e aprendizagem que incorporam as TIC não proporcionam apenas uma série de ferramentas tecnológicas, recursos e aplicações de *software* informático e telemático que seus potenciais usuários podem utilizar para aprender e ensinar. Geralmente, as ferramentas tecnológicas são acompanhadas de uma proposta, mais ou menos explícita, global e precisa, dependendo de cada caso, sobre a forma de utilizá-las para iniciar e desenvolver atividades de ensino e aprendizagem. O que os usuários costumam encontrar, de fato, são propostas que integram tanto os aspectos tecnológicos quanto os pedagógicos ou instrucionais, que adotam a forma de um *projeto técnico-pedagógico* ou *técnico-instrucional* com os seguintes elementos: uma proposta de conteúdos, objetivos e atividades de ensino e aprendizagem, assim como orientações e sugestões sobre a maneira de desenvolvê-los; uma oferta de ferramentas tecnológicas; e uma série de sugestões e orientações sobre como utilizar essas ferramentas no desenvolvimento das atividades de ensino e aprendizagem.

Convém sublinhar que a incorporação de ferramentas tecnológicas no planejamento de um processo formativo sempre inclui uma série de normas e procedimentos de uso, mais ou menos explícitos e formalizados, das ferramentas incorporadas. Estas normas e procedimentos de uso são um elemento essencial do projeto técnico-pedagógico e constituem o referencial imediato a partir do qual os participantes utilizam as ferramentas tecnológicas a fim de organizar sua atividade conjunta em torno dos conteúdos e tarefas de ensino e aprendizagem – ou seja, com a finalidade de estabelecer as "estruturas de participação" (Erickson, 1982) ou os sistemas de regras que estabelecem "quem pode dizer ou fazer o que, quando, como, com quem e sobre o que" durante a realização das atividades de ensino e aprendizagem previstas na elaboração do projeto do processo formativo.

Em terceiro lugar, apesar de sua importância inegável como elemento condicionante dos usos das TIC, o projeto técnico-pedagógico é apenas um referencial para o desenvolvimento do processo formativo, e como tal está inevitavelmente sujeito às interpretações que os participantes fazem dele. Além disso, a organização da atividade conjunta é, em si, o resultado de um processo de negociação e de construção por parte dos participantes, de maneira que tanto as formas de organização – as estruturas de participação ou sistemas de regras de que falamos antes – que vão se sucedendo ao longo do processo formativo quanto os usos dados às ferramentas tecnológicas não podem ser entendidos como uma simples transposição ou um mero desenvolvimento do projeto técnico-pedagógico previamente estabelecido. Cada grupo de participantes redefine e recria, de fato, os procedimentos e normas "teóricas" de uso das ferramentas tecnológicas incluídas no projeto a partir de uma série de fatores – conhecimentos prévios, expectativas, motivação, contexto institucional e socioinstitucional, etc. –, entre os quais ocupa um lugar destacado a própria dinâmica interna da atividade conjunta que desenvolvem seus membros em torno dos conteúdos e tarefas de aprendizagem. E é justamente nesta recriação e redefinição que o potencial das ferramentas tecnológicas como instrumentos psicológicos torna-se efetivo ou não, mediante sua contribuição para o estabelecimento de determinadas formas de organização da atividade conjunta e incidindo em maior ou menor medida, por meio destas, nos processos intra e intermentais envolvidos no ensino e na aprendizagem. A análise das formas de organização da atividade conjunta desenvolvida pelos participantes e dos usos efetivos das TIC no marco dessas formas constitui, assim, o terceiro nível de análise proposto.

Rumo a uma tipologização dos usos das TIC na educação formal

Uma vez estabelecido e justificado o princípio de que os usos efetivos que professores e alunos fazem das TIC dependem tanto do projeto técnico-pedagógico das atividades de ensino e aprendizagem em que estão envolvidos quanto da recriação e redefinição que eles fazem dos procedimentos e normas de uso das ferramentas incluídas nesse projeto, convém agora voltar à questão a respeito de como podemos identificar e descrever estes usos. As propostas de classificação dos usos educacionais das TIC são relativamente numerosas, embora sejam, em geral, pouco satisfatórias, segundo o critério da maioria dos autores que estudam o tema (veja, por exemplo, Sigalés, 2008; Tondeur, van Braak e Valcke, 2007).

Em um trabalho já clássico e frequentemente citado sobre o uso de *soft-*

ware educacional, Squires e McDougall (1994) fazem alusão à existência de três grandes sistemas de classificação que normalmente são utilizados para identificar e descrever este tipo de material: os que utilizam como critério de classificação o tipo de aplicações que permitem os pacotes de *software* (editores de textos, bases de dados, planilhas eletrônicas, simulações, programas tutoriais, programas para a elaboração de gráficos ou representação visual dos conteúdos, programas de exercícios, etc.); os sistemas que utilizam como critério as funções educacionais que, teoricamente, o *software* permite cumprir (motivar os estudantes, proporcionar-lhes informação, estimular sua atividade, facilitar a realização de exercícios e da prática, sequenciar os conteúdos ou as atividades, proporcionar retroalimentação, etc.); e aqueles que utilizam como critério a compatibilidade ou adequação global dos usos do *software* com grandes enfoques ou postulados educacionais ou pedagógicas (enfoques instrucionais, emancipadores, objetivistas, transmissivos, construtivistas, etc.). Dos argumentos expostos ao longo do capítulo, entende-se que as tipologizações de usos baseadas exclusivamente nas características concretas das ferramentas tecnológicas e nas suas potencialidades genéricas para a educação e a aprendizagem – como é o caso das duas primeiras descritas por Squires e McDougall – são claramente insuficientes; o mesmo cabe dizer das tipologizações baseadas nos grandes postulados pedagógicos ou didáticos – como é o caso da terceira –, embora algumas tenham produzido um impacto considerável e sejam, ainda hoje, referências iniludíveis neste campo (por exemplo, *Cognition and Technology Group at Vanderbilt*, 1996; Salomon, Perkins e Globerson, 1993).

Dos argumentos expostos até aqui, entende-se a necessidade de uma tipologização dos usos das TIC que leve em consideração *ao mesmo tempo* as características das ferramentas tecnológicas e as principais dimensões das práticas educacionais. O interesse dessa colocação, contudo, é tão grande quanto sua complexidade, entre outras razões porque a elaboração de uma tipologização com essas características impõe a disposição prévia de um modelo das práticas educacionais escolares que indique claramente suas dimensões essenciais. Uma tentativa destacada nessa direção é, em nosso entender, a realizada por Twining (2002). Em princípio, o *Computer Practice Framework* (CPF) proposto por Twining, apesar de integrar os aspectos essenciais que permitem dar conta, segundo o critério do autor, das práticas educacionais que acompanham o uso das TIC, tenta situar-se em uma posição neutra no que se refere à visão dos processos de ensino e aprendizagem e não prejulga os usos mais desejáveis da tecnologia do ponto de vista educacional.

Mais concretamente, o CPF contempla três dimensões de análise: a *quantidade* de tempo durante o qual o professor ou os estudantes utilizam as TIC (que se expressa em termos de proporção sobre o tempo total disponível); o *foco*, ou seja, os objetivos aos quais servem as TIC; e o *modo*, que se refere à posição do uso das TIC em relação ao currículo. No que se refere ao foco, o CPF distingue três grandes subcategorias: ou os usos das TIC têm como objetivo ajudar os estudantes a desenvolverem destrezas e habilidades relacionadas com o domínio das tecnologias (por exemplo, aprender a utilizar o *mouse* ou o *trackpad*, aprender a utilizar um editor de textos, um programa de desenho, uma base de dados ou um *software* de apresentações, aprender a procurar e baixar imagens da internet e a arquivá-las para utilizá-las posteriormente, etc.); ou são utilizadas para apoiar algum aspecto ou conteúdo da aprendizagem diferente das próprias TIC; ou, ainda, são utilizadas com outros objetivos não diretamente relacionados com a aprendizagem (por exemplo, comunicar-se com os pais dos estudantes para lhes proporcionar informação sobre os progressos de seus filhos, ou como entretenimento, simplesmente para jogar).

O segundo dos focos mencionados, aquele centrado no auxílio à aprendizagem dos estudantes, inclui, por sua vez, três grandes tipos de uso: como ferramenta curricular – *curriculum tool* –, em que as TIC são usadas para promover a aprendizagem em uma área curricular determinada (por exemplo, para a aprendizagem da escrita, da construção e interpretação de gráficos, da geometria, da matemática, para fazer exercícios, etc.); como ferramenta de aprendizagem – *mathetic tool*[2] –, em que as TIC são usadas como apoio na aquisição e desenvolvimento de procedimentos e estratégias de aprendizagem (por exemplo, para auxiliar os estudantes a refletirem sobre seus próprios processos de aprendizagem, para ajudá-los no planejamento de suas atividades de aprendizagem e para que possam fazer um acompanhamento delas; para ajudá-los a desenvolver habilidades de trabalho colaborativo, etc.); ou como ferramenta afetiva – *affective tool* –, em que as TIC são usadas para proporcionar apoio afetivo e emocional aos estudantes (por exemplo, para reforçar sua autoestima, melhorar sua percepção de autocompetência ou aumentar sua motivação). Finalmente, o modo, cuja finalidade é refletir a respeito do impacto das TIC sobre o currículo, contempla, por sua vez, três categorias que dependem do efeito do uso dessas tecnologias: se elas apenas tornam mais efetivo ou eficiente o ensino dos conteúdos curriculares, mas sem introduzir mudanças nesses conteúdos (modalidade de apoio: *support*); se elas introduzem mudanças mais ou menos importantes, mas que poderiam ter ocorrido mesmo sem, necessariamente, empregar-se as TIC (modalidade de ampliação: *extend*); ou se elas introduzem mudanças que teriam sido impossíveis sem a presença das TIC (modalidade de transformação: *transform*).

Na maioria das vezes, contudo, os esforços dirigidos a elaborar tipologizações de usos das TIC, que considerem tanto as características das ferramentas tecnológicas quanto as dimensões principais das práticas educacionais, afastam-se da neutralidade pretendida por Twining e posicionam-se diretamente no marco de um enfoque ou postulado educacional, pedagógico ou didático determinado. São tipologizações, então, orientadas fundamentalmente para identificar e descrever aqueles usos das TIC que são considerados compatíveis com as propostas e princípios do enfoque de referência escolhido e que, portanto, podem contribuir para reforçar e levar à prática; em contrapartida, há também as tipologizações que ignoram ou deixam de lado os usos das TIC considerados compatíveis com propostas e princípios próprios de enfoques pedagógicos ou didáticos alternativos, por não considerá-los interessantes ou mesmo por achá-los inadequados. Como assinala de maneira acertada Sigalés (2008), é principalmente no marco do enfoque construtivista, em suas múltiplas e diversas variantes, que têm ocorrido tentativas desta natureza com mais frequência. Talvez a mais conhecida dessas tentativas seja a proposta de classificação das TIC como ferramentas da mente – *mindtools* –, apresentada por Jonassen e colaboradores (Jonassen, Carr e Yueh, 1998), que distinguem entre ferramentas de *organização semântica* (bases

---

[2] A Matética é a ciência da aprendizagem. O termo foi cunhado por Comenius (1592-1670), que entendia a Matética como sendo contraposta à Didática, que é a ciência do ensino (fonte: http://en.wikipedia.org/wiki/Mathetics).

de dados, redes semânticas); ferramentas de *modelagem dinâmica* (planilhas eletrônicas, sistemas especialistas, modelagem de sistemas dinâmicos, micromundos); ferramentas de *interpretação da informação* (visualização); ferramentas de *construção do conhecimento* (multimídia e hipermídia); e ferramentas de *conversação* (comunicação, colaboração).

É preciso notar, contudo, que essa classificação é mais uma tipologização de ferramentas de TIC do que de usos das TIC, o que representa uma limitação importante. Com efeito, em última análise, o que faz com que uma planilha eletrônica seja uma "ferramenta de modelagem", que um material multimídia seja uma "ferramenta de construção de conhecimento" ou que um fórum seja uma "ferramenta de colaboração", para colocar apenas alguns exemplos óbvios, não são, ou não são apenas, as características das ferramentas, mas a utilização que os usuários fazem delas aproveitando essas características. A prova é que todos já vimos as planilhas eletrônicas, os materiais multimídia e os fóruns serem utilizados de maneiras que pouco ou nada têm a ver com a classificação proposta. Essa limitação, juntamente com o fato de prejulgar quais usos são adequados e quais não o são em função de sua maior ou menor compatibilidade com os princípios e as propostas construtivistas (ou, melhor dizendo, da variante do construtivismo na qual Jonassen e seus colaboradores se situam), fazem pairar sérias dúvidas sobre a utilidade dessa classificação para identificar e descrever os usos das TIC, assim como para contribuir na tentativa de compreender seu impacto sobre as práticas educacionais e sua incidência eventual como instrumentos psicológicos mediadores dos processos intra e intermentais envolvidos no ensino e na aprendizagem.

De nossa parte, tentamos elaborar um sistema de classificação de usos das TIC que supere as limitações assinaladas (Coll, 2004; Coll, Mauri e Onrubia, 2008). Por um lado, este sistema se afasta da pretensão de neutralidade de Twining, dado que está fortemente ancorado em uma visão socioconstrutivista do ensino e da aprendizagem, que é utilizada como referência para identificar as principais dimensões das práticas educacionais. Mas, por outro lado, as categorias de análise assim estabelecidas não excluem *a priori* nenhum dos usos educacionais que professores e estudantes podem fazer das TIC, nem prejulgam a adequação ou serventia educacional desses usos, apesar de proporcionarem elementos para valorizar seu alcance e seu impacto sobre o ensino e a aprendizagem. Duas são as ideias fundamentais que estão na base dessa tentativa. A primeira é que, devido às suas características intrínsecas, as TIC *podem* funcionar como ferramentas psicológicas suscetíveis de mediar os processos inter e intrapsicológicos envolvidos no ensino e na aprendizagem. A segunda ideia é que as TIC cumprem esta função – quando cumprem – mediando as relações entre os três elementos do triângulo interativo – alunos, professor, conteúdos – e contribuindo para a formação do contexto de atividade no qual ocorrem essas relações.

A tipologização de usos resultante, que ainda está em uma fase de contraste e revisão, contempla cinco grandes categorias de usos que enumeramos a seguir, juntamente com alguns exemplos representativos de cada uma delas.

1. As TIC como instrumentos mediadores das *relações entre alunos e conteúdos (e tarefas) de aprendizagem* (Figura 3.1). Alguns exemplos típicos e relativamente habituais dessa categoria são a utilização das TIC pelos alunos para:

    – procurar e selecionar conteúdos de aprendizagem;

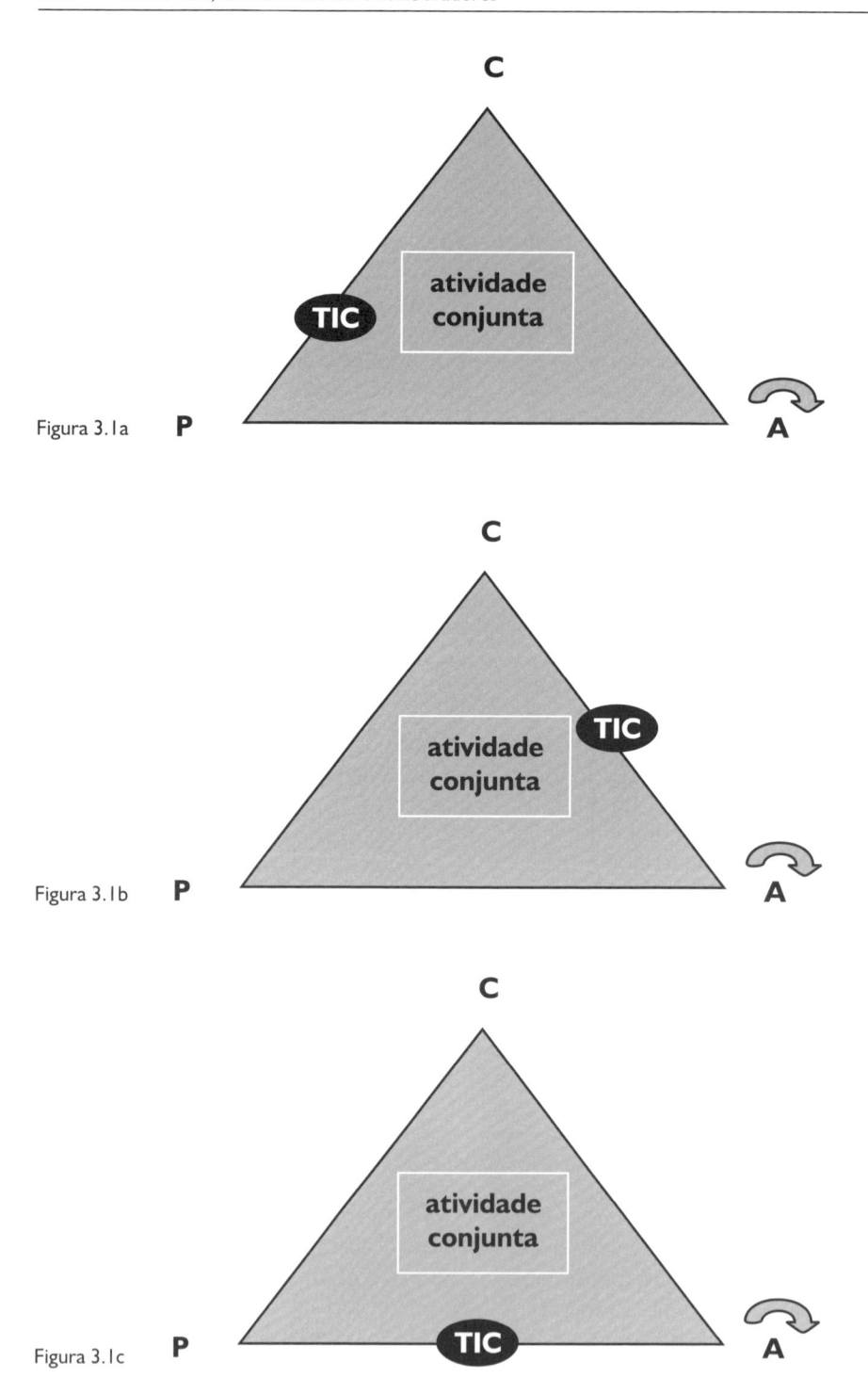

FIGURA 3.1
As TIC e sua função mediadora das relações entre os elementos do triângulo interativo.

Figura 3.1d

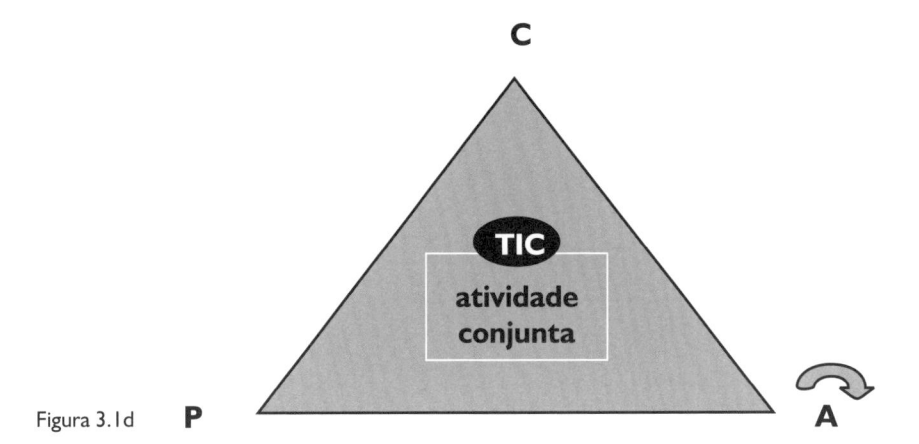

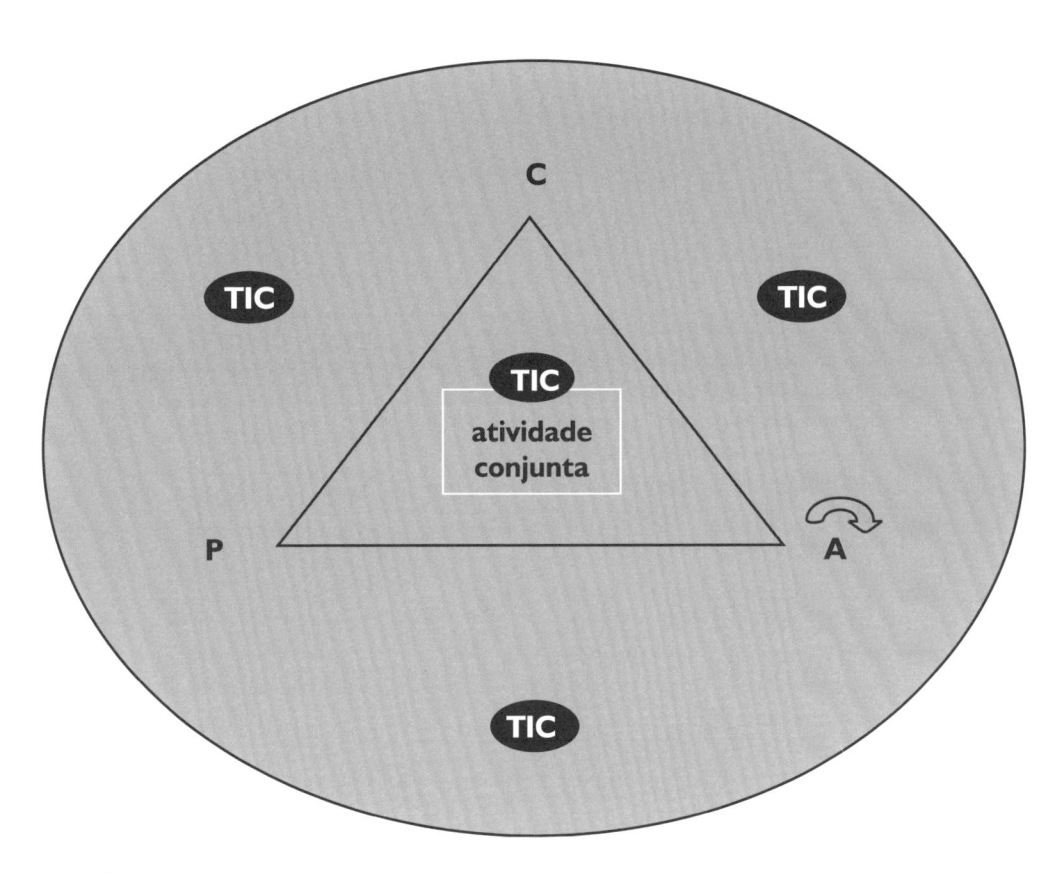

Figura 3.1e

FIGURA 3.1 (continuação)

- ter acesso a repositórios de conteúdos com formas mais ou menos complexas de organização;
- ter acesso a repositórios de conteúdos que utilizam diferentes formas e sistemas de representação (materiais multimídia e hipermídia, simulações, etc.);
- explorar, aprofundar, analisar e avaliar conteúdos de aprendizagem (utilizando bases de dados, ferramentas de visualização, modelos dinâmicos, simulações, etc.);
- ter acesso a repositórios de tarefas e atividades com maior ou menor grau de interatividade;
- realizar tarefas e atividades de aprendizagem, determinados aspectos destas ou partes delas (preparar apresentações, redigir relatórios, organizar dados, etc.).

2. As TIC como instrumentos mediadores das *relações entre professores e conteúdos (e tarefas) de ensino e aprendizagem* (Figura 3.1b). Alguns exemplos típicos e relativamente habituais dessa categoria são a utilização das TIC pelos professores para:

- procurar, selecionar e organizar informações relacionadas com os conteúdos de ensino;
- ter acesso a repositórios de objetos de aprendizagem;
- ter acesso a bases de dados e bancos com propostas de atividades de ensino e aprendizagem;
- elaborar e manter registros das atividades de ensino e aprendizagem realizadas, do seu desenvolvimento, da participação que os estudantes tiveram e dos seus produtos ou resultados;
- planejar e preparar atividades de ensino e aprendizagem para seu desenvolvimento posterior nas salas de aula (elaborar calendários, programar a agenda, fazer programações, preparar aulas, preparar apresentações, etc.).

3. As TIC como instrumentos mediadores das *relações entre professores e alunos ou dos alunos entre si* (Figura 3.1). Alguns exemplos típicos e relativamente habituais dessa categoria são a utilização das TIC para:

- realizar trocas comunicacionais entre professores e alunos que não sejam diretamente relacionadas com os conteúdos ou com as tarefas e atividades de ensino e aprendizagem (apresentação pessoal, solicitação de informação pessoal ou geral, saudações, despedidas, expressão de sentimentos e emoções, etc.;
- realizar trocas comunicacionais entre os estudantes que não sejam diretamente relacionadas com os conteúdos ou com as tarefas e atividades de ensino e aprendizagem (apresentação pessoal, solicitação de informação pessoal ou geral, saudações, despedidas, expressão de sentimentos e emoções, informações ou valorizações relativas a temas ou assuntos extraescolares, etc.)

4. As TIC como instrumentos mediadores da *atividade conjunta desenvolvida por professores e alunos* durante a realização das tarefas ou atividades de ensino e aprendizagem (Figura 3.1d). Alguns exemplos típicos e relativamente habituais dessa categoria são a utilização das TIC:

    – como auxiliares ou amplificadores de determinadas atuações do professor (explicar, ilustrar, relacionar, sintetizar, proporcionar retroalimentação, comunicar valorizações críticas, etc., por meio do uso de apresentações, simulações, visualizações, modelagens, etc.);
    – como auxiliares ou amplificadores de determinadas atuações dos alunos (dar contribuições, trocar informações e propostas, mostrar os avanços e os resultados das tarefas de aprendizagem, etc.);
    – para que o professor possa fazer um acompanhamento dos avanços e dificuldades dos alunos;
    – para que os alunos possam fazer um acompanhamento do seu próprio processo de aprendizagem;
    – para solicitar ou oferecer retroalimentação, orientação e ajuda relacionada com o desenvolvimento da atividade e seus produtos ou resultados.

5. As TIC como instrumentos configuradores de *ambientes ou espaços de trabalho e de aprendizagem* (Figura 3.1e). Alguns exemplos típicos e relativamente habituais desta categoria são a utilização das TIC para:

    – configurar ambientes ou espaços de aprendizagem individual *on-line* (por exemplo, materiais autossuficientes destinados ao aprendizado autônomo e independente);
    – configurar ambientes ou espaços de trabalho colaborativo *on-line* (por exemplo, as ferramentas e os ambientes CSCL – *Computer-Supported Collaborative Learning*);
    – configurar ambientes ou espaços de atividade *on-line* que são desenvolvidos em paralelo e aos quais os participantes podem se incorporar, ou dos quais podem sair, de acordo com seu próprio critério.

Ainda há três comentários que podem ajudar a avaliar melhor o alcance e as limitações desta tipologização. Em primeiro lugar, e como ocorre com todos os sistemas de classificação de fenômenos complexos e multidimensionais – e as práticas educacionais e os usos das TIC pertencem, sem dúvida, a esse tipo de fenômenos –, as fronteiras entre algumas categorias são mais difusas do que pode parecer à simples vista e resulta às vezes difícil estabelecer com precisão a qual categoria pertence um uso concreto de uma ferramenta TIC; quando isso ocorre, é aconselhável contemplar esse uso no marco mais amplo da atividade de ensino e aprendizagem em que essa ferramenta aparece e do seu desenvolvimento temporal. Lembremos que, na tipologização apresentada, o que define o tipo de uso que se dá às TIC é sua posição na rede de relações que se estabelecem entre os três elementos do triângulo interativo – professor, estudantes e conteúdo – enquanto são realizadas as atividades de ensino e aprendizagem na sala de aula. Pois bem, frequentemente essas relações não são estáveis, mas evoluem e se modificam em um ou em outro sentido conforme o professor e os estudantes desenvolvem as atividades de ensino e aprendizagem; portanto, é lógico supor que os usos das TIC, em seu caráter de instrumentos que medeiam essas relações, podem experimentar, também, uma evolução. A dimensão temporal é básica na análise dos usos das TIC, exatamente igual ao que ocorre ao se analisar as práticas educacionais.

Em segundo lugar, as cinco categorias descritas não refletem uma ordem determinada do ponto de vista do seu valor educacional ou da sua capacidade para promover processos de transformação, inovação e qualificação da educação. Dito de outro modo, nenhuma das cinco categorias de usos pode ser considerada *a priori* e em termos absolutos mais inovadora, mais transformadora ou "melhor" do que as outras. Em todas elas, incluídas as três primeiras, podemos encontrar usos concretos inovadores e transformadores (por exemplo, quando os alunos utilizam as TIC como ferramentas da mente, no sentido de Jonassen, em sua aproximação aos conteúdos de aprendizagem); e em todas elas, também, incluídas as duas últimas, podemos encontrar usos que não supõem acrescentar nenhum valor ao ensino e à aprendizagem (por exemplo, quando se utiliza um ambiente virtual de aprendizagem como repositório de conteúdos ou para difundir lições e conferências). Retomando a dimensão de *modo* de Twining, que foi comentada anteriormente, poderíamos dizer que nas cinco categorias é possível encontrar usos das TIC que não comportam qualquer novidade para as práticas educacionais em que aparecem, ou que a novidade que introduzem não pode ser atribuída às ferramentas de TIC e que poderia vir a ocorrer mesmo na ausência delas; e, inversamente, nas cinco categorias é possível encontrar usos que introduzem mudanças e transformações nas práticas educacionais que são impossíveis de imaginar na ausência das TIC.

Não obstante, uma vez tendo estabelecido isso como princípio geral, também convém destacar que o potencial das TIC para influenciar os processos inter e intrapsicológicos envolvidos nos processos de ensino e aprendizagem será tanto mais elevado quanto maior for sua incidência na maneira como professores e alunos organizam a *atividade conjunta em torno dos conteúdos e tarefas de aprendizagem*. É, portanto, principalmente nos usos que são mediados pelas relações *entre os três elementos do triângulo interativo*, seja condicionando e determinando as formas de organização da atividade conjunta, seja construindo um ambiente ou espaço de ensino e aprendizagem, a relação da qual cabe esperar, em nosso critério, que o potencial das TIC para transformar e inovar as práticas educacionais se expresse com especial intensidade. Esta afirmação, contudo, atualmente não passa de uma hipótese que será preciso contrastar empiricamente no futuro.

Contudo – e este é o terceiro comentário –, os estudos de acompanhamento e avaliação da incorporação das TIC na educação formal e escolar revisados na segunda seção deste capítulo indicam justamente que a maioria dos usos identificados e descritos correspondem às duas primeiras categorias da nossa classificação (usos das TIC como instrumentos mediadores das relações entre os alunos – e entre os professores – e os conteúdos e tarefas de aprendizagem). Os usos que poderiam corresponder às outras três categorias são pouco frequentes e em alguns estudos nem sequer foi possível documentá-los. A isso é preciso acrescentar, por outro lado, a coincidência da maioria dos estudos em destacar o escasso efeito transformador das práticas educacionais que a incorporação das TIC provocou até agora. Estes fatos reforçam, segundo nosso entendimento, a hipótese que vincula o potencial transformador das TIC com seu uso enquanto instrumentos mediadores das relações entre os três elementos do triângulo interativo e, mais concretamente, como instrumentos mediadores da atividade conjunta que professores e alunos desenvolvem em torno dos conteúdos e tarefas de aprendizagem.

Mas já chegou o momento de encerrar o capítulo com alguns breves comentários sobre os objetivos da incorporação das TIC na educação escolar, sobre como promover essa incorporação e sobre seu impacto no currículo.

A INCORPORAÇÃO DAS TIC NA EDUCAÇÃO: DESAFIOS

A avaliação do estado em que está a incorporação das TIC na educação formal e escolar, assim como as previsões sobre o futuro nesta área, varia em função do potencial educacional que é atribuído a essas tecnologias e, consequentemente, dos objetivos perseguidos com sua incorporação. Se as TIC são vistas como ferramentas de busca, acesso e processamento de informações, cujo conhecimento e domínio é absolutamente necessário na sociedade atual, ou seja, se são vistas como *conteúdos curriculares*, como objeto de ensino e aprendizagem, a avaliação é relativamente positiva e as perspectivas de futuro são otimistas. Todos os indicadores apontam na direção de uma incorporação crescente das TIC no currículo escolar e não há razão para pensar que o ensino e a aprendizagem do manejo e domínio destas tecnologias possa apresentar maiores dificuldades que o ensino e a aprendizagem de outros conteúdos curriculares. A única dúvida de fundo, embora com certeza não seja menor, reside nas previsíveis consequências negativas que pode ter a incorporação de novos conteúdos curriculares em currículos que já estão consideravelmente sobrecarregados.

Uma segunda possibilidade é tentar incorporar as TIC na educação escolar com a finalidade de *tornar mais eficientes e produtivos os processos de ensino e aprendizagem*, aproveitando os recursos e possibilidades que tais tecnologias oferecem. Neste caso, os dados dos estudos avaliativos e de acompanhamento são menos positivos. Vamos lembrar a coincidência em assinalar que as TIC em geral, e a internet em particular, ainda são pouco utilizadas – pouquíssimo, na maioria das salas de aula – e que, quando utilizadas, tanto pelos professores quanto pelos alunos, com frequência é para fazer o que já se fazia sem elas: buscar informação para preparar as aulas, escrever trabalhos, fazer apresentações em sala de aula, etc. De qualquer maneira, é possível sermos relativamente otimistas no sentido de esperar que, conforme forem cobertas as carências de equipamentos e infraestrutura – que, conforme já assinalamos, continuam sendo muito significantes em muitos países – e aumentem os recursos de formação e apoio, tanto o professorado quanto os alunos passarão a incorporar progressivamente as TIC nas atividades de ensino e aprendizagem na sala de aula. Contudo, os estudos realizados também mostram que o professorado em geral tende a adaptar o uso das TIC às suas práticas docentes, mais do que o contrário. Em outras palavras, e simplificando ao máximo, a incorporação das TIC às atividades docentes não é necessariamente um fator transformador e inovador das práticas educacionais. As TIC mostram-se, mais exatamente, como um elemento que reforça as práticas educacionais existentes, o que equivale a dizer que reforçam e promovem a inovação apenas quando estão inseridas em uma dinâmica de inovação e mudança educacional.

Uma terceira possibilidade, que corresponde bastante aos argumentos apresentados com certo detalhe na seção anterior, consiste em considerar as TIC como instrumentos mediadores dos processos intra e interpsicológicos envolvidos no ensino e na aprendizagem. Neste caso, o que se persegue com a sua incorporação na educação escolar é aproveitar o potencial dessas tecnologias para *promover novas formas de aprender e ensinar*. Não se trata, assim, de utilizar as TIC para fazer a mesma coisa, porém melhor, com maior rapidez e comodidade ou mesmo com mais eficácia, mas para fazer coisas diferentes, para pôr em marcha processos de aprendizagem e de ensino que não seriam possíveis se as TIC fossem ausentes. Vistos a partir dessa perspectiva, os estudos de avaliação e acompanhamento da incorporação das TIC na educação escolar mostram resultados em geral muito pobres – embora existam, é claro, exceções dignas de elogios – e as previsões são incertas, não tanto pelas dificuldades intrínsecas que a incorporação das TIC apresenta, mas pela rigidez e pelas restrições organizacionais e curriculares do sistema educacional, que são incompatíveis, em muitos aspectos, com o aproveitamento das novas possibilidades de ensino e aprendizagem que as TIC oferecem.

Os três objetivos possíveis da incorporação das TIC na educação escolar que acabamos de mencionar marcam um gradiente para a alfabetização digital, que habitualmente é vista como o aprendizado do uso funcional das TIC, o que leva, como é lógico, a abordá-la por meio da incorporação dos conteúdos de aprendizagem no currículo escolar. Trata-se de um objetivo e de uma postura no que diz respeito à alfabetização digital que não é, absolutamente, desprezível, e que na minha opinião estamos ainda longe de ter alcançado de forma satisfatória. O conceito de alfabetização, contudo, significa algo mais do que o conhecimento e manejo de alguns recursos simbólicos e algumas tecnologias, seja qual for a natureza e características desses recursos e dessas tecnologias. Significa, também, conhecer as práticas socioculturais associadas ao manejo dos recursos simbólicos e das tecnologias em questão, e ser capaz de participar dessas práticas utilizando estas e aquelas de maneira adequada (ver Capítulo 14 para uma discussão mais completa).

Aprofundando este argumento, poderíamos dizer que a alfabetização digital significa não apenas a aprendizagem do uso funcional das tecnologias como também o conhecimento das práticas socioculturais associadas ao manejo dessas tecnologias na Sociedade da Informação e, igualmente, a capacidade para participar dessas práticas utilizando as mencionadas tecnologias de maneira adequada. Quando a questão é colocada assim, os objetivos de uma autêntica alfabetização digital não podem ser atingidos com a simples introdução de certos conteúdos curriculares e o ensino e a aprendizagem do manejo de algumas ferramentas tecnológicas. É o conjunto do currículo que deve ser revisado a fim de torná-lo adequado às necessidades formativas e às práticas socioculturais próprias da Sociedade da Informação. Não há muito sentido em promover a incorporação das TIC na educação escolar apenas pelo argumento de seu protagonismo ou papel central na SI e, ao mesmo tempo, continuar mantendo um currículo e uma organização do sistema educacional que respondem, em conjunto, a necessidades e modos de aprendizagem e de acesso ao conhecimento que em grande medida não são próprios da SI.[3] Enquanto não se proceder a essa revisão profunda do currículo escolar, vamos talvez continuar avançando na incorporação das TIC na educação, no sentido de melhorar o conhecimento e domínio que os alunos possuem dessas tecnologias, e até a utilização eficaz destas por parte do professorado e dos alunos para desenvolver sua atividade como docentes e aprendizes respectivamente; muito mais difícil, contudo, será avançar no aproveitamento efetivo das novas possibilidades de ensino e aprendizagem que nos oferecem, potencialmente, as TIC.

Gostaríamos de finalizar com breves considerações relacionadas com os três níveis – projeto tecnológico, projeto técnico-pedagógico e práticas de uso – que propusemos para identificar, analisar e avaliar os usos que professores e alunos fazem das TIC. Em primeiro lugar, a distinção desses três níveis corresponde claramente a um resultado recorrente das pesquisas sobre a incorporação das TIC na educação escolar: o fato de que o desenvolvimento de ferramentas TIC está sempre à frente quanto às possibilidades teóricas que oferecem para a ação educacional, de sua incorporação efetiva nos projetos instrucionais e, de que esses processos, por sua vez, estão sempre à frente das práticas efetivas desenvolvidas por professores e alunos a partir deles. Em outras palavras, o que se constata é a existência de uma defasagem clara, com uma tendência de atraso, entre as possibilidades genéricas que as TIC oferecem para a educação escolar, as possibilidades específicas das TIC que são incorporadas a projetos técnico-pedagógicos concretos e os usos efetivos que professores e alunos fazem das TIC disponíveis.

Em segundo lugar, a correspondência entre os usos potenciais, os usos previstos no projeto técnico-instrucional e os usos que os participantes efetivamente fazem das ferramentas de TIC costuma ser imprevisível. Dito de outro modo, às vezes os projetos técnico-instrucionais, especialmente quando são inovadores e trazem novidades, integram ferramentas tecnológicas com uma previsão de usos educacionais que não corresponde exatamente aos usos genéricos previstos pelos seus criadores. Da mesma maneira, com frequência, professores e alunos apresentam usos das TIC que não estavam previstos nos projetos técnico-instrucionais iniciais.

Em terceiro e último lugar, da distinção entre os três níveis mencionados e de considerar suas inter-relações, seguem-se algumas pistas e orientações de interesse tanto para a definição de políticas e atuações dirigidas a promover a incorporação das TIC na educação escolar quanto para o acompanhamento, avaliação e análise do impacto dessa incorporação, e para a formação do professorado. Assim, e para mencionar apenas alguns exemplos evidentes, podemos assinalar a conveniência de pôr à disposição do professorado recursos e apoios que contemplem tanto os aspectos tecnológicos quanto os psicopedagógicos e didáticos; de centrar os processos de formação do professorado nos usos efetivos das TIC nas salas de aula mais do que nas suas potencialidades teóricas; de dar prioridade aos usos transformadores e inovadores das TIC, ou

---

[3] Os argumentos para uma revisão aprofundada do currículo escolar vão além de considerar as implicações das TIC para a educação formal e escolar em um sentido estrito, incluindo uma reflexão sobre as competências básicas e os saberes fundamentais necessários para o exercício da cidadania no mundo atual (Coll, 2007).

seja, aqueles que permitem desenvolver atividades de ensino e aprendizagem que não seriam possíveis sem essas tecnologias; de dar prioridade aos usos das TIC que aproveitam por igual suas potencialidades como tecnologias de informação e de comunicação; de sugerir a incorporação das TIC nas escolas e nas salas de aula não como um fim em si, mas no marco de uma dinâmica transformadora e inovadora que as TIC contribuem para reforçar; ou, ainda, retomando as considerações precedentes a propósito da alfabetização digital, de vincular a incorporação das TIC a uma revisão do currículo que leve em conta as práticas socioculturais próprias da SI associadas a essas tecnologias e que inclua os objetivos, competências e conteúdos necessários para participar nessas práticas, mesmo que isso obrigue, como não pode ser de outro modo, a renunciar a outros objetivos e conteúdos que talvez já tenham deixado de ser básicos na sociedade atual.

REFERÊNCIAS

Area, M. (2005). Tecnologías de la información y la comunicación en el sistema escolar. Una revisión de las líneas de investigación. *Revista Electrónica de Investigación y Evaluación Educativa*, 11(1), 3-25.

Balanskat, A., Blamire, R e Kefala, S. (2006). *The ICT Impact Report. A review of studies of ICT impact on schools in Europe*. Relatório elaborado por European Schoolnet no marco European Commission's ICT cluster. Consultado (18.02.2008) em: http://ec.europa.eu/education/doc/reports/doc/ictimpact.pdf.

Benavides, F. e Pedró, F. (2007). Políticas educativas sobre nuevas tecnologías en los países iberoamericanos. *Revista Iberoamericana de Educación*, 45, 19-69.

Cognition and Technology Group at Vanderbilt (1996): «Looking at technology in context: A framework for understanding technology and education» a Berliner, D. C. i Calfee, R. (Eds.), *Handbook of Educational Psychology* (pp. 07-840). New York: Simon & Schuster MacMillan.

Cobo, C. e Pardo, H. (2007). *Planeta Web 2.0. Inteligencia colectiva o medios fast food*. Grup de Recerca d'Interaccions Digitals, Universitat de Vic. Flacso México. Barcelona / México DF. E-book acessível (08.10.2007) em: http://www.planetaweb2.net/.

Coll, C. (2004). Psicología de la educación y prácticas educativas mediadas por las tecnologías de la información y la comunicación. Una mirada constructivista. *Sinéctica*, 25, 1-24.

Coll, C. (2007). El bàsic imprescindible i el bàsic desitjable: un eix per a la presa de decisions curriculars en l'educació bàsica. Em C. Coll (Dir.), *Currículum i ciutadania. El què i el per a què de l'educació escolar* (pp. 227-247). Barcelona: Editorial Mediterrània.

Coll, C. e Martí, E. (2001). La educación escolar ante las nuevas tecnologías de la información y la comunicación. Em C. Coll, J. Palacios e A. Marchesi (Comps.), *Desarrollo psicológico y educación. 2. Psicología de la educación escolar* (pp. 623-655). Madrid: Alianza.

Coll, C., Mauri, T. e Onrubia. J. (2008). *El análisis de los usos reales de las TIC en contextos educativos formales: una aproximación socio-cultural*. Revista Electrónica de Investigación Educativa –REDIE (no prelo).

Coll, C., Onrubia, J. e Mauri, T. (2007). Tecnología y prácticas pedagógicas: las TIC como instrumentos de mediación de la actividad conjunta de profesores y estudiantes. *Anuario de Psicología*, 38(3), 377-400.

Conlon, T. e Simpson, M. (2003). Silicon Valley versus Silicon Glen: the impact of computers upon teaching and learning: a comparative study. *British Journal of Educational Technology*, 34(2), 137-150.

Cuban, L. (1993). Computers meet classroom: classroom win. *Teachers College Record*, 95(2), 185-210.

Cuban, L. (2001). *Oversold & Underused. Computers in the Classroom*. Cambridge, MA: Harvard University Press.

Cuban, L. (2003). *So much high-tech money invested, so little use and change in practice: how come?* Documento on-line. Consultado (20.02.2008) em: http://www.edtechnot.com/notarticle1201.html.

Cuban, L. (2001). *Oversold and underused: computers in the classroom*. London: Harvard University Press.

Erickson, F. (1982). Classroom discourse as improvisation: relationships between academic task structure and social participation structure. In L. Ch. Wilkinson (Ed.), *Communicating in the classroom* (pp. 153-181). New York: Academic Press.

Feito, R. (2001). Educación, nuevas tecnologías y globalización. *Revista de Educación*, número extraordinário, 191-199.

Gibson, S. e Oberg, D. (2004). Visions and realities of Internet use in schools. Canadian perspectives. *British Journal of Educational Technology*, *35*(5), 569-585.

Hernández-Ramos, P. (2005). If not here, where? Understanding teachers' use of technology in Silicon Valley schools. *Journal of Research on Technology in Education*, *38*(1), 39-64.

Instituto de Evaluación y Asesoramiento Educativo, Neturity y Fundación Germán Sánchez Ruipérez (2007). *Las tecnologías de la información y de la comunicación en la educación. Informe sobre la implantación y el uso de las TIC en los centros docentes de educación primaria y secundaria (curso 2005-2006)*. Madrid. Consultado (09.11.2007) em: http://www.oei.es/tic/TICCD.pdf.

Jonassen, D. H., Howland, J., Moore, J. e Marra, R. M. (2003). *Learning to solve problems with technology: a constructivist perspective*. Upper Saddle River, N.J.: Merrill Prentice Hall.

Jonassen, D.H., Carr, C., e Yueh, H.P. (1998). Computers as Mindtools for engaging learners in critical thinking. *Tech Trends*, *43*(2), 24-32.

Kozma, R. B. (2003). Technology and classroom practices: An international study. *Journal of Research on Technology in Education*, *36*(1), 1-14.

Kozma, R. B. (2005). Monitoring and evaluaton of ICT for education impact: a review. Em D. A. Wagner, Bob Day, Tina James, Robert B. Kozma, Jonathan Miller & Tim Unwin, *Monitoring and Evaluation of ICT in Education Projects: A Handbook for Developing Countries*. Washington, DC: infoDev/World Bank. Consultado (18.02.2008) em: http://www.infodev.org/en/Publication.9.html

Kozulin, A. (2000). *Instrumentos psicológicos. La educación desde una perspectiva sociocultural*. Barcelona: Paidós [Publicação original em inglês em 1988].

Luisoni, P., Instance, D. e Hutmacher, W. (2004). La escuela de mañana: ¿qué será de nuestras escuelas? *Perspectivas*, *34*(2), 1-48.

Onrubia, J. (2005). Aprender y enseñar en entornos virtuales: actividad conjunta, ayuda pedagógica y construcción del conocimiento. *RED. Revista de Educación a Distancia*, número monográfico II. (16 pages). Consultado (09.02.2005) em: http://www.um.es/ead/red/M2/.

Pelgrum, W. J. (2001). Obstacles to the integration of ICT in education: Results from a worldwide education assessment. *Computers & Education*, *37*(2), 163-178.

Ramboll Management (2006): *E-learning Nordic 2006. Impact of ICT in Education*. Documento en línea. Consultado (15.02.2008) em: http://www.ramboll-management.com/eng/sites/pubarr/archive/elearningnordic20061.htm.

Salomon. G., Perkins, D. e Globerson, T. (1991). Partners in cognition: extending human intelligence with inteligent technologies. *Educational Researcher*, *20*(3), 2-9.

Sigalés, C., Mominó, J. M. e Meneses, J. (2007). *Projecte Internet Catalunya (PIC). L'escola a la Societat Xarxa: Internet a l'Educació Primària i Secundària. Informe final de recerca*. Consultado (10.11.2007) em: http://www.uoc.edu/in3/pic/cat/escola_xarxa.html.

Sigalés, C. (2008). *Els factors d'influència en l'ús educatiu d'Internet per part del professorat d'educació primària i secundària obligatòria de Catalunya*. Tese doutoral não publicada. Departamento de Psicología Evlutiva y de la Educación. Universidad de Barcelona.

Squires, D. e McDougall, L, S. (1994). *Choosing and Using Educational Software: a teacher's guide*. London: Falmer Press [Publicação em espanhol na Editorial Morata em 1997].

Sung, Y-T. e Lesgolg, A. (2007). Software infrastructure for teachers: a missing link in integrating technology with instruction. *Teachers College Record*, *109*(11), 2541-2575.

Tearle, P. (2004). A theoretical and instrumental framework for implementing change in ICT in education. *Cambridge Journal of Education*, *34*(3), 331-351.

Tedesco, J. C. (2001). Educación y hegemonía en el nuevo capitalismo: algunas notas e hipótesis de trabajo. *Revista de Educación*, número extraordinário, 91-99.

Tondeur, J., van Braak, J. e M. Valcke, (2007). Towards a typology of computer use in primary education. *Journal of Computer Assisted Learning*, *23*, 197-206.

Twining, P. (2002). Conceptualising computer use in education: introducing the Computer Practice Framework (CPF). *British Educational Research Journal*, *28*(*1*), 95-110.

Wasserman, E. e Millgram, Y. (2005). Changes in the approaches of teachers following computerization of schools. *Journal of Educational Computing Research*, *32*(3), 241-264.

Zhao, Y. e Frank, K. A. (2003). Factors affecting technology uses in schools: an ecological perspective. *American Educational Research Journal, 40*(4), 807-840.

Zhao, Y., Pugh, K., Sheldon, S. e Byers, J. L. (2002). Conditions for classroom technology innovations. *Teachers College Record, 104*(3), 482-515.

GLOSSÁRIO

Ferramentas da mente (*mindtools*). Expressão cunhada por David H. Jonassen e amplamente difundida na literatura atual sobre os usos educacionais das TIC para referir-se a "programas de computador que, quando são utilizados pelos estudantes para representar o que sabem, fazem com que necessariamente desenvolvam um pensamento crítico sobre o conteúdo que estão estudando. As ferramentas da mente servem como suporte para diferentes formas de raciocínio sobre o conteúdo. Ou seja, exigem que os estudantes pensem de maneiras diferentes e significativas sobre o que sabem" (Jonassen, Carr e Yueh, 1998, p. 24).

Instrumentos psicológicos. Este conceito tem sua origem nos trabalhos de L.S. Vygotsky sobre a importância da mediação semiótica no desenvolvimento dos processos psicológicos superiores e na aprendizagem humana. De acordo com a definição proporcionada por Kozulin (2000, p. 15), "os instrumentos psicológicos são os recursos simbólicos – signos, símbolos, textos, fórmulas, meios gráfico-simbólicos – que ajudam o indivíduo a dominar suas próprias funções psicológicas 'naturais' de percepção, memória, atenção, etc. Os instrumentos psicológicos atuam como uma ponte entre os atos individuais de cognição e os requisitos simbólicos socioculturais desses atos". A linguagem é, para Vygotsky, o instrumento psicológico por excelência. As TIC, devido às suas características semióticas, podem ser vistas como instrumentos psicológicos no sentido vygotskiano, ou seja, como recursos que as pessoas podem utilizar para "dominar" seus processos psicológicos e, em termos mais gerais, retomando a expressão utilizada no capítulo, para pensar e interpensar.

Projeto técnico-pedagógico ou técnico-instrucional. As propostas de incorporação das TIC na educação formal e escolar adotam, em geral, a forma de um projeto técnico-pedagógico, ou seja, de um conjunto de ferramentas tecnológicas acompanhadas de uma proposta mais ou menos explícita, global e precisa, dependendo de cada caso, sobre a forma de utilizá-las para pôr em marcha e desenvolver atividades de ensino e aprendizagem. Em suas variantes mais completas, estes projetos incluem três grupos de elementos: proposta de conteúdos, objetivos e atividades de ensino e aprendizagem, assim como orientações e sugestões sobre a maneira de abordá-las e desenvolvê-las; uma oferta de ferramentas tecnológicas; e uma série de sugestões e orientações sobre como utilizar estas ferramentas no desenvolvimento das atividades de ensino e aprendizagem propostas.

RECURSOS

Internet World Stats. Usage and Populations Statistcs
http://www.internetworldstats.com/stats.htm

Esta página proporciona estatísticas atualizadas sobre o uso da internet, a conexão de banda larga, dados de população e outras informações de interesse em nível mundial, das diferentes regiões do mundo (África, América do Norte, América do Sul, Ásia, Caribe, América Central, Estados Unidos, Europa, Oriente Médio, Pacífico e Oceania, União Europeia) e de mais de 230 países. Apesar de ser dirigido principalmente ao mundo dos negócios e do comércio, as informações que proporciona, assim como os relatórios comparativos atualizados que oferece periodicamente sobre diferentes temas relacionados com o uso da internet (as línguas utilizadas na rede, os países com maior nível de uso, os países com maior propagação da banda larga, etc.) são de interesse geral.

Actividades de la Unión Europea.
Sociedad de la Información
http://ec.europa.eu/information_society/index_es.htm

Página oficial da Comissão Europeia dedicada à Sociedade da Informação (SI). Contém informações sobre temas diversos relacionados com a SI no conjunto da União Europeia e dos países-membros. De particular interesse são as estatísticas sobre a propagação e os usos das TIC em diferentes âmbitos de atividade dos cidadãos europeus, assim como as diretrizes, os documentos e os relatórios sobre a SI. A partir desta página, é possível ter acesso a todos os programas e atividades da Comissão Europeia relacionados com a SI.

Zhao, Y. e Frank, K. A. (2003). Factors affecting technology uses in schools: an ecological perspective. *American Educational Research Journal, 40*(4), 807-840.

É um estudo clássico sobre os usos das TIC na educação escolar e também um dos que é citado com mais frequên-

cia. A finalidade dos autores é tentar entender "por que a tecnologia não é utilizada mais amplamente nas escolas". Para isso, estudam os usos das TIC em 19 escolas de quatro distritos de "um estado do meio-Oeste" dos Estados Unidos, centrando a indagação na análise das relações entre a ampla lista de fatores que, de acordo com os resultados das pesquisas realizadas sobre o tema, incidem sobre os usos educacionais da tecnologia. Utilizam um enfoque ecológico e adotam a metáfora de "ecossistema" para propor uma integração e organização teórica dos fatores identificados pelas pesquisas prévias. Entre as conclusões mais destacadas e interessantes, o estudo destaca o fato de que os elementos que têm maior incidência sobre a frequência e os tipos de usos das TIC nas escolas são fatores internos das instituições e das salas de aula e têm seu epicentro no professorado.

PARTE II
Fatores e processos psicológicos envolvidos na aprendizagem virtual
Um olhar construtivista

A segunda parte do livro se concentra nos três elementos que formam o denominado triângulo interativo, ou triângulo didático: os alunos, os docentes e os conteúdos. No caso dos ambientes de aprendizagem *on-line* baseados nas tecnologias digitais da informação e da comunicação, a estes elementos soma-se um outro, as TIC, que não apenas dão suporte às interações entre os três anteriores como transformam profundamente essas interações, devido a uma série de propriedades e características analisadas na primeira parte da obra. Partindo desse esquema interativo básico, no qual cada elemento do triângulo mantém relações de interdependência com os outros dois, a cada um deles foi dedicado um capítulo, com o propósito de dar prioridade à clareza expositiva.

Assim, no Capítulo 4 é traçado um perfil e são delimitadas as competências do aluno que começa a ocupar nossas salas de aula. Trata-se de um "nativo digital", que participa praticamente desde seu nascimento de práticas mediadas pelas TIC. Essas tecnologias "formatam" não apenas suas relações com o mundo exterior como também seus processos intramentais, modificando em algum grau tanto as funções cognitivas encarregadas de gerenciar o conhecimento quanto as percepções sobre o sentido e o significado do que é comunicar-se e aprender.

O Capítulo 5, por sua vez, concentra-se no docente em sua condição de e-*mediador* e nas diversas funções que ele terá que desempenhar nos novos cenários educacionais que as TIC recriam, ou seja: uma função pedagógica (como favorecedor da aprendizagem virtual), uma função social (como promotor de um clima emocional apropriado para a aprendizagem), uma função na organização e gestão curricular (como facilitador da seleção, sequenciamento e avaliação dos conteúdos e competências ministrados) e uma função técnica (como provedor de auxílio para que o aluno se sinta competente com as ferramentas utilizadas).

Finalmente, o Capítulo 6 é dedicado a revisar as possíveis modalidades de organização, codificação, segmentação e representação dos conteúdos com o objetivo de facilitar o acesso e gestão aos diferentes agentes educacionais (alunos, professores, *designers*, administradores, assessores, etc.).

Mais uma vez, no final de cada capítulo, são discutidas as possíveis consequências das mudanças que as TIC estão provocando em cada elemento do triângulo; sempre, insistimos nisso, considerando-os em inter-relação com os outros dois.

4

O aluno em ambientes virtuais
Condições, perfil e competências

CARLES MONEREO E JUAN IGNACIO POZO

CONTEXTUALIZAÇÃO DO TEMA

Abismo entre gerações ou abismo sociocognitivo?

Segundo Manuel Castells (2000), os agitados tempos em que vivemos, com suas mudanças na organização social, nas relações interpessoais e suas novas formas de gerenciar socialmente o conhecimento, representam, mais do que uma época de mudanças, uma verdadeira *mudança de época*. No caso da educação, a solução não pode ser sentir saudades dos tempos passados, da *velha escola*, muito menos, como alguns pretendem, fazer o possível para que ela volte. Mas também não basta fazer pequenos ajustes, colocar *band-aids* em nossas aulas e em nossos hábitos docentes, introduzindo os computadores e alguma outra tecnologia para continuar desenvolvendo os mesmos currículos. Assim como ocorre com a aprendizagem individual, chega um momento em que o acúmulo de pequenos ajustes nas formas culturais para aprender e ensinar não é mais suficiente e é necessário fazer uma verdadeira reestruturação, uma mudança radical das estruturas e hábitos anteriores. Mas também sabemos que essa reestruturação somente será possível quando tivermos construído uma teoria ou modelo alternativo que de alguma maneira integre o que havia antes. É daí que surge a perplexidade atual do nosso sistema educacional, que navega entre a crise constante e a introspecção, cada vez mais consciente de que o que havia antes não vale mais, mas sem saber muito bem o que é o novo, porque conhecemos somente os primeiros brotos, o germe dessas novas formas de pensar, de comunicar-se: em resumo, de conhecer.

Contudo, embora não saibamos para onde levam essas mudanças, sabemos que as mudanças nas formas de ensinar e aprender que esta nova sociedade requer não respondem a modismos, os quais vão e vêm com o tempo: são mudanças que vieram não só para ficar como para tornarem-se mesmo cada vez mais radicais. Não se trata de fazer uma reciclagem introduzindo o computador nas salas de aula ou trazendo certas tecnologias que são mais agradáveis para os alunos. Conforme argumentamos neste capítulo, de fato, as novas tecnologias da informação e seu conhecimento já estão dentro de nossas salas de aula, pois começam a ser *incorporadas* na mente dos nossos alunos, mesmo que isso não seja na de todos por igual, devido à brecha digital que, sem dúvida, está sendo aberta nas nossas sociedades.

Muito já foi escrito sobre o conceito de "brecha digital" para referir-se às dificuldades de acesso às TIC por motivos diversos:

econômicos – os países não desenvolvidos ficam marginalizados –; de gênero – as mulheres ainda representam uma minoria –; políticos – em muitos países a censura restringe o acesso à internet. Todavia, há menos trabalhos sobre o "abismo entre gerações" ou, o que vem a ser a mesma coisa, sobre as dificuldades de acesso à internet das pessoas de mais idade.

Do nosso ponto de vista, considerar a idade como causa determinante fato de que a maioria dos usuários da internet estejam com menos de 40 anos significa pôr o foco na parte mais superficial do problema. Da mesma maneira que existem jovens que estabelecem uma relação distante com as TIC, podemos encontrar pessoas de idade mais avançada que desde o começo entraram na rede e, atualmente, suas formas de trabalhar, comunicar-se e pensar estão firmemente mediadas por sistemas informatizados. Dito de outra maneira, mais do que em abismo entre gerações, talvez devêssemos falar em abismo sociocognitivo, no sentido de que as TIC começaram a criar uma separação entre a maneira como pensam e se relacionam com o mundo aqueles que fazem um uso esporádico ou circunstancial dessas tecnologias e aqueles outros cujas atividades cotidianas dificilmente não se encontram sempre ligadas a algum dispositivo tecnológico, sem a participação do qual a atividade seria diferente. Nas escolas, tal situação é palpável e, enquanto um grupo reduzido de docentes está na "crista da onda da informática", a maioria mal chega a ser um usuário competente. O restante vive de costas para a digitalização e, portanto, em grande medida de costas para seus alunos.

Pela visão da psicologia cultural, e mais especificamente a partir de uma perspectiva vygotskiana, é normalmente aceita a tese de que as ferramentas com as quais manejamos nosso entorno não apenas transformam o mundo que nos rodeia como transformam, também, as práticas daqueles que as utilizam e, consequentemente, transformam os modos de agir e de processar os pensamentos (planos, regulamentações, ideias, etc.) que sustentam essas práticas.[1] Por outro lado, se essas ferramentas estão no centro dos nossos processos de comunicação e aprendizagem, como ocorre com as TIC, não é exagerado dizer que seu uso extenso, persistente e permanente pode *formatar* nossa mente como fizeram, em seu momento, outras ferramentas de comunicação e de aprendizagem, como a linguagem oral ou a escrita.

Visto sob essa ótica, faz sentido pensar, juntamente com Manuel Castells, em uma mudança de época. A mudança que estamos experimentando representa uma autêntica revolução silenciosa, porque é o próprio ser humano que está se modificando. Trata-se de uma mudança epistemológica cuja magnitude é no mínimo similar àquela decorrente da introdução da prensa tipográfica, cujo rastro ainda permanece em nossos processos de produção intelectual.

É claro que uma transformação tão radical necessariamente vai produzir conflitos em múltiplos níveis. No que se refere ao objeto desta obra, os processos de ensino e aprendizagem, esses conflitos já estão presentes diariamente nas salas de aula e na dificuldade que enfrentam muitos docentes para conseguir que seus estudantes se envolvam nas atividades da aula, especialmente quando a exposição verbal continua sendo o método hegemônico de transmissão. Não é raro escutar

---

[1] Ver, sobre isto, a análise das TIC como instrumento cognitivo, ou instrumento da mente, e como ferramenta psicológica nos Capítulos 3 e 4 deste livro.

declarações de eminentes professores universitários ou de responsáveis pela educação afirmando que os estudantes que chegam às salas de aula são cada vez mais iletrados e carecem das habilidades mínimas exigidas de um aprendiz. É no mínimo surpreendente que se afirme isso, pelo menos nos países desenvolvidos, da geração que conta com mais meios e recursos para se comunicar, viajar ou aprender. Uma geração cujos membros, entre outras coisas, inventaram um código específico de comunicação por mensagens curtas (SMS – *Short Message Service*), utilizado para suas comunicações sincrônicas, ou cujos membros deixaram de utilizar a internet apenas como consumidores passivos de informação e passaram a controlar sua gestão,[2] chegando a transformar-se em autores, desenvolvendo múltiplos aplicativos oferecidos pela via do *software* livre – *weblogs, podcastings, wikis*, entre outros – no que é denominado Web 2.0 (Fumero e Roca, 2007).[3] A reflexão aparece de maneira imediata: será que esses estudantes, muitas vezes a despeito de seus professores, estão adquirindo as competências que de fato vão precisar para o mundo que os espera?

Neste capítulo, tentaremos fazer uma revisão da evolução psicoeducacional que estão experimentando os estudantes dos países desenvolvidos em seu processo de construção de uma mente virtual.

Mudanças culturais, mudanças pessoais

Para tentar situar o nicho cultural que pode nos ajudar a interpretar a mudança pela qual está passando nosso corpo de alunos, achamos imprescindível identificar os principais antecedentes psicossociais que sustentam a transformação da sociedade moderna do século XX em uma sociedade pós-moderna, como a que agora estamos dando início. Mesmo correndo o risco de simplificar, situamos esses antecedentes em três planos: mudanças nos processos de socialização educacional, mudanças nas concepções epistemológicas e mudanças nos projetos de vida.

Com relação aos processos de socialização, no passado, as fases vitais de qualquer indivíduo estavam determinadas com precisão: escola, trabalho, casamento, filhos, netos, aposentadoria. Hoje em dia, essas etapas vitais são bem mais flexíveis e imprevisíveis.

Instituições básicas como o casamento e a família variaram enormemente tanto em suas opções e modalidades quanto em sua composição. Em geral, seu tamanho tornou-se mais reduzido do que antes e hoje caracterizam-se por um menor grau de estabilidade. Da mesma maneira, cada vez mais se considera que o período formativo não termina com o fim da educação formal, mas que é um processo permanente ao longo da vida (*life-long learning*); para isso contribui a crescente mobilidade do mercado laboral, que exige uma atualização constante por parte dos trabalhadores. Nessas circunstâncias, a influência educacional que os progenitores tinham – e, por extensão, também o núcleo familiar – foi delegada, até certo ponto, à escola, aos pares e, em grande medida, aos meios de comunicação massivos, como a televisão e, de maneira crescente, a internet.

No plano epistemológico, há uma crise acelerada do realismo intuitivo, pelo qual o mundo é considerado como algo in-

---

[2] Douglas Rushkoff (2006) utiliza a noção de *screenagers* para referir-se a essa geração de adolescentes (*teenagers*) capazes de controlar as telas de computador (*screens*) e construir significado a partir desse controle.
[3] Veja também, sobre este tema, o Capítulo 1 desta obra.

dependente da mente que o observa, uma realidade objetiva que pode ser medida, registrada e comunicada por meio de representações analógicas que copiam essa realidade. Com a chegada da tecnologia digital, a realidade pode ser (re)construída, sem que necessariamente o resultado deva corresponder a um modelo originário, extraído da realidade percebida. Em um certo sentido, graças à pluralidade de espelhos que essas novas tecnologias oferecem, com sua capacidade de simulação, hoje sabemos que todos vivemos em uma realidade virtual. As consequências dessa mudança para a educação são enormes. Estão sendo discutidos os valores fundamentais nos quais se sustenta o currículo tradicional, o que poderíamos denominar de "cultura erudita", como, por exemplo, a verdade, a certeza, a veracidade, a autoridade ou a credibilidade dos conteúdos que devem ser ensinados: de maneira crescente, esses conteúdos são negociados e consentidos pela comunidade educacional. Por outro lado, com os atuais recursos digitais, os alunos podem passar a ser produtores de conteúdos, possibilidade que autores como Silva (2005) consideram a própria essência da interatividade que a tecnologia oferece.

Finalmente, os projetos vitais de cada indivíduo também estão sofrendo mudanças evidentes. O futuro, ao que parece, não é mais o principal polo que orienta a vida do indivíduo. As TIC promovem decididamente essa necessidade de imediatismo, de que as coisas aconteçam "aqui e agora", que parece dominar a conduta dos cidadãos do século XXI. A possibilidade de ver, ouvir ou ler, em poucos minutos, todo tipo de documentos superpostos, de manter um sincronismo quase permanente com os outros, enfatiza a ideia de viver sempre no presente e a dificuldade de adiar os desejos e as decisões. Os processos educacionais, contudo, tentam sublinhar a importância de parar para pensar, para analisar, para refletir, antes de dar uma resposta apressada. Quando se trata de educação, a comunicação assíncrona tem um papel capital, que provavelmente deva ser revalorizado.

A tudo isso é preciso acrescentar a exigência de uma formação mais adaptativa como reação a um ciclo vital mais longo e com mais mudanças. Conceitos como o de empregabilidade (*employability*) definem de maneira sucinta a necessidade de formar aprendizes e trabalhadores capazes de continuar aprendendo, atualizando-se e ajustando-se às mudanças que possam ter que enfrentar em seus empregos.

Este panorama aponta para o surgimento de, mais do que um projeto de vida, múltiplos projetos a curto e – no máximo – a médio prazos, os quais terão diferentes naturezas e magnitudes. E também para uma volta, mais do que para o individualismo e para uma identidade única e definida, para diferentes individualidades e identidades que coabitam e que podem chegar à sobreposição quando o aluno está diante da tela do computador fazendo um exercício escolar, no *chat* com seus amigos e participando em um jogo de representação (RPG), tudo isso de modo simultâneo, distribuindo sua atenção e suas estratégias de resolução e provavelmente conseguindo, em cada caso, um nível de compreensão e resolução bastante superficiais.

Os antecedentes que acabamos de revisar – socialização influenciada pelas TIC, relativismo e identidades múltiplas – constituem-se no caldo de cultivo para a progressiva construção de uma mente mediada por instrumentos tecnológicos, os quais analisaremos com maior detalhe na seção seguinte.

UMA MENTE MEDIADA PELAS TIC: CARACTERÍSTICAS E EVOLUÇÃO ESPERADA

Esta seção, embora fundamentada em argumentos sólidos, que em alguns casos contam com apoio empírico, traz também uma certa dose de especulação quanto a como podemos prever que irão evoluir os nossos alunos estando em permanente contato com as TIC. Para isso, propomos três aproximações que poderiam ser consideradas como diferentes estágios consecutivos. Ao atravessá-los, nossos alunos passariam de ser nativos digitais para o estágio de tornar naturais algumas funções para, finalmente, ir construindo uma identidade distribuída entre os diversos cenários virtuais nos quais normalmente se desenvolvem.

Mudança nas práticas: o aluno na condição de "nativo digital"

Provavelmente, uma das metáforas mais afortunadas dos últimos cinco anos é o conceito de "nativo digital" – *digital native* –, introduzido por Marc Prensky (2004). O autor distingue entre dois tipos de usuários das TIC: aqueles provenientes de uma cultura anterior, organizada basicamente em torno dos textos impressos (e da codificação analógica), que ele denomina "imigrantes digitais" – *digital immigrants* –, que precisaram adaptar-se às novas modalidades de interação e comunicação digital, e esses "nativos digitais", que desenvolvem uma vida *on-line* (*e-life*), para os quais o ciberespaço é parte constituinte do cotidiano. Prensky (2004) afirma que tanto uns quanto outros utilizam exatamente os mesmos meios tecnológicos, mas fazem isso de forma significativamente diferente. O autor identifica 18 áreas nas quais esses nativos construíram práticas sociais, educacionais e comunicacionais diferenciadas da maioria dos imigrantes digitais; entre elas, inclui a forma como eles se comunicam, encontram, relacionam e socializam com os outros; a maneira pela qual buscam, criam, compartilham, trocam e colecionam informações; suas condutas na compra e venda de bens de consumo; as formas como jogam e se divertem; o modo como colaboram, aprendem e avaliam suas conquistas; e a maneira pela qual analisam os problemas e divulgam suas ideias e conclusões. Em suma, novas práticas e rotinas sociais que configuram um novo cidadão em uma nova sociedade: a renomada sociedade em rede. Veja uma síntese sobre as diferenças básicas entre nativos e imigrantes na Quadro 4.1 a seguir.

Vamos comentar com mais detalhes algumas das áreas que se conectam de modo mais direto com os processos de ensino e aprendizagem que interessam para as finalidades desta obra.

No que se refere às práticas relacionadas com a gestão da informação para transformá-la em conhecimento, os nativos preferem não filtrar a informação e recebê-la "crua", para poder selecionar aquilo que lhes interessa a partir de critérios bastante idiossincráticos. Na verdade, suas habilidades específicas de busca são pouco sofisticadas (ver Capítulo 17) e a compreensão é alcançada basicamente por meio do domínio temático da disciplina em questão. Por outro lado, demonstram uma grande competência ao compartilhar informação com outros para construir um produto comum (por exemplo, um jogo). Na verdade, para eles, a competência não está em "possuir" o conhecimento, mas em localizá-lo e em conseguir comunicar e compartilhar esse conhecimento, se possível imediatamente, no mesmo momento em que estiver sendo produzido. Isso tem como consequência, em alguns casos, a troca, compra ou venda de trabalhos escolares, anotações, provas, etc., que transformaram alguns professores em detetives digitais, sendo que provavelmente seria mais eficaz, dada a impossibilidade de controlar esse "mercado", variar os métodos de ensino e avaliação de modo que essas transações fossem até mesmo desejáveis (por exemplo, realizando atividades

QUADRO 4.1
Modos diferentes de uso de ferramentas tecnológicas entre nativos e imigrantes digitais

	E-mail	Webcam	Weblog	Website	Modding[a]	Confiabilidade	Busca	Encontro
Nativos	Decisão entre carta e e-mail	Conexão com objetos queridos	Expressão de experiências pessoais	Expressão própria identidade	Usuários, produtores, formadores	Reputação na rede Posicionamento	Informação "crua" para fazer uma seleção	Estão on-the-fly
Imigrantes	Decisão entre chat e e-mail (reflexão)	Controle de pessoas e objetos	Exposição de ideias	Ponto de contato, publicidade	Usuários	A partir de características externas da informação	Informação previamente filtrada	São necessárias as coordenadas do encontro

[a] *Modding*: modificação estética ou funcional de componentes e/ou programas do computador.
Fonte: adaptado de Prensky (2004).

baseadas na resolução de problemas com a ajuda de todo tipo de material).

Quanto às práticas vinculadas à transmissão desse conhecimento, os nativos, quando podem escolher, preferem a sincronicidade (por exemplo, o *chat*) para fazer todo tipo de troca; na verdade, trata-se de uma forma de comunicação muito parecida com um diálogo oral, em que são utilizadas modalidades de codificação inventadas, algo que não se parece muito com escrever soletrando corretamente. Para isso, compõem expressões muito sintéticas, facilmente legíveis e decodificáveis pelo receptor, e que podem ser ideias (por exemplo, H4T5TNT: *home for tea at five tonight*; GTGPOS: *got to go, parent over shoulder*) ou emoções (por exemplo, os *emoticons*). A comunicação assíncrona fica restrita às comunicações e trocas que exigem um certo grau de planejamento, reflexão e formalismo. Para o nativo, ao contrário do imigrante, a dúvida nunca seria entre comunicar-se por meio de uma carta convencional ou pela internet, mas entre comunicar-se por *chat* ou por *e-mail*.

Outra forma de comunicação que está se proliferando são os *Weblogs* – ou *blogs* –, diários abertos e permanentemente acessíveis cuja função é expressar a própria identidade (por meio da seleção de músicas, filmes, *design*, frases, humor, desenhos, logotipos, *links*, etc.) e, principalmente, vincular-se emocionalmente com o grupo de amigos. Não ocorre a mesma coisa no caso dos imigrantes digitais, que utilizam o *blog* como um púlpito a partir do qual expressam as próprias ideias e teorias, de caráter eminentemente intelectual.

As *Webcams* também costumam ter um sentido afetivo para os nativos, que as utilizam para manter-se em contato com objetos e seres queridos (por exemplo, o próprio quarto, uma mascote), enquanto para os imigrantes geralmente elas têm aplicações relacionadas com segurança (para vigiar uma criança – *babycam* – ou a porta de entrada da casa).

Finalmente, para os nativos, a validação do conhecimento comunicado baseia-se, principalmente, na reputação que o emissor tenha construído para si na rede. Existem páginas *Web* na internet[4] que se especializam em filtrar as opiniões de pessoas ou entidades segundo o nível de sua reputação, dependendo de como tenham sido qualificadas pelo resto dos usuários. Para os imigrantes, a reputação é construída externamente e a qualidade da informação é, portanto, determinada a partir dos conhecimentos prévios que se tenha sobre esse autor, empresa ou marca.

Existem ainda outros três elementos coincidentes nas práticas cotidianas dos nativos digitais que resultam claramente diferentes daquelas dos imigrantes e que, sem dúvida, afetam decisivamente as representações e modalidades de interação de uns e outros. Para os primeiros, elementos de grande importância na interação presencial – como o aspecto físico, o gênero, a etnia, a origem geográfica ou o *status* social – estão em segundo plano; as pessoas são julgadas pelo que dizem e produzem na rede, e isso é o que realmente determina a interação, especialmente a de natureza educacional. Os imigrantes digitais, por sua vez, tendem a trabalhar sucessivamente com os documentos e a estabelecerem interações assíncronas ou, quando são sincrônicas, um a um. Os nativos costumam processar documentos ou dialogar de maneira simultânea com vários interlocutores, potencializando uma espécie de multifuncionalidade cognitiva cujas consequências sobre a aprendizagem deverão ser investigadas de maneira

---

[4] Por exemplo: www.epinions.com/.

detalhada. Um último aspecto diferencial é o fato de que o nativo frequentemente atua, como já assinalamos antes, como produtor de conteúdos, mas também como formador, seja através de recomendações incidentais sobre o uso de determinados programas e utilidades ou de maneira mais sistemática, com a criação de informativos, reproduções, videologs, fotologs, etc. (Sáez Vacas, 2005).

Sem dúvida, em um momento em que essas práticas estão se transformando, para muitos desses nativos digitais, em hábito, resulta imprescindível analisar quais podem ser os seus efeitos sobre as funções cognitivas e, por extensão, sobre seus processos de aprendizagem. Na seção a seguir, trataremos dessa questão.

Mudança nas funções cognitivas: a naturalização dos sistemas culturais de conhecimento

A ideia clássica de "aprender da tecnologia" que introduziram G. Salomon e colaboradores (1992) promoveu um grande número de estudos e pesquisas a respeito do impacto das TIC sobre a cognição humana, especificamente sobre as formas de pensar e de aprender dos alunos. O autor identificava diferentes fases nos efeitos das TIC sobre a mente:

a) criação de metáforas: novas formas de interpretar os fenômenos (ciberespaço, etc.);
b) criação de novas categorias cognitivas;
c) potencialização da atividade intelectual em geral;
d) amplificação de certas funções ou habilidades psicológicas;
e) internalização de modos e ferramentas simbólicas.

Embora ainda seja cedo para determinar em que medida e com que alcance essas fases foram cumpridas, não há dúvida de que a incorporação das TIC modifica e reestrutura as formas de pensar e de aprender e, consequentemente, deve modificar as formas de ensinar. Sabemos que, em outros momentos culturais, a mente humana precisou incorporar novas tecnologias da informação e de conhecimento que, como autênticas próteses cognitivas, reconstruíram seu funcionamento para, finalmente, tornarem-se naturais. Uma breve revisão sobre como ocorre esse processo pode nos ajudar a explorar algumas das mudanças nas formas de conhecer e comunicar-se que cabe esperar em nossa cultura da aprendizagem.

Em sua brilhante e instigante análise da evolução conjunta de mente e cultura, Merlin Donald (1991) mostra de modo convincente, embora não isento de certas doses de especulação, como a mente humana foi construindo-se por meio da incorporação ou interiorização de diferentes sistemas culturais de comunicação e representação. Vamos lembrar que, nessa construção mútua entre mente e cultura, ocorreram "três importantes transformações cognitivas pelas quais a mente humana moderna surgiu ao longo de vários milhões de anos, partindo de um conjunto de destrezas parecidas com as de um chimpanzé. Essas transformações deixaram, por um lado, três novos sistemas de representação e memória, exclusivamente humanos, e, por outro, três camadas intercaladas de cultura humana, cada uma delas baseada em seu próprio sistema de representações" (Donald, 1991). Essas três transformações cognitivas e os sistemas de memória e conhecimento aos quais deram lugar correspondem ao acesso a representações miméticas (baseadas em ações suspensas e em gestos), simbólicas (por meio da linguagem oral propriamente dita) e, finalmente, representações teóricas (apoiadas em sistemas de memória externa).

Sem entrar na análise desta gênese (Pozo, 2003), este último estágio de memória e conhecimento é o que nos interessa aqui. Se atendermos ao relato de Donald (1991), essa mente teórica – que é a que torna possível o conhecimento como diálogo, como objeto de discussão e reflexão e, em suma, de transformação – precisa dispor de sistemas externos de representação, que são muito recentes historicamente, uma vez que apareceram há cerca de apenas 5.000 anos, com a invenção dos primeiros sistemas de escrita dos hieróglifos. Com eles, as representações são plenamente externalizadas e se transformam fisicamente em objetos de representação e, portanto, em metarrepresentações. Com isso, a cultura material deixa de ser apenas uma memória externa do mundo para ser uma nova forma de pensar e de representar o mundo, uma vez que os novos artefatos produzidos por essa cultura material, cuja origem se manifesta na explosão cultural neolítica, são sistemas para representar ideias, "tecnologias simbólicas" cuja função é transformar-se em "espelho da mente" (Donald, 2001), pois suas características físicas – sua natureza de objeto externo – as transforma não apenas em veículos de representação mas em objetos explícitos de representação (Martí, 2003; Martí e Pozo, 2000; Pozo, 2003; Teubal et al., [no prelo]).

Contudo, aí onde acaba a história contada por Donald, na origem da mente teórica como consequência da acumulação cultural de conhecimento mediante sistemas de memória e representação externa, começa a nossa. Como evoluiu posteriormente essa mente humana como consequência da própria evolução desses sistemas externos de memória ou, em suma, com a própria mudança cultural? Complementando as três revoluções culturais e cognitivas sugeridas por Donald (essas três mentes: mimética, simbólica e teórica), podemos falar, também, de três revoluções nesses sistemas culturais, que possivelmente correspondem às três grandes revoluções dos nossos sistemas culturais para armazenar conhecimento: a invenção da escrita (há cerca de 5.000 anos), a invenção da prensa tipográfica e a difusão dos textos escritos (há pouco mais de 500 anos) e as novas tecnologias digitais da informação e do conhecimento. Assim como no caso de Donald, poderíamos dizer que cada uma dessas revoluções tecnológicas deu lugar a uma nova forma de representar e conhecer o mundo; ou seja, que poderíamos falar de uma mente letrada (ou alfabetizada), de uma mente crítica (que tem acesso aos textos impressos e pode dialogar com eles, gerando uma nova racionalidade crítica e científica) e a mais recente, de uma mente virtual. Enquanto as duas primeiras já foram bastante estudadas (por exemplo, no magnífico livro de Olson, 1994), aqui esta última é a que nos interessa.

Dado o caráter genético de nosso modo de análise, devemos assumir que esta mente virtual é um produto da evolução cultural e cognitiva dessas mentes letradas e críticas anteriores. Mas não vamos nos deter, aqui, a narrar essa evolução; em vez disso, destacaremos alguns traços que parecem ser característicos dessa construção mútua entre sistemas culturais de representação e formas de pensar e de conhecer. De fato, alguns destes traços não apenas poderiam ser identificados no processo de alfabetização literária (incontestavelmente, o exemplo sempre paradigmático), mas também quando são incorporados à mente outros sistemas externos de representação, como a notação matemática, as imagens ou os sistemas culturais para representar o tempo (Martí, 2003; Pozo, 2001, 2003).

Tomando como exemplo os sistemas de representação do tempo, nossos relógios e calendários não são apenas uma memória externa convencionalizada, mas aprendê-los significa ter uma nova forma de pensar e viver o tempo. Sem dúvida, há uma forma primária, *introjetada,* de sentir o tempo por meio das mudanças que este produz em nosso corpo, mas nossos relógios biológicos são tão imprecisos e difíceis de comunicar a outros, dada a sua natureza implícita, que a vida social exigiu a invenção de sistemas de memória externa que pudessem atuar como registro do tempo e que permitissem um tempo compartilhado ou socializado, o que tornou possível a organização das atividades sociais, mas que, por sua vez, contribuiu para *formatar* ou reestruturar a mente. A história da invenção desses sistemas e de como foram incorporados na mente (Pozo, 2001) é realmente fascinante.

Para o que aqui nos interessa, podemos destacar três aspectos nesse processo de incorporação ou, dito de outra maneira, de tornar parte do corpo aquilo que inicialmente é um sistema externo de representação, o que definimos como um *processo de naturalização* dos sistemas culturais de representação. Estes traços caracterizariam não apenas a construção dessa mente cronológica, mas a incorporação do resto dos sistemas culturais de representação, incluídas, portanto, as TIC, que estão dando lugar a essa nova mente virtual que já começa a surgir e da qual nos ocupamos especificamente nas próximas páginas.

A naturalização supõe, em primeiro lugar, interiorizar essas formas convencionais de representar e interagir com o objeto (neste caso, o tempo), de maneira que se tornem implícitas ou defectivas, automatizando-se. Junto com este processo, que poderíamos chamar de *implicitação* (Pozo, 2007), ocorre, também, um processo de reificação por meio do qual os sistema culturais – essas formas convencionais e, portanto, arbitrárias de pensar e conhecer – passam a ser tratados não como construções mentais próprias de uma cultura, mas como objetos reais e, portanto, universais, algo que está aí no mundo e não em nossa mente. Mas essa assimilação dos sistemas culturais não deixa de estar restrita pelas próprias limitações do sistema cognitivo, de modo que ocorre uma incorporação limitada que faz com que os usos pragmáticos desses sistemas culturais de representação sejam bem mais restritos que suas potencialidades epistêmicas.

No caso da representação do tempo, a aprendizagem dos nossos sistemas culturais faz com que automatizemos formas de pensar e conhecer o tempo cuja história cultural tem sido muito complexa e laboriosa, de forma que hoje em dia uma criança de 5 ou 6 anos concebe o tempo sob formas que seriam impensáveis para as mentes mais lúcidas da antiguidade. A memória autobiográfica é uma construção social mediada por esses sistemas de representação, de modo que a própria identidade pessoal depende de marcos (datas de aniversário, idades, etc.) cuja existência damos como óbvia, sendo desnecessário explicitar o sistema do qual se derivam: nós os assumimos como algo implícito, natural e, em última análise, também real. Os minutos que transcorreram desde que o leitor começou a ler este capítulo (esperemos que não sejam horas, mas também não serão segundos), mostram que cada atividade cognitiva tem seu *tempo*, que se apresenta em nossa mente não como uma invenção ou uma convenção, mas como um objeto real, tão real quanto quaisquer outras das sensações que nosso corpo proporciona. Esta objetivação dos sistemas culturais, quando estes se incorporam na mente, está, sem dúvida, relacionada mais com um uso pragmático desses sistemas do que com um uso epistêmico (Kirsch e Maglio, 1994); ou seja, pensamos "com" os sistemas de representação, mas dificilmente pensamos "neles" como objeto de conhecimento (Pozo, 2003). Podemos usar, com toda a naturalidade, como se fossem objetos reais do nosso mundo fenomênico, sistemas de representação de uma grande complexidade e com grande potencial, sem chegar a explicitá-los e, com frequência, sem sequer entender a própria lógica e natureza representacional desses sistemas.

De fato, nossa própria convicção de tempo, até mesmo nossa identidade cronológica, fratura-se quando pensamos em alguma das implicações do sistema que ordena o tempo em nossa vida diária. Vejamos um exemplo simples. De acordo com a mecânica newtoniana (que é a física que está por trás dos nossos relógios), a luz viaja a 300 mil quilômetros por segundo. Dessa concepção do tempo derivam-se consequências tão incríveis, por serem opostas à nossa mente introjetada, como:

> A luz da lua demora 1 segundo para chegar até nós, 8 minutos é o que demora a luz do sol, mas demora 4 anos para percorrer o caminho desde a estrela mais próxima…(assim), o telescópio é uma máquina para voltar no tempo… Vemos a nebulosa de Órion tal como era na época do fim do Império Romano. E a galáxia de Andrômeda, visível a olho nu, é uma imagem que tem 2 milhões de anos" (Reeves et al., 1997 p. 27-28).

O que vem a ser o mesmo que afirmar – não mais a partir de um ponto de vista metafísico, mas literalmente físico – que "em sentido estrito, nunca é possível ver o estado presente do mundo". Somente podemos ver o seu passado, após um lapso infinitesimal em nosso mundo cotidiano, mas, mesmo assim, passado. Podemos usar os relógios, e até dar por descontado que o tempo é "isso que os relógios medem" – como esses psicólogos que assumem que a inteligência é isso que medem os testes –, mas a lógica subjacente à nossa percepção do tempo é totalmente contrária às nossas convicções mais enraizadas (vivemos aqui e agora), sem que percebamos isso.

Assim, a incorporação restrita dos sistemas culturais na mente, como vemos, acaba limitando aquela mente teórica de que nos fala Donald (1991), que supostamente se caracteriza por transformar os próprios sistemas de representação em objetos de conhecimento. Segundo os três processos que acabamos de definir (implicitação, reificação e incorporação restrita), incorporar novos sistemas de representação na mente permite-nos amplificar nossas possibilidades cognitivas, uma vez que facilita o acesso a novas realidades. Não poderíamos representar o tempo e operar com ele de determinadas formas se não dispuséssemos de um sistema cronológico como o que temos; mas isso não implica necessariamente ampliar as possibilidades teóricas da mente, como supõe o modelo de Donald (1991). Em nossa opinião, para que surja essa mente teórica em um dado domínio (por exemplo, o tempo ou as novas TIC), é necessário que a alfabetização nesses sistemas esteja dirigida não apenas a metas pragmáticas (dominar o sistema, automatizar e implicitar seu uso, transformá-lo em um objeto real e, em suma, naturalizá-lo), mas a metas epistêmicas, a fim de transformá-lo em objeto de conhecimento. Portanto, o tipo de mente virtual que a incorporação das TIC em nossa cultura vai gerar dependerá de que em nossa sociedade se promova não só um uso pragmático dessas TIC, o que inegavelmente é imprescindível, mas também um uso epistêmico. Em suma, será preciso que nossos alunos pensem "com" as TIC e, além disso, que pensem "nelas" como um sistema para transformar a mente e tornar possível outros mundos em nossa mente. Portanto, a respeito da especulação sobre que tipo de mentes promoverão as novas tecnologias, podemos pensar nas diferentes consequências que têm um e outro uso cognitivo dessas TIC para a evolução das formas de pensar, conhecer e comunicar-se, como abordaremos a seguir.

Mudança epistemológica? Entre o realismo intuitivo e a realidade virtual

Uma primeira mudança que poderíamos esperar como consequência da interiorização das TIC poderia refletir-se nas formas de conhecer e administrar o conhecimento, em suma, nas concepções epistemológicas. Hoje, sabemos que as pessoas tendem a assumir um realismo representacional intuitivo que pressupõe que a realidade é o que nós percebemos e sentimos (Scheuer et al., 2006; Scheuer e Pozo, 2006), e que as pessoas que são especialistas em um domínio, principalmente graças à instrução (Pecharromán e Pozo, 2006), tendem a afastar-se epistemologicamente dessas formas ingênuas ou intuitivas de realismo. De fato, como mostra a própria questão da falsa crença, a teoria da mente, tal como tem sido formulada até agora, assume que o acesso à mesma informação implica a mesma representação (ou conhecimento). Chandler (1987) refere-se ironicamente a esta ideia, que é subjacente ao realismo ingênuo, como "doutrina da imaculada percepção", uma doutrina segundo a qual o conhecimento é um reflexo ou uma cópia direta daquilo que vejo, da informação a qual tenho acesso.

Se o ponto de partida é esse realismo ingênuo, cabe pensar que aquelas formas culturais que promovam maiores perspectivas deveriam fomentar posições epistemológicas mais elaboradas. As TIC deveriam ser o espaço ideal para promover um pluralismo representacional, uma vez que permitem, e praticamente exigem, a convivência de múltiplas perspectivas, as quais tornam possível transformar a realidade, ou viver realidades paralelas ou virtuais. Aquele que, para entrar em um *chat*, faz-se passar por engenheiro aeronáutico ou por uma jovem de 16 anos, ou aquele que vive suas horas de *Second Life* a cada noite, com certeza está assumindo uma pluralidade representacional que deveria afastá-lo de qualquer realismo ingênuo. Contudo, as coisas não são tão fáceis, dado que nem sempre quem se aproxima desses espaços virtuais é consciente das múltiplas realidades ou perspectivas que eles escondem.

O aluno que procura uma informação no *Google* ou na *Wikipedia* sem ter a precaução de contrastá-la com outras possíveis alternativas e, consequentemente, aceita a primeira informação que encontra, não está aproximando-se de um perspectivismo ou construtivismo epistemológico, mas assumindo um realismo epistemológico ainda mais limitado, uma vez que possivelmente se apoia em uma informação de escassa confiabilidade. Não se trata, assim, de criar um cardápio de realidades nas quais viver, mas de saber dialogar com elas e, em última análise, de saber conciliá-las com a própria "realidade" que cada um vive, em átomos em vez de em *bytes*. Simular ser um engenheiro aeronáutico ou uma jovem de 16 anos pode ser uma brincadeira se a pessoa, no final, não chega a naturalizar demais essa representação, acabando por acreditar que é mesmo um engenheiro ou uma jovem de 16 anos (ou se a pessoa acreditar que esse outro com quem está no *chat* é realmente um engenheiro ou uma jovem). Há pouco tempo, certo jornal publicou uma denúncia sobre *bullying* e assédio sexual a menores no *Second Life,* mas, dado que para viver em tal *Second Life* é preciso ser maior de idade, é admissível o assédio contra menores virtuais? Como avaliar isso? Misturar a vida real com os novos mundos virtuais que surgem das TIC é, sem dúvida, um dos lugares-comuns no cinema e na literatura mais recentes.

Não há dúvida de que seria enriquecedor se essas tecnologias nos ajudassem a construir novas perspectivas do mundo em que vivemos, afastando-nos do nosso realismo ingênuo, em vez de criar para nós novas realidades virtuais igualmente ingênuas, nas quais possamos nos refugiar. Mais adiante, voltaremos a tratar sobre esta questão.

Mudança nas formas de comunicação? Entre a integração multimídia e o retorno à oralidade

Segundo Donald (1991), cada revolução nos sistemas culturais de representação está estreitamente ligada a novas formas de comunicação ou de intercâmbio social de representações. Os gestos, as palavras e, finalmente, os textos, modificam a mente, em grande medida porque permitem o acesso a outras mentes. Sem dúvida, as TIC são, em primeiro lugar, um sistema de comunicação com uma potência incomparavelmente maior que os anteriores, uma vez que permitem trocar informações e representações de maneira praticamente instantânea, vencendo o espaço e o tempo em quantidades massivas e em uma multiplicidade de formatos representacionais que era impensável até pouco tempo atrás. Por isso, segundo o argumento de Donald (1991), deveríamos estar no limiar de uma nova revolução nas formas de comunicar. Mas talvez seja neste ponto que mais claramente se contrapõem duas visões: por um lado, a visão daqueles que acreditam que essas novas formas vão enriquecer nossa comunicação, não apenas por torná-la mais fácil, mas porque permitem integrar diversas fontes e formatos representacionais que darão origem a um conhecimento mais fácil e acessível; e, por outro lado, a visão daqueles que acham que a maior parte destes novos sistemas de comunicação têm mais valor pragmático do que epistêmico, que são tão imediatos que praticamente não requerem elaboração por parte do receptor e que, portanto, longe de proporcionar representações mais ricas e complexas, oferecem visões simplificadas e imediatas.

Entre estes últimos, Simone (2000, p. 86) defende que a revolução cibernética fez com que "o conhecimento circulasse principalmente em suas formas debilitadas, escassamente explícitas, carentes de máximas e de regras". Segundo ele, as TIC, devido ao seu imediatismo, à sua não sequencialidade, à sua simplicidade, são, de fato, um retorno à oralidade; àquela oralidade que, segundo Donald (1991), conseguimos abandonar ou superar graças às memórias externas e que, paradoxalmente, as novas memórias externas baseadas nas TIC estariam nos ajudando a recuperar. Esse retorno às formas orais de comunicação, tão evidente nos formatos do correio eletrônico, nos *chats* ou nas mensagens SMS, representaria, de fato, uma comunicação dirigida a metas pragmáticas mais do que epistêmicas e, mais uma vez, em vez de nos aproximar daquela mente teórica anunciada por Donald, nos afastaria dela. É o caso das mensagens do tipo SMS, cujas metas comunicacionais costumam ser imediatas, limitando seriamente, com isso, o conteúdo comunicável. Aparentemente, portanto, as TIC não são a melhor via para desenvolver uma mente teórica.

Contudo, segundo mostrou Medina (2006), os adolescentes que mostram uma notável dissociação entre seu conhecimento da gramática na língua oral e escrita e o uso que fazem dela são muito mais competentes na hora de explicitar a gramática que utilizam em seus SMS, dado que é uma linguagem que eles mesmos estão inventando. Cabe pensar, contudo, que quando estes códigos, agora novos, naturalizarem-se, segundo a análise que fizemos anteriormente, sua potência representacional será muito mais limitada, a não ser que, mais uma vez, os espaços educacionais se ocupem de reconstruir esses códigos, de torná-los visíveis e explícitos, em vez de, como ocorre agora, de acordo com o próprio Simone (2000, p. 85), transformar a escola em um "refúgio onde nos trancamos para proteger-nos do conhecimento, do seu fluir, do seu crescimento" e, também, poderíamos acrescentar, um refúgio para proteger-nos das novas formas de conhecer, comunicar-se e pensar que trazem consigo as TIC, como tememos que esteja ocorrendo agora.

Mudança nas formas de pensar? Entre a complexidade e a perplexidade cética

Além de mudar nossas formas de conhecer e de comunicar, as TIC também trazem consigo a larva de novas formas de pensar. As formas de pensamento científico, tal como nós as conhecemos, não teriam sido possíveis sem as tecnologias de conhecimento. A escrita, a notação matemática, mas também as linguagens específicas de cada ciência e as tecnologias em que elas baseiam suas observações e suas manipulações experimentais, são o *formato* do pensamento científico. Que novas formas de pensar trarão consigo as TIC? Segundo vimos, sua pluralidade representacional e o uso integrado de múltiplos códigos tornam possível um conhecimento integrado e multimídia que parece ser o suporte ideal para um pensamento complexo, o qual, segundo Edgar Morin (2000, p. 76), supõe assumir que "conhecer e pensar não é chegar à verdade absolutamente verdadeira, mas dialogar com a incerteza". Contudo, para que esse diálogo com a incerteza ocorra, é necessário dotar os alunos de competências cognitivas e metacognitivas muito mais exigentes do que aquelas que eram necessárias no mundo, muito mais certeiro, da modernidade. Não sendo assim, essa pluralidade representacional, mais do que levar à complexidade, conduzirá à perplexidade. A densidade informativa se transformará em ruído; em vez de integrar múltiplos mundo, ou representações do mundo, os alunos tenderão a aceitar como verdadeira aquela realidade que mais se aproximar de suas preferências ou a incorrer em um relativismo cético (Pecharromán e Pozo, 2006) no qual tudo será válido, e, portanto, as formas mais complexas de conhecimento não terão um valor agregado que exija esforço para se chegar a elas.

Para que as TIC cumpram, realmente, sua promessa e nos façam avançar em direção a um conhecimento mais complexo e reflexivo, escapando dos processos de naturalização comentados, que *formatam* nosso conhecimento sem que saibamos disso, impedindo sua transformação, é indispensável uma intervenção educacional que permita uma análise explícita das restrições e regras implícitas que as próprias TIC impõem.

Esta tomada de consciência implica, entre outras questões, que o aprendiz tenda a construir uma representação de si mesmo em rede e para a rede. Este será o centro de interesse da seção a seguir.

Mudanças na representação pessoal: a construção de uma identidade na rede

Existe um acordo bastante unânime em considerar que a frequente interação com outras pessoas em ambientes virtuais pode criar uma representação autorreferente do próprio eu, ou seja, a percepção de que existe na rede pelo menos um "eu mesmo", nas palavras de Gálvez e Tirado (2006), o qual nos representa e identifica, ou seja, uma identidade virtual.

O estudo da identidade nas TIC tem, atualmente, pelo menos três grandes abordagens. Na primeira, o interesse está focado em estudar os usuários que adotam uma vida paralela na rede, com um papel bem-delimitado, cujos propósitos e ações começam, evoluem e finalizam no interior da própria rede. Exemplos característicos são as comunidades de *hackers* e de *crackers* (Aceros e Doménech, 2006), coletivos de programadores especialistas que desenvolvem *software* livre, à margem das empresas comerciais e do *software* proprietário e que, com frequência, colocam à prova os sistemas de acesso e segurança, passando pelas proteções e ignorando os sistemas de *copyright*.[5] Outro exemplo ilustrativo é o dos ambientes MUD (*multi-user domain*), espaços virtuais nos quais os usuários podem ingressar e atuar construindo identidades fictícias. Já falamos anteriormente de um dos mais bem-sucedidos, o *Second Life*, uma "segunda vida" na qual é possível escolher o gênero e a aparência desejados e "viver" virtualmente: viajando, comprando, tendo relações amorosas ou desenvolvendo um trabalho remunerado.

As posturas dos estudiosos quanto ao benefício "educacional" que pode ter uma vida paralela na rede são antagônicas. Enquanto autores como Turkle (2005) assinalam que a rede se transforma em um laboratório social no qual é possível experimentar, sem risco, conhecimentos, procedimentos e atitudes diferentes das habituais e aprender novas formas de comportamento, relacionamento e expressão, úteis para o equilíbrio pessoal e para vida real, outros autores advertem dos perigos de se levar na rede uma vida que envolva certa ruptura com a vida fora dela. Maldonado (1998), por exemplo, alerta sobre a patologização que significaria confundir ambas as identidades:

> O fato de que (...) a prática da falsificação de identidade envolva um vasto número de indivíduos autoriza a supor que ela possa favorecer o nascimento de uma espécie de comunidade autorreferente, carente de qualquer vínculo com a realidade. O risco – e a hipótese não me parece arbitrária – é que o jogo deixe de ser apenas um jogo para transformar-se em algo inquietante: uma tenebrosa, e nada lúdica, comunidade de espectros. Isto seria justamente uma comunidade cujos membros estão todos persuadidos, em maior ou menor medida, de que suas identidades postiças são suas verdadeiras identidades. Da *folie à deux* detectada pela psiquiatria do século XIX, estaria-se agora passando para uma *folie* de muitos, uma *folie* amplamente compartilhada (Maldonado, 1998)

Ainda é cedo para saber se as palavras de Maldonado (1998) respondem a um alarmismo infundado ou realmente perfilam um inquietante futuro. De qualquer modo, os profissionais da educação vão precisar ajudar as pessoas para que entrem em contato com os estudantes, especialmente pais e educadores, a fim de que sejam capazes de detectar essas desordens e, em consequência, atuar.

Uma segunda abordagem, ainda pouco explorada em pesquisas e em franca expansão, são os *Weblogs* ou *blogs,* nos quais pessoas individuais, sob a forma de diários ou autobiografias pessoais, constroem explicitamente sua identidade com a ajuda de todo tipo de recursos digitais (textos, imagens, sons, animações, etc.). Contudo, e diferentemente de um diário pessoal, não se trata de modo algum de um texto solipsista, pensado somente para uma reflexão íntima, senão que busca cla-

---

[5] Perante o *copyright*, estas comunidades falam do *copyleft* (*all rights reversed*), ou seja, todos os direitos permitidos: liberdade para executar, copiar, distribuir ou adaptar qualquer aplicativo às próprias necessidades.

ramente a participação e a cumplicidade de outros que, com seus comentários, sugestões e contribuições, ajudem a reconstruir esse "eu" colocado na tela do computador. Neste caso, a referência inicial, a pessoa que se apresenta, é externa à rede; não obstante, vai acrescentando ao seu *blog* ideias, objetos e *links* que podem ir transformando essa autorrepresentação, criando uma identidade própria.

A terceira abordagem ao estudo da construção identitária na rede, aquela que emerge de situações de interação sincrônica (*chats*) e assíncrona (*fóruns*), é a que nos parece mais interessante do ponto de vista psicoeducacional, dado que interações desse tipo são intencionalmente utilizadas para negociar significados plenamente curriculares (veja, por exemplo, Vayreda e Doménech, 2007). Neste caso, tanto o motivo pelo qual a interação começa quanto a sua finalidade costumam transcender à rede, que atua como um suporte educacional que facilita a troca, sem as limitações que a necessidade de se estar no mesmo lugar impõe, no mesmo período de tempo.

Ao contrário da identidade que é elaborada em situações presenciais, caracterizada pela grande estabilidade e previsibilidade que proporcionam, por exemplo, os elementos físicos (corpo, roupa, gestos, etc.), a identidade que emerge na internet é muito menos previsível e requer uma contínua atualização, uma vez que obedece a produções conjuntas contextuais e de situação, ligadas ao "aqui e agora". Talvez, mais do que de identidade, devêssemos falar da forma como as pessoas se apresentam ou se posicionam em uma comunicação virtual. A noção de posicionamento, introduzida por Davies e Harré (1990), destaca a emergência de sociabilidade em uma situação de interação virtual, na qual os diversos participantes atribuem e se autoatribuem determinadas funções, atitudes e poderes que os situam em um *status* de maior ou menor influência. A identidade aqui é, então, produto da interação, não sua causa.

Independente das características externas que identificam um participante, como o endereço de correio eletrônico, o uso adequado da linguagem da comunidade, o tom mais ou menos característico da comunicação e a assinatura (Donath, 2003), a posição é conquistada por meio da atuação estratégica, ou seja, ajustada às características do grupo de interlocutores, da tarefa ou do objetivo que é preciso cumprir e/ou das condições tecnológicas e contextuais sob as quais ocorre a interação (por exemplo, possibilidades de conexão, tempo disponível, etc.).

As três formas de criação de identidade na rede que revisamos, seja por meio de uma existência paralela em um jogo interativo, usando uma ferramenta como o *blog* pessoal, ou pelo posicionamento em uma situação de interação coletiva, podem produzir, como temos buscado argumentar, diferentes formas de aprendizagem e, consequentemente, são suscetíveis de serem exploradas do ponto de vista educacional. A seguir, na última seção, tentaremos sugerir alguns desenvolvimentos neste sentido.

LINHAS EMERGENTES: A ESCOLA FRENTE AO ALUNO VIRTUAL

A síntese das ideias expostas até aqui define alguns dos traços essenciais do aluno que assistirá nossas aulas (presenciais e/ou virtuais) na próxima década. Será esse o aluno que, a partir de um conjunto de práticas cotidianas com as TIC – que, como já vimos, são claramente diferenciadas daquelas que os imigrantes digitais efetuam, progressivamente vai apropriar-se do uso das ferramentas e dos procedimentos que elas incorporam, em suma, vai apropriar-se de um modo de pensar e construir uma identidade virtual, mais ou menos próxima de sua identidade presencial, que permitirá que ele se posicione de uma determinada forma em situações de aprendizagem interativas. Por outro lado, a instituição escolar, entre cujas finalidades mais importantes e legítimas está a de distribuir socialmente as tecnologias de conhecimento dominantes (escrita, sistema numérico, etc.) e que, por conseguinte, deveria liderar a introdução das TIC como sistemas de geração de conhecimento, deixou que sejam outros os dirigentes dessa alfabetização digital e, inclusive, tem percebido essa difusão como um inimigo a ser derrotado para salvaguardar o "verdadeiro" conhecimento, tal como nos lembra Simone (2000). Perante esta situação de conflito, que presumivelmente aumentará, como deve-se agir na educação formal? Qual deve ser o papel do professor? Apesar de essas serem questões de grande complexidade, que dificilmente podem ter uma resposta única e conclusiva, pelo menos no atual momento de evolução das TIC, podemos oferecer algumas reflexões à luz da revisão efetuada neste capítulo.

a) Diante do risco de uma ruptura intergeracional ou, dito de modo mais apropriado, uma ruptura intercultural (mente letrada em oposição a mente digital) e diante do perigo de que se desenvolvam duas sociedades paralelas, cada vez mais afastadas (com indivíduos que possam manter identidades completamente desvinculadas), impõe-se a necessidade de criar redes sociais, dentro e fora da sala de aula, que sustentem, acompanhem, protejam e orientem os alunos na adequada utilização das TIC. Para isso, precisamos de educadores que sejam capazes de estabelecer um enlace eficaz entre ambas as culturas e "cognições"; profissionais que, dominando o código dos textos convencionais (lembremos que, para navegar eficazmente na internet, ainda é preciso dominar a linguagem canônica), conheçam e utilizem de forma competente os recursos que as TIC oferecem e possam coordenar adequadamente o que ocorre em situações educacionais presenciais com as experiências educacionais que oferecem as TIC. Neste sentido, Prensky (2004) propôs, por exemplo, a criação de comitês e assembleias escolares, com a participação dos diferentes atores da comunidade educacional, que atuariam como órgãos reguladores no uso das TIC.

b) Outra medida fundamental será a formação específica dos alunos em competências de alfabetização *informacional*, mais do que digital ou tecnológica. Para destacar uma dessas necessidades: perante o império da sincronicidade que é, hoje em dia, a forma de comunicação hegemônica entre os nativos digitais, seria necessário promover, de modo complementar, a comunicação assíncrona que favorece o planejamento das respostas e, portanto, uma reflexão maior sobre os conteúdos negociados.

Tanto os organismos internacionais quanto as administrações locais (Gómez-Hernández e Pasadas, 2007) concordam com a necessidade de introduzir nos currículos escolares habilidades relativas à seleção, compreensão, organização, avaliação e comunicação de informação. Como exemplo disso, no Quadro 4.2 apresentamos a proposta desses autores com relação às competências informacionais que deveriam estar presentes nos diferentes ciclos dos estudos universitários, a partir da adaptação dos denominados "Descritores de Dublin" e do Marco Europeu de Qualificações para a Aprendizagem Contínua, adotado pelo Ministério de Educação e Ciência do Estado espanhol.

Um aluno competente estará em melhores condições para viver "também" na tela do computador e não apenas "dentro" da tela, segundo a distinção feita por Car-

QUADRO 4.2
Proposta de competências informacionais na universidade

Ciclo universitário curto	■ Obtenção de informação para a solução de problemas ■ Obtenção de informação para a comunicação com os iguais ■ Habilidades para a aprendizagem autônoma
Primeiro ciclo	■ Competências para a solução de problemas complexos ■ Reunião de informação para emissão de juízos ■ Comunicação eficaz de informação, resultados, ideias e problemas ao público especializado e não especializado ■ Aprendizagem altamente autônoma
Segundo ciclo	■ Competências para a solução de problemas interdisciplinares ■ Competências para a integração de conhecimentos complexos e para a formulação de juízos a partir de informação parcial/escassa ■ Comunicação eficaz de resultados e conclusões de projetos ao público especializado e não especializado ■ Aprendizagem altamente autônoma
Terceiro ciclo	■ Domínio de competências para a pesquisa ■ Análise crítica e avaliação e síntese de ideias novas e complexas ■ Comunicação eficaz entre pares e a sociedade sobre a própria especialidade ■ Promoção do avanço social, científico e ético

Fonte: Adaptado de Gómez-Hernández e Pasadas (2007).

rasco e Escribano (2004), recriando uma representação virtual da própria identidade, explorando as possibilidades de autoexpressão que ambientes como os MUD* oferecem e evitando os perigos enunciados na seção anterior.

c) Uma proposta interessante para aproveitar essas presumíveis competências do nativo digital, esse *cyborg* que combina e distribui funções híbridas técnico-cognitivas e suas possíveis *e--identidades*, é a de oferecer aos alunos a possibilidade de gerenciar, de um modo profundamente autônomo, seus conhecimentos, recursos, experiências e criações, de maneira que sejam eles que determinem, por exemplo, a forma pela qual desejam trabalhar em uma tarefa, a informação pessoal que permitem que seja visível ou o acesso que consentem a pais, professores e colegas.

REFERÊNCIAS

Aceros, J.C. e Doménech, M. (2006). Solidaridad virtualizada y virtualizante. El movimiento hacker y la sociedad de la información. Em F. Tirado e M. Doménech (2006), *Lo social y lo virtual. Nuevas formas de control y transformación social* (pp. 94-113). Barcelona: UOC.

Carrasco, I. e Escribano, P. (2004). La construcción identitaria y las nuevas tecnologías a distancia: aprender a vivir "en la pantalla". Consultado (1.12.2007) em: http://www.cica.es/aliens/gittcus/Identidad%20(Alumnas).doc.

Castells, Manuel (2000). *La era de la información*. Madrid. Alianza.

---

* N. de T. *Multi-user domain*, um tipo de sistema criado nos anos de 1970 que permitia a participação de vários usuários na criação colaborativa e interativa de textos; hoje, tais ambientes também estão sendo usados para fins educacionais (Fonte: *Revista USP*, nº 34-35, p. 21)

Chandler, M. (1987). The Othello effect. *Human Development*, *30*, 137-159.

Davies, B. e Harré, R. (1990). *Positioning: the discursive production of selves*. *Journal for the Theory of Social Behaviour*, 20, 43-63.

Donald, M. (1991). *Origins of the modern mind. Three stages in the evolution of culture and cognition*. Cambridge, MA: Harvard University Press.

Donath, J. (2003). Identidad y engaño en la comunidad virtual. En M. A. Smith e P. Kollock (Eds.), *Comunidades en el ciberespacio* (pp. 51-88). Barcelona: UOC.

Fumero, A. e Roca, G. (2007). *Web 2.0*. Madrid: Fundación Orange.

Gálvez, A.M. e Tirado, F. (2006). *Sociabilidad en Pantalla. Un estudio de la interacción en los entornos virtuales*. Barcelona: UOC.

Gómez-Hernández, J.A. e Pasadas, C. (2007). *La alfabetización informacional en bibliotecas públicas. Situación actual y propuestas para una agenda de desarrollo*. Consultado (1.12.2007) em: http://informationr.net/ir/12-3/paper316.html.

Kirsh, D. e Maglio, P. (1994). *On distinguishing epistemic from pragmatic action. Cognitive Science*, *18*, 513-549.

Maldonado, T. (1998). *Crítica de la razón informática*. Barcelona: Paidós.

Martí, E. (2003). *Representar el mundo externamente. La adquisición infantil de los sistemas externos de representación*. Madrid: Antonio Machado.

Martí, E. e Pozo, J.I. (2000). Más allá de las representaciones mentales: la adquisición de los sistemas externos de representación. *Infancia y Aprendizaje*, *90*, 11-30.

Medina, L. P. (2006). *¿Qué gramática se aprende de la gramática que se enseña? El continuo implícito-explícito en la construcción del conocimiento lingüístico-gramatical*. Tesis Doctoral. Departamento de Psicología Básica. Universidad Autónoma de Madrid.

Monereo, C. (2004). La construcción virtual de la mente: implicaciones psicoeducativas. *Interactive Educational Multimedia*, *9*, 32-47. Consultado (1.12.2007) em: http://www.ub.edu/multimedia/iem/down/c9/Construction_of_the_mind_(SPA).pdf.

Morin, E. (2000). *La mente bien ordenada: repensar la reforma, reformar el pensamiento*. Barcelona: Seix Barral.

Olson, D. (1999). *El mundo sobre el papel*. Barcelona. Gedisa [Publicação original em inglês em 1994].

Pecharromán, I. e Pozo, J.I. (2006). ¿Qué es el conocimiento y cómo se adquiere? Epistemológicas intuitivas en profesores y alumnos de secundaria. En J. I. Pozo, N. Scheuer, P. Pérez Echeverría, M. Mateos,.E. Martín & M. de la Cruz (Eds.), *Las concepciones de profesores y alumnos sobre el aprendizaje y la enseñanza* (pp. 243-264) Barcelona: Graó.

Pozo, J.I (2001). *Humana mente: el mundo, la conciencia y la carne*. Madrid: Morata.

Pozo, J.I. (2003). *Adquisición de conocimiento: cuando la carne se hace verbo*. Madrid. Morata.

Pozo, J.I. (2007). Ni cambio ni conceptual: la reconstrucción del conocimiento científico como un cambio representacional. En J.I. Pozo & F. Flores (Eds.), *Cambio conceptual y representacional en el aprendizaje y la enseñanza de la ciencia* (pp. 73-89). Madrid: Antonio Machado.

Prensky, M. (2004). *The emerging Online Life of the Digital Native: What they do differently because of technology and how to they do it*. Consultado (1.12.2007) em: http://www.marcprensky.com/writing/Prensky-The_Emerging_Online_Life_of_the_Digital_Native-03.pdf.

Reeves, J., De Coppens,Y. e Simonnet, D. (1997). *La más bella historia del mundo*. Barcelona: Anagrama.

Rushkoff, D. (2006). *Screenagers: Lessons in chaos from Digital Kids*. Creskill, NJ: Hampton Press.

Sáez Vacas, F. (2005). El poder tecnológico de los infociudadanos. Diarios y conversaciones en la Red Universal Digital. *Telos*. Consultado (1.12.2007) em: http://www.campusred.net/telos/articulocuaderno.asp?idarticulo=4&rev=65.

Salomon, G., Perkins, D. e Globerson, T. (l992). Coparticipando en el conocimiento: la ampliación de la inteligencia humana con las tecnologías inteligentes. Comunicación, Lenguaje y Educación, *13*, 6-22.

Scheuer, N., De la Cruz, M., Pozo, J. I., Huarte, M.F. e Sola, G. (2006). *The mind is not a black box: Children's ideas about the writing process. Learning and Instruction*, *16*, 72-85.

Scheuer, N. e Pozo, J.I. (2006). ¿Qué cambia en las teorías implícitas sobre el aprendizaje y la enseñanza? Dimensiones y procesos del cambio representacional. En J. I. Pozo, N. Scheuer, M. P. Pérez Echeverría, M. Mateos, E. Martín e M. de la Cruz (Eds.), *Nuevas formas de pensar la enseñanza y el aprendizaje: Las concepciones de profesores y alumnos* (pp. 375-402). Barcelona: Graó.

Silva, M. (2005). *Educación interactiva. Enseñanza y aprendizaje presencial y on-line*. Barcelona: Gedisa.

Simone, R. (2001). *La tercera fase: formas de saber que estamos perdiendo*. Madrid. Taurus [Publicação original em italiano em 2000].

Teubal, E., Scheuer, N., Pérez Echeverría, M. P. e Andersen, Ch. (Eds.) (no prelo) (*Representational systems and practices as learning tools in different fields of knowledge*. Londres: Sense Publications).

Turkle, S (2005). *The second Self: Computers and the human spirit*. New York: Simon & Shuster, Inc.

GLOSSÁRIO

Brecha digital. A expressão vem do inglês *digital divide*; refere-se à fratura que existe entre pessoas "conectadas" e "não conectadas" com as tecnologias e, mais especificamente, à internet. As causas podem ser múltiplas: econômicas, políticas, culturais, etc.

Cyborg. Termo criado por Manfred E. Clynes e Nathan S. Klein em 1960 a partir da união das palavras em inglês *cyber(netics)* e *org(anism)*. Refere-se ao desenvolvimento de seres humanos formados por uma parte orgânica e outra artificial (mecânica, digital), ambas necessárias para sua sobrevivência.

Emoticon. É um neologismo que provém da associação dos termos emoção e ícone. Originalmente, foram criados com a intenção de expressar emoções por meio de uma combinação de signos, geralmente em forma de caras com diferentes expressões emocionais.

Imigrantes e nativos digitais. As expressões *digital immigrants* e *digital natives* foram cunhadas por Marc Prensky para distinguir as pessoas que se incorporaram tardiamente às tecnologias digitais, migrando das tecnologias baseadas nos textos convencionais, daquelas que têm essas mesmas tecnologias como seu ambiente de desenvolvimento "natural".

Mente teórica. Segundo Merlin Donald, a capacidade especificamente humana de usar os recursos cognitivos para refletir sobre o próprio conhecimento, que se acumula em forma de teorias geradas pelo uso de sistemas externos de representação.

Mente virtual. O funcionamento mental produzido pela interiorização dos sistemas externos de representação baseados na revolução informática e na construção de mundos ou realidades virtuais.

Multifuncionalidade cognitiva. Refere-se às diferentes funções cognitivas com as quais os nativos digitais utilizam os diversos recursos informáticos quando estão em situações interativas (informar, procurar, classificar, reter, expressar, etc.), frequentemente sobrepondo esses recursos e utilizando-os de maneira simultânea.

Naturalização. Processo pelo qual, na incorporação ou interiorização dos sistemas externos de representação, de caráter cultural e, portanto, convencional – devido em parte ao realismo intuitivo –, esses sistemas se tornam, em termos representacionais, transparentes, de modo que são objetivados ou se transformam em entidades reais. Um exemplo disso seria a naturalização do tempo cronológico.

Posicionamento. A ideia de posicionamento corresponde a B. Davies e R. Harré e refere-se a que a identidade de um indivíduo que interage em rede não existe *a priori*, mas "emerge" e se constrói a partir dessas interações.

Realismo intuitivo. Tendência possivelmente natural ou defectiva na mente humana pela qual as nossas representações tornam-se transparentes, de modo que as atribuímos a um mundo supostamente objetivo e externo em vez de à nossa atividade mental.

Sistemas externos de representação. Dispositivos culturais convencionais, baseados em um conjunto de regras codificadas, usualmente dispostos no espaço, que permitem não apenas conservar a informação e o conhecimento – e, portanto, acumulá-lo culturalmente – mas transformá-lo, por sua vez, em objeto de conhecimento.

RECURSOS

Gálvez, A. Mª e Tirado, F. (2006). *Sociabilidad en pantalla. Un estudio de la interacción en los entornos virtuales*. Barcelona. UOC.

Este livro supõe uma defesa do potencial da interação em ambientes virtuais para produzir autêntica sociabilidade. A partir de um estudo de casos, mostra-se, em um primeiro momento, como são adquiridas habilidades, significados compartilhados e compromisso com os outros em situações interativas mediadas pelo computador. Uma segunda seção é dedicada a analisar alguns episódios interativos, relativos a diversos núcleos de conflito que surgem entre os parti-

cipantes de um fórum eletrônico e ao modo como surge o posicionamento entre eles. Finalmente, é analisado o conceito de "pôr na tela" como um modo de posicionar-se no seio do grupo, elaborar uma imagem própria e do resto dos interlocutores.

Simone, R. (2000) *La tercera fase. Formas de saber que estamos perdiendo*. Madrid: Santillana.

Se aceitamos que cada tecnologia do conhecimento proporciona não apenas um suporte, mas uma forma para que possamos representar o mundo e pensar sobre ele, a revolução informática deve supor uma nova mentalidade. Neste livro, o linguista Rafaelle Simone reflete não apenas sobre as novas formas de pensar que as TIC trazem para a mente humana, mas também sobre outras formas de pensar e conhecer que, como consequência disso, deverão desinstalar-se de nossa mente para que esses novos formatos funcionem de maneira eficaz. Esta terceira revolução ou fase em que estamos entrando (depois da invenção da escrita e da prensa tipográfica) tem, portanto, matizes que recém estamos começando a perceber e que, segundo esta autora, podem supor um retorno a formas de oralidade e instantaneidade no conhecimento que são capazes de empobrecer formas críticas de saber ligadas ao texto escrito.

Vayreda, A. e Doménech, M. (2007) *Psicología e Internet*. Barcelona: UOC.

Este pequeno livro é um trabalho claro e conciso sobre as tendências atuais no estudo dos efeitos psicossociais da internet. Após uma breve introdução sobre os recursos interativos que a internet oferece e sobre as características desta interação, são abordados os três principais modelos que tentam analisar e explicar como ocorre a sociabilização na internet e seus efeitos psicológicos: o enfoque do Reduced Social Cues (redução de marcas sociais), em que destaca algumas consequências negativas da rede, como a falta de inibição ou a violência; o Social Identity Model for Desindividuation Effects (modelo de identidade social para os fenômenos de desindividuação), sustenta que a influência das normas do grupo mais do que as normas sociais gerais, mesmo quando o participante está em uma situação de aparente igualdade; e o modelo discursivo, em que destaca a posição discursiva que guardam os participantes e como cada discurso tem uma determinada função social que reconstrói a realidade. Na última seção do livro, são analisadas, a partir desta tripla perspectiva, as comunidades virtuais e o surgimento de identidades on-line.

5

O professor em ambientes virtuais
Perfil, condições e competências

TERESA MAURI E JAVIER ONRUBIA

A nova sociedade digital e do conhecimento transformou as tecnologias da informação e da comunicação (TIC) em um de seus elementos vertebradores e, portanto, não deve nos surpreender que os docentes as tenham integrado na sua atividade profissional global e, progressivamente, no processo de ensino e aprendizagem. O estudo da influência desta integração no perfil, nas condições e nas competências do professor constitui, por isso, uma tarefa de especial importância que tem sido abordada por numerosos autores ao longo destes anos.

Do nosso ponto de vista, com a integração das TIC no processo de ensino e aprendizagem, o que o professorado deve aprender a dominar e a valorizar não é só um novo instrumento, ou um novo sistema de representação do conhecimento, mas uma nova cultura da aprendizagem. Muito esquematicamente, poderíamos caracterizar essa nova cultura a partir de três traços básicos (Adell, 1997; Coll e Martí, 2001; Salinas e Aguaded, 2004; Pozo, 2006):

a) Em uma sociedade da informação, o que os estudantes precisam obter da educação não é, fundamentalmente, informação, mas principalmente que ela os capacite para organizar e atribuir significado e sentido a essa informação. Trata-se de ir além da estrita aquisição de conhecimentos concretos e de prepará-los para enfrentar os desafios que a sociedade apresentará a eles, e isso por meio do desenvolvimento e da aquisição de capacidades como procurar, selecionar e interpretar informação para construir conhecimento.

b) Em uma sociedade que muda de forma rápida e constante, a aprendizagem e a formação permanente ao longo da vida estão situadas no próprio centro da vida das pessoas. Ao mesmo tempo, de acordo com essas necessidades, proliferam-se novas possibilidades de criação e de canalização de ofertas educacionais, além das estritamente formais. Tudo isso mostra até que ponto é preciso fomentar nos estudantes o desenvolvimento de capacidades de gestão do aprendizado, do conhecimento e da formação.

c) Em uma sociedade complexa, a diversidade de perspectivas culturais e a existência de múltiplas interpretações de qualquer informação sublinham a necessidade de aprender a construir de forma bem-fundamentada o próprio julgamento ou ponto de vista. Os estudantes devem aprender a conviver com a relatividade das teorias e com a incerteza do conhecimento e precisam saber formar sua própria visão de mundo baseados em critérios relevantes. Além disso, é cada vez mais necessário que saibam relacionar o âmbito do que é universal com o âmbito do que é próximo ou local. O objetivo é que possam identificar e valorizar o que há de universal naquilo que é local e o que há de fútil nos elementos supostamente "universais" que recebem pela via da distribuição de informação em uma sociedade globalizada.

Neste marco, o papel da escola e sua forma tradicional de organizar as experiências e processos de aprendizagem é afetado por mudanças importantes: o aumento de ofertas educacionais não formais e informais; o peso dos meios de comunicação de massas e da internet; o surgimento de espaços formativos que reduzem de maneira muito considerável as limitações de tempo e espaço (sincronia, copresença física) da escola tradicional e cujo caráter é flexível e personalizável; a ampliação e diversificação dos referenciais formativos, possibilitando que se aprenda na multiculturalidade e na globalidade; a multiplicidade de linguagens e sistemas simbólicos para representar a informação; o aumento quantitativo do acesso à informação devido à ampliação do número de fontes que podemos consultar; a existência de redes e de comunidades de aprendizagem nas quais podem participar, de maneira formal ou informal, tanto os alunos quanto os professores; etc.

Por tudo isso, o desenvolvimento de ambientes de ensino e aprendizagem para esta nova era, sejam estes em formato virtual ou de caráter híbrido (*blended learning*), além de ser uma tarefa complexa, devido à quantidade, qualidade e rapidez das mudanças, constitui um esforço importante e de longa duração para o coletivo de professores. Por isso, também, a valorização das consequências das mudanças culturais para o ensino e para o papel do professorado deve observar profundamente como ocorre a aprendizagem das competências que tais mudanças exigem e, muito especialmente, como é possível favorecer a aquisição de uma nova cultura da aprendizagem.

A ESQUEMATIZAÇÃO DO PROCESSO DE ENSINO E APRENDIZAGEM MEDIADO PELAS TIC: IMPLICAÇÕES PARA O PERFIL, AS CONDIÇÕES E AS COMPETÊNCIAS DO PROFESSORADO

O conjunto dos autores e trabalhos que tem se ocupado em analisar as mudanças de papel e as novas competências do professorado nesta nova era alcança um volume considerável. Uma das dificuldades de se fazer a revisão destes trabalhos é a falta de unanimidade existente sobre o paradigma escolhido para caracterizar o processo de ensino e aprendizagem e a construção do conhecimento em contextos mediados pelas TIC. Dado que o papel do docente e as competências que contribuem para a sua definição adquirem todo seu significado, por um lado, em função de como são concebidas a natureza e as características da educação escolar, e por outro, em função de como se entende a dinâmica da interação entre professor, aluno e conteúdo de aprendizagem, esta falta de acordo não pode ser subvalorizada.

Por isso, e na perspectiva de apresentar o estado em que estão as coisas quanto às competências que os docentes devem adquirir para conseguir a integração das TIC na educação, revisaremos as contribuições dos autores e de trabalhos selecionados, agrupando suas propostas em torno de uma série de versões esquemáticas que mostram visões diferentes do modo de entender o processo de ensino e aprendizagem virtual. Para realizar essa tarefa, vamos nos apoiar no trabalho que outros autores já realizaram sobre esse tema em contextos presenciais (Coll, 1999). Em síntese, nosso percurso partirá das visões que situam as TIC em si como fator explicativo fundamental da aprendizagem e do rendimento dos alunos até as que concebem as TIC como elementos mediadores da atividade mental construtiva dos aprendizes em um contexto rico e diverso de interação interpessoal e de atividade conjunta com o professor e com os colegas. Em cada caso, identificaremos as competências do professorado que se destacam no esquema explicativo correspondente, com o objetivo de obter um panorama final de conjunto do perfil, condições e competências do professor nos novos ambientes de aprendizagem mediados pelas TIC que seja o mais amplo e integrador possível.

Uma concepção do processo de ensino e aprendizagem virtual centrada na dimensão tecnológica

Esta concepção vincula o rendimento dos alunos diretamente à introdução das tecnologias. Partindo dessa ideia compartilhada, vamos distinguir nesta postura três esquemas ou versões diferenciadas: a primeira destaca como elemento determinante as possibilidades globais que a tecnologia oferece; a segunda, as novas possibilidades de acesso à informação que a tecnologia proporciona; e a terceira, as possibilidades de elaboração dos novos materiais e metodologias que a tecnologia permite.

TIC e rendimento dos alunos

Acesso do aluno a computadores e ao uso de programas de computador ⟶ Resultados da aprendizagem dos alunos

Na lógica deste esquema, os resultados da aprendizagem dos alunos são consequência da introdução das TIC, entendendo-se por isso que a simples presença das TIC nas instituições educacionais basta para melhorar o ensino e o aprendizado. Neste sentido, a chave da ação docente eficaz estaria no domínio das tecnologias *per se*, com a finalidade de poder aproximar o aluno daquilo que as TIC podem oferecer. Essa perspectiva, frequentemente vinculada a uma concepção idealizada das TIC como panaceia para melhorar a educação escolar, não resulta sustentável hoje em dia. Atualmente, entende-se que a formação do professorado, embora deva qualificar o professor no manejo dos meios tecnológicos, deve ir além e incorporar um conjunto muito mais amplo de elementos.

A partir deste esquema, portanto, é possível extrair algumas competências necessárias, embora não suficientes, para o professor em ambientes virtuais:

- capacidade para valorizar positivamente a integração das TIC na educação e para ensinar seu uso no nível instrumental;
- conhecimento e capacidade para usar ferramentas tecnológicas diversas em contextos habituais de prática profissional;
- conhecimento do percurso incógnito das TIC, das suas implicações e consequências na vida cotidiana das pessoas, assim como dos riscos potenciais de segregação e exclusão social devido às diferenças de acesso e ao uso desigual dessas tecnologias.

Acesso à informação por meio das TIC e rendimento dos alunos

Acesso à informação multimídia e hipermídia ⟶ Resultados da aprendizagem dos alunos

Aqui, entende-se que os resultados da aprendizagem dos alunos podem ser atribuídos ao acesso à informação facilitado pelas TIC. O aluno tem acesso, por esse meio, às vantagens da sociedade da informação e à motivação trazida pela qualidade, variedade e diversidade de linguagens que aparecem habitualmente nos ambientes baseados nas TIC. Além disso, as singularidades desses ambientes e a pluralidade das linguagens utilizadas podem contribuir para que o acesso à informação ocorra levando-se em conta as características e necessidades individuais do aluno. O papel do professor consiste, então, em tirar o máximo proveito da riqueza desse acesso, assim como em prevenir que os alunos procurem a resposta para seus interesses e necessidades de informação exclusivamente fora da escola e adotando uma postura acrítica.

Os trabalhos situados nesta opção destacam a necessidade de desenvolver nos professores as seguintes competências profissionais:

- competências relacionadas com a obtenção de informação, utilizando as possibilidades que as TIC oferecem para:
  - procurar e consultar informação nova adaptada às necessidades de aprendizagem dos alunos;
  - gerenciar, armazenar e apresentar informação.
- competências relacionadas a ensinar o aluno a informar-se, a fim de que domine as seguintes tarefas ou atividades:
  - explorar ativamente as possibilidades de informação oferecidas pelas TIC para ter acesso à aprendizagem;
  - procurar e selecionar informação, conseguindo discriminar o que é trivial do que é importante;
  - compreender o essencial da informação, inferir suas consequências e tirar conclusões;
  - ler diversas linguagens (multimídia e hipermídia) para informar-se;
  - usar diversas bases de informação para satisfazer suas necessidades;
  - gerenciar, armazenar e apresentar informação organizada de acordo com diferentes finalidades e em diferentes contextos.

Novos materiais e metodologias baseados nas TIC e rendimento dos alunos

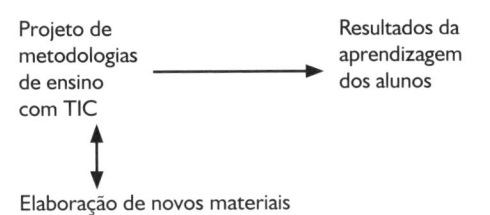

Projeto de metodologias de ensino com TIC ⟶ Resultados da aprendizagem dos alunos

↕

Elaboração de novos materiais

Aqui, o professor é visto fundamentalmente como um *designer* de propostas de aprendizagem cuja qualidade, baseada no aproveitamento das possibilidades que as TIC oferecem para o desenvolvimento de novos materiais, explica os resultados do aprendizado. No desenvolvimento desta tarefa, que o professor pode dividir com outros profissionais (*designers*, programadores, etc.), é possível utilizar numerosos recursos e ferramentas para elaboração de conteúdo, alguns deles desenvolvidos especialmente para a educação virtual (*Content Creation Tools: CCT*). As propostas de materiais desenvolvidos segundo esta concepção têm sido, e são, muito diversas, mas não podemos deixar de mencionar os clássicos programas de Ensino Assistido por Computador, geralmente projetados para favorecer a aprendizagem de destrezas elementares em matemática básica, ortografia, etc. O recente interesse em tratar as propostas de conteúdos como objetos de aprendizagem reutilizáveis responde à lógica de tentar organizar, preservar e distribuir os conteúdos para que possam ser utilizados no marco de propostas educacionais diferentes. Determinados usos dos LCMS (*Learning*

Content Management System) respondem a esse tipo de preocupação.[1] De qualquer maneira, é preciso sublinhar que o valor do material depende do contexto metodológico ou pedagógico em que é usado, o qual proporciona seu valor educacional real ao orientar seu potencial tecnológico para a consecução de objetivos concretos (Reparaz, 2000), o que explica que um mesmo meio, material ou recurso possa ter funções educacionais diferentes de uma situação para outra.

Para os nossos propósitos, nesta concepção do processo de ensino e aprendizagem mediado pelas TIC, cabe destacar sua aposta no desenvolvimento de competências profissionais como as seguintes:

- Procurar eficazmente materiais e recursos diferentes entre os que já existem.
- Projetar materiais com TIC.
- Integrar os materiais no projeto de um curso ou currículo a ser implementado nos ambientes tecnológicos que a instituição educacional da qual faz parte a proposta instrucional possui.
- Favorecer a revisão dos conteúdos curriculares a partir das mudanças e avanços na nova sociedade e no conhecimento.

Os três esquemas ou modelos do processo de ensino e aprendizagem mediado pelas TIC considerados até agora assumem, em maior ou menor grau, que a realidade é objetiva e que a finalidade do ensino é apresentá-la o mais objetivamente possível, transmitir essa realidade e modificar a conduta dos alunos de acordo com o que se pretende transmitir. Consequentemente, o propósito do ensino virtual é facilitar a transferência do conhecimento de um especialista para um aprendiz da maneira mais objetiva possível, aceitando, além disso, a hipótese de que todos os aprendizes usam o mesmo tipo de critério e os mesmos processos para aprender. Segundo essa perspectiva, e apesar das enormes possibilidades comunicacionais das TIC, o que se propicia fundamentalmente é que os estudantes aprendam sozinhos, confrontando individualmente o material, e, de modo complementar, exige-se que o professor seja competente e eficaz em aproximar a realidade objetiva do aluno e este a essa realidade objetiva.

Uma concepção do processo de ensino e aprendizagem virtual centrada na construção do conhecimento

A seguir, consideraremos as concepções do processo de ensino e aprendizagem virtual que, para definir as competências profissionais do docente, levam em consideração fundamentalmente a atividade de aprendizagem do aluno mediada pelas TIC, ou a interação social mediada pelas TIC que se estabelece entre professor e aluno. São posturas, portanto, que coincidem na concessão de importância ao processo de construção do conhecimento realizado pelo aprendiz e à atribuição de significado e sentido ao conteúdo de aprendizagem que essa construção supõe, apesar de divergirem no papel que atribuem aos aspectos interpessoais e sociais contidos nessa construção.

A atividade mental construtiva do aluno mediada pelas TIC e orientada a dotar de significado os conteúdos de aprendizagem

Neste esquema, a chave para caracterizar o papel do professor não está nas possibilidades das tecnologias ou, unila-

---

[1] Ver os Capítulos 12 e 13 desta obra.

teralmente, nos programas, materiais ou métodos utilizados, mas na atividade do aluno, considerado como um agente, protagonista principal e responsável último pelo aprendizado mediado pelas TIC.

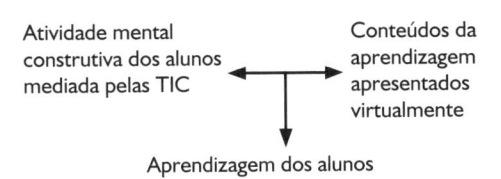

```
Atividade mental                Conteúdos da
construtiva dos alunos  ⟷      aprendizagem
mediada pelas TIC               apresentados
            ↓                   virtualmente
    Aprendizagem dos alunos
```

Neste esquema, o professor facilita ao aluno instrumentos de acesso ao meio, de desenvolvimento do processo de construção e de exploração de múltiplas representações ou perspectivas, favorecendo, assim, sua imersão em um contexto favorável para o aprendizado. Seu papel consiste em pôr a tecnologia a serviço do aluno, *criando um contexto de atividade* que tenha como resultado a reorganização de suas funções cognitivas. O professor aparece, portanto, caracterizado como *assessor ou consultor*, assumindo um perfil de intervenção baixo ou muito baixo no processo de desenvolvimento da atividade. Normalmente, a assessoria ocorre por solicitação do aluno ou é relacionada com aspectos previamente estabelecidos, principalmente quando se trata de evitar que ocorram situações que impeçam que a atividade do aluno seja realizada de maneira adequada.

Com relação aos nossos propósitos, os trabalhos que se situam nesta opção destacam a necessidade de desenvolver as seguintes competências profissionais:

- elaborar propostas de conteúdos de aprendizagem e tarefas que promovam uma atividade construtiva individual do aluno, adequada para que ele se aproprie do conteúdo;
- projetar processos de assessoria e consulta, centrados em pedidos de apoio por parte do aluno;
- garantir o acesso, o envolvimento do aluno e a continuidade desse envolvimento no processo de aprendizagem;
- facilitar para o aluno o acesso, o uso, a exploração e a compreensão de formatos de hipertexto e hipermídia;
- facilitar para o aluno a exploração de suas representações iniciais do conteúdo de aprendizagem;
- promover o uso das ferramentas de consulta e assessoria.

O aluno como entidade na qual ocorrem processos psicológicos de natureza diversa

Neste caso, considera-se que a atividade que os alunos desenvolvem em contextos de aprendizagem e ensino mediados pelas TIC inclui outras dimensões, além das estritamente cognitivas, como as afetivas e as metacognitivas ou de autorregulação. Considerando a variedade de processos psicológicos do aluno envolvidos na aprendizagem eficaz e que todos são importantes para um aprendizado significativo dos conteúdos, aceita-se também que os aprendizes sejam distintos em seu próprio estilo de aprendizagem e que a instrução seja individualizada. Graças às possibilidades de flexibilização e individualização do ensino que as TIC oferecem, a instrução é planejada de modo que o protagonista continue sendo o aluno, mas inclui, também, a presença do professor como meio para fazer com que venham à tona todos os fatores próprios da aprendizagem eficaz. Segundo essa perspectiva, o professor aparece caracterizado como *tutor* ou *orientador*, e seu papel consiste basicamente em acompanhar o processo de aprendizagem do aluno, mantendo diferentes graus de envolvimento no processo, cedendo o controle ao aluno quando este é capaz de assumi-lo, e recuperando o papel de guia quando o aluno necessita.

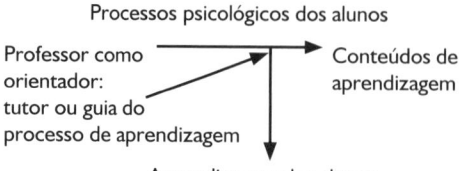

```
Processos psicológicos dos alunos
Professor como                    →    Conteúdos de
orientador:                            aprendizagem
tutor ou guia do
processo de aprendizagem
                    ↓
        Aprendizagem dos alunos
```

Neste esquema, o que se destaca é a importância de selecionar e elaborar a proposta dos conteúdos e das atividades de aprendizagem de modo que contribuam para o envolvimento dos alunos, visando relacionar essa proposta com seus interesses e motivações e ativar seus conhecimentos prévios. O *tutor* tem como seu objeto de atenção e de guia preferencial os elementos envolvidos na aprendizagem eficaz, como a motivação e a autorregulação.

A aprendizagem de técnicas ou de procedimentos de aprendizagem, a gestão e o controle de processos metacognitivos e a aprendizagem de processos como codificar, organizar, integrar, sintetizar e reelaborar o conhecimentos são considerados, ao mesmo tempo, conteúdos de aprendizagem e conteúdos para a reflexão sobre o processo de aprendizagem em si. Da mesma maneira, as tarefas são projetadas de modo que favoreçam a gestão do aprendizado e o desenvolvimento de uma série de funções psicológicas próprias da construção do conhecimento em situações de aprendizagem, além das estritamente cognitivas. Aos dispositivos ou ferramentas tecnológicas utilizados para promover o acesso à informação somam-se outros, cujo uso é orientado, fundamentalmente, a guiar o processo de aprendizado e a contribuir para a gestão, a retroalimentação, a revisão do próprio trabalho realizado e a avaliação ou autoavaliação contínua; ou seja, são incorporados elementos e ferramentas que caracterizem a atividade do aluno, de modo que favoreçam a gestão e o controle pessoal do processo de aprendizagem e a motivação orientada à tarefa.

Os trabalhos sobre esta opção destacam a necessidade de se desenvolver no professorado as seguintes competências profissionais:

- projetar atividades e tarefas de ensino de modo que sirvam para instruir uma aprendizagem estratégica e autorregulada;
- comunicar-se de maneira eficaz para promover a aprendizagem estratégica e autorregulada;
- utilizar de maneira adequada e eficaz as ferramentas tecnológicas dirigidas a orientar, acompanhar e guiar o aluno, a fim de que ele se aproprie do conteúdo, especialmente ferramentas que facilitem a comunicação entre professor e aprendizes e que facilitem a gestão e o controle da própria aprendizagem por parte destes.

A aprendizagem como resultado de um processo construtivo de natureza interativa, social e cultural

Este esquema surge da mudança de perspectiva que supõe passar de uma concepção do conhecimento e da aprendizagem como processos basicamente individuais para uma concepção destes como processos sociais e situados na atividade conjunta entre as pessoas em comunidades de prática. Os resultados da aprendizagem se devem ao envolvimento conjunto e colaborativo do professor e dos alunos em atividades de ensino, por meio das quais, e através das quais, vão construindo significados compartilhados sobre os conteúdos e as tarefas escolares.

```
              Conteúdos
         Atividades de ensino
         e aprendizagem em
          ambientes virtuais
Atividade                      Atividade de
educacional do                 aprendizagem
professor                      dos alunos
apresentada e                  mediada
mediada pelas TIC              pelas TIC
```

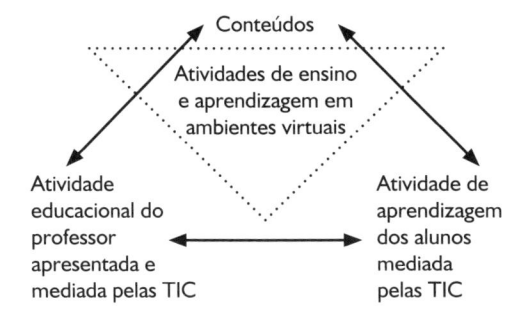

A partir desta orientação construtivista e sociocultural, a aprendizagem é entendida como resultado de uma relação interativa entre professor, aluno e conteúdos – o "triângulo interativo" (Coll, 2001). Essa relação é um processo complexo que resulta da inter-relação dos três elementos: o aluno, que aprende desenvolvendo sua atividade mental de caráter construtivo; o conteúdo, que é objeto de ensino e aprendizagem; e o professor, que ajuda o aluno no processo de construção de significados e de atribuição de sentido aos conteúdos de aprendizagem. Esse processo toma forma na *atividade conjunta ou interatividade,* entendida como a articulação e inter-relação das atuações de professor e alunos em torno dos conteúdos ou tarefas de aprendizagem e na sua evolução ao longo do processo de construção do conhecimento. As formas de organização da atividade conjunta serão diferentes de acordo com as normas para a atuação compartilhada, as possibilidades e as restrições do projeto tecnológico e pedagógico e suas características de uso.

A ênfase nos aspectos assinalados pode ser encontrada também em uma série de trabalhos (Garrison e Anderson, 2003; Hirumi, 2002; Muirhead e Juwah, 2004; Yacci, 2000) que consideram a atividade conjunta como um fenômeno complexo, multifacetado e crítico para promover e aumentar o aprendizado efetivo. Assim, por exemplo, Yacci (2000) enfatiza a necessidade de estudar a interação virtual a partir de uma perspectiva comunicacional, pesquisando diversas variáveis, como a amplitude e o número de mensagens, o tipo de informação que é dada e o tempo que transcorre entre as respostas. Por sua vez, Hirumi (2002) sintetiza as diferentes contribuições, categorizando a interação em contextos virtuais como fundamento da comunicação, do plano social, do papel do docente, do uso das ferramentas de telecomunicações e da atividade. Contudo, para apoiar a autêntica aprendizagem na educação virtual ou a distância, o que resulta imperativo é proporcionar os suportes adequados.

Considerando esta perspectiva do processo de ensino e aprendizagem – complexa, interativa, situada, distribuída e sociocultural –, algumas vezes, o papel do professor na interação virtual (McPherson et al., 2003) tem sido caracterizado como o de um *moderador* (Salmon, 2002; Berge, 2000) ou *facilitador* (Collison et al., 2000; Berge, 1995). Isso supõe atribuir ao professor – coincidindo com algumas das posições assinaladas ao comentarmos os esquemas anteriores – o papel de orientar, guiar e manter a atividade construtiva do aluno; mas, neste caso, e diferentemente dos esquemas anteriores, a atividade tutorial é concebida como mediação da atividade do aluno. Essa mediação, que o professor realiza apoiando-se nas TIC, é entendida como a *capacidade do professor para proporcionar auxílio,* e entre suas características fundamentais está o grau de ajuste desse auxílio à atividade construtiva do aluno, que se destaca nas trocas mútuas entre professor e aluno.

Entre outros aspectos, esse ajuste do auxílio se dá devido às possibilidades de individualização e de resposta rápida às necessidades dos alunos que as TIC oferecem. Paulsen (1992) sugere que os elementos mais importantes para flexibilização da proposta instrucional virtual pelo ajuste dos auxílios educacionais ao aluno e individualização do ensino são o tempo, o espaço, o ritmo, o meio, o acesso e o conteúdo. Com efeito, as possibilidades de manejo do tempo de interação (assíncrono/sincrônico), do espaço (virtual) e do ritmo de participação (personalizado) que as TIC oferecem podem ter um impacto muito relevante na interação e na atividade conjunta, de modo que é necessário gerenciar esses aspectos de maneira adequada para promover um correto aprendizado dos alunos. Paulsen assinala, também, a dificuldade de se combinar a flexibilidade e a socialização. Segundo Paulsen, entre as competências do professor virtual está a de velar para que a proposta instrucional respeite as condições de participação dos alunos, a diversidade de necessidades, de interesses e de conhecimentos prévios, por um lado, e, por outro, também a necessidade de envolvimento dos alunos na coletividade, participando da construção social do conhecimento e da construção da atividade conjunta em si. Moore (1996) refere-se ao conceito de distância transacional ou "distância que existe nas relações educacionais" para pôr em evidência até que ponto estão relacionados o grau de flexibilidade ou de estruturação do projeto da proposta educacional e as possibilidades de comunicação – de quantidade e qualidade de diálogo – entre aluno e professor. De qualquer maneira, a distância transacional diminui, como resultado da flexibilização ou da diversificação da proposta instrucional, conforme o aluno aprende a gerenciar e controlar sua própria atividade de aprendizagem e o diálogo entre professor e aluno aumenta.

O papel do professor virtual como *mediador ou facilitador* da aprendizagem do aluno supõe reconhecer que conectividade tecnológica não é a mesma coisa que interatividade pedagógica (Fainholc, 2000), dado que esta última se concentra na distribuição de auxílios educacionais ajustados. Para favorecer o acesso do aluno ao conteúdo da aprendizagem a infraestrutura tecnológica é tão importante quanto o projeto didático dos contextos de mediação. A interatividade promovida e sua qualidade educacional dependem dos usos efetivos das TIC para prestar auxílio conveniente e adequado às necessidades educacionais do aluno. Resulta pertinente, por isso, distinguir entre interatividade tecnológica e interatividade pedagógica. A primeira refere-se à incidência das ferramentas e recursos de TIC nas formas que a relação professor-aluno-conteúdos adota; a segunda diz respeito às formas de organização da atividade conjunta entre professores e alunos, e, mais especificamente, aos auxílios educacionais que são projetados para – e que se desenvolvem em – a interação entre professor e alunos em torno dos conteúdos ou tarefas de aprendizagem (Coll, 2004; Mauri, Onrubia, Coll e Colomina, 2005; Onrubia, 2005).

Salmon (2002) propõe um modelo em cinco fases para apoiar os moderadores na criação, manutenção e desenvolvimento de cursos virtuais, sustentando que os padrões e processos de interação *on-line* seguem modelos diferentes daqueles da interação face a face na sala de aula. Em sua proposta, o professor é entendido como um *e-moderador* da construção do conhecimento por parte do aluno. O papel do *e-moderador* é o de projetista, promotor e mediador da aprendizagem, mais do que o de um especialista no conteúdo, mesmo que deva saber o suficiente sobre o tema para permitir seu desenvolvimento, marcar um ritmo ajustado ao aluno e promover desafios cuja abordagem seja viável. O *e-moderador* precisa receber uma formação que o capacite a comunicar-se por meio de textos escritos na tela do computador, algo que constitui todo um gênero comunicacional e discursivo em si. Segundo sua proposta, o fator-chave para uma ativa formação *on-line* é a "*e-atividade ou estrutura para a formação on-line ativa ou interativa*". As *e-atividades* podem ser usadas de muitas maneiras, mas possuem características comuns: são motivadoras; estão baseadas na interação entre participantes (envolvem pelo menos duas pessoas trabalhando juntas de alguma maneira), majoritariamente por meio de contribuições em forma de mensagens escritas; são projetadas e guiadas por um *e-moderador*; são assíncronas; têm baixo custo e normalmente são fáceis de se organizar por meio de painéis de anúncios, fóruns e conferências.

O modelo de Salmon mostra uma estrutura de aprendizagem sustentada em auxílios que o professor oferece aos participantes em cada fase, de maneira que eles se beneficiam da progressiva aquisição de confiança, habilidade no trabalho, no trabalho em rede e na formação *on-line*. Para cada uma dessas fases, Salmon indica as diferentes técnicas de *e-moderação* que o professor pode utilizar, como mostra o Quadro 5.1 a seguir.

Por sua vez, Berge (1995) e Berge e Collins (2000) destacaram a complexidade do exercício da *e-moderação* em seu estudo a respeito da diversidade e complexidade das percepções dos *e-moderadores* quanto ao seu papel na moderação, como mostra o Quadro 5.2 a seguir.

Como se vê, o papel do moderador é complexo e abrange diversas dimensões. Com relação às mudanças que esse papel supõe a respeito dos professores tradicionais, o próprio Berge (1995) encarregou-se de sintetizar as mais relevantes:

- Passam de oradores ou conferencistas a consultores e guias.
- Aparecem como especialistas em fazer perguntas, mais do que como provedores de respostas.
- Proporcionam assistência, auxílio e orientação para a atividade de aprendizagem do estudante, animando-o a progredir na autorregulação e na gestão da própria aprendizagem.
- Valorizam o fato de formar os estudantes como aprendizes ao longo da vida e como agentes ativos e construtivos de cuja atividade depende, também, o desenvolvimento de um rico contexto de trabalho cooperativo em grupo.
- Desenvolvem sua tarefa como *e-moderadores*, fazendo parte de uma equipe colaborativa de profissionais.

Após esta revisão de alguns modelos destacados do processo de ensino e aprendizagem mediado pelas TIC e da sua relação com os perfis e competências de professores virtuais, tentaremos fazer, na seção final deste capítulo, uma breve síntese de conjunto.

AS COMPETÊNCIAS GERAIS DOS PROFESSORES VIRTUAIS

O termo "competência" é altamente polissêmico. Da nossa perspectiva, utilizar este termo equivale a colocar o acento nos conhecimentos – dos mais diversos tipos – imprescindíveis para desenvolver atividades relevantes e significativas em contextos variados e funcionais, mas relevantes para uma comunidade de prática. Uma atuação competente supõe dispor dos conhecimentos e das capacidades necessárias para identificar e caracterizar contextos relevantes de atividade. Da mesma maneira, integra conhecimentos e capacidades muito variados, assim como significativos e pertinentes para a solução de tarefas ou problemas dos quais *a priori* não se conhece a solução. Como assinala Perrenoud (2004):

QUADRO 5.1
O modelo de Salmon (2002) para apoiar os moderadores na criação, manutenção e desenvolvimento de cursos virtuais

	Atuações do *e-moderador*
Fase 1 Acesso e motivação	Dar as boas-vindas e animar. Promover a segurança emocional e social requerida para que os alunos aprendam juntos. Ajudar os participantes a que se sintam cômodos no uso da tecnologia de maneira integrada e de forma que lhes seja útil.
Fase 2 Socialização *on-line*	Familiarizar-se e fornecer as ligações entre meios culturais, sociais e de aprendizagem. Criar uma consciência de pertencimento a este grupo, neste momento. Promover as apresentações, o cuidado das relações entre estudantes e o estabelecimento de normas baseadas na confiança para com os outros, a fim de que possam mostrar as intenções e as expectativas pessoais no processo. Participar do estabelecimento e desenvolvimento de um repertório de significados e materiais compartilhados: linguagens, rotinas, sensibilidades, artefatos, ferramentas, histórias e estilos, pontos de vista, etc.
Fase 3 Troca de informação	Facilitar as tarefas de troca. Auxiliar no uso de materiais de aprendizagem. Designar tarefas concretas: individuais (resumos, autoavaliação) e coletivas (criação de grupos de trabalho, designação de tarefas). Ajudar na interação entre o conteúdo do curso, as pessoas ou participantes e o *e-moderador* (seleção de informação).
Fase 4 Construção do conhecimento	Facilitar o processo de construção do conhecimento por meio do estabelecimento de desafios reais e possíveis de serem abordados. Toda contribuição deve ter resposta e deve poder ser utilizada por todos os participantes para a construção do conhecimento. É preciso estabelecer modos de explorar e desenvolver argumentos. Propor *e-atividades* que incluam habilidades, tais como análise crítica, criatividade e pensamento prático.
Fase 5 Desenvolvimento	Promover e desenvolver a reflexão e maximizar o papel da aprendizagem *on-line* para cada participante e para a experiência de aprendizagem em grupo. Apoiar o processo de reflexão sobre a própria aprendizagem e sobre o curso.

A competência refere-se a sistemas complexos de ação que englobam conhecimentos e componentes tanto cognitivos quanto não cognitivos. Possuir diferentes tipos de conhecimentos é uma condição necessária da caracterização da competência, mas não é suficiente. Esta caracterização se complementa holisticamente com a possibilidade de utilizar esses conhecimentos para atuar em contextos de forma consciente.

Quando se fala em competências, o normal é classificá-las em gerais e específicas. No âmbito da formação dos docentes, as primeiras referem-se a âmbitos

QUADRO 5.2
Os papéis do e-*moderador*

1.	Administrador	Integra os participantes na lista ou elimina-os; mantém a lista em dia.
2.	Facilitador	Acompanha o processo mostrando habilidades de relacionamento com os participantes, especialmente para ouvi-los; está capacitado para tornar viáveis e fáceis os relacionamentos. É justo, amigável, discreto e sereno.
3.	"Bombeiro"	Reduz participações exaltadas ou fora de controle. Rejeita ataques pessoais e contribui para resolver conflitos entre os participantes.
4.	Suporte	Ajuda, de um modo mais geral que um especialista, os participantes nos temas (fornece, envia e explica os materiais e responde perguntas iniciais). Mostra paciência e empatia para com os participantes com escassas habilidades técnicas, de participação ou de comunicação.
5.	Agente de *marketing*	Promove a "lista" para conseguir ampliá-la ou mantê-la, procurando, caso seja conveniente, um modo de conseguir financiamento.
6.	Líder da discussão	Promove o debate ou mantém a discussão no rumo escolhido.
7.	Filtro	Faz com que os participantes se mantenham no tema principal sem desviar para outros, colaterais ou adjacentes, que possam surgir e causar distração.
8.	Especialista	Responde perguntas mais frequentes, faz contribuições especializadas sobre os temas em debate.
9.	Editor	Edita textos, formata as mensagens, corrige a gramática, etc.

Fonte: Berge (1995); Berge e Collins (2000).

amplos da atuação desses profissionais, e as segundas, a âmbitos mais concretos ou a exigências próprias de uma atividade específica. Enquanto alguns documentos oficiais interpretam as primeiras como sendo necessárias para o desenvolvimento vital de todos os indivíduos, e as segundas, necessárias para o desenvolvimento de um contexto de trabalho concreto, outros analisam a questão a partir do marco da formação de determinados profissionais; assim, as competências gerais seriam próprias do perfil de uma titulação, e as específicas, aquelas que se aspira desenvolver a partir de um âmbito concreto, por exemplo, a partir de uma disciplina determinada. Por outro lado, as competências gerais podem ser classificadas em transversais e não transversais. As primeiras são as que vertebram a proposta de formação ou currículo que todos os envolvidos em sua concretização e desenvolvimento devem contribuir para promover. De nossa parte, falaremos das competências gerais de um professor virtual caracterizado como mediador e referiremos o grau de generalidade dessas competências à sua condição de profissional. A aplicação do caráter de transversalidade ou de não transversalidade às competências gerais significaria abordar uma série de decisões sobre a estrutura e a organização do currículo de formação do docente virtual que, por razões óbvias, não podemos tratar aqui.

Na nova sociedade da informação, da aprendizagem e do conhecimento, o papel mais importante do professor em ambientes virtuais, entre os que identificamos, é o de mediador, entendido como alguém que proporciona auxílios educacionais ajusta-

QUADRO 5.3
As competências gerais do professor em ambientes virtuais

Projeto da interatividade tecnológica	Projeto da interatividade pedagógica	Desenvolvimento ou uso técnico-pedagógico
■ Analisar e valorizar a integração das TIC na educação para posicionar-se de maneira adequada a esse respeito. ■ Valorizar o ensino do uso das TIC, contribuindo para que os alunos encontrem sentido nesse aprendizado. ■ Conhecer o percurso incógnito das TIC, suas implicações e consequências na vida cotidiana, incluídos os possíveis efeitos de segregação e marginalização social, e atuar com critérios éticos na integração dessas tecnologias no currículo escolar. ■ Conhecer as diferentes ferramentas disponíveis: – de gestão acadêmica – de apresentação e acesso à informação – de elaboração de atividades de ensino e aprendizagem – de elaboração de atividades de avaliação – de comunicação – de trabalho colaborativo – de avaliação e acompanhamento para garantir a acessibilidade e as participações dos alunos, individual e de grupo, a fim de concretizar sua caracterização educacional e para estabelecer uma proposta flexível e adequada para alcançar os objetivos.	■ Elaborar propostas educacionais virtuais que promovam a construção significativa e com sentido do conhecimento por parte do aluno, individualmente e em grupo, para: – garantir o acesso e a continuidade do envolvimento do aluno no processo de aprendizagem; – oferecer apoio ao aluno para que tenha acesso, use e compreenda textos típicos de propostas educacionais virtuais como, por exemplo, os hipertextos; – facilitar a exploração, por parte do aluno, das suas representações iniciais sobre o conteúdo de aprendizagem; – facilitar para o aluno a antecipação do processo e o planejamento das atividades do individual e de grupo (proporcionar um calendário com os diferentes tipos de sessões e de tarefas, com as datas de avaliação ou de entrega dos trabalhos do curso; proporcionar um documento que indique ao aluno o que fazer e o que não fazer nas aulas virtuais, descrever normas, etc.). ■ Elaborar propostas instrucionais que incluam conteúdos e atividades de diversos tipos, para responder às exigências de flexibilidade da aprendizagem.	Utilizar as TIC para: ■ Construir conjuntamente com o aluno uma representação compartilhada inicial da situação virtual. ■ Criar as condições para tornar visíveis as presenças sociais individual e de grupo. ■ Ter acesso, selecionar e apresentar informação. ■ Procurar e consultar informação nova para responder às necessidades dos alunos de aprendizagem significativa e com sentido. ■ Gerenciar, armazenar e apresentar informação de modo que responda às necessidades dos alunos de aprendizagem significativa e com sentido. ■ Potencializar a exploração ativa, por parte do aluno, das possibilidades de informação que oferecem as TIC como meio de acesso a uma aprendizagem eficaz. ■ Potencializar a seleção de informação pelo aluno, discriminando entre o que é trivial e o que é importante para uma aprendizagem eficaz. ■ Ajudar o aluno a compreender o que é essencial na informação, inferindo consequências e conclusões. ■ Mediar a leitura de linguagens diversas (multimídia e hipermídia) para informar-se e aprender. ■ Ajudar o aluno a gerenciar e apresentar informação com diferentes finalidades e em diferentes contextos de aprendizagem relevantes.

(continua)

QUADRO 5.3
As competências gerais do professor em ambientes virtuais

Projeto da interatividade tecnológica

- Saber informar-se e analisar as características tecnológicas de propostas instrucionais, de materiais didáticos e de conteúdos educacionais reutilizáveis existentes no âmbito profissional; saber avaliar essas propostas.

Projeto da interatividade pedagógica

- Elaborar propostas de conteúdos cuja organização e sequenciamento respondam aos critérios de significância e de atribuição de sentido ao aprendizado.
- Projetar atividades e tarefas de aprendizagem eficaz.
- Projetar tarefas de avaliação de acordo com a aprendizagem eficaz, que sejam úteis para avaliar o nível de aprendizado prévio ao curso.
- Projetar tarefas de avaliação visando a que o aluno progrida no controle e na autogestão do aprendizado.
- Projetar as condições para facilitar a presença social dos envolvidos no processo instrucional: saber tornar-se visível para os outros no marco da interação; tomar consciência e desenvolver o conhecimento dos outros na interação e apreciar a relação interpessoal que se estabelece.
- Criar oportunidades de orientação e acompanhamento do aluno para que ele se aproprie do conteúdo e para que reflita sobre o processo de aprendizagem, aumentando o controle e a autogestão deste.
- Criar oportunidades de consulta ao professor centralizadas nas necessidades de apoio do aluno.

Desenvolvimento ou uso técnico-pedagógico

- Contribuir para o conhecimento mútuo entre os envolvidos, para estabelecer vínculos comunicacionais adequados e para a iniciação como membro do grupo.
- Gerenciar, organizar e fazer funcionar o processo de ensino e aprendizagem, de modo que se promova a participação, que as contribuições dos envolvidos sejam necessárias e que se facilite a construção da interatividade entre eles.
- Gerenciar o tempo e o ritmo de trabalho conjunto com os alunos, combinando elementos de exigência e flexibilidade para facilitar o processo de aprendizagem.
- Promover o incremento da atuação conjunta nas atividades de ensino e aprendizagem ao longo do processo por meio de: regulamentação das normas de participação e troca; focalização da atuação conjunta nos temas específicos; identificação de áreas de acordo e de discordância entre os participantes; oferecimento de auxílios adequados para estabelecer relações e alcançar níveis de relação entre conhecimentos com um maior grau de significado compartilhado; resumo ou sintetização, caso seja oportuno, para retomar a atividade em níveis de maior complexidade cognitiva e autorregulação individual e em grupo, e contribuir para ser considerado parte integrante do processo de construção do conhecimento.

(continua)

QUADRO 5.3
As competências gerais do professor em ambientes virtuais

Projeto da interatividade tecnológica	Projeto da interatividade pedagógica	Desenvolvimento ou uso técnico-pedagógico
	■ Criar oportunidades de comunicação entre professor e aluno e entre os alunos, para favorecer a aprendizagem individual e de grupo colaborativo.	■ Esforçar-se para que o material seja utilizado de modo que resulte relevante para o processo de construção conjunta do conhecimento (por meio de perguntas apropriadas, a fim de que os alunos relacionem essas perguntas com a experiência pessoal e de grupo), para responder às diversas necessidades educacionais. ■ Fazer com que progrida a atuação conjunta em atividades de avaliação, para confirmar que houve aprendizado; analisar, revisar e valorizar o processo e identificar e corrigir erros. ■ Estabelecer pautas de comunicação que animem os envolvidos a mostrarem-se e a fazer contribuições características de uma comunidade de aprendizes; facilitar a troca efetiva e afetiva entre os aprendizes e com o professor, respondendo rapidamente, se for oportuno, às suas contribuições ou considerá-las; reforçar e estabelecer formas de contribuição efetivas e sociais capazes de fazer com que a discussão e a troca progridam e, em suma, que também progrida o aprendizado. ■ Contribuir para a aprendizagem colaborativa em grupo, enfatizando o papel da interação entre alunos na construção do conhecimento. ■ Usar uma linguagem escrita e diferentes linguagens (multimídia), sabendo acompanhar um debate ou conversação múltipla ou não linear; manejando o tempo, o espaço, o ritmo e as possíveis rupturas, inconvenientes e requisitos da participação.

dos à atividade construtiva do aluno, utilizando as TIC para fazer isso. No que se refere ao ajuste da ajuda, argumentamos a conveniência de se diferenciar entre a interatividade tecnológica e a interatividade pedagógica, e entre o plano do projeto e o do desenvolvimento do ensino. Consequentemente, nossa proposta apresenta as competências gerais de um professor mediador que diferencia entre as que se orientam para temas relacionados com o projeto – tecnológico e pedagógico – e as que se orientam para aspectos relacionados com o desenvolvimento da proposta instrucional. Além disso, e na linha do último dos esquemas apresentado na seção anterior, essas competências são apresentadas levando-se em consideração a natureza construtiva, social e comunicacional da mediação. Embora a organização das dimensões seja diferente, nossa proposta integra as contribuições de outros autores (Berge, 1995.; Hepp, 2003; McPerson e Nunes, 2004; Salmon, 2002; Monereo, 2005; Savery, 2005) que levam a terreno concreto o papel do professor *e-mediador* em quatro grandes âmbitos: o pedagógico, relacionado com o desenvolvimento de um processo de aprendizagem virtual eficaz; o social, vinculado ao desenvolvimento de um ambiente de aprendizagem com um clima emocional e afetivo confortável, no qual os alunos sintam que a aprendizagem é possível; o de organização e gestão, relacionado com o estabelecimento de um projeto instrucional adequado, o qual inclui animar os envolvidos para que sejam claros em suas contribuições; e, finalmente, o técnico, que inclui atuações dirigidas a ajudar os alunos para que se sintam competentes e confortáveis com os recursos e ferramentas que configuram a proposta instrucional.

Em síntese, nas páginas precedentes, tentamos mostrar os progressos realizados na identificação e descrição do papel, das condições e da estimativa das competências do professor virtual. Da mesma maneira, estabelecemos as bases, as dimensões e os elementos que compõem nossa representação dessas competências, de acordo com as possibilidades que a extensão destas páginas oferece. Não cabe senão lembrar que, devido à rapidez com que ocorrem as mudanças no âmbito das TIC, nossa proposta está aberta às modificações que possam derivar, no futuro, das condições em constante mutação da nova cultura da aprendizagem.

REFERÊNCIAS

Adell, J. (1997). Tendencias en educación en la sociedad de las tecnologías de la información. *EDUTEC, 7*. Consultado (07.09.2007) em: http://www.uib.es/depart/gte/edutec-e/revelec7/revelec7.html.

Berge, Z. L. e Collins, M. P. (2000). Perceptions of e-moderators about their roles and functions in moderating electroning mailing lists. *Distance education: An Internacional Journal, 21(1)*, 81-100. Consultado (07.09.2007) em: http://www.emoderators.com/moderators/modsur97.html.

Berge, Z. L. (1995). *The Role of the Online Instructor/Facilitator*. Consultado (07.09.2007) en: http://www.emoderators.com/moderators/teach_online.html

Coll, C. (1999). La concepción constructivista como instrumento de análisis de las prácticas educativas escolares. En C. Coll (Ed.) *Psicología de la instrucción: la enseñanza y el aprendizaje en la Educación Secundaria* (pp. 15-44). Barcelona: Horsori.

Coll, C. (2001). Constructivismo y educación: la concepción constructivista de a enseñanza y el aprendizaje. En C. Coll, J. Palacios e A. Marchesi (Comps.), *Desarrollo psicológico de la educación. Vol. 2. Psicología de la educación escolar* (pp. 157-186). Madrid: Alianza.

Coll, C. (2004). Psicología de la educación y prácticas educativas mediadas por las tecnologías de la información y la comunicación. *Sinéctica, 25*, 1-24.

Coll, C. e Martí, E. (2001). La educación escolar ante las nuevas tecnologías de la información y de la comunicación. En C. Coll, J. Palacios e A. Marchesi (Comps.), *Desarrollo psicológico de la educación. Vol. 2. Psicología de la educación escolar* (pp. 623 – 652). Madrid: Alianza.

Collison, G., Elbaum, B., Having, S. e Tinker, R. (2000). *Facilitating Online learning: Effective Strategies for Moderators*. Madison: Atwood Publishing.

Fainholc, B. (2000). Cómo formar al profesorado para enseñar a distancia con compromiso. En B. Fainholc *et al.*, *Formación del profesorado para el nuevo siglo. Aportes de la Tecnología educativa apropiada* (pp. 207 – 214). Buenos Aires: Lumen.

Garrison, D. R. e Anderson, T. (2003). *E-learning in the 21st century*. Routledge Falmer. [Trad. cast.: *El e-learning en el siglo XXI. Investigación y práctica*. Barcelona: Octaedro.]

Hepp, (2003). Propuesta de estándares TIC para la formación inicial docente. Consultado (07.09.2007) em:

http://www.comenius.usach.cl/estudiostic/files/File/Producto2/PRODUCTO2Completo.pdf.

Hirumi, A. (2002). The Desing and Sequencing of E-Learning Interactions: A Grounded Approach. *International Journal on E-Learning, 1*, 19-27.

McPherson, M. A. e Nunes, J. M. (2004). *Developing Innovation in Online Learning: An Action Research framework*. London: Routledge Falmer.

Mauri; T., Onrubia, J., Coll, C. e Colomina, R. (2005). La calidad de los contenidos educativos reutilizables: diseño, usabilidad y prácticas de uso. *Revista de Educación a Distancia*. Consultado (07.09.2007) em: http://www.um.es/ead/red/M2/.

McPherson, M.A. e Nunes, J.M. (2004). *Developing Innovation in Online Learning: An Action Research framework*. London: Routledge Falmer.

Moore, M. G. (1996). Recent Contributions to the Theory of Distance Education. *Open Learning, 5* (3), 10-15.

Monereo, C. (Coord.) (2005). *Internet y competencias básicas*. Barcelona: Graó.

Muirhead, B., e Juwah, C. (2004). Interactivity in computer-mediated college and university education: A recent review of the literature. *Educational Technology & Society, 7*(19), 12-20.

Onrubia. J. (2005). Aprender en entornos virtuales de enseñanza y aprendizaje: actividad conjunta, ayuda pedagógica y construcción del conocimiento. *RED: Revista de Educación a Distancia, monográfico II*. Consultado (07.09.2007) em: http://www.um.es/ead/red/M2/.

Paulsen, M.F. (1992). The hexagon of cooperative freedom: a distance educational theory attuned to computer conferencing. En M. F. Paulsen (Ed.), *From bulletin boards to electronic universities: distance education, computer-mediated communication, and on-line education*. (pp. 46-55). University Park, P.A.: The American Center for Study of Distance Education.

Paulsen, M. F. (1995). Moderating Educational Computer Conferences. En Z.L. Berge e M.P. Collins (eds.). *Computer-Mediated Communication and the On-Line Classroom in Distance Education* (pp. 84 – 103). Cresskill, N.J.: Hampton Press.

Pozo, J.I (2006) La nueva cultura del aprendizaje en la sociedad del conocimiento. En J. I.

Pozo, N. Scheuer, M. P. Pérez Echeverría, M. Mateos, E. Martín, M. de la Cruz, *Nuevas formas de pensar la enseñanza y el aprendizaje. Las concepciones de profesores y alumnos* (pp. 29-53). Barcelona: Graó.

Perrenoud, Ph. (2004). *Diez nuevas competencias para enseñar*. Barcelona: Graó.

Reparaz, Ch. (2000). Nuevas tecnologías y currículo escolar. Una visión global. En Ch. Reparaz, A. Sobrino e J. I. Mir. (2000). *Integración curricular de las nuevas tecnologías* (pp. 13 – 32). Barcelona: Ariel.

Salinas, J. e Aguaded, J. I. (coords.) (2004). *Tecnologías para la educación. Diseño, producción y evaluación de medios para la formación docente*. Madrid: Alianza.

Salmon, G. (2002). *E-moderating. The key to teaching and learning Online*. London, UK: Kogan Page. [Trad. cast.: *E-actividades. El factor clave para una formación en línea activa*. Barcelona: UOC.]

Savery. J.R. (2005). Be VOCAL: Characteristics of Successful Online Instructors. *Journal of Interactive Online Learning, 4* (2), 141-152.

Yacci, M. (2000). Interactivity demystified: A structural definition for distance education and intelligent computer-base instruction. *Educational Technology, XL*(4), 5-16.

GLOSSÁRIO

Competência. O conceito de competência, quando é usado para referir-se ao perfil e capacidades que determinados profissionais devem adquirir para exercer de maneira adequada sua atividade, tem um caráter polissêmico e controverso. Segundo nossa perspectiva, o conceito de competência destaca os conhecimentos de diversos tipos que são imprescindíveis para se desenvolver atividades relevantes e significativas em contextos variados e funcionais, mas importantes para uma comunidade de prática. Uma atuação competente supõe a posse dos conhecimentos e das capacidades necessárias para identificar e caracterizar contextos de atividade relevantes. Da mesma maneira, integra conhecimentos e capacidades muito variados, assim como significativos e pertinentes, para a solução de tarefas ou problemas dos quais não se conhece solução *a priori*.

E-moderador. Este conceito foi proposto por diversos autores para sublinhar a peculiaridade dos papéis, funções e tarefas que deve desenvolver o professor em contextos virtuais, em contraposição àqueles que são desenvolvidos pelos professores em contextos presenciais tradicionais. Com muita frequência, enfatiza-se que esses papéis, funções e tarefas remetem a quatro grandes âmbitos: o pedagógico, relacionado com o desenvolvimento de um processo de aprendizagem virtual eficaz; o social, vinculado ao desenvolvimento de um ambiente de aprendizagem com um clima emocional e afetivo confortável, no qual os alunos sentem que o aprendizado é possível; o de organização e gestão, relacionado com o estabelecimento de um projeto instrucional adequado, incluindo animar os envolvidos para que sejam claros em suas contribuições; e, finalmente, o técnico, que inclui atuações dirigidas a auxiliar os alunos para que se sintam competentes e confortáveis com os recursos e ferramentas que fazem farte da proposta instrucional. De acordo com Salmon (2002), o *e-moderador* é um projetista, promotor e mediador da aprendizagem, e deve permitir o desenvolvimento de um tema, marcar um ritmo ajustado ao aluno e promover desafios cuja abordagem seja viável. Para isso, deve proporcionar ao aprendiz um amplo conjunto de auxílios, os quais evoluem ao longo das diversas fases possíveis de se distinguir no desenvolvimento de um processo virtual de ensino e aprendizagem.

RECURSOS

Paulsen, M. F. (1992). The hexagon of cooperative freedom: a distance educational theory attuned to computer conferencing. Em M. F. Paulsen (Ed.), *From bulletin boards to electronic universities: distance education, computer-mediated communication,* *and on-line education.* University Park, P.A.: The American Center for Study of Distance Education.

Neste trabalho, Paulsen desenvolve "a teoria da liberdade cooperativa", uma primeira tentativa no sentido de estabelecer uma teoria da educação à distância adaptada especificamente ao desenvolvimento de propostas baseadas em comunicação mediada por computador. Esta teoria pode ser qualificada como uma teoria da autonomia e da independência, uma vez que destaca a especificidade dos aprendizes adultos, que Paulsen concebe como motivados para estabelecer seus próprios fins de aprendizagem e para controlar seus avanços. Esta perspectiva entende que todos podem perceber a comunicação mediada por computador como um modo de alcançar suas metas, mesmo que elas sejam muito diversas. Além disso, a teoria da liberdade cooperativa sugere que a liberdade não pode ocorrer separada da cooperação. A educação implica na interação voluntária entre indivíduos durante a aprendizagem e que os participantes tenham certo senso de colaboração e de participação. Com a intenção de aprofundar-se sobre a interação entre liberdade e cooperação na educação a distância, Paulsen assinala a importância da análise das dimensões do tempo, espaço, ritmo, meio ou ambiente, acesso e plano de estudos ou currículo, organizadas no hexágono da liberdade cooperativa. Ao longo do trabalho, Paulsen discute e debate as possibilidades e os potenciais pontos fracos de uma proposta baseada na comunicação mediada por computador para tornar possível o sistema de dimensões mencionado.

Salmon, G. (2002). *E-tivities. The key to active online learning.* Londres: Kogan Page Limited. [Tradução em espanhol: *E-actividades. El factor clave para una formación en línea activa*. Barcelona: Editorial UOC, 2004].

A origem deste trabalho está na preocupação da autora em aproveitar as oportunidades que oferecem as TIC para a formação on-line e em seu propósito de oferecer um modelo de qualidade para este tipo de formação. Seu enfoque é baseado na pesquisa prática e inclui uma coleta sistemática de experiências desenvolvidas por numerosos participantes, alunos e moderadores de cursos virtuais de diferentes disciplinas em diversos países. O trabalho revisa um modelo de ensino on-line em cinco etapas. O conceito de e-atividades refere-se a marcos que promovem a participação ativa e sistemática do aluno na proposta de formação interativa on-line. O livro é dividido em duas partes: a primeira é dirigida a orientar na elaboração e organização das e-atividades; a segunda integra uma série de 35 recursos técnicos dirigidos fundamentalmente para as pessoas, sob a forma de práticas dirigidas a orientar o planejamento das próprias e-atividades e de programas e processos de formação baseados nestas.

6

Os conteúdos em ambientes virtuais
Organização, códigos e formatos de representação

JOSÉ LUIS RODRÍGUEZ ILLERA

SUPORTES E MEIOS DE REPRESENTAÇÃO NA ERA DIGITAL

Quando se fala de "conteúdos" em contextos educacionais, de maneira quase sempre genérica, não deixa de ser uma simplificação rápida que pode ser entendida com facilidade. Os conteúdos são, por um lado, a palavra do professor, mas também os materiais que contêm informação e que são postos à disposição dos estudantes, seja como referência, como guia ou como complemento de outra informação; por outro lado, são usados como sinônimo daquilo que é preciso aprender.

Os conteúdos normalmente estão relacionados com uma certa tradição baseada em grande medida nos livros didáticos e em outras práticas e dispositivos (como a biblioteca escolar ou, mais recentemente, as fotocópias) que privilegiou o papel como suporte e o código escrito: não há dúvida de que isso é o que está nas origens da educação formal e o que tem permitido sua expansão por meio da prensa gráfica, a ponto de se poder considerá-lo, após séculos, quase equivalente aos conteúdos. Esta é, também, a perspectiva de uma cultura centrada nos livros, em sua leitura e interpretação, e que historicamente sempre tendeu a (sobre)valorizar o lugar da escrita em comparação a outras formas de codificação, como as imagens (para uma análise histórica dessas relações, veja Tomás, 1998).

Somente quando são vistas sob uma perspectiva histórica, tornam-se evidentes as mudanças nas formas de codificação, nos suportes e formatos que estas foram adotando, assim como sua profunda imbricação com os meios de comunicação nos quais se desenvolveram. A ideia dos conteúdos é, portanto, o resultado de um processo longo, social e tecnologicamente dirigido, no qual foram sendo estabelecidos suas formas atuais, o modo como são apresentados e reconhecidos, o que se considera prática comum (um padrão) e o que, pelo contrário, é visto como uma anomalia.

Este processo de interdependência entre uma tecnologia, sua difusão social, a elaboração de formatos padronizados e a criação do que hoje denominaríamos indústria (produtora de conteúdos mediante as diferentes agências que a compõem) afetou, em primeiro lugar, a tecnologia de suporte mais conhecida, o livro, a ponto de aprimorar os formatos estabelecidos ao longo dos séculos e transformá-lo em um dispositivo quase perfeito para conteúdos em texto (sobre o livro, seus parâmetros formais e sua adequação à leitura silenciosa, ver Hill, 2000). A indústria do livro abriu caminho para novos formatos de comunicação de massas, especialmente para os jornais, que aparecem no início do século XIX e, mais tarde, para a disseminação das revistas, já no século XX. Paralelamente, a indústria da imagem segue parâmetros similares com a chegada da fotografia, em 1840, seguida pelo cinema, a televisão e, finalmente, tecnologia que reúne texto e imagem: os computadores pessoais e a internet. A corrida, contudo, continua com os celulares multimídia e os reprodutores pessoais de música (em formato mp3 ou mp4, neste momento), já com capacidades fotográficas e de vídeo e, em breve, com transmissão e conexão sem fio.

Neste capítulo, examinaremos algumas das mudanças sem precedentes que as tecnologias digitais introduziram na produção e na circulação de conteúdos educacionais e como estão afetando os modos de ensinar e de aprender – e, inclusive, as ideias sobre a educação. Também revisaremos a pesquisa recente sobre a coexistência de várias modalidades de codificação em uma única mensagem, ou seja, sobre as mensagens multimídia e seu impacto na aprendizagem. A seguir, examinaremos alguns dos modelos básicos para sua organização temporal, deixando para o final algumas ideias sobre as novas modalidades de tratamento dos conteúdos e da interação entre eles.

CÓDIGOS E LINGUAGENS PARA REPRESENTAR CONTEÚDOS

Informação e conteúdos educacionais

Os conteúdos – sejam eles educacionais ou não – são uma subcategoria de uma categoria mais geral, que é a informação. De fato, falar em informação como uma categoria descritiva ou explicativa é algo relativamente recente, que começa em meados do século passado como consequência do desenvolvimento de disciplinas de caráter formal, como a teoria da informação e da comunicação ou a teoria dos sistemas, que criaram uma terminologia e enfoques específicos e que tiveram uma repercussão importante sobre a Psicologia e sobre a Educação, entre outras disciplinas.

Existem diferenças entre os conteúdos educacionais e os não educacionais? É principalmente uma questão de viés sobre como eles são utilizados? Este tipo de pergunta pode nos levar a discussões muito longas ou de difícil solução; portanto, parece mais produtiva uma resposta pragmática para entender a especificidade dos conteúdos educacionais.

Em primeiro lugar, embora qualquer conteúdo (tipo de informação, codificada, formatada e veiculada por um meio de comunicação) possa ser levado ao foco de uma interação educacional (e, portanto, qualquer conteúdo é potencialmente educacional), a verdade é que, no discurso pedagógico tradicional e nos contextos formais, como a escola, os conteúdos sempre foram objeto de uma transformação realizada pelo professorado para adequá-los aos estudantes. Tal transformação tem sido denominada de "transposição didática" (Chevallard, 1991) ou "recontextualização" (Bernstein, 1990), para indicar o caráter diferenciado dos conteúdos quando estes aparecem em um texto de produção e quando são colocados em seu contexto de "transmissão" ou de difusão, ou seja, a fim de que existe um processo específico que consiste em transformar certos conteúdos complexos (em sua estrutura, em seus fundamentos, em seu volume ou em sua argumentação), tornando-os adequados para os estudantes segundo alguns métodos específicos: a didática.

Em segundo lugar, e pensando em uma situação escolar tradicional, os conteúdos praticamente não mudam de codificação ou de formato quando são transformados. Em geral, a tecnologia determina os formatos (e, como veremos depois, as tecnologias digitais praticamente modificam a ideia de codificação). Por isso, quando as tecnologias escolares disponíveis para representar conteúdos eram reduzidas ao quadro tradicional, papel e lápis, livros didáticos e a voz do professor, as mudanças de formato eram mais escassas e difíceis de se realizar. Apenas para dar um exemplo recente: a chegada das fotocopiadoras tornou possível aos professores fazerem adaptações mais rapidamente por meio de um trabalho de *patchwork*.

Em terceiro lugar, os conteúdos educacionais são majoritariamente verbais (orais ou escritos) ou continuam complicados de se produzir para uma pessoa não especializada; e isso não se deve somente às transformações didáticas necessárias, mas também aos códigos e formatos requeridos para que adotem uma forma mais ou menos padronizada. Como veremos mais adiante, há vários fatores que introduzem nuances nesta situação, alguns dos quais se referem às facilidades de produção e ao domínio dos novos alfabetismos, outros, à reutilização de conteúdos educacionais já existentes.

Novos e velhos meios

Nesta descrição dos conteúdos educacionais, a evolução dos meios de comunicação vem tendo uma importância crucial. Não apenas mudaram as formas de comunicação como também, é claro, mudou aquilo que é veiculado na mídia. Os conteúdos passaram por um processo de *remediation*,* segundo a expressão de McLuhan, ou seja, foram produzidos novamente para os novos meios, adaptados às suas codificações e formatos. No desenvolvimento histórico interno de cada meio, foram sendo criados ou perfilados os formatos próprios, as formas consideradas como aceitáveis, as quais condicionaram a produção e circulação de conteúdos.

Na época mais recente, é preciso destacar dois fenômenos sem precedentes na comunicação social: primeiro, o uso massivo da televisão, com sua capacidade quase ilimitada de invadir a esfera privada, e a expansão, também quase ilimitada, da denominada sociedade do espetáculo. O segundo fenômeno – que se constitui em nosso tema central – são as tecnologias, mídias e conteúdos que apareceram durante e depois do processo de digitalização. Não é possível separar completamente os dois âmbitos, salvo se o fazemos apenas com propósitos analíticos. As consequências destes âmbitos no que diz respeito à televisão são, como assinalou Meyrowitz (1985) a transformação da experiência pessoal, ou seja, a vivência constante de realidades através da mídia, sem necessidade de se conhecê-las pessoalmente e, portanto, a uniformização da experiência, que antes disso estava mais localizada nos lugares e cenários de interação pessoal e social.

Os novos meios de comunicação são aqueles que poderíamos denominar genericamente como *digitais* por terem resolvido tecnicamente o processo de recodificação dos suportes tradicionais, passando por todas e cada uma de suas formas prévias, desde as analógicas até chegar na representação digital, unificada, numérica.[1] Em qualquer caso, o processo de conversão dos conteúdos educacionais

---

* N. de T. Em português, talvez a melhor tradução fosse "remidiação", para diferenciar do verbo "remediar". Preferiu-se aqui, porém, utilizar o conceito original, em inglês, pois o termo é inexistente em português.

[1] Se bem, é verdade, como assinala Manovich (2005, p. 99 e seguintes.) em um livro altamente original, que a ideia de digital apresenta diferentes matizes e pode resultar ambígua, nem por isso acreditamos que seja um mito dos novos meios de comunicação, como pensa ele.

para o formato digital está longe de ter sido completado. Neste longo processo de mudança e *remediation*, os próprios conteúdos mudaram e talvez sejamos menos conscientes disso do que deveríamos (ou, simplesmente, não sigamos a sugestão vygotskiana de ter a análise histórico-genética como um eixo iniludível e central da nossa compreensão).

Abril (2003) faz uma análise detalhada sobre as mudanças na própria forma que a informação e seus formatos adotaram ao longo dos últimos séculos, mostrando até que ponto tanto a *remediation* dos conteúdos, no que se refere à evolução interna de cada tecnologia, tem contribuído para reconfigurar essas formas legitimadas de apresentar e organizar a informação. Uma consequência disso é que as mídias pré-digitais, que constituem o foco da análise de Abril, mudaram nossa ideia sobre o que é a informação, reduzindo o tamanho das mensagens, permitindo que se misturem partes de umas com partes de outras, colocando vários tipos de codificação juntas, simplificando sua complexidade e dando lugar a novas sínteses.

Algo ainda mais complexo parece estar ocorrendo com os meios de comunicação digitais. Apoiando-se em uma tecnologia de geração de conteúdos que permite unificá-los tanto em sua codificação quanto em seu suporte, fragmentá-los em unidades e subunidades, tanto lógicas quanto em função do tamanho, e recompô-los e representá-los, seja como réplicas idênticas ao original ou como partes de unidades mais amplas, a verdade é que o *status* dos conteúdos digitais mudou radicalmente.

Do ponto de vista do usuário, as mudanças mais evidentes talvez sejam as capacidades comunicacionais e interativas, assim como as multimidiais, dessas tecnologias. As duas primeiras são abordadas no Capítulo 16 desta obra. Em relação ao seu caráter multimidial, a verdade é que os conteúdos educacionais têm confiado no valor da imagem para ilustrar o texto. Desde a chegada dos audiovisuais e da televisão, ou com a longa história dos dispositivos pré-cinematográficos (Frutos, 1996), o caráter multimidial das mensagens educacionais sempre existiu em nossas culturas. Contudo, os meios digitais redefinem essa característica ao fazer com que sua disposição espacial nas telas, e especialmente sua evolução temporal, sejam controladas por um programa; diferentemente dos conteúdos multimídia analógicos – que consistiam na superposição de mídias diferentes ou em seu armazenamento estático para construir uma mensagem unidirecional –, a composição multimídia digital permite que as mensagens sejam controladas dentro de limites estritos.

Além disso, os conteúdos podem adotar formas de expressão diferentes, concretizadas ou realizadas por meio de diversos suportes. Ou seja, os mesmos conteúdos podem ser vistos em diferentes telas e tecnologias, em alguns casos eliminando um aspecto ou canal, como ocorre com os celulares, que até pouco tempo atrás somente reproduziam texto ou som, mas não vídeo. A possibilidade de que o processo pelo qual alguns conteúdos virtuais se adaptam e comunicam de maneira diferente (e, às vezes, de forma dupla, como ao receber, por exemplo, notícias e novidades informativas por meio de um canal RSS* tanto no computador portátil quanto no telefone celular) dependendo da tecnologia que o usuário final possua,

---

* N. de R. O RSS é um formato de distribuição/atualização de conteúdos *Web*, padronizado mundialmente, que funciona em linguagem XML. Para receber as atualizações, basta "assinar" o *feed* por meio de um agregador de RSS instalado no computador. O RSS é amplamente utilizado em *blogs* e sites de notícias. (Fonte: Rede Nacional de Ensino e Pesquisa – www.mp.br)

unida à ideia de que os conteúdos são ubíquos, mas replicáveis, e de que são oferecidos proativamente no suporte escolhido, é também uma consequência das mídias digitais e da sua integração.

Os modos de significação e o computador como máquina metamidiática

Os conteúdos surgem como conteúdos da percepção e são, portanto, basicamente sensoriais. Geralmente, pensa-se que cada modo sensorial tem sua própria forma de organizar a significação do que é percebido, mas que alguns (visual, auditivo) tiveram um lugar central – em grande parte devido à linguagem falada e escrita – como forma de construção de conhecimentos. Dentro de um modo sensorial podem, inclusive, estar entrelaçados vários modos de significação; assim, não é a mesma coisa uma imagem estática e uma imagem que esteja em movimento, ou uma fotografia e uma pintura, ou coexistir uns ao lado dos outros. A multimodalidade é uma característica da forma pela qual recebemos as mensagens, de maneira que somos obrigados a compor uma significação unificada. Isso não representa um grande problema em situações interpessoais, nas quais os modos de significação aparecem em um contexto prático e estão sujeitos, portanto, a correções de interpretação imediatas; contudo, o mesmo não ocorre nos ambientes virtuais ou, em geral, nas telas eletrônicas, que permitem misturar e justapor modalidades e mídias com objetivos didáticos, mas cuja interpretação pode demorar para ocorrer no tempo.

A multimodalidade dos conteúdos introduz, simultaneamente, mais riqueza informativa e uma certa indeterminação, que pode ocorrer, em grande medida, pelo fato de que os computadores são máquinas metamidiáticas, ou *metamídia* (segundo a expressão de Alan Kay),[2] ou seja, para nossos propósitos, são máquinas que podem integrar a visualização de várias mídias no interior de uma única tela. A importância, tanto educacional quanto psicológica, deste caráter metamidiático das telas digitais é que ele unifica a experiência do usuário/estudante, ou seja, faz com que coexistam diferentes mídias (e diferentes modalidades de significação) em um único espaço. Provavelmente, o resultado dessa interface comunicacional baseada em janelas é que, em última instância, são elas que determinam o que é uma mensagem na relação com os computadores. Interfaces mais simples, como as dos celulares e PDAs (*Personal digital assistants*), que podem colocar uma única janela em suas telas reduzidas, mostram a simplificação máxima mantendo conteúdos multimidiáticos.

ORGANIZAÇÃO ESPACIAL E TEMPORAL DOS CONTEÚDOS PARA A APRENDIZAGEM

Sintetizando o que avançamos até agora, temos:

a) Os conteúdos educacionais são mostrados sob uma forma recontextualizada dos conteúdos mais gerais (normalmente, como resultado de sua adscrição curricular).

b) Os conteúdos em geral, e também os educacionais, foram construídos, historicamente e devido ao efeito de diversas tecnologias, em unidades de significação cada vez menores, em um processo de simplificação e de fragmentação.

---

[2] *The early history of smalltalk*. Allan C. Kay, http://gagne.homedns.org/~tgagne/contrib/EarlyHistoryST.html (*link* ativo em: 29/10/07).

c) Os conteúdos foram digitalizados, ou seja, unificaram sua forma de codificação, de representar a informação que contêm, sem perder, aparentemente, elementos essenciais das diferentes modalidades (sensoriais) de significação que os constituem.
d) O preço da digitalização é "viver em telas": os conteúdos digitais deixaram de existir fora de mecanismos de representação que não sejam os diversos tipos de telas existentes.
e) As telas informáticas são autênticos *metamedia* que, pela primeira vez na História, aglutinam qualquer conteúdo em um espaço comum e unificam a experiência perceptiva do estudante.
f) Como consequência dos avanços tecnológicos, os conteúdos, que durante muitos séculos foram somente verbais ou pictóricos e predominantemente escritos, multiplicaram-se, e acessá-los ou produzi-los tornou-se mais fácil (conteúdos auditivos, musicais, fotográficos, gráficos, cinematográficos e de vídeo, audiovisuais em geral, animações em 2D e 3D, representações de modelos, simulações e realidade virtual), embora sempre como conteúdos digitais.

A organização dos conteúdos educacionais. Eixos de segmentação e recomposição

Tal como já assinalamos, a tela, atualmente, tem características metamidiáticas que permitem incluir diversos conteúdos (multimidiáticos) simultaneamente. Normalmente os ambientes virtuais de aprendizagem introduzem uma série de restrições à capacidade potencialmente ilimitada de (re)apresentar conteúdos digitais provenientes de diferentes mídias. Tais restrições estão baseadas em dois tipos de princípios, um de tipo geral e outro específico; o de caráter geral, que não trataremos aqui por se afastar muito do foco deste capítulo, refere-se ao *design* da interface de comunicação pessoa-máquina e aos princípios gerais de ergonomia que servem de marco para a interação com os computadores. Esses princípios gerais impõem, para mencionar um único exemplo, que normalmente não se utilize mais de um canal de áudio (ou dois, no máximo) de maneira simultânea.

O outro tipo de princípio específico dos aplicativos e/ou ambientes educacionais é aquele relativo ao *design* da experiência do usuário/estudante, o qual visa facilitar sua aprendizagem. Aqui, confluem princípios psicológicos, instrucionais e didáticos, às vezes separados e outras vezes, que interagem, de maneira que se tenta organizar o *design* da experiência em vários níveis:

a) segmentando os conteúdos por níveis de integração (ou seja, de maneira clássica, decompondo o conteúdo global do curso em partes menores, como pode ser uma lição, uma sequência didática ou um recurso didático) e dando a eles, portanto, uma apresentação diferente dentro do aplicativo ou do ambiente;[3]
b) compondo espacialmente os diferentes conteúdos no interior da tela, ou seja, construindo unidades de significação (perceptiva, mas não unicamente) para o estudante;

---

[3] A terminologia utilizada simplifica a questão dos níveis organizacionais dos processos de ensino e aprendizagem, uma vez que apenas pretende introduzir a ideia de que normalmente se estruturam em vários níveis de complexidade (independente, agora, de seu número e dos nomes que possamos dar a eles).

c) estruturando o acesso temporal aos conteúdos, ou seja, as formas e limites para acessar a informação já digitalizada e organizada na tela;
d) possibilitando determinadas formas de interação entre o estudante, os conteúdos e o professor, gerando uma dinâmica própria do processo.

A segmentação dos conteúdos

Os conteúdos educacionais podem ter um tamanho físico ou lógico muito diferenciado, dependendo da escala que utilizamos para analisá-los. Justamente, agora mais do que nunca, e no caso específico dos conteúdos digitais, é possível dizer que quase não importa o tamanho físico do conteúdo, porque este não ocupa lugar. Contudo, se por um momento pensarmos os conteúdos como aquilo que é preciso aprender, resulta evidente que a quantidade de informação estruturada tem, sim, muita importância.

A segmentação dos conteúdos tem vários aspectos a serem considerados. Um deles é o relativo à lógica pedagógica por meio da qual se diz como fazer essa segmentação, os critérios de separação e organização, que dependem tanto do seu contexto curricular como também da sua estrutura interna. Este é um aspecto muito estudado em relação a conteúdos não digitais, da transposição didática às concepções sobre projeto de instrução e outros enfoques baseados em concepções construtivistas (para uma revisão, veja Del Carmen, 1996).

Outro aspecto é aquele relacionado com as particularidades que nos oferecem os ambientes virtuais. Uma boa parte do potencial desses ambientes consiste na possibilidade de reutilizar os recursos digitais, assim como de recompô-los em unidades de diversos tamanhos por meio de uma lógica de justaposição – que pode, em algumas ocasiões, ser mais complexa – e que, no conjunto, permite a construção de ambientes de aprendizagem a partir de funcionalidades diversas (informativas, comunicacionais) e de conteúdos de diferentes tamanhos e composições. A segmentação em unidades significativas quase sempre é feita de maneira prévia e com critérios tanto técnicos quanto pedagógicos, razão pela qual nem sempre é possível garantir que sua recomposição seja completamente adequada ao contexto curricular. Neste sentido, a segmentação dos conteúdos e os tipos e organização das unidades continuam sendo questões abertas e complexas que dependem em grande medida do marco teórico a partir do qual nos aproximamos da educação.

A composição espacial e temporal dos conteúdos educacionais

A questão a respeito de como são apresentados os conteúdos educacionais tem sido, pelo menos em um sentido histórico, objeto da retórica, primeiro, e da didática, depois, e em ambos os casos seu foco tem sido a linguagem verbal, só recentemente sendo ampliado para a imagem (Rodríguez Diéguez, 1978). Mas o tema que as novas mídias colocam está muito ligado ao seu caráter multimidiático: não apenas no que diz respeito às imagens, mas também ao som e à imagem em movimento, assim como às imagens sintéticas (criadas por computador, mas sem que sejam a representação de uma realidade preexistente). A pergunta central é: como todas estas mídias se compõem no interior de uma única tela que as contém? E, uma vez feita a composição dessas mídias, a apresentação simultânea de várias delas tem efeitos positivos sobre a aprendizagem ou, pelo contrário, contribui apenas para dispersar a atenção do estudante devido a um excesso de estímulos concomitantes?

Há duas respostas possíveis para essa questão, uma de tipo mais aplicado e outra que provém de resultados da pesquisa psicológica. A primeira é claramente positiva e sempre alude à motivação que supõe a tela interativa e multimídia, assim como à necessidade de que determinados conteúdos sejam apresentados em sua forma "natural" (ou seja, respeitando sua modalidade perceptiva própria), para não falar da experiência acumulada em seu uso.

A segunda resposta é mais matizada. Não se trata da polêmica, já encerrada, sobre se as mídias são "em si mesmas" educacionais, mas de como as mídias digitais reapresentam o problema a respeito de como se constrói uma mensagem com intencionalidade educacional a partir de conteúdos previamente transformados. Com efeito, diferentemente da linguagem oral – que, por sua linearidade, constrói as mensagens no tempo – e da linguagem escrita – em livros ou em outros suportes estáticos, que fixa as mensagens em um espaço não atualizável –, os conteúdos e a tela multimídia permitem uma organização muito mais complexa e modificável.

Há, no mínimo, duas linhas de pesquisa parecidas, embora não coincidentes, a respeito do efeito da composição multimídia sobre as mensagens. Ambas estão fundamentadas, com matizes particulares, na teoria da dupla codificação de Paivio (1986), que podemos sintetizar conforme Mayer (1997, 2001) no esquema representado na Figura 6.1 a seguir.

O modelo defende que o processamento da informação que recebemos é determinado inicialmente pelo canal sensorial, com um processamento próprio na memória sensorial que, mediante uma seleção, passa para a memória de trabalho de curto prazo; ali, a informação é organizada por meio de modelos diferenciados e, finalmente, é integrada e incorporada na memória de longo prazo, quando traz informação nova ou relevante para os conhecimentos prévios disponíveis. Ambos os subsistemas, o da memória sensorial e o da memória de trabalho, estariam presentes de maneira simultânea na prática dos processos perceptivos cotidianos. O esquema representa o processo de elaboração de informação marcado na primeira coluna da Figura 6.1 com a cor cinza, e os subprocessos ativos para os três casos principais conforme o tipo de estímulo: linguagem oral – canal auditivo; imagens – canal visual; e linguagem oral e/ou escrita – canal visual.

A teoria de Paivio (1986) e de seus seguidores está situada em um marco explicativo cognitivo que conta com o aval de sua própria pesquisa, e tem o mérito inegável de mostrar ou de dar início a uma tentativa para compreender como funcionam as mensagens multimídia. É importante tentar separar o modo de funcionamento dos estímulos verbais e visuais e, ao mesmo tempo, compreender sua especificidade, dado que a grande maioria dos autores da tradição cognitiva centrou-se quase que exclusivamente na compreensão dos conteúdos verbais ou em tratar ambos os subsistemas em separado. O resultado é um modelo que, mesmo sendo simples, precisa ser demonstrado e que possui capacidades preditivas sobre a estrutura dos conteúdos multimídia.

Quando a pesquisa é contextualizada educacionalmente, como Mayer fez (2001), as perguntas centram-se não apenas na organização dos conteúdos multimídia, mas em como o aprendiz (pensado como um sujeito ativo) incorpora esses conteúdos aos seus esquemas. De maneira esquemática, podemos sintetizar os avanços dessa pesquisa (Azzato e Rodríguez Illera, 2006) nos seguintes pontos:

- O princípio multimídia: revela que acrescentar imagens aos textos em uma sequência instrucional tem efeitos positivos nas aprendizagens significativas e promove a construção do conhecimento.

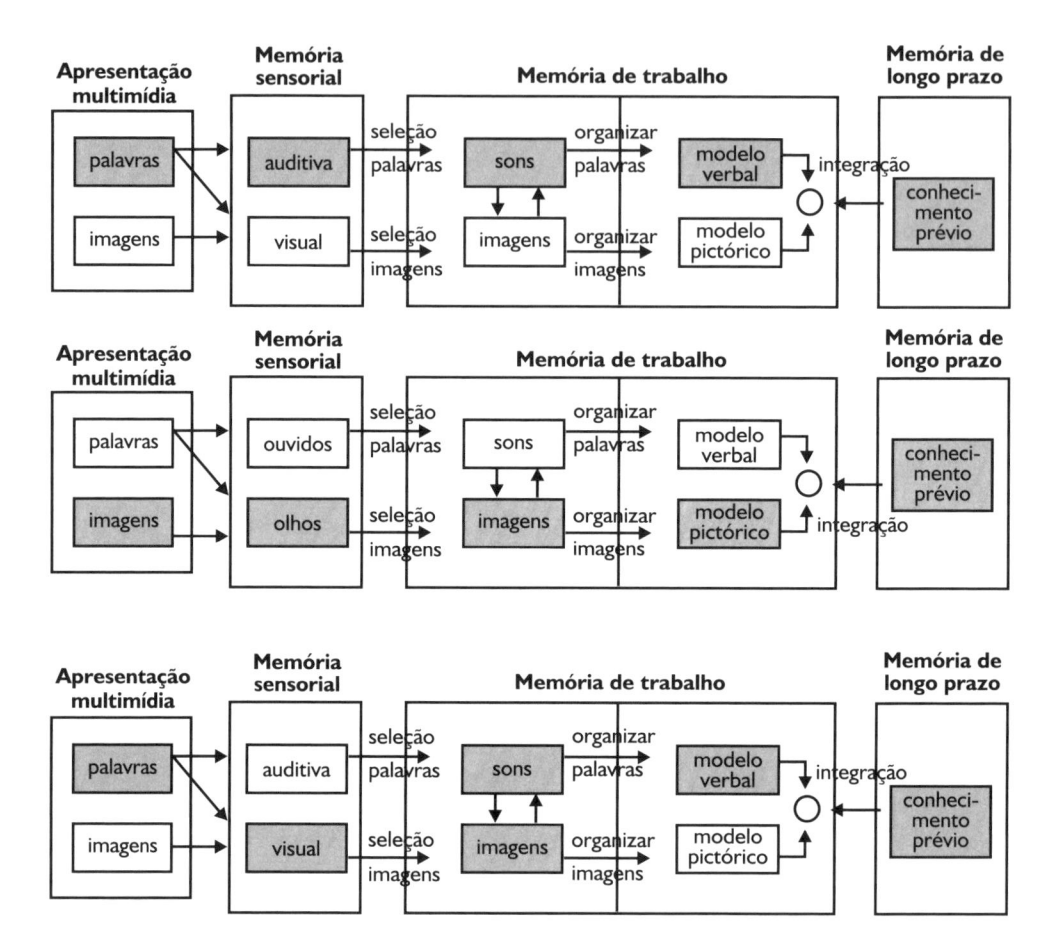

FIGURA 6.1
Teoria da dupla codificação de Paivio
Fonte: Adaptado de Meyer (1997, 2001).

- O princípio de contiguidade espacial: os alunos aprendem melhor quando os recursos textuais e gráficos estão fisicamente integrados do que quando eles estão separados.
- O princípio de contiguidade temporal: os alunos aprendem melhor se os recursos textuais e gráficos são apresentados em sequências sincronizadas temporalmente do que se eles são apresentados em tempos diferentes.
- O princípio de coerência: os alunos aprendem melhor se os recursos utilizados na apresentação têm uma implicação conceitual com o conteúdo apresentado do que se são utilizados recursos de entretenimento fora de contexto.
- O princípio de modalidade de apresentação: os estudantes aprendem melhor de narrativas do que de textos escritos.
- O princípio da redundância: os estudantes aprendem melhor da animação e da narrativa do que da animação, da

narrativa e do texto escrito. No segundo caso, o canal visual fica sobrecarregado de informação.
- O princípio das diferenças individuais: os efeitos no projeto são maiores para os estudantes de baixo rendimento do que para aqueles que têm um alto rendimento (Azzato e Rodrigues Illera, 2006, p. 31)

É verdade que estes princípios sintetizam um conjunto de pesquisas que ainda estão em um estágio muito inicial e que de maneira nenhuma podem ser consideradas definitivas. Por outro lado, as condições de experimentação utilizadas por Mayer (2001) referem-se mais a "telas" relativamente simples, nas quais são combinados textos e gráficos como conteúdos, em uma relação de um para um, do que a telas multimídia complexas, com várias janelas e modalidades apresentadas de maneira simultânea (para uma revisão crítica mais ampla, ver Rodríguez Illera, 2004). Contudo, e apesar das limitações, a pesquisa de Mayer lança luz sobre a composição de conteúdos no interior das telas atuais, sobre a forma como esses conteúdos são percebidos pelos estudantes e os efeitos que têm sobre a aprendizagem.

O acesso temporal aos conteúdos educacionais

Se a composição das telas mostra as dificuldades que podemos encontrar para combinar meios complexos, a verdade é que a experiência da aprendizagem é realizada por meio do acesso a muitos conteúdos e telas, algumas delas informativas, outras interativas; algumas de simples leitura e outras que requerem realizar alguma atividade, dirigida pelo professor ou autodirigida pelo próprio estudante.

Esta programação dos cursos faz com que todo o material seja organizado em torno de diferentes tipos de configurações ou tipologizações de documentos digitais, como já vimos, e faz, ainda, com que o material possa ser acessado segundo um plano do professor – mas estamos falando apenas dos conteúdos projetados pelo professor, não do acesso simultâneo que qualquer estudante pode ter à internet e que reposiciona o projeto do professor em um contexto mais geral de acesso à informação. Além das tipologizações documentais dos conteúdos, o acesso guarda relação especialmente com o modo pelo qual a informação foi organizada para seu acesso temporal. Há três modelos básicos de organização temporal dos conteúdos educacionais (do ponto de vista do estudante): um modelo linear, outro hierárquico e outro hipertextual. É preciso entender esses modelos básicos como tipos ideais, dado que sempre aparecem em uma forma mista, combinando aspectos de uns e de outros.

O modelo linear ou sequencial está baseado em uma metáfora bem-conhecida: o livro. As telas, ou melhor, as janelas dentro das telas, são as páginas que vão sendo passadas, sempre em uma ordem preestabelecida. Supõe ainda uma disposição linear dos conteúdos, de tal maneira que se tem acesso a uns depois de ter passado pelos outros. É evidente que tal disposição torna esse modelo ideal para recursos educacionais que utilizam meios "intrinsecamente" narrativos, como a fala ou o vídeo e, até certo ponto, a escritura, nos quais a significação inerente ao texto se constrói sempre e necessariamente em relação ao que já passou, ao texto ouvido ou lido até esse momento. Estes meios que se desenvolvem no tempo requerem, em seu nível mais molecular, um acesso linear.

O modelo funciona bem porque é muito conhecido; todos sabemos em que consiste um livro, e a paginação de um texto continua sendo uma forma muito intuitiva de segmentar uma grande quantidade de informação e, ao mesmo tempo, é uma forma muito clara de isolar unidades perceptivas e de significação. A este conhecimento prévio generalizado, assim como ao lugar central que a página tem em nossas práticas letradas há séculos, somam-se outras vantagens, como a capacidade de transmitir a mesma informação para todos os aprendizes. Conforme veremos, com outros modelos o grau de liberdade dos aprendizes em sua interação com os conteúdos é tal que em muitos casos não podemos garantir que todos tenham recebido a mesma informação. A capacidade de transmitir "exatamente" a mesma coisa para todos os aprendizes é valorizada em contextos instrucionais muito específicos, nos quais o controle da interação, esta, por sua vez, muito limitada, está totalmente com o professor.

Um modelo linear também favorece a utilização de meios que permitem "construir" internamente uma tensão emocional ou dramática na própria apresentação da informação. Seja no caso do vídeo ou da animação, quando esta é utilizada para narrar, sua disposição temporal contribui extraordinariamente para que determinados conteúdos sejam veiculados. Isto é algo bem-conhecido por meios como o cinema ou a televisão e sua publicidade, ou seja, por aqueles que têm um poderoso "efeito de realidade" por uma parte e, por outra, operações de montagem (com todas as suas variantes técnicas) associando ou dissociando conteúdos por meio de mecanismos de similitude ou de contiguidade, tanto espacial quanto temporal, tanto literal quanto figurada, criando, em resumo, a significação mediante mecanismos de "pôr em relato".

A importância psicológica da narrativa em geral, e especificamente para a educação, foi destacada por Bruner (1997), entre outros autores. De fato, utilizar conteúdos narrativos em ambientes virtuais é comum quando busca introduzir um tema complexo ou que requer ser colocado em contexto antes de se sustentar ou avaliar decisões, como, por exemplo, introduzir um problema ou um caso por meio de um vídeo que mostre sua complexidade e seus vieses; a mesma coisa acontece com a tensão dramática necessária antes de tomar decisões, como é comum em técnicas de *videogames* ou de jogos de representação (RPG) (Rodríguez Illera, 2005).

Contudo, o livro narrativo como metáfora para a estrutura de unidades grandes, como podem ser cursos ou partes de cursos, hoje é questionado por vários motivos. Alguns destes podem ser considerados simples preconceitos ante modelos que não sejam completamente interativos ou que lembrem meios e suportes pré-digitais, mas outros indicam o limite do modelo em aspectos importantes relacionados com suas virtudes, que são vistas agora como limitações: a própria dimensão temporal obrigaria a um tempo de acesso que não é controlável pelo usuário/aprendiz. Embora seja verdade que o acesso aos meios temporais, quando estão digitalizados, pode ser feito de maneira não sequencial, conduzindo diretamente para qualquer ponto, esse acesso não inclui a narrativa própria que dá conta da ação e da significação. Por essa razão, o acesso a um meio narrativo é muito diferente na primeira vez que é realizado e nas ocasiões posteriores, nas quais o que já foi visto é ativado e se recupera a informação pertinente para interpretar o que vem a seguir a partir do ponto de acesso. Em qualquer caso, e embora as partes narrativas possam ser reduzidas em sua duração temporal (o que nem sempre é possível, uma vez que depende do domínio de conhecimento que for objeto da aprendizagem), o modelo torna difícil colocar grandes quantidades de informação que exijam um acesso linear. Informação densa e muito significativa, sem dúvida, como já foi mencionado, mas muito limitada para grandes volumes ou para formas de estruturação não narrativas. Devido a um princípio parecido, outra das limitações do modelo linear é seu escasso caráter interativo. Narrativa e interação são duas estratégias opostas para comunicar informação, de maneira que quando uma está presente a outra fica reduzida ao mínimo. Conteúdos veiculados narrativamente podem ser inseridos em estruturas maiores, como aquelas que proporcionam os ambientes virtuais e que são interativas; da mesma maneira, no interior de narrativas, especialmente vídeos, podemos encontrar zonas interativas que mudam a própria sequência do relato. Mas estes seriam exemplos limítrofes de construção de sentido em um meio narrativo, ou formas novas que não respondem ao estatuto "clássico" da narratividade fílmica e de outros tipos.

O segundo modelo é o hierárquico, que está baseado na metáfora de uma árvore de informação. Este modelo não apenas é muito conhecido como é também o mais comum para a organização dos conteúdos, tanto em aplicações educacionais fechadas quanto em aplicações *Web* ou em ambientes virtuais. Está baseado na ideia de organizar a informação em diferentes níveis hierárquicos (seja segundo critérios de categorias, de abstração, ou simplesmente por adequação a determinados conteúdos concretos), como os diversos ramos de uma árvore, de maneira que um elemento tem sempre relação com aqueles que estão em seu nível e também com os que estão em níveis superiores e inferiores.

O modelo hierárquico permite organizar conteúdos muito amplos, quase sem limite, por meio da multiplicação de níveis e subníveis. É assim que procedem as enciclopédias e outros projetos de grande porte. Da mesma maneira, os portais educacionais e os ambientes de aprendizagem virtual que incluem muitos cursos utilizam sempre um modelo hierárquico para dar acesso aos conteúdos. Inclusive as páginas *Web* que funcionam por meio de uma página ou menu principal (*home page*) podem ser consideradas exemplos de uma organização hierárquica, utilizando, mais uma vez, a velha metáfora do índice de um livro para dar acesso aos conteúdos, mas, neste caso, não aos capítulos do livro, mas aos conteúdos do nível imediatamente inferior. Uma vantagem associada é a facilidade de uso do modelo, que praticamente já se tornou padrão nas interfaces das aplicações e páginas *Web*, assim como nos sistemas operacionais os quais incluem uma representação gráfica das funções de manipulação de arquivos, que utilizam, de modo diferente, mas muito relacionado, uma metáfora hierárquica para representar os conteúdos mediante sistemas de pastas e subpastas.

Esse modelo também tem algumas desvantagens importantes que podemos enumerar resumidamente. O excesso de profundidade na hierarquia, devido à própria complexidade dos conteúdos ou à maneira de apresentar a informação, pode trazer dificuldades para encontrar ou ter acesso a um conteúdo concreto. Inegavelmente, mostrar uma classificação do conhecimento exclui outras; isto é assim pela própria limitação física das telas (mas também dos índices em um livro) e, em geral, porque o próprio fato de classificar o conhecimento ou os conteúdos educacionais supõe uma ação para separar do restante aquilo que em um dado momento é colocado no foco de nossa atenção.

Quando os ambientes virtuais de aprendizagem são projetados, é preciso tomar decisões que afetam não só os conteúdos como também as funcionalidades informativas, comunicacionais e instrucionais desses espaços; ou seja, a própria "macroestrutura" do ambiente de aprendizagem é organizada, muitas vezes, seguindo um modelo hierárquico ou complexo, como veremos, que deve tentar distribuir o espaço disponível entre muitas funcionalidades. Este é um problema diferente daquele da composição de telas que atendem aos meios utilizados (o que já foi dito ao se falar sobre a denominada aprendizagem multimídia) e, inclusive, do problema mais clássico das concepções sobre projeto instrucional, que tentava determinar a ordem e a composição das formas de apresentação segundo a estrutura lógica dos conteúdos – pelo menos nas versões mais deterministas, como a *Component Display Theory* de Merrill (1983).

O terceiro modelo básico é o hipertextual. Baseado em uma metáfora de rede ou de teia de aranha, o modelo hipertextual é, ao mesmo tempo, uma forma de escrita e de leitura (ou de acesso), ou seja, representa uma concepção muito ampla de como se deve/pode estruturar a informação de maneira não linear. As ideias sobre o hipertexto – ou hipermídia, quando se combinam várias mídias – provêm, nos tempos modernos, da obra pioneira de Vannevar Bush (1945),* que se pretendia uma recuperação associativa da informação, ou seja, um modo mais próximo das formas de armazenamento e recuperação da memória humana. Tais ideias, inicialmente apresentadas como especulação afastada da tecnologia existente, foram a semente de um movimento que viu, ao mesmo tempo que a tecnologia informática se desenvolvia, na escrita e na leitura hipertextuais uma "libertação" da linearidade da linguagem, assim como uma nova forma de conceber as relações entre autores e leitores.

Embora muitas dessas ideias tenham permanecido como algo anedótico, apesar de interessantes, foi na década de 1980 que apareceram determinadas aplicações que permitiram uma escrita hipertextual de maneira fácil (*Guide, Hypercard, Intermedia, Story Space*), algumas delas unidas a experiências educacionais reconhecidas, como é o caso de George Landow,[4] na Universidade Brown, que criou os primeiros sistemas hipertextuais complexos no campo da filologia e da crítica literária. Mas foi com a chegada da internet e com a predominância de uma linguagem de documentos comum (HTML ou *HyperText Markup Language*), assim como de um protocolo de transferência (HTTP ou *HyperText Transfer Protocol*) que as ideias sobre a hipertextualidade tornaram-se generalizadas e passaram a ser algo cotidiano.

O modelo hipertextual supõe, basicamente, que a informação é organizada em documentos ou nós de tamanho variável, e que cada nó pode conectar-se com outros por meio de *links*. Daí vem a metáfora da rede: um conjunto de *links* agrupados em torno de pontos que contêm informação. Não há propriamente um centro ou uma hierarquia entre os nós nem um percurso de leitura predeterminado, apenas o caráter associativo dos *links*, que permite criar quase qualquer tipo de leitura possível mediante sua simples ativação e saltando de um nó para outro, embora seja possível introduzir restrições. A criação de conteúdos, a escrita hipertextual, é um processo que consiste em enlaçar a informação seguindo uma determinada lógica, que pode ser muito variada, mas que não corresponde com a da escrita linear. Este processo de criação de conteúdos hipertextuais pode ser muito simples ou muito complexo, segundo aumentam a extensão e o número de *links* do hipertexto (para uma proposta metodológica, veja Sasot e Suau, 1999). Diferentemente dos outros

---

* N. de R. O autor se refere ao artigo "As we may think", publicado no *The Atlantic Monthly* em julho de 1945, disponível em www.theatlantic.com/doc/194507/bush/.

[4] A página do professor George Paul Landow está disponível em http://www.victorianweb.org/cv/landow_ov.html (*Link* ativo em: 28/10/07).

modelos básicos, o modelo hipertextual é muito dependente da densidade ou granularidade dos *links* que vinculam partes da informação com outras partes.

Dispor os conteúdos de modo hipertextual é liberá-los das constrições lineares ou hierárquicas, que nem sempre são as mais adequadas, para permitir um melhor acesso a eles. De fato, tem sido a lógica já presente nos livros ou nas enciclopédias (sob a forma de notas de rodapé, encaminhamentos para outros artigos ou a um glossário), embora com as importantes limitações do suporte, que aparecem agora plenamente superadas com o suporte digital. Essa é, também, a forma generalizada que adota a *World Wide Web*, como o hipertexto global, se bem que a tipologização dos *links* é muito simples, dado que atuam com a mesma importância.

Do ponto de vista educacional, o modelo hipertextual contém aspectos que o diferenciam claramente dos outros dois anteriores e que fazem com que seja mais adequado para situações de aprendizagem nas quais o controle da interação, ou da leitura, recai no estudante. Ele organiza os conteúdos de maneira menos diretiva quanto ao acesso, permitindo que seja o estudante quem determine não apenas a ordem da leitura hipertextual, mas também seu ritmo.

A própria ideia de que cada sessão de leitura cria um percurso diferente (devido à quase impossibilidade prática, em hipertextos médios e grandes, de que os mesmos *links* sejam seguidos na mesma ordem) introduz uma variabilidade maior, mas também se adapta melhor a conteúdos ou domínios de conhecimento mal-estruturados ou maldefinidos. Como se sabe, muitos campos de conhecimento não se estruturam de um modo unívoco e sequer podem ser expostos de forma linear, menos ainda podem ser adequados para os estudantes sem contemplar vários pontos de vista, inclusive de maneira contraditória, ou precisam ser compreendidos levando-se em consideração várias perspectivas, às vezes, complementares. Nestes casos, a organização hipertextual do conhecimento é muito adequada, dado que permite enlaçar diferentes enfoques sobre o mesmo problema de forma *associativa*, como postulava Bush (1945) em seu artigo original, respondendo a critérios de pertinência nos *links*, mas mostrando sempre a complexidade antes da simplificação. O conhecimento hipertextual responde mais a problemas reais, sempre complexos e de difícil esquematização, do que às classificações em uso, que distinguem conteúdos factuais, processuais, procedimentais e atitudinais que tendem a enfatizar o tipo de conhecimento mais do que seu caráter relacional.

Também do ponto de vista educacional, a organização hipertextual dos conteúdos traz implícitos seus próprios problemas; alguns são gerais quanto ao hipertexto, como a sobrecarga cognitiva, que pode resultar de um excesso de granularidade, ou a desorientação, que pode ocorrer se os conteúdos não estão bem-estruturados e não contam com sistemas de ajuda na navegação, o que às vezes tem sido denominado como "o sentimento de estar perdido no ciberespaço". Outros são mais específicos do campo educacional, como a tendência a percorrer os *links* em uma atitude de exploração permanente, mais parecida com o *zapping* televisivo do que com a concentração e envolvimento cognitivo requerido para o aprendizado, ou também as dificuldades para estruturar um discurso argumentativo em forma hipertextual, garantindo que os estudantes revisem os argumentos na ordem requerida. Enfim, as complexas relações entre esta forma relativamente nova de organizar o conhecimento com os processos cognitivos e de aprendizagem ainda está muito longe de ter sido compreendida.

A verdade é que essas formas básicas de relação sempre aparecem combinadas em estruturas mais complexas, como, por exemplo, nos ambientes de aprendizagem, no *campus* ou em aulas virtuais. A maioria desses ambientes mostram uma organização hierárquica dos conteúdos, incluindo leituras de documentos, assim como *links* para glossários ou para páginas *Web*.

Outras formas mais reduzidas, como o padrão *SCORM* para armazenar conteúdos de maneira que possam ser utilizados em diferentes sistemas e plataformas, descrevendo sua organização e apresentação em forma de lição ou de curso, costumam adotar uma estratégia linear, em forma de *outline* ou esquema, apesar de serem passíveis de conter *links* e formas mais complexas nas telas, nas quais a informação é apresentada.

O Quadro 6.1 sintetiza as principais vantagens e inconvenientes das formas de acesso temporal aos conteúdos educacionais.

O papel que os professores desempenham em relação a essas formas de acesso aos conteúdos, tanto temporais quanto espaciais, ainda está muito ligado à sua função tutorial e, em geral, comunicacional. Os psicólogos e outros profissionais também não desempenham ainda o papel de autênticos *designers* da organização dos conteúdos, em parte devido às dificuldades técnicas para se configurar um *cam-*

QUADRO 6.1
Vantagens e inconvenientes das formas de acesso temporal aos conteúdos educativos

Modelos organização conteúdos	Vantagens	Inconvenientes	Uso em situações E-A
Linear	Metáfora de livro. Modelo muito conhecido. Bom para mídias narrativas (AV). Transmite a mesma informação.	Tempo de acesso elevado. Pouco interativo. Tamanho muito limitado.	Uso da narrativa como veículo informativo Construção de valores emocionais
Hierárquico	Metáfora de árvore de informação. Forma de interface padrão. Tamanho ilimitado de conteúdos. Conhecimento estruturado. Possibilidade se de fazer percursos individuais.	Rigidez na hierarquia. Interface potencialmente complexa. Difícil chegar a subníveis profundos.	Domínios de conhecimento conhecidos e estruturados. Acesso e percursos controláveis por níveis.
Hipertextual	Metáfora de rede. Próximo do pensamento associativo. Mais interativo e mais envolvimento por parte do usuário.	Excessiva granularidade. Perda de situação. Pode causar dispersão.	Domínios mal-estruturados. Situações complexas com acesso a diversos tipos de conhecimentos.
Misto	Situações mais reais com o uso de acessos diferenciados. Vantagens dos outros modelos.	Interface potencialmente mais complexa. Sobrecarga cognitiva, caso não se controle o *design* e os conteúdos simultâneos.	Comum em ambientes virtuais e aplicações educacionais.

pus virtual. Mas o avanço e as facilidades desses ambientes possibilitam cada vez mais ampliar essas funções (embora sempre dentro das opções pré-programadas que existem e que, afortunadamente, são muitas e estão em constante evolução).

LINHAS EMERGENTES: OS CONTEÚDOS EM UMA SOCIEDADE DIGITAL

Tendo revisado algumas das principais questões e desafios que as novas mídias colocam, acreditamos que esta revisão ficaria incompleta sem uma referência às novas possibilidades que estão sendo desenvolvidas em um campo cuja evolução é tão acelerada. Mencionaremos apenas três delas: a generalização dos conteúdos educacionais para cenários de aprendizagem não escolares; a coautoria que os novos meios permitem; e algumas consequências dos avanços da *Web* semântica.

A primeira questão é a extensão da educação ao que poderíamos denominar como novos cenários de educação informal. Trata-se de uma mudança que é resultado da generalização da internet e de como apareceram cenários, tanto informativos quanto de aprendizagem, no interior da rede (não ligados, em sua maioria, a ambientes de aprendizagem especialmente organizados e com propósitos educacionais). Nesses cenários informais, os conteúdos deixaram de ter a centralidade que tinham nas concepções mais clássicas da educação, e isso por vários motivos: não pertencem a um programa formativo determinado ou não são exclusivos dele; na maioria das ocasiões, não foram elaborados com critérios pedagógicos, mas informativos ou mesmo por motivações expressivas; não estão associados a um processo de ajuda na aprendizagem, de tutoria ou de outro tipo, senão que são autossuficientes. Ou seja, não foram produzidos como conteúdos educacionais, mas funcionam, de fato, em processos de aprendizagem.

Simultaneamente a esses cenários e situações de aprendizagem, os conteúdos digitais têm se multiplicado de maneira exponencial e já passaram a ser ponto de referência para qualquer busca de informação, em um processo que se ampliará conforme forem digitalizados revistas científicas, livros didáticos e todo tipo de conteúdos. Em ambos os casos, tanto para a aprendizagem quanto para a informação, é o caráter global da difusão dos conteúdos que tem uma grande importância.

Alguns autores (por exemplo, Echeverría, 1999) já mencionaram um terceiro ambiente para referir-se ao tipo de relações que surgem no espaço e tempo eletrônicos. Outros já evocaram a noosfera para tentar designar o processo por meio do qual o conhecimento humano fica afixado em suportes externos e duradouros (especialmente a escrita), que podem ser repassados e comunicados, além da conseguinte vida própria que têm através do tempo. A verdade é que a internet multiplica ao máximo estas ideias e aproximações filosóficas, colocando os conteúdos – incluídos os educacionais – em um lugar novo, mais público e acessível.

É claro que a revisão que fizemos foi a partir do ponto de vista da novidade que supõem as novas mídias e os conteúdos educacionais que passaram por um processo de *remediation*, assim como as telas nas quais são mostrados, mas sempre pensando em situações de aprendizagem nas quais o professor é quem organiza a informação e é sua fonte principal ou única. É evidente que essa situação vai continuar igual em contextos de ensino formal, mesmo com muitas variantes, como sugerem os enfoques centrados no estudante e a existência de ambientes virtuais de apoio, mas não ocorre a mesma coisa em situações informais. Pelo contrário, a proliferação de conteúdos educacionais de acesso livre, generalizados, disponíveis a qualquer momento e relativamente padronizados em sua organização, vai acabar necessariamente redefinindo o papel do professor-tutor.

Apesar de ainda ser cedo para se conhecer o alcance desta mudança, por mais que ela pareça inevitável e generalizada, para além das numerosas leituras especulativas sobre o tema, já podemos começar a ver alguns de seus resultados, como a ampliação da educação à distância em todas as universidades que anteriormente eram apenas presenciais ou os sistemas avançados de busca de informação e dos chamados objetos de aprendizagem.

Os conteúdos "interativos":
o estudante como autor

Outra transformação que está ocorrendo e que afeta os conteúdos educacionais é a mudança na noção de autoria. Ela provém, por um lado, das ideias sobre o hipertexto aqui já comentadas, mesmo que apenas do ponto de vista da leitura de documentos hipertextuais; por outro lado, ela se deve aos avanços tecnológicos das ferramentas de publicação na *Web*.

Na ideia de hipertexto está contida não apenas uma reorganização da forma não linear de leitura como também de escrita. Em princípio, o leitor de um hipertexto pode fazer anotações, modificar seu conteúdo e inclusive mudar ou acrescentar *links* entre os diferentes nós (Landow, 1995); ou seja, pode ser coautor do documento que está lendo. Contudo, na verdade, pouquíssimas vezes os hipertextos podem realmente ser modificados por seus leitores, e isso por vários motivos: há suportes que não são modificáveis, como o CD-ROM; dificuldades tecnológicas ou de acesso aos servidores nos quais os conteúdos estão hospedados; ou, simplesmente, ausência das aplicações de computador adequadas. A verdade é que a ideia mantém sua pregnância e interesse teórico justamente por romper com uma separação rígida entre autores e leitores, separação que o caráter estático dos livros ajudou a prolongar.

O avanço de algumas tecnologias recentes tornou realidade esta mudança sobre a autoria. São várias as tecnologias que permitem a escrita colaborativa (e que são examinadas, mais adiante, no Capítulo 16), algumas delas permitindo modificações em tempo real dos conteúdos. Por exemplo, e de modo especial, os *wikis* permitem a modificação e/ou comentário de um texto já publicado na internet, e alguns deles guardam o histórico das modificações realizadas pelos diversos autores participantes. Os *wikis* são, de alguma maneira, uma materialização da ideia de escritura hipertextual, mesmo que costumem ter uma estrutura mais linear que a maioria dos relatos hipertextuais e que suas capacidades colaborativas sejam reduzidas, permitindo ver como a própria ideia de autoria se torna difusa e os conteúdos são um trabalho coletivo. Alguns exemplos, como a conhecida enciclopédia *Wikipedia*, ou o uso dos *wikis* por empresas como sistemas de documentação técnica, sempre em constante modificação e com contribuições de muitos autores, mostram-nos seu grande potencial.

Avanços e problemas:
sobre a *web* semântica

Outro limite atual que a produção e consumo de conteúdos atravessa é, de maneira quase contraditória, sua excessiva generalização. É comum, ao procurar por um curso ou uma informação, obter tantos resultados que a busca acaba sendo, em muitos casos, inútil. Este é um problema geral da internet e do seu crescimento, e sua solução é difícil devido aos milhares de milhões de páginas *Web* competindo por aparecer nos buscadores.

As tentativas atuais consistem na criação da denominada "*Web* semântica", que, basicamente, supõe classificar os conteúdos que estão na *Web* de tal maneira que as buscas por informação estejam dirigidas pelas categorias de classificação e não apenas pelo texto. Esta ideia está ligada ao desenvolvimento de tecnologias para realizar tal classificação, um sistema de metadados, ou seja, uma forma de colocar "etiquetas" (*tags*) nos conteúdos e definir o marco de referência para classificá-los.

Há muitas vantagens associadas ao desenvolvimento de uma *Web* semântica, sobretudo em comparação com a situação atual, especialmente pela sua capacidade de fazer buscas de informação não só mais exatas, mas de maneira quase, ou totalmente, automática. E não apenas buscas genéricas, mas também subscrições (ou "sindicações") a temas que possam nos interessar por meio de um agregador de conteúdo *RSS* (sindicação verdadeiramente espontânea); este é o modelo que utilizam muitas páginas *Web* para manter seus leitores informados, fazendo com que recebam em seus computadores a notificação de que apareceram informações novas que provavelmente são de seu interesse. Trata-se de um modelo novo, com potencial educacional, dado que inverte o fluxo da informação, atuando segundo uma pré-seleção de conteúdos já feita pelo usuário final no momento da sindicação. A totalidade dos *podcasts* e a maioria dos *blogs* utilizam um sistema de subscrição baseado em RSS. As redes de informação sobre cursos também já utilizam habitualmente uma espécie de *agrupador* de notícias para apresentar a informação nova que é produzida em diferentes universidades e centros de formação a distância.

A *Web* semântica também supõe um desafio em relação às formas de classificação dos conteúdos, uma vez que, como sabemos, todo sistema de classificação impõe uma ordem, mostra alguns aspectos e oculta outros. Afortunadamente, os metadados podem ser múltiplos e incluir vários pontos de vista na mesma classificação.

Com relação aos conteúdos educacionais, a classificação destes tem sido realizada, em geral, no contexto do desenvolvimento sobre os (mal) denominados objetos de aprendizagem, ou seja, de conteúdos digitais que podem ser utilizados com propósitos educacionais e que, em princípio podem ser reutilizados em diferentes contextos (unidades, lições, cursos). Embora seu interesse pareça estar acima de qualquer dúvida e a tecnologia para sua implementação esteja em fase de desenvolvimento avançado e muito ligada às formas de colocar *tags* mediante metadados, tem se realizado a discussão psicológica e pedagógica a esse respeito, como assinala o criador do conceito, Wiley (2006); portanto, este pode ser considerado um tema ainda em aberto quanto ao seu alcance educacional (ver Capítulo 12).

REFERÊNCIAS

Abril, G. (2003). *Cortar y pegar. La fragmentación audiovisual en los orígenes del texto informativo.* Madrid: Cátedra.

Azzato, M. e Rodríguez Illera, J. L. (2006). Relación entre la estructuración multimedia de los mensajes instructivos y la comprensión de libros electrónicos. *Argos, 23*(45), 25-46.

Bernstein, B. (1990). On pedagogic discourse. Em B. Bernstein, *Class, Codes and Control, vol. IV.* London: Routledge.

Bruner, J. (1997). *La educación, puerta de la cultura.* Madrid: Visor [Publicado originalmente em inglês em 1997].

Bush, V. (1945). As We May Think. *The Atlantic Monthly*, July 1945: 101-108. Consultado (27/10/07) em: http://sloan.stanford.edu/mousesite/Secondary/Bushframe.html.

Chevallard, Y. (1991). *La transposition didactique.* Grenoble: La Pensée Sauvage.

Del Carmen, L. (1996). *El análisis y secuenciación de los contenidos educativos.* Barcelona: ICE-Horsori.

Echeverría, J. (1999). *Los Señores del aire: Telépolis y el tercer entorno.* Barcelona: Destino.

Frutos, F. J. (1996). *La fascinación de la mirada. Los aparatos precinematográficos y sus posibilidades expresivas*. Valladolid: Junta de Castilla y León.

Hill, B. (2000). *The magic of reading*. Redmon: Microsoft.

Landow, G. (1995). *Hipertexto: la convergencia de la teoría crítica contemporánea y la tecnología*. Barcelona: Paidós [Publicado originalmente em inglês em 1994].

Manovich, L. (2005). *El lenguaje de los nuevos medios de comunicación*. Barcelona: Paidós [Publicado originalmente em inglês em 2001].

Mayer, R.E. (1997). Multimedia Learning: Are we asking the right questions? *Educational Psychologist, 32*, 1-19.

Mayer, R. E. (2001). *Multimedia Learning*. New York: Cambridge University Press.

Merrill, M.D. (1983). Component Display Theory. Em C. Reigeluth (ed.), *Instructional Design Theories and Models* (pp. 279-333). Hillsdale, NJ: Erlbaum Associates.

Meyrowitz, J. (1985). *No Sense of Place. The Impact of Electronic Media on Social Behavior*. New York: Oxford University Press.

Paivio, A. (1986). *Mental Representations: A Dual Coding Approach*. Oxford Press University: Oxford.

Rodríguez Diéguez, J.L. (1978). *Las funciones de la imagen en la enseñanza*. Barcelona: Gustavo Gili.

Rodríguez Illera, J.L. (2004). Multimedia learning in the digital world. Em: *World Yearbook of Education 2004. Digital technology, communities and education*. London: Routledge Falmer, 45-56.

Rodríguez Illera, J. L. (2005). Interactive Multimedia and AIDS Prevention: A Case Study. Em *Interactive Multimedia in Education and Training* (pp. 271-288). Hershey (PA): Idea Group.

Sasot, A. y Suau, J. (1999). La millora dels materials didàctics: l'estructuració del coneixement, la interrelació de la informació i la recerca de majors nivells d'interactivitat. Em: *Multimedia educativo, 99*. Barcelona: I.C.E. de la Universitat de Barcelona. Soporte electrónico.

Tomás, F. (1998). *Escrito, pintado. Dialéctica entre escritura e imágenes en la conformación del pensamiento europeo*. Madrid: Visor.

Wiley, D. (2006). *RIP-ping on Learning Objects*. [Consultado (27/10/07) em: http://opencontent.org/blog/archives/230].

GLOSSÁRIO

Digitalização de conteúdos. Processo pelo qual conteúdos em diferentes suportes analógicos são convertidos para uma base comum de codificação em suporte eletrônico. Os conteúdos digitalizados conservam as propriedades fundamentais dos que são analógicos, acrescidas aquelas próprias da sua nova codificação. Somente os conteúdos que têm uma modalidade sensorial auditiva ou visual são, atualmente, digitalizáveis.

Hipertextualidade. Forma de estruturação de um conteúdo textual ou multimidiático (hipermidialidade) que organiza esse conteúdo por meio de *links* entre diferentes partes do texto. Os *links* permitem visualizar rapidamente os conteúdos para os quais apontam, habilitando uma navegação ou uma leitura baseada nessas associações.

Multimidialidade. Conjunção de várias modalidades significativas em um espaço único de representação, normalmente uma tela, controlado por uma programação lógica que inclui sua disposição espacial e as formas de interação possíveis.

RECURSOS

Manovich L. (2005). *El lenguaje de los nuevos medios de comunicación*. Barcelona: Paidós.

Trata-se de um ensaio sobre os novos meios (new media, no original) não só de comunicação, mas também de representação. Manovich tenta encontrar a linguagem subjacente à revolução tecnológica da informática, com especial ênfase nas formas organizacionais complexas que os conteúdos adotam. Diferentemente de outros enfoques, o autor sustenta que é a linguagem do cinema a que melhor se adapta para compreender os avanços dos meios informáticos.

Mayer, R. E. (2001). *Multimedia Learning*. New York: Cambridge University Press.

Um livro de síntese sobre a pesquisa realizada por Mayer e sua equipe, nos últimos 10 anos, a partir de um enfoque claramente psicológico e cognitivo. Mayer retoma a teoria da dupla codificação (canal visual e auditivo) como fundamento básico para se compreender a multimidialidade, acrescentando, porém, princípios de atividade por parte do aprendiz. A pesquisa chega a conclusões sobre a composição de elementos textuais e visuais (imagens estáticas) na composição de mensagens multimídia.

PARTE III
Ambientes virtuais de ensino e aprendizagem

Esta terceira parte do livro congrega alguns dos ambientes virtuais de ensino e aprendizagem – materiais autossuficientes, sistemas especialistas de emulação, análise de casos e resolução de problemas (PBL), aprendizado colaborativo, representação visual, plataformas e padrões de *e-learning* e comunidades virtuais – que têm, atualmente, maior presença tanto entre os projetos educacionais mais inovadores quanto entre os trabalhos de pesquisa aplicada.

Ficou para trás a literatura sobre a denominada "informática educacional", surgida nas três últimas décadas do século passado, na qual os usos educacionais das TIC se concentravam em três grandes grupos de aplicações – o ensino assistido por computador, os MicroMundos LOGO e os sistemas baseados em modelos de Inteligência Artificial (em clara correspondência com as posturas e enfoques psicológicos dominantes nessas décadas – o comportamentalismo, o construtivismo – fundamentalmente o de raiz piagetiana – e o paradigma do processamento humano da informação). Atualmente, as respostas dos *designers* se diversificaram em consonância com a multiplicidade de necessidades educacionais colocadas pela sociedade da informação, e a correspondência entre perspectivas e modelos psicológicos e os Espaços Virtuais de Ensino e Aprendizagem (EVEA) não resulta tão direta e diáfana. Mesmo assim, os ambientes selecionados são uma amostra representativa da aplicação de concepções psicoeducacionais vigentes sobre a maneira como devem ser apresentados os conteúdos e como devem ser estabelecidas as interações com os aprendizes para que se atinja um determinado tipo de aprendizagem.

Neste sentido, algumas dimensões de análise dos ambientes de aprendizagem *on-line* que contam com um certo consenso nas publicações especializadas podem servir para caracterizá-los: sua orientação epistemológica geral (mais inclinada para o objetivismo, o relativismo ou o socioconstrutivismo); o modelo psicoeducacional de referência (mais próximo do associacionismo-comportamentalismo, do cognitivismo ou do socioconstrutivismo); a origem da informação que é objeto de ensino (centrada no próprio docente, nos materiais, nos alunos ou na própria interação educacional); o papel do professor e o do aprendiz (de uma função transmissiva para um receptor passivo a uma função mediadora para um receptor ativo); ou o nível de autenticidade das atividades incorporadas (mais ou menos realistas, relevantes, socializantes e próximas à cultura da escola).

Partindo de algumas dessas dimensões, os capítulos que fazem parte desta seção tentam situar o leitor no que diz respeito à origem e características psicoeducacionais dos ambientes analisados e quanto à sua potencialidade instrucional, a partir de uma análise do tratamento dado, nesses ambientes, aos elementos do triângulo interativo (ver a segunda parte da obra). Da mesma maneira, os capítulos revisam algumas das aplicações mais significativas (e presumivelmente mais duradouras) dos ambientes analisados, tanto em contextos de educação formal quanto informal, valorizando seu impacto tanto no aprendizado de determinados conteúdos (perspectiva de aprender com a tecnologia) quanto no desenvolvimento e aquisição de habilidades e destrezas sociocognitivas de gestão e elaboração dos conteúdos (perspectiva de aprender da tecnologia).

Finalmente, ao longo dos capítulos o leitor é convidado a considerar novos desenvolvimentos e perspectivas dos ambientes revisados, assim como suas possíveis consequências psicoeducacionais, especialmente no que diz respeito ao seu impacto na aquisição de algumas das competências que são abordadas na última parte do livro.

7

Os ambientes virtuais de aprendizagem baseados no projeto de materiais autossuficientes e na aprendizagem autodirigida

ELENA BARBERÀ E MARÍA JOSÉ ROCHERA

A aprendizagem autodirigida ou autônoma existe desde que existe um motivo para aprender alguma coisa e conta com numerosas manifestações que foram variando ao longo da História, conforme mudavam os recursos que sustentavam os materiais de transmissão da própria cultura. Ao compasso das diferentes tecnologias, das cartilhas e cadernos, passando pelos livros, até o uso das mais modernas tecnologias da informação e da comunicação, a aprendizagem autônoma talvez não tenha modificado sua essência, mas manteve, continuamente, uma transformação metódica. Neste sentido, os materiais autossuficientes foram pensados ao longo da História para responder a demandas bem diferentes. Enquanto em alguns momentos dominou a novidade do próprio enfoque da aprendizagem autodirigida (por meio de fichas de autoavaliação ou com base no ensino programado), em outros momentos os materiais autossuficientes deram resposta ao desejo de favorecer um acesso mais massivo à cultura (fruto disso são os cursos de autoaprendizagem por correspondência ou os testes autoavaliativos), e em outros, ainda, foram uma resposta para as necessidades de individualização do aprendizado (utilizando os materiais como reforço, como ampliação dos conteúdos ou como elemento substitutivo do professor).

Começando por uma necessária precisão terminológica, por "aprendizagem autodirigida" entende-se tudo aquilo que é orientado para um objetivo estabelecido e sustentado no tempo pelo próprio aprendiz, que é capaz de planejar, desenvolver e regular seus próprios processos de aprendizagem orientados para alcançar o objetivo almejado, utilizando para isso os recursos mais adequados ao seu alcance (Candy, 1991; Confessore e Long, 1992; Jarvis, 2001; Merriam, 2001). A aprendizagem autodirigida – assim definida, seu significado é próximo ao de aprendizagem autorregulada ou autônoma – utiliza, em muitos casos, "materiais autossuficientes" que contêm toda a informação, sequência e processos necessários para aprender um conteúdo específico de um modo significativo para um aprendiz autônomo. A relação entre aprendizagem autodirigida e material autossuficiente é estreita, no sentido de que enquanto a aprendizagem autodirigida é dotada de elementos de autorregulação para ajustar suas conquistas (Garrison, 2003), o uso concreto de materiais autossuficientes proporciona ao aluno não apenas a informação básica suscetível de ser aprendida, mas também elementos de heterorregulação por meio do *feedback* externo necessário de contraste incluído em materiais deste tipo e que certifica o valor daquilo que o aluno está aprendendo. Tal relação, no nosso caso, ocorre no marco de um ambiente digital de aprendizagem em que a tecnologia proporciona os elementos estruturais de materialização e organização dos conteúdos de aprendizagem, assim como também atua como prolongação da própria atividade cognitiva do aluno.

Neste sentido, é possível notar um claro apogeu da aprendizagem autodirigida que utiliza materiais autossuficientes com a disseminação massiva das TIC (Volery, 2002). Várias são as razões que explicam isso. Por um lado, esses materiais, que utilizam recursos interativos multimídia, são o terreno no qual confluem muitos interesses sociais e econômicos, porque a tecnologia é vistosa e porque pode ser reutilizada em diferentes contextos. Por outro lado, as promessas da tecnologia no campo da educação são atraentes e isso também se aplica ao fato de poder contar com materiais que parecem superar a própria capacidade do professor em diversos aspectos (explicações, ilustrações, volume de informação, etc.), incluídos os pedagógicos (itinerários e individualização do aprendizado, respostas corretas imediatas, etc.).

Na aprendizagem autodirigida, os elementos instrucionais envolvidos têm um papel diferente daquele que desempenham em um contexto formal de ensino e aprendizagem. A noção de triângulo interativo proporciona um marco explicativo útil para compreender globalmente a dinâmica e o valor dos ambientes digitais de aprendizagem autodirigida. O triângulo interativo caracteriza os processos formais de ensino e aprendizagem por meio das relações entre o aluno que aprende, o conteúdo de aprendizagem e o professor que guia e orienta o aprendizado (Coll, 2005). Na aprendizagem autodirigida apoiada por materiais autossuficientes, o foco de atenção está na atividade cognitiva do aluno em relação aos conteúdos de aprendizagem. Neste contexto, o material autodirigido proporciona ao aluno a possibilidade de desenvolver uma atividade mental construtiva para apropriar-se dos conteúdos e construir conhecimento (Mauri et al., 2005). Todos os outros elementos de apoio, que em uma situação de ensino presencial são atribuídos ao professor (Brockett e Hiemstra, 1991) – por exemplo, manter a motivação e o objetivo do aprendizado, proporcionar as instruções para a realização das tarefas, fazer o acompanhamento e a retroalimentação das atuações e produções dos alunos, auxiliar para melhorar as destrezas de estudo e as estratégias de aprendizagem, etc. –, ficam distribuídos, de algum modo, entre o próprio aluno (aspectos relativos ao planejamento do estudo pessoal) e o material autodirigido (informações técnicas e ajudas educacionais autocontidas).

O objetivo deste capítulo é fazer uma aproximação, a partir da psicologia da educação, sobre o estado atual dos ambientes de aprendizagem autodirigida que utilizam materiais autossuficientes de natureza digital. Para isso, o capítulo estará organizado em quatro seções. A primeira é dedicada a apresentar os principais enfoques teóricos de natureza psicológica subjacentes às propostas de materiais autossuficientes para aprender de maneira autônoma. Na segunda, são apresentados os diferentes tipos e características de materiais digitais autossuficientes organizados segundo dimensões estruturantes que finalmente dão sentido aos processos de aprendizagem em diferentes contextos de uso. É justamente esse tema, o dos contextos de uso dos materiais digitais autossuficientes, que constitui o foco da terceira seção. Finalmente, na quarta seção, são enumerados os principais tópicos que estão na agenda de trabalho sobre este tema.

AS TIC E A APRENDIZAGEM AUTODIRIGIDA: ENFOQUES TEÓRICOS

Os diversos materiais autossuficientes e ambientes digitais projetados para aprendizagem autônoma e autodirigida se caracterizam, de maneira explícita ou implícita, pela concepção de aprendizagem na qual se apoiam. Desta perspectiva, o propósito da seção é oferecer um esquema que permita organizar e compreender as diferentes propostas que incluem esse tipo de ambientes de acordo com os pressupostos teóricos nos quais se sustentam. Na descrição seguiremos, em linhas gerais, uma ordem que corresponde com a sequência histórica em que essas perspectivas teóricas foram utilizadas para a elaboração de materiais didáticos de autoaprendizagem ou aprendizagem autônoma, ou seja, o enfoque comportamentalista, o cognitivo e o construtivista, apesar de que, cabe assinalar, atualmente convivem propostas didáticas fundamentadas em todos os diferentes enfoques teóricos.

O *design* dos primeiros materiais e ambientes para a autoaprendizagem ou aprendizagem autônoma baseados em computador, os sistemas de ensino assistido por computador (EAO), remonta aos anos finais da década de 1950. Esses sistemas apoiam-se em uma *perspectiva comportamentalista*, segundo a qual a aprendizagem é um processo de reprodução dos conteúdos apresentados para serem aprendidos, e o ensino, um processo de transmissão da informação. As aplicações prototípicas elaboradas a partir desses pressupostos teóricos – os programas de exercícios e de prática – eram caracterizadas por uma apresentação da informação em formato textual, fragmentada em unidades ou tarefas muito pequenas; uma proposta de sequenciamento linear das tarefas; a incorporação de informação de reforço sobre as respostas corretas e os objetivos alcançados; e tudo isso com a finalidade de exercitar habilidades simples por meio da repetição e do reforço. As críticas ao associacionismo como explicação teórica da aprendizagem de viés comportamentalista reduziram a importância dessas aplicações, apesar de elas continuarem sendo utilizadas na aprendizagem de destrezas elementares, como para resolver problemas simples de cálculo, para praticar regras de gramática e de ortografia ou para o reconhecimento visual, entre outros (De Corte, 1996).

No final da década de 1980, grandes esforços foram dedicados ao desenvolvimento de sistemas tutoriais inteligentes (*Intelligent Tutoring Systems*, ITS), ou sistemas inteligentes de ensino assistido por computador (IEAO), que se apoiam em *uma perspectiva cognitiva* baseada no processamento humano da informação e na inteligência artificial. Tais sistemas procuram emular a função de um tutor humano, de maneira mais "inteligente" do que havia sido feito tradicionalmente no ensino assistido por computador. Um tutor inteligente tenta guiar o aluno na aprendizagem de um campo específico de conteúdo a partir da incorporação de quatro componentes básicos – um modelo de tutor, um modelo especialista ou de domínio, um modelo de aluno e um modelo de diálogo ou comunicação. O conteúdo de aprendizagem é apresentado por meio de sistemas hipermídia diretivos, que podem combinar diferentes formatos de informação – textual, gráfica, sonora, imagens estáticas e dinâmicas. Da mesma maneira, o sistema é dotado de uma certa flexibilidade para estabelecer sequências de navegação pelos conteúdos em diferentes ritmos e a diferentes níveis de profundidade, de acordo com as características do aluno (Wenger, 1987). A concepção de aprendizagem em que se apoiam e que tentam promover esses sistemas é a de um processo consistente em procurar, selecionar, processar, organizar e memorizar a informação.

Os Sistemas Tutoriais Inteligentes despertaram um grande interesse devido ao seu inegável potencial para promover a aprendizagem. Contudo, esse interesse diminuiu progressivamente no transcurso da década de 1990, diante da constatação de que esses sistemas realmente não pareciam ser dotados de flexibilidade suficiente para levar em consideração o ponto do qual os alunos estavam partindo e que muitas das opções de navegação incluídas apoiavam-se em um grande domínio do conteúdo, provocando certa desorientação em aprendizes novatos; outra razão era que apresentavam o conteúdo segundo uma organização lógica que não dava a atenção necessária às diferenças individuais em conhecimentos prévios, interesses e necessidades dos aprendizes (Alessi e Trollip, 2001). Por isso, e apesar de seus propósitos e pretensões, a verdade é que os sistemas, com frequência, acabam gerando ambientes altamente estruturados e diretivos, que dificultam uma participação ativa, controlada e regulada por parte do aprendiz, não garantindo, portanto, que o percurso que os alunos seguem ao repassar o material de maneira autônoma chegue a transformar-se realmente em aprendizagens produtivas com um alto nível de significatividade (De Corte, 1996).

Justamente como alternativa para solucionar os problemas dos Sistemas Tutoriais Inteligentes, estão sendo desenvolvidos atualmente os Sistemas Hipermídia Adaptativos (SHA), capazes de proporcionar um ensino ajustado às características individuais dos alunos. Para isso, esses sistemas utilizam diferentes técnicas de adaptação dos conteúdos que devem ser aprendidos, de sua apresentação e das opções de navegação (Medina et al., 2002; González, 2004; Prieto et al. 2005). São sistemas projetados com a finalidade de que possam ser utilizados por aprendizes que tenham diferentes objetivos, conhecimentos e interesses e nos quais o hiperespaço de busca de informação seja razoavelmente amplo e convenientemente orientado. Até agora, contudo, embora a maioria dos modelos propostos incluam todos os elementos mencionados, pouquíssimos dos sistemas efetivamente implementados combinam as diferentes formas de adaptação – de conteúdos, de formas de apresentação e de opções de navegação – na mesma aplicação educacional. Os SHA podem ser enquadrados em uma perspectiva construtivista, entendida em sentido amplo, na qual a aprendizagem é concebida como um processo complexo de elaboração de conhecimentos, que envolve processos e elementos de diferentes naturezas, como, por exemplo, as capacidades cognitivas básicas, os conhecimentos prévios de domínios específicos, as estratégias e estilos de aprendizagem, as motivações, metas e interesses ou as representações e expectativas que formam a estrutura cognitiva do aprendiz.

Existem outras aplicações de orientação construtivista que, embora não tenham sido criadas especificamente como ambientes para a autoaprendizagem ou aprendizagem autônoma, podem ser utilizadas com finalidades autoformativas, com o objetivo de favorecer o desenvolvimento de capacidades cognitivas e metacognitivas por meio da exploração, da simulação ou da resolução de problemas. Os *micromundos* – por exemplo, a Geometria da Tartaruga, micromundo criado por Papert (1981), que se apoia no construtivismo de Piaget e na inteligência artificial –; *os programas de resolução de casos e problemas* – por exemplo, *Jasper Adventures*, elaborado pelo *Cognition and Techno-*

logy Group at Vandervilt (CTCV, 1992) e os programas de simulação – por exemplo, os ambientes propostos por De Jong e colaboradores (De Jong, 2006) são algumas das propostas elaboradas a partir destas posturas teóricas.

No Quadro 7.1, são sintetizados os principais enfoques teóricos e os materiais

QUADRO 7.1
Enfoques teóricos dos ambientes e materiais de aprendizagem autodirigida

	A perspectiva comportamentalista	A perspectiva cognitiva	A perspectiva construtivista
Materiais e ambientes	Prática e exercícios. Tutoriais automáticos.	Tutoriais inteligentes. Materiais multimídia e hipermídia diretivos.	Sistemas hipermídia adaptativos. Micromundos informáticos, ambientes de resolução de casos e problemas, ambientes de simulação.
Concepção sobre a aprendizagem	Uma reprodução passiva do material que requer exercícios e prática para ser memorizado. É feito mediante tentativa e erro e com reforços e repetição.	Um processo ativo que consiste em procurar, selecionar, processar, organizar e memorizar a informação.	Um processo complexo de reconstrução do conteúdo graças à atividade mental que o aluno realiza e que envolve capacidades cognitivas básicas, conhecimentos prévios, estratégias e estilos de aprendizagem, motivações, metas e interesses.
Objetivos de aprendizagem	Aprendizagem e automatização de destrezas elementares.	Aprendizagem de conteúdos de diferentes graus de complexidade e aprendizagem de habilidades cognitivas e metacognitivas.	Aprendizagem de conteúdos complexos e compreensão de relações entre conceitos, de habilidades cognitivas e metacognitivas, de resolução de problemas.
Apresentação e organização do conteúdo	Formato textual. Conteúdo fragmentado em unidades pequenas, itinerários únicos.	Diferentes formatos de informação – textual, gráfica, sons, imagens estáticas e dinâmicas. Estabelecimento de sequências de navegação com pouca flexibilidade.	Diferentes formatos de informação – textual, gráfica, sons, imagens estáticas e dinâmicas. Adaptação flexível da apresentação dos conteúdos e dos sistemas de navegação em função dos objetivos, conhecimentos, capacidades e interesses.
Controle de aprendizagem	O material.	Prioritariamente o material, mas pode ser compartilhado pelo material e o aluno.	Prioritariamente o aluno, mas pode ser compartilhado com o material.

projetados a partir de cada uma das perspectivas.

Após o percurso realizado pelos enfoques teóricos que respaldam os materiais e ambientes de aprendizagem autodirigida, na próxima seção vamos nos concentrar na descrição dos diferentes tipos de materiais em função de um conjunto de dimensões relacionadas com os processos de aprendizagem.

Materiais digitais autossuficientes: tipos e características

A variedade de materiais autossuficientes é extensa, especialmente se olharmos em todos os diferentes períodos históricos nos quais eles têm sido utilizados e para a estética e representação externa nas quais eles finalmente se concretizaram. Necessariamente, os primeiros materiais autossuficientes utilizaram o papel como suporte, e esses materiais são usados até hoje, em muitos casos combinados com tecnologia digital. Diante de materiais de natureza e aparência tão diversas, convém prestar atenção às dimensões que orientam seu *design* e seu desenvolvimento e que influenciam no uso educacional que se faz deles (Barberà e Mauri, 2002). Em linhas gerais, o material autossuficiente é organizado conforme diferentes critérios de natureza tecnológica (por exemplo, de acordo com categorizações padrão dos meios envolvidos: canal e suporte da informação, interatividade tecnológica, usabilidade, navegação e bases de dados utilizadas, etc.) (Clarke, 2001); psicoeducacional (por exemplo, atendendo à função educacional, às competências desenvolvidas, às suas bases psicopedagógicas, aos auxílios educacionais autocontidos, etc.) ou a uma mistura de ambos (Marquès, 2004).

De acordo com essa colocação, foram extraídos três aspectos básicos da definição de materiais autossuficientes, os quais são considerados peças-chave na aprendizagem autodirigida, com a finalidade de estabelecer uma tipologização desses materiais. Estes aspectos são:

a) a coincidência dos objetivos dos estudantes com os objetivos apresentados nos materiais;
b) a capacidade de personalização – ou seja, de atender as necessidades educacionais diversas dos estudantes – que os materiais oferecem;
c) a flexibilidade e a adaptação que é possível conseguir com a presença e uso dos diferentes auxílios educacionais dos materiais.

Assim, podemos classificar os materiais autodirigidos em três eixos que respondem aos três aspectos assinalados. O primeiro eixo é relativo à possibilidade ou não de intervenção ativa do estudante no material; os dois pólos deste eixo são identificados como "informação" e "participação", respectivamente, o primeiro indicando que a informação proporcionada pelo material tem escassas ou nulas possibilidades de intervenção por parte do estudante; já o segundo indica a possibilidade de o estudante contribuir escrevendo ou realizando outro tipo de atividade no material. O segundo eixo remete à natureza da atividade que o material propõe ao estudante em termos de dificuldade cognitiva; os dois pólos deste eixo são identificados como "reprodução", se o que o estudante deve fazer é principalmente seguir e repetir os conteúdos do material e produzir respostas simples baseadas, fundamentalmente, na cópia de um modelo, e "produção", se o material promove a criação de episódios pessoais complexos e se contém espaços abertos para isso. Finalmente, o terceiro eixo corresponde ao nível de complexidade e adaptabilidade do material autossuficiente, e vai da "padronização" dos conteúdos, caracterizada pela rigidez de sua estrutura interna, à "flexibilidade" e capacidade de personalização por meio de itinerários adaptativos em função do nível de conhecimentos e do interesse do estudante.

O cruzamento dos dois primeiros eixos permite identificar quatro tipos de materiais autossuficientes, que são descritos e ilustrados no Quadro 7.2

- *Material reprodutivo-informativo*. Trata-se de um tipo de material formado por um conjunto de informações sobre um tema específico, organizado de maneira que o aluno precisa seguir a sequência lógica deste e tomar decisões acertadas sobre as ações globais que pode realizar (escolher itinerários, selecionar um termo ou outro, etc.). É, portanto, basicamente um repositório digital de informação organizado e sequenciado e, ao abordá-lo, o aluno vai avançando de acordo com um critério determinado, que foi previamente estabelecido (cronológico, sequencial, de determinada complexidade, etc.), para o qual segue uma dinâmica de leitura na busca de um resultado de referência predeterminado.
- *Material reprodutivo-participativo*. Estamos, neste caso, diante de materiais com espaços abertos para exercitação que incorporam *feedbacks* fechados. Esta dinâmica é desenvolvida em espaços delimitados de intervenção livre por parte dos estudantes, que podem escrever ou desenhar livremente, contanto que seu trabalho coincida exatamente com uma resposta correta predeterminada. A coincidência ou não do trabalho do estudante com a resposta predeterminada dá lugar a uma retroalimentação positiva ou negativa e, em alguns materiais, abre ou fecha o acesso, respectivamente, para atividades mais complexas. Assim, o material é organizado de modo que o aluno precisa seguir a sequência lógica estabelecida, tomando decisões adequadas, que devem coincidir em seu resultado com as preestabelecidas no material. Normalmente, estes materiais são utilizados para a prática independente de habilidades instrumentais (cálculo ou ortografia, por exemplo) baseadas na repetição de exercícios.
- *Material produtivo-informativo*. Trata-se de um tipo de material que combina momentos ou fases em que é proporcionada informação sobre um tema específico, que deve ser lido e trabalhado

QUADRO 7.2
Tipos, características e exemplos de materiais autossuficientes

Tipos de materiais autossuficientes	Exemplos paradigmáticos
Reprodutivo-informativo	Tutorial automático sobre um programa de computador.
Reprodutivo-participativo	Exercícios de cálculo *on-line* nos quais é preciso resolver uma bateria de exercícios (cálculo, ortografia, etc.).
Produtivo-informativo	Curso linear de gramática em CD (permite gravação de construções verbais abertas sem retroalimentação).
Produtivo-participativo	Curso *on-line* que permite a escrita e expressão por parte do estudante.

pelo estudante, com momentos e fases de aplicação aberta. Essa aplicação é de natureza criativa (por exemplo, gravar a voz representando um personagem em um diálogo sem lançar mão de um roteiro prévio) e, frequentemente, não inclui *feedback* para indicar se o resultado é ou não correto. Deste modo, o aluno tem acesso a uma informação que o levará a uma prática aberta na busca de um resultado de referência que ele desconhece *a priori* e sobre o qual pode aplicar critérios de valorização obtidos da informação previamente proporcionada pelo material.

- *Material produtivo-participativo.* São materiais que oferecem aos estudantes espaços abertos de prática autônoma e que estão estruturados de forma que permitem que o aluno tenha acesso a um conteúdo que o levará a executar uma aplicação aberta na busca de um resultado de referência que ele desconhece *a priori*. Esses sistemas podem ser alimentados, frequentemente, com as próprias respostas dos estudantes, o que permite não apenas ampliar o universo de prática como também ajustar a retroalimentação ao progresso de suas conquistas. São materiais adaptáveis e flexíveis que incorporam elementos de inteligência artificial e de gestão da informação, e que abrem possibilidade para rastrear ações e ajustes progressivos (projetos de tutores inteligentes, por exemplo).

Conforme já mencionamos, os quatro tipos de materiais de autoaprendizagem ou aprendizagem autônoma descritos também podem ser mais ou menos fechados ou abertos, rígidos ou flexíveis, no sentido de mostrar maior ou menor capacidade para adaptar-se aos diferentes níveis, interesses e necessidades educacionais dos estudantes, algo absolutamente fundamental para que o material autossuficiente exerça uma influência educacional sensível e garanta um verdadeiro aprendizado.

Até aqui, a identificação e descrição dos materiais autossuficientes em si atenderam apenas às suas características. A seguir, trataremos dos diferentes ambientes de uso nos quais podem se desenvolver os processos de aprendizagem com o auxílio desses materiais.

A APRENDIZAGEM AUTODIRIGIDA EM AMBIENTES BASEADOS EM PROJETOS DE MATERIAIS AUTOSSUFICIENTES

Nas seções anteriores, mostrou-se que existem diferentes tipos de materiais para a autoaprendizagem em função da finalidade de aprendizagem que perseguem, das demandas cognitivas e da interatividade que possibilitam, da concepção de aprendizagem que sustentam implícita ou explicitamente, ou dos recursos tecnológicos e pedagógicos que incorporam para auxiliar e apoiar o aprendizado dos alunos, adaptando-se em maior ou menor medida às suas capacidades, interesses e conhecimentos.

Contudo, uma compreensão adequada dos processos de aprendizagem que os alunos realizam em ambientes de autoaprendizagem com materiais digitais exige considerar tanto as suas propriedades intrínsecas, tecnológicas e pedagógicas quanto as singularidades dos contextos de ensino e aprendizagem nas quais estes materiais estão inseridos (De Corte, 1996). Neste sentido, é possível distinguir três formas básicas de uso dos materiais em função de sua maior ou menor centralidade na situação de ensino e aprendizagem e da previsão de outras fontes adicionais e complementares de auxílio educacional àquelas incorporadas no próprio material:

1. *Como um material para autoaprendizagem* (off-line *ou* on-li-

ne) *sem apoio de um tutor*. É uma situação de uso do material pelos estudantes por meio de computadores ou redes de computadores sem o apoio e supervisão direta de um docente ou tutor. Neste caso, o material costuma incorporar as orientações e auxílios para sua utilização.
2. *Como um material que os estudantes utilizam de forma autônoma* (off-line *ou* on-line) *com o apoio do tutor*. É uma situação similar à anterior, na qual o processo de ensino é articulado em torno do material, o qual constitui o eixo vertebral da atividade de ensino e aprendizagem, com a diferença, porém, de que o trabalho é realizado sob a supervisão e orientação de um professor ou tutor, seja ele virtual ou presencial.
3. *Como um material auxiliar ou complementar de outros materiais*. Neste caso, os materiais digitais elaborados são utilizados em ambientes de ensino e aprendizagem virtuais, presenciais ou mistos, subindo como apoio complementar para a autoaprendizagem, ou aprendizagem autônoma, de uma ou mais partes dos conteúdos.

Grande parte das atuais propostas de ambientes para aprendizagem autônoma com material digital autossuficiente é fundamentada, como já assinalamos anteriormente, em uma visão de aprendizagem autodirigida com base em postulados cognitivos e construtivistas. Isso implica considerar que aquilo que o aluno aprende em um ambiente com material autossuficiente não é uma mera reprodução do conteúdo que lhe foi apresentado, mas uma reconstrução mediada pela estrutura cognitiva do aprendiz, que deve realizar ações dirigidas a controlar, regular e avaliar sua aprendizagem de forma consciente e intencionada, utilizando para isso estratégias cognitivo-emocionais de autoplanificação, de autorregulagem e de autoavaliação (Monereo e Barberà, 2000; Manrique, 2004). A atividade que o aluno desenvolve para alcançar as metas ou objetivos de aprendizagem configura-se como elemento-chave para entender a qualidade da aprendizagem em processos instrucionais que incorporam as TIC (Onrubia, 2005), e pode ser sustentada e orientada, em maior ou menor medida, a partir dos auxílios e apoios que o próprio material oferece.

Seguindo Reigeluth e Moore (1999), é possível identificar uma série de fatores, relacionados entre si, que podem colaborar para a nossa compreensão das características da aprendizagem dos estudantes em ambientes com material autossuficiente: os objetivos da atividade e os tipos de aprendizagem que o material promove, o foco de aprendizagem, o tipo de interação, a origem e o grau de controle e os apoios ao processo de aprendizagem.

Em primeiro lugar, os processos de autoaprendizagem, ou aprendizagem autônoma, que os estudantes venham a desenvolver dependerão dos *objetivos da atividade e dos tipos de aprendizagem* promovidos pelo material. Por um lado, o material pode oferecer aos estudantes opções diversas quanto aos seus objetivos e à sua complexidade cognitiva: memorização de informação, aprendizagem de destrezas elementares, aprendizagem de relações e habilidades de alto nível, etc.; por outro lado, conforme os objetivos dos estudantes coincidem com os que são propostos no material ou que os alunos conseguem apropriar-se desses materiais, seu envolvimento ativo no processo de autoaprendizagem estará sendo facilitado.

Estreitamente relacionado com o fator anterior, o *foco da aprendizagem* pode ser situado em um contínuo que vai de um tópico sobre um âmbito específico de conteúdo a um problema mais ou menos aberto, contextualizado e autêntico sobre um âmbito de conhecimento multidisciplinar, o que pode influir nas características dos processos de autoaprendizagem que os estudantes desenvolvem.

Quanto às *formas de interação,* no caso prototípico de ambientes com material para a autoaprendizagem (*off-line* ou *on-line*) sem apoio de um tutor, são essencialmente de natureza não humana e incluem a interação com ferramentas, informação e ambientes manipulativos. Nessas situações, as características de interatividade, dinamismo, multimídia e hipermídia dos materiais podem contribuir para o envolvimento e motivação do aluno para aprender e para facilitar a compreensão e generalização dos conceitos (Coll e Martí, 2001). Quando se trata de ambientes que incluem auxílios por parte de um tutor virtual ou presencial, seria necessário considerar, também, a articulação das formas de interação humana e de interação com artefatos.

Outro aspecto fundamental deste tipo de ambiente é o que se refere à dimensão *controle da aprendizagem* que, como já assinalamos anteriormente, pode ser mais ou menos distribuída entre o aluno e o material. Tal aspecto remete tanto ao grau de controle quanto ao foco desse controle, de maneira que o material autossuficiente pode ser mais ou menos flexível e permitir menor ou maior adaptação dos elementos instrucionais às características dos alunos no que diz respeito aos objetivos de aprendizagem, à seleção dos conteúdos e ao nível de aprofundamento, às atividades de aprendizagem e seu sequenciamento, assim como ao uso dos recursos e das atividades de autoavaliação. Alguns autores, como Moreno e Mayer (2000), assinalam que os alunos aprendem melhor com esse tipo de material quando também são condutores do seu próprio aprendizado do que quando são controlados e conduzidos exclusiva e externamente pelo material. De maneira similar, com relação às formas de interação, quando o desenvolvimento dos processos de autoaprendizagem ou aprendizagem autônoma conta com o apoio de um tutor, o controle da aprendizagem pode estar distribuído entre o próprio aluno, o tutor e o material de aprendizagem.

Finalmente, os *apoios para a aprendizagem* consistem em auxílios e guias que são proporcionados ao aluno para facilitar a aprendizagem e que podem tanto provir de diversas fontes – do próprio material e, eventualmente, do tutor virtual ou presencial – quanto ser de natureza muito diversa. O material pode proporcionar – assim como o tutor – apoios cognitivos para facilitar a compreensão e o estabelecimento de relações significativas com o conteúdo. Para isso, pode incluir objetivos nos quais o estudante possa reconhecer-se, apresentar conteúdos adaptados aos conhecimentos prévios e facilitar, para estudantes sem experiência, orientações para a navegação. Da mesma maneira, o material – e o tutor, quando for o caso – também pode incluir apoios de caráter afetivo e motivacional, dirigidos a manter o interesse pelo conteúdo e a promover nos estudantes um sentimento de autoconfiança no cumprimento dos objetivos de aprendizagem.

Cabe assinalar a existência de alguns estudos que propõem analisar tanto as características técnico-pedagógicas do *design* dos materiais autossuficientes quanto as características das formas de atividade que os alunos realmente constroem quando interagem com os materiais em ambientes específicos de autoaprendizagem (Badia et al., 2005). A conclusão mais relevante que se depreende destes estudos é que, embora as características tecnológicas e pedagógicas dos materiais possam facilitar ou obstacularizar a aprendizagem autodirigida, ela depende, em última instância, da atividade que efetivamente o aluno desenvolve ao interagir com o material autossuficiente ao longo do processo de aprendizagem autônoma.

AS TIC E A APRENDIZAGEM AUTODIRIGIDA: PERSPECTIVAS DE FUTURO

Não há muito sentido em se fazer uma distinção nítida entre aspectos tecnológicos e pedagógicos no momento de estabelecer uma possível agenda de trabalho no âmbito da aprendizagem autodirigida e dos materiais autossuficientes. Com efeito, as necessidades de pesquisa e desenvolvimento neste campo situam-se preferencialmente em um terreno técnico-pedagógico, no sentido de que os requisitos pedagógicos influem de maneira determinante nos tecnológicos. Contudo, com a mesma clareza com que se formula esta afirmação de influência mútua entre as dimensões apontadas, é preciso reconhecer que, com muita frequência, existe um detonante principal, o qual pode ser de natureza tecnológica ou pedagógica.

Um dos exemplos mais claros que ilustram o caso da tecnologia como catalisador se refere ao uso da tecnologia móvel que, mesmo sem ser muito propagado no nível educacional, ganha terreno dia após dia no campo da autoaprendizagem. Por um lado, a opção de contar com tecnologia de comunicação pessoal e sem fio (celular, PDA, *iPod*, etc.) aumenta a possibilidade de se conseguir uma melhor adaptação às demandas dos estudantes, pelo menos no que concerne ao acesso aos conteúdos de aprendizagem; e, por outro lado, obriga a adaptação específica dos conteúdos para que possam ser apresentados e compreendidos por meio da tecnologia móvel. No momento, os exercícios de aprendizagem autodirigida apresentados nesses artefatos correspondem mais aos primeiros passos do uso do computador (informação enciclopédica ou exercícios muito curtos, de baixo nível cognitivo), ainda que, para os próximos anos, com a entrada e o aperfeiçoamento do vídeo nestes sistemas, esteja previsto um desenvolvimento importante do *m-(self)learning*.

Outro exemplo que reflete este acentuado caráter técnico-pedagógico, a princípio colocado no aspecto tecnológico, está no desenvolvimento, já mais adiantado, dos *sistemas tutoriais multiagente* baseados em inteligência artificial distribuída e que, atualmente, estão pouco presentes no universo da autoaprendizagem.[1] Estes sistemas proporcionarão uma adaptação progressiva ao usuário, ganhando em significatividade psicológica, dado que estabelecem o acesso aos conteúdos e o seu sequenciamento em função das escolhas prévias e dos resultados parciais das atividades dos estudantes, utilizando para isso a formação dinâmica de bases de dados realimentadas constantemente pelo próprio uso do material e pela obtenção de respostas pessoais.

Algo similar ao que foi assinalado anteriormente ocorre com os *sistemas de hipermídia adaptativa*, que evoluem relacionando a aprendizagem individual e a aprendizagem colaborativa. Isso passa a ser um desafio para a aprendizagem autônoma, uma vez que exige uma reconceitualização do papel dos outros em contextos de aprendizagem colaborativa que funcionam de um modo descentralizado, sem uma figura que arbitre o processo de ensino e aprendizagem de um modo preestabelecido, e nos quais a aprendizagem autônoma e autodirigida tem um peso muito importante.

---

[1] Ver Capítulo 8.

Uma realidade que está mais presente, mas que ainda não chegou a se desenvolver com sucesso – e que é, contudo, de grande interesse para instituições e empresas dedicadas à gestão de conteúdos – é a relativa aos *conteúdos educacionais reutilizáveis*, aplicados, em nosso caso, à autoaprendizagem.[2] É urgente, neste caso, uma evolução da postura global no sentido de uma proposta mais personalizada e abrangente para os estudantes e, também, mais complexa do ponto de vista educacional, utilizando como "objeto de aprendizagem" qualquer elemento tecnológico e educacional envolvido em um ambiente de aprendizagem autodirigida, como os que foram apresentados neste capítulo.

REFERÊNCIAS

Alessi, S. e Trollip, S. (2001). *Multimedia for Learning. Methods and Development*. Boston: Allyn and Bacon.

Badia, A., Barberà, E., Coll, C. e Rochera, M. J. (2005). La utilización de un material didáctico autosuficiente en un proceso de aprendizaje autodirigido. *RED. Revista de Educación a Distancia, número monográfico III*. Consultado (11.10.2006) em: http://www.um.es/ead/red/M3/.

Barberà, E. e Mauri, T. (coords.), Badia, A., Colomina, R., Coll, C., Espasa, A., de Gispert, I., Lafuente, M., Mayordomo, R., Naranjo, M., Onrubia, J., Remesal, A., Rochera, M.J., Segués, T. e Sigalés, C. (2002). *Pautas para el análisis de la intervención en entornos de aprendizaje virtual: dimensiones relevantes e instrumentos de evaluación*. Consultado (11.10.2006) em:

http://www.uoc.edu/in3/resultats/documents/edus/informe_EDUS_UB.pdf.

Brockett, R. G. e Hiemstra, R. (1991). *Self-direction in adult learning perspectives on theory, research, and practice*. New York: Routledge, Chapman, and Hall.

Candy, P. (1991). *Self-direction for lifelong learning*. San Francisco: Jossey-Bass.

Clarke, A. (2001). *Designing computer-based learning materials*. Burlington: Grower, PL.

Coll, C. (2005). Psicología de la educación y prácticas educativas mediadas por las tecnologías de la información y la comunicación. *Sinéctica, 25*. Separata, 1-24.

Coll, C., e Martí, E. (2001). La educación escolar ante las nuevas tecnologías de la información y la comunicación. En C. Coll, J. Palacios e A. Marchesi (Coords.), *Desarrollo psicológico y educación 2. Psicología de la educación escolar* pp. 623-651. Madrid. Alianza.

Confessore, G. J. e Long, H. B. (1992). *Abstracts of literature in self-directed learning*. Norman, OK: Oklahoma Research Center for Continuing Professional and Higher Education, University of Oklahoma.

Cognition and Technology Group of Vanderbilt (1992). The Jaspers Series as an exemple of anchored instruction: theory, program description and assessment data. *Educational Psychologist, 29*, 49-55.

De Corte, E. (1996). *Aprendizaje apoyado en el computador: una perspectiva a partir de investigación. Acerca del aprendizaje y la instrucción*. Conferência apresentada no Congresso de Informática Educacional, RIBIE 96. Consultado (13.10.2006) em:

http://lsm.dei.uc.pt/ribie/docfiles/tx-t200351181910APRENDIZAJE%20APOYADO%20EN%20EL%20COMPUTADOR.pdf

De Jong, T. (2006). Scaffolds for computer simulation based scientific discovery learning. Em J. Elen e R. E. Clark (Eds.), Dealing with complexity in learning environments (pp. 107-128). London: Elsevier Science Publishers.

Garrison, D. R. (2003). Cognitive presence for effective asynchronous online learning: The role of reflective inquiry, self-direction and metacognition. En J. Bourne & J. C. Moore (Eds.). *Elements of quality online education: Practice and direction* (pp. 47-58). Needham, MA: The Sloan Consortium. (Volume 4).

González, C. (2004). Sistemas Inteligentes en la Educación: Una revisión de las líneas de investigación actuales. *Revista electrónica de Investigación y Evaluación Educativa. 10* (1) Consultado (14.10.2006) em: http://www.uv.es/RELIEVE/v10n1/RELIEVEv10n1_1.htm.

Jarvis, P. (2001). *Learning in later life*. London: Kogan Page.

Manrique, L. (2004). El aprendizaje autónomo en la educación a distancia. Consultado (14.10.2006) em:

---

[2] Ver Capítulo 12.

[http://www.ateneonline.net/datos/55_03_Manrique_Lileya.pdf#search=%22aprendizaje%20autonomo%20y%20TIC%22].

Marqués, P. (2004). *Multimedia educativo: clasificación, funciones, ventajas e inconvenientes.* Consultado (06.10.2006) em: http://dewey.uab.es/pmarques/funcion.html.

Mauri, T., Onrubia, J., Coll, C. e Colomina, R. (2005). La calidad de los contenidos educativos reutilizables: diseño, usabilidad y prácticas de uso. *RED. Revista de Educación a Distancia.* Núm. monográfico II. Consultado (30.03.2006) em: http://www.um.es/ead/red/M2/mauri_onrubia.pdf.

Medina, N., García, L., Parets, J. (2002). Taxonomía de Sistemas Hipermedia Adaptativos. *Actas del Taller en Sistemas Hipermedia Colaborativos y Adaptativos.* VII Jornadas de Ingeniería del Software y Bases de Datos. El Escorial, España. Consultado (13.10.2006) em: http://lsi.ugr.es/~gedes/personales/nuria/Articulos/02 Med TallerSHCyA JISBD.pdf.

Merriam, S. B. (Ed.), (2001). The new update on adult learning theory. *New Directions for Adult and Continuing Education, 89,* San Francisco: Jossey-Bass Publishers.

Monereo, C., e Barbera, E. (2000). Diseño instruccional de las estrategias de aprendizaje en entornos educativos no-formales. En C. Monereo, (coord). (2000). *Estrategias de aprendizaje.* Madrid: Visor/ediciones de la Universitat Oberta de Catalunya.

Moreno, R. e Mayer, R. E. (2005). Guidance, reflection, and interactivity in an agent-based multimedia game. Educational Psychology, *97,* 117-128.

Onrubia, J. (2005). Aprender y enseñar en entornos virtuales: actividad conjunta, ayuda pedagógica y construcción del conocimiento. *RED. Revista de Educación a Distancia, número monográfico II.* Consultado (09.02.2005) em: http://www.um.es/ead/red/M2/.

Papert, S. (1981). *Desafío a la mente. Computadoras y educación.* Buenos Aires: Galápago.

Prieto, M., Leighton, H. García, F. J. e Gros, B. (2005). Metodología para diseñar la adaptación de presentación de contenidos en Sistemas Hipermedia Adaptativos basados en Estilos de Aprendizaje. *Teoría de la educación: educación y cultura en la sociedad de la información,* 6(2) Consultado (21.10.2006) em: http://www.usal.es/~teoriaeducacion/rev_numero_06_2/n6_02_art_prieto_leighton_garcia_gros.html

Reigeluth, C. M, e Moore, J. (1999). Cognitive Education and the Cognitive Domain. En Reigeluth, C. M. (Ed.) *Instructional – design theories and models Vol. II: A New Paradigm of Instructional Theory* (pp. 51-68). Lawrence Erlbaum Associates, Inc., Publishers (LEA) USA.

Volery, T. (2001). Online education: an exploratory study into success factors. *Journal of Educational Computing Research, 24* (1), 77-92.

Wenger, E. (1987). *Artificial intelligence and tutoring systems. Computacional and cognitive approach to the communication of knowledge.* Los Altos, CA: Morgan Kauffimann Publishers.

GLOSSÁRIO

Aprendizagem autodirigida, autoaprendizagem ou aprendizagem autônoma. Processo de aprendizagem de conteúdos específicos orientado para um objetivo estabelecido e sustentado no tempo pelo próprio aprendiz, que decide o momento, o lugar, a sequência e o ritmo que seu estudo terá. Faz com que intervenham processos de autorregulação.

Ambientes digitais de autoaprendizagem ou aprendizagem autônoma. Ambientes de ensino e aprendizagem que utilizam uma ampla gama de tecnologias e incorporam material digital autossuficiente a fim de que o estudante possa desenvolver um processo de aprendizagem autodirigida e autônoma.

Material autossuficiente. Conjunto de recursos didáticos que contêm toda a informação, sequência e processos necessários para aprender um conteúdo específico de forma autônoma, sem a ajuda de um docente, tutor ou assessor. Quando são apresentados em formato digital, recebem a denominação de *Materiais digitais autossuficientes.*

RECURSOS

Badia, A., Barberà, E., Coll, C., e Rochera, M. J. (2005). La utilización de un material didáctico autosuficiente en un proceso de aprendizaje autodirigido. *RED. Revista de Educación a Distancia, número monográfico III.* Consultado em 11 de outubro de 2006 em: http://www.um.es/ead/red/M3/.

Este artigo analisa as atividades de ensino e aprendizagem previstas no design de um material didático autossuficiente criado para ser usado em um processo autodirigido de aprendizagem, comparando-as com o desenvolvimento deste processo de aprendizagem autodirigida em uma se-

quência didática real. Os resultados obtidos no estudo proporcionam evidências empíricas que levam a uma melhor compreensão dos processos de aprendizagem dos alunos com este tipo de material, ao mesmo tempo que permitem extrair alguns desdobramentos para orientar o design tecnológico e pedagógico deste.

Brusilovsky, P. (2001). Adaptive Hypermedia. *User Modeling and User Adapted Interaction*, 11 (1/2), 87-110.

Este artigo analisa os sistemas de hipermídia adaptativa, que constituem um novo campo de pesquisa no âmbito das hipermídia. Os sistemas de hipermídia adaptativa constroem um modelo dos objetivos, preferências e conhecimentos de cada usuário individual e usam esse modelo na interação com o usuário, com a finalidade de adaptar-se às suas necessidades. O objetivo da obra é apresentar a situação atual de conhecimento e aplicações neste âmbito, assim como destacar algumas perspectivas de futuro. Pode ser de utilidade para os profissionais novatos e especialistas interessados nas questões vinculadas com a adaptação de sistemas hipermídia às características e necessidades dos usuários.

Clarke, A. (2001). *Designing Computer-Based Learning Materials*. Hampshire: Gower.

Este livro analisa os materiais digitais a partir da perspectiva da interação com os estudantes, suas características concretas e com a definição de seu contexto de aprendizagem, dando especial importância aos estilos comunicacionais dos usuários. De especial interesse é o capítulo sobre os tipos de materiais digitais, assim como o que é dedicado a aspectos relacionados com os tipos de perguntas utilizadas no marco da avaliação dos aprendizados.

González, C. (2004). Sistemas Inteligentes en la Educación: Una revisión de las líneas de investigación actuales. *Revista electrónica de Investigación y Evaluación Educativa*. 10 (1) Consultado em (14.10.2006) em: http://www.uv.es/RELIEVE/v10n1/RELIEVEv10n1_1.htm.

Este artigo faz um percurso pelas principais aplicações de Inteligência Artificial (IA) para a educação, tais como os Sistemas Tutoriais Inteligentes e os Sistemas de Ensino Inteligentes distribuídos pela Internet. São analisadas as principais questões levantadas quanto ao design e às técnicas utilizadas com a finalidade de criar o processo de adaptação do sistema ao usuário. Da mesma maneira, enumera e descreve as principais linhas de pesquisa emergentes, que concentram a atenção dos profissionais neste âmbito de estudo.

Prieto, M., Leighton, H., García, F. J. e Gros, B. (2005). Metodología para diseñar la adaptación de presentación de contenidos en Sistemas Hipermedia Adaptativos basados en Estilos de Aprendizaje. *Teoría de la educación: educación y cultura en la sociedad de la información*, 6(2). Consultado em (21.10.2006) em: http://www.usal.es/~teoriaeducacion/rev_numero_06_2/n6_02_art_prieto_leighton_garcia_gros.html.

Este artigo faz parte da monografia sobre o "Estado atual dos sistemas de e-learning", publicada em 2005 pela revista Teoria da educação: educação e cultura na sociedade da informação. Nele são descritos e analisados alguns dos Sistemas de Hipermídia Adaptativa Educacionais (SHAE) baseados em estilos de aprendizagem que já foram desenvolvidos. É proposta uma metodologia para projetar os SHAE, enfatizando os aspectos relativos ao projeto instrucional e à maneira de desenvolver sistemas que facilitem a conquista dos objetivos de aprendizagem, levando-se em consideração a natureza destes objetivos, os estilos de aprendizagem e as estratégias instrucionais associadas. Os projetos de SHAE envolvem diversos aspectos complexos, tanto de tipo tecnológico quanto pedagógico.

8

Os ambientes virtuais de aprendizagem baseados em sistemas de emulação sociocognitiva

CARLES MONEREO E MARGARIDA ROMERO

ANTECEDENTES E IMPACTO EDUCACIONAL E SOCIAL DA EMULAÇÃO INFORMÁTICA

Emular, simular, modelar o pensamento humano

"Deus está para o homem assim como o homem está para o computador". Para além da grandiloquência, a frase integra duas ideias fundamentais que justificam a presença deste capítulo no livro. A primeira delas reconhece o interesse imemorável da humanidade por criar entidades artificiais capazes de reproduzir algumas de suas funções psicológicas e ajudá-la em suas tarefas. O *Golem* de que falam a mitologia judaica e a bíblia, um ser criado a partir de matéria inanimada, representaria o primeiro robô que, como costuma ocorrer na narrativa épica, rebela-se finalmente contra o seu criador (de maneira similar a Adão, no Gênesis, que rebelou-se contra Yavé, seu criador). No século XXI, computadores e programas, especialmente as aplicações desenvolvidas no âmbito da Inteligência Artificial (IA), constituem um *Golem* renovado, capaz de amplificar, complementar ou substituir algumas das funções que consideramos mais humanas, as funções cognitivas e metacognitivas.

A segunda ideia destaca um aspecto que até certo ponto já foi tratado nos primeiros capítulos desta obra: toda tecnologia supõe uma certa metáfora das concepções epistemológicas do ser humano em cada período histórico. Nestes momentos, a mais clara expressão a respeito de como pensamos que são os computadores conectados em redes que podem processar em paralelo todo tipo de códigos e que permitem a comunicação em um nível planetário. A rede telemática transforma-se, assim, na metáfora metacognitiva hegemônica da atualidade, e o auge de conceitos e dispositivos – como os de carga e distribuição cognitiva, memórias externas e internas, redes semânticas e hipertextos, conexionismo e processamento em paralelo, sociedade-rede, etc. –, deve ser interpretado a partir desta concepção dominante.

A partir desse suposto, surgem, nas três últimas décadas, múltiplos desenvolvimentos teóricos, pesquisas e aplicações que tentam emular, simular e/ou modelar algum dos componentes do sistema cognitivo: seu sistema de representação (mapas mentais), seu sistema de reconhecimento perceptivo (olhos/ouvidos artificiais), seu "cabeamento" neurológico (conexionismo), suas funções de decisão (algorítmicas e heurísticas em forma de cadeias *if-then*), sua evolução bioquímica (algoritmos genéticos), etc. Essa evolução, contudo, parece ter sido estancada nos últimos anos, e as promessas da IA, exceto a modelização de processos cognitivos simples em domínios muito específicos, mediante sistemas especialistas ou por meio da utilização de robôs capazes de movimentar-se em espaços pequenos, não foram satisfeitas. Nem sequer um fato tão propagado pelos meios de comunicação como foi a vitória, em 1996, do computador *Deep Blue* sobre o então campeão mundial de xadrez Garry Kasparov mudou essa tendência. De fato, o que houve foi uma reação oposta: o xadrez deixou de ser um jogo próprio de mentes privilegiadas para passar a ser um mero sistema de regras algorítmicas que uma memória artificial pode computar.

Aldrich (2004) é especialmente cáustico quando compara muitas das aplicações "pseudointeligentes" existentes com os populares restaurantes *fast-food*: não se preocupam com a saúde de seus clientes (ou seja, com sua aprendizagem profunda e significativa); oferecem a mesma comida em qualquer cidade ou país (ou seja, ausência de sensibilidade contextual); a decoração, o vestuário, o ambiente e mesmo as expressões são as mesmas em qualquer lugar em que você estiver (ausência de personalização); os cardápios são fáceis de se consumir e não são necessários talheres (o aprendiz como receptor passivo); reduz-se constantemente o tempo de espera dos usuários (facilidade em vez de mais exigência); automatizam-se ao máximo os processos de produção de comida (quantidade antes da qualidade do que é ensinado); e reforço do consumo individual (aprendizagem solipsista em vez do trabalho em equipe).

Contudo, e apesar deste panorama escuro, existem indícios de que algo está mudando no terreno dos sistemas de emulação e simulação sociocognitiva. Com o aparecimento dos primeiros trabalhos sobre colaboração mediada por computador e com o acelerado desenvolvimento de programas que favoreçam o trabalho em equipe, as concepções que estabelecem os mecanismos sociais de interação como sendo os principais elementos explicativos da aprendizagem humana estão começando a gerar um crescente debate sobre a inutilidade de se simular condutas humanas individuais e estereotipadas por meio de sistemas que não contemplam a interatividade como um elemento substancial do aprendizado humano, a qual explicaria, em grande medida, as diferenças individuais.

Este questionamento, de maneira lenta mas pujante, o qual pensamos como algo irreversível, está afetando o próprio coração dos desenvolvimentos clássicos da IA, em cujo feudo assenta suas bases a psicologia cognitivo-comportamental. A seguir, revisaremos alguns dos principais marcos desta evolução.

Antecedentes: dos heurísticos à cognição situada

Há unanimidade em considerar Alan Newell e Herbert Simon (1972) como precursores dos sistemas de emulação cognitiva em geral e dos sistemas especialistas em particular. Ambos desenvolveram um programa, o *General Problem Solver*, o qual continha algumas regras heurísticas gerais que podiam ser aplicadas com sucesso para a resolução de problemas do tipo "Torres de Hanói". Basicamente, o sistema reconhecia todas as posições possíveis do jogo previamente programadas e, por meio de cadeias lógicas do tipo *if-then* (se-então), dava a resposta adequada para cada nova posição.

De fato, essa proposta pioneira já contava com os três elementos básicos de um sistema especialista: uma base de conhecimentos (as possíveis posições do jogo), um sistema de regras produtor de respostas que encurtam o espaço do problema e aproximam a sua solução final (motor de inferência) e uma base de dados na qual vai sendo armazenada cada decisão tomada e o estado atual em que está o problema (base de fatos).

As regras do programa de Newell e Simon (1972), contudo, eram pouco transferíveis para problemas mais complexos, ou seja, com um número maior de alternativas a serem consideradas, como seria o caso, por exemplo, de um diagnóstico clínico ou de pilotar um avião. Alguns pesquisadores, como Edward Feigenbaum (Feigenbaum e Feldman, 1963), decidiram adotar outro enfoque e, em vez de tentar imitar o raciocínio geral dos seres humanos, concentraram-se em recompilar e organizar os conhecimentos que os especialistas possuem em um domínio específico de sua competência. Esta nova perspectiva supõe o nascimento dos sistemas especialistas, os quais, em sua forma mais simples, constam de uma base de conhecimentos e um programa que os controla e gerencia (motor de inferência). A base de conhecimentos geralmente é formada por um conjunto de regras heurísticas às quais estão associados um determinado número de fatores de certeza (probabilidade de ocorrência). Por exemplo, em um programa especialista de diagnóstico de defeitos mecânicos em automóveis teríamos regras do tipo: se o motor de arranque faz barulho e o carro não arranca, então falta gasolina (certeza: 0,8 sobre 1); se há muito cheiro de gasolina, então há um vazamento de gasolina (certeza: 0,9 sobre 1). O motor de inferência, por sua vez, determinaria o resultado da aplicação de diferentes regras a um determinado fato. Assim, perante o *input* "o carro não arranca", o sistema perguntaria: o motor de arranque faz barulho? Se a resposta for afirmativa, a pergunta seguinte seria: há muito cheiro de gasolina? Se novamente a resposta for afirmativa, o sistema especialista faria o diagnóstico: "há vazamento de gasolina".

A partir de 1980, iniciou-se um momento importante na criação de sistemas especialistas para todo tipo de problemáticas. Considera-se então que a eficácia de um sistema especialista deve-se exclusivamente à qualidade dos heurísticos inseridos em sua base de conhecimentos, além de se multiplicarem os estudos sobre as operações cognitivas realizadas pelos especialistas para serem reproduzidas no computador.

Embora em um primeiro momento os sistemas especialistas sejam utilizados basicamente para resolver problemas específicos que exigem predição (por exemplo, a evolução da bolsa), diagnóstico (por exemplo, a detecção de falhas em circuitos eletrônicos), projeto (por exemplo, de edifícios), planejamento (por exemplo, de investimentos), supervisão (por exemplo, de centrais nucleares), controle (por exemplo, de tráfego aéreo), paulatinamente, comprova-se seu grande potencial didático para formar pessoas com poucos conhecimentos prévios sobre algum domínio ou área temática. A possibilidade de introduzir no sistema alguns elementos de caráter instrucional, tornando explícitas as regras da base de conhecimentos e propondo ao estudante situações-problema para seu treinamento, transforma-se rapidamente em realidade.

É assim que nascem os sistemas tutoriais inteligentes (*Intelligent Tutoring Systems* – ITS), uma modalidade de sistemas especialistas pensados para facilitar o ensino em domínios específicos de conteúdo. O fato de que o sistema de raciocínio, o motor de inferência, ser independente da base de conhecimentos parecia uma grande vantagem, dado que as mesmas regras podiam ser aplicadas a novos conhecimentos, que eram acrescentados à base. Em pouco tempo, somaram-se aos ITS certos dispositivos que permitiam que o sistema respondesse ao usuário questões do tipo: Como você chegou a essa conclusão? Qual é o dado que está faltando? O que aconteceria se mudássemos o valor desta variável? O raciocínio desenvolvido pelo programa tornava-se transparente e o usuário podia comparar sua forma de resolver um problema com o processo que presumivelmente acompanharia um especialista.

Contudo, os ITS teriam que suportar duas importantes insurreições. Uma delas desde dentro da própria IA, protagonizada por Seymour Papert (que, junto com Marvin Minsky, havia criado o Laboratório de IA do *Massachusetts Institute of Technology* – MIT). Papert (1981) postula um sistema construtor em oposição ao sistema tutor dos ITS. A ideia é que o aprendiz programe o computador, e não o contrário, como ocorre com os ITS, nos quais é o computador que programa a criança. Por meio do desenvolvimento de uma linguagem de programação simples, a linguagem LOGO, o próprio usuário vai construindo suas "regras" (algoritmos e heurísticas), um micromundo que constituirá a base de conhecimentos que o computador utilizará em futuros projetos. Papert chama seu enfoque de "construcionismo" – trata-se de que o aluno aprenda com a ação, construindo algo.

O enfoque LOGO, contudo, inicia sua decadência no final da década de 1980. Entre as diversas críticas que recebe destacaríamos duas. Em primeiro lugar, sua inadequada utilização, dado que chega a constituir uma espécie de disciplina singular, sem conteúdos curriculares, que supostamente contribuiria para exercitar a mente dos alunos por meio de exercícios repetitivos, nos quais os alunos não encontram sentido algum além de jogar e desenhar com a "tartaruga" (assim era denominado o objeto móvel que podia ser manipulado). Em segundo lugar, sua orientação solipsista, centrada somente na atividade construtiva individual, considerando a intervenção do professor e dos colegas como um elemento secundário e pouco transcendente (Martí, 1992).

A segunda oposição veio do paradigma da cognição situada, cujo axioma principal afirma que toda aprendizagem é gerada no seio de um contexto ou situação social que determina que o conhecimento adquirido seja situado e não admite, por conseguinte, que aquilo sobre o que se pensa (conhecimento) possa ser separado do modo como se pensa (raciocínio) e das condições nas quais se pensa (situação). Como afirma Lozares (2000), a atividade, os elementos cognitivos dos agentes e artefatos envolvidos e o contexto são interatuantes e, portanto, um sistema que pretenda emular o sistema cognitivo deverá incorporar a interação social entre esses componentes. Estas novas perspectivas contribuíram para o avanço do que tem sido chamado de "nova inteligência artificial", da qual trataremos com mais profundidade nas próximas seções.

ESTADO DA QUESTÃO: A "NOVA" INTELIGÊNCIA ARTIFICIAL

As relações que atualmente são estabelecidas entre emulação artificial de funções cognitivas e seu uso em situações educacionais poderiam ser representadas como um *continuum*, tal como se mostra na Figura 8.1.

Este *continuum* transcorreria dos sistemas que buscam realizar uma emulação muito limitada e parcial de algumas funções atribuídas aos humanos, até aqueles que tentam fazer com que o computador se comporte realmente como um ser humano, esforçando-se em reproduzir, inclusive, a própria função epistêmica que caracteriza nosso sistema cognitivo, ou seja, a possibilidade de construir conhecimento de maneira autônoma.

Fazendo uma análise um pouco mais detalhada, em primeiro lugar, teríamos uma utilização do computador como um

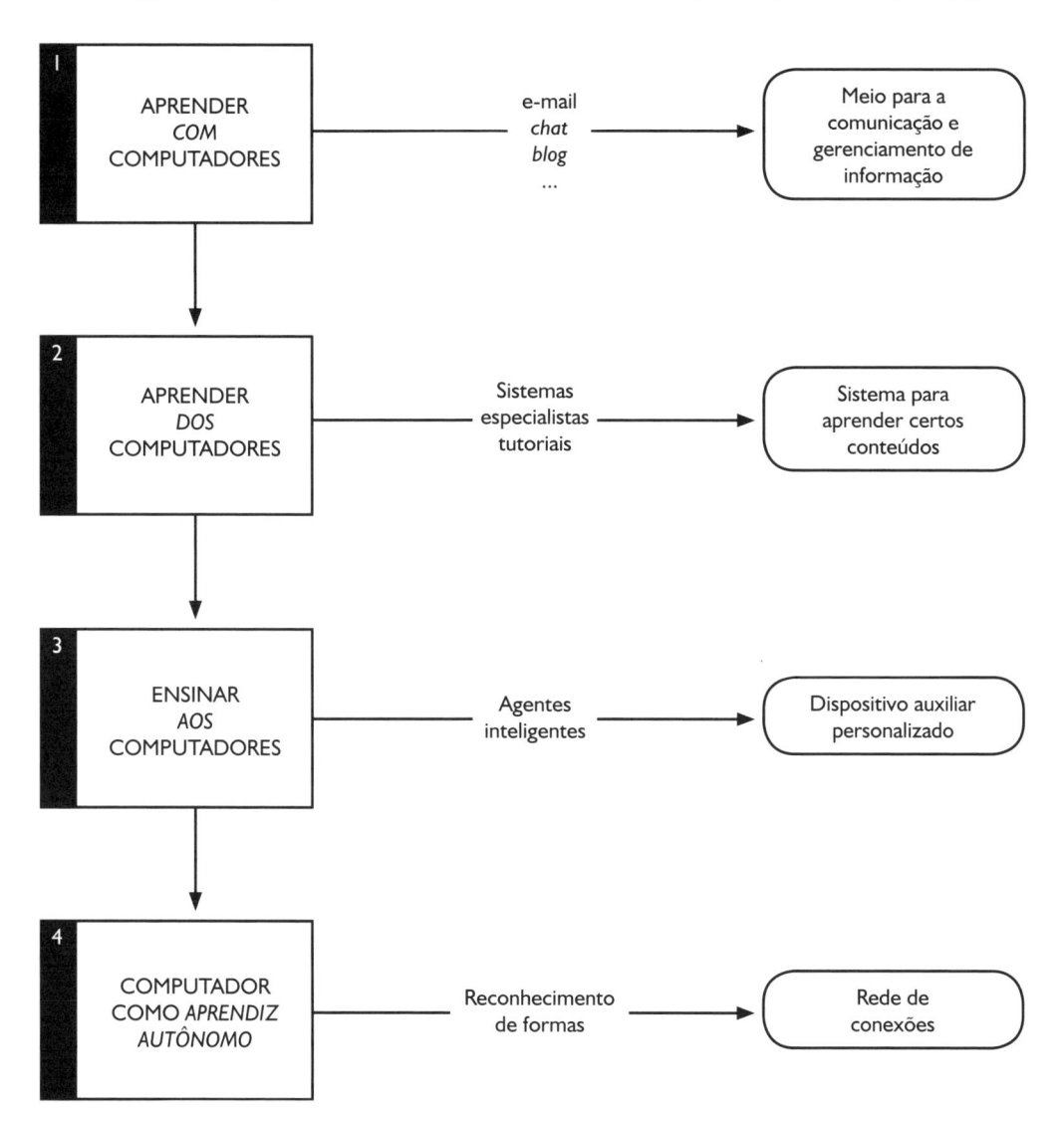

```
┌─────────────────┐
│ 1               │
│    APRENDER     │      e-mail          ┌──────────────────┐
│      COM        │────  chat    ──────▶ │ Meio para a      │
│  COMPUTADORES   │      blog            │ comunicação e    │
│                 │      ...             │ gerenciamento de │
└────────┬────────┘                      │ informação       │
         │                               └──────────────────┘
         ▼
┌─────────────────┐
│ 2               │
│    APRENDER     │    Sistemas          ┌──────────────────┐
│       DOS       │── especialistas ───▶ │ Sistema para     │
│  COMPUTADORES   │    tutoriais         │ aprender certos  │
│                 │                      │ conteúdos        │
└────────┬────────┘                      └──────────────────┘
         │
         ▼
┌─────────────────┐
│ 3               │
│     ENSINAR     │     Agentes          ┌──────────────────┐
│       AOS       │── inteligentes ────▶ │ Dispositivo      │
│  COMPUTADORES   │                      │ auxiliar         │
│                 │                      │ personalizado    │
└────────┬────────┘                      └──────────────────┘
         │
         ▼
┌─────────────────┐
│ 4               │
│   COMPUTADOR    │   Reconhecimento     ┌──────────────────┐
│  COMO APRENDIZ  │── de formas ───────▶ │ Rede de          │
│    AUTÔNOMO     │                      │ conexões         │
└─────────────────┘                      └──────────────────┘
```

FIGURA 8.1
Continuum de sistemas de emulação cognitiva.

suporte que auxilia a gestão de conteúdos mediante ferramentas que facilitam seu armazenamento, organização, comunicação, etc. Neste caso, a emulação cognitiva refere-se basicamente aos suportes e interfaces que os seres humanos utilizam para tramitar e comunicar ideias, sem que se pretenda atuar sobre essas ideias. Responderia à casuística, já expressada nesta obra, de aprender com ou por meio dos computadores, de maneira similar a como podemos conversar com ou por meio do telefone. Mas telefone e computador não são, de qualquer modo, meios de comunicação neutros, uma vez que impõem determinadas possibilidades e restrições a essa comunicação, tanto no que diz respeito ao que é possível comunicar (conteúdos) quanto ao modo como é possível fazê-lo (procedimentos para escutar, falar, escrever, ler, etc.), o que indiretamente afeta o modo de agir e, portanto, de pensar do aprendiz.

Um segundo escalão do *continuum* é constituído pelos sistemas que tentam emular o comportamento de um tutor que explica, pergunta, corrige e responde para o estudante de acordo com um conteúdo específico; neste caso, os conteúdos são manipulados, ao serem selecionados e apresentados de diversas formas, e os formatos de interação com o aluno são determinados em todas as suas dimensões (linguagens utilizadas/empregadas, sequências temporais, tipos de apoio para a compreensão, acesso a recursos específicos, etc.). A literatura menciona esta opção como um "aprender dos computadores".

Um terceiro nível, que requer a participação de um emulador mais complexo, consiste na ação de agentes artificiais criados para desenvolver uma missão específica a serviço do aprendiz. Algumas das tarefas que esses agentes podem realizar são:

a) Procurar informação na rede a partir das preferências detectadas nas transações que o usuário realiza diariamente.
b) Guiar a escrita de um texto, oferecendo recomendações, *links* temáticos, perguntas que ajudem na reflexão sobre aquilo que se escreve.
c) Oferecer auxílios ajustados para solucionar um problema graças à prévia identificação da estratégia de resolução (quando se trata de problemas que têm um número de estratégias de resolução finito) e para detectar os erros típicos que geralmente se comete nesse tipo de problema.
d) Favorecer a fluidez das interações e a adoção de consensos em uma atividade colaborativa em rede, atuando como um participante a mais (o fato de que se trata de um agente artificial pode ser conhecido ou não pelo resto dos participantes).

Neste caso, o computador (ou o robô) forma uma representação de nós e do contexto da atividade e é capaz de interagir, embora sempre sobre parcelas de saber limitadas. Poderíamos denominar este programa como "ensinar o computador", uma vez que devemos treiná-lo previamente para que possa ajustar suas ações a um determinado contexto.

O máximo expoente na cadeia de emulação seriam os sistemas que transformam o computador em um aprendiz autônomo. Este grupo seria formado por um amplo leque de propostas, algumas delas já clássicas e que até agora resultaram em nada, como a pretensão de criar *chips* biológicos autorreprodutíveis; outras, como as redes neurais, tiveram uma origem um pouco decepcionante (no máximo, as máquinas chegavam a discriminar figuras geométricas básicas), mas acabaram transformando-se em base para novas aplicações, como, por exemplo, no campo da predição de resultados. A partir da introdução, no processador, de um número ingente de variáveis envolvidas na obtenção de um determinado produto (por exemplo, o nível de rendimento em uma disciplina) e da definição e ponderação da relação entre essas variáveis (por meio dos dados conhecidos da pesquisa), o sistema pode predizer com grande exatidão o resultado que os sujeitos envolvidos vão conseguir (neste caso, a qualificação que obterão) e propor fórmulas para otimizar esse desempenho.

Existe ainda um terceiro grupo de iniciativas, os denominados *softbots* (acrônimo de *software* e *robô*) ou agentes de suporte lógico, que são sistemas artificiais capazes de detectar permanentemente dados da rede em que são inseridos e utilizá-los para realizar a tarefa para a qual foram programados. Esses dados vão influenciando aquilo que o sistema vai detectar e realizar no futuro, abandonando determinados comportamentos e dando prioridade a outros, sem que haja intervenção direta de nenhum ser humano. As características desses agentes podem variar enormemente conforme estes sejam mais ou menos autônomos, atuem de forma isolada ou colaborem com outros agentes, sejam capazes de algum tipo de deliberação ou simplesmente reajam diante de um determinado estímulo.

Nesta seção, vamos deixar de lado a primeira perspectiva, já tratada em capítulos anteriores, para colocar o foco nas três últimas, a partir das seguintes entradas: sistemas tutoriais inteligentes, sistemas de guia ou apoio inteligente e sistemas de inteligência artificial distribuída.[1]

Os sistemas tutoriais inteligentes

Nos sistemas tutoriais inteligentes clássicos (*Intelligent Tutoring Systems* – ITS), há uma visão subjacente sobre a natureza do conhecimento, da aprendizagem e do ensino próxima do objetivismo, segundo o qual os objetos que nos rodeiam possuem propriedades invariáveis que fazem com que os seres humanos possam percebê-los de um modo direto e similar, e, por conseguinte, de um modo pouco suscetível de ser alterado pela subjetividade pessoal.

Seguindo Tchounikine (2002), todo ITS deve contemplar, de maneira mais ou menos explícita, a determinação de quatro aspectos. Primeiro, deve existir uma especificação clara do que deve ser aprendido: um conteúdo considerado científico, atualizado e indiscutível em um determinado âmbito disciplinar (modelo de domínio). Segundo, também deve existir uma informação explícita a respeito dos conhecimentos do aprendiz e da suposta forma como esses conhecimentos estão organizados em sua mente (modelo de aprendiz). Da mesma maneira, deve incluir um planejamento sistemático das diferentes fases nas quais transcorrerá o ensino (modelo instrucional). Finalmente, também é preciso que seja definida uma forma concreta de comunicação com os usuários (modelo de comunicação).

Vamos descrever com mais detalhes esses quatro modelos que todo ITS deve incorporar:

a) O modelo de domínio. Normalmente, o conteúdo é organizado a partir de uma análise prévia da estrutura semântica (mapas de conceitos) ou das operações a serem executadas (diagramas de fluxo), ou ainda mediante roteiros que representam possíveis decisões a serem tomadas (em problemas que exigem um enfoque mais estratégico, com diferentes itinerários de solução).

b) O modelo de aprendiz. Com base na análise que acabamos de explicar, são determinados os conhecimentos prévios e os erros típicos que os aprendizes costumam cometer em relação a esse domínio e às atividades propostas (sejam elas mais conceituais: explicar, interpretar, relacionar, definir, etc.; mais procedimentais: aplicar, operar, resolver, etc.; ou mais estratégicas: avaliar, decidir, julgar, etc.).

c) O modelo instrucional. São oferecidas opções em função dos tipos de conteúdos e objetivos que se pretende alcançar. Uma unidade pode ser apresentada sob a forma de lições, exercícios, casos e problemas a serem resolvidos, exemplos e demonstrações, simulações a serem analisadas, etc.

---

[1] Optamos por utilizar o qualificativo "inteligente" tal como é utilizado na literatura especializada, apesar de acharmos mais apropriada a denominação "emulador cognitivo".

d) O modelo comunicacional. O modo de interagir com o usuário costuma adotar a forma de diálogo por cadeias de perguntas e respostas por meio de uma sintaxe simples e uma terminologia limitada, própria do domínio em questão.

A arquitetura interna de um sistema ITS poderia ser visualizada como mostra a Figura 8.2.

As críticas a este tipo de produto são dirigidas principalmente à sua rigidez e ao menosprezo por parte de um suposto comportamento especialista por aspectos mais lógico-formais e pré-especificáveis, capazes apenas de responder a problemas também padronizados que ocorram em condições conhecidas e estáveis, ou seja, a problemas pouco frequentes na vida real. Na verdade, para poder enfrentar problemas autênticos, eles deveriam ser capazes de manejar a incerteza, integrando questões como as múltiplas contingências que o ambiente pode deparar, formas de raciocínio vinculadas com o raciocínio cotidiano, processos de comunicação *in situ*, etc. (Cicourel, 1994).

Essa postura crítica tem resultado no desenvolvimento de sistemas alternativos que tentam infundir maior flexibilidade e adaptabilidade ao sistema. Uma das propostas mais ambiciosas são os denominados ambientes inteligentes de aprendizagem (*Intelligent Learning Environments* – ILE) nos quais, como se pode inferir, a ideia de um tutor que dirija e marque o que, como e quando aprender é substituída pela disponibilização de situações abertas e dinâmicas nas quais a aprendizagem pode ocorrer.

Na proposta de Akhras e Self (2002), por exemplo, não está pré-especificado o conteúdo a ser aprendido, uma vez que este emerge da interação entre o aprendiz e o contexto graças à disponibilização de situações que geram esse conteúdo (modelo de situação); considera-se, assim, que a aprendizagem ocorre quando o contexto também é parte fundamental daquilo que se aprende. Também não existem, como tais, modelos de aprendizes para os quais o sistema seja dirigido; considera-se que os processos mentais não podem ser separados das entidades com as quais interagem e compartilham, em alguma me-

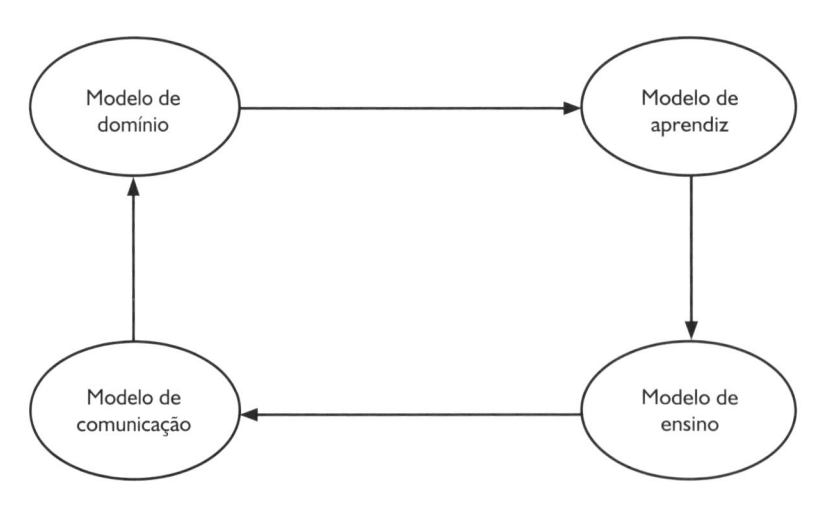

FIGURA 8.2
Arquitetura básica de um sistema tutorial inteligente.

dida, conhecimento. Na verdade, são as múltiplas possibilidades de interação entre os processos cognitivos e os sociais que promovem a aprendizagem (modelo de interação). Finalmente, também não são incluídas modalidades de ensino pré-definidas, uma vez que o sistema proporciona espaços de interação que podem ser aproveitados para a aprendizagem (modelo de facilitação da situação) sob a forma de situações autênticas que têm sentido para os usuários e, por isso, podem promover um aprendizado significativo.

A aprendizagem é, portanto, o resultado de experiências que relacionam o conhecimento semântico de conceitos e princípios relativos à situação apresentada (prévios e apresentados na própria situação), o conhecimento episódico que se constrói com base nas experiências socioemocionais que ocorrem e, finalmente, a partir dos conhecimentos procedimentais relativos às ações que o aprendiz pode desenvolver. De qualquer maneira, Akhras e Self (2002) garantem que o modelo ILE não é oposto ao clássico ITS, mas que, na verdade, este último deveria fazer parte do primeiro. A arquitetura interna de um sistema ILE responderia ao que é mostrado na Figura 8.3.

Os sistemas de guia ou apoio inteligente

Este segundo grupo de alternativas é formado por programas que são capazes de identificar as necessidades e estratégias do aluno durante a realização de uma tarefa de certa complexidade (escrever, ler, resolver um problema matemático, etc.) e proporcionar-lhe auxílios *on-line* ou *off-line*. Programas como o *Reading Partner* ou *Writing Partner* são precursores destes sistemas de guia. Para que o sistema recomende ou facilite o acesso a um determinado conhecimento, deve partir de um modelo das diversas opções para enfrentar ou desenvolver a tarefa, seja

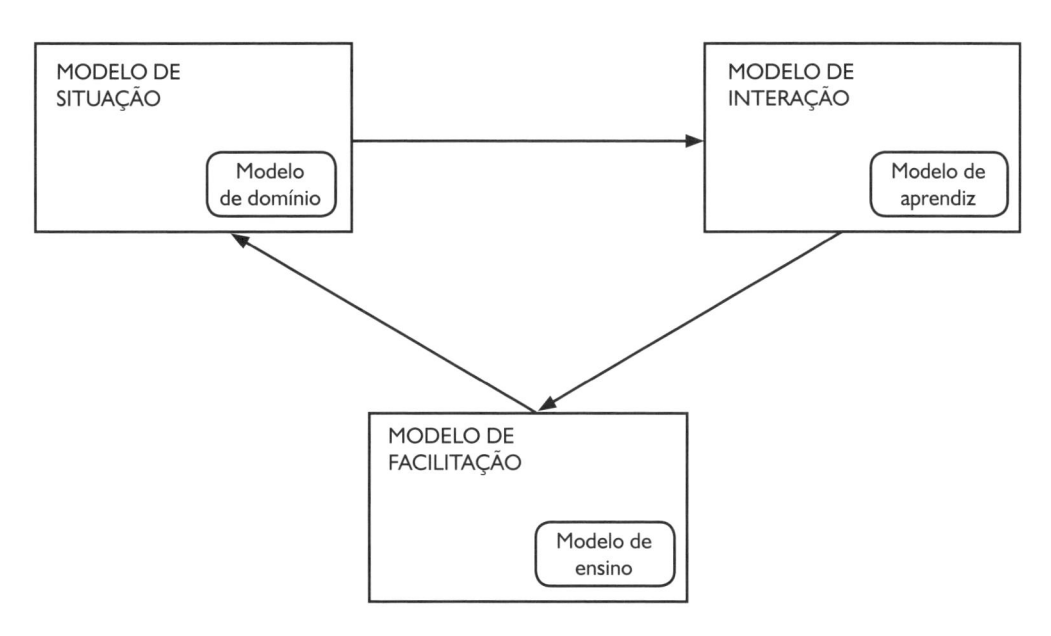

FIGURA 8.3
Arquitetura básica de um ambiente inteligente de aprendizagem.

porque previamente o usuário, a partir de perguntas do sistema, forneceu o modelo, seja porque as alternativas são finitas e o sistema pode identificar o processo de pensamento que o usuário está seguindo. No primeiro caso, por exemplo, o escritor pode definir previamente quais serão os personagens, os cenários e as ações da narrativa que vai escrever, de modo que o sistema, quando identifica erros ou carências, pode gerar perguntas do tipo "o protagonista ainda não apareceu, tem certeza de que esse é o protagonista de sua história?" ou recomendações como "há uma mudança de cenário muito abrupta que você deveria analisar". Um destes programas é o *Storytelling*, que auxilia o trabalho colaborativo entre crianças no momento de elaborar e escrever narrativas.

Outro tipo de iniciativa são os denominados hipertextos adaptativos, uma rede de documentos hipermidiáticos suportados por diferentes códigos (texto, áudio, vídeo, animação, gráficos) que formam um *corpus* organizado e relacionado sobre um único tema ou disciplina, pelo qual o aluno pode navegar livremente. O programa pode reconhecer os interesses de cada usuário e oferecer a ele um acesso personalizado ao hipertexto, convidando-o a atualizar e matizar os nós e *links* da rede e propondo mudanças e novas atualizações. Também pode fazer uma recompilação das mudanças e trajetórias que o estudante seguiu em seu processo de aprendizagem e, se existe algum critério definido pelo próprio usuário, valorizar essa progressão. Assim, a informação se ajusta às necessidades do aluno, em vez de ser ele quem se ajusta à informação (Pérez et al., 2001). Para que esse tipo de sistemas seja eficaz é preciso solucionar os problemas típicos dos sistemas hipertextuais (Murray et al., 2003): a desorientação do usuário, em razão de não saber em qual espaço do hipertexto está, de onde vem, para onde vai, etc.; a angústia diante das diferentes possibilidades de navegação do hipertexto e das ferramentas disponíveis; e os saltos na navegação, que podem provocar interrupções no fluxo narrativo e conceitual do material, confundindo o leitor.

Os sistemas de inteligência artificial distribuída: agentes "inteligentes"

Franklin e Greasser (1996) definem o agente de suporte lógico, ou *softbot* (popularmente denominados de agentes inteligentes), como um sistema anexado e integrado em um ambiente informático capaz de detectar, de maneira permanente, determinados dados desse ambiente e de produzir uma resposta ajustada a esses dados, sem que para isso tenha que intervir um ser humano. Estes agentes podem ser encarregados de várias tarefas e possuir um grau de autonomia, uma capacidade de aprendizagem e possibilidades muito diversificada de colaboração com outros agentes; contudo, o que os diferencia de maneira mais significativa é sua natureza deliberativa ou reativa. No primeiro caso, trata-se de agentes que têm um programa instalado com um conjunto de regras que orientam sua ação, enquanto no segundo caso não existe um plano concebido *a priori,* uma vez que o agente atua quando o valor de um sinal de entrada supera um determinado limiar e não existem ordens contrárias de inibição ou supressão. Ambas as posições refletem uma forma muito díspar de entender o funcionamento da mente e o modo como esta constrói conhecimento. Enquanto os agentes deliberativos atuam como minissistemas especialistas, com um modelo de mundo e uma forma de processar e atuar orientada em um determinado sentido pelo programador, os agentes reativos partem da base de que o melhor modelo de mundo é o próprio "mundo" em que estão e a cognição pode emergir a partir da interligação entre milhares de agentes simples.

Mantendo nosso foco nos agentes deliberativos,² que são os que até agora tiveram um maior desenvolvimento, um sistema desse tipo pode conter: um modelo do tipo de tarefa que deve realizar (por exemplo, procurar nova informação sobre um tema); conhecimento de bases de dados associadas à sua tarefa e de como ter acesso a elas; conhecimento sobre como realizar a tarefa (por exemplo, registrar, comparar e armazenar ou descartar); conhecimento de outros agentes encarregados de temas afins (por exemplo, reconhecer um agente que filtra informação de um determinado tipo); protocolos para comunicar-se com outros agentes (por exemplo, para trocar informações); procedimentos para resolver conflitos e cruzar informação (por exemplo, para determinar se um dado é igual a outro já registrado, em que sentido ele é diferente e qual variação deve ser recompilada); e alguns mecanismos de aprendizagem (por exemplo, frequência no tipo de consultas, regularidade nos termos de busca que o usuário utiliza, etc.). Na Figura 8.4 a seguir, é possível observar um exemplo de funcionamento a partir de agentes com essas características.³

Os sistemas baseados em agentes inteligentes possuem diferentes características que, tal como já assinalaram diversos especialistas (Johnson et al., 2000; Urretavizcaya e Fernández de Castro, 2002; Villarreal, 2003), resultam de grande utilidade em situações instrucionais:

- Os sistemas estabelecem um diálogo constante com os agentes, de maneira que, no momento em que ações são realizadas, podem ser vistas desde diferentes ângulos.
- Os estudantes podem fazer perguntas a qualquer momento.
- O agente está constantemente "observando" a atuação do estudante.
- O agente pode reconstruir e redefinir sua conduta em cada momento, a partir da atuação do estudante.
- O agente pode adaptar sua conduta a situações inesperadas.
- O estudante pode tomar o controle da atividade a qualquer momento.
- Caso ocorram erros, o agente atua para que o aluno aprenda com estes.

A partir do momento em que ficam disponíveis na rede múltiplos agentes que cooperam para atingir uma determinada finalidade, são criados os sistemas multiagente (*Multi-agent System – SMA*), que, no âmbito educacional, podem desempenhar diferentes papéis:⁴

a) *Agente estudante.* Seria um tipo de agente que auxiliaria o aluno na gestão de todo tipo de tarefas que pudessem otimizar seu trabalho intelectual, desde a busca seletiva de informação, filtrando temas segundo seu conteúdo, atualidade, duração, prestígio, até a programação temporal de entregas de trabalhos e exames, passando pela supervisão das tarefas que ele estiver realizando.

b) *Agente tutor.* Neste caso, o agente agiria como um professor que pergunta, monitora, proporciona recursos, aconselha

---

² Raramente chamados de "inteligentes" pelas enormes expectativas que desperta essa denominação. Alguns autores preferem considerá-los, no máximo, *smarts*: ou seja, vivos, espertos.
³ É possível revisar diversos textos e exemplos muito didáticos de SMA em: http://www.fdi.ucm.es/profesor/jpavon/doctorado/.
⁴ Na literatura especializada, é possível encontrar diversas denominações, como: "companheiro de aprendizagem" (*learning companion system* – LCS), "coaprendizes", "estudante simulado" ou "estudante artificial".

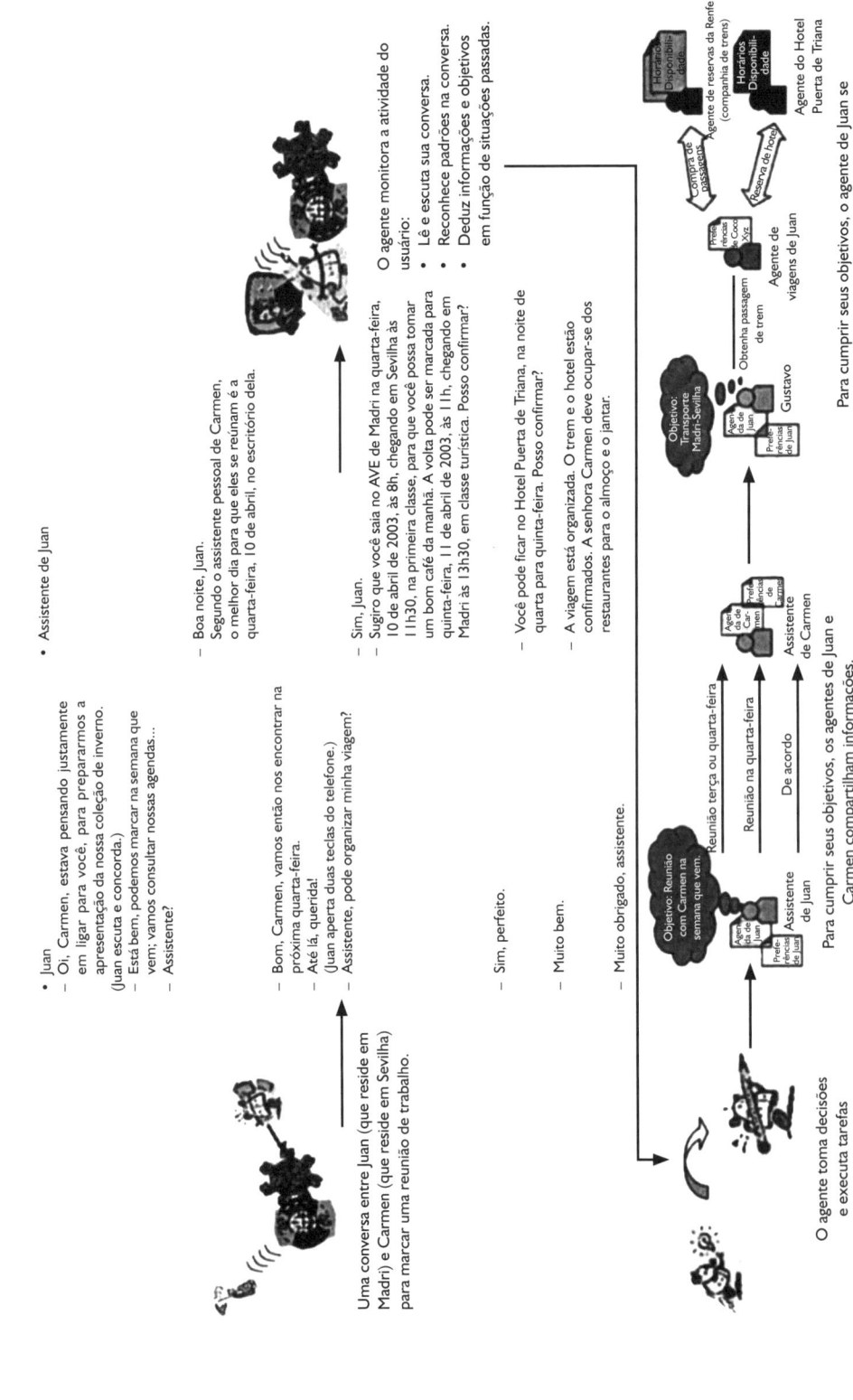

Uma conversa entre Juan (que reside em Madri) e Carmen (que reside em Sevilha) para marcar uma reunião de trabalho.

- Juan
- Oi, Carmen, estava pensando justamente em ligar para você, para prepararmos a apresentação da nossa coleção de inverno. (Juan escuta e concorda.)
- Está bem, podemos marcar na semana que vem; vamos consultar nossas agendas...
- Assistente?
- Bom, Carmen, vamos então nos encontrar na próxima quarta-feira.
- Até lá, querida! (Juan aperta duas teclas do telefone.)
- Assistente, pode organizar minha viagem?

- Sim, perfeito.
- Muito bem.
- Muito obrigado, assistente.

O agente toma decisões e executa tarefas

Para cumprir seus objetivos, os agentes de Juan e Carmen compartilham informações.

Objetivo: Reunião com Carmen na semana que vem.
Assistente de Juan
Reunião terça ou quarta-feira
Reunião na quarta-feira
De acordo
Assistente de Carmen

- Assistente de Juan
- Boa noite, Juan. Segundo o assistente pessoal de Carmen, o melhor dia para que eles se reúnam é a quarta-feira, 10 de abril, no escritório dela.
- Sim, Juan.
- Sugiro que você saia no AVE de Madri na quarta-feira, 10 de abril de 2003, às 8h, chegando em Sevilha às 11h30, na primeira classe, para que você possa tomar um bom café da manhã. A volta pode ser marcada para quinta-feira, 11 de abril de 2003, às 11h, chegando em Madri às 13h30, em classe turística. Posso confirmar?
- Você pode ficar no Hotel Puerta de Triana, na noite de quarta-feira para quinta-feira. Posso confirmar?
- A viagem está organizada. O trem e o hotel estão confirmados. A senhora Carmen deve ocupar-se dos restaurantes para o almoço e o jantar.

O agente monitora a atividade do usuário:
- Lê e escuta sua conversa.
- Reconhece padrões na conversa.
- Deduz informações e objetivos em função de situações passadas.

Objetivo: Transporte Madri-Sevilha
Gustavo
Agente de viagens de Juan
Obtenha passagem de trem
Compra de passagens
Reserva de hotel
Agente de reservas da Renfe (companhia de trens)
Agente do Hotel Puerta de Triana

Para cumprir seus objetivos, o agente de Juan se conecta com outros agentes de outros serviços.

FIGURA 8.4
Exemplo de como funciona um Sistema de Multiagentes Inteligentes.
Fonte: Extraído de Fernández, C., Gómez, J. e Pavón, J.: http://grasia.fdi.ucm.es.

e/ou propõe conflitos ao aluno para melhorar seu processo de aprendizagem. Podem ser definidos diferentes perfis de agentes com uma atitude mais indulgente ou mais exigente.
c) *Agente mediador ou companheiro de aprendizagem* (*Learning Companion System*). O agente pode atuar, por exemplo, como um participante a mais em um fórum, porém com tarefas específicas, como lembrar normas de interação, apontar algum tópico que foi abandonado, chamar a atenção sobre a reiteração de algumas ideias, oferecer algumas sínteses, lembrar prazos de entrega de projetos, etc. Também pode comportar-se como um representante pessoal e entrar em contato com outros estudantes que tenham interesses parecidos ou tratem de temáticas similares, contribuindo na criação de novos grupos. Finalmente, pode atuar como um participante conflitivo, que tumultua, cria dissonância ou introduz ideias erradas com a finalidade de que seja o aluno quem coloque à prova suas habilidades de mediação e persuasão (Choua et al., 2002).
d) *Agente de Suporte à Colaboração*. Seu objetivo é proporcionar um auxílio para a realização de atividades coletivas entre diferentes pessoas que colaboram através da rede. Este tipo de agente facilita a comunicação e a coordenação entre equipes de usuários que interagem na rede com o objetivo comum de realizar uma tarefa conjunta. São agentes que permitem a operacionalização da aprendizagem colaborativa assistida por computador (*Computer Supported Collaborative Learning – CSCL*). Neste paradigma educacional, os agentes artificiais (ou *softbots*) não passam de uma mídia de suporte entre os atores principais do CSCL, os aprendizes humanos.
e) *Agente assistente ou interface*. Este tipo de dispositivo ajuda o usuário no acesso e na utilização de programas de computador, sugerindo atalhos para efetuar determinadas tarefas, propondo novos recursos ou lembrando de trabalhos anteriores cujo conteúdo e forma tenha sido similar àquele que estiver sendo desenvolvido. Por exemplo, quando o aluno escreve um documento, o agente pode lembrá-lo da existência de outros textos – próprios (situados localmente) e alheios (na rede) – que contenham algumas ideias semelhantes àquelas que ele está elaborando. Já existem protótipos nos quais o agente adota um rosto humano – o que torna possível que se comunique utilizando uma linguagem natural, escrita ou oral – e dispõe de um amplo leque de gestos, posturas e expressões faciais.

Em todos os casos, os agentes aprendem a atuar por meio de quatro vias básicas: observando a conduta do aluno e tentando imitá-la (regularidades e preferências na navegação, seleção e produção de informação na rede); recebendo um *feedback* explícito do aluno frente a perguntas do tipo: "Você pensa que é preferível ordenar sempre as citações bibliográficas a partir do idioma em que estão escritas?"; "nesta circunstância, não seria preferível fazê-lo alfabeticamente?", e, ainda, recebendo instruções diretas do aluno sobre o modo de proceder em determinadas situações, ou talvez o meio de maior projeção, pedindo conselho para outros agentes artificiais e compartilhando o conhecimento que tenham obtido a partir dos usuários que atendem. Com efeito, o potencial colaborativo dos agentes entre si é um dos pontos fortes dos SMA e não há dúvida de que é um dos desenvolvimentos mais promissores.

LINHAS E DESAFIOS EMERGENTES NOS SISTEMAS DE EMULAÇÃO SOCIOCOGNITIVA

Vimos ao longo deste capítulo diferentes tendências no desenvolvimento de sistemas que tentam emular e modelar diversos aspectos do funcionamento cognitivo e suas aplicações e avanços no âmbito educacional. Resulta significativo observar que, das ambiciosas e presunçosas teses da década de 1980, passou-se para uma atitude de maior cautela, muito mais humilde em suas expectativas e promessas, apesar dos inegáveis progressos que tentamos expor aqui.

Se nos forçarmos a apontar algumas linhas prospectivas que têm chance de ocupar as páginas das publicações especializadas dos próximos cinco anos, parece haver acordo em destacar três temáticas emergentes: a incorporação do contexto, da metacognição e das emoções aos sistemas denominados "inteligentes".

A incorporação do contexto nos ambientes inteligentes de aprendizagem

Com relação ao primeiro aspecto, o contexto, já vimos como os sistemas ILE propostos por Akhras e Self (2002) procuram respeitar as condições socionaturais nas quais ocorre a aprendizagem: interação social, incerteza, conhecimento cotidiano. A incorporação de contextos cada vez mais autênticos, ou seja, mais fieis e representativos da realidade em que se pretende formar os alunos (por exemplo, por meio da visualização ao vivo de qualquer situação que estiver ocorrendo no mundo, através das câmeras), está destinada a ter um impacto incalculável sobre os futuros profissionais.

Falamos também de outro tipo de contexto, aqueles formados pelos *softbots* ou agentes de suporte lógico por meio de suas relações multilaterais: autênticos nichos culturais nos quais seria possível gerar significados de maneira bastante autônoma. Neste sentido, alguns autores referem-se ao futuro surgimento de uma espécie de consciência universal graças à depuração de ideias, conceitos e opiniões que esses sistemas podem provocar atuando com base em princípios muito simples, mas de enorme complexidade e profundidade quando cotejados e cruzados com outros. Assim, o que pensa o mundo (pelo menos o *cibermundo*) sobre a violência em nome de uma religião, sobre o consumo de drogas ou sobre a emigração pode expressar-se de maneira peremptória e significativa, favorecendo enormemente a formação de consensos ou a identificação de profundas discrepâncias em determinados núcleos temáticos.

De qualquer maneira, os agentes também apresentam alguns problemas éticos, os quais sintetizamos assim:

a) Privacidade: como garantir a privacidade da informação que um agente que assiste um usuário possui, a fim de que ele não a compartilhe ou divulgue?
b) Responsabilidade: ao delegar parte da própria autoridade no agente, as ações que ele possa vir a empreender e suas consequências, sem um controle direto, são responsabilidade de quem?
c) O que acontece se recebemos maus conselhos do agente de outra pessoa?

D. Eichmann (1994) e Etzioni e Weld (1994), diante destes riscos, sugerem seguir algumas normas éticas ou de etiqueta: os agentes devem identificar-se a todo momento; devem moderar as tentativas de usar servidores alheios, utilizando somente servidores públicos; devem oferecer informação, e não apenas obtê-la; devem respeitar a autoridade dos operadores incluídos nesses servidores; devem deixar o servidor como o encontraram; devem limitar o consumo de recursos e não permitir que seu cliente incorra em ações com resultados que não possam ser antecipados.

A introdução de suportes metacognitivos

Quanto à segunda temática emergente, a capacidade metacognitiva, existe evidência suficiente de que as TIC podem ser um meio idôneo para sua potencialização e desenvolvimento. Às suas características intrínsecas como "espelhos dos processos mentais", deveríamos acrescentar suas possibilidades de emular e estabelecer comportamentos e processos cognitivos, facilitando sua apropriação por parte dos usuários aprendizes.

As bases que fundamentam a metáfora do computador como ferramenta metacognitiva devem ser buscadas em autores tão representativos como Lajoie (1993), Linard (1996), Jonassen (Jonassen e Reeves, 1996) ou Azevedo (2005; Lajoie e Azevedo, 2006).

Sintetizando esses fundamentos, o sistema poderia atuar:

a) Assistindo o aprendiz na realização de suas tarefas e dando suporte ao seu processo cognitivo. Neste sentido, o computador pode estabelecer, apontar e oferecer auxílios para a autorregulação de processos cognitivos (por exemplo, ativação de conhecimentos prévios, ajuda no planejamento, criação de submetas, sugestão de estratégias de aprendizagem), metacognitivos (por exemplo, tomada de decisões, avaliação da aprendizagem, autoavaliação da própria compreensão), motivacionais (por exemplo, autoeficácia, valor da tarefa, interesse, esforço) ou comportamentais (por exemplo, demandar ajuda, manejar dificuldades das tarefas e das demandas).
b) Compartilhando a carga cognitiva do aprendiz, encarregando-se especialmente das habilidades que exijam baixo nível cognitivo. Neste sentido, Säljö (1999) considera que uma das principais vantagens do uso do computador como ferramenta cognitiva é que ele permite fazer mais trabalho com menos esforço, dado que uma parte da carga cognitiva é absorvida pela ferramenta.
c) Permitindo que o aprendiz se envolva em tarefas que de outro modo estariam fora de seu campo de ação (por exemplo, intervenções cirúrgicas, pilotar aviões, identificar falhas de circuitos eletrônicos, etc.).
d) Permitindo que os alunos produzam e comprovem hipóteses em contextos similares aos reais.
e) Facilitando a participação em redes e o trabalho em grupo mediante a criação de ambientes de colaboração nos quais se estabeleçam situações de corregulação entre o aprendiz e outros agentes, humanos e/ou artificiais.
f) Permitindo que o aprendiz represente seu conhecimento sobre um domínio, em vez de descobri-lo pela interação. Neste caso, o objetivo principal não seria conseguir um sistema inteligente com o qual aprender, mas utilizar as capacidades do computador como ferramenta de representação cognitiva para explorar o próprio conhecimento. As ideias que permanecessem escondidas de modo pouco consciente ou cujo conteúdo tivesse sido pouco analisado poderiam vir à luz de forma explícita. Trata-se de um aprendizado de tipo expressivo, em oposição ao aprendizado de tipo exploratório que encontramos em outros ambientes informatizados já comentados, como os simuladores ou micromundos.

As emoções nos ambientes informatizados de aprendizagem

Para finalizar, as emoções e sua projeção no que tem sido denominado "cognição cálida" também estão recebendo muita atenção e levantam muitas expectativas. Um trabalho representativo é o desenvolvido por Justine Cassell e sua equipe no MIT (Ryokai, Vaucelle e Cassell, 2002). Esta autora desenvolveu sistemas de interface com aparência humana que podem detectar a presença ou ausência do usuário e "interpretar" suas expressões verbais e faciais, assim como sua postura, aplicando alguns conhecimentos da psicolinguística sobre as regras do discurso e estabelecendo formas de conversação similares à humana. Para Cassell, esse tipo de desenvolvimento será especialmente útil e adequado na interação com crianças, com pessoas com alguma deficiência ou com estudantes novatos, que poderão utilizar sua própria fala natural para interagir com o computador em um ambiente mais caloroso, amável e confiável.

Como temos tentado mostrar neste capítulo, a cognição "digital" e a humana passam por um processo de franca coevolução, na qual, por meio da "realidade virtual", os humanos tentam emular nossos processos cognitivos mais complexos, com a esperança de que os computadores ajudem a resolver os graves problemas que cercam nossa existência; mas, ao mesmo tempo, essa interação com o mundo virtual influencia nossa maneira de processar a informação e transforma de modo intangível a maneira pela qual pensamos sobre nossa existência. O suporte, em termos vygotskianos, é mútuo, recíproco e colaborativo, desmentindo as vozes, entre apocalípticas e ingênuas, daqueles que pensavam que o computador um dia nos substituiria ou, inclusive, escravizaria. Outro aspecto são os objetivos e interesses aos quais devem responder seus desenvolvimentos e aplicações. É responsabilidade dos profissionais da educação exercer alguma influência para que esses desenvolvimentos e aplicações respondam a determinadas concepções do que se deve aprender, ensinar e viver em uma sociedade justa e democrática.

REFERÊNCIAS

Akhras, F.N. e Self, J.A. (2002). Beyond Intelligent Tutoring systems: Situations, interactions, processes and affordances. *Instructional Science*, 30, 1-30.

Aldrich, C. (2004). *Simulations and the future of learning: an innovative (and perhaps revolutionary) approach to e-learning.* San Francisco: Pfeifer – John Wiley & Sons.

Azevedo, R.(2005). Computer Environments as Metacognitive Tools for Enhancing Learning. *Educational Psychologist*, 40(4), 193-197.

Cicourel, A. (1994). La connaissance distribuée dans le diagnostic médical. *Sociologie du Travail*, 36(4), 427-449.

Choua, C., Chanb T. e Linc, C. (2002). Redefining the learning companion: the past, present, future of educational agents. *Computer & Education*, 40(3), 255-269.

Eichmann, D. (1994). *Ethical Web Agents, Second International World-Wide Web Conference: Mosaic and the Web:* Chicago, IL, October 18-20, 3-13. Consultado (2.12.07) em: http://mingo.info-science.uiowa.edu/eichmann/publications.shtml.

Etzioni, O. e Weld, D. (1994). *A Softbot-Based Interface to the Internet. Communications of the ACM*: cs.Washington.edu, 1-6. Consultado (2.12.07) em: http://www.cs.washington.edu/homes/weld/papers/cacm.pdf.

Feigenbaum, E. e Feldman, J. (1963). *Computers and Thought.* New York: McGraw-Hill.

Franklin, S. e Graesser, A. (1996). Is it an Agent, or just a Program?: A Taxonomy for Autonomous Agents. En *Procedings of the Third International Workshop on Agent Theories, Architectures, and Languages* (pp. 21-35). London: Springer-Verlag.

Jonassen, D. e Reeves, T. (1996). Learning with technology: using computers as cognitive tools. En D. Jonassen (Ed.), *Handbook of research for educational communications and technology* (pp. 694-719). New York: Macmillan.

Johnson W. L, Rickel J. W. e Lester J. C. (2000). Animated Pedagogical Agents: Face-to-Face Interaction in Interactive Learning Environments. *International Journal of Artificial Intelligence in Education, 11,* 47-78.

Lajoie, S. (1993). *Computers environments as cognitive tools for enhancing learning.* En S. Derry y S.P. Lajoie (Eds.), *Computers as cognitive tools* (pp. 261-288). Hillsdale, NJ: L. Erlbaum.

Lajoie, S. y Azevedo, R. (2006). Teaching and Learning in Technology-rich environments. En

P. Alenxander e P. Winne (Eds.), Handbook of Educational Psychology (pp. 803-821). Mahwah, NJ: L Erlbaum.

Linard M. (1996). *Des machines et des Hommes: apprendre avec les nouvelles technologies, ré-édition augmentée d'une postface*. Paris: L'Harmattan, 1996.

Lozares, C. (2000). La actividad situada y/o el conocimiento socialmente distribuido. *Papers, revista de Sociologia*, 62, 97-131.

Martí, E. (1992). *Aprender con ordenadores en la escuela*. Barcelona: ICE-Horsori.

Murray, T., Piemonte, J., Khan, S., Shen, T. e Condit, Ch. (2003). Evaluating the Need for Intelligence in an Adaptive Hypermedia System. En *Intelligent Tutoring Systems* (pp. 373-382). Berlin: Springer.

Newell, A. e Simon, H. (1972). *Human Problem Solving*. Englewood Cliffs, NJ: Prentice-Hall.

Papert, S. (1981). Desafío a la mente. Computadoras y Educación. 1981, Buenos Aires: Galápago.

Pérez, T.; Gutiérrez, J.; López, R.; González, A. e Vadillo, J. (2001). Hipermedia, adaptación, constructivismo e instructivismo. *Inteligencia Artificial, Revista Iberoamericana de Inteligencia Artificial*, 12, 29-38.

Ryaki, K.; Vaucelle, C. e Cassell, J. (2003). Virtual Peers as Partners in Storytelling and Literacy Learning. *Journal of Computer Assist*, 19, 195-208.

Säljö, R. (1999). Learning as the use of tools: a sociocultural perspective on the human-technology link. Em K. Littleton e P., Light (Eds.), *Learning with Computers: Analysing Productive Intervention* (pp. 144-161). London: Rutledge.

Tchounikine, P. (2002). Quelques éléments sur la conception et l'ingénierie des EIAH. Em Actes du GDR I 3 (pp. 232-245). Toulouse: Cepadues Editions.

Urretavizcaya, M. e Fernández de Castro, I. (2002). Inteligencia artificial y Educación: una visión panorámica. *Novática*, 159, 44-48.

Villarreal, G. (2003). Agentes inteligentes en educación. *Edutec. Revista electrónica de tecnología educativa*, 16. Consultado (6.11.07) em: http://edutec.rediris.es/Revelec2/revelec16/villarreal.htm.

GLOSSÁRIO

Ajudas *on-line*. Suporte educacional que se oferece ao usuário enquanto opera em um sistema de comunicação, geralmente a internet. Pode adotar diferentes modalidades (por exemplo, conselho, explicação, recurso, etc.). As ajudas *off-line*, pelo contrário, são oferecidas quando o usuário não está *on-line*, ou seja, quando não está conectado ao sistema.

Emulador. Parecido com um simulador que modela não apenas o funcionamento de um sistema real como também tenta modelar o suporte sobre o qual esse sistema opera.

Inteligência Artificial. Ciência cujo objetivo principal é a criação de programas para máquinas que imitem o comportamento e a compreensão humanas com maior fidelidade possível.

Simulação. Consiste no processo de aplicar um modelo que tenta reproduzir um sistema real, com a finalidade de compreender o comportamento do sistema e/ou avaliar novas estratégias para o seu funcionamento ótimo.

RECURSOS

Jonassen, D. H. (2006). *Modeling with Technology: Mindtools for Conceptual Change*. (3rd edition) Columbus, OH: Merrill/Prentice-Hall.

Mediante os processos de construção de modelos, o objetivo de David Jonassen é envolver alunos e professores em um processo de aprendizado significativo capaz de promover o desenvolvimento de habilidades cognitivas de alto nível (high-order thinking), como a metacognição. Para Jonassen, os alunos passam a ser verdadeiros construtores de conhecimentos graças às ferramentas de modelização. O livro está estruturado em três partes. A primeira trata da mudança conceitual por meio da modelização. A segunda se concentra nos diferentes campos de aplicação da modelização: de sistemas, de problemas, de simulações cognitivas, etc. E a terceira é dedicada a analisar diferentes ferramentas de modelização, como as bases de dados, os mapas conceituais ou os sistemas hipermídia, além das estratégias de busca de informação na internet e as ferramentas de visualização.

Linard, M. (1996). *Des machines et des hommes: apprendre avec les nouvelles technologies*. Paris: Editions Universitaires.

"Como aprender a pensar com computadores que não pensam?". Este é o fio condutor do livro de Monique Linard, responsável por assuntos de TIC na Universidade de Paris X, em Nanterre. Para responder a esta pergunta, a autora desenha as múltiplas situações de aprendizagem criadas pelos novos dispositivos, ao mesmo tempo em que introduz os diferentes marcos epistemológicos e perspectivas científicas que as fundamentam. Depois de analisar as razões que levaram ao desenvolvimento da inteligência artificial e as repercus-

sões de seus avanços sobre o conhecimento e sobre nossa compreensão dos processos cognitivos humanos, Monique Linard concentra-se nas diferentes funções que pode ter o computador, como companheiro de aprendizagem, sistema especialista, sistema interativo de exploração e, principalmente, como ferramenta cognitiva que permite ao mesmo tempo refletir sobre a cognição humana e estudá-la.

Crevier, D. (1993). *AI: The Tumultuous History of the Search for Artificial Intelligence.* **New York: Basic Books.**

Para os que ainda veem com receio a atribuição de capacidades cognitivas aos computadores e às possibilidades de desenvolvimento de uma verdadeira inteligência artificial, o livro de Daniel Crevier, professor da Universidade McGill (Canadá), é o antídoto ideal contra qualquer excesso de ficção científica. Crevier explora a história da pesquisa em Inteligência Artificial de maneira apaixonada e apaixonante. O autor leva o leitor pelos diferentes momentos-chave da pesquisa em um campo no qual as expectativas têm sido muitas, mas também muitas as decepções. Se os computadores são capazes de cálculos inumanos, ainda estão muito longe de alcançar a inteligência humana em toda a sua complexidade, ou seja, aquilo que corresponde à imaginação, à emoção, à metacognição e à resolução de problemas complexos.

9

Os ambientes virtuais de aprendizagem baseados na análise de casos e na resolução de problemas

CÉSAR COLL, TERESA MAURI E JAVIER ONRUBIA

As propostas de ensino e aprendizagem baseadas na análise de casos (*Case Based Learning*, *CBL*) e na resolução de problemas (*Problem Based Learning, PBL*) têm uma longa história na educação. Ambas se caracterizam por defender que os alunos sejam aprendizes ativos, confrontando-os a situações fundadas em problemas do mundo real e responsabilizando-os pelo próprio aprendizado.

A proposta instrucional de estudo de casos foi utilizada pela primeira vez nos estudos de Direito em Harvard (*The Case System*), no início do século XX. Seu objetivo era conseguir que os alunos de Direito encontrassem solução para uma história concreta e a defendessem. Ao longo da primeira metade desse século, foi sendo desenvolvida a estrutura definitiva dessa metodologia, que se aperfeiçoou com a introdução de técnicas de representação ou dramatização com a finalidade de favorecer o envolvimento do aluno. O modelo CBL tem se desenvolvido amplamente a partir destas experiências iniciais, sendo implementado em campos de formação muito variados.

A Aprendizagem Baseada em Problemas (*PBL*), por sua vez, teve sua primeira aplicação e desenvolvimento na década de 1960, na Faculdade de Ciências da Saúde da Universidade McMaster, no Canadá (Barrows, 1996). O crescimento exponencial da informação médica e das novas tecnologias, unido ao surgimento de demandas da prática profissional que mudavam rapidamente, levaram um grupo de educadores dessa universidade a uma nova visão do ensino da Medicina. A nova situação exigia preparar os futuros profissionais no desenvolvimento de habilidades de solução de problemas, o que significava pensar em formá-los para que fossem capazes de formular e comprovar hipóteses explicativas por meio da aquisição de informação adicional e necessária. Assim, o objetivo era melhorar a qualidade da educação médica, modificando a orientação do currículo de um enfoque baseado em uma coleção de temas e exposições do professor para outro, fundamentado em problemas da vida real para cuja resolução confluíssem diferentes áreas do conhecimento. No início da década de 1970, quase ao mesmo tempo em que a primeira turma de Medicina da Universidade McMaster se graduava, as universidades de Michigan (Estados Unidos), Maastricht (Holanda) e Newcastle (Austrália) implementavam o modelo PBL, criando faculdades de Medicina que adotavam a mesma orientação curricular. Nas últimas décadas, o modelo PBL tem sido adotado em todo o mundo por faculdades de Medicina e por outros centros de educação superior que formam diversos tipos de profissionais, ao mesmo tempo em que cresce o interesse por incorporá-lo ao projeto e desenvolvimento de diversas áreas curriculares do ensino médio e superior.

Em conjunto, podemos enquadrar os modelos CBL e PBL em uma perspectiva teórica geral da aprendizagem e do ensino que assume, por um lado, que a aprendizagem é um processo ativo e construtivo que ocorre em contextos específicos e, por outro lado, que o ensino consiste em que o aluno também aprenda a pensar e a atuar por si mesmo, levando em consideração as características do contexto da atividade. As diretrizes educacionais tradicionais que inspiram ambas as propostas (Kilpatrick, 1918; Dewey, 1938) destacam a importância da experiência prática na aprendizagem ("aprender fazendo" ou "aprender com a experiência"). Também pretendem que o aluno ative processos de pensamento de ordem superior e, para isso, apresentam situações nas quais a estrutura e o processo de indagação e de busca de possíveis alternativas para os casos ou problemas apresentados estão sempre abertos. A partir desta perspectiva, colocam o aluno em situação de evocar, selecionar e usar seus conhecimentos prévios, de desenvolver progressivamente processos de aprendizagem autorregulados e conscientes e de transferir e provar a funcionalidade do conhecimento. Além disso, o aluno pode ser chamado, principalmente no modelo PBL, para desenvolver um trabalho de grupo sistemático e coadministrado. Ambas as propostas metodológicas apostam em favorecer o desenvolvimento do pensamento crítico e em promover a motivação intrínseca e um enfoque profundo da aprendizagem. De acordo com tudo isso, os modelos PBL e CBL são globalmente coerentes com uma visão construtivista da aprendizagem e do ensino, na qual o aluno é visto como um participante ativo na construção do conhecimento, e o docente, um mediador que proporciona os apoios necessários para que essa construção seja feita com sucesso.

As TIC têm causado impacto no projeto e no desenvolvimento de propostas de processos de aprendizagem baseados em modelos CBL e PBL, favorecendo tanto o acesso do aluno a fontes de informação diretas, diversas e de natureza complexa quanto o aspecto comunicacional, social e mediado da construção do conhecimento. Neste marco, os modelos CBL e PBL revelam-se como duas propostas muito interessantes para responder às novas exigências educacionais colocadas pela sociedade do conhecimento: em primeiro lugar, pelas competências que ajudam a desenvolver; em segundo, porque destacam que o importante da aprendizagem é justamente dotá-la de significado e funcionalidade e estabelecer pontes entre a vida real e a vida acadêmica; finalmente, porque destacam a importância do papel dos outros, da mediação e da comunicação no aprendizado.

O capítulo que apresentamos está estruturado em três partes. A primeira aprofunda o conceito e as características dos modelos CBL e PBL. A segunda explora as características específicas dos processos de ensino e aprendizagem em ambientes virtuais baseados em metodologias PBL e CBL. A terceira, finalmente, apresenta alguns critérios e orientações fundamentais, os quais, é conveniente considerar, de acordo com o que sabemos até este momento, são importantes para projetar e desenvolver ambientes virtuais CBL e PBL.

CBL E PBL: CONCEITO E CARACTERÍSTICAS

O objetivo desta seção é duplo. Por um lado, pretende apresentar a natureza e as características dos modelos CBL e PBL; e, por outro, analisar suas semelhanças e diferenças e aprofundar em seus referenciais teóricos específicos, inicialmente identificados como construtivistas.

CBL: conceito e características

Um caso apresenta uma situação, acontecimento ou problema com a finalidade de confrontar os estudantes com experiências complexas. O caso é apresentado em forma de narrativa ou história e pode ser tomado diretamente da vida real ou elaborado especificamente, mas com caráter "realista", para fazer parte de uma determinada proposta instrucional. O objetivo é que os alunos se envolvam ativamente na elaboração de propostas para analisar o caso e, eventualmente, em produzir soluções possíveis, válidas ou alternativas para o problema. O que se pretende é que os alunos experimentem a complexidade, a incerteza, a ambiguidade ou as contradições que quase sempre acompanham a análise e a tomada de decisões nas situações reais.

Os casos podem ser apresentados em formatos e linguagens muito variados. Também podem ser de diversos tipos (por exemplo, casos centrados no estudo de descrições, na tomada de decisões para a resolução de problemas, na simulação de situações, etc.). Qualquer um deles deve, para constituir um bom caso, cumprir com alguns requisitos:

1. ilustrar uma temática ou algum aspecto significativo e relevante da formação;
2. incluir elementos e fatores relevantes da temática que ilustram;
3. apresentar a complexidade e a multidimensionalidade da situação;
4. destacar os princípios e as concepções das disciplinas que prevalecem no enfoque dado ao caso;
5. proporcionar informação que seja útil para apoiar a análise;
6. promover a criação de soluções possíveis e de alternativas para o problema ou para a situação apresentada.

Uma proposta de ensino e aprendizagem baseada em casos normalmente inclui diferentes elementos: uma introdução; uma seção com o contexto do caso que facilite vinculá-lo com o conteúdo curricular; o caso propriamente dito ou a narrativa; a atividade ou tarefa que se demanda do aluno, que pode aparecer sob forma de perguntas; e os materiais complementares e instrumentos para fazer o acompanhamento e a avaliação (Boehrer, 2002; Díaz Barriga, 2005; Mauri et al., 2004). A narrativa do caso apresenta a situação, o núcleo do caso ou acontecimento completo e com significado formativo, os protagonistas e suas relações e interesses, ideias ou atuações que são objeto de análise. As perguntas que acompanham o caso delimitam as áreas de exploração e dirigem a análise, ajudando o aluno a identificar o que interessa analisar e qual será a pauta na análise seguinte. A exploração do caso é organizada geralmente em uma série de fases, que podem variar em função do tipo de caso de que se trate e da posição ou papel que o aluno deverá assumir (Martínez e Musitu, 1995). Quanto aos documentos que acompanham o caso, devem conter informação que seja procedente de fontes diretas ou indiretas e que seja relevante para permitir avançar na análise.

Os diferentes tipos de casos devem facilitar a aprendizagem integrada de tipos de conteúdo muito variados (princípios e conceitos; técnicas, métodos e estratégias; atitudes, valores e normas), assim como propiciar que os alunos dominem as competências envolvidas na orientação e na gestão do processo individual e grupal de aprendizagem. Por isso, os casos elaborados com finalidade docente não levam o aluno a identificar "o processo único de análise do caso", mas a tomar decisões estratégicas de análise que exigem conhecimentos muito diversos para que possam ser efetuadas com sucesso.

PBL: conceito e características

Uma das premissas básicas do modelo PBL é que a experiência de ensino e aprendizagem seja vertebrada em torno da explicação, da indagação e da reformulação ou resolução de um problema que apela diretamente ao interesse dos alunos (Barrows, 2000). Outra é potencializar o trabalho entre alunos como instrumento para que cada um deles tenha acesso àquilo que precisa conhecer do problema e dominar as competências necessárias para solucioná-lo.

O problema é apresentado no contexto concreto em que seria encontrado na vida real, com características de solução aberta ou de estrutura incompleta (Woods, 1985; Wilkerson e Gijselaers, 1996). Um problema ideal deve ser:

1. *relevante* para a aprendizagem dos diferentes tipos de conhecimento que os estudantes devem incorporar à sua formação;
2. *pertinente* para o aluno, de modo que ele possa relacioná-lo com a vida real ou com suas vivências;
3. *complexo*, ou seja, que responda à complexidade e diversidade de atuações, opiniões e ideias existentes sobre o tema ou a realidade da qual se trate.

A abordagem prevista do problema deve servir para que o aluno entenda que não existe uma representação da realidade única e que a solução pode ser encontrada apenas se o problema for focado a partir de uma perspectiva complexa e completa, que contemple as diferentes representações e soluções possíveis propostas por outros.

O processo de ensino e aprendizagem baseado em PBL é desenvolvido em grupos pequenos que se responsabilizam pelo seu próprio aprendizado. A participação dos alunos permite que o processo de elaboração do conhecimento avance do nível inicial para níveis mais completos e complexos. O modelo PBL pretende, também, que os estudantes participem por meio da gestão de seu próprio processo de aprendizagem, identificando e relacionando metas e estratégias e dirigindo estas últimas no sentido de conseguir solucionar o problema. O professor atua como facilitador ou guia do processo ao longo do ciclo de aprendizagem previsto, conhecido geralmente como "processo tutorial". De acordo com diferentes autores (Barrows e Tamblyn, 1980; Barrows, 1996, 2000; Lynch, Wolcott e Huber, 2000; Wood, 2003), este ciclo segue a seguinte ordem:

- *Fase 1: Identificação do problema*. Os estudantes formulam o problema e identificam seus fatores relevantes, a partir da informação disponível no cenário inicial de apresentação da situação a ser resolvida.
- *Fase 2*: *O problema é apresentado como aberto*. A identificação dos fatores relevantes, que foi feita na fase anterior, ajuda os estudantes a terem uma melhor representação do problema e a elaborarem uma descrição significativa do mesmo. Neste ponto, os estudantes podem ter diferentes visões do proble-

ma e todas devem ser reconhecidas, respeitadas e discutidas. Nesta fase, todos os estudantes devem poder tomar consciência de suas próprias preferências e suposições sobre a representação do problema.
- *Fase 3*: *Geração de possíveis explicações ou de soluções hipotéticas opcionais*. A discussão do problema sugere explicações possíveis com base no conhecimento inicial disponível sobre ele. Um aspecto importante desta fase consiste em identificar áreas de conhecimento incompleto ou deficiente do problema que, uma vez reconhecidas, levam os estudantes a formularem perguntas de aprendizagem que serão investigadas de maneira autônoma ao longo de todo o processo (*Self-directed learning, SDL*).
- *Fase 4. Mudar o enunciado do problema*. Durante esta fase, são revisados os antecedentes e as representações do problema elaborados nas duas fases anteriores, para reorganizar a explicação e as hipóteses de solução e reestruturá-las, quando for necessário. O novo conhecimento adquirido faz com que os alunos avaliem o que foi elaborado anteriormente; é reconhecida a existência de novos fatores ou de mudanças nas condições estabelecidas do problema que justificam sua reformulação.
- *Fase 5*: *Formulação de novos objetivos de aprendizagem e aumento do grau de consenso* a respeito destes no grupo. O tutor garante que os objetivos de aprendizagem estão bem-definidos e claramente estabelecidos, que são alcançáveis para o grupo e apropriados para as finalidades de aprendizagem estabelecidas.
- *Fase 6: Estudo*. Os alunos procuram informações que lhes permitam alcançar os objetivos de aprendizagem.
- *Fase 7: Compartilhamento dos resultados do estudo*. Os estudantes dividem com o grupo as fontes de aprendizagem e alguns dos seus resultados. O tutor controla a aprendizagem e pode avaliar o grupo.

Não existe uma forma única de concretizar a proposta instrucional baseada no modelo PBL, nem um formato único de desenvolvimento do processo tutorial. Apesar disso, cabe destacar os seguintes princípios:

1. é uma proposta de aprendizagem centrada no estudante;
2. a situação problemática é o centro organizador do currículo e estimula o interesse do estudante pela aprendizagem;
3. os problemas são o elemento dinamizador do desenvolvimento de destrezas na solução de problemas e geram nos alunos aprendizados significativos e integrados;
4. os alunos assumem o papel de elaboradores de soluções e de identificadores dos elementos do problema e das condições necessárias para chegar a uma solução (Hmelo-Silver, 2004; Zimmerman e Tsikalas, 2005);
5. os alunos aprendem participando de situações de trabalho em um grupo pequeno, no qual é necessário contribuir com ideias iniciais e novas, debater e chegar a um consenso;
6. os professores atuam como facilitadores ou guias do trabalho dos estudantes, visando o desenvolvimento do processo e adotando um modelo de elaboração participativa do conhecimento (Barrows, 1996).

Semelhanças e diferenças entre os modelos CBL e PBL

Os modelos CBL e PBL compartilham uma visão construtivista da aprendizagem e do ensino. Tal visão reconhece como elemento fundamental a atividade construtiva do aluno em contextos situados social e culturalmente, a qual é mediada pela atividade do professor, que atua como facilitador. Ambas as propostas também coincidem ao assinalar os seguintes elementos essenciais da proposta instrucional:

1. objetivos educacionais que visam o desenvolvimento de competências de pensamento e de aprendizagem, especialmente aquelas relativas à regulação, ao controle, ao acompanhamento e à valorização do processo de construção do conhecimento, individualmente e em grupo;
2. conteúdos de aprendizagem organizados em torno de unidades globais de análise ou estudo que exijam uma abordagem multidisciplinar e o domínio progressivo e inter-relacionado de diversos tipos de conteúdo;
3. uma metodologia centrada no aluno, que exija que o professor sustente, guie e oriente o processo, ofereça os auxílios adequados e faça uma avaliação centrada no processo, e não só nos resultados.

Da mesma maneira, ambas as propostas apostam na significatividade e na funcionalidade do aprendizado que se pretende alcançar, tanto porque se aprende no próprio contexto em que surge o problema quanto porque se aprende agindo. Além disso, ambas tentam enfrentar diretamente as dificuldades que, para o aprendiz, representam a necessidade de transferir o que foi aprendido em um determinado contexto para um contexto novo, a transposição de um conhecimento teórico para um conhecimento prático ou aplicado e de um conhecimento unidimensional e fragmentado para outro, multidimensional e complexo.

Contudo, alguns autores (Thorp e Sage, 1998) destacam a existência de algumas diferenças entre os modelos CBL e PBL. Assim, por exemplo, apontam que a proposta instrucional baseada no modelo CBL organiza a atividade de aprendizagem do aluno tendo como referencial as fases próprias da análise de casos, identificando, até certo ponto, a estrutura do processo de aprendizagem com um modelo de raciocínio lógico ou analítico-científico. Por sua vez, o modelo PBL é construído tendo como eixo a atividade de elaboração de significado que o aluno precisa desenvolver: a ativação dos conhecimentos prévios, a identificação de lacunas nos conhecimentos iniciais para compreender o problema, o estabelecimento de relações relevantes entre os conhecimentos prévios e a nova informação adquirida, destinada a suprir as lacunas e déficits detectados, e a reestruturação dos conhecimentos iniciais em níveis de maior amplitude, profundidade e complexidade. Outra das diferenças relevantes entre os modelos CBL e PBL provém do papel atribuído aos outros sujeitos na construção do conhecimento: a proposta PBL põe este papel em evidência de modo mais taxativo que a CBL, ao afirmar que a participação, a confrontação, o debate e o consenso são elementos fundamentais desse processo.

A questão das diferenças entre ambas as propostas pode, de qualquer modo, ser matizada, se aceitarmos a sugestão de alguns autores de diferenciar entre propostas instrucionais *de análise de casos* e propostas instrucionais *baseadas em casos*. As segundas seriam muito mais parecidas com o modelo PBL, com as diferenças sendo limitadas à natureza dos casos e dos problemas – estes últimos muito mais abertos ou pouco estruturados – e ao processo tutorial, que no modelo PBL tem seus pontos-chave formalmente estabelecidos, enquanto no CBL este procedimento fica mais aberto, para ser concretizado, posteriormente, em cada proposta instrucional específica.

Um elemento adicional que leva a matizar a questão das semelhanças e diferenças entre os modelos CBL e PBL guarda relação com a diversidade de formas pelas quais ambas as estratégias podem ser materializadas. Neste sentido, propostas que se autoqualificam com o mesmo rótulo, CBL ou PBL, podem encobrir diferenças notáveis. Tal diversidade também reflete, em algumas ocasiões, diferenças de fundo relacionadas com a maneira como são interpretados alguns dos supostos teóricos do CBL ou do PBL. Em particular, um dos aspectos que podem ser afetados de maneira mais relevante por essas diferenças de interpretação está relacionado com a maior ou menor ênfase dada, no processo de construção do conhecimento por parte do aluno, aos elementos e ingredientes de caráter mais interno e individual e aos elementos e ingredientes de caráter mais externo, interpessoal e social. Essa ênfase está relacionada com a diversidade de posturas que podemos encontrar dentro da perspectiva construtivista no que diz respeito a essas questões. Sem entrar em uma análise pormenorizada (ver Coll, 2001, para uma discussão mais detalhada), o que queremos sublinhar aqui é que, dentro das implementações concretas que podemos encontrar, em modelos CBL ou PBL, podemos identificar diversas posições quanto a aspectos como o grau em que se pode e se deve oferecer auxílio específico e conhecimento pré-elaborado no processo de avaliação de casos ou problemas, ou o grau em que o auxílio do professor e dos iguais é considerado imprescindível para o processo instrucional.

Estas diversas posições, que se inclinam mais para um construtivismo endógeno ou para um construtivismo social e cultural, podem chegar a introduzir, entre propostas que se autoqualificam de maneira comum como CBL ou como PBL, diferenças tão importantes como as que uma e outra estratégia, consideradas globalmente e em abstrato, possam manter entre si.

CBL e PBL em ambientes virtuais: alguns exemplos ilustrativos

As propostas instrucionais CBL e PBL não escapam da tendência geral que nos últimos anos tem levado a incorporar de maneira progressiva as TIC nos processos de ensino e aprendizagem e, especialmente, a levar esses processos para ambientes de ensino e aprendizagem completamente virtuais ou de caráter híbrido. O desenvolvimento de ambientes CBL e PBL *on-line* ocorreu, até certo ponto, sustentado por razões pragmáticas, como a possibilidade de aumentar o número de estudantes para os quais é possível ministrar determinados cursos ou pela possibilidade de ministrar esses cursos a distância. Mas respondeu, também, a razões educacionais relacionadas com as potencialidades das TIC para facilitar a elaboração, por parte do aluno, de um conhecimento significativo, relevante, pertinente e complexo; para diversificar e ampliar as formas de auxílio educacional; para melhorar os processos de acompanhamento e avaliação formativa; para favorecer processos de comunicação, interação e construção colaborativa do conhecimento; e para promover formas particulares de regulação do processo de aprendizagem por parte do aluno, individualmente e em grupo.

A seguir, tentaremos ilustrar algumas das formas pelas quais os ambientes virtuais CBL e PBL tentam alcançar seus objetivos. Para isso, apresentaremos alguns exemplos representativos do desenvolvimento atual deste tipo de ambientes, tendo em foco especialmente algumas das ferramentas de auxílio ao ensino e ao aprendizado utilizadas neles, as quais refletem as potencialidades das TIC que acabamos de mencionar. A sequência de exemplos que proporemos permitirá, também, ilustrar como, nos ambientes virtuais CBL e PBL, podemos encontrar a mesma diversidade que mencionávamos ao falar em modelos CBL e PBL em situações presenciais, e como o caráter mais ou menos individual ou social que se atribui aos processos de construção do conhecimento constitui um ingrediente essencial dessa diversidade.

O primeiro dos ambientes que queremos apresentar é *BioWorld* (Lajoie et al., 2001). O *BioWorld* é uma ferramenta baseada em uma aproximação PBL projetada para contribuir com o desenvolvimento do raciocínio de estudantes de Biologia. A proposta simula um hospital onde os alunos aprendem a partir de casos clínicos de pacientes dos quais conhecem os sintomas, que devem ser interpretados corretamente para poder fazer um diagnóstico. Assim, o conhecimento declarativo que os alunos possuem sobre doenças é levado à prática resolvendo um problema "real": diagnosticar uma doença em um ambiente hospitalar simulado. O objetivo fundamental não é ensinar Medicina, mas proporcionar oportunidades para que os alunos de Biologia possam raciocinar de maneira científica a partir dos dados disponíveis no ambiente. Tal ambiente é projetado para promover a pesquisa sistemática e o desenvolvimento do raciocínio fundamentado: os alunos devem, primeiro, formular uma hipótese sobre a doença de um paciente de acordo com os sintomas propostos no caso, indicando seu grau de confiança na hipótese que apresentam, e depois recolher dados que permitam avaliar a hipótese.

As principais ferramentas que o sistema põe à disposição do aluno ao longo do processo são as seguintes:

- O cenário de partida, que é configurado pela informação inicial (conjunto de sintomas, elementos da história clínica ou antecedentes do paciente, etc.) a partir da qual o aluno pode apresentar sua hipótese. A informação incluída nesse cenário pode ou não ser relevante para o diagnóstico.
- Uma biblioteca virtual em que o aluno pode ter acesso a informação médica sobre terminologia, doenças e sintomas.
- O "diagrama do paciente", no qual o aluno pode solicitar que sejam realizadas diversas provas diagnósticas e conhecer os resultados destas. Em conjunto, o cenário inicial, a biblioteca e o diagrama do paciente oferecem ao aluno a informação necessária para que ele possa construir seus argumentos e fundamentar suas hipóteses.
- A "paleta de evidências", uma ferramenta projetada para tornar visível o processo de argumentação e para ajudar o aluno a supervisionar seu próprio processo de raciocínio. Nessa paleta, as ações e evidências que o aluno executa e coleta vão sendo armazenadas e permanecem visíveis; a recompilação opera, por um lado, como um dispositivo de memória externa que ajuda o aluno a ter sempre à vista o conjunto das evidências acumuladas e, por outro lado, funciona como um dispositivo metacognitivo que permite refletir sobre o processo seguido.
- O "medidor de crença", que permite ao aluno indicar em cada momento seu grau de confiança na hipótese que está propondo.
- A "paleta de argumentação", utilizada para que o aluno elabore um relatório uma vez que a doença do paciente tenha sido corretamente identificada,

justificando a hipótese proposta e organizando as evidências nas quais ele se apoiou em função do tipo de informação que estas proporcionaram e do seu grau de relevância para a confirmação da hipótese. Uma vez realizado este relatório, o aluno poderá contrastá-lo com um relatório similar, proporcionado pelo sistema e elaborado por um especialista.

O projeto de *BioWorld* baseia-se fundamentalmente nas teorias do processamento humano de informação e está dirigido a dar suporte a diversos processos cognitivos (memória, raciocínio, metacognição) envolvidos na resolução de problemas em um domínio específico. Ele constitui um ambiente de aprendizagem individual, embora também possa ser usado com o auxílio de um tutor e conte com uma opção para fazer consultas *on-line* com especialistas; ou seja, não foi pensado para apoiar ou promover processos de interação ou colaboração com outros sujeitos. O suporte para o aluno vem das ferramentas incluídas no sistema e repousa na capacidade deste para compreender e administrar as evidências que recebe no espaço destinado a isso, assim como em sua reflexão final sobre o processo seguido, que deve ajudá-lo a tirar conclusões para melhorar seu processo de análise de casos futuros e facilitar a utilização do que aprendeu em novas demandas de diagnóstico. Neste sentido, o *BioWorld* constitui um bom exemplo das versões mais individualistas, tributárias do construtivismo cognitivo e endógeno, dos ambientes virtuais CBL e PBL.

A ênfase no apoio aos processos cognitivos envolvidos na análise e resolução de casos de *BioWorld* também está presente em *eCASE* (Papadopoulos et al., 2006), um ambiente virtual genérico de apoio a processos CBL em diversos domínios, atualmente em processo de desenvolvimento no âmbito da rede europeia *Kaleidoscope*. Em *eCASE*, os casos são apresentados ao estudante narrativamente, seja por texto ou por outros meios. A resolução de cada caso exige que o estudante responda a uma série de questões específicas. Para tanto, deve seguir previamente um processo de exploração guiada por outros casos, ou fragmentos de casos, que compartilham determinados elementos com o caso que está sendo trabalhado. Nesta exploração, o aluno deverá resolver, por sua vez, certas tarefas, organizadas conforme uma determinada pauta, ou roteiro, estabelecida com o fim de ativar diferentes processos cognitivos (observação, recordação, raciocínio) relevantes para a resolução do caso. A estrutura do ambiente facilita que o mesmo fragmento de caso possa ser utilizado em diferentes processos de exploração, e garante que cada fragmento ilustre um fator relevante para a resolução do caso. Em seu estado atual de desenvolvimento, o *eCASE* apoia processos de aprendizagem de caráter essencialmente individual, com escassa presença do professor ou de outros alunos no processo. Contudo, seus autores já identificaram um possível aperfeiçoamento do sistema, com a incorporação de ferramentas que propiciem a discussão e o trabalho conjunto entre alunos, o que o transformaria em um ambiente CBL colaborativo.

Nosso exemplo seguinte, o ambiente *AMIGO3*, já inclui entre suas características diversos elementos que dão conta da importância dos ingredientes interpessoais, comunicacionais e sociais no processo de aprendizagem em ambientes virtuais CBL e PBL. O *AMIGO3* é uma arquitetura criada para o projeto modular flexível de cursos *on-line*; foi construído originalmente no contexto do ensino da Bioengenharia e tem sido aplicado no âmbito da formação do professorado (The PT3 Group at Vanderbilt, 2003). O sistema foi inspirado em propostas anteriores do mesmo time de pesquisadores, como a da instrução ancorada e a de *STAR.Legacy*, e adota como marco teórico o modelo *How People Learn* ["Como as pessoas aprendem", HPL]. O modelo HPL (Nacional Research Council, 2000) possui base em um amplo conjunto de ideias teóricas e em resultados empíricos sobre os processos de ensino e aprendizagem, e aponta quatro dimensões críticas para a aprendizagem (Harris, Bransford e Brophy, 2002):

1. o foco no aprendiz, de maneira que o ensino é adaptado em função do conhecimento, das experiências e das ideias prévias dos estudantes;
2. o foco no conhecimento, de forma que a instrução enfatiza aquilo que os estudantes devem aprender, assim como a forma como esse conhecimento é estruturado e pode ser aplicado em diversos contextos;
3. o foco na avaliação, de maneira que a instrução oferece oportunidades frequentes para controlar e receber informação sobre o avanço em direção aos objetivos de aprendizagem pretendidos; e
4. o foco na comunidade, de forma que a instrução promova a aprendizagem e a construção compartilhada de conhecimento na interação com outras pessoas em diversas comunidades (a sala de aula, a comunidade profissional, etc.).

O sistema AMIGO3 permite implementar um tipo de instrução ancorada em desafios que os estudantes devem enfrentar, os quais convidam à pesquisa, oferecem oportunidades para a avaliação e a revisão contínuas e podem ser introduzidos de maneira modular. Em seu nível mais básico, o sistema possui uma base de recursos (elementos) genéricos, como fragmentos de áudio e vídeo, simulações, textos, pautas de avaliação, etc. Tais elementos combinam-se para formar módulos, que são as unidades pedagógicas básicas do sistema. Os módulos podem, por sua vez, combinar-se para formar unidades ou temas, e estes, para configurar cursos específicos.

Cada módulo organiza o processo de ensino e aprendizagem de acordo com um ciclo de indagação que usa um desafio como âncora (o modelo *STAR.Legacy*). Este ciclo inclui uma série de passos ou tipos de atividades que pretendem facilitar a resolução de problemas e o pensamento crítico:

a) O ciclo começa pela colocação de um desafio inicial, apresentando de maneira narrativa e por meio de um vídeo de curta duração uma situação real na qual um profissional é confrontado com um problema específico. A situação apresentada destaca o conhecimento que o estudante deve adquirir no final do ciclo e facilita a atribuição de sentido a este conhecimento por parte do aluno, que entende por que é relevante adquiri-lo.
b) A seguir, o estudante explora seu conhecimento prévio sobre a situação e gera respostas iniciais para esta. A exploração e apresentação dessas ideias se dá por meio de diversos tipos de formatos (perguntas curtas, provas de múltipla escolha, escritos breves) estabelecidos por quem conceitua o curso. As ideias do estudante podem ser publicadas para que possam ser comparadas com as de outros estudantes e são guardadas para ser possível compará-las, no final do ciclo, com os conhecimentos que tiverem sido elaborados.
c) Em seguida, os estudantes podem ter acesso a comentários de especialistas em áudio ou vídeo, fragmentos e amostras de atividades de aula, jogos interativos, textos, sugestões de expe-

riências ou atividades e outros materiais que permitem ampliar e contrastar suas ideias iniciais. Os materiais e atividades devem permitir que os estudantes confrontem diversas perspectivas sobre o problema inicial e identifiquem seus elementos e dimensões essenciais.

d) Posteriormente, os estudantes podem avaliar a si mesmos para comprovar quais aspectos devem continuar ampliando e estudando. Para isso, dispõem de perguntas, provas de múltipla escolha, jogos, etc., assim como da possibilidade de discutir com outros estudantes que estão enfrentando o mesmo desafio. A avaliação dos diversos produtos ou tarefas pode ser realizada automaticamente pelo sistema ou pelo professor. Fica entendido que os estudantes devem ir avançando e recuando entre este passo e o anterior até que sejam capazes de resolver adequadamente as questões apresentadas e abordar o desafio.

e) O fechamento do círculo de indagação implica em uma apresentação resumida, por parte dos estudantes, do conjunto do material trabalhado e do conhecimento essencial do módulo, assim como o contraste sistemático entre suas ideias iniciais e finais sobre o caso. Uma característica fundamental do fechamento é que os estudantes tornem públicas, em alguma medida, as ideias e conclusões que tenham elaborado ao longo do módulo, produzindo textos breves ou apresentações e formulando seus próprios desafios. A publicação dessas ideias pode ser dirigida aos professores e estudantes, que se encarregam de revisar e comentar as ideias de outro grupo, ou ao conjunto da turma.

A importância do aspecto social na aprendizagem também fica claramente refletida, de maneira ainda mais explícita, em nosso seguinte exemplo, o sistema *eSTEP* (Derry e The STEP Team, 2002; Steinkuehler et al., 2002; Chernobilsky et al., 2005). O *eSTEP* é um ambiente virtual PBL projetado para oferecer aos futuros professores a oportunidade de aprender conceitos relacionados com o ensino das ciências por meio da análise e da reelaboração colaborativa de sessões de aula apresentadas em vídeo. O eixo da atividade que os estudantes realizam é, portanto, a análise de casos por meio de conceitos relativos ao ensino e aprendizagem das ciências, e a aplicação destes conceitos para a qualificação do ensino nas aulas observadas. O ambiente foi projetado a partir de ideias e conceitos teóricos vindos da aprendizagem baseada em problemas, da perspectiva sociocultural de inspiração vygotskiana e da teoria da flexibilidade cognitiva.[1] A importância da colaboração para a aprendizagem, a relevância das ferramentas e o discurso como mediadores da aprendizagem, assim como a busca de formas de ensino que favoreçam ao máximo a interação entre o conhecimento disciplinar e o conhecimento prático, são algumas das ideias-chave que inspiram o sistema. O ambiente possui três componentes que medeiam a aprendizagem dos estudantes: a *Knowledge Web*, um hi-

---

[1] A teoria da flexibilidade cognitiva (Spiro et al., 1987; Spiro et al., 1992) estuda a aprendizagem em domínios complexos e pouco estruturados. A teoria postula que a característica fundamental que define os especialistas neste tipo de domínio é a capacidade de reestruturar de formas muito diversas seu conhecimento em resposta às características, fortemente mutáveis e singulares, das situações e problemas que enfrentam. Para atingir essa "flexibilidade cognitiva", o ensino deve proporcionar múltiplas representações dos conteúdos e ser baseado na apresentação de múltiplos casos para um mesmo conceito em contextos diversos.

pertexto com conceitos e ideias sobre a aprendizagem das ciências, a biblioteca de casos em vídeo e o módulo de aprendizagem baseado em problemas.

A *Knowledge Web* (KW) coleta informações sobre diversos conceitos relativos ao ensino e à aprendizagem das ciências, organizadas a partir de "famílias" inter-relacionadas (por exemplo, teoria cognitiva, teoria sociocultural e ideias transversais entre teorias). Por sua vez, cada família é organizada em ramos e sub-ramos (por exemplo, a família da "teoria cognitiva" inclui dois ramos principais: processamento de informação e teoria evolutiva-sociocognitiva). A estrutura é, portanto, em seus níveis superiores, de natureza hierárquica, concebida como um auxílio à navegação pela página, que facilita a aprendizagem inicial e previne a desorientação no hipertexto, oferecendo ao estudante em cada momento um contexto sobre a família e o ramo teórico a que pertence uma determinada ideia. Ao mesmo tempo, a navegação pela página permite, a partir de qualquer ponto, passar para ideias ou conceitos mais gerais, ideias ou conceitos do mesmo nível e ideias ou conceitos mais específicos. As páginas da KW estão relacionadas com a biblioteca de casos, de modo que, a partir daquela, é possível ter acesso a fragmentos curtos de vídeo (partes ou segmentos dos casos) que ilustram exemplos ou situações que podem ser facilmente interpretados ou vinculados às ideias e conceitos teóricos (Derry e The STEP Team, 2002).

O segundo componente é uma biblioteca de casos em formato de vídeo com exemplos de aulas reais. A discussão em torno desses casos, que objetivam melhorar os processos de ensino nas aulas, constitui o eixo do processo formativo proposto. Cada caso é composto por, aproximadamente, 15-20 minutos de vídeo editado, juntamente com materiais suplementares, tais como comentários do professor, exemplos do trabalho dos alunos, programações da aula, informação do contexto da escola, resultados de provas de avaliação, etc. A maioria dos casos reflete práticas de sala de aula cujos elementos podem ser revisados ou melhorados, embora outros elementos também possam ser adotados como exemplos de "boas práticas". O material em vídeo de cada caso é dividido em segmentos curtos ou "minicasos", de forma que cada caso possui uma coleção de minicasos apresentados de acordo com uma narrativa de conjunto. Ao mesmo tempo, os minicasos podem ser utilizados de maneira independente em determinados momentos do processo de ensino e aprendizagem; por exemplo, para ilustrar determinados conceitos teóricos ou para explorar formas relacionadas de atuação do professor em outros casos.

O terceiro componente do sistema é o módulo virtual de aprendizagem baseado em problemas. O módulo pode ser utilizado para apoiar tanto processos de ensino e aprendizagem completamente virtuais quanto processos híbridos. Em ambas as situações, os estudantes trabalham sob a guia de um facilitador e devem completar e entregar diversos produtos individuais e grupais, assim como documentos relacionados a diferentes fases do processo instrucional. O ambiente virtual coleta e mostra dados sobre o rendimento do estudante e permite um acompanhamento detalhado do trabalho, tanto individual quanto em um pequeno grupo. Tipicamente, uma atividade instrucional desenvolvida com o módulo inclui três fases: uma fase de estudo e preparação individual, uma fase de trabalho em um pequeno grupo e uma fase em que individualmente cada estudante analisa, amplia e reflete sobre o trabalho em grupo e sobre a aprendizagem obtida pessoalmente, a partir desse trabalho. As fases articulam-se virtualmente por meio de uma série de passos. O número de passos e as atividades requeridas podem variar dentro de certos parâmetros, em função das características do problema e de acordo com o professor que projeta o curso. A título de exemplo, um formato típico propõe nove passos:

1. contato inicial com o problema;
2. análise inicial do problema e primeiras propostas;
3. comparação com as análises e propostas iniciais de outros estudantes;
4. estabelecimento dos objetivos (para a aula que deve ser reelaborada);
5. planejamento de atividades didáticas apropriadas para os objetivos estabelecidos;
6. elaboração do produto grupal final;
7. explicação e análise individual do produto;
8. reflexão individual sobre o que foi aprendido; e
9. valorização individual do curso e do ambiente virtual (Derry e The STEP Team, 2002).

O módulo dispõe, também, de diversas ferramentas que "articulam" o trabalho individual e em grupo dos estudantes de acordo com um formato de aprendizagem baseado em problemas. Entre elas cabe destacar três (Steinkuehler et al., 2002). A primeira é "Meu bloco de notas", um espaço no qual os estudantes resolvem as tarefas individuais incluídas na sequência instrucional. O bloco é organizado a partir de um conjunto de páginas que correspondem às diferentes atividades individuais (por exemplo, a análise inicial do problema ou a reflexão sobre o que foi aprendido). Cada página é organizada de acordo com um determinado modelo que articula a atividade a ser realizada. A segunda ferramenta é um espaço assíncrono de discussão em um pequeno grupo que tenha uma organização hierárquica que facilite o estabelecimento de cadeias de discussão estruturadas. A terceira ferramenta é o "Relatório de Grupo", um espaço para registrar os acordos e argumentos que o grupo vai estabelecendo ao longo do processo de discussão. Esse relatório tem uma organização estruturada em colunas que permite, por exemplo, mostrar o acordo alcançado ou a compreensão conjunta estabelecida, sua justificativa e suas fontes de referência de apoio. Considera-se que o uso conjunto do espaço de discussão e do "Relatório de Grupo" favorece a produtividade das discussões do grupo.

Os diferentes exemplos apresentados até agora têm em comum a característica de serem ambientes virtuais especificamente projetados para o trabalho com metodologias CBL ou PBL. Contudo, também é possível desenvolver processos de ensino e aprendizagem baseados nessas metodologias com ambientes virtuais de aprendizagem de propósito geral, eventualmente incorporando ferramentas ou recursos adicionais que singularizem o ambiente em função das características concretas do processo instrucional em questão.

Nossa própria experiência em planejamento e desenvolvimento de ambientes híbridos em CBL permite ilustrar este tipo de postura (Coll, Mauri e Onrubia, 2006). Nossa utilização de ambientes virtuais CBL é dirigida ao ensino universitário, mais concretamente ao ensino de questões relacionadas com a Psicologia da Educação para futuros professores e estudantes de Psicologia. Em nossa abordagem, uma disciplina é dividida em um número reduzido de blocos temáticos organizados em torno da análise e resolução de um caso. A resolução de cada caso segue uma série de etapas que se concretizam de maneira flexível e que incluem, minimamente, uma análise inicial do caso feita pelos estudantes; a realização de atividades dirigidas à apropriação abrangente de informação conceitual relevante, para melhorar a análise inicial; reanalisar o caso a partir da nova informação; e a comparação entre esta nova análise e a análise inicial. O processo consiste no trabalho colaborativo em pequenos grupos de estudantes e combina diferentes tipos de atividades:

- compreensão da informação conceitual e análise do caso;
- ações individuais, em um pequeno grupo e com o conjunto da turma;
- ações presenciais e virtuais;
- ações obrigatórias e opcionais.

O acompanhamento e a tutorização personalizada do professor ao longo do processo, assim como a constante avaliação formativa e formadora do trabalho e do progresso dos alunos, são considerados essenciais para o bom desempenho do sistema e para a aprendizagem resultante.

As TIC participam das diversas fases do processo por meio do uso de uma sala de aula virtual *Moodle* – um ambiente virtual de ensino e aprendizagem de código aberto e elaborado sob princípios de inspiração socioconstrutivista[2] – e de programas de apoio a tarefas específicas como, por exemplo, a elaboração de mapas conceituais. O uso dessas ferramentas é orientado, fundamentalmente, para quatro objetivos:

1. apoiar os processos de trabalho colaborativo por parte dos alunos em pequenos e grandes grupos;
2. oferecer aos alunos ferramentas de apoio ao autoacompanhamento e à autorregulação do seu processo de trabalho e aprendizagem, individual e em grupo;
3. apoiar a realização, por parte dos alunos, de tarefas específicas, como glossários ou mapas conceituais;
4. facilitar o acompanhamento e a tutorização personalizada por parte do professor, o oferecimento de auxílios específicos e contingentes (*just-in-time*) e processos de avaliação formativa. Em todos os casos, os usos das ferramentas são adaptados em função dos objetivos educacionais perseguidos e das características globais do ambiente de ensino e aprendizagem. Assim, o que se pretende é garantir que, de acordo com a ideia de um modelo híbrido de ensino e aprendizagem, essas ferramentas sejam utilizadas somente enquanto puderem oferecer algum tipo de "valor agregado" às possibilidades da interação presencial face a face.

PLANEJAMENTO E DESENVOLVIMENTO DE AMBIENTES VIRTUAIS CBL E PBL

Alguns critérios para projeto e desenvolvimento de ambientes virtuais CBL e PBL

O projeto e o desenvolvimento de processos virtuais CBL ou PBL exige tomar decisões tanto de caráter tecnológico (quais ferramentas tecnológicas serão adotadas ou projetadas para apoiar o processo) quanto de caráter instrucional. No que concerne aos aspectos tecnológicos, as "ferramentas" ou "ambientes virtuais" utilizados devem permitir, promover e sustentar formas de organização da ativi-

---

[2] Ver Capítulo 13 para mais detalhes.

dade conjunta que possam contribuir para a regulamentação do processo de aprendizagem e de construção do conhecimento por parte do aluno, individualmente e em grupo, assim como para a construção de conhecimento significativo, relevante, pertinente e complexo. Isso supõe considerar, entre outros aspectos, as possibilidades que as ferramentas escolhidas oferecem para:

- Administrar o tempo e o espaço virtual acadêmico.
- Ter acesso a, e apresentar, casos e problemas complexos.
- Ter acesso a, e apresentar, os conteúdos de aprendizagem em que estão fundamentados os casos ou problemas.
- Incluir materiais multimídia e hipermídia nos casos ou problemas e na apresentação dos conteúdos de apoio voltados ao seu estudo e abordagem.
- Aprofundar a representação inicial do caso ou problema e progredir na sua exposição.
- Autorregular a aprendizagem e a construção do conhecimento, individualmente e em grupo.
- Comunicar-se e colaborar em processos de solução de problemas e de construção do conhecimento.
- Acompanhar, avaliar e tutorizar de maneira detalhada, processual e personalizada os alunos, individualmente e em grupo.

No que se refere aos aspectos instrucionais, o objetivo deve ser promover, apoiar e guiar o desenvolvimento de formas de organização conjunta capazes de facilitar a regulamentação do processo de aprendizagem e de construção do conhecimento por parte do aluno, individualmente e em grupo, assim como a construção de conhecimento significativo, relevante, pertinente e complexo. Para isso, convém apoiar-se em critérios como os seguintes:

- Adotar uma perspectiva teórica construtivista e sociocultural como referencial do projeto do processo de ensino e aprendizagem baseado em modelos CBL ou PBL.
- Incluir entre os objetivos educacionais aqueles referentes às seguintes competências:

  - de construção de um conhecimento de base ampla, que seja flexível e complexo;
  - de autorregulação da aprendizagem e do processo de construção do conhecimento;
  - de colaboração na construção do conhecimento.

- Caracterizar os conteúdos de aprendizagem com base nos seguintes critérios:

  - decidir sua organização em torno de unidades globais de análise ou estudo de casos, ou ainda problemas reais ou "realistas";
  - organizar seu sequenciamento de acordo com redes de significados articuladas e progressivamente complexas;
  - garantir que respondam a uma tipologização variada (conceitos, procedimentos e atitudes) e tenham uma procedência multidisciplinar;
  - selecionar formas de apresentação que favoreçam a atribuição de significado e sentido à aprendizagem.

- Potencializar as características dos materiais que apoiam a apresentação dos conteúdos por meio da utilização de formatos e linguagens variados.
- Projetar atividades de ensino e aprendizagem que:

  - incluam tipos variados de atividades (por exemplo, atividades de identificação, de representação e de descrição do caso ou problema

a partir da informação disponível e dos conhecimentos prévios dos estudantes; atividades de discussão ou debate sobre o problema, orientadas à geração de explicações ou soluções iniciais possíveis e à identificação de necessidades de aprendizagem dos estudantes; atividades dirigidas a modificar a representação inicial do problema, a reorganizar as explicações iniciais e a modificar, caso isso proceda, a representação individual e compartilhada dos objetivos de aprendizagem e o seu grau de consenso; atividades dirigidas a ampliar, aprofundar e fazer avançar o conhecimento do caso ou problema; atividades de compartilhamento dos resultados do estudo e, em seu caso, das dúvidas e incompreensões);
- sequenciem as atividades de aprendizagem tomando como referência as fases de estudo do caso ou problema;
- adotem uma organização social variada das atividades, de acordo com as necessidades de aprendizagem, alternando, como critério geral, as atividades individuais e grupais;
- atribuam um papel prioritário ao professor como mediador da atividade construtiva individual e de grupo dos alunos, concretizando esse papel em cada uma das atividades e momentos do processo de acordo com critérios dirigidos a potencializar e garantir o ajuste do suporte educacional;
- aproveitem as possibilidades da interação entre alunos como fonte de auxílio educacional adequado.

■ Projetar atividades de avaliação que:

- primem pela função pedagógica da avaliação, contribuindo para regular, orientar e melhorar os processos de ensino e aprendizagem e os resultados obtidos;
- garantam a obtenção das evidências necessárias para se estabelecer o grau de sucesso de alcance dos objetivos;
- tenham organização social variada;
- reforcem o papel do professor como mediador na atividade construtiva do aluno no começo, durante e no final do processo de ensino e aprendizagem, favorecendo, assim, seu acompanhamento e valorização, além de seus resultados e a adoção de medidas que visem melhorar uns e outros.

Desafios e perspectivas dos modelos CBL e PBL em ambientes virtuais

O projeto e desenvolvimento de uma proposta baseada em critérios como os que aqui foram assinalados supõe enfrentar uma série de desafios, entre os quais cabe destacar os seguintes: garantir a construção, por parte do aluno, de redes de significado abrangentes e articuladas; ajustar as ajudas educacionais do professor, colocando-as a serviço dessa construção; e aprofundar a caracterização do papel dos outros alunos na construção do conhecimento. Do ponto de vista do projeto, uma aposta nessas características supõe, por um lado, selecionar, sequenciar e organizar as competências que se pretende desenvolver, assim como relacionar estas com os diversos tipos de conteúdos de aprendizagem; por outro lado, supõe selecionar, sequenciar e organizar adequadamente os casos e problemas que melhor possam estar relacionados com as competências e conteúdos escolhidos. Do ponto de vista do desenvolvimento, exige um acompanhamento e valorização do que foi aprendido, de modo que evite importantes lacunas de conhecimento, e momentos de resumo, síntese e recapitulação, que permitam relacionar o que foi aprendido em diferentes casos e problemas, facilitando sua compreensão. O trabalho em equipe do professorado é indispensável para desenvolver uma proposta com essas características.

Por outro lado, a importância concedida aos iguais na aprendizagem e na construção do conhecimento destaca até que ponto as propostas de ensino e aprendizagem virtuais CBL e PBL podem ser enriquecidas com ferramentas, propostas e ideias provenientes do âmbito da aprendizagem colaborativa assistida por computador (*Computer Supported Collaborative Learning – CSCL*). Como é assinalado no Capítulo 10 desta obra, o conjunto das pesquisas incluídas no campo do CSCL compartilham o interesse comum por compreender como as TIC podem facilitar o aparecimento e o desenvolvimento de processos colaborativos em situações de ensino e aprendizagem e como os ambientes de aprendizagem colaborativa assistida por computador podem melhorar a interação, o trabalho em grupo e os resultados do processo de aprendizagem dos participantes. Assim, conforme os ambientes de CBL e PBL evoluam para versões menos individualistas e mais colaborativas, ambas as áreas de trabalho e de pesquisa, CBL e PBL, além do CSCL, apresentam evidentes pontos de contato, podendo beneficiar-se e retroalimentar-se mutuamente.

REFERÊNCIAS

Barrows, H. S. e Tamblyn, R. M. (1980). *Problem based learning: An approach to medical education*. New York: Springer.

Barrows, H. S. (1996). Problem-based learning in medicine and beyond: A brief overview. Em L.Wilkerson & W. H. Gijselaers (Eds.), *Bringing problem-based learning to higher education: Theory and practice* (pp. 3-12). San Francisco: Jossey-Bass.

Barrows, H. S. (2000). *Problem-Based Learning Applied to Medical Education*. Springfield: Southern Illinois University Press.

Chernobilsky, E., Nagarajan, A. e Hmelo-Silver, C. E. (2005). Problem-based learning online: multiple perspectives on collaborative knowledge construction. *2005 Conference on Computer Supported Collaborative Learning: Learning 2005: the Next 10 Years!* (Taipei, Taiwan, May 30 – June 04, 2005).

Coll, C.; Mauri, T.; Onrubia, J. (2006). Análisis y resolución de casos-problema mediante el aprendizaje colaborativo. Revista de Universidad y Sociedad del Conocimiento, 3 (2). Consultado (08.09.2007) em: http://www.uoc.edu/rusc/3/2/dt/esp/coll_mauri_onrubia.html

Derry, S. J. e The STEP Team. (2002). ESTEPWeb.org: A Case of Theory-based Web Course Design. En A. O'Donnell & C. Hmelo (Eds), *Collaboration, Reasoning and Technology* (pp. 148-163). Mahwah, NJ: Erlbaum.

Díaz, Barriga, F. (2006). *Enseñanza situada. Vínculo entre la escuela y la vida*. México: Mc Graw Hill.

Dewey, J. (1938). *Experiencia y Educación*. Buenos Aires: Losada.

Harris, T. R., Bransford, J. D. e Brophy, S.P. (2002). Roles for learning sciences and learning technologies in biomedical engineering education: A review of recent advances. *Annual Review of Biomedical Engineering*, 4, 29-48.

Hmelo-Silver, C. E. (2004). Problem-Based Learning: What and how do students learn? *Educational Psychology Review*, 16 (3), 235 – 266.

Kilpatrick, W.H. (1918). The project method. *Teachers College Record*, *19*, 319 – 334. Consultado (08.09.2007) em: http://www.tcrecord.org/Content.asp?ContentID=3606.

Lynch, C.L.; Wolcott, S.K. e Huber, G.E. (2000). Tutorial for optimizing and documenting open-ended problem solving skills. Consultado (08.09.2007) em: http://www.wolcottlynch.com/tutorial/tutintro.html.

Lajoie, S.P; Lavigne, N.C.; Guerrera, C. e Munsie, S.D. (2001). Constructing knowledge in the context of BioWorld. *Instructional Science, 29*, 155 – 186.

Martinez, A. e Musitu, G. (Eds.) (1995). *El estudio de casos para profesionales de la acción social*. Madrid: Narcea.

Mauri,T., Coll, C., Colomina, R., Mayordomo, R. e Onrubia, J. (2004). Redefiniendo las condiciones de la metodología de análisis de casos para ajustar la ayuda pedagógica al alumno. Una experiencia de innovación educativa mediada por las TIC. *IV Congreso Internacional de Docencia Universitaria e Innovación*. Girona, España. Consultado

(17.10.2007) en: http://www.ub.edu/grintie/ GRINTIE.

National Research Council. 2000. *How people learn: Brain, mind, experience, and school (expanded edition)*. Washington, DC: National Academy Press. Consultado (08.09.2007) em: http://www.nap.edu/openbook.php?isbn=0309070368.

Papadopoulos, P. M., Demetriadis, S. N., Stamelos, I. G. e Tsoukalas (2006). Online Case-Based Learning: Design and Preliminary Evaluation of the eCASE. Environment. *Proceedings of the Sixth International Conference on Advanced Learning Technologies (ICALT'06)* (pp. 751-755). Washington DC: IEEE Computer Society.

Steinkuehler, C.A., Derry, S.J., Woods, D.K. e Hmelo-Silver, C.E. (2002). The Step Environment for Distributed Problem-Based Learning on the World Wide Web. En G. Stahl (Ed.), *Computer Support for Collaborative Learning: Foundations for CSCL community* (pp. 227 – 236). Hillsdale, NJ: Erlbaum.

Spiro, R.J., Feltovich, P.J., Jacobson, M.J., e Coulson, R.L. (1992). Cognitive flexibility, constructivism and hypertext: Random access instruction for advanced knowledge acquisition in ill-structured domains. En T. Duffy & D. Jonassen (Eds.), *Constructivism and the Technology of Instruction* (pp. 57-76). Hillsdale, NJ: Erlbaum.

Spiro, R. J., Vispoel, W. L., Schmitz, J. G., Samarapungavan, A., e Boerger, A. E. (1987). Knowledge acquisition for application: cognitive flexibility and transfer in complex content domains. En B.C. Britton & S. Glynn (Eds.), *Executive Control Processes in Reading* (pp. 177-2000). Hillsdale, N. J.: Lawrence Erlbaum Associates.

The PT3 Group at Vanderbilt. (2003). Three AMIGOs: Using "Anchored Modular Inquiry" To Help Prepare Future Teachers. *Educational Technology Research and Development, 51 (1)*, 105 – 123.

Throp, L. e Sage, S. (1998) *El aprendizaje basado en problemas. Desde el jardín de infantes hasta el final de la escuela secundaria*. Buenos Aires: Amorrortu Editores.

Wilkerson, L. e Gijselaers, W. H. (Eds.) (1996). *Bringing Problem-Based Learning to Higher Education: Theory and practice*. San Francisco: Jossey-Bass.

Woods, D. (1985). Problem based learning and problem solving. En D. Boud (Ed.), *Problem based learning for the professions* (pp.19-42). Sydney: HERDSA.

Wood, D. F. (2003) ABC of learning and teaching in medicine. Problem Based Learning. Consultado (08.09.2007) em: http://www.bmj.com/cgi/content/full/326/7384/328.

Zimmerman, B.J. e Tsikalas, K.E. (2005). Can Computer – Based Learning Environements (CBLES) be used as self regulatory tools to Enhance Learning? *Educational Psychologist, 40* (4), 267-271.

GLOSSÁRIO

Aprender fazendo *(learning by doing)*. John Dewey (1859-1952) apresenta a proposta de "aprender fazendo" ou "aprender com a experiência" como uma alternativa para as teorias e práticas pedagógicas da escola tradicional. Diante do academicismo e do autoritarismo dessas práticas, Dewey propõe uma educação democrática, científica, pragmática e progressiva em que o currículo seja construído em torno de experiências significativas para os alunos, organizadas em torno de atividades propositivas que adotem tipicamente a forma de projetos. O estabelecimento de vínculos estreitos entre a sala de aula e a comunidade, a escola e a vida, assim como a importância da reflexão, da discussão e da conceitualização e reconceitualização da experiência são elementos centrais desta abordagem.

Aprendizagem autodirigida *(self-directed learning)*. Nos modelos mais comuns de ensino, o professor determina os objetivos, os conteúdos e as atividades de ensino e aprendizagem que os alunos devem desenvolver. Na aprendizagem autodirigida, por outro lado, o estudante é o encarregado de detectar suas próprias necessidades de aprendizagem, formular os objetivos de aprendizagem que pretende alcançar, selecionar e procurar os meios, estratégias e recursos para atingir esses objetivos e avaliar os resultados obtidos, enquanto o professor atua como um facilitador e como um recurso a mais entre aqueles que o estudante utiliza ao longo do processo.

Aprendizagem baseada em casos (CBL). Um caso apresenta uma situação, acontecimento ou problema com a finalidade de confrontar os estudantes com experiências complexas. O caso é apresentado sob forma de narrativa ou história e pode ser tomado diretamente da vida real ou ser elaborado especificamente com caráter "realista" para fazer parte de uma determinada proposta instrucional. O objetivo é que os alunos se envolvam ativamente na elaboração de propostas de análise do caso e, algumas vezes, na geração de soluções possíveis, válidas ou alternativas. O que se pretende é que os alunos experimentem a complexidade, a incerteza, a ambiguidade ou as contradições que quase sempre acompanham a análise e a tomada de decisões nas situações reais.

Aprendizagem baseada em problemas (PBL).
Uma das premissas básicas desta proposta é que a experiência de ensino e aprendizagem seja vertebrada em torno da explicação, indagação e reformulação ou resolução de um problema que apela diretamente para o interesse dos alunos. Outra ideia fundamental é que o trabalho entre alunos seja potencializado como instrumento para conseguir que cada um deles tenha acesso ao que precisa conhecer do problema e domine as competências necessárias para solucioná-lo. Assim, o processo de ensino e aprendizagem segundo o modelo PBL é feito em grupos pequenos que se responsabilizam pelo seu próprio aprendizado, administrando o próprio processo, identificando e relacionando metas e estratégias e dirigindo estas últimas para conseguir encontrar a solução do problema. O professor atua como facilitador ou guia do processo ao longo do ciclo de aprendizagem previsto.

RECURSOS

Universidad de Maastricht
http://www.unimaas.nl/pbl
O objetivo da página é servir como apoio para a comunicação e o estabelecimento de contatos nacionais e internacionais entre todos aqueles que trabalham ou estão interessados em PBL. Para isso, reúne todo tipo de recursos e facilita o acesso a estes a partir das seguintes entradas da página principal: publicações, cursos, vídeos, projetos educacionais, links de contato e redes internacionais sobre PBL. O leitor interessado poderá encontrar uma ampla bibliografia sobre pesquisa em PBL e sobre sua implementação em diferentes áreas acadêmicas. Até 2001, os diferentes títulos aparecem organizados por ordem alfabética de autor. Após esta data, devido ao extraordinário aumento dos trabalhos neste campo, o acesso à bibliografia é feito por meio de um endereço de correio eletrônico. Também é possível o acesso direto às publicações e a alguns materiais elaborados pelos membros do Department of Educational Development and Research da Universidade.

A seção de links é muito interessante, dado que permite o acesso a diferentes listas sobre material de congressos, âmbitos de debate sobre PBL, instituições que implementam PBL, o que inclui universidades de todo o mundo, e exemplos de PBL.

Queen's University
http://meds.queensu.ca/pbl/
Inclui informação sobre o uso do modelo PBL na formação em Medicina e materiais diversos dirigidos a estudantes, tutores e, em geral, interessados em PBL como opção educacional alternativa. Algumas das seções de maior interesse disponíveis a partir da página principal são as seguintes:

- *PBL na prática,*
- *PBL no mundo e*
- *materiais que podem ser baixados.*

Existe um último espaço, Timeless Tips for PBL, que inclui uma ampla bibliografia e materiais publicados de diversos tipos.

A seção "PBL na prática" serve como introdução às características da opção educacional baseada em PBL, seus objetivos e as características do processo. Além disso, inclui um exemplo de PBL e enumera as responsabilidades do estudante e do tutor para o desenvolvimento adequado da metodologia. Também podemos encontrar informação e exemplos de avaliação da aprendizagem dos alunos em PBL. A totalidade do conteúdo anterior foi reunida em um manual que pode ser baixado a partir do menu, na seção "materiais para baixar", e é possível obter um resumo em formato .ppt desse material na mesma página.

PBL Directory
http://interact.bton.ac.uk/pbl/index.php
A página é um diretório de usuários de PBL. Reúne informação sobre a prática de PBL em um amplo conjunto de países de todo o mundo com objetivo de facilitar o acesso à informação sobre cursos desenvolvidos em instituições em nível mundial e em disciplinas de diversos tipos. O visitante da página pode procurar informação entrando em cada uma das seguintes seções: país, instituições, disciplina e nome do usuário de PBL. É possível incluir a própria experiência no uso de PBL no diretório, preenchendo um amplo questionário.

The Aalborg Experiment. Project
Innovation in University Education
http://adm.aau.dk/fak-tekn/aalborg/engelsk/index.html
Livro eletrônico que descreve a experiência inicial da Universidade de Aalborg (Dinamarca), pioneira na aplicação de PBL no ensino de Engenharia. O livro inclui os resultados da avaliação dessa experiência.

10

Os ambientes virtuais de aprendizagem baseados no trabalho em grupo e na aprendizagem colaborativa

JAVIER ONRUBIA, ROSA COLOMINA E ANNA ENGEL

A aprendizagem em grupos colaborativos constitui um tema de enorme interesse para a pesquisa educacional e está gerando, especialmente nas últimas quatro décadas, uma grande quantidade de estudos e pesquisas. O interesse aumentou e foi ampliado nos últimos anos pelas elevadas expectativas colocadas no aperfeiçoamento da eficácia e na qualidade desse tipo de aprendizagem originadas com o uso das tecnologias da informação e da comunicação (TIC) – em particular, das redes telemáticas – as quais têm servido como apoio nos processos de trabalho e aprendizagem em grupo. Como resultado, desenvolveu-se uma comunidade de pesquisa especificamente interessada no que passou a ser chamado "aprendizagem colaborativa apoiada por computador" – *Computer Supported Collaborative Learning (CSCL)*.

Este capítulo pretende mostrar um panorama global do "estado da questão", no que se refere a este âmbito de estudo. Para isso, ele está organizado em quatro seções. A primeira delas tem como objetivo fazer uma breve resenha dos principais progressos obtidos na compreensão do papel da interação entre alunos como mediadora e promotora da aprendizagem em situações de interação presencial face a face, na ausência de tecnologia informática ou telemática; progressos que proporcionam uma ampla base teórica para o estudo da aprendizagem colaborativa apoiada por computador. A segunda seção faz uma apresentação global de CSCL como âmbito de estudo a partir de uma tripla perspectiva: histórica, conceitual e metodológica. A terceira seção apresenta uma visão global de alguns dos desenvolvimentos mais recentes no campo das ferramentas informáticas e telemáticas que possibilitam a criação de ambientes virtuais de apoio à aprendizagem grupal. Finalmente, a quarta e última seção faz um breve apanhado de algumas das contribuições atuais relacionadas com o estudo da interação entre alunos em ambientes virtuais, contribuições estas que ajudam a explicar os processos e mecanismos psicológicos que operam nesta interação e sua eficácia para a aprendizagem, assim como o papel modulador que pode exercer o professor no surgimento desses mecanismos.

TRABALHO EM GRUPO E APRENDIZAGEM COLABORATIVA

Dillenbourg e colaboradores (1996) sugerem diferenciar três paradigmas na evolução das pesquisas empíricas sobre a interação entre alunos em contextos presenciais: o "paradigma do efeito", o "paradigma das condições" e o "paradigma da interação". Tal distinção, que não se estabelece em função das teorias de referência nas quais estão baseados os estudos, e sim do número e do tipo de variáveis consideradas por eles, permite explicar, em grande medida e segundo os autores, a evolução histórica e conceitual dos trabalhos sobre interação entre alunos nas últimas décadas do século XX.

O *paradigma do efeito* tenta confirmar a suposição de que determinadas formas de organização social da sala de aula – e, especificamente, uma organização cooperativa – dão lugar, sempre e de maneira generalizada, a um melhor rendimento por parte dos alunos. Os resultados das pesquisas baseadas neste paradigma, dominante durante as décadas de 1970 e 1980, mostraram, contudo, que uma organização cooperativa pode, de fato, produzir melhores resultados de aprendizagem, mas que isso não ocorre em todos os casos nem de maneira automática. Essa constatação levou a um novo paradigma, o *paradigma das condições*, no qual os estudos passaram a concentrar-se em identificar as características das situações cooperativas que poderiam ser associadas a um melhor rendimento e aprendizagem por parte dos alunos. Entre as numerosas variáveis estudadas nestes trabalhos, destacam-se três grupos de fatores: a composição do grupo (tamanho, idade, gênero, heterogeneidade, etc.), as características da tarefa ou conteúdo de aprendizagem e a atuação do professor.

O *paradigma da interação* emerge a partir da tomada de consciência de que essas variáveis, fatores ou condições não têm efeitos simples na aprendizagem dos alunos, uma vez que interagem umas com as outras de forma complexa, de tal modo que é muito difícil estabelecer relações causais diretas entre elas e os efeitos da colaboração. A preocupação geral desses estudos passou a ser, então, desenvolver maneiras de aumentar a probabilidade de ocorrerem aqueles tipos de interação entre alunos com maior potencial do ponto de vista dos processos de construção conjunta de significados. O que neste caso se busca fazer é, por exemplo, aumentar a frequência dos conflitos cognitivos; fomentar as explicações elaboradas; apoiar a criação, manutenção e progresso da compreensão mútua; promover a tomada de decisões conjuntas sobre as alternativas e pontos de vista; promover a coordenação de papéis e o controle mútuo do trabalho, ou garantir a motivação necessária para que os alunos se envolvam em atuações realmente compartilhadas. Estruturar antecipadamente o processo de colaboração de maneira que favoreça o surgimento de interações produtivas entre os alunos – por exemplo, mediante determinados projetos, formatos instrucionais ou roteiros –, e que o professor regule, de maneira interativa ou retroativa, as interações efetivamente desenvolvidas pelos alunos ao longo do processo (Dillenbourg, 2002) são duas vias complementares que podem ser usadas para esse objetivo.

A tomada de consciência quanto à necessidade de centrar a análise nos próprios processos de interação que se desenvolvem entre os alunos levou, também, à necessidade de se esclarecer conceitualmente quando esses processos constituem uma autêntica "aprendizagem colaborativa". Neste sentido, amplia-se o número de autores que propõem a diferenciação entre a "*aprendizagem colaborativa*" e outras formas de aprendizado em grupo, particularmente a *aprendizagem cooperativa* (por exemplo, Dillenbourg et al., 1996; Lehtinen et al., 1999; Roschelle e Teasley, 1995). De acordo com esses autores, a aprendizagem cooperativa é essencialmente um processo de divisão do trabalho: os participantes concordam em ajudar uns aos outros em atividades dirigidas a atingir as metas individuais de cada pessoa. Por sua vez, na colaboração, cada membro do grupo contribui para resolver conjuntamente o problema; a colaboração depende, por isso, do estabelecimento de uma linguagem e de significados comuns no que diz respeito à tarefa, além de uma meta comum para o conjunto dos participantes. Em um momento determinado, o grupo pode, em um contexto colaborativo, lançar mão de uma estratégia de divisão do trabalho. Contudo, a forma como a tarefa é dividida e o sentido da divisão são diferentes em um e outro caso: no trabalho cooperativo, a coordenação limita-se ao momento de juntar os resultados parciais dos diferentes membros do grupo; o processo de colaboração supõe, por outro lado, nas palavras de Roschelle e Teasley (1995, p. 70), "uma atividade coordenada, sincrônica, que resulta de uma tentativa continuada de construir e de manter um conceito compartilhado a respeito de um problema".

A APRENDIZAGEM COLABORATIVA APOIADA POR COMPUTADOR (*COMPUTER – SUPPORTED COLLABORATIVE LEARNING – CSCL*)

A CSCL é definida como uma nova disciplina das ciências da educação que combina a noção de aprendizagem colaborativa com o potencial das TIC para apoiá-la. Como afirmam Stahl e colaboradores (2006), e tal como veremos nesta seção, uma declaração tão simples encobre uma considerável complexidade.

As duas grandes tradições que contribuíram para o desenvolvimento da CSCL são, por um lado, o conjunto das pesquisas sobre a interação entre alunos que já mencionamos na seção anterior e, por outro, a pesquisa sobre o trabalho colaborativo apoiado por computador – *Computer – Supported Collaborative Work (CSCW)*.[1]
A CSCL surge inicialmente, de fato, como um ramo do CSCW: algumas das ideias teóricas e das ferramentas informáticas desenvolvidas originalmente para facilitar o compartilhamento e as trocas de informação entre os grupos em contextos laborais foram aplicadas a situações de ensino e aprendizagem. Estas adaptações iniciais para o âmbito educacional tiveram tal impacto que, no outono de 1995, foi celebrada, na Universidade de Indiana (Estados Unidos), a Primeira Conferência Internacional sobre CSCL. O evento marcou o momento a partir do qual a CSCL é considerada uma área independente de estudo ou um paradigma emergente da tecnologia educacional (Koschmann, 1996). A partir desse momento, as conferências internacionais sobre CSCL têm ocorrido a cada dois anos em diversas sedes das Américas, da Europa e da Ásia. Os rápidos avanços nas tecnologias da comunicação registrados a partir da década de 1990, juntamente com um renovado interesse pela dimensão social da aprendizagem, fizeram com que, em um prazo relativamente curto de tempo, a CSCL passasse a ser uma abordagem instrucional popular em muitos níveis educacionais, muito especialmente na educação superior.

Contudo, o conjunto dos trabalhos que se enquadram sob o amplo guarda-chuva da CSCL apresenta tal variedade de marcos teóricos, de metodologias instrucionais e de pesquisa que se torna

---

[1] O conceito de "trabalho colaborativo apoiado por computador" – *Computer – Supported Cooperative Work*, CSCW – tem sua origem em 1984, ano em que, respondendo a uma iniciativa da empresa *Digital Equipment Corporation* e ao *Massachusetts Institute of Technology* (MIT), um grupo de desenvolvedores de *software* e pesquisadores de diversas áreas reuniram-se para explorar o papel da tecnologia em contextos profissionais de trabalho em grupo.

difícil generalizar de maneira clara seus resultados (Lipponen, 2002). Esta diversidade teórica e metodológica tem sua origem, pelo menos parcialmente, no caráter marcadamente multidisciplinar da CSCL, dado que podemos encontrar contribuições provenientes, entre outras disciplinas, da Psicologia, das Ciências da Educação, da Inteligência Artificial, da Sociologia ou da Linguística, e que às vezes são difíceis de compatibilizar. Para além deste caráter multidisciplinar, contudo, uma boa parte das controvérsias teóricas e metodológicas que encontramos neste âmbito de estudo está relacionada com questões conceituais de fundo, especialmente com a existência de diferentes maneiras de interpretar o próprio conceito de aprendizagem colaborativa. Sfard (1998) conceitualizou estas diversas interpretações em torno de duas metáforas amplas e irreconciliáveis, relevantes para a CSCL: a *metáfora da aquisição*, que considera a aprendizagem, incluída aquela que é feita em situações de colaboração, como uma questão de aquisição e armazenamento individual do conhecimento, e a *metáfora da participação*, segundo a qual a aprendizagem consiste na participação progressiva em comunidades de prática. Lipponen e colaboradores (2004) acrescentam uma terceira metáfora: a metáfora da *criação do conhecimento*, baseada na criação de novos objetos de conhecimento ou práticas sociais por meio da colaboração.

Adicionalmente, e de maneira até certo ponto coincidente com essas diferenças na forma de entender a noção de aprendizagem colaborativa, as contribuições psicoeducacionais reunidas sob o rótulo de CSCL apresentam aproximações e influências teóricas que mostram, também, uma notável diversidade. Mesmo sob o risco de cair em uma excessiva simplificação, cabe identificar duas grandes fontes nessas aproximações e influências: por um lado, a perspectiva cognitiva derivada dos trabalhos de Piaget e da Psicologia do Processamento da Informação; por outro, a perspectiva sociocultural derivada da obra de Vygotsky e seus seguidores. A partir de ambas as perspectivas, a aprendizagem colaborativa é conceitualizada como um processo de interação no qual se compartilham, negociam-se e constroem-se significados conjuntamente para solucionar um problema, criar ou produzir algo. Da mesma maneira, uma e outra destacam a importância da compreensão compartilhada pelos participantes. Contudo, ambos os enfoques diferem tanto em sua descrição dos mecanismos propostos como fundamento da influência social – conflito cognitivo entre iguais *versus* apoio de outros mais experientes – quanto sobre os processos por meio dos quais os indivíduos se beneficiam da relação social – interiorização da atividade individual externa *versus* apropriação pessoal da atividade compartilhada.

Por outro lado, nem todas as pesquisas atuais em CSCL podem ser facilmente situadas em uma dessas perspectivas e, às vezes, autores que se proclamam herdeiros da mesma perspectiva adotam enfoques que apresentam diferenças relevantes. Modelos teóricos particulares vinculados a uma ou outra perspectiva, ou que incorporam elementos de ambas, são, com frequência, os referenciais imediatos dos trabalhos nesse âmbito, entre os quais se contam enfoques como a cognição distribuída, a teoria da atividade, a aprendizagem situada ou o modelo *cognitive apprenticeship*. Para alguns autores, essa divergência de marcos teóricos e sua repercussão nas metodologias instrucionais e de pesquisa, assim como a falta de um consenso sobre o objeto de estudo, faz com que a CSCL ainda não possa ser considerada um paradigma científico estabelecido, embora permaneça a aspiração de que, no futuro, sejam desenvolvidas novas aproximações, de caráter mais integrado, que permitam caracterizá-la como tal (Lipponen, 2002; Stahl et al., 2006).

Também são diversas as maneiras de se utilizar a tecnologia para apoiar a aprendizagem colaborativa. Atualmente, a CSCL é frequentemente relacionada com ambientes virtuais de ensino e aprendizagem, mas o apoio do computador à aprendizagem não requer necessariamente a comunicação *on-line*. Crook (1994), em sua análise sobre como os computadores podem facilitar a aprendizagem colaborativa nas escolas, distingue entre interagir "em torno de" e "por meio de" computadores. A primeira proposta enfatiza o uso dos computadores como ferramentas que facilitam a comunicação face a face entre pares de estudantes ou pequenos grupos. Neste caso, a colaboração está centrada na construção ou exploração de simulações ou representações virtuais, e a comunicação entre os alunos e com o professor ocorre face a face. Por sua vez, os ambientes virtuais de CSCL são baseados nas possibilidades das TIC para combinar espaços de comunicação (tanto em tempo real quanto em tempo diferido, entre todos os participantes ou apenas entre alguns deles) e sistemas de gestão compartilhada de documentos (editores multiusuário, bases de documentos compartilhados, etc.) que, em conjunto, podem ser utilizados para dar suporte e apoiar processos de construção e elaboração conjunta do conhecimento.

Em qualquer caso, e para além desta diversidade, o conjunto das pesquisas que se incluem no campo da CSCL compartilha o interesse comum por compreender como as TIC podem facilitar o surgimento e o desenvolvimento de processos colaborativos em situações de ensino e aprendizagem e como os ambientes de aprendizagem colaborativa apoiada por computador podem melhorar a interação, o trabalho em grupo e, em última análise, otimizar os resultados do processo de aprendizagem dos participantes.

FERRAMENTAS TECNOLÓGICAS PARA A APRENDIZAGEM COLABORATIVA APOIADA POR COMPUTADOR EM AMBIENTES VIRTUAIS

O interesse despertado pela aplicação das redes telemáticas ao campo educacional, juntamente com a evolução dos avanços tecnológicos no campo das TIC (aumento da largura de banda, crescimento do número de usuários e provedores de internet, queda de preço dos equipamentos, etc.), promoveram o desenvolvimento de uma grande quantidade de ferramentas tecnológicas que podem ser utilizadas para apoiar a aprendizagem colaborativa *on-line*. A seguir, revisaremos algumas delas, agrupando-as em função de até que ponto foram projetadas especificamente para facilitar a colocação em prática de contextos de aprendizagem colaborativa.

Ambientes virtuais de ensino e aprendizagem

A cada dia há um maior número de instituições educacionais, especialmente universitárias, que implementam ambientes virtuais de ensino e aprendizagem para ministrar cursos completamente a distância ou de natureza mista – combinando ensino presencial e virtual. A primeira geração desse tipo de ambiente, baseada na distribuição de conteúdos de aprendizagem e na avaliação dos resultados dos estudantes por meio de provas objetivas, deu lugar a uma segunda geração, mais orientada para a comunicação entre os participantes e para o acompanhamento do processo de ensino e aprendizagem. Estas plataformas de ensino e aprendizagem ou "sistemas de gestão da aprendizagem" – *Learning Management Systems (LMS)* – integram os componentes necessários para a gestão dos materiais de aprendizagem, para a gestão dos participantes – incluídos os sistemas de acompanhamento e avaliação do progresso dos estudantes – e para a comunicação entre os participantes. Alguns dos exemplos mais conhecidos de plataformas comerciais desse tipo são *Blackboard* [http://www.blackboard.com] e *WebCT* [http://www.webct.com]. Após o desenvolvimento do *software* livre, algumas opções são *Moodle* [http://www.moodle.org], *Manhattan Virtual Classroom* [http://manhattan.sourceforge.net/] ou *Claroline* [http://www.claroline.net].

A maioria dessas plataformas incluem canais de comunicação síncronos e assíncronos, projetados com a finalidade de permitir uma comunicação unidirecional (por exemplo, um painel eletrônico), bidirecional (por exemplo, correio eletrônico), ou multidirecional (por exemplo, fóruns, *chats*, audioconferências, videoconferências, etc.). Estas ferramentas de comunicação possibilitam a realização de determinadas atividades de tipo colaborativo. Em algumas plataformas, a gama de recursos orientados a potencializar e facilitar a interação entre os participantes é muito variada, enquanto em outras é mais limitada.[2] De qualquer modo, estamos falando em ferramentas de propósito geral, que podem ser utilizadas colaborativamente, mas que não foram projetadas especificamente para facilitar ou promover o trabalho ou a aprendizagem colaborativos.

Ambientes virtuais que facilitam a colaboração

O termo *groupware*, contração das palavras *group* e *software*, é utilizado para falar de um tipo específico de programas utilizados pelos computadores e pelas redes telemáticas para proporcionar um espaço virtual compartilhado e de apoio ao trabalho em grupo. Esse tipo de tecnologia integra sistemas para facilitar a comunicação entre os membros do grupo (sendo, geralmente, uma combinação de canais assíncronos e síncronos), a organização e a coordenação das tarefas (gestão de um calendário conjunto, sistemas de gestão do fluxo de trabalho compartilhado, ou *workflow*, sistemas de suporte às decisões grupais, etc.) e espaços para compartilhar os conhecimentos (repositórios de conteúdo, sistemas de gestão de documentos, editores multiusuário para escrever documentos conjuntamente, criação de espaços de trabalho compartilhados entre alguns ou todos os participantes, etc.). Muitas dessas ferramentas, desenvolvidas originalmente no âmbito do CSCW para apoiar a colaboração entre profissionais, foram aplicadas ao âmbito educacional, como *Lotus Notes* [http://www.lotusnotes.com], *MS NetMeeting* [http://www.microsoft.com/windows/netmeeting] e, principalmente, *BSCW* [http://bscw.gmd.de].

O sistema BSCW – *Basic Support for Cooperative Work* –, cuja primeira versão data de 1996, é um dos mais conhecidos e utilizados. Sua utilização generalizada

---

[2] O leque de plataformas não apenas aumentou ao longo dos últimos anos como também é mais complexo devido às numerosas fusões, novas versões de produtos existentes e produtos novos. Para mais informações sobre as principais características e funcionalidades das diferentes plataformas, recomendamos consultar os trabalhos do GATE da Universidade Politécnica de Madri [http://www.gate.upm.es] e o trabalho iniciado pelo Dr. Landon e o *Centre for Learning Technologies* (CLT), atualmente dirigido pela *Western Cooperative for Educational Telecommunications* (WCET) [http://www.edutools.info]. Ver, também, o Capítulo 13 desta obra.

deve-se principalmente à sua compatibilidade com diversas plataformas, à sua interface disponível em múltiplos idiomas – entre eles o espanhol –, à disponibilidade de recursos de apoio (manuais, lista de discussão, FAQ, etc.) e ao fato de ser gratuito para instituições educacionais.

O BSCW permite ter acesso a um índice de espaços que é apresentado visualmente em forma de lista de pastas e subpastas, as quais podem conter arquivos em diversos formatos (documentos de texto, imagens, vídeos, arquivos de som, *links* para páginas *web*, etc.), ordenadas hierarquicamente em uma estrutura facilmente ampliável e muito flexível. As pastas contam com um sistema que permite restringir o número de membros que têm acesso a elas, tornando possível a criação de zonas de trabalho privadas para um número limitado de membros do grupo; a partir dessas zonas, é possível compartilhar documentos para desenvolver projetos comuns e controlar as diversas versões que são elaboradas do mesmo documento. Além disso, dispõe de uma ferramenta de comunicação assíncrona em que as diferentes intervenções são estruturadas em um formato em árvore que facilita a identificação dos autores e o acompanhamento cronológico das contribuições. Para organizar o trabalho compartilhado, o BSCW conta com um calendário para o planejamento de reuniões e eventos e com um utilitário de correio eletrônico que comunica automaticamente as atividades que ocorrem na zona ou zonas das quais se é membro, além de informar sobre as convocatórias para reuniões ou outros eventos importantes para o grupo.

Ambientes virtuais que promovem a aprendizagem colaborativa

Seguindo Lipponen e Lallimo (2004), entendemos como ambientes que promovem a aprendizagem colaborativa, ou "tecnologias colaborativas", aquelas aplicações que foram projetadas especialmente para apoiar e estabelecer a colaboração em contextos educacionais. Segundo esses autores, as *tecnologias colaborativas* devem satisfazer os seguintes critérios:

1. o projeto deve estar fundamentado explicitamente em alguma teoria de aprendizagem ou modelo pedagógico;
2. o projeto escolhido deve basear-se na ideia de *groupware* como apoio para a colaboração;
3. devem oferecer funcionalidades para estruturar ou dar suporte ao discurso dos participantes; e
4. devem oferecer ferramentas de representação e de construção de comunidades.

Podemos distinguir duas grandes linhas no desenvolvimento e na pesquisa experimental dessas tecnologias colaborativas. Ambas têm em comum o objetivo de facilitar a coordenação nos ambientes CSCL e aumentar a probabilidade de ocorrerem aqueles padrões de interação que possam levar a processos cognitivos e sociais com maior potencial para a aprendizagem. A primeira destas linhas está centrada na criação de interfaces que permitam estruturar a comunicação e o diálogo dos participantes a partir da categorização das suas contribuições, enquanto a segunda tenta fomentar determinados tipos de diálogo entre os participantes por meio da utilização de ferramentas de representação visual.

Os ambientes dirigidos a estruturar a comunicação e o diálogo dos participantes caracterizam-se por procurar suscitar a geração de determinados tipos de mensagens a partir do uso de algumas categorias específicas de enunciados, geralmente referenciadas na literatura especializada como *sentence openers, scaffolds* ou *thinking types*. Alguns exemplos desse tipo de ambiente são *CLARE, ShadowPDforum, FLE3, NegotiationTool, AcademicTalk* e *Knowledge Forum*.

Knowledge Forum [http://www.ikit.org; http://www.knowledgeforum.com] é a versão comercial do conhecido ambiente *CSILE – Computer Supported Intentional Learning Environment*, criado no fim da década de 1980, por Scardamalia e Bereiter, com a finalidade de apoiar uma metodologia de aprendizagem baseada na criação de uma "comunidade de construção de conhecimento" – *Knowledge Building Community* – (Scardamalia e Bereiter, 2003). A ideia inicial era de que professores e alunos deveriam trabalhar de maneira similar à de uma comunidade científica colaborativa, apresentando problemas e definindo objetivos, contribuindo, trocando e contrastando ideias e informação, colaborando uns com os outros e construindo progressivamente uma base de conhecimentos compartilhada. Com esse objetivo, o *Knowledge Forum* permite a criação de diferentes espaços virtuais para a discussão, ou "janelas", com uma série de apoios e ferramentas que tentam estimular os estudantes a utilizarem a escrita como meio para aprender.

O professor pode abrir tantos fóruns ou "janelas" para debater diferentes temas quanto achar conveniente, e todas as contribuições dos diversos espaços são armazenadas em uma única base de dados, que constitui a base dos conhecimentos construídos pelo grupo ou grupos de estudantes. Para auxiliar a que os estudantes se envolvam em um processo de escrita especializada, o *Knowledge Forum* oferece uma coleção de "suportes" ou "construções" – *scaffolds* – que tentam promover a reflexão dos estudantes sobre o conteúdo de sua contribuição para a base de conhecimentos compartilhados e que, por sua vez, é apresentado como uma ajuda ao leitor para dar sentido ao conteúdo da contribuição que está lendo. O programa conta com dois tipos de coleções predeterminadas de suportes ou construções ("Construção de teorias" – *Minha teoria, Preciso compreender, Nova informação, por exemplo*, e "Opiniões e debates" – *Opinião contrária, Evidência, Exemplo*, etc.), mas o professor pode criar outros, segundo os objetivos educacionais que se proponha alcançar com uma determinada atividade. Além disso, o *Knowledge Forum* pretende ajudar na construção do conhecimento a partir da exploração das interligações entre as diferentes contribuições dos participantes. Para isso, o programa conta com várias utilidades: um sistema de "anotações" que permite inserir comentários diretamente nas mensagens elaboradas por outros, sem mudar o texto original; a possibilidade de acrescentar "referências" às mensagens, ou seja, de incluir na contribuição um *link* para um arquivo, o qual o próprio usuário ou outros participantes tenham deixado no espaço compartilhado, ou para fontes externas; a possibilidade de elaborar contribuições conjuntamente entre vários membros do grupo; ou a "compilação de notas" – *rise-above* –, que permite reorganizar as notas existentes a fim de evidenciar novas relações ou apoiar novas ideias.

A segunda linha de pesquisa que apontávamos tem como base o uso de representações visuais para guiar as interações entre os participantes: a representação visual é concebida como meio para acumular, transformar e interpretar a informação.[3] O *software* desenvolvido a partir dessa concepção pretende apoiar as habilidades para a reflexão que os estudantes precisam ter quando trabalham conjuntamente em torno de problemas reais: identificação do tema, organização de ideias, formulação de hipóteses, planejamento do projeto, localização e avalia-

---

[3] Veja mais detalhes no Capítulo 11 desta obra.

ção de novas informações, etc. Entre os programas surgidos a partir desta linha de pesquisa, destaca-se o *Belvédère* [http://lilt.ics.hawaii.edu/lilt], um ambiente projetado para facilitar a aprendizagem colaborativa, permitindo que os estudantes construam e manipulem conjuntamente representações visuais de conteúdos científicos. As primeiras versões do *Belvédère* possuíam uma ferramenta para elaborar diagramas e uma janela de *chat* para coordenar o trabalho, enquanto a versão atual integra três formas de representação – gráficos, matrizes e hierarquias – na mesma ferramenta, além de contar com um canal de comunicação assíncrono. O projeto do *Belvédère* é baseado principalmente em duas premissas. A primeira delas afirma que o uso de representações visuais guia o aprendizado, uma vez que limita o que pode ser representado. São, justamente, as restrições impostas por um determinado tipo de representação que levarão a determinadas formas de interação com o objeto de conhecimento, guiando o pensamento dos estudantes na resolução do problema.

A segunda premissa que dá suporte ao projeto do *Belvédère* é que, quando as representações construídas pelos estudantes passam a ser parte de seu contexto compartilhado, as diferenças e as relações destacadas por essas representações podem influenciar suas interações colaborativas e, portanto, seu aprendizado. A representação construída serve como memória do grupo, lembrando aos participantes ideias anteriores e estimulando-os a reelaborá-las.

Finalmente, cabe assinalar a existência de programas que tentam combinar ambas as linhas de pesquisa em um único desenvolvimento de *software*. Entre os projetos elaborados segundo essa lógica, cabe destacar *C-CHENE* e *Synergeia* [http://bscl.fit.fraunhofer.de/en/about.html]. Este último foi desenvolvido no marco do projeto ITCOLE,[4] recomendado pela União Europeia, e constitui uma adaptação do sistema BSCW, que foi projetada para apoiar especificamente uma visão da educação como processo de construção colaborativa do conhecimento.

PROCESSOS INTERPSICOLÓGICOS E INTRAPSICOLÓGICOS NA APRENDIZAGEM COLABORATIVA APOIADA POR COMPUTADOR EM AMBIENTES VIRTUAIS

Os esforços para analisar e compreender os processos e mecanismos psicológicos que operam na interação entre alunos em situações de aprendizagem colaborativa apoiada por computador, assim como o papel modulador que pode desempenhar o professor no surgimento destes mecanismos, deram lugar a um amplo e heterogêneo corpo de pesquisas. Tais estudos diferem entre si em aspectos muito significativos, como a perspectiva teórica que tomam como marco, a tipologização e características dos projetos de pesquisa (tipo de projeto, duração do estudo, número de participantes, idades, etc.), o tipo de tecnologia usada, o projeto da tarefa de aprendizagem e o papel desempenhado pelo professor.

Contudo, é possível identificar nas publicações mais recentes algumas tendências comuns, duas das quais merecem destaque. A primeira tendência mostra o abandono dos projetos experimentais ou semiexperimentais em prol de estudos em situações educacionais reais e naturais. A

---

[4] Uma característica especial do projeto ITCOLE é que tanto as ferramentas de *software* quanto os modelos pedagógicos desenvolvidos nesse marco são distribuídos gratuitamente em toda a Europa.

segunda tendência marca a passagem de uma análise exclusivamente quantitativa, centrada no número de mensagens trocadas – e até no número de palavras ou frases transmitidas em cada mensagem – como medida da eficácia e do sucesso da colaboração, sendo esta substituída por um interesse pela análise qualitativa do conteúdo do discurso. Assim, a grande maioria dos trabalhos atuais combinam procedimentos quantitativos e qualitativos para proporcionar um quadro mais abrangente da colaboração *on-line* em situações reais de ensino e aprendizagem. Por meio da análise quantitativa da sequência das trocas comunicacionais (quem participa e em que momento, assim como a temática ou a função principal da intervenção), das relações entre os participantes e das redes sociais que essas trocas formam, aparece de maneira destacada a distribuição das mensagens e sua evolução ao longo do processo de comunicação. E por meio da análise do conteúdo da comunicação escrita entre professores e alunos, ou entre os alunos, são explorados os padrões de discurso do grupo e tenta-se elaborar uma interpretação do processo de aprendizagem colaborativa que seus membros estão realizando. Sobre isso, e apesar de a maior parte da análise ser concentrada na comunicação escrita entre professores e alunos, alguns pesquisadores destacam a necessidade de contar com instrumentos suplementares – como entrevistas, questionários ou autoavaliações dos participantes – para compreender e explicar melhor o processo colaborativo.

Vamos estruturar nossa revisão desses estudos em duas grandes seções. A primeira será dedicada às pesquisas dirigidas a analisar os processos de interação entre alunos, relativamente à margem da incidência do professor, enquanto a segunda será dedicada à revisão de trabalhos que dirigem sua atenção principal a analisar o papel do professor nos ambientes virtuais colaborativos.

Pesquisas centradas na interação entre alunos em ambientes virtuais

Um número importante de trabalhos que analisaram a interação entre alunos em ambientes virtuais dedicou seus esforços a tentar examinar as características das mensagens ou contribuições que os estudantes realizam quando conversam ou discutem em fóruns de caráter colaborativo. A análise do processo colaborativo nesses trabalhos é, portanto, feita a partir de uma perspectiva essencialmente interessada pela qualidade individual das contribuições dos estudantes, às vezes estabelecendo comparações ou contrastes com as características e a qualidade das contribuições dos estudantes nas discussões presenciais face a face. Um exemplo clássico deste tipo de procedimento pode ser encontrado nos trabalhos de Henri (1992), pioneira no desenvolvimento de critérios para a análise de conteúdo e criadora de um dos modelos de análise mais reproduzidos neste âmbito. Tal modelo identifica cinco dimensões-chave para analisar a qualidade das mensagens emitidas pelos participantes em ambientes colaborativos virtuais: a dimensão *participativa*, que se refere ao número de intervenções de cada estudante; a dimensão *interativa*, que remete à interconexão e às referências mútuas entre as contribuições dos participantes; a dimensão *cognitiva*, relacionada ao nível e tipo de processamento da informação nas contribuições dos participantes; a dimensão *metacognitiva*, relacionada com o conhecimento e habilidades metacognitivas que os estudantes mostram na atividade; e a dimensão *social*, que remete às contribuições dos participantes que não estão diretamente relacionadas com o conteúdo ou com a tarefa.

A lógica subjacente no procedimento de Henri foi seguida posteriormente por numerosos autores, que abordam o estudo da qualidade das contribuições individuais dos participantes nesse tipo de ambiente a partir do interesse em avaliar até que ponto a comunicação mediada por computador promove, ou não, aspectos como a reflexão, a exatidão e a precisão da expressão das ideias; a argumentação das opiniões e propostas; a negociação dos significados e a busca pelo máximo acordo possível ou o pensamento crítico. A disparidade de fenômenos que possam ser objeto de interesse faz com que seja difícil estabelecer conclusões globais nesses trabalhos. Contudo, é possível afirmar que, em conjunto e de maneira geral, esse modelo de estudos mostra que a CSCL pode levar a resultados de aprendizagem comparáveis com os alcançados em situações de interação face a face, e que, em determinadas situações, esse tipo de ambiente oferece aos alunos mais oportunidades para uma participação ativa e para desenvolver discussões reflexivas e centradas no tema.

Uma limitação fundamental deste tipo de abordagem é que, sendo centrada apenas na qualidade das mensagens individuais, o modelo é incapaz de dar conta do processo social de construção simultânea do conhecimento que ocorre ao longo da discussão. Surge, assim, um procedimento alternativo, que situa o foco da análise justamente no processo de construção conjunta de significados pelos participantes. Assim, por exemplo, Gunawardena e colaboradores (1997) propõem um modelo dos processos de construção colaborativa do conhecimento em ambientes apoiados por computador que contempla cinco fases: compartilhar e comparar informação; descobrir e explorar as inconsistências entre ideias e conceitos; negociar significados ou construir conhecimento conjuntamente; provar e modificar a síntese ou coconstrução proposta, e chegar a acordos quanto a enunciados ou aplicar o novo conhecimento construído.

Em uma linha similar, Garrison e Anderson (2005) propõem como um dos elementos centrais de seu modelo de análise de uma *comunidade de indagação* a *presença cognitiva*, definida como o grau em que os estudantes constroem significados a partir da reflexão e do discurso conjunto, e delimitam quatro fases no desenvolvimento dessa construção conjunta: iniciação, exploração, integração e resolução. Apesar de diferentes autores tratarem esse processo de construção conjunta do conhecimento a partir de perspectivas teóricas diversas e definirem um número variável de etapas ou de fases em seu desenvolvimento, todos eles o descrevem essencialmente como um "processo sociocognitivo que se desenvolve de modo ordenado sequencialmente" (Kanuka e Anderson, 1998); um processo que vai da divergência à compreensão compartilhada e à convergência, e no qual cada etapa ou fase representa um nível de complexidade cognitiva maior do que a anterior. Todos os resultados destes estudos mostram também a complexidade e a dificuldade envolvidas em conduzir o discurso dos estudantes das fases iniciais para as fases mais avançadas de construção do conhecimento: os estudantes geralmente compartilham ideias e comparam informações – as fases mais iniciais da construção compartilhada do conhecimento –, mas dificilmente atingem as fases posteriores dessa construção compartilhada, sendo pouco frequente que debatam ideias, conceitos ou afirmações, ou que negociem sobre significados e, menos ainda, que construam novas ideias colaborativamente.

Os dois tipos de ênfase mencionados – a ênfase na qualidade das contribuições individuais dos participantes *versus* a ênfase no processo social de construção conjunta do conhecimento – foram tratados, *de facto*, como mutuamente excludentes em boa parte dos estudos que estamos revisando. Cabe sublinhar, contudo, que já começam a aparecer algumas propostas que tentam combinar e integrar ambos os tipos de análise e postulam sua complementaridade (Schellens e Valcke, 2005; Veldhuis-Diermanse, 2002). Embora essas propostas ainda sejam minoritárias e seus resultados, incipientes, elas resultam, segundo nosso critério, de enorme interesse para que se compreenda de maneira mais adequada as relações entre os processos intrapsicológicos e interpsicológicos envolvidos nos processos de construção do conhecimento em ambientes virtuais baseados na interação entre alunos. Alguns trabalhos recentes que analisam processos de discussão colaborativa em ambientes virtuais como processos de raciocínio científico ou argumentação também poderiam trazer elementos relevantes para aprofundar nossa compreensão dessas relações, ao situarem como um de seus centros de interesse os mecanismos que permitem aos alunos aprender individualmente a partir de sua participação em situações sociais de argumentação (Andriessen, Baker e Suthers, 2003).

Embora todos os estudos considerados até este momento estejam centrados essencialmente na valorização dos processos de interação entre os alunos a partir de um ponto de vista cognitivo, as pesquisas no âmbito da CSCL não se limitam a essa dimensão dos processos de aprendizagem colaborativa. Pelo contrário, um bom número de trabalhos destaca a importância da interação social e do senso de pertencimento ao grupo como elementos-chave para a aprendizagem e para a construção colaborativa de conhecimento. A comunicação assíncrona baseada em texto, típica dos ambientes de CSCL, apresenta um desafio especial para que os estudantes se envolvam realmente em um trabalho colaborativo. Esse tipo de comunicação impõe uma série de restrições – ausência de contato visual, de gestos, de sinais de aprovação ou de silêncios, por exemplo – que, junto com a não coincidência espaço temporal, podem produzir uma certa sensação de solidão nos estudantes e diminuir sua capacidade de estabelecer relações interpessoais, dificultando o formação de um diálogo aberto que apoie e promova a troca crítica e construtiva de ideias. Partindo de estudos iniciais que mostraram que um alto grau de *presença social* é um bom indicador do grau de satisfação dos alunos neste tipo de ambiente, o crescente reconhecimento do potencial deste tipo de presença para explicar a participação e os resultados obtidos nas situações de aprendizagem a distância abriu uma linha de trabalhos centrados na análise das trocas comunicacionais a partir de uma dimensão social, emocional e/ou afetiva. Assim, por exemplo, a *presença social* é, juntamente com a presença cognitiva de que falávamos anteriormente, o segundo elemento central no modelo de análise da comunidade de indagação proposto por Garrison e Anderson. Esta presença social é definida por esses autores como "a capacidade que os participantes de uma comunidade de indagação têm de projetar a si mesmos social e emocionalmente como pessoas 'reais' através do meio de comunicação que for utilizado" (Garrison e Anderson, 2005, p. 76). A *comunicação afetiva*, a *comunicação aberta* e a *comunicação coesiva* são propostas, neste modelo, como aspectos fundamentais para criar a base de respeito, confiança e ajuda mútua necessária para um processo bem-sucedido de construção do conhecimento em grupo.

Pesquisas centradas no papel do professor como suporte para a aprendizagem colaborativa entre alunos em ambientes virtuais

Em relação ao grande volume de literatura sobre CSCL, os trabalhos que estudam os meios pelos quais os professores podem apoiar a aprendizagem colaborativa dos estudantes constituem um grupo claramente minoritário, no qual, e em linhas gerais, podemos distinguir dois tipos básicos de aproximações. Por um lado, um certo número de autores tem se concentrado em proporcionar sugestões e pautas para maximizar a eficácia do ensino *on-line* – o que na literatura sobre CSCL costuma ser referenciado como "papel facilitador do professor". Por outro lado, e em número muito menor, encontramos também alguns estudos dirigidos a analisar e avaliar a influência da atuação do professor na dinâmica de construção colaborativa do conhecimento dos alunos em um sentido mais amplo, que inclui o projeto da situação educacional e das atividades de aprendizagem propostas, além da interação direta professor-alunos.

O primeiro conjunto de trabalhos enfatiza que os ambientes criados por meio das TIC são cenários educacionais diferentes dos cenários tradicionais presenciais e que, portanto, exigem uma mudança profunda na forma de ensinar. Afirma-se, segundo essa perspectiva, que o papel do professor dentro deve passar de especialista transmissor de conhecimentos – *sage on the stage* – para um guia que ajuda os alunos a encontrar, organizar e administrar esses conhecimentos – *guide on the side*. As intervenções do professor para manter o interesse, a motivação e o compromisso dos alunos com os cursos *on-line* ocupam boa parte do foco de interesse desses trabalhos. O que eles propõem é que o professorado deve atuar como *facilitador* e dinamizador da participação dos estudantes no ambiente virtual, e são definidos diversos papéis complementares que o professor deve desempenhar (por exemplo, Paulsen, 1995). O *papel organizativo* corresponde àquelas tarefas do professor relacionadas com o estabelecimento da temporização, dos objetivos educacionais e das regras e normas que regerão a participação no curso. O *papel social* refere-se às funções relacionadas com a criação de um ambiente social que leve à aprendizagem: a promoção das interações interpessoais e o apoio ao desenvolvimento da coesão do grupo. No *papel intelectual* o professor é um facilitador que contribui com conhecimento especializado, centra a discussão nos pontos críticos, faz perguntas e dá respostas às contribuições dos participantes, dá coerência à discussão e sintetiza os seus pontos fundamentais. Para exercer o *papel técnico*, o professor precisará possuir habilidades suficientes para dominar as ferramentas tecnológicas disponíveis no ambiente e para resolver os possíveis problemas técnicos que são apresentados pelos estudantes. Finalmente, o *papel avaliador* inclui a valorização dos aprendizados dos alunos, do processo formativo e da sua própria atuação.

Salmon (2000) introduziu o termo *e-moderador* para descrever a extensa variedade de funções e destrezas que o professor deve possuir em ambientes virtuais. Baseando-se na metáfora da construção, a autora apresenta um modelo em cinco fases que devem ser desenvolvidas pelo professor para moderar os diálogos *on-line*. Segundo a autora, o desafio para o professor é encontrar formas de manter a participação e a compreensão dos estudantes durante o processo, de modo que possam ir assumindo maior autonomia e passem a ser responsáveis pela própria aprendizagem conforme vão avançando pelos estágios do modelo. Nas duas primeiras fases, o professor deve dar instruções sobre como usar o sistema; ele também precisa construir um ambiente de confiança entre os estudantes para estimulá-los a participar. Na terceira fase, promoverá as contribuições, confirmando, rejeitando, repetindo ou reformulando as contribuições dos alunos. Na quarta, a fase de "construção do conhecimento", o professor deve tentar destacar a relevância de determinados aspectos do conhecimento, assim como seu caráter compartilhado por todos os participantes; a partir desse momento, deve começar a reduzir progressivamente suas intervenções e seu protagonismo, passando o controle da discussão para os estudantes. A última fase é definida por Salmon como uma etapa de "construção individual do conhecimento": os participantes exploram seus próprios pensamentos e seu processo de aprendizagem e o moderador formula as conclusões e recapitula os diferentes pontos tratados ao longo do processo. Cada uma dessas etapas supõe, por parte do moderador, diferentes formas de auxílio ao processo de aprendizagem dos estudantes e diversos graus dessas formas de suporte, mais importantes quantitativamente no início do processo e, progressivamente, menos importantes conforme os estudantes assumem maior autonomia e controle do processo de aprendizagem.

Quanto ao segundo dos conjuntos de trabalhos que mencionávamos, um exemplo ilustrativo pode ser encontrado no conceito de *presença docente*, cunhado pelos já citados Garrison e Anderson (2005) como complemento necessário para seus conceitos, anteriormente comentados, de "presença cognitiva" e de "presença social". Os autores definem a *presença docente* como "o projeto, facilitação e orientação dos processos cognitivo e social com o objetivo de obter resultados educacionais significativos do ponto de vista pessoal e docente" (Garrison e Anderson, 2005, p. 51). A presença docente, portanto, é o conjunto de atividades que o professor realiza, integrando a presença cognitiva e a presença social para criar e manter um ambiente educacional dinâmico. Esses autores diferenciam três tipos de presença docente:

1. *Projeto e organização* remete às decisões instrucionais de planejamento e gestão do processo de ensino e aprendizagem, adotadas antes do início desse processo ou ao longo desse;
2. *facilitação do discurso* supõe que o professor siga lendo e respondendo regularmente as contribuições e preocupações dos estudantes, buscando constantemente maneiras de dar apoio à compreensão individual e ao desenvolvimento da comunidade de aprendizagem em sua totalidade;
3. finalmente, *ensino direto* vai claramente além das funções docentes associadas a promover o debate e a participação: neste tipo de atuação, o professor ajuda os alunos como especialista na disciplina que for objeto de ensino e aprendizagem, e como especialista em ensino.

Considerados globalmente, os três tipos de presença docente atribuem ao professor, em nosso entender, um papel mais amplo e relevante que o considerado no grupo de trabalhos que revisamos anteriormente, e não aceitam limitar seu papel ao de moderador ou facilitador. De fato, Garrison e Anderson criticam explicitamente as caracterizações do professor como um mero *guide on the side*, assinalando que estas podem levar a desconsiderar um componente fundamental do ensino e da aprendizagem em processos formais, como é a existência de um especialista – tanto nos processos instrucionais quanto no conteúdo específico –, responsável por intervir de maneira explícita e direta em auxílio da aprendizagem dos alunos.

De qualquer modo, tanto os trabalhos centrados na facilitação do discurso por parte do professor quanto aqueles que enfatizam a necessidade de considerar também seu papel como planejador e projetista dos processos interativos e como especialista que apoia de maneira direta a aprendizagem dos alunos, destacam, apesar de suas diferenças, a importância da atuação do professor para promover aqueles tipos de interação com maior potencial construtivo entre os alunos. Contudo, e para além desta constatação, os estudos realizados até agora praticamente não se ocuparam de abordar empiricamente e de maneira detalhada as relações entre os processos de construção colaborativa do conhecimento desenvolvido pelos alunos, por um lado, e os processos de auxílio e apoio a essa construção implementados pelo professor, por outro (De Laat e Lally, 2003). Segundo nosso critério, tal abordagem constitui uma tarefa imprescindível para alcançar uma compreensão mais adequada dos processos de aprendizagem colaborativa apoiada por computador, e é um dos desafios prioritários que deve enfrentar, de maneira imediata, a pesquisa neste âmbito.

Isso é assim uma vez que, de uma perspectiva construtivista de orientação sociocultural, os processos de aprendizagem desenvolvidos pelos alunos ao trabalharem de maneira colaborativa são inseparáveis de – e não podem ser entendidos à margem destes – três elementos: a atividade conjunta entre professor e alunos, na qual esses processos estão inscritos e cobram sentido; a *ajuda* educacional a essa aprendizagem, que o professor oferece no contexto da atividade; e o maior ou menor grau de *ajuste* entre a ajuda oferecida e a atividade construtiva que os alunos desenvolvem a partir de seus processos de colaboração.[5] Essa é a razão pela qual resulta crucial avançar em nossa compreensão dos processos de ajuste da ajuda – ou *mecanismos de influência educacional* –, que permitem que os professores promovam de maneira mais eficaz processos bem-sucedidos de colaboração e aprendizagem mediados pelas TIC[6] entre os alunos.

O rápido percurso que fizemos por algumas das temáticas e linhas de pesquisa atualmente existentes no âmbito da aprendizagem colaborativa apoiada por computador confirma, segundo nosso critério, tanto a diversidade e complexidade desse âmbito quanto sua riqueza e potencial. Sem renunciar à variedade disciplinar, teórica e metodológica que constitui, sem dúvida, uma das fontes dessa riqueza, entendemos que uma parte substancial do avanço nesse campo deve vir, nos próximos anos, da busca de modelos à explicação e otimização dos processos de aprendizagem colaborativa apoiada por computador, capazes de articular diversas perspectivas teóricas e projetos de instrumentos de pesquisa empírica. Aprofundar uma concepção do trabalho colaborativo como instrumento específico a serviço da construção de sistemas de significados compartilhados cada vez mais ricos e complexos entre professor e alunos; assumir o papel essencial do professor como fonte privilegiada de ajuda intencional, sistemática e continuada a este processo de construção; não dissociar o estudo da interação entre alunos do marco mais

---

[5] Entre as formas de suporte ou auxílio mais relevantes que o professor pode oferecer para o trabalho colaborativo dos alunos é possível citar aquelas relativas ao projeto inicial da situação colaborativa – especialmente no que se refere à composição do grupo e às características das tarefas que serão realizadas colaborativamente –, a de explicitar o caráter colaborativo da situação e as regras que o definem, a de proporcionar o suporte para as interações produtivas entre os alunos, o apoio à autorregulação da interação dos alunos e proporcionar apoios adaptados às diferentes necessidades de cada grupo.

[6] Sugerimos ao leitor interessado em aprofundar os conceitos de ajuda educacional, ajuste desta ajuda e mecanismos de influência educacional e suas implicações para o ensino e a aprendizagem colaborativos a consulta aos trabalhos de Coll (2001), Colomina e Onrubia (2001) e Colomina, Onrubia e Rochera (2001).

amplo da atividade conjunta professor-alunos, no qual esse referencial está implicado, e dar prioridade às considerações e critérios propriamente educacionais perante proposições estrita ou essencialmente centradas na tecnologia, são, segundo nossa perspectiva, alguns dos ingredientes fundamentais que podem contribuir para o melhor resultado desta busca. A este respeito, entendemos que continua sendo plenamente válida, no momento atual, a conclusão apresentada por Lehtinen e colaboradores (1999), em sua revisão da pesquisa e desenvolvimento da CSCL, no sentido de que é pouco provável que as novas ferramentas possam ter um valor pedagógico sem estratégias educacionais cuidadosamente previstas e professores adequadamente treinados.

REFERÊNCIAS

Andriessen, J., Baker, M. J. e Suthers, D. (2003). Argumentation, computer support, and the educational context of confronting cognitions. Em J. Andriessen, M.J. Baker y D. Suthers (Eds.), *Arguing to Learn: Confronting Cognitions in Computer-Supported Collaborative Learning environments* (pp.1-25). Dordrecht, The Netherlands: Kluwer Academic Publishers.

Coll, C. (2001). Constructivismo y educación: la concepción constructivista de la enseñanza y el aprendizaje. Em C. Coll, J. Palacios e A. Marchesi (Comps.), *Desarrollo psicológico y educación, 2. Psicología de la educación escolar* (pp. 157-186). Madrid: Alianza Editorial.

Colomina, R. e Onrubia, J. (2001). Interacción educative y aprendizaje escolar: la interacción entre alumnos. Em C. Coll, J. Palacios y A. Marchesi (Comps.), *Desarrollo psicológico y educación, 2. Psicología de la educación escolar* (pp. 415-435). Madrid: Alianza Editorial.

Colomina, R., Onrubia, J. e Rochera, M. J. (2001). Interactividad, mecanismos de influencia educative construcción del conocimiento en el aula. Em C. Coll, J. Palacios y A. Marchesi (Comps.), *Desarrollo psicológico y educación, 2. Psicología de la educación escolar* (pp. 437-458). Madrid: Alianza Editorial.

Crook, C. (1994). *Computers and the collaborative experience of learning.* London: Routledge.

De Laat, M. e Lally, V.(2003). Complexity, theory and praxis: Researching collaborative learning and tutoring processes in a networked learning community. *Instructional Science, 31,* 7–39.

Dillenbourg, P. (2002). Over-scripting CSCL: The risks of blending collaborative learning with instructional design. Em P. A. Kirschner (Ed)., *Three worlds of CSCL. Can we support CSCL?* (pp. 61-91). Heerlen: Open Universiteit Nederland.

Dillenbourg, P., Baker, M., Blaye, A. e O'Malley, C. (1996). The evolution of research on collaborative learning. Em E. Spada e P. Reiman (Eds), *Learning in Humans and Machine: Towards an interdisciplinary learning science* (pp. 189-211). Oxford: Elsevier.

Garrison, D. R. (1992). Critical thinking and self-directed learning in adult education: an analysis of responsibility and control issues. *Adult Education Quarterly, 42*(3), pp.136-148.

Garrison, D. R. e Anderson, T. (2005). *El e-learning en el siglo XXI: investigación y práctica.* Barcelona: Octaedro. [Edição original em inglês em 2003].

Gunawardena, C. N., Lowe, C. A. e Anderson, T. (1997). Analysis of a global online debate and the development of an interaction analysis model for examining social construction of knowledge in computer conferencing. *Journal of Educational Computing Research, 17,* 397–431.

Henri, F. (1992). Computer conferencing and content analysis. En A. R. Kaye (Ed.), *Collaborative learning through computer conferencing* (pp. 117–136). London: Springer-Verlag.

Kanuka, H. e Anderson, T. (1998). Online social interchange, discord, and knowledge construction. *Journal of Distance Education, 13.* Consultado (6.11.2006) em: http://cade.athabascau.ca/vol13.1/kanuka.html.

Koschmann, T. (1996). Paradigm shifts and instructional technology: An introduction. Em T. Koschmann (Ed.), *CSCL: Theory and practice of an emerging paradigm* (pp. 1-23). Mahwah, NJ: Lawrence Erlbaum Associates.

Lehtinen, E., Hakkarainen, K., Lipponen, L., Rahikainen, M. e Muukkonen, H. (1999). Computer Supported Collaborative Learning: A Review of research and development. *The J.H.G.I Giesbers Reports on Education, 10.* Consultado (6.11.2006) em: http://etu.utu.fi/papers/clnet/clnetreport.html.

Lipponen, L. (2002). Exploring foundations for computer-supported collaborative learning. Em G. Stahl (Ed.), *Proceedings of the International Conference on Computer-Supported Collaborative Learning* (pp.72-81). Mahwah: Erlbaum. Consultado

(2.07.2006) em: http://www.helsinki.fi/science/networkedlearning/texts/lipponen2002.pdf.

Lipponen, L., Hakkarainen, K. e Paavola, S. (2004). Practices and Orientations of CSCL. Em J. W. Strijbos, P. A. Kirschner y R. L. Martens (Eds.), *What we know about CSCL* (pp.31-50). Dordrecht, The Netherlands: Kluwer Academic Publishers.

Lipponen, L. e Lallimo, J. (2004). Assessing applications for collaboration: from collaboratively usable applications to collaborative technology. *British Journal of Educational Technology*, 35 (4), 433–442.

Paulsen, M. F. (1995). Moderating Educational Computer Conferences. Em Z. L. Berge, e M. P. Collins (Eds.), *Computer-mediated communication and the on-line classroom in Distance Education*. Cresskill, NJ: Hampton Press.

Roschelle, J. e Teasley, S. (1995). The construction of shared knowledge in collaborative problem solving. Em C. E. O'Malley (Ed.), *Computer supported collaborative learning* (pp. 69-97). New York: Springer-Verlag.

Salmon, G. (2000). *E-moderating. The key to teaching and learning online*. London: Kogan Page. Consultado (6.11.2006) em: http://www.atimod.com/index.shtml.

Scardamalia, M. e Bereiter, C. (2003). Knowledge building environments: Extending the limits of the possible in education and knowledge work. Em A. DiStefano, K.E. Rudestam y R. Silverman (Eds.), *Encyclopedia of distributed learning* (pp. 270-275). Thousand Oaks, CA: Sage Publications.

Sfard, A. (1998). On two metaphors for learning and the dangers of choosing just one. *Educational Researcher*, 27 (2), 4-13.

Stahl, G., Koschmann, T. e Suthers, D. (2006). Computer-supported collaborative learning. En R. K. Sawyer (Ed.), *Cambridge handbook of the learning sciences* (pp. 409-426). Cambridge, UK: Cambridge University Press.

Schellens, T. e Valcke, M. (2005). Collaborative learning in asynchronous discussion groups: What about the impact on cognitive processing? *Computers in Human Behaviour*, 21 (6), 957-975.

Veldhuis-Diermanse, A.E. (2002). *CSCLearning? Participation, Learning Activities and Knowledge Construction in Computer-Supported Collaborative Learning in Higher Education*. Tesis doctoral no publicada. Wageningen, The Netherlands: Wageningen University.

GLOSSÁRIO

Aprendizagem colaborativa. É uma forma de organização social da sala de aula e dos processos de ensino e aprendizagem baseada na interdependência positiva de objetivos e recursos entre os participantes. Também espera-se que os alunos se comprometam em um esforço coordenado e contínuo de construção conjunta do conhecimento e é enfatizada a necessidade de compartilhar objetivos e responsabilidades e de alcançar, manter e desenvolver uma representação negociada do problema que deve ser resolvido, da tarefa a ser realizada e/ou do conteúdo a ser aprendido. Tudo isso mediante processos de coordenação de papéis, de construção conjunta de ideias e de controle mútuo do trabalho, mantendo elevados níveis de conexão, bidirecionalidade e profundidade nas trocas comunicacionais entre os participantes.

Aprendizagem colaborativa apoiada por computador *(Computer – Supported Collaborative Learning – CSCL)*. Como âmbito de pesquisa, remete a um amplo conjunto de autores e trabalhos que compartilham o interesse comum por compreender como as tecnologias da informação e da comunicação podem facilitar o surgimento e o desenvolvimento de processos colaborativos em situações de ensino e aprendizagem, melhorando a interação e o trabalho em grupo e, em última instância, os resultados do processo de aprendizagem dos participantes. Também é usado para designar os próprios processos que são objeto de estudo nesse âmbito.

Aprendizagem cooperativa. Tal como a aprendizagem colaborativa, é uma forma de organização social da sala de aula e dos processos de ensino e aprendizagem baseada na interdependência positiva de objetivos e recursos entre os participantes. Contudo, e diferentemente da proposta anterior, apoia-se essencialmente em um processo de divisão do trabalho, no qual os participantes concordam em ajudar-se uns aos outros em determinadas atividades, mas frequentemente limitam sua coordenação ao momento em que são reunidos os resultados parciais dos diferentes membros do grupo. Com isso, os níveis de conexão, bidirecionalidade e profundidade nas trocas comunicacionais entre os participantes são variáveis, em função de até que ponto há uma discussão, um planejamento conjunto e uma troca de papéis.

Groupware. Contração das palavras *group* e *software*, o termo é utilizado para designar um amplo conjunto de ferramentas informáticas e telemáticas projetadas com o objetivo de proporcionar um espaço virtual compartilhado e de apoiar o trabalho em grupo.

Trabalho colaborativo apoiado por computador (*Computer – Supported Collaborative Work – CSCW*). Como âmbito de pesquisa, remete ao conjunto de autores e trabalhos que se interessam pelo papel da tecnologia em contextos de trabalho em grupo, com o objetivo de projetar e implementar tecnologias informáticas e telemáticas apropriadas para trabalhar em grupo – *groupware* –, ou para estudar os efeitos psicológicos, sociais e de aprendizagem que o uso dessas ferramentas possa ter nas organizações laborais. Também é utilizado para designar os próprios processos que são objeto de estudo nesse âmbito.

RECURSOS

Garrison, D. R., e Anderson, T. (2005). *El e-learning en el siglo XXI*. Barcelona: Octaedro. [Edição original em inglês em 2003.]

O objetivo desta obra é oferecer um marco para o ensino e a aprendizagem virtual no âmbito da educação universitária, útil tanto para pesquisadores quanto para docentes. O núcleo deste marco é o modelo da comunidade de indagação, que baseia o ensino e a aprendizagem virtual na construção colaborativa do conhecimento entre os alunos com o apoio do professor. O livro é organizado em duas partes: a primeira apresenta e fundamenta o modelo desenvolvendo as noções de presença cognitiva, presença social e presença docente, enquanto a segunda oferece critérios e orientações práticas dirigidos a educadores interessados em utilizar as tecnologias em rede na educação superior.

Strijbos, W., Kirschner, P.A., e Martens, R. L. (Eds.) (2004). *What we know about CSCL*. Dordrecht, The Netherlands: Kluwer Academic Publishers.

Este livro pretende, por meio de uma coleção de artigos de diversos autores, oferecer uma panorâmica dos principais tópicos envolvidos no estudo da aprendizagem colaborativa apoiada por computador (CSCL), a partir de uma perspectiva que busca ser de interesse tanto para acadêmicos quanto para docentes e que combina preocupações de pesquisa com outras provenientes do projeto instrucional. O livro é organizado em quatro partes, delimitadas em torno dos quatro elementos presentes no acrônimo CSCL: a aprendizagem, a colaboração, o apoio instrucional e tecnológico e a tecnologia.

Online Collaborative Learning in Higher Education.
http://clp.cqu.edu.au/.

Página web dedicada à aprendizagem virtual colaborativa que é dirigida por Tim Roberts, da Central Queensland University (Austrália). Nessa página é possível encontrar uma amplíssima gama de recursos relacionados com a CSCL, como referências de artigos, revistas e livros, links para publicações on-line e páginas web, informação sobre autores que trabalham nesse âmbito, notícias sobre conferências e outros eventos, ou resenhas e links sobre sistemas tecnológicos de apoio à aprendizagem colaborativa.

International Journal of Computer-Supported Collaborative Learning (ijCSCL)
http://ijcscl.org.

Revista acadêmica fundada pela International Society of the Learning Sciences e editada por Friedrich W. Hesse e Gerry Stahl. A revista pretende refletir os interesses da comunidade internacional de pesquisadores em CSCL. Seu principal objetivo é promover uma compreensão mais profunda da natureza, teoria e prática dos usos da CSCL e transformar-se em um fórum de comunicação e de troca de ideias e trabalhos entre especialistas de diversas disciplinas, como Educação, Informática, Linguística, Antropologia, Sociologia, etc., interessados nessa temática. O primeiro número foi publicado em março de 2006 e, até este momento, permite acesso livre às versões provisórias dos artigos publicados.

11

Os ambientes virtuais de aprendizagem baseados na representação visual do conhecimento

CÉSAR COLL, ANNA ENGEL E ALFONSO BUSTOS

Em *O mundo no papel*, David Olson (1998) revisa a influência dos sistemas de representação no modo como as pessoas pensam sobre si mesmas e sobre o mundo. O sistema de representação principal sobre o qual Olson desenvolve sua análise é a escrita, mas também aborda outros. A representação do mundo em mapas, do movimento físico em notações matemáticas, das espécies botânicas em herbários, entre outras, servem para que Olson ilustre "o espetacular impacto sobre a estrutura do conhecimento e, portanto, sobre os modos de pensar, quando se começa a examinar o mundo prestando explícita atenção aos modos de representá-lo" (op. cit., p. 223). A possibilidade de pôr o mundo no papel não proporcionou simplesmente um meio de acumulação e armazenamento do que as pessoas sabiam; além disso, permitiu inventar modos de ver a realidade que, nas palavras do autor, "convidam a ver o que foi pensado e o que foi dito de um jeito diferente" (op. cit., p. 16).

Pelo menos desde o século XVII as formas de representação da informação e do conhecimento estiveram intimamente relacionadas com a cultura científica. Os cientistas criam modelos para concretizar, simplificar e dar mais precisão aos conceitos abstratos, assim como para descrever e explicar fenômenos e desenvolver regras e teorias. Um valor importante dos bons modelos científicos é sua contribuição para permitir a visualização das ideias, dos processos e dos sistemas complexos, e sua maior virtude é estimular seu criador e seus leitores a fazerem perguntas e a formularem hipóteses que possam ir além do fenômeno original. Da simples representação de um diagrama elaborado com lápis e papel até a visualização e ordenação de uma tormenta de ideias, seja para organizar uma argumentação ou, ainda, para a utilização de formas de representação mais elaboradas – como os mapas conceituais ou as redes semânticas –, como também o uso de formas de representação específicas de domínios particulares – como os gráficos cartesianos nas ciências –, todos esses procedimentos constituem tentativas de representar o conhecimento de forma gráfica, com a finalidade de torná-lo mais compreensível. Nas palavras de Olson (op. cit., p. 18), "os artefatos visuais, como os mapas, desenhos, pinturas, diagramas e representações matemáticas, podem servir como instrumentos intelectuais fundamentais".

Os sistemas de representação sempre foram utilizados nos processos de ensino e aprendizagem. Podemos encontrá-los nos livros didáticos de todos os níveis educacionais, da educação infantil ao ensino superior; nos mapas, cartazes e murais que enfeitam as salas de aula; nos gráficos, croquis, diagramas e outros tipos de esquemas que os professores desenham no quadro; ou, ainda, nos *slides* e vídeos que às vezes são utilizados para mostrar processos complexos e abstratos. Contudo, as pesquisas sobre a função que esse tipo de representação pode cumprir nos processos de ensino e aprendizagem são relativamente escassas, principalmente se comparadas com o grande número de trabalhos referentes aos materiais multimídia e hipermídia e com as simulações. De uma perspectiva mais psicológica, o estudo da representação visual do conhecimento também não conta com uma longa tradição. Foi só a partir da década de 1980 que alguns pesquisadores começaram a considerar os sistemas externos de representação como uma via de acesso para as representações mentais internas das pessoas (Aguilar, 2006). Os diagramas, mapas conceituais e outros documentos gráficos e simbólicos produzidos pelos sujeitos, geralmente em situações experimentais de pesquisa, são considerados basicamente como uma via de acesso aos processos de raciocínio e aos modelos mentais internos, isso sem considerar a importância que podem ter em si mesmos nem as consequências cognitivas para as pessoas que utilizam esses sistemas.

Os recentes desenvolvimentos tecnológicos propiciaram um novo auge neste âmbito de estudo, com trabalhos centrados nas características específicas das diversas formas de representação que podem ter um valor cognitivo agregado para usuários, domínios e tarefas concretas. A possibilidade de combinar diferentes, e até mesmo múltiplas, formas de representação, as facilidades para transitar de uma forma para outra, os materiais de hipermídia, as animações e a realidade virtual abriram novas interrogações sobre os efeitos das representações visuais nos processos de ensino e aprendizagem. Do ponto de vista educacional, o conhecimento dos diversos sistemas utilizados para representar, processar, transmitir e compartilhar informações que as tecnologias digitais possibilitam e, muito especialmente, o conhecimento de seus usos como instrumentos de construção do conhecimento, são, inegavelmente, aspectos-chave dos processos de alfabetização digital atualmente.

No marco destas coordenadas, o objetivo deste capítulo é revisar algumas pesquisas e desenvolvimentos tecnológicos recentes em torno da representação visual do conhecimento e que são, segundo nosso critério, especialmente relevantes de um ponto de vista psicoeducacional. Dedicaremos a primeira seção a enquadrar as representações visuais no contexto dos diferentes sistemas de representação, assinalando tanto as características comuns a todos eles quanto as que são específicas das representações visuais. A segunda e a terceira seções versam, respectivamente, a respeito das duas grandes linhas de pesquisa sobre os sistemas de representação visual do conhecimento que estão se perfilando atualmente. A primeira é formada por um conjunto de trabalhos que estudam as representações visuais como ferramentas de apoio na organização e apresentação dos materiais de aprendizagem e na compreensão de blocos de informação mais ou menos complexa e abstrata. O foco da segunda linha são os processos de construção de representações visuais desenvolvidos pelos alunos visando a apresentação pública e a comunicação de seu conhecimento, assim como o impacto desses processos sobre a aprendizagem. Embora a ênfase do capítulo esteja na segunda linha de pesquisa, achamos interessante incluir também algumas contribuições destacadas que se situam mais corretamente na primeira. Finalmente, a quarta seção inclui uma breve descrição de algumas ferramentas de representação visual do conhecimento, de suas características mais destacadas e de como ter acesso a elas.

A REPRESENTAÇÃO VISUAL DO CONHECIMENTO E OS SISTEMAS DE REPRESENTAÇÃO

O termo "representação" é utilizado tanto para descrever a cognição das pessoas, caso em que costuma estar acompanhado pelos adjetivos "mental" ou "interna", quanto para aludir aos sistemas simbólicos que podem ser observados diretamente – os diagramas, os mapas, as imagens, a escrita, a notação numérica, a notação musical, etc. –, caso em que costuma ser acompanhado pelo adjetivo "externa". As representações internas são pessoais, idiossincráticas, incompletas e basicamente funcionais, no sentido de que nos servem para compreender, explicar ou predizer o mundo que nos rodeia e seus fenômenos. Pelo contrário, os sistemas de representação externa são produtos sociais que possuem características estáveis, de modo que permitem construir representações reproduzíveis e inteligíveis por outros seres humanos. Todos os sistemas de representação externa compartilham características que Martí (2003, p. 25-29) sintetiza da seguinte forma:

- Existem como objetos *independentes de seu autor*; ou seja, existem independentemente do fato de seu criador estar ou não presente, em contraposição a outros sistemas simbólicos, como a linguagem oral ou os gestos, que requerem a presença de seu criador para que possam ser apreciados. Devido a isso, sua utilização exige uma dupla capacidade: o conhecimento, por parte do produtor, de que a pessoa que interpretará a representação vai basear-se apenas nos elementos representados; e, reciprocamente, a reconstrução do significado desses elementos por parte do leitor da representação, em ausência dos elementos contextuais.
- São *sistemas organizados e dispostos no espaço*. As marcas e sua disposição espacial não podem ser de qualquer tipo, uma vez que são regidas por um conjunto de regras formais – que alguns autores denominam sintaxe, em clara referência à escrita – plasmadas em uma série de aspectos gráficos e espaciais que variam de um sistema para outro. Consequentemente, não basta conhecer os elementos que formam um determinado sistema de representação: é necessário, além disso, conhecer as regras próprias de cada sistema para organizar adequadamente esses diferentes elementos em uma representação estruturada.
- Exigem um suporte material que as torna *permanentes*, como um papel ou a tela de um computador, o que torna possível que as representações construídas possam ser facilmente arquivadas, manipuladas, modificadas e compartilhadas. A possibilidade de recuperar uma informação que foi representada é o que caracteriza o uso funcional dos sistemas externos de representação, principalmente como apoio à memória, para ajudar a lembrar alguma coisa e como meio para comunicar informações que foram escritas intencionalmente com a finalidade de que outra pessoa pudesse interpretá-las.
- Permitem um *modo peculiar de representar a realidade*. O conjunto de elementos e regras de cada sistema de representação introduz certas restrições que determinam o que é possível e o que não é possível representar com ele. Uma vez que cada sistema comporta um modo próprio e singular de representar a informação, sua utilização potencializa ou limita determinados processos

mentais envolvidos em sua elaboração e interpretação.

Contudo, como indicávamos anteriormente, este capítulo estará centrado em um tipo concreto de representação externa: as representações visuais. Independente dos termos e expressões utilizados para denominá-las – sistemas figurativos, sistemas gráficos, sistemas icônicos –, são sistemas de representação que se caracterizam por responder a um modo de processamento preferencialmente visual. Embora as representações visuais geralmente apareçam combinadas com outros sistemas semióticos, especialmente a escrita, elas estão constituídas principalmente por elementos gráficos, símbolos e imagens que expressam relações funcionais e estruturais entre as diferentes entidades representadas com um certo nível de abstração. Estamos falando das matrizes, dos histogramas, dos mapas conceituais e dos diagramas, entre outros. Contrariamente ao que ocorre com as representações figurativas, são sistemas convencionais, construídos a partir de um acordo social ou estabelecidos por consenso pelos especialistas em uma disciplina. E são arbitrários, porque suas características formais não se explicam em termos das características de seu referencial, uma vez que foram criados para simbolizar e representar a realidade.

AS REPRESENTAÇÕES VISUAIS COMO APOIO À ORGANIZAÇÃO, APRESENTAÇÃO E COMPREENSÃO DA INFORMAÇÃO

O interesse pelo estudo dos sistemas de representação visual do conhecimento surge, inicialmente, no marco da Psicologia Cognitiva e está fundamentado na ideia de que as imagens externas podem afetar a representação interna do conhecimento. As diferentes formas de conceber as relações entre as imagens externas e as representações internas ou mentais têm orientado tanto as características das representações externas utilizadas para ensinar e comunicar o conhecimento quanto os usos pedagógicos e didáticos que se faz dessas representações. De acordo com a visão mais clássica destas relações, ocorreria um isomorfismo básico entre as representações externas e internas, de maneira que as primeiras seriam algo como o reflexo externo das segundas, e estas últimas uma versão internalizada das primeiras. Tal ideia, quando combinada com um enfoque tradicional da educação – que considera os aprendizes como receptores passivos da informação e do conhecimento –, frequentemente, tem levado a postular que o uso de representações simplificadas e idealizadas, embora precisas e consistentes, de objetos, fenômenos ou situações pode ser útil para gerar nos alunos representações internas ou modelos mentais em consonância com as representações externas apresentadas. Contudo, a constatação de que a relação entre representações externas e internas não é tão direta e simples quanto se havia suposto (Martí, 2003; Martí e Pozo, 2000), juntamente com o desenvolvimento dos enfoques construtivistas na educação, que destacam a contribuição do aluno no processo de aprendizagem, levou os pesquisadores a concentrarem cada vez mais sua atenção nas características específicas dos diferentes sistemas de representação e em seu impacto sobre os processos cognitivos quando estes se incorporam às atividades das pessoas.

Entre as pesquisas dirigidas a estudar os efeitos das representações visuais na compreensão e no raciocínio, destaca-se *a teoria cognitiva da aprendizagem multimídia*, proposta por Mayer (1997, 2001). Em suas pesquisas, Mayer parte de três supostos básicos: que os humanos processam de forma separada, por dois canais diferentes, a informação visual e a informação verbal; que existe uma capacidade de processamento simultâneo limitada em cada um destes canais; e que a aprendizagem ativa e significativa supõe selecionar a informação relevante, organizá-la por meio de uma representação mental coerente e integrar essa representação mental aos conhecimentos prévios. Segundo Mayer, nem todas as representações multimídia são igualmente efetivas na produção de aprendizados significativos. As mensagens multimídia que minimizam a carga cognitiva e aumentam as possibilidades de aprender são aquelas que respeitam uma série de princípios relativos à combinação e articulação de textos escritos, narrativas orais, imagens e recursos gráficos (ver o Capítulo 6).

Outros autores, como Schnotz (2002), centraram suas pesquisas nos diferentes níveis de abstração das representações, comparando representações icônicas (imagens ou ilustrações) e simbólicas. Seus resultados mostram que as representações icônicas são mais úteis para proporcionar informação concreta; em compensação, as representações simbólicas permitem expressar mais facilmente informação abstrata e são especialmente úteis para fazer inferências.

Finalmente, cabe mencionar, ainda nesta seção, os trabalhos dirigidos à elaboração de um marco teórico para explicar a aprendizagem baseada em formas ou sistemas de representação múltipla. Assim, por exemplo, Ainsworth (2006) sugere três dimensões para a compreensão do impacto que as representações múltiplas podem ter na aprendizagem: as características do projeto dos sistemas de representação múltipla, as funções instrucionais que cada um dos tipos de representação e sua combinação desempenham, e as tarefas cognitivas associadas à interação com as diferentes representações. Segundo a autora, as representações múltiplas favorecem a aprendizagem porque ajudam a integrar informações de várias fontes com diferentes níveis de abstração (signos, ícones, etc.) e diferentes formatos (gráficos, tabelas, desenhos, textos, diagramas, etc.) por meio de diferentes canais sensoriais. Contudo, o resultado das pesquisas também mostra que não é fácil aos estudantes perceberem as regularidades e inter-relações entre as diversas representações e integrarem a informação oferecida pela combinação de fontes de informação.

Tomadas em seu conjunto, as pesquisas sobre os efeitos cognitivos da utilização dos diversos sistemas de representação do conhecimento, ou de uma combinação determinada de sistemas de representação, mostram que a escolha adequada depende das características dos estudantes, dos objetivos de aprendizagem e das condições em que essa aprendizagem ocorre.

A CONSTRUÇÃO DE REPRESENTAÇÕES VISUAIS E SEU IMPACTO SOBRE A APRENDIZAGEM

As pesquisas dirigidas a estudar os processos de construção de representações visuais por parte dos alunos são relativamente escassas em comparação com as destinadas a estudar a compreensão e a interpretação deste tipo de representação. Tal diferença, por outro lado, reflete em grande medida a realidade das salas de aula, onde é frequente solicitar aos alunos que interpretem representações visuais apresentadas pelo professor, mas raramente eles são chamados a mostrar seus conhecimentos ou a expressar suas ideias por meio da construção de uma representação própria.

Contudo, para os enfoques construtivistas de orientação sociocultural, "a diferença entre a pessoa construir sua representação visual própria e raciocinar sobre uma representação visual construída por outro é extremamente importante.

O processo de construir e interagir com uma representação externa é um componente crucial da aprendizagem" (Cox, 1999, p. 347). Construir uma representação do próprio conhecimento sobre uma determinada informação exige esclarecer, aprofundar e reorganizar os próprios pensamentos, detectando e resolvendo eventuais lacunas e incompreensões. Essa atividade não supõe uma simples transcrição, uma vez que exige um planejamento em que intervêm, simultaneamente, o conteúdo (o que dizer) e o sistema de representação (como dizer), em um processo recursivo de planejamento, tradução e revisão, de maneira que os componentes metacognitivos adquirem um protagonismo destacado. Construir uma representação do próprio conhecimento é um processo criativo, consciente e intencional que obriga a pensar, a tomar decisões e a dotar-se de meios para avaliar estas últimas.[1] O diálogo mental que o aluno precisa estabelecer entre seu próprio conhecimento e o formato de representação pode influir na sua aprendizagem, uma vez que pode fazer com que reestruture seu antigo conhecimento sobre o tema e, com isso, levá-lo a descobrir novos matizes e a produzir novas ideias (Novak e Gowin, 1988).

A partir desta perspectiva teórica, uma das maiores fortalezas das representações visuais do conhecimento é o fato de obrigarem o indivíduo a tornar explícito e consciente aquilo que geralmente não o é. Esta tomada de consciência pode ocorrer no trabalho e na atividade individual, fruto da tensão entre o que "eu penso que conheço" e o que "posso representar do meu conhecimento", e também no trabalho e na atividade grupal, situações em que dois ou mais alunos negociam significados a partir de suas respectivas posições argumentativas ou representacionais. Quando os alunos trabalham colaborativamente na construção de uma representação, precisam negociar as metas, a representação do problema, o significado dos conceitos utilizados e os procedimentos envolvidos em sua elaboração. O processo construtivo pode, então, deixar em evidência erros ou lacunas de compreensão que de outro modo talvez permanecessem ocultos, assim como divergências entre compreensões e pontos de vista, que devem ser resolvidos para que a construção da representação continue avançando. Em suma, a construção de representações visuais pode desempenhar um papel fundamental nos processos de ensino e aprendizagem devido às possibilidades que oferece não apenas para tornar públicos os significados construídos pelos alunos sobre os conteúdos de aprendizagem como também para contrastá-los e negociá-los com o professor e outros alunos.

Os sistemas de representação visual podem desempenhar este papel porque são "instrumentos psicológicos", no sentido vygotskiano da expressão, e habilitam aqueles que os utilizam para que atuem sobre suas próprias representações internas. Mas o papel mediador das representações visuais não se esgota nos processos individuais de construção do conhecimento. Os sistemas de representação visual, assim como os outros sistemas de representação e os sistemas simbólicos em geral, atuam como mediadores tanto dos processos individuais – intramentais – do aprendiz quanto dos processos comunicacionais e sociais –intermentais – envolvidos na aprendizagem intencional. Esta função mediadora, contudo, vai depender em grande medida das características es-

---

[1] É possível notar a proximidade entre as características do processo de construção de representações visuais do próprio conhecimento e os conceitos de estratégia e pensamento estratégico tratados no Capítulo 15 desta obra.

pecíficas de cada sistema de representação, ou seja, das restrições derivadas de sua própria e singular maneira de representar a informação.

As pesquisas que analisam os processos mentais mediados pela construção de representações visuais formam um conjunto muito heterogêneo de trabalhos: alguns comparam os efeitos da construção de representações visuais em contextos de interação face a face e *on-line*, ou em ambientes síncronos e assíncronos; outros comparam a resolução de uma tarefa em formato textual e visual ou com diferentes formatos de representação visual; outros comparam a construção de representações visuais em áreas específicas de conhecimento, como a física, a matemática, a história, etc.; e outros, ainda, exploram os efeitos sobre a sua aprendizagem das representações visuais construídas pelos alunos, ou da fala emitida durante o processo de construção ou da qualidade da argumentação. Embora esta heterogeneidade de trabalhos torne difícil a generalização de resultados, para além das características específicas pesquisadas em cada estudo é possível identificar na literatura quatro tipos de mecanismos explicativos do potencial que a construção de representações visuais para a aprendizagem encerra.

O primeiro mecanismo está relacionado com a ajuda que as representações visuais proporcionam aos processos de memória: permitem ampliar a memória de trabalho, constituir arquivos permanentes, compartilhar recordações, etc. Suthers e Hundhausen (2002), por exemplo, destacam duas funções fundamentais das ferramentas de representação visual do conhecimento para apoiar a aprendizagem *on-line*: tornar mais fácil fazer referências (em um ambiente virtual, é mais fácil referir-se a um elemento do conhecimento que tentar descrevê-lo verbalmente, especialmente quando este requer descrições verbais complexas) e lembrar (a representação visual ajuda os participantes a lembrarem das ideias elaboradas previamente e os estimula a reelaborá-las).

O segundo mecanismo refere-se ao grau de redução na quantidade de esforço cognitivo necessário para solucionar problemas equivalentes que as representações externas viabilizam. Assim, Larkin e Simon (1987), a partir de seus trabalhos sobre a resolução de problemas nas áreas de física e geometria, apontam que a maior eficiência dos diagramas sobre o texto escrito se deve ao fato de que os primeiros expressam explicitamente o estado do problema, permitindo que os objetos e suas relações sejam facilmente percebidos, o que favorece sua resolução. Pelo contrário, nas descrições textuais, as relações são tipicamente implícitas e devem ser formuladas mentalmente, o que exige um maior esforço cognitivo. Por exemplo, em uma tabela de duas entradas é fácil detectar as células vazias, enquanto em uma representação textual da mesma informação as relações não são necessariamente visíveis.

O terceiro mecanismo refere-se a como a sintaxe e a semântica das representações visuais podem estimular ou ativar determinados processos mentais. Este "efeito representacional" está fundamentado na ideia de que as representações não são simplesmente estímulos para a mente interna, já que, "em muitas tarefas, as representações externas são elementos intrínsecos que guiam, restringem e até determinam os padrões da conduta cognitiva e a maneira de funcionar da mente" (Zhang, 2000, p. 4). Os trabalhos de Zhang e Norman (1994) mostram que diferentes formatos de representação da mesma informação podem gerar condutas cognitivas também diferentes, facilitando ou dificultando a resolução de problemas ou tarefas. Para esses autores, o potencial de determinadas representações visuais para apoiar os processos de resolução de problemas deve-se ao fato de que:

a) constituem uma ajuda para a memória;
b) a informação pode ser percebida e utilizada diretamente, sem necessidade de interpretá-la e formulá-la explicitamente;
c) ancoram e estruturam a conduta cognitiva – as regras da representação restringem as ações possíveis;
d) modificam a natureza da tarefa, permitindo gerar sequências de ação mais eficientes.

O quarto e último mecanismo concerne à forma pela qual a representação visual pode chegar a fazer um certo tipo de inferência sobre o mundo representado. Assim, a ideia central dos trabalhos de Stenning e Oberlander (1995) sobre o raciocínio lógico com diagramas sustenta que a informação disponível na representação visual restringe o espaço de resolução do problema, limitando as interpretações e as inferências que o aluno pode fazer e guiando seu raciocínio para a solução correta. Stenning e Oberlander argumentam que os textos escritos permitem expressar a ambiguidade de uma forma que é difícil de acomodar em uma representação gráfica, e é justamente essa carência de expressividade que faz com que os diagramas sejam mais eficazes para solucionar determinados problemas. Assim, certos diagramas são mais eficazes que outros porque exploram melhor as características restritivas das formas gráficas. Por exemplo, os círculos de Euler-Venn são especialmente eficazes para solucionar problemas de lógica, porque as restrições impostas pela intersecção dos círculos representam adequadamente as restrições lógicas.

O interesse despertado nos últimos anos pela aprendizagem colaborativa em ambientes virtuais cedeu espaço a uma ativa linha de pesquisa sobre os efeitos que a construção conjunta de representações visuais neste tipo de ambiente pode ter na interação entre alunos e na sua aprendizagem. As situações de aprendizagem grupal oferecem aos estudantes formas de interação baseadas em processos de negociação, de discussão crítica da informação, de elaboração de argumentos e de exploração de múltiplas perspectivas. O conhecimento é (re)construído e (co)construído por meio da argumentação, e a compreensão de problemas ou conceitos é ampliada. Neste marco, a questão é como uma representação visual pode contribuir para estruturar interações nas quais ocorrem tipos de diálogo que levem os participantes a compartilhar, negociar e construir significados conjuntamente.

De acordo com Suthers e colaboradores (Suthers, 2001; Suthers e Hundhausen, 2002), as ferramentas de representação visual medeiam as interações da aprendizagem colaborativa, proporcionando aos estudantes um recurso para expressar seu conhecimento em um meio persistente, examinável por todos os participantes, que se transforma em parte do contexto compartilhado. Suthers (op. cit.) denomina de "guia representacional" a influência específica que pode ter um determinado formato de representação no discurso dos alunos que constroem conjuntamente uma representação visual. Retomando algumas das contribuições revisadas anteriormente, o autor assinala que as diferentes ferramentas de representação implicam em formas diferentes de guiar o raciocínio dos alunos durante a resolução das tarefas. Por um lado, as restrições impostas por um tipo concreto de representação proporcionam um poderoso recurso que estimula e guia o raciocínio e as estratégias dos alunos, os quais devem elaborar e interpretar a informação segundo o código e as regras desse formato concreto de representação. Por outro, as diferenças e as relações destacadas por essas representações transformam-se nos tópicos mais prováveis da discussão grupal, focalizando o diálogo dos alunos durante a resolução da tarefa.

A partir deste conjunto de pesquisas (Vermann, 2002; Fisher et al., 2002; Van Bruggen et. al., 2002; Munneke et al., 2003; van Drie et al., 2004), são apontadas principalmente duas vantagens no uso das representações visuais: forçam os estudantes a explicitarem suas opiniões e argumentos e fazem com que mantenham o foco nos conteúdos e nas atividades de ensino e aprendizagem. Embora a forma pela qual as representações visuais podem estruturar o diálogo dos colaboradores ainda seja baseada em uma quantidade relativamente escassa de estudos empíricos, parece haver acordo no sentido de que as vantagens das representações visuais não emergem automaticamente, uma vez que outras variáveis – como o tipo de tarefa, o conteúdo de ensino e os conhecimentos prévios dos alunos sobre os conteúdos ou o uso das ferramentas de representação – também desempenham um papel importante.

Em resumo, a contribuição fundamental da construção de representações visuais é seu potencial para influir tanto nos processos cognitivos quanto nos processos sociais envolvidos na aprendizagem. Elas podem ser usadas como ferramentas para potencializar a construção e o desenvolvimento ativo do próprio conhecimento e podem funcionar, também, como ferramentas mediadoras do diálogo educacional entre professores e alunos e do diálogo entre os alunos.

Um vez apresentadas as linhas de pesquisa que tentam dar conta da importância crescente atribuída às representações visuais do conhecimento nos processos de ensino e aprendizagem e seus resultados mais destacados, dedicaremos a próxima seção a revisar algumas ferramentas tecnológicas utilizadas para a construção desse tipo de representação.

FERRAMENTAS PARA A CONSTRUÇÃO DE REPRESENTAÇÕES VISUAIS DO CONHECIMENTO

Os desenvolvimentos recentes de *software* proporcionam uma ampla gama de programas que ajudam a construir, examinar e manipular facilmente representações visuais estáticas e dinâmicas, permitindo, inclusive, a manipulação de mundos virtuais tridimensionais. As ferramentas de representação visual formam um amplo conjunto de tecnologias cuja complexidade técnica é muito diversa e que têm a interatividade como uma de suas características distintivas. A interatividade refere-se às possibilidades que as tecnologias oferecem ao usuário ou aprendiz de estabelecer uma relação contingente e imediata entre a informação e suas próprias ações de processamento desta (Coll, 2004). Uma segunda característica dessas ferramentas é que, de um modo geral, permitem construir representações multimídia por meio da utilização simultânea de múltiplos formatos de representação (textos escritos, narrativas, notações matemáticas, imagens estáticas e em movimento, sons, música, etc.) e oferecem a possibilidade de transitar facilmente entre uns e outros.

Quanto às diferenças entre as diversas ferramentas, De Jong e colaboradores (1998) sugerem considerar cinco dimensões. Em primeiro lugar, *os elementos primitivos* escolhidos, ou seja, os objetos e as relações que são utilizados na representação e as regras que governam seu uso e combinação. O conjunto de elementos primitivos disponíveis e o tipo de informação que é possível representar por meio desses elementos levarão a representações muito diferentes e, presumivelmente, também a aprendizagens diversas. Em segundo lugar, *a perspectiva*, que se refere à abordagem concreta que é possível adotar na apresentação do material. Por exemplo, as diferentes partes de uma máquina podem ser representadas a partir de uma perspectiva funcional, descrevendo a função de cada um de seus componentes, ou a partir de uma perspectiva topológica, descrevendo a localização de cada um dos elementos que a compõem. Em terceiro lugar, a *especificidade*, que se refere à forma como os elementos de uma representação restringem os tipos de inferência que podem ser feitos sobre o conceito subjacente representado. Uma determinada ferramenta, por exemplo, pode limitar a representação forçando o usuário a escolher entre determinadas categorias de objetos como, por exemplo, hipóteses ou dados. Em quarto lugar, a *precisão* ou *exatidão* com que permite representar a informação. E, em quinto e último lugar, a *modalidade*, que descreve a forma de expressão utilizada para apresentar a informação (por exemplo, por meio de um gráfico, um hipertexto, uma matriz, etc.).

Para Suthers (2001), projetar uma ferramenta de representação visual do conhecimento implica, também, tomar decisões sobre seu manejo – por exemplo, o programa pode impedir ou ignorar o estabelecimento de relações não permitidas entre objetos – e sobre funcionalidades relacionadas com seu uso – por exemplo, se a ferramenta será utilizada em um contexto síncrono ou assíncrono, se os usuários trabalharão individualmente ou em grupo, etc.

Em linhas gerais, e atendendo aos critérios mencionados, podemos classificar as ferramentas de representação visual em três grandes grupos de programas: realidade virtual, animações e diagramas estáticos. Um programa de realidade virtual é uma simulação de um ambiente tridimensional imaginário ou do mundo real que torna possível visualizar o desenvolvimento de processos mais ou menos complexos, mostrando a evolução do sistema representado e a interação entre os diversos elementos que o integram. O usuário pode modificar algumas das variáveis do modelo apresentado mudando os valores de entrada (*input*) tanto antes quanto durante a execução, e pode visualizar os efeitos dessas mudanças nos valores de saída (*output*). A realidade virtual possibilita a reprodução de situações e fenômenos que são difíceis ou impossíveis de se conseguir em um laboratório tradicional – por exemplo, um sistema com gravidade nula –, assim como o acesso de um grande número de alunos a práticas virtuais que superam as limitações e problemas derivados do uso de um material caro, escasso ou perigoso. Os programas de realidade virtual estão concentrados principalmente nas áreas científicas e técnicas.

Da mesma maneira, as animações possibilitam representar e transmitir informações que evoluem e se transformam conforme vão sendo representadas e transmitidas. Os estudantes controlam a situação decidindo quais medidas desejam tomar e quais variáveis devem modificar, obtendo a resposta para suas ações de forma imediata. O uso de animações também é uma abordagem utilizada principalmente nas áreas científicas e técnicas com a finalidade de analisar, compreender e predizer o funcionamento dos sistemas em função das variáveis que regem sua dinâmica. Contudo, diferentemente dos programas de realidade virtual, as animações geralmente são projetadas para mostrar uma única faceta ou parte de um fenômeno ou situação, e não todas as características do sistema. Um exemplo desse tipo de simulação são os *applet*, programas escritos em linguagem de programação *Java* que podem ser incluídos em páginas *Web* (HTML), de maneira similar ao modo como são incluídas as imagens, e podem ser executados facilmente na maioria dos navegadores atuais. Na internet, é possível encontrar bibliotecas desses programas, muitos deles gratuitos, como na página do projeto espanhol Descartes,[2] com atividades para a maioria dos temas de matemática do ensino médio, ou os *applets* de física criados por Fendt.[3]

O terceiro grupo de ferramentas engloba os programas que ajudam a descrever processos e estruturas, às vezes com altos níveis de complexidade, por meio da compilação de elementos gráficos ou modificando representações previamente projetadas. Diferentemente dos anteriores, os programas para a elaboração de diagramas trazem uma visão estática da informação. Sua característica principal é proporcionar uma plataforma que permite modificar, de maneira mais ou menos simples, a apresentação dos elementos gráficos e suas relações. Existem numerosas ferramentas desse tipo, todas muito diferentes entre si, tanto no que se refere ao tipo de elementos gráficos disponíveis quanto aos recursos que podem ser utilizados – texto, áudio, imagens, vídeo, *links* para outras informações, etc. – e também quanto às possibilidades que oferecem à obtenção de uma representação alternativa da mesma informação por meio de diversos formatos. Em contraposição aos programas de realidade virtual e às animações, que estão muito orientados a tópicos e domínios específicos de conhecimento, as ferramentas para a elaboração de diagramas podem ser utilizadas em um amplo espectro de áreas curriculares. Por isso, vamos concentrar-nos a seguir neste tipo de ferramentas e, mais concretamente, em três variantes: ferramentas para a elaboração de diagramas e mapas conceituais, ferramentas para apoiar a comunicação e ambientes de representação visual.

Ferramentas para elaborar diagramas e mapas conceituais

Atualmente, há uma ampla gama de editores gráficos para estruturar e representar visualmente a informação, e podemos organizá-los em três grandes grupos, conforme mostra o Quadro 11.1. Em primeiro lugar, temos os editores que permitem representar visualmente a estrutura de um conjunto de informações a partir de nós, os quais simbolizam entidades concretas ou abstratas, acontecimentos ou objetos, que podem ou não ser unidos por *links*, utilizando tipicamente um formato em árvore ou um organograma como modelo. Exemplos desse tipo de recursos são *Microsoft Visio* e *SmartDraw*.

O segundo grupo é formado pelas ferramentas que tornam possível a construção de mapas mentais ou mapas de ideias em forma de associações radiais com um ponto central. Entre as versões mais amplamente utilizadas desse tipo de recurso, podemos destacar *FreeMind*, *Mind Manager, Visual Mind, VisiMap* e *Mind Mapper.* Dado seu caráter flexível, possibilitam múltiplas formas de representação do conhecimento: diagramas de fluxo para representar a sucessão temporal de eventos; teias de aranha que ajudam a visualizar como certas categorias de informação ou conceitos centrais se relacionam com outros mais periféricos; mapas de ideias que utilizam palavras-chave, símbolos, cores; gráficos para formar redes não lineares de possíveis ideias e observações; e redes semânticas que proporcionam uma representação declarativa de objetos, propriedades e relações. Embora tradicionalmente a modalidade de expressão utilizada nesse

---

[2] http://descartes.cnice.mec.es
[3] http://www.walter-fendt.de; versão espanhola em http://www.walter-fendt.de/ph14s/

QUADRO 11.1
Ferramentas para a elaboração de diagramas e mapas conceituais

Nome URL	Tipo de diagramas	*software* livre	*software* proprietário
Axon Idea Processor http://web.singnet.com.sg/~axon2000/index.htm	Mapas conceituais		x
CmapTools http://cmap.ihmc.us	Mapas conceituais	x	
DigiDocMap http://www.mapasconceptuales.com	Mapas conceituais	x	
Explicando una Razón http://www.intel.com/education/la/es/explicandounarazon/index.htm	Diagramas causa-efeito		**
FreeMind http://freemind.sourceforge.net/wiki/index.php/Main_Page	Mapas de ideias	x	
Inspiration http://www.inspiration.com	Mapas conceituais		x
Knowledge Manager http://www.knowledgemanager.us/KM-KnowledgeManager-esp.htm	Mapas conceituais		x
LifeMap http://www.robertabrams.net/conceptmap/lifemaphome.html	Mapas conceituais e diagramas em UVE	x	
Microsoft Visio http://office.microsoft.com/es-es/visio/default.aspx	Diagramas		x
OpenOffice Draw http://www.openoffice.org/index.html	Diagramas	x	
Mind Manager http://www.mindjet.com/us/	Mapas de ideias		x
MindMapper http://www.mindmapper.com	Mapas de ideias		x
SMART Ideas http://www.smarttech.com/	Mapas conceituais		x
SmartDraw http://www.smartdraw.com	Diagramas causa-efeito, linhas de tempo, mapas de ideias	x	
TimeLine Maker http://www.timelinemaker.com/	Linhas de tempo		x
VisiMap http://www.coco.co.uk	Mapas de ideias		x
Visual Mind http://www.visual-mind.com	Mapas de ideias		x

** Funciona *on-line*, utilizando qualquer navegador de Internet.

tipo de programa seja o texto, atualmente quase todos permitem utilizar imagens, ícones e, inclusive, alguns sons, animações e *hiperlinks* para informações externas. Da mesma maneira, a maioria das ferramentas permite exportar os gráficos elaborados para diferentes formatos de imagem (jpg, gif, bmp, etc.) ou de páginas *Web* (HTML). Também oferecem livrarias, modelos e exemplos, alguns dos quais são gravados no momento da instalação e outros podem ser baixados da internet.

Finalmente, o terceiro grupo é formado pelas ferramentas especificamente projetadas para a construção de mapas conceituais, como, por exemplo, *SMART Ideas, LifeMap Knowledge Manager, DigiDocMap, Axon Idea Processor, Inspiration* ou *CmapTools*. Além das características já assinaladas para as ferramentas do grupo anterior, os programas para elaborar mapas conceituais possibilitam colocar *tags* nos *links* para relacionar os conceitos ou ideias e possibilitar formas diferentes de estruturar os gráficos. De modo geral, tais recursos tornam possível reordenar e reorganizar os conceitos no espaço simplesmente arrastando-os, sem que os *links* se quebrem. Além disso, muitos deles incluem a opção de mudar o modo de visualização de mapa conceitual para um formato típico de esquema hierarquizado. As diferenças entre os diversos programas estão principalmente nas possibilidades de *design* gráfico para determinar formatos, estilos, cores, etc. – com frequência, são mais completas nas versões comerciais do que nas de *software* livre – e em algumas funcionalidades específicas, tais como, por exemplo, dispor de um espaço de trabalho em três dimensões (*Axon Idea Processor),* possibilidade de trabalhar interativamente com o mapa, mostrando e ocultando conceitos de maneira seletiva (*Inpiration*), permitir criar diagramas UVE *(LifeMap)* ou trabalhar tanto no computador local quanto em rede por meio de um servidor (*CmapTools).*

Entre todas as formas de representar visualmente o conhecimento, os mapas conceituais são, sem dúvida, os que tiveram maior impacto na educação (Novak, 1998). Muitos estudos já demonstraram que os mapas conceituais constituem um procedimento facilitador da aprendizagem significativa e funcional (Ausubel, 2002; Martín e Solé, 2001) e que podem ser utilizados para o ensino de praticamente todas as disciplinas em qualquer nível educacional, da educação infantil à universidade. O fato de terem sido utilizados com êxito em uma gama tão ampla de contextos de aprendizagem deve-se, em grande medida, ao seu caráter flexível, que faz com que as restrições que impõem para a representação da informação dependam muito mais das posturas pedagógicas e didáticas nas quais seu uso estiver enquadrado do que das características próprias da técnica.

Novak e Gowin (1988) descrevem a elaboração de mapas conceituais como uma atividade criativa em que o estudante deve fazer um esforço para esclarecer significados, identificando os conceitos importantes e suas relações dentro de um domínio específico de conhecimento. Do ponto de vista de seu potencial para a aprendizagem, três características diferenciam os mapas conceituais de outros recursos gráficos: exigem determinar quais são os conceitos mais relevantes; são estruturados hierarquicamente, situando no nível mais alto os conceitos com maior nível de abstração, generalidade e inclusividade, depois os conceitos mais concretos e específicos e, na parte inferior da estrutura gráfica, os exemplos e ilustrações; e representam as relações significativas entre conceitos em forma de proposições, de modo que dois ou mais conceitos relacionados por um *link* com uma *tag* formam uma unidade semântica.

Mesmo que para elaborar mapas conceituais seja possível usar qualquer ferramenta para diagramas, é sempre recomendável utilizar aquelas que foram especificamente projetadas para essa finalidade. Possivelmente, *CmapTools* seja uma das que oferece mais vantagens, entre as quais cabe destacar seu caráter gratuito, sua interface em muitos idiomas, seu caráter intuitivo, a facilidade de uso e a possibilidade que oferece de elaborar mapas colaborativamente. Há mais de 10 anos, o *Institute for Human and Machine Cognition* (IHMC) está desenvolvendo *CmapTools* (Cañas et al., 2004), um ambiente para facilitar a construção colaborativa de mapas conceituais. O mapa conceitual passa a ser o "artefato" sobre o qual é desenvolvida a colaboração, e o resultado da colaboração fica consignado no mapa construído. A arquitetura distribuída do sistema, seja a partir do servidor público de IHMC ou de um servidor próprio, facilita, por meio de um sistema de permissões (por exemplo, para fazer "anotações": permite comentar no mapa, mas não modificá-lo; para "escrever": permite modificar o mapa; ou permissão apenas para ler), compartilhar os mapas conceituais e colaborar em sua construção.

Se dois ou mais usuários tentam editar o mesmo mapa conceitual ao mesmo tempo, o programa estabelece uma sessão de colaboração síncrona durante a qual os usuários modificam o mapa simultaneamente e podem comunicar-se por uma janela de *chat*. Também podem colaborar de maneira assíncrona, por meio de anotações (*Annotate*) sob forma de comentários pontuais, tipo *post-it*, e mediante listas de discussão (*Discussion Threads*), que permitem iniciar um diálogo assíncrono sobre qualquer nó ou *link* do mapa. Por sua vez, as Sopas de Conhecimento (*Knowledge Soups*) possibilitam a colaboração por meio de propostas: durante a construção de seus mapas conceituais individuais, os estudantes podem tornar públicas suas propostas para compartilhá-las e discuti-las com outros estudantes. Por meio de simples operações de arrastar e soltar, os estudantes podem inserir textos e todo o tipo de mídias nos nós (imagens, vídeos, páginas *Web*, documentos, apresentações, etc.), e até mesmo outros mapas conceituais previamente construídos por eles ou por outros. Além disso, o programa oferece um utilitário que permite revisar ou acrescentar conceitos, *links* e propostas, além de permitir visualizar o esquema do mapa construído. Finalmente, o *CmapTools* também oferece a possibilidade de registrar o processo de construção dos mapas conceituais.

Ferramentas visuais para apoiar a comunicação

Numerosas pesquisas já demonstraram que é difícil que os estudantes se envolvam em discussões construtivas em ambientes virtuais (veja, por exemplo, Wallace, 2003, e o Capítulo 10 desta obra). Do ponto de vista da representação visual, as ferramentas de comunicação estruturam as contribuições no já clássico formato de mensagens anexadas, que costuma facilitar a identificação dos autores e o acompanhamento cronológico das contribuições. Este tipo de estrutura, contudo, provoca transtornos na ordem das falas e múltiplas sobreposições, dificultando a coerência e continuidade no desenvolvimento dos temas (Herring, 1999). Neste marco, foram desenvolvidos determinados programas para visualizar a argumentação (*computer supported argument visualization*), com a finalidade de ajudar a construir e avaliar a argumentação, mostrando de maneira gráfica as cadeias de argumentos.

Van Bruggen, Kirschner e Jochems (2001) diferenciam dois tipos de ferramentas de representação visual para apoiar a comunicação: ferramentas baseadas na discussão e ferramentas de representação do conhecimento, conforme mostra o Quadro 11.2). As ferramentas

QUADRO 11.2
Ferramentas visuais para apoiar a comunicação

Nome	URL	software livre	software proprietário
Araucaria	http://araucaria.computing.dundee.ac.uk	X	
Athena	http://www.athenasoft.org	X	
Bélvèdere	http://lilt.ics.hawaii.edu/lilt/software/belvedere		X
Synergeia	http://bscl.fit.fraunhofer.de/en/about.html	X	
Reason!Able	http://www.goreason.com		X

baseadas na discussão, como *Knowledge Forum*, *Collaborative Visualization (CoVis)* e seu *Collaborative Notebook*, utilizam elementos gráficos para representar as contribuições dos participantes e os vínculos entre elas (por exemplo, anexar as respostas em mensagens prévias, identificar com cores diferentes a situação das mensagens – mensagem não lida, modificada, em processo de elaboração, etc.), mas a estrutura da argumentação não fica explicitamente representada. Nas ferramentas de representação do conhecimento, como *Bélvèdere* e *SenseMaker*, a argumentação é estruturada por meio da construção de diagramas; ou seja, mais do que considerar a representação como um meio de registro formal do processo de argumentação, ela é considerada como um recurso para orientar o processo. Em linhas gerais, esses ambientes guiam a argumentação por meio de ferramentas de representação visual que restringem as contribuições a argumentos relacionados com teorias, hipóteses ou dados e também às relações entre eles.

Assim, por exemplo, a funcionalidade principal de *Bélvèdere* é um espaço de trabalho para construir mapas ou diagramas com o objetivo de estabelecer relações entre dados e hipóteses, com o apoio de uma janela de *chat*. Os estudantes devem formular suas afirmações em forma de texto escrito em dois tipos de categorias: hipóteses (representadas por nós com formato ovalado) e dados (representados por retângulos), e indicar a relação entre ambos usando setas com ícone positivo, indicando uma relação consistente, ou com ícone negativo, indicando uma relação inconsistente. Embora o programa também permita estabelecer nós inespecíficos e relações indefinidas, ele praticamente restringe o espaço de resolução do problema a duas possibilidades básicas: empírico *versus* teórico e consistente *versus* inconsistente. A versão atual, *Bélvèdere* 4.0, permite construir modelos por meio de três formatos diferentes de representação – gráficos, matrizes e hierarquias – e transitar facilmente de um para outro durante o processo de elaboração. Segundo os autores do programa, os diferentes formatos podem ser relacionados com diversos momentos da resolução de problemas científicos: os gráficos são úteis para reunir e relacionar informações; as matrizes, para comprovar que não foram esquecidas relações importantes e para descobrir padrões de evidências, e as hierarquias, para interpretar questões derivadas de um modelo complexo de evidências.

Alguns programas, como, por exemplo, *Synergeia,* combinam ambos os tipos de ferramentas de representação visual: baseadas na comunicação e de representação do conhecimento. O *Synergeia*, desenvolvido no marco do projeto ITCOLE,[4] constitui uma adaptação do sistema BSCW para apoiar uma perspectiva concreta da educação como construção colaborativa do conhecimento. O fórum tradicional em formato de árvore de BSCW foi modificado para favorecer a reflexão dos alunos sobre o papel que desempenham suas contribuições no processo de construção do conhecimento. De maneira similar ao *Knowledge Forum*, os alunos podem categorizar suas contribuições por meio dos chamados "tipos de pensamento" antes de incorporá-las à discussão existente. Cada 'tipo de pensamento' ("problema", "minha explicação", "explicação científica", etc.) é representado graficamente na cadeia de mensagens com cores e ícones diferentes. Por outro lado, o *Synergeia* também conta com uma ferramenta *MapTool,* que permite que os estudantes elaborem conjunta e simultaneamente um mapa conceitual ou diagrama, como no caso do *Bélvèdere*, e com uma janela de *chat* para apoiar a coordenação da tarefa e a interpretação dos símbolos no mapa.

Ambientes de representação visual

Os ambientes de representação visual se caracterizam por integrar ferramentas para a elaboração de diagramas, mapas conceituais e ferramentas de apoio à comunicação no mesmo espaço de trabalho. O *Compendium* é, segundo nosso critério, um dos exemplos mais interessantes e representativos desse tipo de ambiente. Começou a ser desenvolvido em meados da década de 1990 e continua seu desenvolvimento, atualmente, no *Compendium Institute*,[5] em colaboração com outras instituições, como o *Knowledge Media Institute*[6] da *Open University*. Ele abrange um conjunto de ferramentas baseadas em sistemas de hipertexto para apoiar o trabalho grupal, a fim de melhorar a comunicação entre comunidades dispersas que abordam problemas mal-estruturados, integrando os recursos documentais gerados e proporcionados pelos participantes em uma memória grupal reutilizável.

Uma das principais funcionalidades de *Compendium* é a ferramenta *Dialogue Mapping*, que inclui um espaço visual compartilhado para expor as ideias geradas, uma metodologia para gerenciar as reuniões grupais, a qual permite a exploração dos diversos pontos de vista, e um sistema que torna possível compartilhar os dados uma vez finalizadas as reuniões. Um moderador constrói em tempo real e em uma tela compartilhada o mapa conceitual do conhecimento e o raciocínio do grupo conforme a reunião se desenvolve, atendo-se às restrições impostas pela ferramenta. A ontologia de *Dialogue Mapping,* baseada no modelo *Issue-Based Information Systems* – Ibis – e desenvolvida posteriormente em *gIBIS* e *QuestMap*, maneja três tipos de objetos: os "temas" ou problemas-chave nos quais a discussão é focada, geralmente formulados como perguntas; as "ideias", que respondem a questões derivadas do mapa e cujo único requisito é que respondam ao problema formulado; e, finalmente, os "argumentos", ou seja, as razões, opiniões, fatos ou dados que apoiam ou rejeitam uma determinada "ideia". Obviamente, moderar

---

[4] Uma característica especial do projeto ITCOLE é que tanto os modelos pedagógicos quanto as ferramentas de *software* desenvolvidas em seu marco são distribuídas gratuitamente para toda a Europa.
[5] http://www.compendium.open.ac..uk/institute.
[6] http://kmi.open.ac.uk/projects/compendium/.

uma discussão com o *Dialogue Mapping* requer um processo de aprendizagem e treinamento.

O *Compendium* também permite combinar formas de trabalho síncronas e assíncronas na elaboração de projetos grupais. Assim, por exemplo, os participantes podem acrescentar suas contribuições ao projeto comum em forma de nós e *links*, de maneira que os mapas elaborados de forma assíncrona possam ser revisados, ampliados e modificados nas reuniões síncronas, e vice-versa. Da mesma maneira, os mapas hipertextuais do *Compendium* podem ser utilizados não apenas para apoiar e modelar a argumentação, mas também para gerenciar os recursos (documentos, mensagens, mapas de reuniões, etc.) do ambiente. Um participante, por exemplo, pode criar um mapa da documentação de que necessita para a elaboração de um projeto, vinculando os nós com recursos externos ou com o repositório documental do ambiente, atribuindo-lhes *tags* e relacionando-os por meio de *links*, e tudo isso sem modificar nem mover as fontes originais da base de dados.

REFERÊNCIAS

Aguilar, M. F. (2006). Origen y destino del mapa conceptual. Apuntes para una teoría del mapa conceptual. En A. J. Cañas & J. D. Novak (Eds.), *Concept Maps: Theory, Methodology, Technology*. Proceedings of the Second International Conference on Concept Mapping. San José, Costa Rica. Consultado (01.04.2007) em: http://cmc.ihmc.us/cmc2006Papers/cmc2006-p15.pdf.

Ainsworth, S. (2006). DeFT: A conceptual framework for considering learning with multiple representations. *Learning and Instruction, 16*(3), 183-198.

Ausubel, D. P. (2002). *Adquisición y retención del conocimiento. Una perspectiva cognitiva*. Barcelona: Paidós [Publicação original em inglês em 2000].

Cañas, A. J., Ford, K. M., Coffey, J., Reichherzer, T., Carff, R., Shamma, D., Hill, G., Suri, N. e Breedy, M., (2000). Herramientas para construir y compartir modelos de conocimiento basados en mapas conceptuales. *Revista de Informática Educativa, 13*(2), 145-158.

Cañas, A. J., Hill, G., Carff, R., Suri, N., Lott, J., Eskridge, T. et al. (2004). CmapTools: A Knowledge Modeling and Sharing Environment. En A. J. Cañas, J. D. Novak & F. M. González (Eds.), *Concept Maps: Theory, Methodology, Technology. Proceedings of the First International Conference on Concept Mapping. Vol. I* (pp. 125-133). Pamplona: Universidad Pública de Navarra.

Coll, C. (2004). Psicología de la educación y prácticas educativas mediadas por las tecnologías de la información y la comunicación. *Sinéctica, 25*, 1-24.

Cox, R. (1999). Representation construction, externalised cognition and individual differences. *Learning and Instruction, 9(4)*, 343-363.

De Jong, T., Ainsworth, S., Dobson, M., Van der Hulst, A., Levonen, J., Reimann, P., Sime, J.-A., Van Someren, M., Spada, H. e Swaak, J. (1998). Acquiring knowledge in science and mathematics: the use of multiple representations in technology based learning environments. Em M. Van Someren, P. Reimann, H. Boshuizen e T. de Jong (Eds.), *The role of multiple representations in learning and problem solving* (pp. 9-41). Oxford: Elsevier Science.

Fischer, F., Bruhn, J., Gräsel, C. e Mandl, H. (2002). Fostering collaborative knowledge construction with visualization tools. *Learning and Instruction, 12* (2), 213-232.

Herring, S. (1999). Interactional coherence in CMC. *Journal of Computer-Mediated Communication, 4*(4). Consultado (01.04.2007) em: http://jcmc.indiana.edu/vol4/issue4/herring.html.

Larkin, J.H. e Simon, H.A. (1987). Why a diagram is (sometimes) worth ten thousand words. *Cognitive Science, 11* (1), 65-99. Consultado (01.04.2007) em: http://www.cogs.indiana.edu/iacs/january/larkin.pdf.

Lengler, R. e Eppler, J. (2007). *Towards a periodic table of visualization methods for management*. Consultado (6.06.2007) em: http://www.visual-literacy.org/periodic_table/periodic_table.pdf.

Martín, E. e Solé, I. (2001). El aprendizaje significativo y la teoría de la asimilación. En C. Coll, J. Palacios y A. Marchesi (Comps.), *Desarrollo psicológico y educación. 2. Psicología de la educación escolar* (pp. 89-116). Madrid: Alianza.

Martí, E. (2003). *Representar el mundo externamente. La construcción infantil de los sistemas externos de representación*. Madrid: A. Machado.

Martí, E., e Pozo, J. I. (2000). Más allá de las representaciones mentales: la adquisición de los sistemas externos de representación. *Infancia y Aprendizaje, 90,* 11-30.

Mayer, R.E. (1997). Multimedia Learning: Are we asking the right questions? *Educational Psychologist, 32* (1), 1-19.

Mayer, R. E. (2001). *Multimedia Learning.* New York: Cambridge University Press.

Munneke, L., van Amelsvoort, M. e Andriessen, J. (2003). The role of diagrams in collaborative argumentation-based learning. *International Journal of Educational Research, 39,* 113–131.

Novak, J. D. (1988). *Conocimiento y aprendizaje. Los mapas conceptuales como herramientas facilitadoras para escuelas y empresas.* Madrid: Alianza [Publicação original em inglês em 1998].

Novak, J. D. e Gowin, B. (1988). *Aprendiendo a aprender.* Barcelona: Martínez Roca [Publicação original em inglês em 1984].

Olson, D. (1998). *El mundo sobre el papel.* Barcelona: Gedisa [Publicação original em inglês em 1994].

Schnotz, W. (2002). Aprendizaje Multimedia desde una perspectiva cognitiva [Versión electrónica]. *Boletín de la RED-U, 2 (2).* Consultado (01.04.2007) em: http://www.uc3m.es/uc3m/revista/MAYO02/redu_boletin_vol2_n2.htm#schnotz.

Stenning, K. e Oberlander, J. (1995). A cognitive theory of graphical and linguistic reasoning: logic and implementation. *Cognitive Science, 19*(1), 97-140.

Suthers, D.D. (2001). Towards a Systematic Study of Representational Guidance for Collaborative Learning Discourse. *Journal of Universal Computer Science, 7*(3), 254-277.

Suthers, D.D. e Hundhausen, C.D. (2002).The Effects of Representation on Students' Elaborations in Collaborative Inquiry. Comunicación presentada en CSCL 2002. Consultado (01.04.2007) em: http://newmedia.colorado.edu/cscl/172.html.

Toth, E.E., Suthers, D.D. e Lesgold, A.M. (2002). Mapping to Know': The Effects of Representational Guidance and Reflective Assessment on Scientific Inquiry. *Science Education, 86* (2), 264-286.

Van Bruggen, J., Kirschner, P., e Jochems, W. (2002). External representation of argumentation in CSCL and the management of cognitive load. *Learning and Instruction, 12*(1), 121-138.

Van Drie, J., van Boxtel, C., Jaspers, J. e Kanselaar, G. (2005). Effects of representational guidance on domain specific reasoning in CSCL. *Computers in Human Behavior, 21 (4),* 575-602.

Veerman, A. (2003). Constructive discussions through electronic dialogue. Em J. Andriessen, M. Baker e D. Suthers (Eds.), *Arguing to learn: Confronting cognitions in computer-supported collaborative learning environments.* Dordrecht, The Netherlands: Kluwer Academic Publishers. Consultado (01.04.2007) em: http://edu.fss.uu.nl/medewerkers/ja/Confrontations/Ch5.pdf.

Wallace, R.M. (2003). Online Learning in Higher Education: a review of research on interactions among teachers and student. *Education, Communication & Information, 3* (2), 241-280.

Zhang, J. (2000). External Representations in Complex Information Processing Tasks. En A. Kent (Ed.), *Encyclopedia of Library and Information Science vol, 68* (31) (p. 164-180). New York: Marcel Dekker, Inc.

Zhang, J. y Norman, D., (1994). Representations in Distributed Cognitive Tasks. *Cognitive Science, 18* (1), 87-122.

GLOSSÁRIO

Animações. Permitem representar e transmitir informações que evoluem e se transformam. Os estudantes controlam a situação decidindo quais medidas devem fazer e quais variáveis querem modificar, obtendo a resposta para suas ações de forma imediata. Diferentemente dos programas de realidade virtual, geralmente são projetadas para mostrar uma única faceta, parte de um fenômeno ou situação e não todas as características do sistema.

Realidade virtual. É uma simulação de um ambiente tridimensional imaginário ou do mundo real que permite visualizar o desenvolvimento de processos mais ou menos complexos, mostrando a evolução do sistema representado e a interação entre os diversos elementos que o integram.

Representação externa. Representações caracterizadas por serem diretamente perceptíveis, independentes de seu autor, por terem um certo grau de permanência e estarem dispostas no espaço, assim como por serem construídas mediante sistemas simbólicos regidos por um conjunto de regras que comportam restrições específicas para representar a informação (por exemplo, a escrita, a notação numérica, a notação musical, etc.). Os sistemas de representação externa são produtos sociais que possuem características estáveis, de maneira que permitem construir representações reproduzíveis e inteligíveis por outros seres humanos.

Representação externa visual. São representações que se caracterizam por responder a um modo de processamento preferentemente visual, estando constituídas por elementos gráficos, símbolos e imagens que expressam relações funcionais e estruturais entre as diferentes entidades representadas. As representações externas visuais são sistemas *convencionais* criados para simbolizar e representar a realidade, construídos a partir de um acordo social ou estabelecidos por consenso pelos especialistas em uma disciplina, e *arbitrários*, porque suas características formais não se explicam em termos das características da sua referência. Exemplos de representações externas visuais são as matrizes, os histogramas, os mapas conceituais, os diagramas, etc.

Representação interna. Conceito utilizado para descrever a cognição das pessoas e explicar seu funcionamento mental. Associado originalmente com as teorias estruturalistas e cognitivas do psiquismo humano, seu uso foi generalizado posteriormente para outros pressupostos e enfoques. As representações internas são pessoais, idiossincráticas, incompletas e basicamente funcionais, no sentido de que nos servem para compreender, explicar ou predizer o mundo que nos rodeia e seus fenômenos.

Mapa conceitual. "Representação gráfica de um conjunto de conceitos e suas relações sobre um domínio específico de conhecimento, construída de tal forma que as inter-relações entre os conceitos são evidentes. Neste esquema, os conceitos são representados como nós rotulados e as relações entre conceitos, como arcos rotulados que os conectam. Assim, os mapas conceituais representam as relações significativas entre conceitos em forma de propostas ou frases simplificadas: dois ou mais conceitos ligados por palavras para formar uma unidade semântica" (Cañas et al., 2004).

RECURSOS

IHMC. CmapTools
http://cmap.ihmc.us

Página web dedicada à CmapTools do Institute for Human and Machine Cognition (IHMC). Nessa página é possível baixar gratuitamente o programa e encontrar uma ajuda detalhada e completa (em espanhol) para a construção de mapas conceituais, tanto no disco do próprio computador quanto pelo serviço remoto da comunidade de CmapTools.

Também há links para artigos e outras publicações on-line sobre os mapas conceituais e notícias a respeito dos congressos relacionados a este tema.

Projeto ITCOLE (*Innovative Technology for Collaborative Learning and Knowledge Building*)
http://www.euro-cscl.org/site/itcole/index_html

O projeto de ITCOLE, patrocinado pelo programa de Tecnologias da Sociedade da Informação (Information Society Technologies: IST) da Comissão Europeia como parte da linha de ação temática "Escola do amanhã", é focado no desenvolvimento de modelos pedagógicos e tecnológicos inovadores para a construção colaborativa do conhecimento. Tanto a descrição dos modelos pedagógicos quanto o software (FLE3, Synergeia, BSCW4 e Ants) elaborados no marco deste programa são distribuídos de forma gratuita para as escolas e outras instituições educacionais europeias e podem ser encontrados neste site.

The Knowledge Media Institute (KMi).
Open University.
http://kmi.open.ac.uk/index.cfm

Instituto especializado em tecnologias semânticas, tecnologias educacionais multimídia, tecnologias colaborativas, Inteligência Artificial, ciência cognitiva e interação entre pessoas e computador. Nesta página, há links para artigos e páginas web dos diversos projetos desenvolvidos pelo Instituto, como, por exemplo, Compendium, FlashMeeting, Multimedia Digital Libraries, etc., organizados por tipo (gestão do conhecimento, software social, web semântica, etc.) e por seu estado de desenvolvimento (ativo, clássico, finalizado e recente).

Periodic Table of Visualization
http://www.visual-literacy.org/periodic_table/periodic_table.html

Esta tabela periódica, criada no marco do projeto Visual Literacy, recolhe aproximadamente 100 técnicas de representação visual organizadas seguindo a aparência e a lógica da tabela periódica dos elementos químicos (Lengler e Eppler, 2007). As técnicas da mesma coluna vertical, um "grupo", têm características similares e suas cores de fundo correspondem a diferentes áreas de aplicação: visualização de dados, de informação, de conceitos, de metáforas, de estratégias ou de vários desses aspectos ao mesmo tempo. As filas horizontais, os "períodos", representam a complexidade das técnicas; assim, à medida que se desce por uma coluna, embora as técnicas sirvam para propósitos similares, e se tornam progressivamente mais complexas. A tabela é interativa e, passando o cursor por cima de cada "elemento", aparece um exemplo de método de visualização.

12

Ambientes virtuais de aprendizagem e padrões de e-*learning*

JORDI ADELL, ANTONI J. BELLVER E CARLES BELLVER

Um dos temas que tem despertado maior interesse no campo da tecnologia educacional na última década é o dos padrões de *e-learning*. O objetivo deste capítulo é introduzir o leitor nos padrões de *e-learning*, em suas virtudes, suas hipóteses prévias e suas implicações psicopedagógicas. Na primeira seção do capítulo, são definidos alguns conceitos prévios, fundamentais para compreender o contexto no qual os padrões são criados e desempenham sua função; é descrito o processo ideal de padronização e são enumeradas as entidades mais relevantes na elaboração de especificações, modelos de referência e padrões de *e-learning*. Na segunda parte, é tratado o fugidio conceito de "objeto de aprendizagem" e são introduzidas as especificações e modelos de referência sobre conteúdos de aprendizagem. A terceira parte trata das especificações sobre processos de ensino-aprendizagem. Finalmente, a última parte é destinada à reflexão sobre o estado atual dos processos de padronização e é proposta uma atitude perante os padrões de *e-learning*, uma atitude que poderíamos definir como de "interesse crítico".

AMBIENTES E PADRÕES: CONCEITOS FUNDAMENTAIS

Embora não exista uma única definição normalmente aceita, o que se entende por *e-learning* é o uso de tecnologias digitais da informação e da comunicação como suporte e apoio em processos de ensino-aprendizagem, tanto na formação a distância quanto na presencial e em suas diversas combinações (*blended learning*), tanto na educação formal quanto na informal, na formação aberta ou na corporativa ou ainda no local de trabalho. Apesar da possibilidade de utilização de diversas tecnologias, a partir do *boom* da internet, o *e-learning* passou a ser geralmente associado ao uso de ambientes virtuais de aprendizagem em rede, com arquitetura cliente-servidor, que os participantes podem acessar por meio de um navegador *web*.

Um ambiente virtual de aprendizagem, LMS (*Learning Management System*) ou VLE (*Virtual Learning Environment*), é um programa de computador que se executa em um servidor conectado a uma rede, internet ou intranet, que está projetada expressamente para facilitar o acesso a materiais de aprendizagem e a comunicação entre estudantes e professores e entre os próprios estudantes. Um ambiente virtual de aprendizagem combina diferentes tipos de ferramentas: comunicação síncrona – por exemplo, mensagem instantânea – e assíncrona – por exemplo, correio eletrônico, fóruns –, gestão (distribuição e acesso) dos materiais de aprendizagem em formato digital e gestão dos participantes, incluídos os sistemas de acompanhamento e avaliação do progresso dos estudantes. Os ambientes virtuais integram-se em sistemas informáticos mais amplos da instituição ou empresa e são complementados, às vezes, com aplicações especializadas de autoria e gestão de conteúdos (LCMS ou *Learning Content Management Systems*). Existem sistemas feitos sob medida, desenvolvidos por ou para a instituição que presta o serviço, e sistemas comerciais, completamente funcionais (*turn key*). Nos últimos tempos, difundiram-se rapidamente os sistemas livres ou de código aberto, devido ao notável aumento de suas funcionalidades, da adesão a padrões, do altíssimo ritmo de desenvolvimento e, também, pelo seu preço inigualável: são gratuitos. Um ambiente virtual, em resumo, é o espaço no qual ocorre a comunicação didática em um processo formativo semipresencial ou a distância.

A ISO (*International Organization for Standardization*) define "padrão" como um documento consensual com regras, diretrizes ou características de uma série de atividades ou de seus resultados e cujo objetivo é conseguir um grau ótimo de ordem em um contexto dado (ISO/IEC, 1996). Alan Bryden, secretário-geral da ISO, define os padrões como "acordos documentados que contêm especificações técnicas ou outros critérios precisos para serem utilizados consistentemente como regras, diretrizes ou definições de características, a fim de assegurar que materiais, produtos, processos e serviços se ajustem ao seu propósito" (Bryden, 2003). Feng (2003, p. 99), por sua vez, define-os como "o processo pelo qual a forma ou função de um artefato ou técnica chega a ser especificado. As especificações resultantes – códigos, regras, orientações, etc. – são chamadas padrões". No campo do *e-learning*, os padrões tentam garantir a interoperabilidade, a portabilidade e a reusabilidade de conteúdos, metadados e processos educacionais (Friesen, 2005).

Os padrões existem, segundo seus defensores, para "simplificar a utilização de tecnologias existentes e novas, focando nas interfaces e na interoperabilidade, reduzindo custos e complexidade, abrindo mercados e promovendo um acesso mais amplo a produtos e serviços. Os padrões favorecem o aparecimento de regras e acordos sobre as melhores práticas (compartilhadas e adotadas em escala global) que ajudam a garantir a segurança e a desenvolver a confiança e a proteção dos consumidores, ao mesmo tempo que respeitam os interesses legítimos de todos os envolvidos" (Bryden, 2003). Mas os padrões poderiam facilitar não apenas o desenvolvimento de uma indústria e oportunidades de negócio onde agora somente existe artesanato e atomização, mas também a criação e distribuição livre e aberta de uma enorme quantidade de conteúdos e processos educacionais facilmente adaptáveis e reutilizáveis em nível global, seguindo o modelo do *software* livre.

Os historiadores que analisaram os efeitos da padronização no desenvolvimento técnico e industrial do último século assinalam que, apesar do discurso oficial, são processos complexos, ambivalentes e cujos resultados são incertos. Feng (2003), em sua análise da literatura sobre padronização, resumiu os múltiplos significados e motivações que ao longo do tempo têm sido atribuídos aos padrões:

a) como um meio de uniformizar a produção;
b) para assegurar a compatibilidade entre tecnologias;
c) como garantia adequada de objetividade;
d) como um meio para a justiça;
e) como uma forma de hegemonia. Slaton e Abbate (2001) afirmam que "seus proponentes geralmente definiram os padrões como instrumentos de redução: reduzem a complexidade e variedade em produtos e serviços, reduzem custos,

reduzem o tempo e o esforço requeridos para uma operação industrial eficiente", "são instrumentos que codificam o conhecimento e ordenam as relações de trabalho", mas "a adoção de padrões pode simplificar alguns aspectos de um sistema e ao mesmo tempo criar uma demanda de trabalho mais especializado em outro lugar" (p. 95-96).

Os padrões, além de reduzirem a complexidade e os custos associados à produção de um produto ou à prestação de um serviço, podem redefinir ou reforçar as relações ou processos existentes, frequentemente de maneira imprevisível (Friesen, 2005).

Na educação a distância atual, o ambiente virtual é o espaço no qual são realizados os processos de ensino e aprendizagem. Por isso, os padrões centram-se principalmente em permitir e facilitar a comunicação entre dispositivos de processamento de informação na interação máquina-máquina. São parte do processo de transformação do *e-learning* de uma atividade artesanal para um modelo industrial que requer acordos para poder produzir de maneira interoperável: um componente de um fabricante deve poder unir-se com o de outro sem dificuldades, e os conteúdos devem poder ser movimentados entre plataformas. Em uma fase inicial de desenvolvimento, na qual eram gerenciados os conteúdos de maneira singular, com a utilização de formatos e protocolos proprietários, a interoperabilidade de conteúdos e metadados era o primeiro problema que precisava ser solucionado.

Tudo isso ajuda a compreender a formulação de alguns dos padrões de *e-learning* mais difundidos. São documentos com uma declaração exata e detalhada dos requisitos funcionais e particulares de um problema concreto. Geralmente são divididos em várias partes e abrangem pelo menos um "modelo de dados" (uma abstração do conteúdo da normativa) e um ou vários *bindings* (especificações de como se expressa o modelo de dados em uma notação formal – geralmente em linguagem XML). Normalmente possuem versões que indicam a evolução da norma, ao estilo dos programas de computador, e também costumam ser baseados em padrões de nível mais geral (por exemplo, a própria linguagem XML).

O formato XML (*eXtensible Markup Language*, ou linguagem de marcação estendida) é uma metalinguagem estendida de *tags*, que foi desenvolvida pelo World Wide Web Consortium (W3C) (Bray et al., 2006). É uma simplificação e adaptação do SGML (padrão ISO 8879) que permite definir a gramática de linguagens específicas. Portanto, o XML não é realmente uma linguagem em particular, mas uma linguagem para definir linguagens que satisfaçam diferentes necessidades. Uma linguagem de marcação é uma forma de codificar um documento que, junto com o texto, incorpora *tags* (palavras-chave ou marcações), as quais contêm informação adicional sobre a estrutura do texto ou sua apresentação. A linguagem XML se impôs como padrão para a troca de informação estruturada entre diferentes plataformas em todo o mundo informático relacionado com a internet.

Nas próximas seções, explica-se o processo ideal de elaboração de padrões e enumera-se as organizações mais relevantes no desenvolvimento de especificações e padrões de *e-learning*. O restante do capítulo será dedicado a explicar o conceito de "objeto de aprendizagem", as especificações sobre conteúdos e materiais de aprendizagem e sobre a modelagem de processos de ensino e aprendizagem, os dois conjuntos de especificações mais relevantes para os docentes, do ponto de vista dos autores. O capítulo finaliza colocando algumas reflexões sobre o papel dos padrões de *e-learning* no momento atual, com várias sugestões para ampliar os conhecimentos sobre este tema.

Especificações e processos de padronização

Embora quase sempre façamos referência a padrões, a verdade é que a maior parte daqueles existentes no campo de *e-learning,* em um sentido estrito, são apenas especificações. As especificações são a primeira fase do processo de padronização, o trabalho inicial de compilação ou rascunho de trabalho que, depois de ser avaliado, provado e refinado, é enviado para uma entidade adequada, que poderá sancionar essas especificações como padrão real em um processo ideal. As especificações são tanto o ponto de partida inteligente do processo quanto o veículo para a construção do consenso necessário (Singh e Reed, 2002).

O esquema do processo ideal de desenvolvimento de padrões de *e-learning* seria o seguinte (Friesen, 2005):

1. Entidades ou consórcios dedicam equipes de trabalho a gerar acordos detalhados e documentados a partir do estado das pesquisas acadêmicas e das necessidades dos usuários que foram percebidas. O resultado são as especificações.
2. São realizadas provas de campo e desenvolvidos "pilotos", incluindo o desenvolvimento de ferramentas e modelos de referência, que utilizam as especificações definidas por entidades de usuários. O resultado são os modelos de referência.
3. Uma entidade reconhecida certifica oficialmente as especificações testadas e refinadas como padrão. O resultado são os padrões propriamente ditos.

Embora o processo pareça linear e simples há, ou pode haver, retroalimentação e introdução de necessidades em todos os seus estágios, tanto das outras fases quanto de forma interna, o que faz com que o processo seja iterativo. As entidades que desenvolvem as diferentes fases têm seus próprios sistemas de funcionamento, mas geralmente utilizam um processo interno de grupos de trabalho e revisões periódicas por parte de uma assembleia ou comitê, e estas revisões também acabam sendo cíclicas. Esse processo costuma ter uma duração de vários anos, o que explica a escassez de padrões em comparação com as especificações, uma vez que a maior parte do trabalho nesta área tem menos de uma década.

Por outro lado, o fato de que uma entidade aprove um padrão não implica automaticamente seu êxito nem garante que ele seja amplamente adotado. A relevância de um padrão depende de seu uso por uma parcela significativa dos usuários. Na área das tecnologias da informação e da comunicação é comum que existam padrões adotados pelos usuários e desenvolvedores devido a fatores tais como simplicidade, utilidade ou disponibilidade (por exemplo, o protocolo HTTP no ambiente *web*) sem que eles tenham sido previamente sancionados de modo oficial. Tal diferença leva a falar, algumas vezes, em padrões *de facto* (relevantes pelo sucesso alcançado) ante aos padrões *de jure* (sancionados por uma entidade) e também à existência de um processo de padronização alternativo baseado na adoção geral. O ideal é que um padrão seja ambas as coisas (*de jure* e *de facto*), mas nem sempre isso ocorre.

O procedimento também não implica que inexista superposição ou duplicação de esforços por parte das entidades especificadoras, que podem estar trabalhando no mesmo tema com diferentes especificações, ou mesmo padrões, e, a longo prazo, sobre a mesma matéria. A isso podemos somar o conflito latente entre o que se entende como necessidades dos usuários que precisam ser considera-

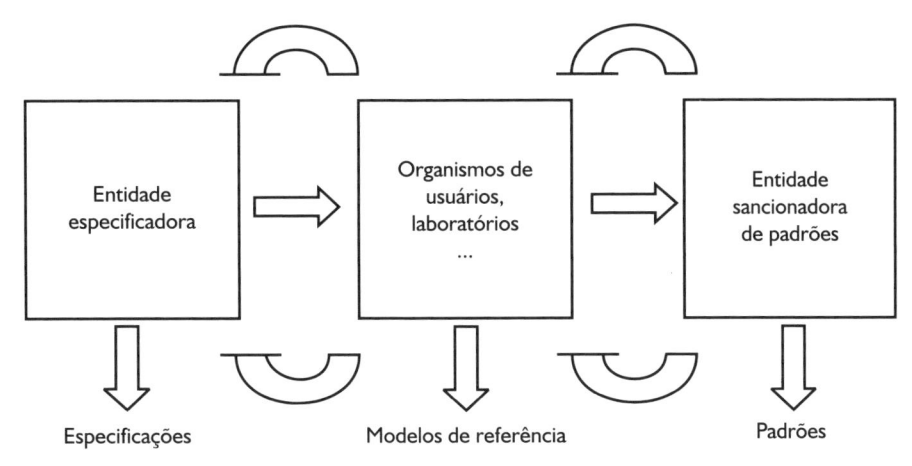

FIGURA 12.1
Processo ideal de elaboração de padrões.

das, sejam usuários finais ou provedores, e suas diferentes prioridades, que podem condicionar o sentido e o equilíbrio de especificações e padrões e favorecer sua multiplicidade. De fato, os modelos de referência são coleções de especificações ou aplicações detalhadas de uma única especificação em contextos determinados. É inevitável que os interesses econômicos e ideológicos dos membros das diversas entidades acabem transparecendo no resultado de seus trabalhos. A situação ideal para uma empresa é transformar seus produtos ou formatos, convenientemente registrados e patenteados, em padrões *de facto*, criando, assim, um monopólio e um mercado cativo.

Organizações relevantes no mundo dos padrões de *e-learning*

Já vimos que, em um processo ideal de padronização, diferentes entidades trabalham em três estágios que, embora tenham sido apresentados como uma sequência, são, na verdade, independentes. Diferentes organizações têm diferentes objetivos. A seguir, apresentamos uma lista, absolutamente não exaustiva, das entidades mais relevantes em matéria de padrões de *e-learning*, com a intenção de proporcionar uma visão geral e de referenciar uma série de acrônimos habituais neste campo:

Entidades especificadoras

World Wide Web Consortium (W3C) (http://www.w3.org/). É o consórcio que desenvolve protocolos e guias para manter a interoperabilidade da *World Wide Web* e permitir que ela cresça de maneira ordenada. Apesar de não estar dedicada ao setor de *e-learning*, sua importância na criação de especificações de base para o mundo da conectividade via internet torna necessário mencioná-lo. Muitos de seus produtos são base de outras especificações ou elementos implícitos necessários: protocolos – HTTP, SOAP, etc. –, linguagens de marcação – XML, XHTML, etc.

Aviation Industry CBT – Computer-Based Training-Committee (http://www.aicc.org/). É uma associação internacional de profissionais da instrução assistida por computador da indústria da aviação que desenvolve pautas para permitir sua interoperabilidade e eficaz colocação em prática. Este setor foi pioneiro no uso de tecnologias de instrução e sua experiência passou para outros setores, sendo essa sua importância. Representa a visão mais industrial e instrucional. Por outro lado, poderíamos considerá-la tanto uma entidade que gera especificações quanto uma entidade de usuários que realiza testes e define aplicações reais.

IMS (IMS *Global Learning Consortium*) (http://www.imsglobal.org/). O IMS é uma organização mundial com mais de 200 membros, incluindo vendedores, instituições educacionais, editores, agências estatais, integradores de sistemas, etc. O consórcio é um fórum de colaboração centrado na interoperabilidade e na reutilização de conteúdos e processos. Começou como uma iniciativa da Educause (uma associação profissional de universidades e empresas para promover o uso de tecnologia no ensino superior, nos Estados Unidos), mas foi ampliando seu quadro de membros, incluindo europeus, por exemplo. É a organização mais representativa dos setores educacionais, incluindo o ensino não universitário.

Entidades que desenvolvem modelos de referência

ADL (*Advanced Distributed Learning Initiative*) (http://www.adlnet.gov/). A ADL é uma iniciativa criada em 1997 como projeto do Departamento de Defesa (DoD) dos Estados Unidos, em colaboração com outras entidades governamentais, cuja missão principal era solucionar o problema da interoperabilidade dos materiais de instrução fornecidos por diferentes provedores. Sua importância está no fato de que o DoD é um dos principais clientes da indústria de *e-learning*. Seu produto mais conhecido é o SCORM, um modelo de referência que, como veremos mais adiante, inclui padrões e especificações adotados de múltiplas fontes (principalmente do IMS e da AICC).

Entidades que sancionam padrões

IEEE LTSC (*Institute of Electrical and Electronics Engineers – Learning Technology Standards Committee*) (http://ieeeltsc.org/). É a maior associação profissional mundial (mais de 380 mil membros em 175 países) da área de engenharia elétrica, eletrônica e de telecomunicações. É uma fonte de informação técnica, recomendações e guias, além de desenvolver padrões técnicos sancionando especificações próprias ou provenientes de terceiros. O LTSC é o comitê delegado para a tecnologia educacional.

ISO/IEC (*International Organization for Standardization/International Electrotechnical Commission*) (http://www.standardsinfo.net). A ISO é uma federação de entidades de padrões nacionais de mais de 150 países amparada pela ONU e dedicada a desenvolver e promover a padronização para facilitar o desenvolvimento internacional. A IEC é uma organização similar, porém centrada na área eletrotécnica. Para evitar duplicidades, ambas trabalham conjuntamente em um comitê na área das TIC, conhecido como JTC1 – *Joint Technical Comitee 1* –, que, por sua vez, tem um subcomitê centrado na área de educação e instrução chamado SC36 – *Subcomitee 36*. Por isso, às vezes aparece na literatura como ISO/IEC JTC1 SC36.

As duas maiores áreas de especificações de *e-learning* referem-se à interoperabilidade dos conteúdos educacionais, baseadas no conceito de "objeto de aprendizagem", e aos processos de ensino-aprendizagem, baseadas na modelagem de "projetos de aprendizagem". Nas duas seções a seguir são tratados estes temas e as especificações propostas para padronizá-los.

PADRÕES DE CONTEÚDOS DE APRENDIZAGEM

As múltiplas definições de "objeto de aprendizagem"

No que diz respeito aos padrões relacionados com os conteúdos e materiais educacionais, não há dúvida de que o conceito de "objeto de aprendizagem" (*learning object*) tem sido fundamental em boa parte das discussões e iniciativas durante os últimos anos. Veremos que não existe acordo quanto à sua definição, mas, apesar disso, o número e a complexidade de suas especificações técnicas não é, em absoluto, desprezível.

Um dos primeiros autores a falar em objetos de aprendizagem foi Wayne Hodgins (2004). Em diversas ocasiões, Hodgins recordou como, ao ver seus filhos jogando com alguns blocos de LEGO, pensou na possibilidade de que os materiais educacionais também pudessem ser desmembrados em peças de pequeno tamanho, segundo algum tipo de padrão – equivalente ao dos pinos dos blocos –, de modo que pudessem ser combinados para montar todo tipo de materiais, peça por peça, ou mesmo em associação com conjuntos preexistentes elaborados por outros autores, para criar, assim, conteúdos mais extensos, como, por exemplo, um curso completo. Outra metáfora que Hodgins gosta de usar é a da indústria da construção. Assim, observa que praticamente todos os elementos utilizados em um edifício – portas, janelas, telhas, tomadas, etc. – são materiais pré-fabricados e que é a sua conformidade a padrões comumente aceitos que permite usá-los depois para construir qualquer tipo de edifício. Da mesma maneira, caberia pensar em materiais de aprendizagem projetados previamente e armazenados em bases de dados, prontos para serem usados em diferentes situações educacionais.

Hodgins teve esta ideia (ele fala de "sonho" e de "epifania") em 1992. Mas é a partir de 1995 que o avanço da digitalização e das comunicações pela internet permitiu começar a pensar em sua realização prática. Nesse mesmo ano, a *Computer Education Management Association* (CEdMA) criou um grupo chamado *Learning Architecture & Learning Objects,* ao qual Hodgins se uniu. Em 1996, o recém-criado *Learning Technology Standards Committee* (LTSC) do IEEE adotou a mesma terminologia. Outros organismos nos Estados Unidos e na Europa o seguiram pouco tempo depois e, assim, foram iniciados projetos com financiamento público e privado, de modo que, paulatinamente, o tema surgiu também nos debates acadêmicos. Logicamente os enfoques e as formulações diferem dependendo dos autores. Há quem prefira falar em átomos que se combinam entre si para formar moléculas, mas que somente podem entrar naquelas combinações permitidas por sua estrutura interna: o projeto de um objeto condicionaria, portanto, as combinações possíveis. Outros falam dos objetos como sendo tijolos, e o cimento deveria ser acrescentado pelo professor para colá-los entre si: com isso, quer-se destacar que, sem a intervenção do professor, o conjunto careceria de consistência. Mas em qualquer caso parece haver um acordo tácito quanto aos benefícios de se dispor de conteúdos digitais acessíveis pela rede e que possam ser reutilizados em diferentes contextos. Basicamente, a questão seria diminuir custos de produção e abrir novas possibilidades educacionais. Conforme explicou Stephen Downes:

> A economia é implacável. Economicamente, não faz sentido gastar milhões de dólares produzindo múltiplas versões de objetos de aprendizagem similares quando versões únicas dos

mesmos objetos poderiam ser compartilhadas com um custo muito menor por instituição. Serão compartilhados porque nenhuma instituição que produza seus próprios materiais pode competir com instituições que compartilham os materiais de aprendizagem (Downes, 2001, p. 2).

Neste sentido, já se falou em uma "economia de objetos de aprendizagem" e, inclusive, em uma "nova economia do *e-learning*". A característica fundamental que sustentaria essa economia, a reusabilidade dos objetos de aprendizagem, seria uma das denominadas *ilities*. Assim são chamados em engenharia de sistemas (devido ao sufixo *ility* da maioria destes termos em inglês) os requisitos não funcionais, ou seja, aqueles que não prescrevem um comportamento específico, mas definem critérios segundo os quais é julgada a qualidade de serviço. O conjunto de *ilities* que se deve considerar em relação aos objetos de aprendizagem é o seguinte (ADL, 2001):

- *Accessibility* (acessibilidade): A possibilidade de se localizar os objetos, ter acesso a eles e dispor deles pela rede a partir uma localização remota.
- *Interoperability* (interoperabilidade): Compatibilidade dos objetos com plataformas e ferramentas informáticas diversas.
- *Durability* (durabilidade): A capacidade de resistir à evolução tecnológica sem necessidade de recodificar ou reprojetar profundamente os objetos.
- *Reusability* (reusabilidade): Flexibilidade para incorporar e utilizar os objetos em contextos educacionais diversos.
- *Affordability* (acessibilidade econômica): Redução de tempo e de custos gerais nos processos de ensino-aprendizagem.

Contudo, na hora de chegar a uma definição formal do conceito de objeto de aprendizagem, as dificuldades tornam-se evidentes. A primeira tentativa foi feita pelo LTSC:

> Os Objetos de Aprendizagem são definidos aqui como qualquer entidade, digital ou não digital, que possa ser utilizada, reutilizada ou referenciada durante a aprendizagem apoiada em tecnologia [...]. Os exemplos de Objetos de Aprendizagem incluem conteúdo multimídia, conteúdos formativos, objetivos de aprendizagem, *software* para a formação e ferramentas de *software*, além de pessoas, organizações ou acontecimentos referenciados durante a aprendizagem apoiada em tecnologia (IEEE, 2002, p. 5).

O problema, apontado imediatamente por diversos autores, é que essa definição resulta ampla demais e não exclui absolutamente nada: qualquer pessoa, coisa ou ideia cumpre com o citado requisito de "poder ser utilizada, reutilizada ou referenciada no transcurso da aprendizagem apoiada em tecnologia". A utilidade de uma definição como esta seria nula, tornando necessário, portanto, restringir seu alcance. David Wiley propôs defini-la assim: "Qualquer recurso digital que possa ser reutilizado para apoiar a aprendizagem" (Wiley, 2002, p. 7). Ou seja, a ideia seria limitar o âmbito dos objetos de aprendizagem ao que fosse digital e insistir na possibilidade de sua reutilização. Outros acreditam que é necessário insistir mais no caráter separado e independente do objeto e no fato de que ele tenha sido projetado para poder ser reutilizado (Polsani, 2003). Em qualquer caso, não há consenso sobre nenhuma das tentativas de melhorar a definição.

Também não está nada clara a delimitação do conteúdo de um objeto de aprendizagem. Estamos falando de um curso completo ou de uma unidade didática? Ou talvez de algo mais pontual, como um gráfico, um mapa, um fragmento de texto, etc., que pode ser utilizado dentro de uma lição? É o debate sobre "a granularidade" o nível de detalhe desejável para os objetos de aprendizagem.

É claro que o requisito básico de reusabilidade envolve independência do contexto de uso e, portanto, em geral, considera-se que cada objeto deveria estar circunscrito a um único conceito ou a um pequeno número de conceitos relacionados ou, ainda, a um objetivo educacional. Contudo, já foi apontado que a adequação de um objeto de aprendizagem a um contexto ou contextos determinados, ou a um objetivo concreto, melhora inquestionavelmente sua usabilidade, ou seja, sua facilidade de uso e sua eficácia didática. Quanto mais o objeto for adequado a um contexto determinado, maior sua usabilidade e menor a reusabilidade, e vice-versa. Portanto, estas duas propriedades estariam em conflito e, na prática, projetar objetos de aprendizagem exigiria alcançar um equilíbrio entre ambas (Sicilia e García, 2003).

Padrões de conteúdos de aprendizagem

Quanto ao desenvolvimento de especificações, modelos de referência e padrões neste campo, foram várias as iniciativas destacáveis. Sem dúvida, a mais conhecida é o SCORM (*Sharable Content Object Reference Model*), parte do projeto ADL (*Advanced Distributed Learning*) do Departamento de Defesa dos Estados Unidos, e a mais recente é o *Common Cartridge* do IMS, anunciado em outubro de 2006. Em ambos os casos, o que se busca é dar resposta às antes citadas *ilities* dos objetos de aprendizagem por meio da aplicação de alguns princípios básicos:

- Separar os materiais de aprendizagem do *software* com o qual são usados e armazená-los em arquivos autocontidos.
- Incluir metadados nos materiais (*tags*), ou seja, dados que descrevem outros dados, de modo que os materiais sejam classificados segundo uma série de critérios, permitindo realizar buscas eficientes.
- Utilizar, sempre que possível, especificações e padrões abertos.

Em geral, nem o SCORM nem o IMS *Common Cartridge* pretendem definir novos padrões ou especificações, uma vez que apenas reúnem aqueles mais relevantes já existentes. Vejamos, assim, quais são eles.

IMS Content Packaging

A especificação *Content Packaging* do IMS define um método para armazenar os conteúdos de um objeto de aprendizagem em um arquivo em formato ZIP. Esse arquivo deve incluir:

a) Os recursos: ou seja, as páginas em formato HTML ou PDF, imagens, vídeo e outros conteúdos (*assets*, no jargão SCORM) em qualquer formato compatível com um navegador *Web*, e os *links* externos que se deseje que façam parte do objeto de aprendizagem.
b) O manifesto: um documento em formato XML denominado 'imsmanifest.xml', que proporciona a seguinte informação sobre os recursos:

- A lista de recursos, ou seja, as rotas de acesso a todos os arquivos incluídos no pacote, ou as URLs, quando são *links* externos.

- A organização ou estrutura lógica dos recursos, da mesma maneira que um livro é dividido em partes, capítulos e seções. Trata-se da ordem em que os recursos são apresentados ao usuário. Cada pacote poderia incluir diferentes organizações alternativas do mesmo conjunto de recursos.
- Os metadados utilizados para descrever e categorizar o objeto de aprendizagem. A especificação IMS *Content Packaging* permite utilizar qualquer esquema de metadados, mas o SCORM prescreve o padrão LOM (*Learning Object Metadata*) do IEEE (veja a seguir).

IMS Question and Test Interoperability

A especificação *Question and Test Interoperability* (QTI) do IMS define um formato XML para codificar testes ou exercícios autoverificáveis (denominados tecnicamente *assessments*: avaliações), de modo que possam ser levados facilmente de uma plataforma para outra. Um *assessment* consta de perguntas (mais os dados adjuntos: a sequência de respostas possíveis e a resposta correta, a retroação que recebe o estudante em cada caso, etc.) que podem ser agrupadas em seções. As perguntas podem ser de vários tipos: verdadeiro ou falso, múltipla escolha, marcação de itens, relacionamento de elementos, etc.

O IMS QTI é integrado ao *Content Packaging* como um tipo adicional de conteúdo, de modo que os *assessments* possam ser inseridos em um objeto de aprendizagem como um elemento a mais.

IMS Simple Sequencing

A especificação *Simple Sequencing* do IMS permite descrever itinerários dentro de um objeto de aprendizagem por meio da definição de uma árvore de atividades, regras de sequenciamento e condições. As atividades são entendidas como utilização dos conteúdos ou realização de exercícios. As regras de sequenciamento determinam em que ordem devem ser propostas e completadas as atividades. As condições acrescentam controles como, por exemplo, número de tentativas possíveis, limites de tempo ou prazos. Por meio de *Simple Sequencing* é possível determinar, por exemplo, quais partes de um tema e quais exercícios um estudante deve completar com sucesso, obrigatoriamente, antes de passar para o tema seguinte.

IEEE Learning Object Metadata

O padrão de metadados LOM, desenvolvido pelo *Learning Technology Standards Committee* do IEEE, define um esquema de metadados específico para objetos de aprendizagem. Ou seja, enumera uma série de elementos ou campos – mais de 60 – que podem ser utilizados para a descrição de um objeto de aprendizagem. Esses elementos estão agrupados em nove categorias, das quais apenas uma guarda informação de tipo pedagógico: por exemplo, o nível educacional ao qual se dirige o objeto, o tipo de recurso didático de que se trata, o grau de interatividade, etc. As outras categorias reúnem metadados de tipo geral (título dado ao objeto, descrição completa, idioma, palavras-chave), técnico (requisitos de *hardware* ou *software*, formatos dos recursos, tamanho em *bytes* do objeto), direitos de propriedade intelectual, entre outros.

Os valores a serem introduzidos nestes elementos são, em alguns casos, totalmente livres (por exemplo, a descrição); outras vezes, devem ajustar-se a certo formato (por exemplo, o idioma, datas, etc.) ou devem, inclusive, ser tomados de uma lista ou vocabulário predefinido: por exemplo, o tipo de recurso ou os níveis educacionais. Esses vocabulários predefinidos admitem fazer adições locais, que, evidentemente, são necessárias para que se adaptem às particularidades de uma comunidade educacional concreta, por exemplo, uma administração educacional nacional ou regional. Isto é chamado *perfil de aplicação (application profile)*, e também pode especificar quais elementos de LOM são considerados obrigatórios e quais não o são. O Canadá (CanCore) e o Reino Unido (UK LOM Core), entre outros, definiram seus próprios perfis de aplicação. Na Espanha, no momento de escrever este capítulo, parece que está sendo redigido no Subcomitê 36 da Associação Espanhola de Normalização e Certificação (AENOR) o perfil de aplicação LOM-ES (Fernández et al., 2007), assim como o LOM-ES-EX (Atenex, 2007).

Reusabilidade pedagógica *versus* interoperabilidade técnica

Em resumo, temos uma ideia – a reusabilidade de conteúdos educacionais – que tem gerado consideráveis expectativas, e também contamos com padrões e com ferramentas que são, em princípio, suficientes. Cabe, portanto, perguntar quais são os resultados obtidos. Do ponto de vista da educação formal, tanto universitária quanto pré-universitária, parecem ser escassos: é fato que praticamente não circulam materiais formativos que estejam em conformidade com padrões – embora talvez esta seja uma visão que peque por um certo viés. Em dezembro de 2004, o Departamento de Defesa dos Estados Unidos decidiu que todas as suas aquisições deviam estar de acordo com o SCORM. Antes de um ano, em agosto de 2005, a ADL já tinha certificado 178 pacotes de conteúdos.

Talvez ocorra que o paradigma dos objetos de aprendizagem seja mais adequado para um tipo de formação do que para outros, mesmo que isso contradiga os objetivos declarados de independência do contexto e neutralidade pedagógica (ADL, 2001). Norm Friesen argumentou que a pretensão de neutralidade resulta no mínimo paradoxal: o que é pedagogicamente neutro dificilmente pode ser, ao mesmo tempo, pedagogicamente relevante, uma vez que educar envolve compromisso e parcialidade, ou seja, guiar a aprendizagem em um sentido ou em outro (Friesen, 2004). De fato, um dos autores do SCORM admitiu que este *é dirigido essencialmente ao aluno individual, que segue seu próprio ritmo e direção. Tem um modelo pedagógico limitado, inadequado para certos ambientes [...], não inclui nada sobre colaboração. Isso faz com que seja inapropriado para ser usado no ensino fundamental, no ensino médio e na universidade"* (Kraan e Wilson, 2002). Vamos lembrar que a iniciativa ADL nasce do Departamento de Defesa norte-americano e que as necessidades formativas dessa entidade dizem respeito à capacitação técnica pontual de seus ingentes e dispersos recursos humanos. Uma problemática que, sem dúvida, é compartilhada por grandes empresas e corporações, mas que guarda pouquíssima relação com a educação tal como nós a concebemos na escola e na universidade (veja, por exemplo, Friesen, 2004, sobre o perigo de militarizar a educação).

Afinal, os padrões e especificações analisados até aqui permitem pouco mais que compartilhar materiais sequenciados e autocatalogados por meio de metadados, ou seja, livros eletrônicos com fichas bibliográficas incluídas. Mas a educação não consiste apenas em livros. Como assinalou David Wiley (2006), se assim fosse, bastariam-nos as bibliotecas e não teria sido necessário criar universidades. Em uma perspectiva pedagógica menos estreita, os objetos de aprendizagem – os materiais, os livros – seriam apenas um elemento a mais, uma pequena parte da questão. Vejamos este ponto no que se refere aos ambientes virtuais de aprendizagem atualmente em uso. Embora a maioria deles tenha implementado a compatibilidade com SCORM nos últimos tempos, nenhum está realmente fundamentado em objetos de aprendizagem, como mostra o Quadro 12.1 a seguir. Talvez ATutor seja o que mais se aproxima deste modelo, dado que organiza um curso *on-line* em torno de um material de estudo sequenciado, importável e exportável em formato IMS *Content Packaging*. Mas, mesmo assim, inclusive o ATutor é obrigado a complementar o material com as imprescindíveis ferramentas de comunicação e colaboração: fóruns, *wikis*, etc.

Além disso, o problema dos conteúdos não estaria tanto em garantir sua interoperabilidade – um assunto relativamente simples, se forem usados formatos abertos: HTML, Open Document, etc. –, mas na capacidade de adaptá-los para que sejam pedagogicamente efetivos nos diversos contextos de uso locais (Wiley, 2006). Chamam poderosamente a atenção, portanto, os enormes esforços dedicados a padrões que no fundo não garantem mais do que a interoperabilidade técnica de materiais de leitura e exercícios. Wiley atribui tal desequilíbrio a uma espécie de nefasta hegemonia da informática em uma tarefa eminentemente pedagógica:

> Dado que os sistemas para criar, administrar e distribuir objetos de aprendizagem eram todos sistemas de *software*, a maioria das pessoas que trabalhavam realmente em implementações de objetos de aprendizagem eram engenheiros de computação [...] "Reutilização" foi um termo quase unanimemente interpretado por este grupo quanto "interoperabilidade técnica", sem pensar em absoluto nas dimensões pedagógicas, semióticas ou outras dimensões contextuais do termo. Todo o campo de trabalho dos objetos de aprendizagem transformou-se em um gigantesco exercício informático dirigido a responder a pergunta "pode o seu conteúdo mandar os resultados de itens de verdadeiro/falso para o meu sistema de gestão?". Dado que o termo reutilização [...] foi apenas parcialmente entendido, a aprendizagem nunca entrou nos objetos de aprendizagem. No máximo, foram "sistemas de conteúdo tecnicamente interoperáveis"(Wiley, 2006).

PADRÕES DE PROCESSOS DE APRENDIZAGEM: IMS *LEARNING DESIGN* (IMS LD)

Todo o mundo parece estar de acordo quanto à necessidade de um padrão de interoperabilidade de materiais digitais de ensino, mas não no que seja suficiente para definir processos de ensino e aprendizagem. Limitar as atividades didáticas à interação entre um estudante solitário e os materiais de estudo, o modelo didático implícito no discurso sobre os objetos de aprendizagem da primeira geração, é renunciar à maioria das possibilidades didáticas que nos oferece a comunicação entre pessoas por meio das redes informáticas. A especificação IMS *Learning Design* tenta preencher este vazio.

A origem e os supostos básicos do IMS *Learning Design*

Os antecedentes do IMS *Learning Design* (IMS LD daqui por diante) podem ser situados no final da década de 1990 na *Open University of The Netherlands* (OUNL). Com o objetivo de facilitar a transição de seus tradicionais cursos a distância para o *e-learning*, foi criada uma linguagem de modelagem educacional para descrever os diversos processos de ensino e aprendizagem que seus professores utilizavam e que incluía não só os

QUADRO 12.1
Ferramentas e padrões de *e-learning* que estas suportam (2006)

EVE/A	Descrição	Padrões
.LRN dotlrn.org	Ambiente virtual de ensino/aprendizagem. *Software* livre.	SCORM IMS *Learning Design*, níveis A e B Integração com LAMS IMS Enterprise
Moodle moodle.org	Ambiente virtual de ensino/aprendizagem. *Software* livre.	SCORM/IMS *Content Packaging* IMS QTI Integração com LAMS IMS Enterprise
Sakai sakaiproject.org	Ambiente virtual de ensino/aprendizagem. *Software* livre.	IMS *Content Packaging* IMS QTI Integração com LAMS
Blackboard blackboard.com	Ambiente virtual de ensino/aprendizagem. *Software* proprietário.	SCORM/IMS *Content Packaging* IMS QTI Integração com LAMS IMS Enterprise
Reload Editor	Ferramenta de criação de objetos de aprendizagem. *Software* livre.	SCORM IMS *Content Packaging* IMS *Learning Object Metadata*
Learning Design Editor www.reload.ac.uk	Ferramenta de projeto de aprendizagem. *Software* livre.	IMS *Learning Design*, níveis A, B e C
LAMS www.lamsfoundation.org	Ferramenta de projeto de aprendizagem. *Software* livre.	IMS *Learning Design*, nível A

conteúdos ou materiais de aprendizagem, mas também a sequência de atividades dos participantes (professores e estudantes) e o ambiente de comunicação no qual interagiam. Este projeto deu lugar ao EML (*Educational Modelling Language*) (Koper, 2001), precursor direto do IMS LD. Em 2003, o IMS publicou a especificação *Learning Design* (IMS, 2003).

Sandy Britain (2004) assinalou três pressupostos do IMS *Learning Design*, os quais devemos ter em mente: que as pessoas aprendem melhor quando se envolvem em uma atividade de aprendizagem (frente à recepção passiva de informação); que essas atividades podem ser sequenciadas cuidadosamente em um fluxo (*learning workflow*) que promova a aprendizagem de maneira mais efetiva; e, finalmente, que seria extremamente interessante poder registrar formalmente as sequências de atividades para compartilhá-las com outros docentes e reutilizá-las no futuro em diferentes cenários. A esses supostos vamos acrescentar um quarto absolutamente necessário, mesmo que discutível: que as características essenciais de qualquer prática educacional, baseada em qualquer enfoque psicopedagógico, não são únicas nem impossíveis de se reproduzir, uma vez que podem ser adequadamente representadas por meio de uma linguagem formal e reproduzidas com sucesso em um contexto diferente.

Assim, o IMS LD é uma linguagem formal especialmente projetada para descrever processos de ensino e aprendizagem, para ser interpretada e "executada" por aplicações informáticas, e que pretende cumprir com os seguintes requerimentos (Koper, 2006):

a) *Completude*: deve poder descrever completamente os processos de uma unidade de aprendizagem, incluindo referências aos materiais de aprendizagem (digitais ou não) e aos serviços necessários para desenvolver as atividades dos estudantes e dos docentes.
b) *Expressividade pedagógica*: deve ser capaz de expressar o significado e a funcionalidade pedagógica dos diferentes elementos do contexto de aprendizagem. Deve ser suficientemente flexível para descrever processos baseados em qualquer tipo de orientação pedagógica, sem privilegiar ou deixar nenhuma destas à margem.
c) *Personalização*: as atividades devem adaptar-se às preferências, necessidades e circunstâncias dos estudantes. Além disso, devem permitir que o encarregado do projeto, quando for conveniente, passe o controle do processo de adaptação para o próprio estudante, para o docente e/ou para o computador.
d) *Compatibilidade*: os projetos de aprendizagem devem utilizar e integrar de maneira efetiva outros padrões e especificações de *e-learning* existentes, tais como os desenvolvidos pelo IMS e pelo IEEE LTSC. Por isso, as atividades devem ser interoperáveis, reutilizáveis (e, portanto, descontextualizáveis) e precisam estar formalizadas.

Anatomia de uma Unidade de Aprendizagem IMS LD

A unidade mínima coerente em IMS LD é a *Unit of Learning* (UoL daqui por diante) ou unidade de aprendizagem, o equivalente a uma unidade didática na terminologia tradicional. As UoL podem possuir tamanho variável (abranger um módulo, uma lição ou um curso completo) e descrevem quem faz o que, quando e a partir de quais conteúdos e serviços com a finalidade de alcançar determinados objetivos pedagógicos. Na literatura sobre IMS LD, costuma-se utilizar frequentemente a analogia com o roteiro de uma obra de teatro para explicar o que é e como funciona uma UoL IMS LD. O roteiro é o artefato no qual são concretizadas as instruções para representar uma obra de teatro. Uma UoL contém instruções para que os "atores" (professores e estudantes) realizem uma sequência de atividades didáticas apoiadas na tecnologia. Assim como o roteiro, uma UoL pode ser representada repetidas vezes, com diferentes atores, em diferentes lugares e cenários, e está dividida em atos, no começo dos quais são sincronizadas as posições e ações dos atores.

Os componentes básicos de uma UoL são:

a) as pessoas que desempenham determinados papéis (estudante, professor, tutor, membro ou líder de um grupo de trabalho, facilitador, etc.);
b) uma sequência coordenada de ações a ser realizada para cada papel; e
c) um ambiente no qual se desenvolve a ação e que inclui os materiais de ensino e os serviços de comunicação e colaboração que serão utilizados.

Do ponto de vista tecnológico, o modelo IMS LD utiliza a especificação IMS *Content Packaging* para "empacotar" e estruturar seus conteúdos em um arquivo informático. As UoL são arquivos comprimidos em formato ZIP que contêm, no primeiro nível, um "manifesto", isto é, um arquivo de texto XML, denominado ims-manifest.xml, que descreve o conteúdo do pacote e que inclui ou referencia os metadados correspondentes e os arquivos associados (os conteúdos ou materiais de ensino, informação sobre a configuração apropriada dos serviços, etc.). A única diferença formal entre um pacote de conteúdo IMS CP e uma UoL IMS LD é que, na segunda, o elemento *organization* (que em IMS CP descreve os diferentes itinerários que o aprendiz pode percorrer pelos conteúdos) é substituído pelo elemento *learning-design*, que contém a descrição, em XML, do projeto de aprendizagem. A Figura 12.2 a seguir mostra um esquema dos principais elementos dessa estrutura.

Como se vê na Figura 12.2, o elemento *learning-design* tem um título, um ou vários objetivos de aprendizagem (sem compromisso algum quanto a como estes são formulados), os pré-requisitos de aprendizagem, os componentes, o método e os metadados. Os dois elementos mais importantes são os componentes e o método. Os componentes são:

a) as pessoas que participarão na unidade (*role*);
b) as atividades que elas realizarão (*activities*);

```
learning-design
title
learning-objectives
prerequisites
Components
        Role*
                learner*
                staff*
        Activities
                learning-activity*
                        environment-ref*
                        activity-description
                suport-activity*
                activity-structure* {sequence | selection}
                        environment-ref*
                        activity-ref*
                        activity-structure-ref*
        Enviromnents
                environment*
                        learning-object*
                        learning-service*
                                mail-send*
                                conference*
Method
        Play*
                Act*
                        Role-part*
                                role-ref
                                activity-ref
Metadata
```

FIGURA 12.2
A anatomia de uma UoL (*Unit of Learning*) IMS MD (Olivier e Tattersall, 2005). Os asteriscos indicam que podem existir vários elementos do mesmo tipo. As chaves indicam um alternativa entre duas ou mais partes. Em negrito, figuram os elementos que conceitualmente são de maior nível. Em IMS (2003), é possível ver o desenvolvimento completo deste esquema.

c) os ambientes nos quais deverão realizá-las (*environments*), formados pelos materiais de aprendizagem (em forma de páginas *Web* ou em outros formatos de arquivo, pacotes IMS CP, objetos SCORM, provas IMS QTI, etc.) que utilizarão e os serviços de aprendizagem (*learning service*), isto é, as ferramentas de comunicação e cooperação entre participantes que serão usadas (como fóruns, *chats*, mensagens, etc.).

O método, por sua vez, é composto por um ou vários elementos *play*, que incluem um ou vários "atos" (*act*) nos quais são descritas as ações concretas dos diferentes papéis (*role-part*). Finalmente, o elemento *metadata* contém metadados, isto é, informação sobre a própria UoL.

Uma aplicação que execute as UoL IMS LD, isto é, um reprodutor ou *player* IMS LD, funciona conforme as etapas a seguir. O primeiro passo será "carregar" a UoL no sistema e descomprimir o arquivo ZIP. Após ler o arquivo imsmanifest.xml, o reprodutor utilizará o elemento "método" para preparar e apresentar a primeira atividade (*act*) aos participantes. Mostrará a cada um o ambiente adequado em função de seu papel (por exemplo, as instruções, os materiais e o "espaço" virtual no qual realizar a atividade). Uma vez finalizada, isto é, uma vez que todos os participantes tenham completado seu trabalho ou que o tempo destinado à tarefa tenha terminado, o reprodutor sincronizará novamente os participantes para iniciar a seguinte atividade de maneira coordenada. A Figura 12.3, a seguir, representa a relação entre o fluxo de aprendizagem (mediante uma sucessão de *acts* dentro de um *play*) e os componentes da UoL.

Cada ato inclui uma ou mais ações ou partes de um papel (*role-part*), isto é, pessoas desempenhando um papel determinado ao mesmo tempo. Uma *role-part* contém referências (*links web*) ao papel e à atividade que desempenhará nesse ato dentro de um "ambiente" (*environment*) formado por objetos de aprendizagem (os conteúdos) e serviços de aprendizagem (as ferramentas). A complexidade e abstração deste modelo se justificam pela variedade de situações que ele deve poder representar.

Para facilitar o trabalho de desenvolvimento de ferramentas, o modelo IMS LD foi dividido em três níveis. Cada um deles acrescenta funcionalidades ao nível precedente. O nível A contém o núcleo central da especificação, isto é, a descrição dos elementos (pessoas, atividades, recursos, como eles se coordenam entre si através do método, as execuções [*plays*], atos e papéis).

O nível B acrescenta ao anterior *propriedades* e *condições*. As propriedades, que podem ser locais (ou internas, que se conservam somente durante a execução de uma instância da UoL) ou globais (ou externas, que são persistentes na mudança de sessão e podem ser consultadas em diferentes instâncias), servem, por exemplo, para armazenar informação sobre os estudantes de maneira a permitir adaptar o projeto de aprendizagem às suas necessidades. As condições permitem definir regras sobre o que o sistema deve fazer quando se cumpre uma condição previamente determinada, como, por exemplo, quando o tempo disponível para realizar uma atividade chegou ao fim. Por meio das propriedades e condições é possível criar sequências de atividades complexas e adaptativas.

O nível C acrescenta ao B um sistema de *notificações*. As notificações são executadas automaticamente como resposta a eventos predefinidos. Servem, por exemplo, para avisar o professor de que um grupo de alunos completou uma tarefa e precisam de retroalimentação vinda do sistema ou para modificar propriedades, como, por exemplo, para tornar visível

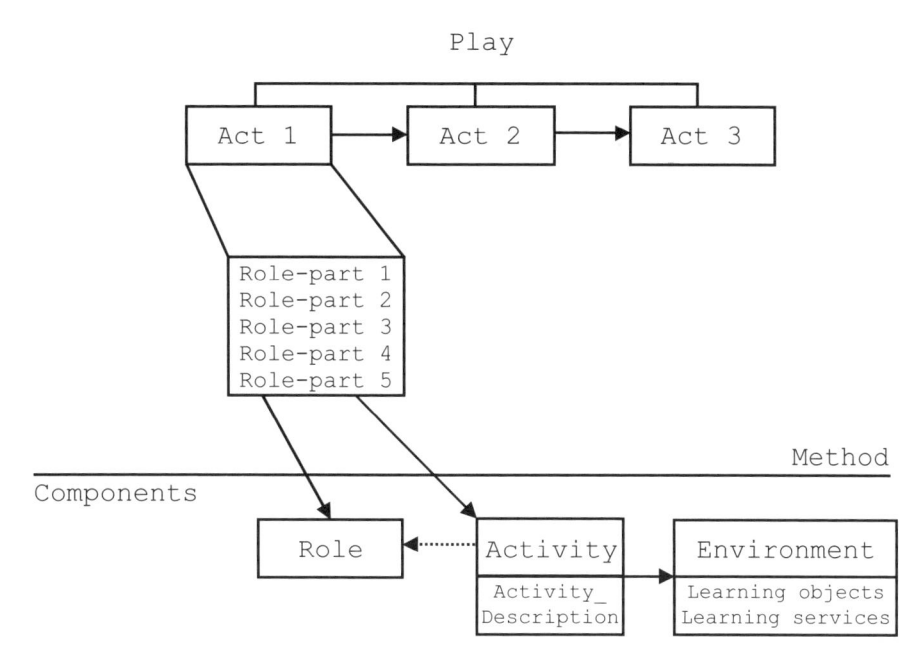

```
                          Play
              ┌────────────┼────────────┐
          ┌───┴───┐    ┌───┴───┐    ┌───┴───┐
          │ Act 1 │───▶│ Act 2 │───▶│ Act 3 │
          └───┬───┘    └───────┘    └───────┘
              │
       ┌──────┴──────┐
       │ Role-part 1 │
       │ Role-part 2 │
       │ Role-part 3 │
       │ Role-part 4 │
       │ Role-part 5 │
       └─────────────┘
                                                    Method
 Components
              ┌──────┐    ┌──────────┐    ┌──────────────────┐
              │ Role │◀···│ Activity │───▶│   Environment    │
              └──────┘    ├──────────┤    ├──────────────────┤
                          │Activity_ │    │ Learning objects │
                          │Description│   │ Learning services│
                          └──────────┘    └──────────────────┘
```

FIGURA 12.3
O fluxo de aprendizagem (a sucessão de *acts*) e sua relação com os componentes da UoL.
Fonte: Olivier e Tattersall (2005).

uma nova atividade para os participantes que desempenham um determinado papel e que já terminaram sua tarefa.

Ferramentas IMS LD

Os três tipos básicos de aplicações necessárias para a utilização do IMS-LD são:

a) *Reprodutores (players)*: sua função é apresentar as UoL a estudantes e professores, preferivelmente dentro de um ambiente virtual de aprendizagem completo que se encarregue do resto das funcionalidades e serviços necessários para realizar cursos *on-line*.
b) *Editores*: sua função é criar as UoL a partir de zero ou utilizando padrões e "primitivas". Também servem para modificar e adaptar unidades preexistentes e empacotá-las novamente para sua execução nos reprodutores. Os editores de mais baixo nível seguem de perto a especificação, adotando o formulário estruturado em árvore como interface mais comum. Os de nível mais alto oferecem uma interface gráfica, mais simples de utilizar para os não especialistas, que usa constructos mais próximos da linguagem dos docentes por meio de artefatos mediadores, como, por exemplo, mapas conceituais ou diagramas de fluxo com blocos "didáticos".
c) *Repositórios*: sua função é armazenar as UoL (completas ou padrões, modelos ou "primitivas" da linguagem de projeto) para facilitar sua gestão. Os repositórios ou armazéns de UoL não têm requerimentos muito diferentes daqueles de outros tipos de repositórios de objetos digitais com metadados.

No marco do projeto UNFOLD foi elaborada uma lista de ferramentas disponíveis ou em desenvolvimento (UNFOLD, 2006). Contudo, até o momento de escrever estas linhas, usar a maior parte delas exige um profundo conhecimento da especificação. São ferramentas de primeira geração, projetadas essencialmente para pesquisa, com as quais um docente sem formação específica dificilmente poderia criar e executar uma UoL, embora já existam protótipos de ferramentas mais amigáveis e próximas da experiência dos docentes (por exemplo, o editor *Collage*) (Hernández-Leo et al., 2006).

O futuro do IMS *Learning Design*

A especificação IMS LD tem recebido diversas críticas. Dessus e Schneider (2006, p. 19) classificaram essas críticas em quatro tipos:

a) éticas e políticas de tipo genérico: a padronização com frequência faz o jogo da rentabilidade econômica ou da pesquisa militar;
b) econômicas: seu custo não é desprezível;
c) técnicas: é limitada em termos de adaptabilidade; e
d) pedagógicas: a neutralidade ou expressividade é mais pretensa do que real, e certos enfoques pedagógicos, como o socioconstrutivismo ou a aprendizagem situada, são dificilmente modeláveis em IMS LD.

A esses questionamentos cabe acrescentar outro, talvez mais simples, porém importante para sua generalização na prática do *e-learning*: a complexidade. Atualmente, usar IMS LD implica um alto nível de sofisticação tecnológica e psicopedagógica – caso contrário, corre-se o risco de criar atividades triviais – e requer um esforço de análise e codificação que ainda é necessário justificar na maioria dos cenários possíveis.

Em uma recente publicação, Koper (2006) resumiu os principais desafios que a pesquisa futura sobre a modelagem de processos de aprendizagem enfrenta:

a) o uso de ontologias, princípios e ferramentas da *Web* semântica;
b) o uso de padrões para facilitar o projeto de aprendizagem;
c) o desenvolvimento de sistemas de autoria e sistemas de gestão de conteúdos;
d) o desenvolvimento de reprodutores e o uso de conjuntos integrados de ferramentas de projeto de aprendizagem em uma variedade de contextos.

A implementação de IMS LD em vários LMS de código aberto muito populares (como *Moodle*, *Sakai* ou *.LRN*, por exemplo) será a prova de fogo da especificação no futuro imediato: dependendo de se os usuários – individuais e institucionais – decidirão adotá-la de modo generalizado ou se tudo vai ficar reduzido a um conjunto interessante, porém irrelevante na prática, de projetos de pesquisa, congressos e publicações. O *boom* da *Web* 2.0, a participação em redes sociais, a aprendizagem informal e a popularização de ferramentas simples "debilmente acopladas", como *blogs*, *wikis*, *software* social, etc., por meio de protocolos leves, como o RSS, não pressagiam um futuro muito promissor para o IMS LD e sua exigência de hiperplanejamento prévio. Em compensação, o processo de harmonização da educação superior no marco da União Europeia pode ser uma força que jogue a favor de sua adoção no contexto universitário.

O IMPACTO DOS PADRÕES NO *E-LEARNING*

Os padrões, assim como outras tecnologias, são produto de uma sociedade e de um momento histórico determinados. Na sociedade globalizada do conhecimento, fortemente apoiada nas tecnologias da informação e das comunicações, os padrões são essenciais para assegurar a interoperabilidade e a interconexão de dispositivos que facilitem a criação, codificação, busca, recuperação, troca e reutilização de informação e a comunicação mediada por tecnologia entre os seres humanos. Os procedimentos para estabelecer padrões são diversos e os fracassos são, às vezes, retumbantes. Nas ciências humanas e sociais são abundantes os estudos sobre o contexto e os processos de desenvolvimento de padrões, mas praticamente não há pesquisas sobre seu efeito social e econômico. Os estudos sobre o processo de desenvolvimento de padrões adotam uma orientação funcionalista, segundo a qual a padronização é um processo em que certos "problemas técnicos" são solucionados por meio do projeto de um padrão "tecnicamente apropriado". Para a orientação construtivista, os padrões são processos sociais, e o que pode ser um "bom padrão" não está determinado por seus detalhes técnicos, uma vez que é um tema aberto para o debate e a pesquisa. O desenvolvimento de um dado padrão em um momento determinado é produto de interesses políticos e econômicos, recursos cognitivos e pressões institucionais, entre outros fatores (Feng, 2003, p. 104).

Uma crítica comum feita aos padrões de *e-learning* refere-se à sua pretendida neutralidade e "expressividade" pedagógica, isto é, à hipótese de que podem ser utilizados a partir de qualquer enfoque ou orientação pedagógica para expressar qualquer tipo de atividade didática. Esta ideia tem sido fortemente contestada. Friesen (2004), tal como citamos anteriormente, afirma que, se fossem pedagogicamente neutros, coisa que não são, os padrões de *e-learning* seriam "pedagogicamente irrelevantes". A questão de fundo é saber para que devem servir os padrões, se realmente constrangem a aprendizagem "conservando" um subconjunto de práticas existentes, frequentemente de maneira implícita, ou se é possível criar especificações que permitam o desenvolvimento de novos enfoques e soluções que aproveitem ao máximo as possibilidades da tecnologia a partir de uma ação pedagógica fundamentada. Para Marshall (2004), contudo, os padrões atuais de *e-learning* repousam fortemente na maneira positivista de descrever o mundo e conceber a intervenção pedagógica. "A presunção é de que os padrões podem representar um modelo definido de *e-learning* de maneira a permitir o desenvolvimento determinista de ambientes de aprendizagem bem-sucedidos. Lamentavelmente, a experiência com padrões tem mostrado que eles não são significativos quando aplicados de maneira determinista e mecânica" (Marshall, 2004, p. 602).

Perante à pretensão de que os padrões estabilizam a tecnologia e flexibilizam a atividade material de todos os interessados, Slaton e Abbate (2001) sugerem que é mais útil concebê-los

> [...] como meios para a troca: um meio não econômico de negociação entre os múltiplos atores que tentam produzir, usar ou lucrar (com) tecnologias industriais. Os padrões trazem consigo não apenas o controle de materiais e técnicas como também oportunidades para o controle dos mercados e dos postos de trabalho, seja administrativamente ou por meio da reputação. Às vezes, os padrões e especificações proporcionam poder àqueles que os criam [...]; outras vezes, reforçam a credibilidade e autoridade daqueles que os usam [...] (Slaton e Abbate, 2001, p. 136).

Diante deste panorama, é difícil adotar uma postura nítida e definida a favor ou contra os padrões de *e-learning*. Talvez a atitude mais inteligente neste momento seja a de Friesen (2005), que resume sua postura de maneira irônica com duas expressões em latim: *caveat emptor* e *carpe diem*. Poderíamos traduzi-las livremente como "se usar, o risco é seu" e "desfrute o dia". As atuais especificações instigaram um grande debate e um bom número de críticas: não respondem à agenda nem aos interesses dos usuários finais; estão excessivamente orientadas aos interesses dos grandes "jogadores" do *e-learning*; são simplistas do ponto de vista psicopedagógico (especialmente no que se refere ao modelo baseado apenas em apresentar objetos de aprendizagem a um estudante solitário); sua "neutralidade" é falsa, visto que sua inspiração é nitidamente instrucional; sua complexidade técnico-informática não é desprezível; implicam em uma divisão do trabalho desprofissionalizante entre criadores e usuários de conteúdos e processos, etc. Seus críticos afirmam que a demonstração definitiva de seu fracasso é que estas especificações não estão sendo utilizadas pelos usuários finais para os quais supostamente foram definidas. Seus defensores, em compensação, afirmam que ainda estamos em uma fase inicial de formulação. Apesar de tudo, o esforço para definir padrões tem servido para promover o debate sobre a integração da tecnologia no ensino e na aprendizagem e para dedicar recursos públicos e privados à pesquisa sobre *e-learning*. É verdade que os esforços de padronização ainda são recentes, se comparados com outros campos da atividade humana, e que, em alguns casos, não existem ainda as ferramentas necessárias sequer para provar se funcionam ou não. Por tudo isso, é difícil afirmar, enquanto são escritas estas linhas, se os padrões de *e-learning* fracassaram e não passaram, nem passarão, a fazer parte das práticas reais dos docentes, se morreram somente os objetos de aprendizagem padronizados ou se morreu o marco tecnológico-didático em que será desenvolvido o *e-learning* do futuro em seus múltiplos contextos e modalidades.

REFERÊNCIAS

Advanced Distributed Learning (ADL) Initiative. (2001). *Sharable Courseware Object Reference Model (SCORM). The SCORM Overview*, October 1, 2001. Consultado (22.11.2006) em: http://www.adlnet.gov/Scorm/.

ATENEX (2007). *Guia LOM-ES-EX v. 1*. Documento eletrônico. Consultado em 11 de julho de 2007 em: http://atenex.educarex.es/IrASubSeccionFront.do?id=73.

Bray, T., Paoli, J., Sperberg-McQueen, C.M.,Maler; E. e Yergeau, F. (eds.). Extensible Markup Language (XML) 1.0 (Fourth Edition). *W3C Recommendation*. Consultado (22.11.2006) em: http://www.w3.org/TR/2006/REC-xml-20060816/.

Britain, S. (2004). A Review of Learning Design: Concept, Specifications and Tools. A Report for the *JISC E-learning Pedagogy Programme*. Consultado (29.10.2006) em: http://www.jisc.ac.uk/uploaded_documents/ACF83C.doc.

Bryden, A. (2003). Open and Global Standards for Achieving an Inclusive Information Society. *SIST Conference*, Ljubljana, Slovenia, 19 de novembro 2003. Consultado (2410.2006) em: http://www.iso.org/iso/en/commcentre/presentations/secgen/2003/ajb2003SISTspeech.pdf.

Dessus, P. y Schneider, D.K. (2006). Scénarisation de l'enseignment et contraintes de la situation. En J-P. Pernin y H. Godinet (2006). Actes du colloque *Scenariser l'enseignement et l'apprentissage: une nouvelle compétence pour le practicien?* Lyon, 14 de abril de 2006. Institut National de Recherche Pédagogique. Consultado (13.12.2006) em: http://web.upmf-grenoble.fr/sciedu/pdessus/scenario06.pdf.

Downes, S. (2001). Learning Objects: Resources for Distance Education Worldwide. *The International Review of Research in Open and Distance Learning*, 2 (1). Consultado (29.10.2006) em: http://www.irrodl.org/index.php/irrodl/article/viewFile/32/81.

Feng, P. (2003) Studying Standardization: A Review of the Literature. *Proceedings of the 3rd IEEE Conference on Standardization and Innovation in Information Technology (SIIT 2003)*, 22-24 October, Delft, The Netherlands. New York: IEEE Press.

Fernández, B., Moreno, P., Sierra, J.L., e Martínez, I. (2007). *Uso de estándares aplicados a TIC en educación*. Madrid: CENICE-MEC (Centro Nacional de Información y Comunicación Educativa, Ministerio de Educación y Ciencia). Série Informes nº 16. NIPOs: 651-06-344-7, 651-06-345-2. Consultado em 11 de julho de 2007 em: http://ares.cnice.mec.es/informes/16/index.htm.

Friesen, N. (2004). Three Objections to Learning Objects and E-learning Standards. Em R. McGreal (Ed.), (2004). *Online Education Using Learning Objects*. London: Routledge. Consultado (29.10.2006) em: http://www.learningspaces.org/n/papers/objections.html.

Friesen, N. (2005). Interoperability and Learning Objects: An Overview of E-Learning Standardization. *Interdisciplinary Journal of Knowledge and Learning Objects, 1*. Consultado (29.10.2006) em: http://ijklo.org/Volume1/v1p023-031Friesen.pdf.

Griffiths, D., Blat, J., García, R. e Sayago, S. (2004). La aportación de IMS Learning Design a la creación de recursos pedagógicos reutilizables. Borrador de Pre-Actas del *I Simposio Pluridisciplinar sobre Diseño, Evaluación y Descripción de Contenidos Educativos Reutilizables*, Guadalajara, Outubro 20-22, 2004. Consultado (22.11.2006) em: http://spdece.uah.es/papers/Griffiths_Final.pdf.

Hernández-Leo, D, Villasclaras-Fernández, E. D., Asensio-Pérez, J. I, Dimitriadis, Y., Jorrin-Abellán, I. M., Ruiz-Requies, I., e Rubia-Avi, B. (2006). COLLAGE: A collaborative Learning Design editor based on patterns. Educational Technology & Society, 9 (1), 58-71. Consultado em 22 de novembro de 2006 em: http://dspace.ou.nl/bitstream/1820/617/1/ets06_davinia.pdf.

Hodgins, H. W. (2002). The Future of Learning Objects. En D. A. Wiley (Ed.), *The Instructional Use of Learning Objects*. Bloomington, IN: Association for Educational Communications and Technology. Consultado (22.11.2006) em: http://www.reusability.org/read/chapters/hodgins.doc.

IEEE Learning Technology Standards Committee (2002). *Learning Object Metadata* (LOM), Final Draft Standard, IEEE 1484.12.1-2002. Consultado (22.11.2006) em: http://ltsc.ieee.org/wg12/files/LOM_1484_12_1_v1_Final_Draft.pdf.

IMS Global Learning Consortium, Inc. (2003). *IMS Learning Design Standard Specification*. Página web. Consultado (29.10.2006) em: http://www.imsglobal.org/learningdesign/index.html.

IMS Global Learning Consortium, Inc. (2006). *Specifications*. Página web. Consultado (29.10.2006) em: http://www.imsglobal.org/specifications.html.

ISO/EIC (1996). Guide2: Standardization and Related Activities –General Vocabulary. Geneva: ISO/IEC.

Koper, R. (2001). Modeling Units of Study from a Pedagogical Perspective: The Pedagogical Model behind EML. Consultado (29.10.2006) em: http://eml.ou.nl/introduction/docs/pedmetamodel.pdf.

Koper, R. (2006). Current Research in Learning Design, *Educational Technology & Society, 9*(1), pp. 13-22. Consultado em 29 de outubro de 2006 em: http://www.ifets.info/journals/9_1/3.pdf.

Koper, R. y Tattersall, C. (eds.). (2005). *Learning Design. A Handbook on Modelling and Delivering Networked Education and Training*. Berlin-Heidelberg: Springer – Verlag.

Kraan, W. y S. Wilson (2002). Dan Rehak: SCORM is not for everyone. *CETIS News*. Consultado (22.11.2006) em: http://www.cetis.ac.uk/content/20021002000737.

Marshall, S. (2004). E-learning Standards: Open Enablers of Learning or Compliance Strait Jackets? Em R. Atkinson, C. McBeath, D. Jonas-Dwyer y R. Phillips (Eds.). B*eyond the comfort zone: Proceedings of the 21st ASCLITE Conference,* (pp. 596-605). Perth, 5-8 December. Consultado (13.12.2006) em: http://www.ascilite.org.au/conferences/perth04/procs/pdf/marshall.pdf.

Olivier, B. e Tattersall, C. (2005). The Learning Design Specification, en R. Koper y C. Tattersall (eds.). *Learning Design. A Handbook on Modelling and Delivering Networked Education and Training*. Berlin-Heidelberg: Springer-Verlag.

Polsani, P. R. (2003). Use and Abuse of Reusable Learning Objects. *Journal of Digital Information*, *3*(4). Consultado em 22 de novembro de 2006 em: http://jodi.ecs.soton.ac.uk/Articles/v03/i04/Polsani/.

Sicilia, M.Á. e García, E. (2003). On the Concepts of Usability and Reusability of Learning Objects. *The International Review of Research in Open and Distance Learning, 4*(2). Consultado (22.11.2006) em: http://www.irrodl.org/index.php/irrodl/article/view/155/702.

Singh, H. e Reed, C. (2002). Demystifying e-Learning Standards. *Industrial and Commercial Training*, 34 (2) pp.62-65. Consultado (22.11.2006) em: http://www.emeraldinsight.com/Insight/ViewContentServlet?Filename=Published/EmeraldFullTextArticle/Articles/0370340203.html.

Slaton, A. y Abbate, J. (2001). The Hidden Lives of Standards: Technical Prescriptions and the Transformation of Work in America, en M.T. Allen y G. Hecht (eds.), *Technologies of Power* (pp.95-144). Cambridge,MA: MIT Press.

UNFOLD (2006). Learning Desing Toos Currently Avalilable or under Development, *UNFOLD Project Web*, (última atualização: 2 de março de 2006). Consultado (10.10.2006) em: http://www.unfold-project.net:8085/UNFOLD/general_resources-folder/tools/currenttools/.

Wiley, D. (2002). Connecting Learning Objects to Instructional Design Theory: A Definition, a Metaphor, and a Taxonomy. En D. A. Wiley (Ed.), *The Instructional Use of Learning Objects*. Bloomington, IN: Association for Educational Communications and Technology. Consultada a versão eletrônica (22.11.2006) em: http://reusability.org/read/chapters/wiley.doc.

Wiley, D. (2006). RIP-ping on Learning Objects. *Open Content*. Consultado (22.11.2006) em: http://opencontent.org/blog/archives/230.

GLOSSÁRIO

e-learning. Em geral, entende-se por *e-learning* a aquisição de conhecimentos e habilidades pela utilização de tecnologias da informação e da comunicação, como os computadores, normalmente interconectados em redes como a internet, por meio dos quais se distribuem materiais de aprendizagem e se realizam atividades didáticas – individuais ou em grupo –, a função tutorial e a avaliação das aprendizagens.

Especificação. Uma especificação é o ponto de partida do processo de padronização, o trabalho inicial de compilação ou rascunho de trabalho que, depois de avaliado, provado e refinado, é enviado para uma entidade reconhecida que poderá sancioná-lo como padrão após um processo de revisão e consulta.

Interoperabilidade. No campo da informática, "interoperabilidade" é a capacidade de trocar dados entre diversos sistemas (programas, computadores, sistemas operacionais, etc.), geralmente graças à conformidade com formatos e regras de comunicação ("protocolos") comuns, de modo que cada um dos sistemas envolvidos não precise conhecer as particularidades dos outros.

Padrão. Um padrão é um documento aprovado por uma entidade reconhecida que contém critérios precisos para serem utilizados como regras, diretrizes ou definições de características com a finalidade de assegurar que materiais, produtos, processos e serviços se ajustem ao seu propósito. Em *e-learning*, os padrões tentam garantir a intero-perabilidade, a portabilidade e a reusabilidade de conteúdos, metadados e processos educacionais.

Reusabilidade (pedagógica). Em pedagogia, entende-se por "reusabilidade" a possibilidade de reutilizar um objeto ou recurso de aprendizagem em um contexto educacional diferente do original – por exemplo, em outra atividade de formação que não aquela para a qual foi projetado, ou seja, em outra disciplina, em outro programa de estudos, etc. Este conceito vem do campo da informática, que entende como reusabilidade a possibilidade de reutilizar um fragmento de código de um programa dentro de outro programa diferente, sem necessidade de efetuar modificações nesse código.

RECURSOS

A seguintes referências podem ajudar o leitor a ampliar e esclarecer os conceitos sobre padrões de *e-learning* tratados neste capítulo.

CETIS (2002-2005) *Briefings on E-learning Standards*. *Série de folhetos do* Centre for Educational Technology Interoperability Standards *(CETIS) sobre padrões de* e-learning *curtos e fáceis de compreender, muito recomendáveis como ponto de partida. Inclui introduções à* IMS Enterprise, IMS Learner Information Profile, IMS Content Packaging, IMS Question and Test Interoperability, IMS Simple Sequencing, ADL SCORM, IMS AccLIP (Accessibility for Learner Information Profile), IMS Learning Design *e* LOM (Learning Object Metadata). *Consultado em 22 de novembro de 2006 em: http://zope.cetis.ac.uk/static/briefings.html.*

Fernández, B., Moreno, P., Sierra, J.L., e Martínez, I. (2007). *Uso de estándares aplicados a TIC en educación*. Madrid: CENICE-MEC (Centro Nacional de Información y Comunicación Educativa, Ministerio de Educación y Ciencia). Série Informes, n° 16. NIPOs: 651-06-344-7, 651-06-345-2.
Recente relatório com grande nível de detalhe, cuja orientação é mais informática do que pedagógica, sobre os padrões de conteúdos e, em menor medida, sobre processos de ensino/aprendizagem.

Friesen, N. (2005). Interoperability and Learning Objects: An Overview of E-learning Standardization. *Interdisciplinary Journal of Knowledge and Learning Objects*, *1*. Consultado em 29 de outubro de 2006 em: http://ijklo.org/Volume1/v1p023-031-Friesen.pdf.
O texto oferece um panorama geral do estado da padronização no e-learning *e das dúvidas que muitos especialistas*

compartilham sobre se os padrões resolvem problemas reais de professores e estudantes ou de instituições e empresas.

Koper, R. e Tattersall, C. (eds.). (2005). *Learning Design. A Handbook on Modelling and Delivering Networked Education and Training.* Berlin-Heidelberg: Springer-Verlag.

Apesar de seu pouco afortunado título, por enquanto este texto é a principal referência bibliográfica sobre IMS Learning Design.

Marshall, S. (2004). E-learning Standards: Open Enablers of Learning or Compliance Strait Jackets? Em R. Atkinson, C. McBeath, D. Jonas-Dwyer e R. Phillips (Eds.). *Beyond the comfort zone: Proceedings of the 21st ASCLITE Conference,* (p. 596-605). Perth, 5-8 December. Consultado em 13 de dezembro de 2006 em: http://www.ascilite.org.au/conferences/perth04/procs/pdf/marshall.pdf.

Uma crítica ao mercantilismo da padronização de conteúdos do modelo de objetos de aprendizagem.

Wiley, D. A. (Ed.). (2002). *The Instructional Use of Learning Objects.* Bloomington, IN: Association for Educational Communications and Technology. Consultado em 22 de novembro de 2006 em: http://www.reusability.org/read/.

Este texto, disponível gratuitamente na internet, reúne uma série de ensaios sobre o uso de objetos de aprendizagem no ensino, de enfoques pedagógicos diversos, escritos em um período de certa euforia sobre as benesses dos objetos de aprendizagem.

13

As comunidades virtuais de aprendizagem

CÉSAR COLL, ALFONSO BUSTOS E ANNA ENGEL

No transcurso dos últimos 15 anos, aproximadamente, as expressões "comunidades de aprendizagem" (CA) e "comunidades virtuais de aprendizagem" (CVA) alcançaram um elevado nível de difusão em nossa sociedade em âmbitos de atividade tão diversos quanto o educacional, o organizacional, o político, o cultural ou o empresarial. Assim, sob a denominação de CA e, em menor medida, de CVA, vimos o surgimento de propostas educacionais referentes a todos os níveis da educação formal, do ensino básico ao ensino superior. Também surgiram propostas para criar CA e CVA como parte de estratégias formativas para ter acesso a postos de trabalho, para atualização e reciclagem ocupacional e profissional em instituições educacionais ou nas próprias empresas, para melhorar as competências e o rendimento de equipes de trabalho ou equipes profissionais e até para o projeto de planos estratégicos de desenvolvimento institucional, social e comunitário.

Entre os fatores que estão na base da popularidade e do interesse crescente pelas CA e pelas CVA, cabe destacar, sobretudo, quatro. Em primeiro lugar, *a importância concedida ao conhecimento e à aprendizagem* na chamada sociedade da informação, que algumas vezes também é denominada *sociedade da aprendizagem*. Nas sociedades atuais, o conhecimento e a aprendizagem adquirem uma relevância substancial nos planos cultural, social e, principalmente, econômico. O conhecimento é considerado o bem mais importante dos grupos sociais, uma vez que é o ingrediente fundamental para a promoção e a gestão da pesquisa, do desenvolvimento e da inovação. Na perspectiva da Unesco (2005), o objetivo fundamental das sociedades do século XXI está centrado no aproveitamento coletivo do conhecimento, na ajuda mútua e na gestão de novos modelos de desenvolvimento cooperativo. Neste contexto, a dimensão da aprendizagem estende-se, por um lado, por todos os níveis da vida econômica e social, e os centros e os meios para ensinar e aprender diversificam-se: aprende-se na escola, mas também em casa e nas organizações; por outro lado, prolonga-se no tempo, fortalecendo a noção de aprendizagem para todos ao longo da vida (*Life Long Learning*).

Em segundo lugar, a aceitação crescente de enfoques, pressupostos e teorias psicológicas e psicoeducacionais que destacam *a importância dos fatores contextuais, sociais, culturais, relacionais e colaborativos nos processos de aprendizagem*. A partir desses enfoques, com maior ou menor ênfase segundo o caso e com matizes diferenciais importantes entre si, defende-se que, embora quem aprenda seja a pessoa individualmente considerada, a aprendizagem sempre é feita com os outros e graças aos outros. O construtivismo de orientação sociocultural, ou socioconstrutivismo (Coll, 2001), é o nicho teórico em que aparecem e estão agrupados um bom número desses enfoques, como, por exemplo, a aprendizagem situada, a aprendizagem distribuída, a aprendizagem colaborativa e, em menor medida, mas sem ser completamente alheia a este nicho, a aprendizagem comunitária.

Em terceiro lugar, *o acelerado desenvolvimento das tecnologias da informação e da comunicação* (TIC), assim como sua ubiquidade e sua incorporação progressiva em praticamente todos os âmbitos da vida cotidiana. De especial interesse e relevância a este respeito é o impacto das TIC nas práticas educacionais escolares e formais, assim como a generalização de modelos educacionais e formativos a distância e abertos, totalmente *on-line* ou híbridos, baseados nas novas formas de comunicação e interação que as TIC tornam possíveis.

Em quarto e último lugar, a preocupação pela *transformação e qualificação dos sistemas educacionais escolares e das escolas*. Os conceitos de CA e CVA têm um destacado componente reformista, no sentido de que apontam para a necessidade de revisar os objetivos e conteúdos da educação escolar, o papel do professorado e, inclusive, os cenários nos quais ocorrem o ensino e a aprendizagem. Os conceitos de CA e CVA são portadores de ares de mudança, de expectativas de inovação, de esperanças de aperfeiçoamento no âmbito educacional, mesmo que, por enquanto, quase sempre sejam anelos e ilusões com escasso apoio empírico, mais do que realidades comprovadas e generalizáveis.

CA e CVA são termos polissêmicos. Na verdade, são conceitos que, apesar de compartilharem um núcleo básico de significados, também se prestam para diferentes interpretações que vão muito além de um simples viés. Em sentido estrito, seria mais adequado falar de um movimento, de uma tendência, que de um *corpus* teórico coerente e articulado ou de um conjunto de práticas bem-definidas e delimitadas. Com a finalidade de dar conta dos principais elementos deste movimento e de suas contribuições, organizaremos o capítulo em quatro seções. Na primeira, revisaremos os conceitos de comunidade, comunidade de prática e CA. Defenderemos uma tipologização de CA e identificaremos os traços básicos que uma comunidade de prática precisa desenvolver para poder ser identificada como CA. A segunda seção será dedicada a apresentar as CVA. Vamos começar diferenciando os vários tipos de CV, atendendo principalmente aos objetivos perseguidos por seus membros, para, depois, focar nos traços que caracterizam as CVA. A terceira seção será totalmente dedicada a mostrar uma panorâmica geral dos principais recursos tecnológicos disponíveis para criar as CVA. Finalmente, na quarta e última seção, apresentaremos, como conclusão, uma série de orientações e critérios para projeto, desenvolvimento e avaliação das CVA.

AS COMUNIDADES DE APRENDIZAGEM

Comunidades, comunidades de prática e comunidades de aprendizagem

Nem toda comunidade é, necessariamente, uma comunidade de prática ou uma comunidade de aprendizagem. Embora o conceito de CA esteja estreitamente relacionado ao de comunidade e à perspectiva psicológica própria das comunidades de prática, convém precisar brevemente esses conceitos como passo prévio para a caracterização das CA.

Para começar, o conceito de *comunidade* tem, por si mesmo, uma natureza complexa, tendo sido abordado, analisado e utilizado por uma ampla variedade de disciplinas: Filosofia, Antropologia, Sociologia, Economia ou Psicologia, para citar apenas algumas. Em termos gerais, uma comunidade pode ser entendida como um grupo de pessoas com características ou interesses comuns, que podem compartilhar, embora não necessariamente, um objetivo específico, e que, com frequência, dividem um território ou um espaço geográfico. Alguns dos elementos em comum em torno dos quais é possível formar uma comunidade são, por exemplo, o idioma, a cultura, a visão de mundo, a idade, o espaço geográfico, o *status* social, os papéis que cada um desempenha, etc. Apesar de, como acabamos de assinalar, não ser necessário um único objetivo específico comum para formar e fazer parte de uma comunidade, é imprescindível alcançar um acordo social mínimo, ou seja, compartilhar os acordos ou regras explícitas e implícitas e as convenções com as outras pessoas que formam a comunidade. Podemos considerar, também, que as características próprias de uma comunidade concreta conferem aos seus membros uma "identidade comum", que pode ser de natureza dinâmica, de elaboração conjunta e, sobretudo, socializada e socializadora. Finalmente, é fundamental destacar que, para que a comunidade satisfaça os interesses daqueles que a integram, a comunicação entre os membros tem uma função central, uma vez que dela dependerá, em grande medida, a evolução e a história da comunidade.

Assim, portanto, temos uma comunidade quando encontramos um conjunto de pessoas que compartilham características ou interesses comuns, que se comunicam para mantê-los e materializá-los; que podem ter um, vários ou nenhum objetivo compartilhado; que desenvolvem por meio das suas atividades e práticas um sentido de identidade; que compartilham regras e acordos implícitos ou explícitos; que muitas vezes também compartilham um território ou um espaço geográfico e que desenvolvem estratégias para socializar os novos membros. Como afirma Barab (2003, p. 198), uma comunidade é "[...] uma rede persistente e sustentada de indivíduos que compartilham e desenvolvem uma base de conhecimentos, crenças, valores, história e experiências, dedicados a uma prática comum e/ou a uma empresa compartilhada".

Para concluir esta aproximação ao conceito de comunidade, é conveniente, ainda, considerar as comunidades que se formam, graças às TIC, independentemente de barreiras espaçotemporais. Com efeito, tais tecnologias tornam possível que uma pessoa possa fazer parte de múltiplas comunidades e ter diferentes graus de envolvimento e de pertencimento em cada uma delas. Nas sociedades modernas, portanto, as comunidades tendem, cada vez mais, a ser múltiplas, distribuídas, dinâmicas, complexas e suportadas pelas tecnologias disponíveis (Mercer, 2001; Rheingold, 2004).

A partir da perspectiva de *comunidades de prática* proposta por Wenger (2001), são associados os termos comunidade e prática para definir um tipo especial de comunidade na qual três dimensões se destacam: o compromisso mútuo, a empresa conjunta e o repertório compartilhado de recursos. Uma comunidade de prática é um grupo de pessoas que compartilham seu interesse em um domínio do conhecimento ou da atividade humana e que se comprometem em um processo coletivo que cria vínculos fortes entre os participantes (por exemplo, um grupo de engenheiros trabalhando no desenvolvimento de um novo protótipo de veículo não poluente). As comunidades de prática se caracterizam por sua ubiquidade (todos pertencemos a múltiplas comunidades de prática em um momento dado de nossas vidas: em casa, no trabalho, na escola, em nossos interesses, etc.) e por seu dinamismo (as comunidades de prática às quais pertencemos mudam no transcurso de nossa vida). A partir deste enfoque, baseado nos trabalhos prévios sobre a aprendizagem situada e a "participação periférica legítima" (Lave e Wenger, 1991), a aprendizagem é entendida como sendo resultado da participação social, ou seja, como um processo de aprender e de conhecer em torno do qual é feita a prática (a aprendizagem como ato de fazer), a identidade (a aprendizagem como mudança), a comunidade (a aprendizagem como experiência) e o significado (a aprendizagem como filiação).

As comunidades de prática distinguem-se em compreender as comunidades como lugares de compromisso na ação, nas relações interpessoais, no conhecimento compartilhado e na negociação. O compromisso traduz-se na preeminência dada à aprendizagem. Wenger (2001) sustenta que as comunidades de prática são um lugar privilegiado para a aquisição de conhecimento quando oferecem aos principiantes acesso à competição e esta é incorporada à identidade de participação. Por isso, uma comunidade de prática, graças à tensão necessária entre experiência e competição, à história de compromisso mútuo em uma empresa conjunta e ao respeito pela particularidade da experiência, passa a ser um lugar privilegiado para a aquisição do conhecimento, ou seja, transforma-se em uma comunidade de aprendizagem.

Como síntese, podemos dizer que as características determinantes de uma comunidade de prática são as seguintes:

- o campo de trabalho ou de interesse (as comunidades de prática não são um clube de amigos ou uma rede de conexões e relações entre pessoas);
- o pertencimento, que implica um nível mínimo de conhecimento desse campo, uma competência comum que distingue os membros daqueles que não pertencem à comunidade;
- a comunidade, dado que os membros perseguem um interesse comum no domínio específico, participam de atividades conjuntas e discussões, ajudam uns aos outros e compartilham informação (não basta ter o mesmo trabalho ou profissão para formar uma comunidade de prática: é necessário, além disso, interagir e aprender juntos);
- a prática, dado que os membros de uma comunidade de prática desenvolvem um repertório compartilhado de recursos: experiências, histórias, ferramentas, formas de abordar e resolver problemas recorrentes.

Vamos assinalar ainda que o conceito de comunidade de prática, quando associado a projetos educacionais, permite aproximar a experiência escolar da vida cotidiana em pelo menos três dimensões: a primeira, interna da escola ou da sala de aula, aponta para a possibilidade de criar "experiências de aprendizagem na prática" por meio da participação em comunidades sobre temas associados aos conteúdos curriculares (a comunidade de biologia, de química, de fotografia, etc.). A segunda, que se refere à relação da escola com o ambiente, advoga em favor de vincular a experiência dos estudantes com as práticas reais mediante formas periféricas de participação em comunidades que estejam fora das paredes da escola. E a terceira, relacionada com a satisfação das necessidades de aprendizagem ao longo da vida, sugere a conveniência de promover a organização de comunidades de prática que, fora dos períodos escolares iniciais e comuns, concentrem-se em temas ou tópicos de interesse para os estudantes. Comprova-se, segundo esta perspectiva, que a escola não é um mundo isolado, fechado, no qual os estudantes adquirem o conhecimento que aplicarão fora, mas que faz parte de um sistema mais amplo de aprendizagem.

Contudo, independente do fato de que as comunidades de prática integram a aprendizagem como um de seus princípios e de que os autores que se ocuparam do tema esclarecem que uma comunidade de prática não é necessariamente uma CA, convém caracterizar com maior precisão o que se entende como *comunidade de aprendizagem*. A partir de uma perspectiva de caráter mais aplicado, Cuthbert, Clark e Linn (2003) afirmam que uma CA pode ser entendida como aquela que favorece a compreensão e desenvolve um sistema comum de critérios para a avaliação de ideias. De acordo com esses autores, uma CA busca propiciar que os membros da comunidade compartilhem suas ideias, construam ideias sobre as opiniões dos outros e melhorem sua própria compreensão. Lewis e Allan (2005, p. 8), por sua vez, partindo de uma perspectiva que relaciona o movimento das CA com o desenvolvimento dos programas de formação no trabalho, definem as CA como "um grupo de pessoas que colaboram e aprendem juntas e que são, frequentemente, guiadas ou ajudadas para alcançar uma meta específica ou para cumprir alguns objetivos de aprendizagem".

Tipos de comunidades de aprendizagem

Até aqui, ocupamo-nos dos conceitos de comunidade e comunidades de prática e aproveitamos a ideia das comunidades de prática como espaços privilegiados para a construção do conhecimento, desviando nossa atenção, depois, para a definição e caracterização das CA. Contudo, como já assinalamos, as CA podem ser entendidas também como um movimento que defende uma revisão profunda da organização e do funcionamento da educação formal, uma revisão que inclua o *que* (os objetivos e os conteúdos), o *como* (os métodos pedagógicos), o *quem* (os agentes educacionais), o *onde* (os cenários educacionais) e, principalmente, o *para que* (as finalidades) da educação. A partir desta perspectiva, é possível estabelecer uma tipologização de CA baseada em critérios relativos ao contexto sociocultural ao qual pertencem – e que, de algum modo, pretendem transformar –, às preocupações e propósitos que presidem e orientam sua criação e às atividades que nelas são desenvolvidas. Atendendo a esses critérios, é possível estabelecer três grandes tipos de CA (Coll, 2004): os dois primeiros são referentes às salas de aula e às instituições educacionais organizadas como CA, e o terceiro, referente ao contexto social e comunitário.

As *salas de aula organizadas como CA* nos mostram um grupo de pessoas que geralmente é composto por um professor e por um grupo de alunos com diferentes níveis de experiência, conhecimento e perícia, que aprendem juntos graças ao seu envolvimento e participação em atividades autênticas e culturalmente relevantes, graças à colaboração que estabelecem entre si, à construção do conhecimento coletivo que desenvolvem e aos diversos tipos de ajuda que se prestam mutuamente. As salas de aula como CA são caracterizadas pela existência de uma cultura da aprendizagem (Bielaczyc e Collins, 1999) que supõe o envolvimento de todos os participantes em um esforço conjunto para compreender e construir um conhecimento coletivo. Esta cultura da aprendizagem coletiva passa a ser a plataforma que dá suporte e torna possível a aprendizagem individual.

As *instituições educacionais organizadas como CA* podem ser entendidas em grande medida como a transposição para o plano institucional dos princípios que caracterizam as salas de aula como CA, com a diferença de que, neste caso, o destaque recai nos aspectos organizativos, curriculares e de utilização dos recursos comunitários. O foco de uma escola que funciona como CA é a "cultura da aprendizagem" que se estende a todas as suas instâncias e a todos os seus membros, dado que é a instituição, em seu conjunto, que está comprometida na aquisição e no desenvolvimento de novos conhecimentos e habilidades. Nas escolas organizadas como CA, as estruturas hierárquicas e burocráticas se diluem e são substituídas pelo trabalho colaborativo, pela liderança compartilhada, pela participação e pela coordenação. Professores e alunos aparecem envolvidos conjuntamente em atividades de indagação e pesquisa que são, cultural e pedagogicamente, relevantes e que atravessam diferentes disciplinas e âmbitos de conhecimento, rompendo, assim, com a tradicional divisão do currículo em compartimentos isolados. São, além disso, instituições integradas na comunidade, que projetam suas atividades sobre esta, são sensíveis às suas preocupações e necessidades e utilizam recursos comunitários de todo tipo – pessoais, culturais, de equipamentos e serviços, associativos, etc. –, colocando-os a serviço da educação e da formação de seu corpo de alunos.

Em contraposição aos dois tipos de CA anteriormente comentados, que são centrados no sistema educacional formal, *as CA como instrumento de desenvolvimento social e comunitário* são orientadas ao desenvolvimento econômico e social por meio da educação dos adultos, da aprendizagem ao longo da vida, da formação e da inserção laboral. Surgem em um ambiente caracterizado pela globalização econômica, política e cultural e como resposta às demandas e desafios que a sociedade da informação e do conhecimento representam para as comunidades locais, regionais, nacionais ou supranacionais. Embora a diversidade de propostas e experiências incluídas nesta categoria tornem difícil encontrar uma definição que possa ser aplicada por igual a todas elas, é possível identificar uma série de características comuns à maioria. Assim, acabam sendo as propostas e experiências que insistem em mostrar que a educação formal é incapaz de satisfazer as necessidades educacionais e de formação da cidadania; que partem do reconhecimento da diversidade de recursos comunitários, os quais podem ser postos à serviço da aprendizagem como instrumento de desenvolvimento; que defendem como princípio a importância da participação e da corresponsabilidade dos diversos atores públicos e privados comunitários no que se refere à organização e à gestão das CA; que concedem uma grande importância aos três tipos de aprendizagem – formal, não formal e informal – e que advogam por sua articulação; mas, principalmente, que adotam o conceito de aprendizagem ao longo da vida como princípio organizativo e como objetivo comunitário.

Traços distintivos das comunidades de aprendizagem

A partir da visão panorâmica oferecida pela tipologização apresentada, podemos destacar três traços característicos das CA. Em primeiro lugar, as CA refletem uma tendência a procurar alternativas para as limitações e carências da educação escolar, promovendo, com este fim, uma articulação maior com outros cenários e com outros tipos de práticas educacionais. As salas de aula como CA, por exemplo, refletem este traço na seleção de atividades de aprendizagem autênticas e culturalmente relevantes, na tentativa de conseguir o envolvimento dos pais e de outros agentes sociais e comunitários na atividade escolar, e no uso de outros espaços e recursos além da sala de aula e da escola. Em segundo lugar, os três tipos de CA descritos sugerem alternativas concretas para a organização e funcionamento dos sistemas educacionais atuais. Quanto às salas de aula, são propostas práticas docentes afastadas das tradicionais e são oferecidos exemplos concretos de como os alunos podem desenvolver aprendizagens significativas e culturalmente relevantes; quanto às escolas organizadas como CA, são utilizados os itinerários curriculares diversos e flexíveis, são sugeridas organizações grupais com critérios mais amplos e complexos, como a experiência, a perícia ou a preferência por certas áreas temáticas; e quanto às CA como instrumentos de desenvolvimento social, são gerados modelos baseados na corresponsabilidade e no comprometimento dos agentes sociais e comunitários. E em terceiro e último lugar, de uma forma ou de outra, e em maior ou menor grau, dependendo do caso, os três tipos de CA podem ser considerados tributários de enfoques e pressupostos sobre aprendizagem de natureza construtivista, ou, no mínimo compatíveis com o construtivismo.

DAS COMUNIDADES DE APRENDIZAGEM ÀS COMUNIDADES VIRTUAIS DE APRENDIZAGEM

As comunidades virtuais

Tal como ocorre com o conceito de CA, também o de CVA é polissêmico e tem sido abordado e analisado a partir de múltiplas perspectivas disciplinares. Além disso, como sublinharam acertadamente Shumar e Renninger (2002), o conceito de comunidade cobra novos significados quando é associado com o de virtualidade. De acordo com eles (op. cit., p. 1-2),

> as comunidades virtuais implicam uma combinação de interação física e virtual, de imaginação social e de identidade. São diferentes das *comunidades físicas** nas quais é permitido ampliar o alcance da comunidade e nas quais os indivíduos podem construir suas comunidades pessoais.

As CV podem ser entendidas como espaços de interação, de comunicação, de troca de informação ou de encontro associados às possibilidades que as TIC oferecem para criar um ambiente virtual – do correio eletrônico aos mais complexos sistemas de administração de conteúdos

baseados na internet. Nas CV, os membros estão conectados através da rede e não dividem um espaço físico, mas apenas o espaço virtual que criaram para esse fim.

A organização, a estrutura e a gestão das CV respondem a forças próprias da sua natureza, a virtualidade, que configuram ou estruturam a interação virtual de acordo com as seguintes características propostas por Shumar e Renninger (2002). Em primeiro lugar, as CV não têm uma localização temporal nem espacial e, neste sentido, geralmente são mais intencionais e simbólicas do que as comunidades físicas. A participação não está associada a espaços reais compartilhados, mas ao interesse ou necessidade de participação de seus membros. As fronteiras espaciais e temporais são completamente simbólicas, assim como os recursos que são compartilhados. Em segundo lugar, a relação nas CV não se define somente pela proximidade, mas também pelos interesses compartilhados (de objetivos, de ideias, de propostas, de eventos, etc.). Em terceiro lugar, o tempo de interação pode ser expandido ou comprimido em comparação com outros tipos de interações; a comunicação via correio eletrônico, por exemplo, pode ser mais rápida do que aquela feita por via postal, porém, é mais lenta do que a comunicação face a face. Em quarto lugar, o espaço que uma CV oferece permite ampliar o tipo, a forma e o volume dos recursos para interagir, incorporando desde ferramentas para a comunicação – fóruns, *chats*, mensagens instantâneas, videoconferências, etc. – até o uso de imagens para se apresentar e autorrepresentar no grupo (fotografias, uso de avatares). Em quinto lugar, uma CV abre novas possibilidades de interação, da relação com os conteúdos até a relação com os outros indivíduos, passando pelas formas de organizar a distribuição de recursos, auxílios, tarefas e responsabilidades. E, em sexto e último

---
* Grifo original

lugar, as ideias apresentadas e compartilhadas pelos participantes podem ser acumuladas, especialmente quando são utilizadas ferramentas de comunicação assíncrona escrita, ou também ferramentas de comunicação síncrona com registro das trocas comunicacionais, de modo que possam ser armazenadas, adquirindo assim uma "permanência" e um nível de reciprocidade que não ocorre em outros tipos de interação.

Tipos de comunidades virtuais: as comunidades virtuais de aprendizagem

São basicamente estas características que explicam a grande heterogeneidade existente nas CV. Nelas residem também os benefícios que, de acordo com alguns autores (Haythornwaite, 2003; Lewis e Allan, 2003), o fato de pertencer a uma CV traz para os indivíduos e para as organizações. Neste sentido, e seguindo algumas de suas propostas, podemos falar em três níveis de benefícios associados aos objetivos e expectativas de seus membros e que correspondem, do nosso ponto de vista, a outros tantos tipos de CV.

No primeiro nível, o objetivo se materializa no interesse por um tema, um acontecimento, um fenômeno, etc. *As comunidades virtuais de interesse* (CVI) são aquelas que permitem que seus membros obtenham informação atualizada sobre o objeto de interesse a qualquer hora e de qualquer lugar. O interesse deve ser entendido aqui como "interesse por ter acesso a outros", no sentido de vincular-se com outras pessoas para estabelecer comunicação, procurar ajuda, apoio ou possibilidades de troca. Em sentido estrito, os membros filiam-se voluntariamente às CVI e perseguem o objetivo de entrar em comunicação com outros, os quais podem, ou não, compartilhar seus pontos de vista e manter os filiados atualizados; ou, simplesmente, tentam encontrar um espaço de pertencimento, no qual compartilhar gostos e interesses, sejam eles de natureza profissional ou lúdica. A maioria das CV existentes pertencem a essa categoria. As CVI costumam ser grandes grupos ou redes formadas por centenas ou milhares de pessoas que promovem a difusão e a troca de informação sobre o objeto de interesse, mas que não necessariamente aspiram a envolver-se em um processo de aprendizagem, conforme mostra a Figura 13.1. Wenger (2001, p. 238) fala das CVI nos seguintes termos:

> [...] as TIC alteraram as limitações espaciais e temporais da identificação. [...] o sucesso das redes informáticas mundiais não se deve apenas ao acesso à informação que oferecem, mas também à possibilidade de conectar entre si pessoas que compartilham um interesse, desenvolvendo, com isso, relações de identificação com pessoas de todo o mundo. [...] nossas identidades se expandem e se disseminam (por assim dizer) ao longo dos tentáculos de todos estes cabos e adquirem, por meio da imaginação, dimensões planetárias.

No segundo nível, o objetivo concreto dos participantes consiste em "participar e se envolver". O interesse pode ser, também neste caso, o motor inicial da participação, mas é um interesse que desemboca na busca de oportunidades para trocar informação e envolver-se com a comunidade. Aparece, assim, um sentido de responsabilidade coletiva na busca de melhores práticas, na solução coletiva de problemas, na discussão conjunta de questões complexas ou na análise de situações e propostas apresentadas pelos membros da comunidade. Geralmente as *comunidades virtuais de participação* (CVP) se organizam em torno de uma prática específica; por exemplo, um grupo de profissionais em torno de uma temática; um grupo de pessoas que trabalham em uma empresa em torno da solução para um problema; um grupo de professores que trocam informações sobre o mesmo grupo de estudantes; ou ainda um grupo de especialistas em *software* compartilhando informação sobre como usá-lo e aperfeiçoá-lo.[1] Neste tipo de comunidade, a filiação costuma ser voluntária – embora também possa ser requerida, como no caso das CVP dentro de organizações ou empresas –, enquanto o nível de envolvimento continua sendo uma decisão pessoal. Geralmente, os mais envolvidos são os fundadores e em torno de suas propostas surgem participantes que assumem papéis mais ativos. Ao mesmo tempo, estas comunidades podem desenvolver potentes sistemas de reconhecimento e valorização da participação, o que, no âmbito dos movimentos da *arquitetura da participação* (redes sociais, *Web* 2.0 ou *Web* social), é conhecido como sistema de reputação e confiança.[2]

No terceiro e último nível estão situadas as CV que estabelecem como objetivo explícito a aprendizagem e cujos membros desenvolvem estratégias, planos, atividades e papéis específicos para alcançar tal objetivo. As *comunidades virtuais de aprendizagem* (CVA) têm como foco, portanto, um conteúdo ou tarefa de aprendizagem e são caracterizadas por, além de serem constituídas como uma comunidade de interesses e de participação, utilizarem os recursos oferecidos pelo universo virtual tanto para trocar informações e comunicar-se como para promover a aprendizagem (Coll, 2004). Nas CVA, a filiação pode continuar sendo voluntária, mas – principalmente no caso dos projetos e das propostas mais institucionais, nos quais as comunidades são criadas para que os membros se integrem e participem como parte de seus programas regulares de estudo – a filiação, a participação e o compromisso deixam de ser regulados somente pelas regras que a comunidade desenvolve, passando a ser modulados pelas exigências das instituições, dos programas educacionais ou das atividades de aprendizagem.

Nas CVA é possível que recaia sobre alguns membros, mais do que sobre outros, a responsabilidade de ajudar ou guiar os outros membros da comunidade em seu processo de aprendizagem. Normalmente, responsabilidade recai nos membros identificados como "professores", "tutores", "consultores" ou "coordenadores", aqueles que supostamente possuem, em virtude de sua maior experiência e conhecimento, a capacidade para guiar e ajudar o restante dos membros da comunidade na busca por alcançar os objetivos de aprendizagem. Contudo, cabe destacar que, pela sua própria natureza, nas CVA todos os membros estão potencialmente habilitados para ajudar e apoiar os outros membros. Portanto, nas CVA a ação educacional intencional é definida como um dos componentes fundamentais de seu projeto e gestão. As questões relativas aos tipos e graus de ajuda, assim como aos membros da comunidade que assumem em maior medida a responsabilidade de prestar ajuda e guiar os processos de aprendizagem, adquiriram uma

---

[1] É importante assinalar que o termo CVP não tenta ser equivalente nem, muito menos, substitutivo do que poderia ser denominado *Comunidade Virtual de Prática*, dado que esse termo carrega todo o peso conceitual relativo às comunidades de prática que já analisamos anteriormente. Portanto, aderimos à colocação do próprio Wenger (2001) e de Wenger, White, Smith e Rowe (2005) para abordar essa questão a partir da análise das tecnologias como suporte para as comunidades de prática.
[3] Para uma revisão detalhada deste conceito, consulte o trabalho de Rheingold (2004).

relevância cada vez maior no transcurso dos últimos anos como consequência da atenção crescente concedida à "presença docente" nas CVA (Garrison e Anderson, 2005).

Como já vimos, a heterogeneidade das CV está diretamente associada aos objetivos que seus participantes perseguem. Convém precisar, contudo, que localizar exatamente uma CV concreta em uma ou em outra das categorias comentadas é uma tarefa que algumas vezes pode ser bastante difícil. As fronteiras entre os três tipos de CV não são delimitadas com exatidão e, além disso, as CV costumam ser dinâmicas e são expostas a contínuos processos de mudança e transformação, de modo que uma CVI pode evoluir com o tempo para transformar-se em uma CVP ou até em uma CVA; e, inversamente, uma CV configurada no início como CVA pode evoluir para uma CVP ou até para uma CVI. As setas da Figura 13.1 a seguir tentam representar esta evolução potencial que as CV podem experimentar devido à passagem do tempo como consequência de sua dinâmica interna.

Além disso, a heterogeneidade das CV não se limita às três categorias descritas. No seio de cada uma delas é possível encontrar, ainda, uma enorme variedade de propostas e posturas. Assim, por exemplo, as CVA diferem significativamente entre si em função das características de seus membros – CVA para profissionais, para docentes em formação, para trabalhadores de empresas, etc. –; do contexto institucional no qual estão imersas – CVA em corporações ou empresas, em instituições educacionais de caráter presencial, semipresencial ou completamente a distância, em organizações educacionais não formais ou informais, etc. –; do alcance institucional – CVA abrangendo uma escola em seu conjunto ou apenas em um nível educacional, um grau de ensino, um curso, uma turma, etc. –; do nível educacional – desde CVA em escolas ou salas de

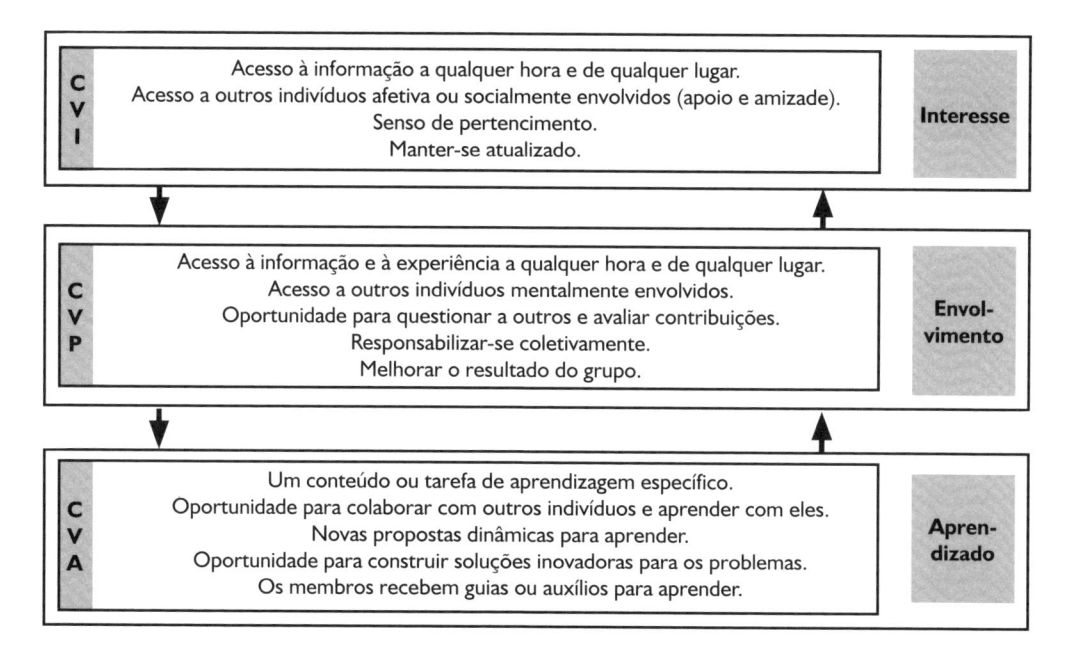

CVI	Acesso à informação a qualquer hora e de qualquer lugar. Acesso a outros indivíduos afetiva ou socialmente envolvidos (apoio e amizade). Senso de pertencimento. Manter-se atualizado.	Interesse
CVP	Acesso à informação e à experiência a qualquer hora e de qualquer lugar. Acesso a outros indivíduos mentalmente envolvidos. Oportunidade para questionar a outros e avaliar contribuições. Responsabilizar-se coletivamente. Melhorar o resultado do grupo.	Envolvimento
CVA	Um conteúdo ou tarefa de aprendizagem específico. Oportunidade para colaborar com outros indivíduos e aprender com eles. Novas propostas dinâmicas para aprender. Oportunidade para construir soluções inovadoras para os problemas. Os membros recebem guias ou auxílios para aprender.	Aprendizado

FIGURA 13.1
Tipos de comunidades virtuais em função dos objetivos de seus membros.

aula do ensino fundamental até universidades virtuais –; da natureza do conteúdo – CVA para o ensino de matemática, de ciências, de biologia, de leitura, de escrita, etc. –; da natureza da atividade e da sua temporalidade; etc.

RECURSOS TECNOLÓGICOS PARA CRIAR COMUNIDADES VIRTUAIS DE APRENDIZAGEM

De acordo com as considerações anteriores, os traços distintivos das CVA são três: a escolha da aprendizagem como objetivo explícito da comunidade; o uso que elas promovem das ferramentas tecnológicas, tanto para trocar informação e comunicar-se quanto para promover a aprendizagem; e o uso das potencialidades dos recursos tecnológicos para o exercício da ação educacional intencional. A seguir, vamos nos concentrar na descrição de alguns recursos tecnológicos que habitualmente são utilizados para projetar e gerenciar CVA.

Os recursos tecnológicos – correio eletrônico, *chat*, fórum, etc. – podem ser utilizados separadamente ou em forma de "pacotes", que são configurados como autênticos ambientes virtuais de ensino e aprendizagem, como ocorre no caso das plataformas de *e-learning* ou aprendizagem *on-line*. Tais plataformas são sistemas complexos, quase sempre de natureza modular, que combinam ferramentas tecnológicas diversas e incluem o manejo de potentes bases de dados, as quais permitem planejar, registrar e acompanhar o que se faz, o que se diz, quem faz ou quem diz e para quem é destinado o que se faz ou se diz dentro do sistema. Essas plataformas passaram a ser um apoio substancial para o desenvolvimento das comunidades virtuais, dado que proporcionam aos seus membros a metáfora, mais ou menos acabada, de um lugar de encontro comum e delimitam, graças aos serviços que oferecem à comunidade, as formas de comunicação e interação entre seus membros.

Uma plataforma adequada é aquela que proporciona à comunidade os serviços básicos para proporcionar a geração dos processos de comunicação e interação social necessários para conquistar seus objetivos. Entre esses serviços cabe destacar:

- um espaço na internet que se transforma no *local* principal da comunidade e graças ao qual esta se dota de existência e pode tornar público seu domínio e campo de interesse;
- um espaço de trabalho para reuniões, discussões e para a colaboração síncrona e assíncrona;
- uma ferramenta de perguntas abertas para a comunidade ou para um subgrupo;
- um diretório de membros com informações sobre suas áreas de interesse e experiência;
- um repositório de documentos para sua base de conhecimentos;
- uma ferramenta de busca para consultar de maneira eficientes a base de conhecimentos;
- um calendário ou agenda comum;
- um conjunto de ferramentas para administrar a comunidade e as bases de dados ou registros que permitem saber, de acordo com os papéis dos participantes, como está evoluindo a comunidade em seu conjunto e quais são as características da atividade realizada em seu marco.

Nos âmbitos da educação a distância, das comunidades virtuais e da aprendizagem *on-line*, é possível identificar alguns sistemas ou "pacotes" de recursos tecnológicos utilizados normalmente para o projeto, a administração e a manutenção das CVA. Geralmente, considera-se que esta função pode ser cumprida pelos sistemas de administração de conteúdos (*Content*

Management Systems, CMS), pelos sistemas de administração de aprendizagem (*Learning Management System*, LMS), pelos ambientes virtuais de aprendizagem (*Virtual Learning Environment*, VLE) e pelos ambientes pessoais de aprendizagem (*Personal Learning Environments*, PLE).

Embora os CMS não tenham como finalidade dar suporte à aprendizagem, eles oferecem os recursos necessários para permitir, combinados com um projeto técnico-pedagógico adequado, a criação de comunidades virtuais de interesse ou de participação potencialmente suscetíveis de transformar-se em ou de gerar CVA. Cabe assinalar que, quando um CMS é utilizado para apresentar os conteúdos aos estudantes ou para promover atividades orientadas ao ensino e à aprendizagem, costuma-se complementá-lo com recursos específicos associados a outros sistemas ou plataformas, transformando-se, então, em um sistema de administração de aprendizagem e de conteúdos (*Learning and Content Management System*, LCMS, na sigla em inglês). Dois exemplos típicos de CMS são o Drupal (http://www.drupal.org) e o Joomla! (http://www.joomla.org).* Ambos são sistemas que foram desenvolvidos a partir da filosofia de código aberto, são modulares e permitem criar com relativa facilidade uma página *web* para uma comunidade virtual. Com um CMS como qualquer um dos apresentados no Quadro 13.1 é possível habilitar recursos de autenticação, criar subgrupos, estabelecer e administrar conteúdos, habilitar ferramentas de comunicação síncrona (mensagens instantâneas) e assíncrona (fóruns, mensagens privadas,

QUADRO 13.1
Content Management Systems (CMS): alguns dos gerenciadores de conteúdo mais representativos

Tipo de recurso tecnológico	Definição
CMS (*Content Management System*) ou gerenciador de conteúdo	Sistema informático *on-line* baseado na Web utilizado para ajudar os usuários no processo de administração de conteúdos
Software representativo	
Software de código aberto (OSS)	*Software* proprietário
Drupal http://www.drupal.org/	Jalios http://www.jalios.com/
Joomla! http://www.joomla.org/	CoreMedia CMS http://www.coremedia.com/en/67852/cms/
PHPNuke http://www.phpnuke.org/	
Xoops http://www.xoops.org/	
Tikiwiki http://www.tikiwiki.org	
Mediawiki http://www.mediawiki.org	

---

* N. de R. O Joomla! possui agora um site em português, com tutoriais e atualizações do gerenciador de conteúdo, em www.joomla.com.br.

correio eletrônico interno), etc. Um tipo muito potente de CMS é o sistema de publicação e edição de conteúdo conhecido como tecnologia *wiki*. O melhor exemplo de *wiki* como sistema de administração de conteúdos, além de ser exemplo de uma comunidade de participação, é a *Wikipedia* (http://www.wikipedia.org).

Os sistemas de administração da aprendizagem (LMS) surgem, em sua maioria, no marco de propostas empresariais de formação e estão fortemente associados ao *e-learning* ou aprendizagem *on-line*. Um LMS pode ser definido, em termos gerais, como um sistema que permite a administração e entrega de conteúdos e recursos de aprendizagem aos estudantes. Os exemplos mais característicos de LMS têm caráter comercial (também conhecido como *software* proprietário), e os mais prototípicos são WebCity (http://www.webcity.com) e BlackBoard (http://www.blackboard.com).

Muito próximos dos LMS são os ambientes virtuais de aprendizagem ou, mais propriamente, para a aprendizagem (VLE). Nos VLE o destaque costuma estar na ajuda para regular os processos formativos que recebem tanto a instituição ou grupo de gestão central quanto os professores e os estudantes. Talvez uma das diferenças mais relevantes entre os LMS e os VLE – apesar de que, na verdade, as diferenças não são tão claras e muitas propostas de análise de plataformas virtuais para a aprendizagem integram ambos os tipos de sistemas – seja o fato de que os VLE enfatizam a relação entre o ensino e a aprendizagem em vez dos processos de aprendizagem autônoma.

Os VLE, além de integrarem as funcionalidades já assinaladas no caso dos CMS, caracterizam-se por integrar ferramentas específicas para:

- organizar os cursos por categorias;
- integrar os assuntos abordados nas disciplinas;
- organizar os calendários referentes às atividades da comunidade;
- permitir que os professores criem e apliquem provas, consultas e tarefas (com suas ferramentas correspondentes para administrar a entrega por parte dos estudantes e os resultados, assim como para permitir um acompanhamento muito mais orientado à identificação do cumprimento das tarefas de aprendizagem);
- matricular os estudantes de uma forma relativamente fácil e cada vez mais orientada pelas bases de dados das instituições; e, finalmente,
- compartilhar recursos entre os diferentes cursos ou atividades formativas oferecidos na comunidade virtual de aprendizagem.

As últimas gerações de VLE costumam incluir recursos como editores colaborativos ou sistemas para a escrita colaborativa (*wikis*), diários pessoais ou *weblogs* e sistemas de sindicação de conteúdos ou RSS (que podem ser externos à comunidade – vinculando recursos hemerográficos, notícias, *blogs* relacionados com a área de domínio, etc. – ou relativos à atividade interna da comunidade – sindicando, por exemplo, os fóruns de discussão para favorecer um acompanhamento mais adequado dos participantes de toda a comunidade). No Quadro 13.2, a seguir, são indicados alguns exemplos representativos de LMS e VLE e citados alguns exemplos de comunidades criadas por meio destes sistemas.

Finalmente, a quarta e última categoria são os ambientes pessoais de aprendizagem (PLE, na sigla em inglês). Trata-se de uma proposta incipiente surgida no contexto do desenvolvimento do *software* social ou *Web* 2.0. Mais do que uma plataforma ou sistema, os PLE são a soma de todas as ferramentas que os indivíduos normalmente utilizam para aprender (Attwell, 2007). Seu princípio básico é o de

QUADRO 13.2
Learning Management System (LMS) e *Virtual Learning Environments* (VLE) mais representativos

Tipo de recurso tecnológico	Definição
LMS (*Learning Management System*)	Sistema informático *on-line* baseado na *web* que permite administrar e entregar conteúdos e recursos de aprendizagem.
Software representativo proprietário	Exemplos de CVA
WebCT http://www.webcity.com BlackBoard http://www.blackboard.com	http://workbench.webct.com/webct/public/show_courses.pl
VLE (*Virtual Learning Environments*)	A definição de VLE, muito mais comum na Europa do que nas Américas, refere-se de maneira muito mais explícita à ajuda que os professores recebem para administrar os cursos que criam.
Software representativo de código aberto (OOS)	Exemplos de CVA
Moodle http://www.moodle.org Claroline http://www.claroline.net/ Sakai Project http://www.sakaiproject.org/portal/ Dokeos http://www.dokeos.com/	Moodle http://www.moodlebrasil.net/moodle/ http://labspace.open.ac.uk/ Claroline http://www.claroline.net Sakai https://cleo.whitman.edu/portal/

que um ambiente ideal para a aprendizagem deveria proporcionar aos estudantes um espaço controlado por eles para desenvolver e compartilhar suas ideias. Em um ambiente PLE seria possível promover, graças às ferramentas oferecidas pelo *software* social, todos os tipos de aprendizagem: informal, no local de trabalho, em casa, guiada pela solução de problemas ou motivada pelos interesses pessoais e, inclusive, a participação em programas de educação formal.

Queremos assinalar, para encerrar esta seção, a existência de uma relação bidirecional entre a natureza, as características dos recursos tecnológicos disponíveis (projeto tecnológico) e a utilização prevista desses recursos para pôr em marcha processos formativos e atividades de ensino e aprendizagem (projeto pedagógico). Por outro lado, é preciso acrescentar a isso que os projetos técnico-pedagógicos criados para dar suporte e administrar as CVA adquirem sua verdadeira dimensão de ambientes para a construção do conhecimento nas práticas e usos efetivos que os membros da comunidade fazem deles; ou seja, nas formas como os projetos propostos operam realmente no desenvolvimento das atividades e tarefas da comunidade, na comunicação e na ajuda mútua entre seus membros e no avanço da comunidade na busca de seus objetivos de aprendizagem (para mais detalhes, ver Capítulo 3 deste livro).

CRITÉRIOS E ORIENTAÇÕES PARA O PROJETO E DESENVOLVIMENTO DE COMUNIDADES VIRTUAIS DE APRENDIZAGEM

Três aspectos merecem uma atenção especial no que concerne ao projeto e à implantação de uma CVA. O primeiro refere-se à necessidade de um marco teórico que guie o processo de ensino e aprendizagem. Da decisão adotada a este respeito dependerão a definição dos papéis dos participantes, as regras de participação social e acadêmica, as características das atividades a serem desenvolvidas e, principalmente, as estratégias que permitirão aos membros da comunidade compartilharem suas ideias, construírem pontos de vista sobre as opiniões dos outros membros e refinarem suas próprias compreensões (Cuthbert, Clark e Linn, 2003).

O segundo aspecto é a necessidade de conhecer a variedade de sistemas e ferramentas disponíveis, assim como suas características principais, com a finalidade de escolher os mais apropriados para os objetivos da comunidade. Embora não seja necessário ser especialista no manejo de VLE ou LMS, é preciso conhecer as ferramentas que esses sistemas possuem, para planejar seus usos potenciais (Lewis e Allan, 2005). A decisão sobre qual plataforma utilizar para colocar em marcha uma CVA e sobre quais ferramentas, recursos ou atividades potencializar nessa plataforma, assim como sua combinação, deverá ser tomada em estreita relação com o marco teórico adotado sobre o ensino e a aprendizagem. Convém sublinhar neste ponto que o projeto de uma CVA é uma tarefa multidisciplinar e que nela devem participar tanto os especialistas na plataforma tecnológica escolhida para sua criação quanto os especialistas em processos formativos e instrucionais.[3]

O terceiro aspecto que convém considerar no projeto e implantação de uma CVA refere-se aos papéis e responsabilidades de seus membros. É necessário que a partir da fase de projeto já sejam especificados pelo menos os papéis de administrador e coordenador da comunidade, assim como o de professor ou facilitador. Também será necessário acrescentar os papéis internos associados às equipes de trabalho ou subcomunidades quando a estratégia geral de trabalho incluir uma dinâmica de grupos ou de equipes.

Em relação ao projeto, desenvolvimento e avaliação das CVA, convém ainda mencionar o que alguns autores identificam como as fases ou ciclos típicos de desenvolvimento desse tipo de comunidade. Para Lewis e Allan (2005), assim como ocorre com os outros tipos de CV, as CVA costumam transitar por seis fases entre sua criação e seu fechamento ou transformação em uma nova comunidade: fundação, indução, incubação, aperfeiçoamento do desempenho, implementação e fechamento ou mudança. Os critérios de projeto e implantação que acabamos de mencionar são especialmente relevantes nas fases de fundação e indução. Por um

---

[3] No que concerne à seleção dos recursos tecnológicos e à avaliação de plataformas para o projeto das CVA, recomendamos consultar as revisões de Edutools (2007) (http//www.edutools.info/), assim como o trabalho de Wenger et al. (2005). Ambos propõem uma série de indicadores que orientam a seleção de ambientes tecnológicos para o projeto das CVA. Outro excelente instrumento para avaliar o alcance educacional de uma CVA é a proposta de Britain e Liber (1999) para o uso de um marco de avaliação pedagógica de VLE, baseado no modelo conversacional de Laurillard, e a avaliação dos aspectos discursivos, conversacionais, adaptativos e de reflexão que são favorecidos em maior ou menor medida pelos ambientes tecnológicos.

QUADRO 13.3
Alguns exemplos de desenvolvimento de *Personal Learning Environment* (PLE)

Tipo de recurso tecnológico	Definição
PLE (*Personal Learning Environment*)	Permite que as pessoas, graças à combinação de ambientes e recursos, gerenciem seu próprio processo de aprendizagem, ajudando-as a estabelecer objetivos, gerenciar os conteúdos e as atividades, comunicar-se com outros indivíduos e aproveitar os recursos destes para aprender.
Projetos e *software* representativos	**Exemplos de uso**
O projeto PLE da Universidade de Bolton, Inglaterra. http://www.cetis.ac.uk/members/ple/	Exemplo de um PLE (mapa que descreve o ambiente pessoal de aprendizagem de um estudante). http://simslearningconnections.com/ple/ray_ple.html/
Propostas que combinam Moodle com outras tecnologias para o projeto de ambientes pessoais. http://elgg.org/	Um navegador (*browser*) baseado na noção de *Web* social e que aparece como um ambiente para criar PLE. http://www.flock.com/

lado, a fundação pode ser resumida em um conjunto de decisões relativas ao projeto, tais como a estrutura da comunidade, a forma como os participantes devem trabalhar e aprender juntos, a infraestrutura tecnológica requerida para apoiar os processos esperados e as características e tipo de projeto do ambiente virtual (distribuição das ferramentas e recursos; definição de fonte [tamanho, cor e estilo]; distribuição dos textos; etc.). Por outro lado, a fase de indução, entendida como o momento em que o professor, facilitador ou dinamizador da CVA modela ou promove o início das interações, pode ser associada aos primeiros critérios e passos para a implantação da comunidade. Entre estes, destacam-se aspectos como as regras de confidencialidade da comunidade, as definições de frequência, a forma e a extensão da participação esperada, o fomento do respeito pelos outros membros, pelo que fazem e dizem, a formulação explícita do nível de envolvimento e resposta dos facilitadores e, finalmente, a identificação e socialização das expectativas dos participantes.

As fases de incubação e aperfeiçoamento da execução, por sua vez, referem-se ao início, desenvolvimento e estímulo do processo de comunicação. Na primeira, e graças ao papel proativo do facilitador ou dinamizador, é preciso criar uma zona de confiança que favoreça, por meio das contribuições *on-line* e do trabalho conjunto, o aparecimento da voz própria dos participantes. Esta fase é equivalente ao que algumas vezes também é denominado como presença social necessária para criar uma zona de afetividade, corresponsabilidade, codependência e colaboração. A segunda, a fase de aperfeiçoamento da execução, é o período durante o qual a simples presença social é superada e surge o trabalho efetivo para a gestão do conhecimento, ou seja, o compromisso real entre os membros da comunidade para avançar na busca de seus objetivos.

A manutenção e gestão da comunidade durante essas fases depende, então, de pelo menos três fatores: em primeiro lugar, a criação de uma zona de interação social que permita a livre expressão, na qual se reconheça a relevância da participação dos membros e possam ser modeladas as características esperadas das contribuições. Em segundo lugar, a criação do projeto de atividades de aprendizagem que incluam a formulação explícita do propósito ou meta da tarefa, a definição das aprendizagens ou produtos esperados de aprendizagem, a estrutura geral da tarefa e a estrutura de interação (requerimentos de colaboração, de processos e de produtos). Em terceiro lugar, a implementação do acompanhamento do processo de participação por meio dos recursos de registro de atividades, do que se faz e se diz, de quem o faz e o que diz e para quem é dirigido o que se faz e o que se diz.

Finalmente, a fase de fechamento ou mudança de uma CVA está relacionada com a avaliação. O fechamento de uma CVA pode ocorrer como resultado desta ter alcançado a meta proposta, os objetivos esperados e as aprendizagens definidas no projeto. Na fase de fechamento, o papel dos facilitadores ou dinamizadores novamente é fundamental para garantir que o processo de aprendizagem comunitário e individual se consolide. O processo de fechamento, além disso, pressupõe todo um processo avaliativo continuado. Com efeito, nas CVA a avaliação não deve ser realizada somente quando se chega ao fim do processo comunitário; pelo contrário, deve ser colocada como um componente essencial para orientar a participação, ajustar as formas de interação, oferecer auxílios pedagógicos mais adequados tanto aos participantes individuais quanto aos grupos de trabalho, detectar paralisações e êxitos e descobrir e corrigir incompreensões. A fase de fechamento de uma CVA supõe, também, uma reflexão sobre a vida da comunidade, o grau de sucesso alcançado no trabalho colaborativo e o nível em que os objetivos de aprendizagem foram cumpridos. Ao mesmo tempo, é preciso contemplar a possibilidade de que a comunidade, uma vez alcançados seus objetivos, possa derivar para outra comunidade ou subcomunidades centradas em outros objetivos de aprendizagem, de prática, de participação ou de interesse.

REFERÊNCIAS

Attwell, G. (2007). The Personal Learning Environments – the future of eLearning? *eLearning Papers*, 2(1). Consultado (6.06.2007) em: http://www.elearningeuropa.info/files/media/media11561.pdf.

Barab, S (2003). An introduction to the Special Issue: Designing for Virtual Communities in the Service of Learning. *The Information Society, 19*, 197–201.

Bielaczyc, K. e Collins, A (2000). Comunidades de aprendizaje en el aula: una reconceptualización de la práctica de la enseñanza. Em Ch. M. Reigeluth (Ed) *Diseño de la instrucción. Teorías y modelos* (pp.279-304). Madrid: Santillana [Publicação original em inglês em 1999].

Britain, S. e Liber, O. (1999). *A Framework for Pedagogical Evaluation of Virtual Learning Environments. JISC Technology Applications Programme*.University of Wales-Bangor. Consultado (12.05.2007) em: http://www.leeds.ac.uk/educol/documents/00001237.htm#_Toc463843831.

Coll, C. (2001). Constructivismo y educación: la concepción constructivista de la enseñanza y del aprendizaje. En C. Coll, J. Palacios y A. Marchesi (Comps.), *Desarrollo psicológico y educación. 2. Psicología de la educación escolar* (pp. 157-186). Madrid: Alianza.

Coll, C. (2004). *Las comunidades de aprendizaje. Nuevos horizontes para la investigación y la intervención en psicología de la* educación. Ponencia presentada en el IV Congreso Internacional de Psicología y Educación. Almería, 30 de marzo – 2 de abril de 2004. Consultado (1.05.2007) em: www.ub.es/grintie/GRINTIE/cas/produccion_difusion_cas.html.

Cuthbert, A.F., Clarck, D.B., e Linn, M.C. (2003). Wise Learning Communities. Design Considerations. Em A. K. Renninger y W. Shumar (Eds), *Building Learning communities. Learning and change in cyberspace* (pp. 215-246). Cambridge: Cambridge University Press.

Garrison, D.R. e Anderson, T. (2005). *El e-learning en el siglo XXI. Investigación y práctica*. Barcelona: Octaedro [Publicação original em inglês em 2003].

Haythornwaite, C. (2003). Building Social networks via Computer Networks. Creating and sustaining distributed learning communities. Em A. K. Renninger e W. Shumar (Eds.), *Building Learning communities. Learning and change in cyberspace* (p. 159-190). Cambridge: Cambridge University Press.

Lave, J., e Wenger, E. (1991). *Situated learning: Legitimate peripheral participation*. Cambridge: Cambridge University Press.

Lewis, D. e Allan, B. (2005). *Virtual Learning Communities. A Guide for Practicioners*. London: Open University Press.

Mercer, N. (2001). *Palabras y mentes. Cómo usamos el lenguaje para pensar juntos*. Barcelona: Paidós [Publicação original em inglês em 2000].

Rheingold, H. (2004). *Multitudes Inteligentes. La próxima revolución social (SmartMobs)*. Barcelona: Gedisa [Publicação original em inglês em 2002].

Schlager, M. S. e Fusco, J. (2003). Teacher professional development, technology, and communities of practice: Are we putting the cart before the horse? *The Information Society*, *19*, 203-220. Consultado (6.05.2007) em: http://tappedin.org/tappedin/web/papers/.

Schlager, M. S., Fusco, J., Koch, M., Crawford, V. e Phillips, M., (2003, July). Designing Equity and Diversity into Online Strategies to Support New Teachers. Presented at NECC 2003, Seattle, WA. Consultado (6.05.2007) em: http://tappedin.org/tappedin/web/papers/.

Shumar, W. e Renninger, A.K. (2002). On Conceptualizing Community. Em A.K. Renninger e W. Shumar (Eds.), *Building Learning communities. Learning and change in cyberspace* (pp. 1-17). Cambridge: Cambridge University Press.

UNESCO (2005). *Informe mundial de la UNESCO. Hacia las sociedades del conocimiento*. París: Ediciones UNESCO. Consultado (12.05.2007) em: http://unesdoc.unesco.org/images/0014/001419/141908s.pdf.

Wenger, E. (2001). Coda II: comunidades de aprendizaje. (pp.259-266). En E. Wenger, *Comunidades de práctica. Aprendizaje, significado e identidad* (pp. 259-266). Barcelona: Paidós [Publicação original em inglês em 1998].

Wenger (2001). *Supporting communities of practice: a survey of community-oriented technologies*. Etienne Wenger 2001 Report to the Council of CIOs of the US Federal Government. Consultado (18.05.2007) em: http://www.ewenger.com/tech/.

Wenger, E., White, N., Smith, J. e Rowe, K. (2005).Technology for communities. Consultado (18.05.2007) em: http://technologyforcommunities.com/CEFRIO_Book_Chapter_v_5.2.pdf.

GLOSSÁRIO

Comunidade. Um conjunto de pessoas que compartilham características ou interesses comuns e comunicam-se para mantê-los ou alcançá-los; que podem ter um, vários ou nenhum objetivo compartilhado; que desenvolvem com suas atividades e práticas um sentido de identidade; que compartilham regras e acordos implícitos ou explícitos; que, com frequência, também compartilham um território ou um espaço geográfico e que desenvolvem estratégias para socializar os novos membros.

Comunidade de Aprendizagem. "Um grupo de pessoas que colaboram e aprendem juntas e que são, frequentemente, guiadas ou ajudadas para alcançar uma meta específica ou para cumprir alguns objetivos de aprendizagem" (Lewis e Allan, 2005, p. 8).

Comunidade de Prática. Uma comunidade de prática é um grupo de pessoas que compartilham um interesse em um domínio de conhecimento ou atividade humana e que se comprometem em um processo coletivo que cria vínculos fortes entre os membros (por exemplo, um grupo de engenheiros trabalhando no desenvolvimento de um novo protótipo de veículo não poluente). As comunidades de prática se caracterizam por sua ubiquidade (todos pertencemos a múltiplas comunidades de prática em um dado momento de nossa vida: em casa, no trabalho, na escola, em nossos interesses, etc.) e seu dinamismo (as comunidades de prática às quais pertencemos mudam no transcurso das nossas vidas).

Comunidade Virtual de Aprendizagem. Comunidades que têm como foco um conteúdo ou tarefa de aprendizagem e se caracterizam por, além de unirem e partilharem interesses e participantes, utilizarem os recursos oferecidos pela virtualidade tanto para trocar informação e comunicar-se quanto para promover a aprendizagem (Coll, 2004).

CMS (*Content Management System*). Sistema informático *on-line* ou estabelecido na *Web* que é utilizado para ajudar os usuários no processo de administração de conteúdos.

LMS (Learning Management System). Sistema informático *on-line* ou estabelecido na *Web* que permite a administração e entrega de conteúdos e recursos de aprendizagem.

VLE (Virtual Learning Environment). Sistema similar em muitos aspectos a um LMS, embora conceda mais importância à ajuda proporcionada aos diversos tipos de usuários (instituição ou grupo de gestão central, professores e estudantes) para regular os processos formativos. Outra diferença comum entre os LMS e os VLE é que eles enfatizam a relação entre o ensino e a aprendizagem, em vez de focar apenas a aprendizagem autônoma do aprendiz.

RECURSOS

EduTools – Course Management System Comparisons.
http://www.edutools.info/

Página de acesso livre que oferece aos usuários a possibilidade de procurar, analisar e comparar a informação disponível sobre produtos, serviços e políticas de aprendizagem on-line. A finalidade da EduTools é ajudar a comunidade de educadores a tomar decisões bem-informadas em três áreas: o uso de sistemas on-line para criar comunidades virtuais; o uso de recursos específicos como, por exemplo, os portfólios eletrônicos; e o estabelecimento de políticas e boas práticas de e-learning.

Tapped IN
http://tappedin.org/tappedin/

Tapped IN é uma página criada com a finalidade de favorecer o desenvolvimento profissional dos professores. A comunidade Tapped IN oferece recursos on-line para que os educadores possam ampliar seu desenvolvimento profissional para mais que cursos ou oficinas presenciais. É baseado em um modelo de prática e seu enfoque principal é o apoio a uma comunidade de aprendizagem profissional na qual os participantes podem encontrar informação relevante. Para mais detalhes sobre o projeto de Tapped IN podem ser consultados os trabalhos de Schlager e Fusco (2003) e Schlager e colaboradores (2003), ambos acessíveis (6.05.2007) em http://tappedin.org/tappedin/web/papers/.

OpenCourseWare
http://www.ocwconsortium.org/

OpenCourseWare é uma página construída e mantida por um consórcio que conta com a colaboração de mais de 100 instituições de educação superior e organizações independentes de todo o mundo, com a finalidade de publicar conteúdos educacionais abertos de alta qualidade. Nos seus fóruns de discussão são apresentados temas relativos aos modelos pedagógicos e às tecnologias mais atuais para a elaboração de cursos on-line. De especial interesse são as referências aos modelos do Massachussetts Institute of Technology (http://ocw.mit.edu/index.html), da Open University (http://openlearn.open.ac.uk/), da Universidade Califórnia Irvine (http://ocw.uci.edu/) e da Open Learning Initiative de Carnegie Mellon (http://www.cmu.edu/oli/overview/).

Online Community Toolkit and
Online Community Resources
http://www.fullcirc.com/community/communitymanual.htm

Uma página que oferece um repositório de ferramentas pensadas para ajudar nos processos de construção, projeto e implantação de comunidades on-line. Em uma série de seções (interação on-line e construindo comunidades; ferramentas e tecnologias para a interação on-line; planejamento, projeto e implantação de atividades on-line; estudos de caso; links para comunidades de prática; pequenos negócios e comunidades virtuais), é possível ter acesso a resenhas de experiências, análises de recursos e tecnologias e artigos acadêmicos que ajudam a entender os aspectos pedagógicos e tecnológicos das comunidades virtuais.

e-learning Centre/ Library /Communities
http://www.e-learningcentre.co.uk/eclipse/Resources/vles.htm

O website do e-Learning Centre contém informação sobre recursos de e-learning. Com acesso livre e gerenciado pela fundação Learning Light Ltd., oferece uma biblioteca especializada em CMS e VLE. Inclui uma ampla coleção de links, selecionados e atualizados, para relatórios de pesquisa, artigos de revistas, relatórios, exemplos de cursos on-line de interesse especial, recursos tecnológicos e outros produtos e serviços.

PARTE IV
O ensino e a aprendizagem de competências básicas em ambientes virtuais

A quarta e última parte desta obra é composta por quatro capítulos que tratam sobre outros tantos blocos de competências de caráter geral ou transversal, considerados em praticamente todos os relatórios internacionais sobre os desafios da educação no século XXI como habilidades imprescindíveis para a sobrevivência na sociedade-rede: a alfabetização digital, as estratégias de aprendizagem, as múltiplas modalidades de comunicação e a busca seletiva de informação em ambientes digitais.

São quatro núcleos temáticos fundamentais, mas com contornos difusos. Com efeito, estratégias e competências comunicacionais fazem parte, em um sentido amplo, da alfabetização digital. Por outro lado, uma competência comunicacional pode ser ativada para se aprender e pode envolver a ação coordenada de um conjunto de estratégias de aprendizagem. Finalmente, as estratégias de busca e seleção de informação podem ser consideradas como um subgrupo específico entre o conjunto de estratégias que permitirão que um aprendiz seja autônomo em seu aprendizado. A distribuição em quatro capítulos tem, portanto, uma finalidade mais pedagógica do que ontológica, e o leitor encontrará diversos eixos para alinhavar seu conteúdo, começando por uma definição compartilhada de competência (conjunto de conhecimentos aprendidos para realizar apropriadamente uma tarefa, função ou papel característico de uma determinada prática em um cenário social).

A partir deste denominador comum, apresenta-se em cada capítulo a justificativa para o interesse e a necessidade das competências envolvidas; identificam-se as subcompetências, estratégias e habilidades que abrangem; discutem-se os dados trazidos pelas atuais pesquisas a respeito das competências e a possibilidade de potencializá-las, e são descritos e analisados alguns destacados projetos de inovação cujo objetivo central é o desenvolvimento da competência em, e por meio de, ambientes virtuais.

Especificamente, no Capítulo 14 é abordada a necessidade de se introduzir nos currículos novas formas de alfabetização que permitam aos alunos enfrentar as exigências de determinados conteúdos a aprender, os quais, com a digitalização, têm multiplicadas as formas como podem ser registrados, selecionados, representados, combinados ou armazenados.

O Capítulo 15, por sua vez, aprofunda-se na macrocompetência que está na base de um dos lemas mais representativos da sociedade da informação: o *lifelong learning*, a aprendizagem ao longo da vida. A aquisição de estratégias de aprendizagem constitui um meio idôneo para que o aprendizado não pare, e as TIC, especialmente a internet, são um veículo privilegiado para apropriar-se dos processos metacognitivos relativos ao planejamento, autorregulação e autoavaliação das próprias decisões mentais, inerentes a todo aprendizado estratégico.

A outra macrocompetência por excelência, a comunicacional, é tratada monograficamente no Capítulo 16. A digitalização contribuiu para o aparecimento de um grande número de novos gêneros de texto (*e-mails*, *chats*, videoconferências, *podcasts*, escrita e leitura de hipertexto, livros eletrônicos, etc.) que requerem novas competências tanto receptivas, que permitam decodificar e compreender textos que podem combinar informação de natureza muito diversa (áudio, vídeo, verbal, gráfica, etc.), quanto produtivas, que possibilitem a confecção de textos diversos para auditórios e finalidades muito diferentes.

Em uma obra que trata das mudanças educacionais induzidas por uma sociedade baseada na informação, as competências relativas à busca e seleção dessa informação mereciam um capítulo separado. O Capítulo 17, que encerra o livro, concentra-se justamente em analisar as vantagens e inconvenientes dos modelos de busca de informação mais conhecidos, tanto os convencionais quanto os baseados em redes telemáticas, propondo um modelo integrador que contribua para a formação de aprendizes mais estratégicos. O texto conclui com a exposição de futuras linhas de pesquisa e desenvolvimento nas relações entre essas competências e a internet, e com a discussão sobre as possíveis consequências que essas iniciativas podem vir a ter em diferentes âmbitos (na organização escolar, nos currículos educacionais, nas relações profissionais e pessoais, etc.).

14

Alfabetização, novas alfabetizações e alfabetização digital
As TIC no currículo escolar

CÉSAR COLL E JOSÉ LUIS RODRÍGUEZ ILLERA

As profundas transformações de toda ordem que as sociedades atuais estão experimentando em sua transição progressiva rumo à sociedade da informação (SI), e especialmente a importância crescente das TIC neste cenário, têm um claro reflexo no âmbito da educação formal e escolar, observável principalmente no aparecimento de novas ferramentas para o ensino e a aprendizagem, na emergência de novos cenários educacionais e no estabelecimento de novas finalidades para a educação (ver Capítulo 1). Tais novidades questionam, ou pelo menos obrigam a revisar, alguns dos princípios básicos sobre os quais está assentada a educação escolar atualmente. Assim, a identificação praticamente total entre educação fundamental e educação inicial que caracterizou tradicionalmente os sistemas educacionais começa a ser substituída pela ideia de uma educação básica ao longo da vida; a incorporação das TIC nas salas de aula abre caminho para a inovação pedagógica e didática e para a busca de novas vias que visam melhorar o ensino e promover a aprendizagem; e a ubiquidade das TIC, presentes em praticamente todos os âmbitos de atividade das pessoas, multiplica as possibilidades e os contextos de aprendizagem muito além das paredes da escola.

Mas o questionamento não afeta apenas o *quando* (formação básica inicial *versus* formação ao longo da vida), o *como* (revisão das metodologias de ensino) e o *onde* (protagonismo excludente da escola *versus* multiplicidade de cenários e agentes educacionais) da educação escolar. O *para quê* (as funções e finalidades) e o *quê* (os objetivos e os conteúdos) da educação escolar também devem ser objeto de revisão neste contexto de mudança.

Este capítulo tem como foco justamente a revisão de um aspecto essencial do *quê* da educação escolar no marco da SI. Mais concretamente, nosso propósito é analisar as necessidades de formação associadas ao conhecimento e domínio das TIC. O fato de levar em consideração estas novas necessidades formativas está na origem do conceito de alfabetização digital, que teve uma ampla difusão a partir da publicação do livro *Digital Literacy* por Gilster, em 1997, e que é normalmente utilizado para designar o conjunto de conhecimentos, habilidades e competências necessários para um uso funcional e construtivo das TIC.

A escolha do termo "alfabetização" para referir-se a este conjunto de aprendizagens mostra sua importância. Com efeito, o termo refere-se originalmente à língua escrita e à cultura letrada, baseada na capacidade de ler e escrever; e, como é sabido, o texto escrito, a leitura e a escrita estão na base da educação escolar e do surgimento, consolidação e universalização dos sistemas estatais de educação (Brunner, 2000), tal como os conhecemos atualmente. É claro que os aprendizados escolares não se limitam à aprendizagem da leitura e da escrita; fazer com que os alunos aprendam a ler e a escrever é entendido como uma tarefa essencial da escola, e o domínio da leitura e da escrita é necessário para que haja a possibilidade de se realizar outros muitos aprendizados, tanto na escola quanto fora dela. A alfabetização letrada remete, portanto, a um conjunto de aprendizados que podemos considerar *básicos* para todos os efeitos (Coll, 2007): uma vez que impregnam e atravessam todas as áreas do currículo, são uma condição *sine qua non* para realizar outros muitos aprendizados, condicionam as possibilidades futuras de educação e formação das pessoas e têm uma incidência direta sobre seu desenvolvimento pessoal, social e profissional. Falar em "alfabetização digital" equivale a postular que, assim como nas sociedades letradas é necessário ter um domínio funcional das tecnologias da leitura e da escrita para se ter acesso ao conhecimento, na SI é imprescindível ter um domínio das tecnologias *digitais* da comunicação e da informação – incluídas, é claro, as tecnologias digitais de leitura e escrita. Em outras palavras, falar em "alfabetização digital" supõe aceitar, com todas as suas consequências, que as aprendizagens relacionadas com o domínio e manejo das TIC são básicas na SI no mesmo sentido em que já o são as aprendizagens relacionadas ao domínio da leitura e da escrita nas sociedades letradas.

Identificar e descrever as aprendizagens que fazem parte da alfabetização digital é, contudo, uma tarefa complexa e difícil, como demonstra o fato de que, apesar dos inegáveis esforços e avanços realizados no transcurso dos últimos anos, estejamos ainda longe de alcançar um acordo a esse respeito. Em parte porque, como veremos mais adiante, o próprio conceito de alfabetização se presta para diversas interpretações, e a mesma coisa acontece com a natureza digital das tecnologias e com as características ou propriedades que as diferenciam de outras tecnologias. Em parte porque, às vezes, a alfabetização digital tende a ser identificada ou confundida, dependendo do ponto de vista que adotamos, com o impacto e com as transformações que as tecnologias digitais estão provocando na cultura letrada e na aprendizagem da leitura e da escrita. E em parte também porque, ao serem *básicas* e *transversais* no que diz respeito a outras áreas e âmbitos do currículo, essas aprendizagens têm uma incidência direta na aquisição de outras muitas competências básicas, incluídas aquelas vinculadas com a alfabetização letrada, o que complica a identificação e delimitação de seu escopo.

De acordo com as considerações anteriores, organizaremos o capítulo em duas grandes seções e um comentário final. Dedicaremos a primeira seção à colocação de algumas pontuações sobre o conceito de alfabetização e a comentar e analisar brevemente sua extensão e generalização para outros âmbitos de conhecimento e de prática. Isso nos permitirá precisar melhor o sentido em que convém interpretar este conceito quando aplicado às aprendizagens relacionadas com o conhecimento e domínio funcional das TIC. Na segunda seção, abordaremos o conceito de alfabetização digital, analisaremos sua relação com outros conceitos próximos, identificaremos e descreveremos suas principais dimensões e proporcionaremos uma panorâmica geral das competências que geralmente lhe são associadas. Finalmente, encerraremos o capítulo com alguns comentários dirigidos a situar a alfabetização digital no marco mais amplo dos desafios que se apresentam para a educação escolar na sociedade da informação.

PERSPECTIVAS SOBRE A ALFABETIZAÇÃO

O conceito de alfabetização

As definições de alfabetização são quase tão numerosas quanto os autores que já se ocuparam do tema. É verdade que existe um acordo praticamente total em torno da clássica proposta da Unesco, formulada na década de 1950, de considerar que uma pessoa alcançou um nível de alfabetização funcional quando adquiriu o conhecimento e as habilidades de leitura e de escrita que a capacitam para envolver-se nas atividades mediadas pelos textos escritos habituais em sua cultura ou em seu grupo social. Contudo, independente do acordo – ou da ausência de uma discordância explícita – a respeito desta caracterização geral, as divergências são muitas. Em alguns casos, a ênfase é colocada nos conhecimentos e habilidades que as pessoas precisam adquirir e desenvolver; em outros, nos processos de codificação e decodificação; em outros ainda, nos aspectos sociais e culturais do uso da língua escrita ou nas práticas letradas que permitem que os grupos sociais conservem ou questionem a ordem estabelecida. Não há, em resumo, uma definição única e universal da alfabetização, sendo possível constatar, também, que o significado do conceito foi evoluindo ao longo do tempo conforme evoluíram também as tecnologias da leitura e da escrita e as práticas sociais associadas à, ou relacionadas com, língua escrita (Lankshear e Knobel, 2003; Lonsdale e McCurry, 2004; Resnick e Resnick, 1977).

O conceito de alfabetização – uma tradução não totalmente satisfatória do inglês *literacy* – tem sido, assim, objeto de um amplo leque de interpretações que podem estar situadas entre dois extremos. Simplificando ao máximo, podemos resumir estas interpretações extremas, que marcam também uma certa evolução temporal do conceito, como segue (Rodríguez Illera, 2004a). Em um extremo, temos uma visão estritamente cognitiva e linguística da alfabetização entendida como a aquisição de um código – o sistema da língua escrita – e sua correspondência, no caso da leitura, entre o que está escrito e a palavra falada, e, no caso da escrita, entre o que está escrito e o pensamento. O processo de alfabetização consiste, nesta perspectiva, na aprendizagem do código e do duplo sistema de correspondências. Uma vez feitas essas aquisições, é possível dizer que o indivíduo está alfabetizado, uma vez que é capaz de mostrar, por meio de suas realizações, tanto o conhecimento e o domínio do código quanto sua aplicação no estabelecimento de correspondências corretas entre a língua falada, a língua escrita e o pensamento.

Esta maneira de entender a alfabetização se contrapõe, no outro extremo, a uma visão que introduz, juntamente com os aspectos cognitivos e linguísticos, a relação sócio-histórica e sociocultural da língua escrita e das práticas de leitura e escrita. É uma visão defendida por diferentes autores e a partir de diversas perspectivas e tradições: a obra de Freire e sua concepção social e política da educação e da alfabetização (Freire, 1990; Freire e Macedo, 1989); o trabalho de linguistas a partir de uma concepção social da linguagem (por exemplo, Bernstein, 1972; Halliday, 1978); as contribuições de sociólogos, sociolinguistas e pedagogos que se aproximaram da compreensão do funcionamento da língua – principalmente da língua oral, mas também da língua escrita – como um fenômeno intrinsecamente social, e não apenas cognitivo ou linguístico (Bourdieu, 1977; Gee, 1996); os estudos e contribuições realizados a partir de perspectivas piagetianas, vygotskianas ou neovygotskianas (Ferreiro, 1997; Luria, 1976; Olson, 1994); ou, ainda, a visão que considera a alfabetização como uma questão de política educacional.

Embora neste grupo de interpretações coexistam posturas que mantêm diferenças importantes entre si quanto a aspectos concretos da alfabetização, do processo de alfabetização e do que significa ser alfabetizado, é possível encontrar também tendências e traços amplamente compartilhados. É o caso, por exemplo, da visão da alfabetização como prática ou, para sermos mais exatos, como um conjunto de "práticas sociais vinculadas à produção, uso e circulação do que está escrito" (Ferreiro, 2007, p. 264). O conceito de prática se contrapõe aqui à noção de *performance* – execução ou realização – e, em geral, às concepções que veem a atividade humana como simples manifestação de uma estrutura preexistente (Bourdieu, 1972). Segundo esta perspectiva, a leitura de um texto não é apenas uma atividade entendida como decodificação de um documento linguístico, uma vez que está sendo feito muito mais: trata-se de uma ação marcada e determinada culturalmente, na qual o sujeito leitor é transformado pela leitura, ao mesmo tempo em que se apropria do texto de uma maneira pessoal. Pensar em termos de práticas alfabetizadas ou letradas significa, portanto, prestar atenção tanto às diferenças individuais quanto às diferenças culturais que existem em cada prática, e não as colocar todas sob o rótulo comum de "leitura" ou "escrita". Como assinalam Scribner e Cole (1981, p. 236), em seu estudo sobre a alfabetização entre os Vai:

> [...] focamos a alfabetização como um conjunto de práticas socialmente organizadas que fazem uso de um sistema de símbolos e de uma tecnologia para produzi-lo e disseminá-lo. A alfabetização não é simplesmente saber como ler e escrever um texto determinado, mas a aplicação deste conhecimento para propósitos específicos em contextos específicos. A natureza dessas práticas, incluindo, é claro, seus aspectos tecnológicos, determinará os tipos de habilidades associadas à alfabetização.

Juntamente com esta ideia da alfabetização como conjunto de práticas sociais vinculadas à "produção, uso e circulação do escrito", convém mencionar outros dois traços amplamente compartilhados pelas interpretações que destacam a relação sócio-histórica e sociocultural da leitura e da escrita. O primeiro deles é a visão da alfabetização como uma capacidade ou competência, ou melhor, como um conjunto de capacidades ou competências suscetíveis de se manifestarem em práticas diversas por meio de múltiplas e diferentes realizações concretas. Ser alfabetizado significaria, segundo esse ponto de vista, ser capaz de participar de múltiplas práticas socioculturais mediadas pelo escrito, por meio de realizações ou execuções adequadas às características e aos contextos específicos de tais práticas. Cada prática alfabetizada tem um formato próprio (não é a mesma coisa, por exemplo, ler um livro e um jornal, um anúncio e uma página *Web*), e cada contexto específico apresenta exigências que também são próprias (não é o mesmo ler um texto científico com a finalidade de elaborar um relatório de pesquisa e ler a lista de compras do supermercado para não esquecer do que precisamos).

A visão da alfabetização como capacidade ou competência supõe, também, evidenciar o componente *processual* da alfabetização, o segundo dos traços que queríamos destacar. Evidentemente, não se trata de negar a importância do resultado dos processos de alfabetização, cujo objetivo último é sempre conseguir sujeitos alfabetizados; trata-se, na verdade, de chamar a atenção sobre o caráter gradual e permanentemente inconcluso desses processos. Com efeito, por um lado, a evolução social e tecnológica gera continuamente novas práticas letradas que impõem novas necessidades de alfabetização. De fato, como veremos mais adiante, a alfabetização digital pode ser entendida, e assim o fazem alguns autores, como uma consequência do surgimento de novos tipos de textos e novas práticas letradas associadas às tecnologias digitais. Por outro lado, é evidente que nossa capacidade para compreender, produzir e utilizar textos escritos varia consideravelmente em função das características dos textos e dos contextos concretos em que ocorrem as práticas letradas. É possível ser alfabetizado – ou ter um bom nível de alfabetização – em determinados tipos de textos e em certas práticas e, em compensação, não ser alfabetizado – ou não ter um bom nível de alfabetização – em outros textos e outras práticas. Além disso, nunca atingimos o ponto máximo final de alfabetização, nem sequer em relação a um tipo específico de textos ou de práticas. Sempre é possível continuar desenvolvendo e melhorando, em profundidade e em extensão, as capacidades e competências associadas à nossa participação nas práticas letradas.

As novas alfabetizações

A ênfase nas práticas letradas e nas características específicas do texto e do contexto de compreensão, produção e uso levou progressivamente à substituição do singular pelo plural, de maneira que é cada vez mais frequente – e, segundo alguns autores, também mais correto – a utilização dos termos "alfabetizações" (*literacies*), "alfabetizações múltiplas" (*multiple literacies*) ou "*novas alfabetizações*" (*new literacies*). Assim, por exemplo, a Unesco, no ato oficial de abertura da *Década da Alfabetização das Nações Unidas 2003-2012*, reconhece a existência de "múltiplas alfabetizações", as quais são diversas e adquiridas por vias diferentes e de maneiras diversas (Shaeffer, 2003, citado por Lonsdale e McCurry, 2004). Na mesma linha, em um relatório sobre "A alfabetização no novo milênio", publicado em 2004 pelo *National Centre for Vocational Education Research*, da Austrália, e elaborado por Lonsdale e McCurry (2004, p. 31), afirma-se que existe um acordo geral sobre o surgimento de "novas" e "múltiplas" alfabetizações relacionadas com a "mudança de uma cultura impressa para uma cultura de mídias eletrônicas, que exige a aquisição de habilidades para navegar [por meio] das diversas tecnologias da informação e da comunicação". O *Nacional Council of Teachers of English* dos Estados Unidos, por sua vez, propôs recentemente uma definição das "alfabetizações do século XXI", acessível em sua página (NCTE, 2008), a qual – após lembrar o princípio que postula a ideia de que "quando a sociedade e a tecnologia mudam, a alfabetização também muda" –, afirma que "em razão de a tecnologia aumentar a intensidade e complexidade dos contextos letrados, o século XXI exige uma pessoa alfabetizada que possua um amplo leque de habilidades e competências, muitas alfabetizações".

Poderíamos continuar com os exemplos, mas os três mencionados bastam para ilustrar dois pontos que nos parecem de especial interesse no contexto deste capítulo. O primeiro é que a mudança conceitual que supõe falar em *várias* ou *múltiplas* alfabetizações, em vez de falar em *uma* alfabetização, está estreitamente relacionada com a visão da alfabetização como um conjunto de *práticas* letradas e com a diversificação dessas práticas na SI. O segundo evidencia que, quase sempre, esta diversificação está estreitamente relacionada com as tecnologias digitais da informação e da comunicação e com as características específicas dos textos eletrônicos e das práticas letradas em ambientes eletrônicos. Seria um erro, contudo, pensar que a proposta de "múltiplas" e "novas" alfabetizações responde a uma única postura e é aceita de maneira geral. Na verdade, ocorre o contrário. Assim, em um interessante e recente trabalho sobre a leitura compreensiva *on-line*, Leu e colaboradores (2007) apresentam as novas alfabetizações da seguinte forma:

> Um espaço [conceitual] altamente polêmico [...]; este constructo significa muitas coisas diferentes para pessoas diversas. Para alguns, as novas alfabetizações são novas práticas sociais [...] que emergem com as novas tecnologias. Outros veem as novas alfabetizações como importantes estratégias e disposições novas, requeridas pela internet, que são essenciais para a leitura compreensiva *on-line*, para a aprendizagem e para a comunicação [...]. Outros, ainda, consideram que as novas alfabetizações são discursos [...] ou novos contextos semióticos [...] que as novas tecnologias permitem criar. E outros, finalmente, pensam que a alfabetização está se diferenciando em multialfabetizações, em contextos multimodais [...], ou contemplam as novas alfabetizações como um constructo que justapõe várias destas orientações [...] (Leu et al., 2007, p. 341).

Seja qual for o significado que finalmente resolvamos dar ao conceito de novas alfabetizações, a verdade é que sua utilização se estendeu rapidamente, de maneira que é cada vez mais frequente encontrar o termo alfabetização seguido de outro termo com o qual se tenta limitar ou especificar *um tipo* de alfabetização. Em certas ocasiões, as alfabetizações assim delimitadas mantêm uma relação mais ou menos estreita com a língua escrita, a leitura e a escrita propriamente dita, no sentido de que remetem basicamente a práticas letradas – ou a práticas em que os textos escritos desempenham um papel importante – que ocorrem em contextos específicos (por exemplo, contextos eletrônicos), utilizam tecnologias diferentes das tradicionais (por exemplo, tecnologias digitais) ou perseguem objetivos específicos (por exemplo, a busca e seleção de informação). Poderiam ser incluídas nesta categoria expressões relativamente frequentes nas publicações especializadas sobre alfabetização como, por exemplo, "alfabetização informática", "alfabetização em TIC", "alfabetização em redes", "alfabetização em mídias", "alfabetização comunicacional", "alfabetização informacional" ou "alfabetização digital".

Outras vezes, contudo, a relação com a alfabetização letrada é menos evidente e o uso feito do termo "alfabetização" pode resultar chocante e até mesmo surpreendente. Afinal, "alfabetização" remete a "alfabeto" e não é fácil justificar o uso do termo para referir-se a práticas nas quais o domínio e manejo do alfabeto – ou de qualquer outro sistema de marcas escritas da língua – não desempenha um papel central. É o caso, por exemplo, de quando se fala em "alfabetização científica", "alfabetização tecnológica", "alfabetização econômica", "alfabetização ambiental", "alfabetização em saúde", "alfabetização visual" ou, inclusive, "alfabetização emocional" e "alfabetização cívica".

Evidentemente, cabe utilizar o conceito de alfabetização em um sentido diferente do habitual, desvinculando-o totalmente da cultura letrada, para designar o processo por meio do qual as pessoas adquirem os conhecimentos e as competências necessários para se tornarem membros de um grupo que compartilha uma determinada cultura (por exemplo, uma cultura científica, uma cultura tecnológica, uma cultura de cuidado e preservação do meio ambiente, uma cultura econômica ou uma cultura emocional, etc.) com tudo o que isso supõe. Talvez o uso do conceito de alfabetização neste sentido tenha uma certa utilidade do ponto de vista curricular, no sentido de se buscar identificar as aprendizagens fundamentais e as competências básicas em que deve estar centrada a educação escolar. É preciso reconhecer, contudo, juntamente com E. Ferreiro (2007, p. 264), que, frequentemente, algumas das assim denominadas "alfabetizações" remetem a pouco mais do que um conjunto de competências e saberes práticos em âmbitos específicos de experiência ou de conhecimento, o que definitivamente supõe um uso empobrecedor, além de incorreto, do conceito de alfabetização em qualquer um de seus significados.

A ALFABETIZAÇÃO DIGITAL

As considerações precedentes sustentam a afirmação de que a alfabetização digital, assim como a maioria das outras "novas" alfabetizações, tem sua origem nas necessidades de formação associadas às tecnologias digitais da informação e da comunicação e à sociedade da informação. Mas em que consistem exatamente estas novas necessidades de formação? Antes de abordar diretamente essa pergunta, convém que façamos duas observações prévias. A primeira refere-se à confusão terminológica existente em torno da expressão "alfabetização digital". A segunda, às dúvidas sobre se o impacto das TIC nas práticas letradas justifica ou não uma abordagem específica em termos de alfabetização digital.

Começando pela confusão terminológica, uma breve revisão bibliográfica basta para perceber a diversidade de expressões que, às vezes com um significado idêntico ou muito parecido, outras vezes com a intenção de destacar matizes ou até mesmo diferenças importantes, aparecem neste âmbito. Nem sempre fica claro, por exemplo, se ao se falar em "alfabetização digital", "alfabetização tecnológica", "alfabetização em TIC", "alfabetização informacional", "alfabetização em informação", "alfabetização multimídia", "alfabetização em mídias" ou "alfabetização em comunicação", para mencionar apenas algumas expressões habituais, fala-se ou não da mesma coisa. Como tentaremos justificar mais adiante, de modo semelhante a muitos outros autores, instituições e instâncias dedicadas ao estudo dos processos de alfabetização e de educação, pensamos que a expressão "alfabetização digital" é a mais inclusiva e a que reflete melhor as aprendizagens requeridas para satisfazer as novas necessidades de formação de que falávamos. O que não deve ser um obstáculo, contudo, para se reconhecer que as dimensões desta nova alfabetização, seus ingredientes principais, continuam sendo objeto de discussão entre especialistas, assim como também suas relações com outras alfabetizações, tal como a alfabetização letrada ou visual, com as quais está estreitamente relacionada.

No que concerne à análise do impacto das TIC sobre a cultura letrada, poucos autores ainda negam que estamos diante de mudanças importantes nas práticas de leitura e escrita associadas às tecnologias digitais da informação e da comunicação (veja, entre outros, Murray, 2004; Leu et al., 2007; NCTE, 2008). E são maioria aqueles que pensam que essa revolução terá – provavelmente no curto prazo, mais do que a médio prazo – uma incidência direta sobre a aprendizagem da leitura e da escrita e sobre os processos de alfabetização. Assim, na definição das "alfabetizações do século XXI" do *Nacional Council of Teachers of English*, antes mencionada (NCTE, op. cit.), destaca-se que os leitores e escritores do novo século precisarão: adquirir perícia com as ferramentas tecnológicas; construir relações com outras pessoas para apresentar e resolver problemas de forma colaborativa e em uma perspectiva transcultural; projetar e compartilhar informações no marco de comunidades globais com diversos propósitos; manejar, analisar e sintetizar múltiplos fluxos de informação simultânea; criar, analisar e avaliar textos multimídia; e atender às responsabilidades éticas exigidas por ambientes complexos. Na mesma linha, e para mencionar apenas mais um exemplo, no relatório sobre "A alfabetização no novo milênio", elaborado por Lonsdale e McCurry, são mencionadas como aspectos básicos das novas alfabetizações as capacidades de "ler textos impressos e não impressos [digitais], dominar as novas e mutáveis tecnologias, manejar a informação e abordar criticamente as mídias e outros textos" (op. cit., p. 8-9).

Nem todos os especialistas, contudo, concordam que isso seja razão suficiente para se recorrer ao conceito de alfabetização digital. Citamos como exemplo a postura de E. Ferreiro, que, partindo do reconhecimento sem reservas das mudanças produzidas pelas TIC nas práticas de leitura e escrita e de uma visão da alfabetização fortemente relacionada com contexto sócio-histórico e sociocultural, afirma: "[...] Não estou falando, porque acredito que não corresponde falar, de educação digital ou de alfabetização digital. Estou falando de alfabetização, pura e simplesmente. Aquela que corresponde ao nosso espaço e tempo". (Ferreiro, 2007, p. 277). Aos contextos e práticas vigentes nas sociedades letradas, somaram-se outros que vieram junto com as TIC, mas isso não implica, para a autora, na necessidade de apelar para uma alfabetização digital; basta acrescentar outro item à lista de contextos e práticas de alfabetização: agora, é preciso ser "alfabetizado para o computador e para a internet" (Ferreiro, 2001, p. 17). Acontece que, para Ferreiro, nem as TIC, nem a internet, nem a substituição da página pela tela do computador como suporte do texto modificam os objetivos da educação e da alfabetização naquilo que é essencial:

> Precisamos de leitores críticos, que duvidem da veracidade do que se vê impresso no papel ou do disposto na tela, no texto ou na imagem; leitores que tentem compreender outras línguas (como isso é mais fácil agora, com a internet!) [...]; que tenham uma visão global dos problemas sociais e políticos (como é mais fácil agora, com a internet!) [...]. Leitores e produtores da língua escrita que sejam inteligentes, atentos, críticos [...]. Precisamos de crianças e jovens que saibam dizer sua palavra por escrito de maneira convincente (como é fácil agora, com a internet!); que não se comuniquem simplesmente porque 'é preciso estar em comunicação permanente', mas porque têm algo para comunicar; que o conteúdo da mensagem conte pelo menos tanto quanto a forma [...] (Ferreiro, p. 277-278).

Para além das divergências terminológicas, há, contudo, como dizíamos, um acordo bastante generalizado sobre o fato de que, juntamente com as tecnologias digitais, os textos eletrônicos e a sociedade da informação, estamos assistindo mais uma vez a uma mudança no conceito de alfabetização e do que significa ser alfabetizado. Resulta significativa quanto a isso a declaração efetuada em 2001 pela Associação Internacional de Leitura – *International Reading Association*, IRA –, sobre a integração da aprendizagem da língua escrita – a *literacy* – e as tecnologias da informação e da comunicação no currículo escolar. A declaração da associação começa com as seguintes frases:

A internet e outras formas de tecnologias da informação e da comunicação (TIC), como os editores de textos, os editores de páginas *Web*, o *software* de apresentações e o correio eletrônico, estão redefinindo constantemente a natureza da alfabetização [literacy]. Para que sejam plenamente alfabetizados no mundo de hoje, os estudantes devem ser competentes nas novas alfabetizações [literacies] das TIC. Os educadores alfabetizadores [literacy educators], portanto, têm a responsabilidade de integrar de maneira efetiva estas tecnologias no currículo de alfabetização [literacy curriculum] com a finalidade de preparar os estudantes para o alfabetismo[1] futuro que eles merecem (International Reading Association, 2001).

Assim, as TIC obrigam, de acordo com a IRA, a "expandir nosso conceito de alfabetismo", sendo esta a ideia de fundo que preside a declaração. Contudo, como mostra o trecho reproduzido, a expansão do conceito de alfabetização é concebida fundamentalmente, neste caso, como uma *ampliação*, como a incorporação necessária de novos conhecimentos e habilidades ao processo de formação da pessoa alfabetizada. O conceito de alfabetização, entendido como a capacidade para "fazer parte da cultura letrada" e "poder circular na diversidade de textos que caracteriza a cultura letrada" (Ferreiro, 2002, p. 57), amplia-se, assim, para outras capacidades: as relativas à aquisição dos conhecimentos e das competências necessárias para utilizar as tecnologias da informação e da comunicação.

Uma vez chegados a este ponto, convém lembrar que o processo de alfabetização sempre comportou a aprendizagem e o domínio das tecnologias utilizadas para produzir, difundir e ler os textos escritos: o lápis e o papel, o texto impresso, o livro, ... Conforme estas tecnologias mudam – ou, para falar com maior propriedade, são ampliadas, dado que as tecnologias tradicionais não desapareceram e nada leva a supor que desaparecerão em um futuro próximo –, parece razoável incorporar o conhecimento e o manejo das novas tecnologias ao processo de aprendizagem. Por outro lado, uma vez que as novas tecnologias situam a pessoa alfabetizada ante novos tipos de textos, novos tipos de práticas letradas e novas formas de ler e de interpretar a informação, todos esses aspectos passam a fazer parte da "expansão" preconizada do conceito de alfabetização, e, com isso, das exigências que comporta o fato de ser alfabetizado na sociedade da informação.

Ocorre, contudo, que as tecnologias digitais não são apenas tecnologias para produzir leitura e difusão de textos escritos. Sua ubiquidade, sua progressiva incorporação a praticamente todos os âmbitos da atividade humana e sua capacidade para processar sons, imagens fixas e em movimento e sistemas de signos de todo tipo – além de textos escritos – conferem a elas uma centralidade e um protagonismo sem precedentes, se comparadas com as tecnologias anteriores. As tecnologias digitais não só incidem sobre as práticas letradas como também sobre outras muitas práticas nas quais a língua escrita divi-

---

[1] O termo "alfabetismo" é outra tradução do inglês *literacy* e costuma ser utilizado com o propósito de destacar o resultado do processo de alfabetização, ou seja, o nível de conhecimento e domínio da língua escrita que permite a uma pessoa participar com eficácia nas práticas letradas habituais em sua cultura ou grupo social.

de o protagonismo com outras linguagens – visual, auditiva, audiovisual –, podendo chegar, às vezes, a ocupar um lugar secundário ou mesmo a estar ausente. Por isso então a proposta não apenas de ampliar o conceito de alfabetização letrada como de apelar diretamente para uma nova alfabetização, ao se falar no domínio funcional dos conhecimentos e habilidades necessários para utilizar tais tecnologias em um amplo leque de práticas sociais e culturais, independente do fato de que nelas o texto escrito, a leitura e a escritura possam continuar tendo, como de fato têm, com frequência, um papel fundamental. Neste sentido, a alfabetização digital não se reduz à alfabetização letrada com TIC, embora isso também esteja incluído; e estar alfabetizado digitalmente não é somente ser capaz de produzir, compreender e difundir textos escritos por meio dos computadores e da internet, mesmo que, é claro, também inclua isso. Mas em que consiste exatamente este valor agregado da alfabetização digital, quando comparada com a alfabetização letrada com TIC?

As dimensões da alfabetização digital

Responder a essa pergunta não é tarefa fácil. Basta revisar alguns dos trabalhos mais representativos sobre a questão, realizados no transcurso da última década (veja, por exemplo, Bawden, 2002; Pérez Tornero et al., 2004; Snyder, 2002), para perceber que com o conceito de alfabetização digital ocorre algo muito parecido ao que acontece com o de alfabetização: embora possam ser detectados traços comuns e tendências compartilhadas, a caracterização da alfabetização digital, e sobretudo a identificação e descrição de seus componentes principais, variam consideravelmente de um autor para outro.

Gilster, em seu reputado e influente livro sobre o tema, define a alfabetização digital como "a capacidade para entender e utilizar informação em múltiplos formatos, a partir de uma ampla gama de fontes, quando esta se apresenta por meio de computadores" (1997, p. 33).

Varis (2003), no marco de um trabalho sobre as novas formas de alfabetização e as novas competências requeridas pela aprendizagem *on-line*, retoma a definição de Gilster e identifica cinco dimensões na alfabetização digital, algumas delas apresentadas, por sua vez, também como alfabetizações:

- *Alfabetização tecnológica*: a capacidade de utilização de novas mídias, como a internet, para acessar a informação e comunicá-la eficazmente.
- *Alfabetização informacional*: a capacidade de recompilar, organizar e avaliar a informação e formar opiniões válidas baseadas nos resultados.
- *Criatividade midiática*: a capacidade cada vez maior dos cidadãos de produzir e distribuir, onde quer que estejam, conteúdos para audiências de todos os tamanhos.
- *Alfabetização global*: consiste em compreender a interdependência entre as pessoas e os países e ter a capacidade de interagir e colaborar eficazmente através das culturas.
- *Alfabetização responsável*: a competência de examinar as consequências sociais dos meios de comunicação do ponto de vista da segurança, da privacidade e outros.

Eshet (2004), em um trabalho dirigido a analisar e examinar a capacidade de vários grupos de estudantes de idades diferentes para utilizar efetivamente as TIC, revisa o conceito de alfabetização digital e identifica seus componentes ou dimensões principais. O ponto de partida do autor é que essa alfabetização é muito mais que o uso eficiente de programas de computador e a capacidade das pessoas para realizarem tarefas em ambientes digitais. Para Eshet, a alfabetização digital é um modo especial de pensar, uma mentalidade (*mindset*), com um componente fotovisual (*photovisual literacy*) relacionado à leitura de representações visuais; um componente de reprodução (*reproduction literacy*) relacionado à reciclagem criativa de materiais existentes; um componente de pensamento ramificado (*branching literacy*) relacionado à hipermídia e ao pensamento lateral; um componente informacional (*information literacy*) relacionado à capacidade para avaliar e utilizar inteligentemente a informação; e um componente socioemocional (*socio-emotional literacy*) relacionado à capacidade para compartilhar informações e realizar aprendizagens colaborativas mediante o uso de ferramentas e plataformas de comunicação digital.

Pérez Tornero e colaboradores (2004), em um relatório solicitado pela União Europeia, amplia ainda mais o conceito de alfabetização digital e aponta que, neste caso, o termo "alfabetização" remete à leitura e à escrita somente de maneira "metafórica" (op. cit., p. 4). O uso da metáfora estaria justificado, a juízo dos autores do relatório, pelo fato de que, assim como ocorre na alfabetização "clássica", também na digital os processos de aprendizagem têm um papel determinante e consistem basicamente na aquisição de uma "linguagem particular". A partir dessa ideia, o relatório identifica quatro dimensões no processo de alfabetização digital (op. cit., p. 50-51):

- *Técnica e tecnológica*: novos sistemas de instrumentos e máquinas.
- *Semiótica e comunicativa*: linguagens complexas e novos sistemas de comunicação.
- *Ideológica*: relacionada com os conhecimentos e ideias específicas da era digital.
- *Socioinstitucional*: as relações sociais e as instituições que as organizam.

Rodríguez Illera (2004), por sua vez, questiona se existe um "núcleo de características diferenciais", de "propriedades específicas" do que é digital, que justifique a alusão à alfabetização digital. Sua resposta é afirmativa, assinalando como características específicas "a digitalidade, a interatividade, a hipertextualidade, a multimidialidade, a virtualidade e a conectividade ou funcionamento em rede" (op. cit., p. 437). De todas elas, o autor destaca a "multimidialidade", uma consequência, por sua vez, da "digitalidade" e do caráter de "metamídia dos computadores", ou seja, das facilidades que eles oferecem para codificar digitalmente informações que utilizam diferentes suportes – texto, som, imagens – e apresentá-las de maneira integrada.

São justamente estas propriedades específicas das tecnologias digitais que explicam, em nosso entendimento, que, independente das diferenças que os exemplos anteriores deixam em evidência, a capacidade para compreender, produzir e difundir documentos multimídia apareçam quase sempre identificadas, de uma ou outra maneira, como um dos componentes fundamentais da alfabetização digital. Como já destacamos em outras ocasiões (ver Capítulo 3), do ponto de vista semiótico, a novidade e o interesse das TIC não reside na introdução de um novo sistema de símbolos para representar a informação, mas no fato de que permitem integrar os sistemas que já conhecemos, criando ambientes simbólicos que abrem novas e insuspeitadas possibilidades para representar, processar e difundir a informação. Os sistemas multimídia, com a possibilidade que oferecem de integrar texto escrito, som e imagens – fixas e em movimento – no mesmo espaço simbólico, passam a ser, assim, um dos expoentes mais destacados das tecnologias digitais, e o uso eficiente dos sistemas multimídia é, consequentemente, um dos ingredientes fundamentais da alfabetização digital.

A partir daí, para identificar a alfabetização digital com a alfabetização multimídia falta apenas um passo, que alguns autores não duvidam em dar. É o caso, por exemplo, de Gutiérrez Martín (2003). Para ele a chave da alfabetização digital é "aprender a ler e escrever [...] documentos multimídia" (op. cit., p. 90). A integração de texto, som e imagens fixas e em movimento que as tecnologias digitais tornam possível facilita, em sua opinião, "a criação de uma nova linguagem: a linguagem multimídia (op cit., p. 65), cuja aquisição e domínio funcional e crítico para processar informação e transformá-la em conhecimento seria o objetivo último da alfabetização digital. Tal alfabetização, contudo, "não é somada à alfabetização verbal ou audiovisual, uma vez que passa a integrá-las, contribuindo com características próprias" (op. cit., p. 70) relacionadas com a integração de linguagens (possibilidade de criação de estruturas ramificadas em hipermídia) e com a interatividade (possibilidade de navegar pelas estruturas ramificadas). Consequentemente, para ser digitalmente alfabetizado não basta ser alfabetizado nas linguagens envolvidas – ou seja, na língua escrita, alfabetização letrada; som e imagem, alfabetização audiovisual. Além disso, é preciso dominar outros aspectos "relacionados à integração [de linguagens] e à interatividade" (op. cit., p. 100).

Algumas das afirmações e argumentos apresentados por Gutiérrez Martín são, segundo nosso critério, discutíveis e difíceis de aceitar. Temos sérias dúvidas, por exemplo, de que seja correto falar em uma "nova linguagem multimídia" como consequência da integração de texto, som e imagens que as tecnologias digitais facilitam, a menos, é claro, que se utilize o conceito de linguagem em um sentido amplo. Da mesma maneira, pensamos que as relações entre alfabetização letrada e alfabetização digital multimídia são muito mais complexas e problemáticas do que o autor faz parecer (Chartier, 2000; Coiro, 2003; Coll, 2005; Kress, 2003; Millán, 2000; Rodríguez Illera, 2003, 2004b; Teberosky, 2003). Coincidimos basicamente, contudo, com a proposta de situar a compreensão, produção e difusão de documentos em multimídia no centro da alfabetização digital, apesar de pensarmos que ambos os aspectos não podem simplesmente ser considerados como somente um.

As competências, habilidades e conhecimentos necessários para participar de forma ativa e eficiente no amplo leque de práticas que utilizam as TIC como suporte, ou que ocorrem em ambientes eletrônicos, podem ser melhor descritas, segundo nosso critério, por meio de um esquema diferente daquele que surge da identificação pura e simples entre alfabetização digital e alfabetização multimídia, conforme mostra a Figura 14.1 a seguir. Por um lado, o componente de *alfabetização multimídia* descansa sobre pelo menos outros três componentes relativos às linguagens de que ele faz parte e que podemos denominar *alfabetização letrada*, *alfabetização visual* e *alfabetização audiovisual*. Por outro lado, tanto a produção, compreensão e difusão de "textos" multimídia quanto os outros tipos de práticas que se apoiam nas tecnologias digitais exigem a aquisição de um conjunto de conhecimentos, habilidades e competências específicas relacionadas com o uso e com o manejo funcional e eficiente dessas tecnologias, o que nos remete inevitavelmente a outro componente, que podemos denominar, para simplificar, *alfabetização*

Alfabetização nas tecnologias da informação e da comunicação

- letrada
- visual
- audiovisual

→ **ALFABETIZAÇÃO MULTIMÍDIA** →

- informacional
- comunicacional
- em mídias

FIGURA 14.1
As dimensões da alfabetização digital.

em TIC. Pensamos que é um erro menosprezar este componente da alfabetização digital, reduzindo-o à sua vertente mais instrumental. A alfabetização em TIC supõe muito mais do que aprender a manejar "*mouses* e teclados"; supõe, principalmente, aprender a utilizar as TIC tirando o máximo proveito das possibilidades que essas tecnologias oferecem para o manejo da informação, para a comunicação e para a colaboração na abordagem de situações e problemas e no estabelecimento e conquista de objetivos pessoais e sociais. Finalmente, muitos outros âmbitos de conhecimento e de experiência que tradicionalmente estiveram presentes no currículo escolar – embora frequentemente sua presença tenha sido mínima – resultam até tal ponto transformados, modulados e enriquecidos pela incorporação dessas tecnologias que às vezes são apresentados como componentes da alfabetização digital, embora, segundo nosso critério, não possam ser considerados como tais em sentido estrito. É o caso, para dar apenas três exemplos evidentes, da *alfabetização informacional*, da *alfabetização comunicacional* e da *alfabetização em mídias*.

Conhecimentos e competências da alfabetização digital

Como acabamos de comprovar, o uso do conceito de alfabetização digital oscila de visões muito estreitas, que o identificam com a alfabetização em TIC, até interpretações muito amplas, que incluem competências e conhecimentos relacionados com âmbitos nos quais as TIC têm uma presença e um impacto importante, passando por sua interpretação como alfabetização em práticas letradas digitais ou alfabetização multimídia. Isso explica a diversidade de propostas existentes no que concerne aos conhecimentos e competências associados à alfabetização digital, que variam, logicamente, em função da interpretação do conceito do qual partem. Vejamos alguns exemplos representativos dessa diversidade de enfoques.

Gutiérrez Martín (2003, p. 86-87), de acordo com sua visão da alfabetização digital como alfabetização multimídia, identifica três grandes blocos temáticos enquanto seus componentes essenciais. O primeiro, denominado "multimídia e digitalização na sociedade da informação", inclui conteúdos relacionados ao conhecimento das principais características das tecnologias digitais e multimídia, assim como ao papel das TIC na sociedade atual. O segundo, "ler e escrever em multimídia", forma o núcleo central da proposta e contém os conteúdos relacionados ao conhecimento da linguagem escrita, da linguagem audiovisual (som e imagens fixas e em movimento) e sua integração nos documentos multimídia. Finalmente, o terceiro, "comunicação multimídia", inclui basicamente conteúdos relacionados à distribuição e recuperação de documentos multimídia, aos meios de comunicação e às redes de informação e comunicação.

A Fundação EDCL – *European Computer Driving Licence* –, por sua vez, a partir de uma visão da alfabetização digital como alfabetização em TIC, propõe um *syllabus* (Fundação EDCL, 2002) para obter "a certificação internacional europeia que proporciona o reconhecimento de possuir uma formação básica e completa em informática em nível de usuário" com sete módulos: conceitos básicos sobre as tecnologias da informação, uso do computador e gestão de arquivos, editor de textos, planilhas eletrônicas, bases de dados, apresentações e informação e comunicação. Uma perspectiva parecida pode ser encontrada na relação de competências básicas no âmbito das TIC para a Formação das Pessoas Adultas do Departamento de Educação da Generalitat de Catalunya (Departament d'Educació, 2006), conforme mostra o Quadro 14.1 a seguir.

Mais ampla é a interpretação do conceito subjacente à relação de "conhecimentos e competências básicas sobre as TIC" elaborada por Marquès, conforme mostra o Quadro 14.2.

Ainda mais ampla é a interpretação realizada por Gilster em seu livro *Digital Literacy*. A relação proposta por este autor (1997, citado por Bawden, 2002, p. 396-397) inclui os seguintes elementos: a capacidade para fazer juízos de valor informados e fundamentados sobre a informação obtida por meio das tecnologias digitais; habilidades de leitura e compreensão em um ambiente de hipertexto dinâmico e não sequencial; destrezas de construção do conhecimento pela utilização das tecnologias digitais; capacidade para construir informações confiáveis a partir de diversas fontes; habilidades de busca de informação na internet pela utilização de buscadores; capacidade para gerenciar documentos multimídia; criação de uma estratégia pessoal de busca e organização de informação; consciência da possibilidade de utilizar as redes para contatar outras pessoas, debater com elas e ajudá-las e pedir-lhes ajuda; capacidade para compreender problemas e procurar a informação necessária para resolvê-los; e atitude de precaução na formulação de julgamentos sobre a validade e exaustividade da informação a qual se tem acesso pela internet e pelos *hiperlinks*.

Na mesma linha de interpretação ampla do conceito estão as propostas de algumas instituições e entidades de reconhecido prestígio internacional que exercem uma influência importante na definição de políticas educacionais e nos processos de revisão e atualização curricular. É o caso, por exemplo, dos National Educational Technology Standards – NETS –, elaborados pela International Society for Technology in Education – ISTE – dos Estados Unidos; do Framework for ICT Literacy, elaborado pelo Educational Testing Service – ETS – desse mesmo país; ou ainda do Feasibility Study for the PISA ICT Literacy Assessment, da OCDE.

Assim, a proposta do ISTE contempla seis padrões ou referências com seus respectivos indicadores: a criatividade e a inovação (com indicadores relacionados ao pensamento criativo, à construção do conhecimento e ao desenvolvimento de processos e produtos inovadores por

QUADRO 14.1
As competências básicas em TIC na formação das pessoas adultas

Dimensão: os sistemas informáticos (*hardware*, *software* e redes)	1. Conhecer os elementos básicos do computador e suas funções. 2. Instalar e desinstalar programas (seguindo as instruções da tela ou do manual).
Dimensão: o sistema operacional	3. Conhecer a terminologia básica do sistema operacional (arquivos, pastas, programas, etc.). 4. Salvar e recuperar a informação no computador e em diferentes suportes (pen drives, disco rígido, pastas, etc.). 5. Realizar atividades básicas de manutenção do sistema (antivírus, cópias de segurança, eliminar informações desnecessárias, etc.).
Dimensão: uso da internet	6. Utilizar os navegadores de internet (navegar, armazenar, recuperar, classificar e imprimir informações). 7. Utilizar os buscadores para localizar informações específicas na internet. 8. Enviar e receber mensagens de correio eletrônico, organizar a agenda de endereços e anexar arquivos. 9. Utilizar as TIC responsavelmente como meio de comunicação interpessoal em grupos (*chats*, fóruns, etc.).
Dimensão: uso de programas básicos	10. Utilizar um editor de textos para redigir documentos, armazená-los e imprimi-los. 11. Utilizar um editor gráfico para fazer desenhos e gráficos simples e armazenar e imprimir o trabalho. 12. Utilizar uma ferramenta de apresentação para organizar e expor a informação.
Dimensão: atitudes necessárias com as TIC	13. Desenvolver uma atitude aberta, responsável e crítica frente às contribuições das tecnologias. 14. Valorizar as vantagens que a tecnologia oferece para a aprendizagem de todo tipo de conhecimentos e para a comunicação.

Fonte: Departament d'Educació (2006).

meio do uso das TIC); a comunicação e a colaboração (com indicadores relacionados à capacidade de trabalhar e aprender colaborativamente pela utilização de ferramentas de TIC); a pesquisa e o manejo fluente da informação (com indicadores relacionados ao uso das TIC para procurar, avaliar e utilizar informação); o pensamento crítico, a resolução de problemas e os processos de tomada de decisões (com

QUADRO 14.2
Componentes e competências básicas sobre as TIC

TIC e sociedade da informação	■ Sociedade da informação e TIC. Consciência das contribuições das TIC e de seu impacto cultural e social. ■ Desenvolvimento de uma atitude aberta, mas crítica, sobre seu uso pessoal e laboral.
Os sistemas informáticos	■ Os sistemas informáticos e o processo da informação. *Hardware* (computador e periféricos) e *software* (programas gerais e específicos). ■ Uso das utilidades básicas do sistema operacional: explorar discos, copiar, executar programas, etc. ■ Noções básicas sobre as redes informáticas LAN, intranets. ■ Noções básicas sobre manutenção básica e segurança dos equipamentos: antivírus, instalação e desinstalação de periféricos e programas, etc.
Edição de textos	■ Uso dos editores de textos. Elaboração de todo o tipo de documentos. Uso de dicionários. Escanear documentos com OCR, etc.
Busca de informações na internet	■ A navegação pelos espaços hipertextuais da internet. Diversos tipos de páginas *Web*. Cópia de imagens e documentos. ■ Técnicas e instrumentos para a busca, exame e seleção de informações na internet. ■ Web 2.0: espaços para compartilhar e procurar recursos: YouTube, Flickr, SlideShare, entre outros. ■ Web 2.0: A subscrição/sindicação de conteúdos na internet (RSS).
A comunicação por meio da internet	■ O correio eletrônico. Gestão do correio pessoal por meio de um programa específico. Normas de "netiqueta". ■ Os outros serviços da internet: transmissão de arquivos, listas de discussão, *chats*, videoconferências, etc. ■ O trabalho cooperativo em redes. ■ Web 2.0: Redes sociais: SecondLife, Twitter, Ning, entre outros.
Lazer, aprendizagem e telegerenciamentos	■ Conhecer espaços para o lazer e a aprendizagem na internet. ■ Saber que tipos de gerenciamento podem ser realizados pela internet. ■ Conhecimento dos riscos da internet e das precauções que é preciso tomar.
As novas linguagens	■ Da linguagem audiovisual à multimídia interativa. ■ Os hipertextos e a hipermídia. ■ Outras novas linguagens: SMS, *smiles*, etc.
Tratamento de imagem e de som	■ Tratamento de imagem e de som: editores gráficos, uso do escâner, gravação de som, fotografia digital, vídeo digital, etc.

(continua)

QUADRO 14.2 (continuação)

Expressão e criação multimídia	■ Elaboração de transparências e apresentações multimídia. ■ Design e elaboração de páginas Web. Manutenção de um espaço web em um servidor. ■ Web 2.0: Utilização de blogs, wikis, GoogleDocs, entre outros.
Planilha eletrônica	■ Utilização de uma planilha eletrônica e elaboração de gráficos de gestão.
Bases de dados	■ Utilização de um gerenciador de bancos de dados relacionais.
Simulação e controle	■ Uso de simuladores para experimentar processos químicos, físicos, sociais. ■ Noções sobre sensores para captar e digitalizar informação; noções sobre robótica.
Outros recursos da Web 2.0	■ Calendários, geolocalização, livros virtuais compartilhados, notícias, plataformas de educação a distância, espaços digitais colaborativos on-line, portal personalizado, etc.

Fonte: extraído de Marquès (2007).

indicadores relacionados à capacidade de pensar criticamente a respeito do planejamento e execução de planos e processos de indagação pela utilização de ferramentas e recursos de TIC); a cidadania digital (com indicadores relativos à compreensão de temas relacionados a questões cívicas, legais e éticas vinculadas ao uso das TIC); e conceitos teóricos e funcionamento da tecnologia (com indicadores relativos à compreensão de conceitos, operações e sistemas tecnológicos).

Quanto ao relatório do ETS, seus autores partem de uma definição explícita da alfabetização digital – à qual se referem, contudo, como "alfabetização em TIC" –, entendida como "a utilização da tecnologia digital, das ferramentas de comunicação e/ou das redes para ter acesso, manejar, integrar, avaliar e criar informação com o fim de funcionar em uma sociedade do conhecimento" (*Educational Testing Service*, 2007, p. 2-3).

Finalmente, o relatório elaborado no marco do estudo PISA da OCDE, com o objetivo de estabelecer as bases para uma avaliação da "alfabetização em TIC", parte da mesma definição que o relatório do ETS e propõe dimensões praticamente idênticas para avaliar os níveis de aprendizagem: ter acesso (buscar e ter acesso à informação), manejar (utilizar e aplicar esquemas de organização e classificação da informação), integrar (interpretar, representar, sintetizar, comparar e contrastar a informação), avaliar (formular juízos sobre a qualidade, relevância, utilidade e eficiência da informação), construir (gerar informação nova) e comunicar (trocar informação com outras pessoas) utilizando as TIC.

ALFABETIZAÇÃO, CULTURA DIGITAL E CURRÍCULO

Independentemente das divergências, a revisão precedente mostra claramente a multiplicidade de dimensões da alfabetização digital. Do ponto de vista dos objetivos deste capítulo, levar em consideração esse fato leva a pensar que a incorporação das TIC no currículo escolar não pode nem deve ficar limitada a que os alunos aprendam o funcionamento básico dos computadores e da internet e seu manejo e utilização como usuários dessas tecnologias. Como já vimos, uma das características mais importantes das tecnologias digitais é a possibilidade que elas oferecem para processar informação em diferentes formatos – som, imagens fixas e em movimento, linguagem oral, textos escritos – de maneira integrada. Essa característica, juntamente com outras associadas a ela – como a interatividade, a hipertextualidade e a multimidialidade – não apenas dão lugar a um novo âmbito de aprendizagem, inédito até agora, relacionado às competências, às capacidades e aos conhecimentos envolvidos na compreensão, produção e difusão de documentos multimídia (ver Capítulo 6). Além disso, tais propriedades estão na base de uma revalorização da linguagem visual e audiovisual e da necessidade de potencializar e reforçar sua aprendizagem; elas também influem no surgimento de novas formas de ler e de escrever, de novas práticas de leitura e de escrita que se desenvolvem em ambientes eletrônicos e que utilizam tecnologias digitais, o que obriga a ampliar o leque de contextos e práticas contempladas nos processos de alfabetização letrada.

Mas a incorporação das TIC no currículo escolar não se limita ao surgimento de novos espaços ou âmbitos de aprendizagem (conhecimento e domínio das TIC; compreensão, produção e difusão de documentos multimídia), ao reforço de espaços de aprendizagem escassamente contemplados até agora no currículo escolar (conhecimento e manejo da linguagem visual e audiovisual) ou à revisão e ampliação de espaços básicos da aprendizagem escolar (a alfabetização letrada em contextos digitais). Devido às possibilidades que essas tecnologias oferecem para representar, processar e difundir a informação e para a comunicação interpessoal e grupal, sua incorporação no currículo também tem repercussões importantes sobre a aquisição e o desenvolvimento das competências relacionadas ao manejo da informação, às relações interpessoais, ao trabalho em grupo e à participação em projetos coletivos.

Em resumo, com a alfabetização digital ocorre, em grande medida, a mesma coisa que com a alfabetização letrada. Por um lado, delimita um âmbito curricular de aprendizagens específicas, vinculado fundamentalmente com o conhecimento e domínio das TIC e com a compreensão, produção e difusão de documentos multimídia e hipermídia. Por outro lado, atravessa transversalmente praticamente todas as outras áreas ou âmbitos de aprendizagem do currículo escolar, obrigando a revisá-los ou ampliá-los. Com efeito, é cada vez mais evidente que o fato de ter alcançado um bom nível de alfabetização digital é um elemento de suma importância, às vezes até mesmo decisivo, para que a aprendizagem em outros âmbitos possa continuar progredindo com facilidade. Não há dúvida de que ainda estamos longe de afirmar que a alfabetização digital desempenha no currículo e na educação escolar um papel semelhante ao da alfabetização letrada – no sentido de requisito para a realização de outras aprendizagens –, mas não é, em absoluto, arriscado pensar que isso pode vir a ocorrer em um prazo de tempo relativamente curto. A importância decisiva das TIC como via de acesso ao conhecimento na sociedade da informação reforça a hipótese de que a alfabetização digital pode acabar desempenhando, no futuro próximo, um papel similar ao que desempenhou tradicionalmente a alfabetização letrada (sem chegar, contudo, a substituí-la), transformando-se, como ela, em uma chave decisiva para a aprendizagem escolar e não escolar, inicial e ao longo da vida.

Esta referência ao papel e à importância das TIC na sociedade da informação nos leva a formular um último comentário com o qual encerraremos o capítulo. A ubiquidade das TIC, de que já falamos, e sua capacidade para penetrar e incidir em praticamente todos os âmbitos da atividade das pessoas, estão transformando ou dando lugar a novas formas de pensar, atuar, sentir, trabalhar, relacionar-se, divertir-se, aprender, conhecer, etc. As TIC não são um ingrediente a mais da SI. As TIC constituem o núcleo central em torno do qual se organiza o novo "paradigma tecnológico" (Castells, 2000) associado às profundas transformações sociais, econômicas e culturais que caracterizam a SI. Com as TIC e a SI, o que está mudando são as práticas sociais e culturais que são a referência fundamental para a educação escolar. No atual momento, o desafio mais importante da educação escolar é definir como enfrentar esta mudança cultural que a SI representa e que está sendo propiciada pelas tecnologias digitais, ou seja, definir como educar no marco de uma cultura digital.

Educar no marco de uma cultura digital inclui a alfabetização digital tal como foi colocada neste capítulo, mas vai além: supõe ensinar e aprender a participar eficazmente nas práticas sociais e culturais mediadas de uma ou de outra maneira pelas tecnologias digitais. Do ponto de vista do currículo escolar, isto significa aceitar, com todas as suas consequências, que, apesar disso ser importante, não basta introduzir as competências, conteúdos e capacidades relacionados à alfabetização digital para enfrentar o desafio; é o conjunto do currículo que deve ser revisado a partir do referencial proporcionado pelas práticas sociais e culturais próprias da sociedade da informação, da leitura ética e ideológica que se faça delas e das necessidades formativas das pessoas neste novo cenário.

REFERÊNCIAS

Bawden, D. (2002). Revisión de los conceptos de alfabetización informacional y alfabetización digital. *Anales de Documentación, 5*, 361-408.

Bernstein, B. (1972). *Class, codes and control. Vol. 1.* London: Routledge.

Brunner, J. J. (2000). *Educación: Escenarios de Futuro. Nuevas Tecnologías y Sociedad de la Información.* Documento Nº16, PREAL (Programa de Promoción de la Reforma Educativa en América Latina y el Caribe). Consultado (3.08.2008) em: http://www.preal.org/Biblioteca.asp?Id_Carpeta=63&Camino=63|Preal Publicaciones

Bourdieu, P. (1972). *Esquisse d'une théorie de la pratique.* Genève: Droz.

Bourdieu, P. (1977). *Ce que parler veut dire.* Paris: Fayot.

Coiro, J. (2003). Reading comprehension on the Internet: Expanding our understanding of reading comprehension to encompass new literacies. *The Reading Teacher, 56*, 458-464. [Versão em espanhol publicada em Eduteka.org. Consultado (24.08.2008) em: http://www.eduteka.org/ComprensionLecturaInternet.php].

Castells, M. (2000). *La era de la información. Vol 1. La sociedad red* (segunda edição). Madrid: Alianza.

Coll, César (2005). Lectura i alfabetisme en la societat de la informació. *UOC Papers,* 1. Consultado (22.08.2008) em: http://www.uoc.edu/uocpapers/1/dt/cat/coll.pdf.

Coll, C. (2007). El basic imprescindible i el basic desitjable: un eix per a la presa de decisions curriculars en l'educació bàsica. Em C. Coll (Dir.), *Currículum i ciutadania. El què i el per a què de 'educació escolar* (pp. 227-247). Barcelona: Eitorial Mediterrània.

Coll, C. e Martí, E. (2001). La educación escolar ante las nuevas tecnologías de la información y la comunicación. Em: C. Coll, J. Palacios e A. Marchesi (Comps.), *Desarrollo psicológico y educación. 2. Psicología de la educación escolar* (pp. 623-651). Madrid: Alianza.

Chartier, R. (2000). Muerte o transfiguración del lector. En: *26º Congreso de la Unión Internacional de Editores.* Buenos Aires. Artigo *on-line.* Consultado (24.08.2008) em: http://jamillan.com/para_char.htm.

Departament d'Educació (2006). *Competències bàsiques en Tecnologiess de la Informació i la Comunicació. Formació de Persones Adultes.* Generalitat de Cataqlunya. Departament d'Educació. Dirreció General de Formació Professional i Educació Permanent. Consultado (15.08.2008) em: http://www.xtec.cat/fadults/recursos/didactics/informatica/Compet%E8ncies_b%E0siques.pdf.

Educational Testing Service –ETS (2007). *Digital transformation. A Framework for ICT Literacy. A Report of the Internacional ICT Literacy Panel.* Documento *on-line.* Consultado (12.06.2008) em: http://www.ets.org/ictliteracy/digital1.html.

Eshet, Y (2004). Digital literacy: A conceptual framework for survival skills in the digital era. *Journal of Educational Multimedia and Hypermedia, 13*(1): 93-106.

Ferreiro, E. (1997). *Alfabetización. Teoría y práctica.* México: Fondo de Cultura Económica.

Ferreiro, E. (2001). *Pasado y presente de los verbos leer y escribir.* México: Fondo de Cultura Económica.

Ferreiro, E. (2007). Alfabetización digital. ¿De qué estamos hablando?. En E. Ferreiro, *Alfabetización de niños y adultos. Textos escogidos* (pp. 278). Patzcuaro, Michoacán,: CREFAL.

Freire, P. (1990). *La naturaleza política de la educación. Cultura, poder y liberación.* Barcelona: Paidós.

Freire, P. e Macedo, D. (1989). *Alfabetización: lectura de la palabra y lectura de la realidad.* Barcelona: Península.

Fundación ECDL (2002). *Acreditación europea de manejo de ordenador. Syllabus versión 4.0.* Consultado (2.09.2008) em: http://ecdl.ati.es/ECDL-portada.html.

Gee, J.P. (1996). *Social Linguistics and Literacy.* London: RoutledgeFalmer.

Gilster, P. (1997). *Digital Literacy.* New York: John Wiley.

Gutiérrez Martín, A. (2003). *Alfabetización digital. Algo más que ratones y teclas.* Barcelona: Gedisa.

Halliday, M. A.K.. (1978) *El lenguaje como semiótica social.* México: Fondo de Cultura Económica.

International Reading Association –IRA (2001). *Integrating literacy and technology in the curriculum. A position statement of the International Reading Association.* Consultado (25.08.2004) em: http://www.reading.org/positions/technology.html Versão em espanhol publicada em EDUTEKA, 26 de julho de2003. Consultado (20.08.2008) em: http://www.eduteka.org/DeclaracionIRA.php.

International Society for Technology in Education (2007). *National Educational Technology Standards (NETS•S) and Performance Indicators for Students.* Documento *on-line.* Consultado

(2.09.2008) em: http://www.iste.org/AM/Template.cfm?Section=NETS

Kress, G. (2003). *El alfabetismo en la era de los nuevos medios de comunicación*. Málaga: Ediciones Aljibe.

Lankshear, C. e Knobel, M. (2003). *New Literacies. Changing Knowledge and Classroom Learning*. Buckingham: Open University Press.

Lonsdale, M. e McCurry, D. (2004). Literacy in the new millenium. Australia: Department of Education, Science and Trining. Australian Council for Educational Research. Consultado (18.08.2008) em: http://www.ncver.edu.au/publications/1490.html.

Leu, D., Zawilinski, L., Castek, J., Banerjee, M., Housand, B.C., Liu, Y., e O'Neil, M. (2007). What is new about the new literacies of online reading comprehension? Em L.S. Rush, A.J. Eakle, e A. Berger (Eds.), *Secondary school literacy: What research reveals for classroom practice* (pp. 37-68). Urbana: NCTE.

Luria, A.R. (1976), *Desarrollo histórico de los procesos cognitivos*. Madrid: Akal, 1987.

Marquès, P. (2007). Conocimientos y competencias básicas sobre las TIC. En P. Marquès, *Nueva cultura, nuevas competencias para los ciudadanos. La alfabetización digital. Roles de los estudiantes hoy*. Consultado (2.09.2008) em: http://dewey.uab.es/pmarques/competen.htm.

Millán, J.A. (2000). *La lectura en la sociedad del conocimiento*. Publicación en línea. Madrid: Federació de Gremis d'Editors d'Espanya. Versión Web: 15 de marzo de 2004. Consulado (24.08.2008) em: http://jamillan.com/lecsoco.htm.

Murray, D. E.. (2000). Changing technologies, changing literacy communities? *Language Learning & Technology*, *4*(2), 43-58. Consultado (18.08.2008) em: http://llt.msu.edu/vol4num2/murray/default.html.

National Council of Teachers of English. (2008). *Toward a Definition of 21st Century Literacies*. Consultado (19.08.2008) em: http://www.ncte.org/about/gov/129117.htm.

OCDE (2003). *Feasibility Study for the PISA ICT Literacy Assessment*. Consultado (18.08.2008) em: http://www.pisa.oecd.org/LongAbstract/0,3425,en_32252351_32235731_33699873_1_1_1_1,00.html.

Olson, D. R. (1994). *El mundo sobre el papel. El impacto de la escritura y la lectura en la estructura del conocimiento*. Barcelona: Gedisa, 1998.

Resnick, D.P. e Resnick, L.B. (1977). The Nature of Literacy: An Historical Explanation. Em: *Harvard Educational Review*, 47, 3, 370-385.

Rodríguez Illera, J. L. (2004a). Las alfabetizaciones digitales. *Bordón. Revista de Pedagogía*. *56*(3-4), 431-441.

Rodríguez Illera, J. L. (2004b). *El aprendizaje virtual. Enseñar y aprender en la era digital*. Rosario, Santa Fe: Homo Sapiens Ediciones.

Shaeffer, S 2003, 'The official launch of the United Nations literacy decade in Thailand', speech given April 2, Consultado (18.08.2008) em: http://www.unescobkk.org/news/speech/0304litdecade2.htm.

Scribner, S. e Cole, M. (1981). *The Psychology of Literacy*. Cambridge (MA): Harvard University Press.

Snyder, I. (Comp.) (2002). *Alfabetismos digitales. Comunicación, innovación y educación en la era electrónica*. Málaga: Ediciones Aljibe.

Teberosky, A. (2003). Alfabetización y tecnología de la información y la comunicación. Em A. Teberosky e M. Soler (Comps.), *Contextos de alfabetización inicial* (pp. 181-194). Barcelona: Horsori / ICE de la UB.

Pérez Tornero, J. M. (Dir.) (2004). *Promoting Digital Literacy. Final report. EAC/76/03*. Unión Europea. Educacón y Cultura. Consultado (22.08.2008) em: http://ec.europa.eu/education/archive/elearning/doc/workshops/digital_literacy/position_papers/perez_tornero_jose.pdf.

Varis, T. (2003). *Nuevas formas de alfabetización y nuevas competencias en el e-learning*. Documento eletrônico *on-line*. Consultado (20.08.2008) em: http://www.elearningeuropa.info/doc.php?id=595&lng=1&doclng=4&sid=c2624bc6ff4abb242931df14859b483c.

GLOSSÁRIO

Alfabetização. O conceito de alfabetização remete à língua escrita e à cultura letrada, baseada na capacidade de ler e escrever. De acordo com a Unesco, uma pessoa alcança um nível de alfabetização funcional quando adquire o conhecimento e as habilidades de leitura e de escrita que a capacitam para envolver-se nas atividades mediadas pelos textos escritos habituais em sua cultura ou em seu grupo social. O conceito de alfabetização, tal como é entendido pela maioria dos autores de hoje, é inseparável do conceito de cultura letrada. Neste sentido, estar alfabetizado significa ser capaz de participar ativamente e de forma eficaz em uma série de práticas letradas. A alfabetização, contudo, é uma questão de grau: sempre é possível melhorar nossas competências de leitura e de escrita, assim como ampliar o leque de práticas letradas nas quais somos capazes de participar com eficácia.

Alfabetização digital. Em um sentido estrito, a alfabetização digital remete à capacidade de compreender, produzir e difundir documentos multimídia. Esta definição, contudo, comporta o risco de ocultar ou velar outros componentes ou dimensões importantes da alfabetização digital, entre os quais cabe destacar: a capacidade para manejar os textos escritos (alfabetização letrada) e os elementos audiovisuais (alfabetização audiovisual) normalmente presentes nos documentos multimídia; o conhecimento e o domínio funcional e eficiente das tecnologias digitais (alfabetização em TIC); e as capacidades para procurar e acessar a informação, gerenciá-la e armazená-la, processá-la, avaliá-la, produzi-la e comunicá-la, utilizando para isso as possibilidades que oferecem as tecnologias digitais – alfabetização no manejo da informação.

Cultura digital. Expressão frequentemente utilizada para referir-se a um conjunto de práticas sociais e culturais próprias da sociedade da informação que estão fortemente associadas às, ou mediadas por, tecnologias digitais. Estão incluídos neste conceito os diferentes tipos de saberes – conhecimentos, habilidades, atitudes, valores, etc. – que formam essas práticas.

RECURSOS

Educational Testing Service (ETS) Tests Directory > iSkills™ – Information and Communication Technology Literacy Test.
http://www.ets.org/

O ETS é uma instituição localizada nos Estados Unidos que oferece serviços de consultoria e assistência técnica em temas diversos relacionados à pesquisa e avaliação educacional para colégios e administrações de todo o mundo.

O Information and Communication Technology Literacy Test – iSkills™ – mede os níveis de aprendizagem alcançados pelos estudantes em diferentes dimensões de domínio das TIC.

Portal temático europeu sobre a sociedade da informação – Educación & Formación :: Alfabetización digital. http://ec.europa.eu/information_society/tl/edutra/skills/index_en.htm

Página do Portal Temático sobre Sociedade da Informação da União Europeia. Permite o acesso a vídeos, documentos e informações diversas sobre a alfabetização digital no marco da sociedade da informação. São de particular interesse os exemplos de projetos de alfabetização digital realizados no âmbito do programa eLearning da União Europeia, assim como os links para outras páginas web relacionadas com o tema (inclusão digital, aprendizagem on-line, TIC e qualidade de vida, etc.).

Kress, G. (2003). *El alfabetismo en la era de los nuevos medios de comunicación*. Málaga: Ediciones Aljibe.

Este livro apresenta uma análise detalhada do impacto das tecnologias digitais na leitura e na escrita. Segundo o autor, este impacto guarda relação, fundamentalmente, com uma mudança de meio e com uma mudança de modalidade. Quanto ao meio, a tela do computador substitui o livro e a página, como suporte do texto e das imagens, dando ao conjunto uma lógica interpretativa espacial e visual; quanto à modalidade, a imagem, fixa ou em movimento, transforma-se no centro da comunicação, e mesmo o texto escrito passa a ser interpretado, neste contexto, de forma visual. Os efeitos combinados dessas duas transformações comportam mudanças profundas nas formas e nas funções da leitura e da escrita, o que incide, por sua vez, sobre a forma de interagir, de conhecer e de pensar das pessoas.

The ICT Digital Literacy Portal.
http://www.ictliteracy.info/

Este portal se apresenta como a expressão pública do pujante e crescente movimento internacional orientado a promover a alfabetização digital com as TIC. Inclui um amplo e bem-organizado diretório de recursos no qual destacam-se as seções relativas à pesquisa sobre TIC, os relatórios de instâncias nacionais e internacionais sobre as políticas relacionadas com as TIC e as propostas e projetos de avaliação e certificação do domínio das TIC.

15

Ensino e aprendizado de estratégias de aprendizagem em ambientes virtuais

ANTONI BADIA E CARLES MONEREO

APRENDER A APRENDER NA SOCIEDADE DA INFORMAÇÃO

Lifelong learning, autonomus learning, learning to learn, self-regulated learning, lifewide learning... estas são expressões que devem estar presentes em qualquer obra atual sobre temas psicoeducacionais e que parecem atuar como autênticas ideias-fetiche, bastando pronunciá-las para afugentar os maus espíritos de tudo o que é antiquado e retrógrado, restituindo o autor ao seio das correntes mais progressistas capitaneadas pelos países desenvolvidos.

Independentemente de serem oportunas – e, frequentemente, oportunistas – a verdadeira razão da importância e popularidade dessas ideias-fetiche é inquestionável por ser tão óbvia: em uma sociedade em que o principal bem de consumo é a informação, ser competente para gerenciá-la e transformá-la em conhecimento constitui-se em uma habilidade crucial para qualquer cidadão e, por conseguinte, deveria ocupar um lugar de honra nos currículos de qualquer nível educacional. Contudo, esse desejo ainda está longe de ser uma realidade evidente e generalizada.

É claro que foram feitas destacadas incursões nesse tema e que existem em todo o mundo experiências muito significativas e contundentes mostrando que ensinar qualquer aprendiz a aprender – ou seja, a planejar, autorregular e autoavaliar seus próprios processos de aprendizagem – é possível e extremamente benéfico; cria aprendizes permanentes que estão em condições ideais para enfrentar as mudanças e incertezas que definem nosso tempo. Ocorre, contudo, que transformar a aprendizagem estratégica (Pozo e Monereo, 1999) em espinha dorsal das programações educacionais é uma revolução ainda pouco suportável para um sistema educacional majoritariamente ancorado em uma epistemologia objetivista e experimentalista, em um pensamento lógico-formal, em uma didática transmissiva e, em resumo, em uma concepção ainda muito taylorista da relação entre ensino e aprendizagem.

As TIC, pelo contrário, facilitam o desenvolvimento de ambientes de ensino e aprendizagem altamente procedimentais, com um caráter menos rígido, mais exploratório, uma distribuição do trabalho mais flexível, um convite permanente à colaboração com outros, um meio idôneo para experimentar e refletir sobre as formas de aprender. Também, claro está, provocam muito receio: por exemplo, uma estratégia de leitura ou escrita aprendida em um meio virtual vai ser útil para enfrentar as demandas e tarefas de compreensão de leitura e composição escrita que ocorrem em um meio presencial? É claro que a situação inversa é verdadeira: as estratégias de leitura e escrita aprendidas em meios presenciais são úteis, sem qualquer dúvida, para um adequado manejo das TIC, e, enquanto não ocorrer essa tão publicitada revolução audiovisual, os códigos verbais continuarão tendo um lugar hegemônico na rede. O que vai acontecer quando for, de fato, audiovisual? É muito cedo para sabermos como conviverão o livro impresso e a internet no futuro, ou se vamos desenvolver estratégias diferenciadas para aprender em ambos. Em qualquer caso, considerando a rápida evolução sofrida pelas TIC como suporte e motor das estratégias de aprendizagem, a resposta para essas perguntas deve surgir em breve. Este capítulo pretende ser uma modesta contribuição nessa direção.

Antecedentes: estratégias de aprendizagem e TIC

O processo para integrar as TIC no currículo escolar mostra um grande paralelismo com o seguido pelas estratégias de aprendizagem até chegarem a ser consideradas como parte substancial do currículo. Em um primeiro momento histórico, ambas, TIC e estratégias, são ensinadas e aprendidas fora do âmbito escolar propriamente dito. A iniciativa privada oferece cursos, basicamente de caráter técnico, para aprender a estudar ou para dominar algumas linguagens de programação consideradas básicas. Posteriormente, em uma segunda fase, essa formação passa aos centros escolares, porém ainda como proposta extracurricular: no caso das estratégias, na forma de cursos breves intensivos sobre as técnicas de estudo em uso – destacar, fazer resumos e esquemas, etc. –; no que diz respeito à informática, por meio de aulas sobre sistemas operacionais e programas computacionais gerais (editor de textos, base de dados, planilha eletrônica). Atualmente, estamos em um terceiro momento, no qual os esforços consistem em "incluir" as estratégias nas programações que o professor de cada disciplina desenvolve normalmente e, em um sentido parecido, em introduzir o uso de computadores no próprio recinto da aula, para que possam ser utilizados a qualquer momento.

Não pensamos que a afinidade desta evolução seja um acaso. Ambos os fenômenos, estratégias e TIC, são tecnologias que, a princípio, são conceitualizadas como conhecimentos em si, principalmente de natureza procedimental, aplicáveis a qualquer conteúdo, curricular ou não. Posteriormente, são tratadas como suportes de outros conhecimentos, aos quais é preciso, contudo, dar um sentido educacional no âmbito de certas práticas, que são diferentes das realizadas por outros coletivos (por exemplo, empresas). Finalmente, já se começa a pensar que o conhecimento que essas tecnologias incorporam não é neutro nem independente do contexto, e é aí que começa a ocorrer uma apropriação mais contextualizada (por exemplo, estratégias ou programas para a resolução de problemas de álgebra). Será que já houve, contudo, interações entre ambas as linhas de desenvolvimento? Inegavelmente, tais interações já ocorreram, embora timidamente, em ambos os sentidos: promovendo programas de ensino e, posteriormente, interfaces que facilitam a aprendizagem de estratégias; e capacitando os usuários em determinadas estratégias para gerenciar suas aprendizagens quando são assistidos por computadores.

Na Figura 15.1, apresentamos uma breve revisão dessa interação, que comentaremos a seguir.

Provavelmente, e apesar das críticas, o comportamentalismo represente a primeira tentativa rigorosa de estabelecer uma ponte entre ensino e aprendizagem,

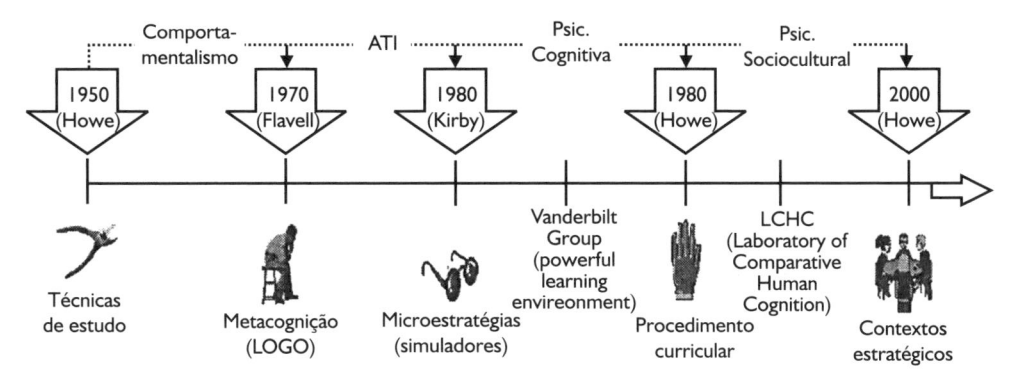

FIGURA 15.1
Evolução do conceito de estratégia de aprendizagem em relação às TIC.

embora, para seus defensores, essa ponte não precise, necessariamente, de um contexto institucional específico (escolas, professores), nem da interação com outros; apenas seria necessário algum tipo de dispositivo que permitisse ao aprendiz receber um treinamento sistemático, repetitivo e progressivamente mais complexo, até dominar as técnicas requeridas. Alguns desses dispositivos são as denominadas "máquinas de ensinar" de B.F. Skinner, sucessoras dos aparelhos eletromecânicos que S. L. Pressey utilizou nos anos de 1920 e antecessoras dos inúmeros programas computacionais de *Ensino Assistido por Computador* que continuam se proliferando em nossos dias.

Para os autores dessa corrente teórica, ser um aprendiz autônomo significava dominar diversos tipos de trechos sublinhados, esquemas, resumos, técnicas mnemônicas, etc., cuja aprendizagem requeria – ajustando-se aos princípios do comportamentalismo – o uso de programas contingentes de reforço e extinção orientados a criar certos automatismos ou hábitos de estudo no aprendiz. Um de seus representantes mais prolíficos, A. Lumnsdaine (1961), chegou a idealizar um sistema de ensino programado sobre técnicas e habilidades de estudo (*study skills*).

Na década de 1970, pesquisadores educacionais como L. Cronbach e R. Snow (1977) projetaram uma segunda ponte a fim de estabelecer um nexo entre alguns métodos de ensino e algumas aptidões relevantes do estudante – como a inteligência, a motivação ou a ansiedade – e seus efeitos sobre o rendimento (conhecido como enfoque ATI: *Aptitude-Treatment Interaction*). Foi justamente em 1970 que Flavell (1970) introduziu o termo *metacognição* para referir-se à capacidade que os seres humanos têm de conhecer o funcionamento de alguns processos cognitivos como a memória, a atenção ou a compreensão. Embora Flavell e seus seguidores tenham adotado, devido à sua própria formação piagetiana, um enfoque eminentemente evolutivo-observacional, em pouco tempo o conceito de metacognição foi retomado por autores de corte cognitivo-comportamentalista, como B. J. Zimmerman (1989) ou C. E. Weinstein (Weinstein e Mayer, 1985), que entraram em cheio no enfoque ATI e tentaram comprovar se uma maior capacidade metacognitiva se relacionava com outras variáveis, como a inteligência, a memória, a atenção e, é claro, com o maior ou menor rendimento escolar.

Durante a década de 1980, sob a irresistível influência da psicologia cognitiva norte-americana, os pesquisadores começaram a substituir esses enfoques correlacionais orientados aos produtos da aprendizagem por outros de corte qualitativo, basicamente interessados em analisar os processos de aquisição de conhecimento. O foco da atenção passa a ser a descoberta em detalhes de quais processos cognitivos são utilizados por especialistas e alunos para aprender e quais desses processos são mais eficazes.

Neste contexto, noções como estratégias, concepções, crenças, atribuições ou enfoques sobre a aprendizagem, especialmente quando referidos a conteúdos como a matemática, a leitura ou a escrita, adquirem seu máximo protagonismo. É um período especialmente rico na pesquisa sobre aprendizagem estratégica. Um primeiro marco é o protagonizado por Kirby (1984), quando este distingue entre microestratégias (as antigas técnicas comportamentalistas de estudo) e macroestratégias, aquelas que permitem o controle executivo das anteriores, supervisionando seu desenvolvimento e eficácia para introduzir mudanças, quando necessário. Entre essas macroestratégias, destacam-se o planejamento, a regulação e avaliação dos processos cognitivos e numerosos trabalhos orientam-se ao estudo de sua natureza e impacto sobre uma aprendizagem mais significativa (e não tanto sobre o rendimento em termos de qualificações acadêmicas).

Justamente nessa década, S. Papert (1980) publica sua obra mais influente, *Mindstorms: Children, Computers and Powerful Ideas*, que terá como consequência o projeto de uma nova linguagem de programação, a LOGO, que consiste em um número relativamente pequeno de instruções que permitem ao usuário manipular objetos móveis na tela do computador e gerar novas instruções com as quais resolver determinados problemas (basicamente de tipo matemático). A natureza eminentemente procedimental do programa faz com que alguns pesquisadores se interessem pela possível transferência dessas "estratégias de resolução" que os alunos utilizam com o LOGO para outros problemas, tanto de estratégias gerais – por exemplo, o planejamento de tarefas – quanto de outras mais específicas – por exemplo, o uso de regras condicionais de operadores lógicos de um contador. Tal como mostra a revisão de Martí (1990), os resultados não sustentaram a transferência de estratégias gerais, mas sim a de estratégias específicas, especialmente no caso de problemas afins aos que foram treinados.

O segundo pilar do período correspondente à década de 1980 foi protagonizado pelo grupo de Vanderbilt (*Cognition and Tecnology at Vanderbilt*, 1992) e suas propostas para o projeto de ambientes potentes de aprendizagem (*powerful learning environments*: PLE), nos quais a aprendizagem e uso efetivo de estratégias desempenhavam um papel central. O grupo desenvolveu diversos projetos consistentes na recriação de ambientes de aprendizagem baseados na simulação por computador, como o *Adventure Player*, que incorporavam um conjunto de instrumentos a fim de facilitar o planejamento (neste caso de uma viagem), a supervisão de variáveis (tempo, combustível, rota), a autorregulação das próprias ações (incidentes durante a viagem), a colocação em prática de procedimentos de resolução de problemas, etc.

Finalmente, na década de 1990, sob a influência da revitalizada obra de Vygotsky, um conjunto de destacados pesquisadores (J. Bruner, M. Cole, J. Lave, J. Wertsch, B. Rogoff, Y. Engeström, A. L. Brown e C. B. Cazden, entre outros), reunidos em torno do Laboratory of Comparative Human Cognition (LCHC) da Universidade da Califórnia (veja a obra conjunta coordenada por Cole, Engeström e Vásquez, 2002), interessam-se pelo estudo das diferentes maneiras pelas quais a cultura media a atividade cognitiva das pessoas em contextos específicos, promovendo mudanças substanciais em sua aprendizagem e seu desenvolvimento. Quando esse interesse em analisar as formas de mediação em contextos se orientou para o âmbito educacional, os pesquisadores não vacilaram em entrar nas salas de aula para registrar situações reais e conseguir, assim, examinar com cuidado as modalidades interativas e discursivas que normalmente são utilizadas nas práticas escolares. Sob a influência desses autores, começou a tomar corpo a noção de contexto estratégico de aprendizagem, aquele que apresenta uma disposição de condições que favorece o aparecimento de atuações estratégicas por parte dos alunos, como, por exemplo, o planejamento das ações que devem ser realizadas para se aprender um conteúdo, a autorregulação dessas ações e sua avaliação final. A seguir, revisaremos as principais iniciativas que têm analisado, no nível da pesquisa, o poder das TIC como criadoras de contextos capazes de promover o uso apropriado de estratégias para o aprendizado, tanto dentro quanto fora da tela do computador.

ENSINO, APRENDIZAGEM E USO DE ESTRATÉGIAS DE APRENDIZAGEM EM AMBIENTES BASEADOS NO COMPUTADOR

Comentávamos que os ambientes instrucionais baseados em computadores possuem características singulares que fazem com que sejam idôneos para o ensino de estratégias. Concretamente, podemos destacar três características que resultam muito poderosas para "ensinar a aprender" (Coll e Martí, 2001; Badía e Monereo, 2005), as quais passamos a comentar brevemente.

Em primeiro lugar, a necessidade de planejar, explicitar e revisar as próprias decisões para obter os resultados esperados. As TIC requerem, para seu funcionamento, uma determinada ordenação e a visibilidade das ações e oferecem uma rápida resposta (frequentemente contingente) para essas ações, favorecendo a tomada de consciência e a autorregulação cognitiva, sendo estes processos idôneos para a construção do conhecimento condicional (em que condições fazer o quê) que está na base de toda conduta estratégica. Em segundo lugar, as TIC promovem uma interação dinâmica com objetos de conhecimento e com sujeitos que interagem e compartilham sua aquisição, estabelecendo um diálogo contínuo entre nossas produções e as produções de outros, o que nos permite observar a natureza das mudanças produzidas, aprender com os erros e reescrever nossa atividade mental, atuando como uma "lupa e como um espelho metacognitivos" que ampliam nossos rastros e mostram as rotas transitadas. Finalmente, suas capacidades multimídia e hipermídia aumentam as possibilidades de aprender novas formas de gestão do conhecimento graças à versatilidade dos formatos de representação da informação e à facilidade para criar e modificar redes de conhecimento.

O estudo e a exploração educacional dessas três características deram lugar, na última década, a três campos de pesquisa inter-relacionados e enormemente fecundos:

a) o uso de estratégias de aprendizagem no marco mais amplo dos processos de autorregulação da aprendizagem;
b) o ensino e a aprendizagem estratégicos; e
c) a formação de docentes no ensino e na aprendizagem estratégicos.

Vamos revisar as contribuições mais destacadas em cada um desses âmbitos.

A autorregulação e o uso de estratégias de aprendizagem em ambientes de aprendizagem baseados em computador

Os estudos dedicados à pesquisa sobre os processos de autorregulação e uso de estratégias de aprendizagem em ambientes de aprendizagem baseados em computador possuem várias características comuns. Em primeiro lugar, a finalidade dessas pesquisas tem sido identificar as características dos ambientes educacionais que incidem nos processos de autorregulação e na utilização de estratégias de aprendizagem por parte dos estudantes. Um segundo ponto em comum é que tais estudos foram desenvolvidos, em sua grande maioria, sem conceder um protagonismo central aos fatores educacionais contextuais, ou seja, analisando de maneira independente os processos de aprendizagem e os processos de ensino. Uma terceira coincidência é que estudam os processos de autorregulação e o uso de estratégias de aprendizagem de forma genérica, como processos cognitivos e metacognitivos gerais, desvinculados do conteúdo e das tarefas específicas e suas demandas. Finalmente, e como consequência do que foi mencionado anteriormente, a grande maioria desses estudos teve como foco a interação entre o estudante e os conteúdos apresentados em formato hipermídia, sem considerar a participação do docente no processo de construção de conhecimento.

Tais pesquisas adotam três linhas temáticas: o estudo das estratégias de aprendizagem que os estudantes utilizam com conteúdos hipermídia; a análise das estratégias de aprendizagem que os estudantes utilizam em ambientes colaborativos baseados em computador, juntamente com a identificação e caracterização das estratégias de aprendizagem utilizadas; e, finalmente, os processos de autorregulação e o conhecimento metacognitivo dos estudantes a distância, com e sem suporte tecnológico. A seguir, abordaremos cada uma dessas linhas de pesquisa.

A autorregulação e o uso de estratégias de aprendizagem com conteúdos hipermídia

Estes estudos se caracterizam por investigar os processos cognitivos do estudante quando confrontado com a aprendizagem de conteúdos apresentados em um formato hipermídia – *links* entre textos escritos, textos orais, imagens, gráficos, animações, vídeos – e também por examinar as características desses conteúdos hipermídia, identificando se podem ou não facilitar um tipo ou outro de processamento de informação por parte do aprendiz. Um exemplo prototípico dos cenários estudados são os ambientes abertos de aprendizagem (em inglês, *Open-Ended Learning Environments*), nos quais o sujeito estudado dispõe de uma grande variedade de conteúdos, em diversos formatos, e múltiplas ferramentas para analisar, classificar e elaborar esses conteúdos, de modo que o aprendiz deve mostrar suas competências no controle e na autorregulação de suas decisões e ações (Hannafin, Land e Oliver, 1999). Nesses ambientes, a navegação é uma atividade cognitiva complexa e que exige bastante do usuário, uma vez que ele deve lembrar sua própria localização na rede, tomar decisões sobre o rumo que deve seguir e manter a direção das páginas visitadas anteriormente.

A revisão dos resultados oferecidos pelos estudos centrados nesse tipo de ambiente, especialmente daqueles que pesquisam o uso de estratégias de aprendizagem (por exemplo, Hill e Hannafin, 1997; Monereo e Sánchez, 2004; Azevedo et al., 2005; León, 1998; Puntambekar, 2005;

Romero, 2005) permitem extrair algumas conclusões gerais.

A primeira delas é que os usuários que tentam navegar em uma aplicação de hipertexto sem nenhum tipo de auxílio educacional utilizam procedimentos que não lhes permitem encontrar a informação procurada, apresentam uma grande dispersão na forma de auto-organizar a busca, ficam desorientados e tendem a realizar ações de voltar à página anterior e/ou de passar rapidamente as páginas, sem ter nenhum critério de busca. Esse aspecto é solucionado, em parte, quando são incorporados a esses ambientes algumas informações adicionais, como a estrutura global do conteúdo, e quando são introduzidos marcadores prévios, que permitem uma melhor orientação na navegação e uma melhor explicitação das relações entre unidades de informação.

A segunda conclusão dá conta de um conjunto de variáveis de natureza individual que também influem nos processos de aprendizagem nesse tipo de ambiente. A primeira delas indica que a utilização por parte dos estudantes de duas operações cognitivas específicas, a integração de nova informação e a visão múltipla dos conteúdos, pode explicar grande parte do sucesso da utilização desse material. A integração consiste no processo de incorporação da nova informação ao esquema cognitivo existente, enquanto a visão múltipla dos conteúdos refere-se à habilidade para observar a informação a partir de diversos pontos de vista ou perspectivas. A consciência destas habilidades e de sua aplicação aparece como um aspecto-chave para orientar-se no conteúdo, para autorregular a aprendizagem e para promover o uso adequado de estratégias de aprendizagem. Um segundo tipo de variável apela aos conhecimentos prévios do aluno, fundamentais no momento de abordar os conteúdos que são objeto de aprendizagem e, evidentemente, as habilidades no manejo da informação. É importante mencionar também que as crenças epistêmicas dos estudantes em relação ao que é ensinar e aprender parecem ter uma grande influência nas estratégias de aprendizagem que utilizam. Assim, os estudantes com um enfoque reprodutivo a respeito do que supõe aprender resistem muito mais a trabalhar em ambientes com materiais hipermídia, dado que esses ambientes exigem uma boa dose de construção pessoal dos significados.

A terceira conclusão a que chegam todos os trabalhos revisados é que a tomada de decisões do estudante com respeito à navegação e à seleção dos conteúdos hipermídia específicos depende dos objetivos de aprendizagem que ele espera conseguir. Isso significa que os *designers* não apenas devem proporcionar suportes estruturais para facilitar a navegação como, além disso, os estudantes precisam entender os requerimentos desses auxílios de navegação, assim como aprender a usá-los para alcançar seus objetivos.

Algumas pesquisas (por exemplo, Azevedo et al., 2005), nas quais se dotava o grupo experimental de auxílios proporcionados por um tutor durante o processo de aprendizagem – suporte adaptativo –, mostraram que os alunos podem melhorar substancialmente seus processos de autorregulação em ambientes tão complexos quanto os hipermídia.

A autorregulação e o uso de estratégias de aprendizagem na educação a distância e nos ambientes virtuais

O segundo grupo de estudos conduziu análises sobre o conhecimento metacognitivo, sobre os processos de autorregulação e sobre as estratégias de aprendizagem que os estudantes utilizam em contextos em que não existe a presença física do docente. Isso foi possível a partir da identificação e análise dos seguintes aspectos: os elementos do conhecimento metacognitivo que são relevantes para se abordar com garantias um processo de aprendizagem não presencial; os processos de autorregulação da aprendizagem e as estratégias de aprendizagem que os estudantes utilizam, especialmente em um ambiente tecnológico virtual; e as estratégias de aprendizagem mais relevantes utilizadas pelos estudantes em um ambiente tecnológico que promove a construção colaborativa de conhecimento.

Em um exemplo do primeiro tipo de estudo que mencionamos, White (1999) identificou duas dimensões do conhecimento metacognitivo que são especialmente relevantes para os estudantes a distância. A primeira dimensão destacada por eles, em contraste com os estudantes de aulas presenciais, é a necessidade de tomar decisões a respeito daquilo que a autora denomina "conhecimento de si mesmo". Tal dimensão inclui algumas variáveis, como a organização do ambiente físico de aprendizagem, o gerenciamento do tempo, a interação com o material didático (geralmente escrito) e o gerenciamento de algumas qualidades pessoais, como, por exemplo, a motivação para aprender sem o suporte social do docente e dos colegas. A segunda dimensão relevante do conhecimento metacognitivo dos estudantes a distância refere-se especificamente ao conhecimento das estratégias de aprendizagem que o estudante deve usar, e inclui subdimensões como os processos de autorregulação da aprendizagem, o planejamento, a supervisão e a avaliação de um plano de aprendizagem, bem como a definir como enfrentar as dificuldades de aprendizagem ou saber como monitorar a compreensão de textos escritos.

O segundo tipo de pesquisa mencionado aprofunda mais os dois aspectos sublinhados por White, mas aplicados ao estudo dos processos de autorregulação e uso de estratégias de aprendizagem em cursos desenvolvidos integralmente em ambientes virtuais. Alguns autores (por exemplo, Whipp e Chiarelli, 2004) destacam que, embora os estudantes utilizem um grande número de estratégias de aprendizagem e processos de autorregulação similares aos utilizados em ambientes presenciais, quando os aprendizes estão em situações de educação virtual, eles ajustam essas estratégias e processos às condições do momento. Assim, procuram ajuda sempre que precisam, seja em *intranets* ou por meio de uma conexão direta com especialistas, aprendem a coordenar as atividades de trabalho *on-line* e *off-line* ou utilizam ferramentas específicas para representar graficamente os conteúdos explicados na aula.

Em outros âmbitos, como, por exemplo, nas discussões virtuais assíncronas, também são apresentadas estratégias concretas, como a impressão por escrito das mensagens da discussão, a edição e composição *off-line* dessas mensagens e sua classificação temática. Também cabe assinalar aqueles estudos que tiveram como foco as estratégias utilizadas na elaboração de projetos de maneira colaborativa. Por exemplo, Salovaara (2005) comparou as estratégias de aprendizagem e os processos de autorregulação entre um grupo de estudantes que utilizaram ambientes de aprendizagem colaborativa baseados em computador para o desenvolvimento de projetos de aprendizagem com outro que seguiu uma instrução convencional sem computadores. Os resultados obtidos indicam que os estudantes que participaram das atividades de aprendizagem colaborativa com computador utilizaram mais estratégias de aprendizagem e de processamento profundo da informação, vinculadas com o controle e a autorregulação do progresso da aprendizagem, a criação de representações de conteúdo, o uso de informação compartilhada entre os membros do grupo e a busca de informação em bancos de dados. Em compensação, outros trabalhos têm colocado seu foco nas imprescindíveis estratégias de gerenciamento do tempo quando se constrói, a distância, um projeto em grupo (Monereo e Romero, 2007). Por meio da análise dos episódios estratégicos de gerenciamento de tempo que os participantes usavam, chega-se à conclusão de que a existência de uma participação consciente mais intensa nesses episódios poderia ser um excelente fator indicativo de uma aprendizagem mais significativa por parte dos envolvidos.

Como resumo desta primeira seção, comprovamos que a pesquisa revisada trouxe informação valiosa e útil sobre quais tipos de auxílios educacionais devem ser proporcionados nos ambientes hipermídia para favorecer mais adequadamente a aprendizagem, assim como sobre os processos de autorregulação e o uso de estratégias de aprendizagem gerais que os estudantes desenvolvem e utilizam de forma mais acentuada nos processos educacionais realizados em ambientes educativos virtuais.

O ensino de estratégias de aprendizagem em ambientes tecnológicos virtuais

Os estudos que têm como objetivo analisar os processos psicoeducacionais vinculados ao ensino estratégico em ambientes tecnológicos virtuais possuem duas características em comum. Em primeiro lugar, a grande maioria das pesquisas tem como foco de análise a construção de conhecimento procedimental e condicional, ou seja, de conhecimento sobre os procedimentos de aprendizagem e as condições acerca de quando, onde e como eles se aplicam. Em segundo lugar, tais pesquisas também têm em comum o fato de focalizarem o estudo do funcionamento de um conjunto de auxílios educacionais de natureza tecnológica que são oferecidos aos estudantes para promover a aprendizagem estratégica. Embora existam diversos auxílios tecnológicos que já foram objeto de estudo e análise, a grande maioria poderia ser englobada no que alguns autores denominaram de "sequência metodológica do ensino estratégico" (Monereo, 2000).

Independentemente dos aspectos em comum, a revisão bibliográfica realizada nos leva a concordar com Lin (2001), quando este distingue dois tipos de estudo sobre o ensino de estratégias de aprendizagem em ambientes tecnológicos virtuais. O primeiro analisa como ocorre o ensino estratégico por meio de metodologias didáticas específicas que fazem parte da sequência didática que acabamos de mencionar. O segundo está centrado em como é possível proporcionar suportes educacionais específicos para os processos de autorregulação e de uso de estratégias de aprendizagem durante a realização de uma determinada atividade de ensino e aprendizagem virtual.

O ensino explícito de estratégias de aprendizagem em relação às metodologias didáticas e às ferramentas tecnológicas

Um tipo de trabalho realizado neste âmbito de pesquisa tem sido aquele centrado em analisar o efeito do uso de determinadas tarefas educacionais para promover a aprendizagem de estratégias em um domínio de conhecimento específico, como, por exemplo, a leitura, a escrita, a matemática ou as ciências.

Alguns desses trabalhos tendem a analisar de que modo a utilização de metodologias instrucionais diretas, como, por exemplo, a modelagem metacognitiva e a utilização de guias de autoavaliação (*prompting*) afetam os processos de autorregulação e o uso de estratégias de aprendizagem por parte dos estudantes. Alguns estudos citados por Lin (op. cit.,

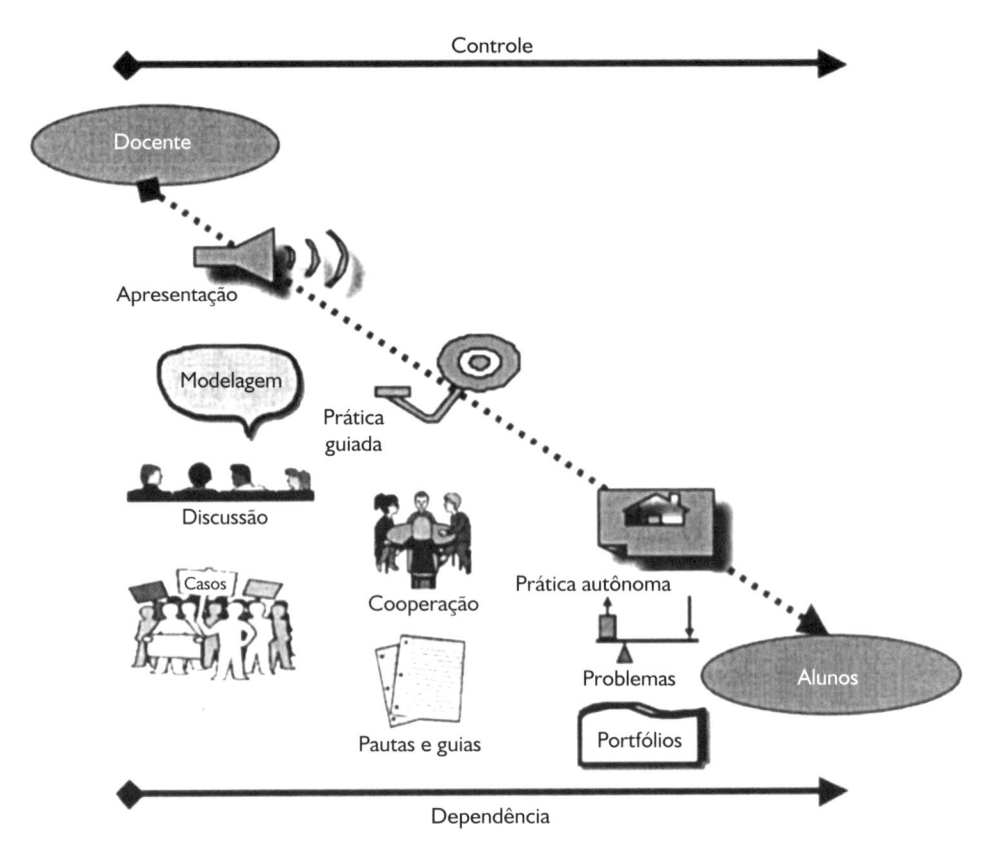

FIGURA 15.2
Sequência metodológica da aprendizagem estratégica e suas aplicações no âmbito das TIC.

2001), concentram-se em mostrar como o uso de imagens de vídeo contendo modelos de pensamento para enfrentar tarefas de compreensão afetam os processos de compreensão de conteúdo dos estudantes. Outro exemplo na mesma direção é o estudo a respeito da influência do uso de guias procedimentais *on-line* para promover o aprendizado de estratégias de aprendizagem e para gerar conhecimento metacognitivo. Podemos encontrar ainda um terceiro exemplo desse tipo de estudo no trabalho de Meyer e colaboradores (2002), no qual são expostos os efeitos positivos sobre os processos de compreensão da leitura quando estratégias são ensinados por meio da internet e com a ajuda de tutores adultos atuando em rede.

Outro tipo de estudo que tem sido realizado nessa linha de pesquisa são aqueles dirigidos a analisar de que modo o uso de determinadas ferramentas pedagógicas promove a autorregulação e a aprendizagem estratégica. Por exemplo, Dabbagh e Kitsantas (2005) estudam a forma como ferramentas de colaboração e comunicação, ou de criação e envio de conteúdos pela internet, apoiam os processos de autorregulação dos estudantes. Em seu estudo, os autores mostram que as ferramentas de criação e envio de conteúdos melhoraram processos de autorregulação, como o estabelecimento de objetivos, a busca de informação, a autoavaliação e a tomada de decisões sobre a tarefa; as ferramentas de colaboração e comunicação também favoreceram a fixação de objetivos, o gerenciamento e planejamento do tempo e a busca de informação; as ferramentas administrativas facilitaram o autocontrole, a autoavaliação, o gerenciamento e planejamento do tempo e a busca de informação; e, finalmente, as ferramentas de avaliação apoiaram a tomada de decisões sobre a tarefa, o autocontrole e a autoavaliação.

É possível encontrar uma aplicação prática a respeito do ensino explícito de estratégias de aprendizagem e uma exemplificação de algumas metodologias didáticas que fazem parte de uma sequência didática do ensino estratégico usando as TIC em Badia e Monereo (2005).

O ensino estratégico desenvolvido por meio de auxílios educacionais integrados ao processo geral de ensino e aprendizagem

Essas pesquisas se caracterizam por examinar o impacto de determinados suportes educacionais utilizados para promover a aprendizagem estratégica no desenvolvimento de atividades mais extensas de ensino e aprendizagem, como, por exemplo, a aprendizagem mediante a elaboração de projetos.

Um exemplo representativo desse tipo de estudo foi desenvolvido por Greene e Land (2000). Em sua contribuição, eles estudaram a influência das orientações e das guias procedimentais, entre outros suportes instrucionais, para promover a aprendizagem mediante projetos, utilizando-se a internet como um ambiente aberto de aprendizagem. Em seu trabalho, os pesquisadores analisaram o efeito de alguns auxílios instrucionais formados por documentos escritos que continham listas de perguntas que autoavaliavam os estudantes sobre os seus processos de aprendizagem. Contudo, os resultados não foram os esperados e os alunos perceberam esses auxílios como restritivos, deixando, em muitos casos, de responder às perguntas ou as respondendo de maneira superficial. Surge, então, a necessidade de compartilhar com os alunos o sentido de tais tipos de suportes e de garantir uma certa familiarização com estes antes de utilizá-los na pesquisa.

A contribuição de Yang (2006) é outro exemplo representativo desse tipo de estudos. Em seu trabalho, são explorados os efeitos da introdução de suportes educacionais, integrados em uma atividade de ensino e aprendizagem *on-line*, destinados a promover a autorregulação da aprendizagem dos estudantes. A atividade de aprendizagem consistia na realização de uma discussão virtual assíncrona em grupos formados por 4-5 membros e para cujo debate era preciso consultar materiais de conteúdo. Mais concretamente, foram estudadas três dimensões da aprendizagem estratégica: a utilização de estratégias cognitivas, as estratégias de ajuste da execução e as estratégias de autoeficácia. Os resultados, neste caso, resultaram ambivalentes. O nível de autorregulação da aprendizagem melhorou de modo substancial quando as estratégias cognitivas e de ajuste foram integradas nos materiais de estudo, base das discussões. Contudo, as estratégias de autoeficácia introduzidas durante as discussões não tiveram um efeito apreciável na autorregulação dos participantes.

A conclusões similares chegaram Choi, Land e Turgeon (2005), ao investigar o uso de auxílios educacionais para facilitar os processos metacognitivos em grupos de discussões *on-line*. Neste sentido, os resultados de sua pesquisa mostram que os suportes educacionais proporcionados em ambientes *on-line* não foram úteis para os estudantes, nem para elevar a qualidade das perguntas, nem para melhorar os resultados da aprendizagem. Tais dados parecem indicar que, para ensinar os alunos a gerenciarem materiais escritos, os docentes contam com uma suficiente experiência acumulada (o que não deve nos causar estranheza) e com recursos úteis; contudo, o tratamento de textos orais, especialmente em situações de construção de conhecimento a partir das discussões *on-line*, ainda é uma disciplina pendente.

Não há dúvida de que uma das aplicações com maior interesse e alcance no âmbito do ensino estratégico desenvolvido por meio de auxílios educacionais integrados no processo geral de ensino e aprendizagem foi o projeto que os autores denominam "escolas para o pensamento" (Williams et al., 2000). Este projeto, que é aplicado em numerosas escolas dos Estados Unidos, surge da amálgama de três programas educacionais que se caracterizam por um uso intensivo da tecnologia: o impulso das comunidades de aprendizagem (programa promovido por Brown e Campione, 1994), os ambientes de aprendizagem intencionais baseados em computador (ou *CSILE*, programa promovido por Scardamalia, Bereiter e Lamon, 1994) e o ensino situado (programa promovido pelo grupo Cognition and Technology de Vanderbilt, 1992).

Como resumo desta segunda seção, constata-se que neste campo de estudo houve muito progresso no conhecimento a respeito de como as TIC podem contribuir para que o ensino estratégico seja uma realidade. Contudo, também fica claro que, na grande maioria dessas pesquisas, as estratégias de aprendizagem são definidas a partir de marcos explicativos vinculados apenas à psicologia cognitiva; portanto, o ensino estratégico é estudado associado ao desenvolvimento de processos cognitivos e metacognitivos de caráter geral, sem levar em consideração a especificidade do conteúdo e do contexto educacional em que tais processos ocorrem.

Neste sentido, o principal desafio que as pesquisas na área do ensino e da aprendizagem estratégicos têm diante de si é o estudo de quais são as condições contextuais (levando, porém, em conta que "o cognitivo" também pode ser considerado como um contexto intramental) que podem propiciar processos de autorregulação, de planejamento e de supervisão daquilo que se aprende. Como vimos, a possibilidade de contar com a mediação de um sistema sofisticado de gerenciamento da informação e da comunicação impõe condições radicalmente diferentes que precisam ser estudadas em toda a sua especificidade.

A formação docente no ensino estratégico por meio das TIC

Os estudos com o objetivo de pesquisar os processos de construção de conhecimento docente por meio das TIC e sua influência na aprendizagem e no ensino estratégicos compartilham dois aspectos. Em primeiro lugar, a maioria das pesquisas focaram suas análises no tipo de relação que é possível identificar entre os suportes formativos proporcionados aos docentes e a mudança de conhecimento e/ou de práticas docentes como consequências desse processo de formação. Em segundo lugar, e estreitamente relacionado com o primeiro aspecto, a maioria desses estudos analisam de modo específico o papel que a tecnologia desempenha na configuração da relação entre formação e mudança de conhecimento docente sobre o ensino estratégico.

Independentemente dos aspectos comuns, é possível que o critério mais relevante na hora de distinguir entre diferentes linhas de pesquisa neste campo de estudo seja utilizar como princípio diferenciador o tipo de auxílio tecnológico utilizado. Aceitando esse critério, é possível distinguir duas linhas de trabalho.

A primeira consiste na pesquisa centrada em analisar o impacto dos recursos multimídia de informação de conteúdo na mudança de conhecimento dos docentes. A segunda está fundamentada na pesquisa dos contextos virtuais de formação, especialmente daqueles baseados na assincronia temporal e na utilização do texto escrito como principal modalidade comunicacional.

Um exemplo de pesquisa sobre a utilização de um recurso multimídia de informação de conteúdo para a formação dos docentes no ensino e na aprendizagem estratégicos pode ser encontrado na contribuição de Chaney-Cullen e Duffy (1999). Neste trabalho, os autores descrevem e avaliam um recurso tecnológico, o qual eles denominaram "estrutura de ensino estratégico" (*strategic teaching framework*), com a finalidade de dar suporte aos professores de educação escolar para que adotem uma perspectiva construtivista e situada no ensino da matemática. O recurso tecnológico conta com a simulação de um ambiente de aula real no qual o docente pode obter diversos auxílios formativos, entre os quais destacam-se um banco de dados sobre elementos conceituais e o acesso a sequências reais de aula que apresentam exemplos do que deveriam ser modelos construtivistas de boas práticas educacionais em matemática. Existem três tipos de exemplos de atividades de aula, os quais os autores denominam: aprendizagem cooperativa, estratégias de questionamento do docente e envolvimento ativo dos estudantes na resolução de problemas.

Apesar da complexidade do projeto desse material formativo multimídia, os autores constataram, por meio de um estudo-piloto, que o uso exclusivo da tecnologia não é suficiente para dar suporte ao processo de mudança de conhecimento e de práticas docentes do professor. Por isso, desenvolveram um novo estudo integrando o material formativo multimídia em um processo extenso de formação, que é composto por várias atividades formativas. Nessas atividades, dirigidas por um formador que adotou o papel de "facilitador", permitiram-se que os professores, entre outros aspectos, pudessem discutir presencialmente sobre a mudança em seus métodos de ensino. No marco mais amplo de um programa de formação, o material multimídia desempenhou um papel muito importante no processo de mudança do conhecimento do professor, no sentido de proporcionar aos docentes informações sobre exemplos de modelos de ensino e explicações explícitas de estratégias de ensino adequadas para mudar suas práticas docentes.

Um exemplo de pesquisa sobre a formação no ensino e na aprendizagem estratégicos em contextos educacionais virtuais pode ser encontrado na contribuição de Del Mastro (2006). Utilizando como caso de estudo um curso de formação para docentes sobre a aprendizagem estratégica na educação a distância, Del Mastro estuda o desenvolvimento da interação educacional virtual entre o formador e os estudantes-docentes e sua construção de conhecimento, tanto na condição de estudantes quanto de docentes. Do ponto de vista tecnológico, cabe destacar que foram combinados tanto o uso de tecnologias da informação com um material hipermídia de conteúdo quanto o uso de tecnologias da comunicação com o correio eletrônico e um fórum virtual. Os resultados obtidos evidenciaram que existia uma relação direta entre os níveis alcançados no conhecimento conceitual e estratégico, na condição de aprendizes, com o grau de integração do ensino estratégico alcançado no desenvolvimento da prática educacional virtual, em seu papel de docentes.

De qualquer maneira, essas ainda são iniciativas incipientes e, dada a importância do tema – a formação de docentes competentes no uso das TIC para promover aprendizes mais autônomos –, cabe prever que este será um dos assuntos prioritários que devem ser tratados na próxima década, conforme comentaremos a seguir.

LINHAS EMERGENTES E DESAFIOS

Mesmo correndo o risco de errar, à luz das pesquisas revisadas anteriormente podemos observar algumas tendências e linhas de intervenção e pesquisa emergentes que agruparemos nos três eixos desenvolvidos na seção anterior.

Identificação, descrição e análise de "infoestratégias" de aprendizagem

Um problema ainda não-resolvido é sobre como detectar quais são as estratégias adequadas e quais as inadequadas para gerenciar os diferentes elementos que intervêm em uma situação de aprendizagem virtual, principalmente quando essas situações vão mudando para formas de comunicação audiovisuais. O gerenciamento dos conteúdos (por exemplo, busca e seleção; ver Capítulo 17), dos recursos disponíveis, do tempo, do resto dos agentes da rede, etc., supõe a concatenação de múltiplas estratégias que, finalmente, levem a tarefa encomendada a bom termo. Um dos campos mais vigorosos é o dos "agentes inteligentes" (ver Capítulo 8). Dispor de um conjunto de agentes informáticos treinados para coletar dados sobre as formas de proceder de um usuário nas diferentes tarefas que ele deve efetuar pode proporcionar uma informação valiosíssima sobre as estratégias que esse aprendiz utiliza e, posteriormente, a possibilidade de compará-las com as mostradas por outros usuários, com a finalidade de ir estabelecendo quais são as estratégias mais eficazes em determinadas condições instrucionais.

Modalidades de ensino de estratégias em ambientes virtuais

Deixando de lado as propostas obsoletas que evitam centrar-se em conteúdos específicos para potencializar supostas estratégias de pensamento gerais, "livres de conteúdo", as atuais linhas que estão se abrindo neste campo coincidem em integrar o ensino de estratégias com o ensino de conteúdos funcionais, sem que seja fácil diferenciar o ensino desses conteúdos do ensino de estratégias para aprender mais e melhor. De qualquer maneira, é possível observar aproximações diferentes segundo a ênfase dada.

As aproximações que apostam na ideia que o usuário aprende por meio de suas próprias decisões e ações, introduzindo elementos de auto-análise e autorreflexão, são baseadas em ambientes abertos ao descobrimento e à experimentação, nos quais o aprendiz tem muita liberdade para planejar e supervisionar seus próprios projetos, com a vantagem de poder observar a qualquer momento as rotas e itinerários seguidos. Propostas como *Squeak* (http://www.squeakland.org), linguagem autoral relativamente inspirada na filosofia do LOGO e que permite a criação de objetos que podem ser manipulados de formas muito diversas, criando simulações muito sofisticadas, entrariam nessa perspectiva.

Outras opções estão orientadas, em compensação, para a transposição virtual de métodos de ensino estratégico geralmente utilizados em situações presenciais, como, por exemplo, casos de pensamento, pautas de questionamento metacognitivo, métodos colaborativos (por exemplo, elaboração conjunta de um projeto ou tutoria entre iguais), métodos cooperativos (seja por meio da distribuição de informação ou da distribuição de funções cognitivas para realizar uma tarefa em equipe), etc. São iniciativas ainda muito incipientes, mas que têm no potencial das TIC uma excelente via de projeção.

Finalmente existe a possibilidade de criar sistemas de auxílios educacionais coordenados, capazes de detectar as necessidades do usuário enquanto ele resolve um problema ou realiza uma tarefa e de ajustar-se a essas necessidades proporcionando o que Tabak (2004) denominou "construção correlacionada", ou seja, guias e orientações muito específicas para sair do atoleiro e, ao mesmo tempo, para indicar ao aluno quando, como e por que essa ação sugerida é apropriada, promovendo a construção de conhecimento estratégico.

A formação de docentes estratégicos em ambientes virtuais

As possibilidades de formar professores e futuros formadores (orientadores, assessores) por meio das facilidades que as TIC oferecem também são promissoras. Diante da dificuldade de formar esses profissionais em competências adequadas para enfrentar as complexas demandas de sua profissão, extremamente contextualizadas e, por conseguinte, dificilmente reproduzíveis nas aulas presenciais, as TIC permitem trabalhar sobre situações de grande autenticidade, e até diretamente reais. A possibilidade, por exemplo, de analisar uma situação educacional que está ocorrendo *on-line*, graças à presença de câmeras remotamente controláveis (por exemplo, a partir de casa), e de interagir com outros profissionais que observam a mesma situação, inclusive com o docente que estiver, nesse momento, à frente dessa turma, ou dessa entrevista, ou dessa assessoria, por meio de sistemas de emissão-recepção invisíveis, abre múltiplas possibilidades para a pesquisa e para a formação. Se acrescentarmos a isso a complementaridade de outras ferramentas digitais, como os portfolios docentes, os diários digitais, as grades de observação, etc., todas elas opções contidas em um computador de bolso que o profissional em formação pode utilizar para registrar tudo aquilo que possa ser objeto de uma análise posterior, as possibilidades multiplicam-se.

Em resumo, a pesquisa e inovação no ensino e na aprendizagem de estratégias em ambientes virtuais constitui um território que, embora não seja virgem, ainda é bastante inexplorado e inegavelmente constitui um dos desafios mais interessantes para os psicólogos educacionais da próxima década.

REFERÊNCIAS

Azevedo, R., Cromley, J. G., Winters, F. I., Moos, D. C., e Greene, J. A. (2005). Adaptive human scaffolding facilitates adolescents self-regulated learning with hypermedia. *Instructional Science, 33*, 381-412.

Badia, A. e Monereo, C. (2005). Aprender a aprender a través de Internet. Em C. Monereo (Coord.), *Internet y competencias básicas* (pp. 51-71). Barcelona. Graó.

Brown, A. L., e Campione, J. C. (1994). Guided discovery in a community of learners. Em K. McGilly (Ed.), *Classroom lessons: Integrating cognitive theory and classroom practice* (pp. 229–270). Cambridge, MA: MIT Press.

Cognition and Technology Group at Vanderbilt. (1992). The Jasper Series as an example of anchored instruction: Theory, progam, description, and assessment data. *Educational Psychologist, 27*(3), 291-315.

Cole, M., Engeström, Y. e Vásquez, O. (2002). *Mente, cultura y actividad*. México: Oxford University Press.

Coll, C. e Martí, E. (2001). La educación escolar ante las nuevas tecnologías de la información y de la comunicación. Em Coll, C. Marchesi, A. y Palacios, J. (Comps.), *Desarrollo psicológico y educación. Volumen 2, Psicología de la educación escolar* (p. 623-651). Madrid. Alianza.

Chaney-Cullen, T. e Duffy, T. M. (1999). Strategic teaching framework: Multimedia to Support teaching change. *Journal of the Learning Sciences*, *8*(1), 1-40.

Choi, I., Land, S. M., e Turgeon, A. (2005). Scaffolding peer-questioning strategies to facilitate metacognition during online small group discussion. *Instructional Science*, *33*, 483-511.

Cronbach, L. e Snow, R. (1977). *Aptitudes and Instructional Methods: A Handbook for Research on Interactions*. New York: Irvington.

Dabbagh, N. e Kitsantas, A. (2005). Using web-based pedagogical tools as scaffolds for self-regulated learning. *Instructional Science*, *33*, 513-540.

Del Mastro, C. (2006). La formación de tutores en un contexto virtual: un diseño instruccional para la enseñanza y el aprendizaje estratégicos. Conferência apresentada em VirtualEduca. Consultado (24-11-2007) em: http://somi.cinstrum.unam.mx/virtualeduca2006/pdf/13-CDV.pdf.

Flavell, J.H. (1970). Developmental studies of mediated memory. Em H.W. Reese y L.P. Lipsitt (Eds.), *Advances in child development and behavior* (Vol. 5). New York: Academic Press.

Greene, B. e Land, S. (2000). A qualitative analysis of scaffolding use in a resource-based learning environment involving the World Wide Web. *Journal of Educational Computing Research*, *23*(2), 151-179.

Hannafin, M., Land, S. e Oliver, K. (2000). Entornos de aprendizaje abiertos: fundamentos, métodos y modelos. Em Ch. M. Reigeluth (Ed.), *Diseño de la instrucción. Teorías y modelos* (p. 125-152). Madrid. Santillana Aula XXI.

Hill, J. e Hannafin, M. J. (1997). *Cognitive strategies and learning from the World Wide Web*. Educational Technology, Research and Development, *45*(4), 37-64.

Kirby, J. (1984). *Cognitive strategies and educational performanace*. New York, Academic Press.

León, J.A. (1998). La adquisición de conocimiento a través del material escrito: texto tradicional y sistemas de hipertexto. Em C. Vizcarro e J.A. León (Coord.) *Nuevas Tecnologías para el aprendizaje*. (p. 65-86) Madrid: Pirámide.

Lin, X. (2001). Designing Metacognitive Activities. *Educational Technology, Research and Development*, *49*(2), 23-40.

Lumsdaine, A. A. (1961). *Student Response in Programmed Instruction: A Symposium on Experimental Studies of Cue and Response Factors in Group and Individual Learning from Instructional Media*. Washington: National Research Council, National Academy of Sciences.

Martí, E. (1990) Resolución de problemas en la interacción con el ordenador. Em C. Monereo (Comp.), *Enseñar a aprender y a pensar en la escuela* (p. 47-66). Madrid. Aprendizaje S.A.

Meyer, B. J. F., Middlemiss, W., Theodorou, Brezinski, K. L., McDougall, J. e Bartlett, B. J. (2002). Effects of structure strategy instruction delivered to fifth-grade children via the internet with and without the aid of older adult tutors. Journal of Educational Psychology, 94, 486-519.

Monereo, C. (Coord.) (2000). *Estrategias de aprendizaje*. Madrid. Visor.

Monereo, C. e Romero, M. (2007): Estrategias de gestión temporal en las actividades colaborativas mediadas por ordenador. *Revista Electrónica de la Educación: Educación y Cultura en la Sociedad de la Información*. 8, (3). Consultado (28-03-2008) em: http://www.usal.es/~teoriaeducacion/rev_numero_08_03/n8_03_monereo_romero.pdf.

Monereo, C. e Sánchez, S. (2004) Diseño instruccional de *software* educativo: impacto de las ayudas de carácter metacognitivo en el aprendizaje. *Revista de investigaciones en Educación*; *4*; 97-113.

Pozo, J. I. e Monereo, C. (Coord.) (1999). *El aprendizaje estratégico. Enseñar a aprender desde el currículo*. Madrid – Santillana.

Papert, P. (1980). *Mindstorms: Children, Computers, and Powerful Ideas*. Basic Books: New York.

Puntambekar, S. e Stylianou, A. (2005). *Designing navigation support in hypertext systems based on navigation patterns*. Instructional Science, *33*, 451-481.

Romero, F. (2005) Sistemas hipermedia en la enseñanza: Elementos de análisis y tradiciones de reflexión. Consultado (28-03-2008) em: http://divergencias.typepad.com/divergencias/files/sistemas_hipermedia_en_la_enseanza.pdf.

Salovaara, H. (2005). *An exploration of students' strategy use in inquiry-based computer-supported collaborative learning*. Journal of Computer Assisted Learning 21, 39-52.

Scardamalia, M., Bereiter, C., e Lamon, M. (1994) The CSILE project: Trying to bring the classroom into World 3. Em K. McGilley (Ed.) *Classroom lessons: Integrating cognitive theory and classroom practice* (201-228).Cambridge, MA: MIT Press.

Tabak, I. (2004). *Synergy: A complement to emerging patterns of distributed scaffolding. The Journal of the Learning Sciences*, 13, (3), 305-335.

Weinstein, C.E. e Mayer, R.E. (1985). The teaching of learning strategies. Em M.C. Wittrock (Ed.), *Handbook of research on teaching*. (3rd. edition). (p. 315-327). New York: MacMillan.

Whipp, J. L. e Chiarelli, S. (2004). Self-Regulation in a Web-Based Course: A Case Study. *Educational Technology, Research and Development, 52*(4), 5-22.

White, C. J. (1999). *The metacognitive knowledge of distance learners. Open Learning, 14*(3), 37-46.

Williams, S., Burgess, K., Bray, M., Bransford, J., Goldman, S. e el Grupo de Cognición y Tecnología de Vanderbilt –CTGV – (2000). La tecnología y el aprendizaje en las aulas de las escuelas para el pensamiento. Em C. Dede (Comp.), *Aprendiendo con tecnología 1* (pp. 39-165). Buenos Aires. Paidós.

Yang, Y. C. (2006). Effects of embedded strategies on promoting the use of self-regulated learning strategies in an online learning environment. *Journal of Educational Technology Systems, 34*(3), 257-269.

Zimmerman, B.J. (1989). A social cognitive view of self-regulated academic learning. *Journal of Educational Psychology, 81*, 329-339.

GLOSSÁRIO

Autoavaliação. Conjunto de operações, posteriores à execução de uma atividade global ou projeto, mediante as quais o próprio agente avalia o grau alcançado na busca pelo objetivo e o processo que se seguiu para isso, com diferentes finalidades (qualificar-se, adotar medidas para melhorar execuções posteriores, aprender com os erros, etc.).

Autorregulação. Conjunto de operações que fazem parte da execução de uma atividade global ou projeto, em que se controlam e supervisionam as tarefas realizadas para alcançar um objetivo, introduzindo mudanças que corrigem a execução quando ela sofre desvios que, presumivelmente, afastam de modo significativo o objetivo perseguido.

Estratégia de aprendizagem. Tomada consciente e intencional de decisões, adaptadas às condições do contexto em que se realizará a ação, consistente na ativação de conhecimentos de natureza diversa para alcançar um objetivo de aprendizagem (quando o objetivo é o de ensinar, como no caso do docente, fala-se em estratégias de ensino).

Metacognição. Função cognitiva, especificamente humana e, possivelmente, de natureza congênita, que permite tomar consciência tanto das próprias características como sujeito cognitivo quanto de parte de alguns processos mentais executados para resolver algum tipo de demanda ou problema.

Planejamento. Conjunto de operações, prévias à execução de uma atividade global ou projeto, em que se antecipam detalhadamente as tarefas a realizar (e, frequentemente, os meios e o tempo disponível) para atingir um objetivo.

RECURSOS

Azevedo, R., e Hadwin, A. F., (2005). Scaffolding self-regulated learning and metacognition. Implications for the Design of Computer-based Scaffolds. *Instructional Science*, 33, (5-6), 367-379.

Este artigo introduz um artigo da revista Instructional Science *sobre o tema da construção dos processos de metacognição e da aprendizagem autorregulada, aplicados especialmente a ambientes de aprendizagem baseados em computador. Para os interessados nesse tema, o artigo conta com três focos de interesse:*

a) apresenta uma explicação detalhada dos desafios que devem ser abordados no nível conceitual e metodológico quando se pretende analisar ambientes educacionais desenvolvidos com um uso intensivo das denominadas TIC para promover a aprendizagem autorregulada e os processos de metacognição na aprendizagem;

b) explica uma série de orientações para o projeto instrucional neste tipo de ambientes; e

c) analisa as cinco contribuições restantes do artigo, considerando critérios como, por exemplo, os atributos do suporte, o tópico de aprendizagem, o que e quem proporciona a ajuda educacional e os resultados proporcionados em cada contribuição.

Badia, A. e Monereo, C. (2005). Aprender a aprender a través de internet. Em C. Monereo (coord.), *Internet y competencias básicas* (p. 51-71). Barcelona: Graó.

Neste capítulo, e após delimitar o conceito de estratégia de aprendizagem como base genuína para uma aprendizagem efetivamente autônoma, para além da utilização fora de contexto de simples técnicas e métodos de aprendizagem, são expostas as características singulares das TIC como janelas abertas para uma análise consciente dos próprios processos mentais e, por conseguinte, como artefatos privilegiados para otimizar habilidades de natureza metacognitiva, como o planejamento, a regulação e a avaliação da própria cognição. No final do capítulo, são oferecidas algumas ferramentas e programas concretos que ilustram o potencial da internet na facilitação de competências para aprender a aprender e a pensar melhor.

A *International Society for Technology in Education* (ISTE) é uma associação sem fins lucrativos que, em seu site, oferece múltiplos recursos e serviços para os profissionais da educação de qualquer nível educacional e, especialmente, permite encontrar publicações sobre estratégias de ensino e/ou aprendizagem e TIC, em http://www.iste.org/.

Também é possível encontrar serviços de apoio aos profissionais da educação que desejem projetar materiais e atividades a distância para potencializar as estratégias de aprendizagem de seus alunos. Nesta linha estariam o "*Teaching Assistant Project*", do State University of New Jersey, em http://taproject.rutgers.edu/, ou o *Learning Strategies Matriz*, do Collage of Education da Universidade de San Diego, em http://edweb.sdsu.edu/courses/ET650_online/MAPPS/Strats.html.

Na publicação eletrônica CDTL*Brief*, do Center for Development of Teaching and Learning da Universidade Nacional de Cingapura, há diversos textos, resumidos, mas precisos e rigorosos, sobre as relações entre aprendizagem autônoma e TIC, em http://www.cdtl.nus.edu.sg/brief/.

16

Ensino e aprendizagem de competências comunicacionais em ambientes virtuais

JOSÉ LUIS RODRÍGUEZ ILLERA E ANNA ESCOFET ROIG

Abordar a comunicação humana na era dos computadores e da internet é aproximar-se de um território em que as fronteiras são difusas e onde cada pessoa pode tomar um caminho diferente para chegar a um lugar determinado, podendo perder-se uma ou várias vezes ou decidir por uma mudança – de itinerário, de destino final – em qualquer momento de seu percurso.

A metáfora serve para mostrar o dinamismo e a flexibilidade com que é necessário pensar este novo cenário comunicacional que surgiu. Cada um de nós pode usar a internet com fins comunicacionais completamente diferentes: para estar em contato com os amigos, para jogar, trocar informação, trabalhar, etc. Mas, ao mesmo tempo, tudo aquilo que nos define como indivíduos (idade, sexo, experiência, etc.) também influencia nos modos como nos comunicamos pela internet. Assim, por exemplo, o uso que um adolescente faz de um *chat* e o que um adulto faz são completamente diferentes, tanto na forma – uso de *emoticons*, adaptações inverossímeis da ortografia, manejo dos tempos de conexão e resposta – quanto nos conteúdos e finalidades. Além disso, a comunicação mediada pelas TIC toma a forma de diversos aplicativos e suportes tecnológicos – *chat*, fórum, correio eletrônico, e outras que serão explicadas mais adiante – que determinam seus traços básicos e caracterizam diferentes modalidades comunicacionais.

Tudo isso mostra a complexidade de pensar na comunicação em ambientes virtuais, complexidade que aumenta se acrescentamos a necessidade de repensar essa comunicação a partir de uma perspectiva educacional. O propósito deste capítulo é refletir sobre a influência das tecnologias digitais na comunicação e, mais concretamente, a respeito de como foram criados novos ambientes comunicacionais com características determinadas e no modo pelo qual esses novos ambientes comunicacionais podem ser usados com finalidades educacionais.

A COMUNICAÇÃO MEDIADA POR COMPUTADOR

O campo da comunicação mediada por computador (*Computer-Mediated Communication*, a partir de agora CMC) é uma referência descritiva ao conjunto de criação de mensagens e de situações comunicacionais mediado por programas de computador. Tradicionalmente, refere-se a programas concretos que reproduzem situações comunicacionais, às vezes com finalidades educacionais.

As tecnologias digitais e seu uso social generalizado provocaram a eclosão de diversos aplicativos que permitem a comunicação entre os usuários, tanto em tempo real quanto em tempo não real. Tais aplicativos podem ser analisados a partir de vários eixos ou dimensões, de forma que nos permitam ver suas características básicas e suas diferenças. Faremos a nossa análise em relação a três destas dimensões especialmente significativas: a temporal, a social e a relativa à difusão.

Em relação à dimensão temporal, a diferença refere-se ao fato de que a comunicação ocorre em tempo real – comunicação síncrona – ou em momentos temporais diferentes – comunicação assíncrona. Consequentemente, as mensagens síncronas geralmente se caracterizam pela brevidade e pela rapidez das trocas, enquanto as assíncronas costumam promover trocas mais elaboradas, ainda que descontínuas.

Por sua vez, a dimensão social diferencia os aplicativos segundo o âmbito em que estão situadas as intervenções de cada indivíduo, seja na esfera privada, seja na pública. Algumas das características que são afetadas por essa dimensão estão relacionadas com o tom, com o grau de familiaridade e com o uso das convenções linguísticas.

A dimensão da difusão está centrada no alcance da comunicação que se estabelece, podendo ser única ou múltipla, conforme o caso, se os destinatários são um indivíduo ou um coletivo, o que também influi no uso dos aplicativos por parte do usuário.

As características básicas de cada aplicativo, em relação aos três eixos ou dimensões citados, apresentam similitudes e diferenças. Em primeiro lugar está o aplicativo mais comumente utilizado, o correio eletrônico. Na construção das mensagens, é necessário utilizar as convenções da língua escrita – correção linguística, início e despedida, ausência de expressões coloquiais, tom neutro – e usar um grau de formalidade adequado à relação mantida entre emissor e receptor. Em compensação, o *chat* é um tipo de conversação entre várias pessoas que aparece nas telas de cada emissor a medida que as mensagens são escritas. Nele, devido à sua proximidade com a linguagem oral, o tom é muito mais coloquial que nas mensagens de correio eletrônico, e os turnos de fala se sucedem de um modo nem sempre ordenado, devido às diferentes velocidades de acesso e aos ritmos de leitura e de resposta de cada participante.

A meio caminho entre um *chat* e um correio eletrônico, mas também com características que os diferenciam claramente, estão os *MUD* (*Multi-User Dungeon*), espaços de jogo interativo. Os *MUD* têm um componente lúdico importante, mas, ao mesmo tempo, são um meio de comunicação muito utilizado. Um *MUD*[1] permite que uma comunidade de usuários – com regras de acesso e de comportamento preestabelecidas que devem ser seguidas escrupulosamente – se relacione virtualmente e conheça usuários de outras cidades e países, além da possibilidade de jogar na modalidade de multijogadores.

Finalmente, os fóruns, os *wikis* e os *blogs* são baseados na comunicação assíncrona e são um elemento comunicacional utilizado no nível coletivo e na esfera pública, embora o acesso a alguns deles seja restrito a algumas comunidades virtuais.

---

[1] Um exemplo de *MUD* muito visitado por adolescentes atualmente é o Hotel Habbo (http://www.habbohotel.es).

Limites e vantagens

É necessário introduzir um ponto de análise complementar nas ideias desenvolvidas até agora, relacionado com as diferenças entre a comunicação tradicional e a comunicação mediada por computador, para poder, assim, analisar em justa medida tudo o que estas novas formas de comunicação implicam.

Neste sentido, Pea (1996) assinala algumas diferenças entre tipos de comunicação. As conversações e as interações que ocorrem no dia a dia acontecem em um cenário rico em estímulos, no qual se misturam as mensagens corporais, os gestos e as expressões faciais, e no qual são comunicadas e se transformam as dimensões sociais e afetivas de qualquer relação. Evidentemente, existe um ambiente material em torno dessas situações comunicacionais que inclui objetos físicos e também representações externas, como a escrita, por exemplo. Nos ambientes mediados pelos computadores, a comunicação sofre algumas mudanças. A principal é a diversidade de sistemas simbólicos que cercam o ato comunicacional. Podem aparecer fotografias, animações, gráficos, textos e áudio cuja característica principal é a de oferecerem representações simultâneas da realidade. Como símbolos da realidade, representam-na de maneira sinóptica; como símbolos para a realidade, criam essa realidade que apresentam. A partir dessa perspectiva, as comunicações que utilizam esta diversidade de meios simbólicos estão abertas a uma série de interpretações no modo como expressam esta representação de e para a realidade.

Por outro lado, é necessário analisar com detalhe o tipo de comunicação que a internet permite. A rede, de modo parecido à televisão, está orientada majoritariamente para o visual – texto, vídeo, imagem – (Shedletsky e Aitken, 2004). Neste sentido, tem pontos em comum com os meios de comunicação de massas, uma vez que pode chegar com facilidade e de maneira instantânea a um amplo setor da população. Contudo, tem uma característica que a diferencia da televisão: a possibilidade de interação com o usuário. A combinação das duas características cria uma terceira opção: a internet possibilita a comunicação interpessoal e faz isso de maneira exponencial.

Além disso, é preciso destacar a maneira pela qual a comunicação mediada pela internet permite a construção da identidade e da pluriculturalidade graças às características desse próprio meio de comunicação (Castells, 2000). Em primeiro lugar, cada usuário constrói para si, conscientemente ou não, uma identidade eletrônica para apresentar-se na rede. Em segundo lugar, a interação aberta com outras identidades eletrônicas das quais se ignora a procedência cultural ou geográfica, somada à ausência de comunicação não verbal, promove novas formas de comunicar-se. Finalmente, o caráter mundial e aberto da rede favorece o desenvolvimento de interações interculturais.

Tudo isso caracteriza uma modalidade de comunicação na qual crianças e jovens se expressam com uma comodidade absoluta; de fato, fazem isso de um modo mais intuitivo e natural do que muitos dos adultos que estão ao seu redor. E esse é justamente um dos pontos fortes do uso pedagógico de uma comunicação mediada por computador. A questão seria aproveitar a capacidade das tecnologias de motivar os jovens utilizando a desenvoltura com que eles as usam. A aprendizagem não acontece principal ou somente em contextos formais de ensino, mas por meio da observação e da ajuda entre iguais, principalmente por meio de um processo de prática continuada que normalmente se conhece como "aprender fazendo".

Um bom exemplo de "aprender fazendo" é o trabalho com relatos digitais.

Um relato digital[2] é uma história construída digitalmente a partir de fotografias, documentos, fragmentos de vídeos e uma trilha sonora; tudo isso realizado por meio de tecnologias de fácil manejo, com uma ampla difusão social: câmeras fotográficas digitais, equipamentos de escâner e programas não profissionais de edição que são incorporados gratuitamente nas últimas versões dos sistemas operacionais dos computadores pessoais. O ponto-chave dos relatos digitais é narrar acontecimentos, da vida real ou ficções, potencializando o discurso narrativo como meio de comunicação e aprendizagem. Outros exemplos (*blogs, chats*, correio eletrônico, mensagens instantâneas) também mostram como essas novas formas de comunicação estão muito unidas a uma aprendizagem prática.

Competências comunicacionais digitais

A noção de competência comunicacional foi introduzida por Hymes (1974) para incluir o contexto social nas concepções sobre a comunicação linguística, de forma que a correção de um enunciado não fosse considerada apenas como algo gramatical. Atualmente, tende-se a pensar que a competência comunicacional é um conceito inclusivo que agrupa outras competências de diversos tipos: propriamente linguísticas (a gramática, mas também o léxico e a sintaxe), as sociolinguísticas (o contexto social, ou seja, as convenções sociais que regem a comunicação interpessoal) e as pragmáticas (os elementos não verbais, paralinguísticos e proxêmicos, assim como os relativos à interação). Em conjunto, pode-se dizer que o conceito de competência comunicacional é, assim como o de competência em geral, muito amplo e não especialmente bem-definido;

talvez essa mesma amplitude permita que seja utilizado em muitos contextos e com significados nem sempre transferíveis, mas é também uma das principais razões para que seja tão versátil.

Se tomarmos a definição que propõe Perrenoud (1999, p. 7) – "capacidade de atuar de maneira eficaz em um tipo definido de situação, capacidade que se apoia em conhecimentos, mas que não se reduz a eles" – podemos substituir a capacidade de atuar pela capacidade de comunicar e teremos uma ideia sintetizada e aplicada da noção de competência comunicacional. Nesta definição, interessa mais relacionar a competência comunicacional a um tipo definido de situação do que a outras características assinaladas, uma vez que afeta diretamente o grande número de situações comunicacionais que encontramos na internet e nos ambientes virtuais de aprendizagem.

A competência comunicacional sempre foi pensada como a capacidade para comunicar-se linguisticamente. Neste sentido, as *novas* formas de comunicação que encontramos e às quais temos feito referência – correio eletrônico, *blogs*, áudio e videoconferência, *wikis*, etc. – pressupõem sempre uma competência linguística ou comunicacional prévia às novas modalidades de texto, e baseada sempre em competências orais ou escritas. Mais adiante, veremos que essa visão pode ser matizada, e que as novas situações e ferramentas modificam e ampliam as competências tradicionais. Mas é preciso acrescentar que a comunicação em ambientes virtuais se realiza, de maneira cada vez mais geral, mediante o uso de meios, códigos e modalidades que antes eram muito especializados e que agora estão passando a ser comuns. Portanto, construir mensagens está se transformando em ser também *designer* de páginas *Web*, fazer

---

[2] Segundo definição do Center of Digital Storytelling: http://www.storycenter.org/.

um *podcast* ou enviar fotografias digitalizadas, isoladas ou compostas, dentro de um documento de texto.

Ao dizer que a comunicação utiliza recursos multimídia, estamos falando do modo como as mensagens são compostas nas telas digitais. Atuando como autênticas metamídias (ver Capítulo 6), as telas incorporam todo tipo de conteúdos que podem passar pelo processo de digitalização, ou seja, auditivos e visuais. Além de seu caráter sensorial, os conteúdos que compõem a CMC pertencem a diferentes tipos de códigos, ou seja, criam seu significado por meio de convenções e correlações muito diversas.

Como se deve pensar a criação de mensagens multimídia? Até que ponto exigem competências novas? Em primeiro lugar, é preciso assinalar que criar uma mensagem multimídia não é uma tarefa fácil, uma vez que requer compreender não apenas os diferentes códigos considerados individualmente, mas também ter um entendimento de como eles se complementam entre si no interior de uma tela. Ocorre, nesses casos, que não há tradição nem história prévia: os meios de comunicação analógicos equivalentes (música, vídeo, fotografia, grafismo, ilustração, elocução) eram muito especializados, muito mais do que a escrita, e estavam somente ao alcance de um grupo reduzido de pessoas. Mas a diferença desses novos meios com a comunicação pré-digital consiste não apenas nas características especiais dos conteúdos e suportes digitais (duplicação idêntica, tamanho reduzido, reutilização sem degradação, recombinação com outros conteúdos codificados em diferentes mídias), mas também na *facilidade* para poder realizar estas e outras operações em ambientes digitais. Tal mudança foi potencializada pela própria indústria informática, que tem feito evoluir os aplicativos, tornando-os mais *amigáveis* – sendo este simultaneamente um neologismo e um eufemismo –, ou seja, melhorando e simplificando sua interface de comunicação com os usuários. O resultado desta evolução no *design* é um ajuste mútuo entre as competências requeridas, os processos de produção das mensagens comunicacionais multimídia e as ferramentas computacionais especializadas. É assim que é possível entender o motivo pelo qual muitos usuários declaram que nunca leem os manuais dos aplicativos, uma vez que aprendem por tentativa e erro.

A CMC, ou, para sermos mais exatos, algumas de suas variantes, conseguiram tornar-se generalizadas graças justamente a esse caráter *amigável* de seu uso atual. No caso da CMC multimídia, tal simplicidade ainda não foi completamente conseguida no que se refere à criação de novos conteúdos e mensagens, uma vez que as competências exigidas são muito mais complexas, algumas delas, inclusive, são comuns à produção com mídias pré-digitais. Em termos gerais, pode-se dizer que a multimidialidade gerou um problema prático (sobre os problemas teóricos, nos quais não entramos de maneira tão detalhada, veja Plowman, 1994, e Manovich, 2005) muito importante do ponto de vista das competências requeridas para incorporá-la à CMC devido à própria complexidade das linguagens e códigos envolvidos, e que, simultaneamente, mudou a ênfase comunicacional da produção de conteúdos novos para a reutilização de conteúdos já disponíveis.

A criação de uma mensagem multimídia pode ser feita, finalmente, mediante dois tipos de estratégias bastante diferenciadas que, contudo, podem coexistir no mesmo processo: criar os materiais a partir do zero ou reutilizar outros já existentes. Em ambos os casos, embora com graus muito diferentes, entram em jogo dois grandes tipos de competências: as relacionadas com a produção de conteúdos (que supõem conhecer os códigos inerentes a cada modalidade significativa e os programas específicos para editar vídeo, texto, imagem ou áudio) e as relacionadas com a composição da mensagem em sua totalidade. Estas últimas supõem um conhecimento específico das possibilidades compositivas – simples em um correio eletrônico, complexas em uma página *Web* –, assim como a adequação ao tipo de mensagem que está sendo composta: unidirecional quando vai ser comunicada sem possibilidade de que os receptores possam interagir com a mensagem; ou interativa, quando eles podem modificá-la ou intervir sobre ela. Mas supõem, também, assim como as competências relacionadas à produção de conteúdos, uma adequação ao contexto social e comunicacional e aos interlocutores, reais ou potenciais, ou seja, os tipos de competências que já vimos ao diferenciar a competência comunicacional da linguística.

A Figura 16.1 sintetiza os principais aspectos da produção de mensagens digitais, de texto ou multimídia, entendida no contexto mais geral do processo comunicacional.

As competências de produção foram agrupadas em três blocos: as *comunicacionais*, que inicialmente são genéricas, as relativas ao uso técnico de determinados *aplicativos* computacionais e as específicas da *produção* de mensagens em ambientes virtuais. Os três blocos estão inter-relacionados entre si e internamente, de maneira que se torna difícil isolar uma capacidade de outra. Este é um problema geral quando se examinam os efeitos que as tecnologias produzem na cognição e na aprendizagem, ou seja, naquilo que denominamos competências, como assinalam Salomon, Perkins e Globerson (1991), quando distinguem os efeitos cognitivos que a tecnologia produz a longo prazo (os efeitos *da* tecnologia) e os que ocorrem no curto prazo, devido à realização de atividades *com* a tecnologia. Nestes últimos, a unidade de análise não é tanto a pessoa que aprende, mas a pessoa *mais* a ferramenta que ela está utilizando para aprender ou para realizar uma atividade determinada, como a de comunicar.

Se considerarmos o caso da competência para comunicar visualmente, ou algo mais concreto, como, por exemplo, a capacidade para fazer logotipos ou

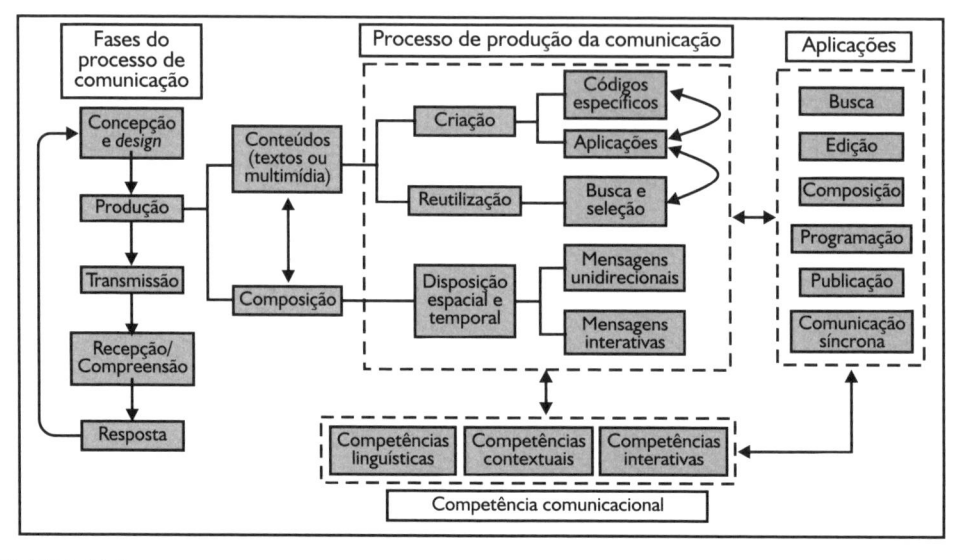

FIGURA 16.1
O processo de comunicação e as competências associadas.

imagens, podemos ver até que ponto as competências assinaladas no diagrama estão inter-relacionadas. Até pouco tempo atrás, tais competências eram exclusivas daqueles que haviam desenvolvido capacidades visuais avançadas e dominavam determinados componentes técnicos e códigos específicos da produção visual, associados, também, a uma indústria de artes gráficas capaz de produzi-los e reproduzi-los. O núcleo das capacidades gráficas prévias permanece intacto, assim como as diferenças individuais que existem, mas não do mesmo modo a realização da atividade, que se defronta com ferramentas digitais novas. Assim, algo tão simples de se fazer com um programa de *design* gráfico, como colocar sombra em uma letra dentro de um círculo também sombreado e fazer variações para decidir qual logotipo é melhor visualmente, não apenas era muito mais complexo antes como estava ao alcance somente daqueles que tinham uma formação especializada. O próprio fato de poder fazer isso com facilidade supõe um processo de aprendizagem pela prática cujas consequências são muito importantes: aprende-se fazendo com as ferramentas, e esse mesmo processo modifica as capacidades e competências daquele que faz. Algo parecido ocorre com formas mais complexas de comunicação multimídia, nas quais a simplificação e generalização dos aplicativos permitiu ampliar as competências em áreas como a edição básica de vídeo ou a modificação de fotografia digital, para não mencionar o que ocorre na área da telefonia móvel.

Não é evidente que a mudança que ocorre tenha efeitos duradouros (os efeitos da tecnologia, na diferenciação mencionada), nem que modifique profundamente as competências comunicacionais de base, mas talvez essa não seja a questão mais importante em um ambiente social que utiliza as tecnologias comunicacionais de forma constante e no qual elas passaram a fazer parte como ferramentas midiáticas permanentes: ou seja, sempre realizamos a CMC ou ações comunicacionais (exceto na comunicação face a face) *com* algum tipo de tecnologia e aplicativo, e, por isso, não podemos distinguir se a ação resultante é fruto de nossa competência prévia e aprendida ou de nossa interação com a ferramenta particular que utilizamos.

A leitura e a escrita como formas de CMC

Assim como ocorre com as novas formas de comunicação multimídia, a leitura e a escrita tradicionais foram profundamente afetadas (ver Capítulo 14 desta obra). Por um lado, por serem as competências de base, genéricas, em que se apoiam muitas das competências novas, que se constroem sobre o suposto da leitura e da escrita já adquiridas; por outro lado, devido ao surgimento de novas situações de comunicação verbal que comportam a criação de novos gêneros de texto e de comunicação (Herring,1996).

Normalmente, as competências linguísticas têm sido distribuídas segundo um duplo critério de suporte (verbal/escrito) e de atividade (receptiva/produtiva), dando lugar a um quadro simples de classificação. Este nível tão genérico foi matizado por meio da introdução do conceito de gênero comunicacional ou de texto, que permite adequar essas grandes competências aos contextos de uso real e às condições de produção de textos completos. Os gêneros e os tipos de textos são, na verdade, os que determinam se realmente somos competentes em relação a uma situação e intenção comunicacional: saber escrever (em geral) não supõe saber escrever poesia, um documento jurídico ou um artigo científico.

A CMC introduziu muitos gêneros e/ou tipos de textos novos: o correio eletrônico, os *chats*, a videoconferência, os *podcasts*, para citar apenas uns poucos deles. Alguns são uma variação simples de outros já conhecidos, como uma audioconferência, que praticamente não requer habilidades novas; outros inventam suas próprias convenções e léxico, por um princípio de economia, como as mensagens *SMS* ou o *chat*; e outros, ainda, criaram uma dinâmica nova, mais distanciada de competências prévias, como as escritas hipertextual e colaborativa. Em termos gerais, pode-se dizer que as competências verbais (compreensão auditiva e fala) experimentaram pouca variação em seu núcleo de habilidades cognitivas, enquanto as escritas (leitura e composição escrita) mudaram muito mais e multiplicaram-se os tipos de texto que por meio delas são produzidos. A dissimetria também está relacionada aos programas de computador que possibilitam a criação de novos tipos de mensagens.

Não só os novos tipos de textos resultantes das novas ferramentas e situações comunicacionais mudaram a comunicação como também contribuíram para isso os próprios indivíduos que se comunicam. Alguns autores (Monereo, 2004; ver Capítulo 1 deste livro) insistem em distinguir as práticas comunicacionais e culturais que caracterizam os denominados "nativos" e "imigrantes" digitais. Certamente, esses nativos requerem pouca instrução convencional para comunicar-se digitalmente: aprendem pela prática, ou sob formas de auxílio entre colegas, por tentativa e erro, vendo exemplos ou pedindo ajuda em fóruns e *chats*. Em geral, tais formas comunicacionais que se aprendem facilmente estão muito relacionadas à construção de mensagens curtas e altamente contextualizadas (como as que ocorrem em fóruns ou *chats*).

Contudo, quando as ferramentas são utilizadas para propósitos muito concretos, ou complexos, ou para projetos de um certo tamanho, que supõem coordenação e que requerem não apenas possuir um domínio técnico como também uma adequação de conteúdos específicos, seu uso nem sempre pode ser aprendido de maneira prática, ou experimentando, e a ajuda continuada do professor mostra-se muito importante. Este tipo de ajuda "pessoal" tem características muito diferentes das ajudas automatizadas que os programas de computador costumam oferecer: trata-se de uma ajuda muito focada no contexto, não genérica, mas extremamente específica, mantida no tempo e repetida quando é necessário, adaptada à necessidade concreta de compreensão ou de execução e utilizada pelo professor para ir dando autonomia ao estudante, ou seja, ele vai retirando gradualmente o suporte, conforme o aluno avança. Os professores têm, nestes casos de escrita mais complexa, um papel muito importante, uma vez que devem adequar sua ajuda tanto aos conteúdos e/ou forma da escrita, quanto à ferramenta informática utilizada.

Revisaremos agora estas mudanças tecnológicas, comunicacionais e de competências, com base na diferenciação entre atividades de recepção e de produção comunicacional.

Competências de recepção

Em relação à linguagem verbal, as competências estão centradas na compreensão auditiva, que somente é objeto educacional no caso da aprendizagem de línguas estrangeiras e quando se trata de pessoas com certas deficiências.

Não há dúvida de que a tecnologia que nos últimos anos levou a mudar a percepção sobre este tema é a criação de *podcasts*. Os *podcasts* são simples arquivos de áudio, normalmente em formato de compressão *mp3*, que são baixados da internet e que podem ser reproduzidos tanto no computador quanto em pequenos reprodutores portáteis. A portabilidade permitiu mudar seu uso e transformá-los em autênticas guias educacionais para estudar línguas – ou, no mínimo, sua parte auditiva. Outros, mais complexos, incluem vídeo ou animação e dão lugar a verdadeiras lições audiovisuais, que também podem ser transportadas em reprodutores, como o *iPod* ou outros, como ilustra a Figura 16.2.

No caso da linguagem escrita, a competência receptiva é a leitura. A leitura eletrônica, com suas diferenças em relação à leitura convencional e suas características específicas (Rodríguez Illera, 2003), tornou-se generalizada graças à internet e foi incorporada aos novos alfabetismos (Leu e Kinzer, 2000). Existem muitas propostas para a utilização educacional das vantagens oferecidas pela a leitura eletrônica em suas variadas formas e para melhorar a competência leitora em todas as suas dimensões.

Uma delas, quase exclusiva dos Estados Unidos por sua grande difusão entre os professores, é um programa integrado de ação denominado *Read180*,[3] que contempla um projeto didático completo, utilizando materiais em papel, um *software* específico e cadernos de exercícios e compreensão, tudo relacionado com textos e pequenos romances, fazendo um uso intensivo do trabalho individual e em grupo dentro da sala de aula.

Outro aplicativo, neste caso para gerar livros eletrônicos, é o *Lektor*,[4] que se enquadra na linha de oferecer textos transformados e adaptados para leitores com problemas de compreensão (segundo a proposta de Anderson-Inmann e Horney, 1998), que permite aos professores elaborar seus próprios textos e incorporar um bom número de estratégias didáticas (como fazem para a leitura em suporte convencional, Harvey e Goudvis, 2000), em um ambiente de leitura e escrita hipertextual. Uma característica particular do *Lektor* é que permite que os leitores possam modificar o texto, não o texto "original", mas o conjunto de anotações

FIGURA 16.2
Exemplo de um *videocast* com animação, áudio e legendas.

---

[3] Disponível em http://teacher.scholastic.com/products/read180/.
[4] Disponível em http://www.lektor.net.

e *links* hipertextuais que o enriquecem; com isso, os leitores podem transformar-se em coautores do texto final.

Em conjunto, pode-se dizer que não há muitos programas de computador que sejam específicos para ensinar a leitura, especialmente quando esta se torna complexa e requer uma compreensão avançada dos textos lidos, ou seja, a leitura que se pratica do fim do ensino fundamental em diante (talvez exista um número mais significativo de programas dirigidos à aprendizagem inicial). Uma das razões é, provavelmente, a própria ubiquidade da leitura na sociedade da informação, que está tão presente em todos os espaços que aparece como algo no qual sequer é preciso pensar. Contudo, os resultados das avaliações internacionais sobre a compreensão leitora (OCDE, relatório PISA)[5] apontam que há uma gradação muito importante em como os adolescentes – e, sem dúvida, os adultos – compreendem um texto. De modo muito simplificado, poderíamos dizer que, quanto maior a dificuldade do texto, ou das conexões que se tenta estabelecer entre o que está escrito e as inferências que são solicitadas nas provas, menores são os índices de compreensão leitora. Embora essas provas tenham sido realizadas com textos escritos em papel – não requerem, portanto, capacidades de decodificação multimídia ou hipertextual avançadas –, são um reflexo de que não se pode considerar *a priori* que existe um alfabetismo avançado, nem para a leitura convencional, nem para a leitura eletrônica.

Competências de produção: a escrita

As competências de produção ou composição escrita multiplicaram-se devido ao desenvolvimento dos novos tipos de texto e dos cenários de CMC. Classificamos essas competências em dois grandes blocos com a esperança de não deixar de fora as variantes que possam ir aparecendo, entendendo que algumas delas podem ser consideradas mais como linhas emergentes do que como algo generalizado hoje em dia. Estes blocos referem-se a:

- uma nova competência constituída pela escrita (e leitura) hipertextual;
- novas ferramentas que denominaríamos *de contexto único* e que aglutinam os processos de leitura e de escrita em um único espaço;
- novas ferramentas para a escrita colaborativa;
- novas ferramentas para facilitar o planejamento e/ou a publicação dos escritos pessoais.

Como se pode ver, o primeiro bloco é mais centrado em uma mudança que afeta diretamente as competências comunicacionais, enquanto o segundo é um conjunto de novos aplicativos que será necessário subdividir para compreender a riqueza, neste caso, das mudanças tecnológicas que afetam a escrita.

No caso da *escrita hipertextual*, a forma mais comum de definir a leitura ou escrita hipertextual é como *não linear*, para destacar a propriedade de *saltar* (ou mudar o foco daquilo que se visualiza) entre partes de um texto, ou desde fora do texto, enlaçando umas partes com outras segundo critérios associativos e mostrando, portanto, informações diferentes. Como já foi assinalado (Dillon, 1994), o critério de linear/não linear não é uma oposição exclusiva, uma vez que se trata de dois extremos de um *continuum*. Em qualquer caso, a ideia básica da escrita hipertextual já está presente em dispositivos prévios, embora de maneira muito rudimentar, como as no-

---

[5] Disponível em http://www.pisa.oecd.org.

tas de rodapé ou as referências no fim de um artigo de enciclopédia. Contudo, esta cisão do texto e suas formas internas de referenciar-se, a passagem de uma ideia para outra, ou os encadeamentos associativos, somente adquirem um sentido pleno quando são realizados em um meio eletrônico, no qual são instantâneos e no qual atualizam um texto virtual, potencialmente de grande tamanho.

Embora a teoria do hipertexto, desenvolvida nos últimos 40 anos, contenha um bom número de declarações veementes e infundadas referentes à educação (Joyce, 1995), a verdade é que sua importância cresceu devido à generalização da internet. O fato de a internet ser uma grande malha hipertextual e de esse ser um de seus aspectos mais atraentes consolida ainda mais a necessidade de prestar-lhe uma grande atenção. De fato, escrever em *hipertexto* (e para programas interativos) é enormemente difícil quando o volume de informação a ser interligada é grande; e não há uma metodologia consensual sobre como escrever hipertextos nem sobre como ensinar a fazê-lo – à exceção de algumas tentativas valiosas, como as de Sasot e Suau (1999). Provavelmente isso seja assim porque o interesse de muitos pesquisadores tem sido mais centrado nos efeitos cognitivos da leitura hipertextual do que na análise das competências necessárias para se escrever ou ler um hipertexto. Contudo, aprender a escrever em forma de hipertexto significa, de um ponto de vista educacional, ter uma atitude crítica sobre a criação de *links* e de sua tipologização, muito afastada da navegação ingênua que ocorre na internet (Burbules, 1998). Algumas exceções são a pesquisa de Sánchez (2002) sobre as estratégias de transformação de texto, mais indicadas para melhorar a leitura hipertextual, dando ênfase às estratégias metacognitivas (por exemplo, ter que inferir dados ou argumentos que não estão presentes literalmente no texto).

Novos textos e novas ferramentas

Nos últimos anos, apareceram várias formas comunicacionais novas que já pressupõem um uso do hipertexto na prática. Algumas delas trazem consigo novas competências, enquanto outras são simplesmente variações de formas de CMC já existentes e que refletem, portanto, situações comunicacionais conhecidas. Em geral, todas estão atreladas ao desenvolvimento de novos aplicativos informáticos e a uma rápida expansão social por meio da internet; a maioria é aprendida pelos adolescentes e jovens de maneira quase imediata, apoiados em competências prévias similares.

Para além da diversidade de aplicativos e tipos de textos da CMC verbal escrita, é possível propor uma primeira distinção muito genérica, mas que pode ser útil em termos do tipo de texto escrito que é produzido, entre simples (curtos, expressivos ou descritivos) e complexos (longos, argumentativos). Evidentemente, muitos dos aplicativos mencionados, pelo menos se os considerarmos como ferramentas informáticas, permitem produzir ambos os tipos de texto, mas também é verdade que alguns dos suportes para a produção de texto, como os *blogs*, os *SMS* ou os *chats*, utilizam, em sua maioria, textos simples, relativamente curtos ou muito curtos, dado que, pela própria situação de comunicação, assim como pelas limitações técnicas existentes no momento em que surgiram, não poderia ser de outra maneira. Em geral, as competências desenvolver nestes casos limitam-se a aprender a usar um determinado aplicativo e dominar certas regras específicas (como as de tipo léxico e a redução das palavras, as formas redefinidas de cortesia e turnos), ou aquelas que são constitutivas de um gênero (Herring, 1996), ou seja, são competências relativamente próximas das que já são conhecidas e utilizadas. Para esse tipo de formas comunicacionais, das quais os *blogs* são a fronteira, uma vez que os textos podem ser simples ou complexos dentro do mesmo gênero, é utilizada uma modalidade comunicacional muito vinculada ao contexto de comunicação (embora seja virtual), ou seja, aos elementos implícitos que os interlocutores compartilham, tanto em termos do próprio canal de comunicação quanto do conteúdo ou tema de que se fala.

Os textos escritos *complexos*, aqueles que por seu tamanho (textos longos e, portanto, com uma estrutura narrativa necessariamente muito elaborada) ou por suas características formais (por exemplo, textos argumentativos ou narrativos) requerem aplicativos para a composição de documentos ou para o planejamento do texto, ou até aplicativos de tipo colaborativo, são os que tradicionalmente são vistos como composição escrita ou, inclusive, como alfabetização avançada. Tais tipos de texto requerem as competências comunicacionais comuns à sua produção por meios pré-digitais, embora algumas tecnologias tenham simplificado o processo; outros são relativamente novos no que se refere ao próprio processo de composição escrita. A seguir, examinaremos alguns desses aplicativos.

a) Entre o conjunto de aplicativos que ajudam no processo de comunicação escrita, muitos são destinados aos processos de revisão – como correção ortográfica e outras, algumas delas muito especializadas, como as que utilizam os roteiristas de cinema e televisão –, aos processos de planejamento ou mesmo ao de escrita propriamente dita. Em cada um desses momentos, as competências necessárias são diferentes. A estes sistemas foi acrescentado outro conjunto de ferramentas, o qual permite tornar simultâneos, tanto temporal quanto visualmente, os processos de leitura e de escrita: assim como ocorre com os processos materiais de escrita, nos quais escrevemos ao mesmo tempo que consultamos e lemos textos ou notas que fizemos previamente, é possível integrar no mesmo ambiente um arquivo de documentação específico para escrever um texto (normalmente de escrita acadêmica), com o suporte à escrita propriamente dita. Essas ferramentas somam-se a outras que já são clássicas e que permitem visualizar o esquema do documento e outros componentes, além de atuar como se fossem bancos de dados no qual estão armazenados todos os documentos de texto necessários para um projeto.

Uma das críticas tradicionais aos processadores de texto é que os aspectos relacionados com o formato, no sentido da formatação final do texto e seus estilos, podem distrair o usuário da escrita propriamente dita e da expressão de ideias, algo que não ocorre com os esquemas (*outliners*), que estão centrados na organização e ordem hierárquico-expositiva do raciocínio; ao colocarem em um único espaço, e não em janelas múltiplas, opções de dupla visualização simultânea, inclusão de recursos gráficos e de texto, assim como notas e referências, estas ferramentas exigem uma carga cognitiva elevada, mas permitem sintetizar e unificar competências utilizadas em processos de escrita complexos, que até agora não eram informatizados.

Outras ferramentas do que poderia ser denominado *contexto único*, a união de leitura e escrita, estão sendo incorporadas, ainda que de forma mais limitada, em ambientes *web*. É o caso de *plugins* que se acrescentam a alguns navegadores, como o que ocorre entre *Zotero* e *Firefox*, cuja função é organizar a informação conforme se navega. O *Zotero* inclui um sistema de recompilação bibliográfica exportável, que está permanentemente na tela, como uma zona do navegador. Outros casos, como os referentes à escrita acadêmica, utilizam sistemas de citações bibliográficas adaptados a editores de textos (como *Word, Mellel ou Nisus*, entre outros)[6], que funcionam normalmente, como um banco de dados conectado ao editor. Esses bancos de dados (*EndNote, BookEnds*) compilam a bibliografia a partir das citações marcadas no texto, com formatos de saída muito variados, tais como *APA, Nature* ou *Science*.

Além de ferramentas de propósito geral, que modificam o processo de escrita e oferecem facilidades para alguns de seus momentos, estão os aplicativos para ensinar a escrever. Esses aplicativos são dirigidos a estudantes que apresentam problemas de composição escrita e costumam oferecer auxílios escalonados com diferentes graus de dificuldade. Não existem muitos: talvez este seja um dos campos relativamente mais abandonados dos aplicativos informáticos que oferecem apoios educacionais. Os programas *WordProf* (Ferraris, 1993) e *Caderno Digital* (Rodríguez Illera, Escofet e Herrero, 2000) são um exemplo disso. Este último é projetado para dar suporte aos processos de produção de textos escritos em espanhol e catalão,[7] na forma de ensino dirigido. O programa assessora o aluno em seu processo de escrita, obedecendo de maneira implícita a um modelo teórico desse processo (o proposto por Hayes e Flower, 1980), ao mesmo tempo em que oferece estratégias para a aquisição das diferentes habilidades envolvidas na tarefa.

O programa *Caderno Digital* foi pensado a partir de solicitações necessárias para ser utilizado de maneira cotidiana nas aulas de idiomas, ou seja, como um programa adaptado curricularmente. Seu contexto inicial de uso se dá em situações de aprendizagem guiada na sala de aula (alunos que trabalham em presença do professor para resolver qualquer dúvida), embora esteja estruturado com o propósito de facilitar um uso cada vez mais autônomo por parte dos alunos. A ideia fundamental do aplicativo é que a redação de um texto é um conteúdo que precisa ser ensinado de maneira intencional, enfatizando o processo que deve ser seguido para produzi-lo e considerando o texto como eixo vertebrador. Por outro lado, não é apresentado como uma forma vazia que se utiliza de maneira genérica, uma vez que mostra sete tipos de texto básicos para que os alunos possam ter acesso aos diferentes usos sociais e culturais da linguagem escrita. Ao mesmo tempo, sua estrutura permite que seja adaptado aos temas propostos pelo professor ou pelos próprios usuários. Finalmente, apresenta o ensino de cada conteúdo gramatical ou linguístico a partir da prática e associado aos tipos de texto em que aparece com mais frequência, com a finalidade de facilitar a transferência real desses conhecimentos para a composição de textos por parte dos alunos.

b) Outra categoria de novas necessidades, neste caso de produção da comunicação, são as que ocorrem como resultado de processos colaborativos em situações laborais ou educacionais. A escrita colaborativa não é nova, mas o são as ferramentas informáticas que permitem

---

[6] N. de R. O OpenOffice.org, conhecido no Brasil como BrOffice, é um conjunto poderoso de ferramentas cuja interface é semelhante ao Office. Seu código é aberto e o *software* pode ser baixado para todos os sistemas operacionais, em mais de 20 línguas, gratuitamente pela internet (www.broffice.org e www.openoffice.org). Os exemplos oferecidos pelo autor são compatíveis apenas com os sistemas operacionais Windows (Word) e Macintosh (Mellel e Nisus), sendo que, à exceção do Mellel, os outros processadores operam sob licença comercial.

[7] Também disponível em português de Portugal em www.cadernodigital.pt/.

a coordenação entre diferentes usuários. Elas poderiam ser classificadas em dois subtipos: aquelas baseadas em aplicativos *desktop*, normalmente com suporte para *Web*, e as baseadas em tecnologias de rede com diferentes graus de capacidade colaborativa: dos editores de texto aos *wiki*.

Os aplicativos *desktop* tradicionais incorporaram, em alguns casos, componentes colaborativos, como, por exemplo, marcar com cores as revisões e consolidar determinadas mudanças. Isto é habitual em documentos criados pelo *Word* e por alguns outros programas. No melhor dos exemplos (*NoteShare*), é possível compartilhar um único arquivo, segundo o estilo de um bloco de notas com esquemas, publicado em um servidor e ao qual podem ter acesso, e modificá-lo de maneira simultânea, todos os membros de um amplo grupo de trabalho que possuam o aplicativo em seus computadores. Esse tipo de aplicativo muda a maneira de escrever coletivamente, inclusive com elementos hipertextuais, devido à sua capacidade de expor o texto a um grupo e avançar no processo de escrita de maneira coletiva. Contudo, a tecnologia não representa, neste caso, uma mudança na competência subjacente: as formas de composição escrita foram aprendidas, de modo geral, como competências individuais. Isso torna mais fácil designar a diferentes autores partes do mesmo documento para conseguir, graças à colaboração, a produção de um único texto.

O segundo tipo de aplicativo é baseado no desenvolvimento de editores de texto que funcionam dentro de navegadores, ou seja, guardando seus dados remotamente e permitindo, portanto, acessá-los de computadores diferentes. A estes editores (como *Google Docs*, anteriormente denominado *Writely*) foram acrescentadas funcionalidades de revisão e colaboração por parte de outros autores "convidados".

LINHAS EMERGENTES: ESPAÇOS DE COMUNICAÇÃO COLABORATIVA

A evolução tecnológica permitiu criar novos espaços de comunicação com finalidades diferenciadas. Destacamos de maneira especial os espaços de comunicação colaborativa, entendendo como tais aquelas ferramentas que permitem gerenciar projetos de maneira conjunta, mas também escrever de modo colaborativo ou criar conhecimento de maneira compartilhada. É o caso de aplicativos como *NoteShare, JotSpot, Near-Time* e outros programas baseados na *Web*.

Os espaços de comunicação colaborativa são aplicativos projetados para criar ambientes nos quais é possível compartilhar informação utilizando interfaces mais ou menos intuitivas. A partir desta primeira opção, as possibilidades vão aumentando em interesse coletivo; assim, alguns aplicativos permitem também o desenvolvimento de projetos gerenciados por várias pessoas e outros incluem pastas compartilhadas, apresentações, agenda conjunta sincronizada, mensagens instantâneas e *chat*.

As potencialidades educacionais dos espaços de comunicação colaborativa são altas, ainda que atualmente seu uso esteja muito restrito ao âmbito empresarial. Alguns destes usos são a difusão de informação ou a possibilidade de formar um espaço de entrega de trabalhos.

A maioria dos aplicativos que permitem a comunicação colaborativa estão baseados na tecnologia *wiki*. Um *wiki* é um site que permite modificar instantaneamente seus conteúdos de maneira colaborativa. Ou seja, assim como a maioria das páginas *Web* são projetadas para serem lidas, em um *wiki* os usuários podem editar a informação e acrescentar ou mudar o que considerarem pertinente, tudo isso sem conhecer nenhuma linguagem de edição *Web*, como ilustra a Figura 16.3.

Apesar de ser uma tecnologia relativamente recente e com uma rápida evolução para interfaces simples e intuitivas, o uso dos *wiki* estendeu-se rapidamente na internet. O exemplo mais conhecido é a *Wikipedia* (http://www.wikipedia.org), o portal multilíngue que apresenta toda a informação sobre a tecnologia *wiki* e, além disso, inclui informação criada coletivamente por uma ativa comunidade de usuários que contribuem com seus conhecimentos na elaboração e desenvolvimento de múltiplos conteúdos – embora esta virtude tenha se transformado também em seu principal problema, uma vez que controlar a veracidade e qualidade da informação é algo muito complexo.

O potencial educacional dos *wiki* radica não apenas em que os estudantes podem escrever em momentos diferentes, mas também podem acrescentar, eliminar, matizar e complementar o texto que está sendo construído entre todos os membros do grupo, até chegar à versão final. O valor para o professor aparece com a possibilidade de revisar o processo histórico de elaboração do texto, podendo observar o tipo de contribuição feita por cada indivíduo, os matizes introduzidos e, em resumo, o trabalho realizado tanto em nível quantitativo como qualitativo.

A CMC colaborativa ainda está em uma fase inicial e parece que a competência normalmente envolvida é a de editar e corrigir o texto de outros autores, ou seja, adotar outra perspectiva e assumi-la ou rejeitá-la na forma linguística que adota. Provavelmente ainda é cedo para defini-

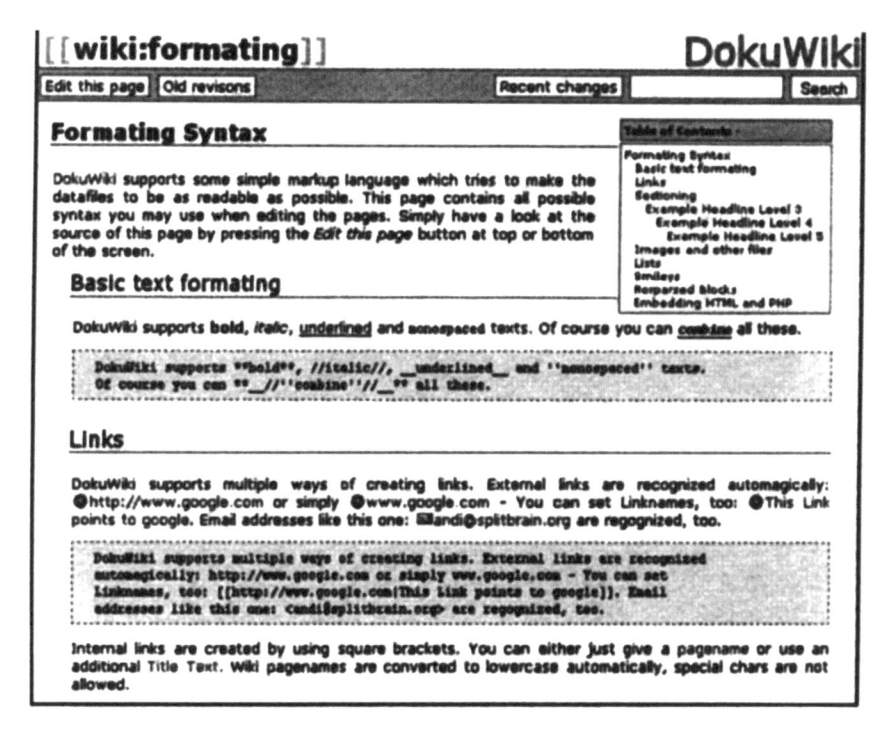

FIGURA 16.3
Um exemplo de *wiki*, criado com DokuWiki.

-la melhor, mas o que denominamos ferramentas de contexto único, a visualização de outras fontes de informação de maneira simultânea, ou a recepção de ajudas escalonadas aos *links* de hipertexto, serão fundamentais para entender sua evolução e seu potencial educacional.

REFERÊNCIAS

Anderson-Inman, L. e Horney, M. A. (1998). Transforming Text for At-Risk Readers. Em D. Rienking et al. (Eds.), *Handbook of literacy and technology: Transformations in a post-typographic world* (pp. 15-44). Mahwah, NJ: Erlbaum.

Burbules, N. (1998). Rethorics of the Web: hyperreading and critical literacy. Em I. Snyder (Ed.), *Page to screen: taking literacy into the electronic era* (p. 102-122). London: Routledge, 1998.

Castells, M. (2000). *La era de la información. Economía, sociedad y cultura*. Madrid: Alianza.

Dillon, A. (1994). *Designing Usable Electronic Text*. Londres: Taylor & Francis.

Ferraris, M. (1993). *Scrivere con WordProf*. Milano: Theorema.

Harvey, S. e Goudvis, A. (2000). *Strategies that Work. Teaching Comprehension to Enhance Understanding*. Markham, Ontario: Pembroke Publishers.

Hayes, J. R. e Flower, L. S. (1980). Identifying the organization of writing processes. Em L. W. Gregg e E. R. Steinberg (Eds.), *Cognitive processes in writing* (p. 3-30). New Jersey: Lawrence Erlbaum Associates.

Herring, S. C. (1996). *Computer-Mediated Communication. Linguistic, Social and Croos-Cultural Perspectives*. Philadelphia: John Benjamins.

Hymes, D. (1974). *Foundations in Sociolinguistics: An Ethnographic Approach*. Pennsylvania: University of Pennsylvania Press.

Joyce, M. (1995). *Of Two Minds. Hypertext Pedagogy and Poetics*. Ann Arbor: Michigan University Press.

Leu, D. J. Jr. e Kinzer, C. K. (2000). The convergence of literacy instruction with networked technologies for information and communication. *Reading Research Quarterly, 35* (1), 108-127.

Manovich L. (2005). *El lenguaje de los nuevos medios de comunicación*. Barcelona: Paidós.

Meyer, A. e Rose, D. H. (1999). *Learning to Read in the Computer Age*. Cambridge, MA: Brookline Books.

Monereo, C. (Ed.) (2005). *Internet y competencias básicas*. Barcelona: Graó.

Pea, R. (1996). Seeing What We Build Together: Distributed Multimedia Learning Environments for Transformative Communications. Em T. Koschmann. (Ed.), *CSCL: Theory and practice of an emerging paradigm* (p. 171-186). New Jersey: Lawrence Erlbaum Associates.

Perrenoud, P. (1999). *Construir competencias desde la escuela*. Santiago de Chile: Dolmen.

Plowman, L. (1994). The 'Primitive Mode of Representation' and the evolution of interactive multimedia. *Journal of Educational Multimedia and Hypermedia*. 3(3/4), 275-293.

Rodríguez-Illera, J.L. (2003). La lectura electrónica. *Cultura y Educación, 15*(3), 225-237.

Rodríguez Illera, J. L. Escofet, A. e Herrero, O. (2000). Escritorio Digital, a software to learn written composition. En *Writing and Learning to write at the dawn of the 21st Century* (pp. 255-260). Poitiers: CNRS-Université de Poitiers.

Salomon, G., Perkins, D.N. e Globerson, T. (1991). Coparticipando en el conocimiento: la ampliación de la inteligencia humana con las tecnologías inteligentes. *Comunicación, Lenguaje y Educación, 13*, 6-22.

Sánchez, S. (2002). *Disseny instructiu de software educatiu*. Tesis Doctoral, Universitat Autònoma de Barcelona.

Sasot, A. e Suau, J. (1999). La millora dels materials didàctics: l'estructuració del coneixement, la interrelació de la informació i la recerca de majors nivells d'interactivitat. *Multimedia educativo, 99*. Barcelona: ICE Universitat de Barcelona. Soporte electrónico.

Shedletsky, L. J. e Aitken, J. E. (2004). *Human Communication on the Internet*. Boston: Pearson.

GLOSSÁRIO

Comunicação mediada por computador (em inglês, *Computer-Mediated Communication*). Termo que se refere ao conjunto de situações comunicacionais entre dois ou mais indivíduos mediadas por aplicativos informáticos (como, por exemplo, mensagens instantâneas, e-*mails* e *blogs*).

Emoticons (em inglês, *smileys*). São ícones gerados com alguns caracteres do teclado que permitem substituir os elementos de comunicação ausentes na escrita (gestos, mudanças de tom, pausas expressivas, ironias, brincadeiras, etc.), representando emoções, atitudes ou situações pessoais, quase sempre do usuário emissor. O emoticom mais conhecido representa um rosto sorridente. Para visualizá-lo, é preciso inclinar a cabeça para a esquerda [:-)].

Podcast. Arquivo de áudio, normalmente em formato de compressão *mp3*, que pode ser baixado da internet e que é reproduzido tanto no computador quanto em pequenos reprodutores portáteis. Os *podcasts* (e os *videocasts*) são uma nova forma de publicação, muitas vezes pessoal, que permite uma comunicação auditiva unidirecional.

Wiki. Tecnologia que permite a modificação instantânea de uma página *Web*. O conteúdo da página pode ser editado por vários usuários, a fim de criar, modificar ou apagar o conteúdo de maneira interativa e colaborativa por meio de um sistema de notação. Esse sistema, relativamente simples e intuitivo, conserva um histórico das mudanças que permite recuperar facilmente qualquer estado anterior da página.

RECURSOS

Buckingham, D. (2005). *Educación en medios*. Barcelona: Paidós.

Uma interessante reflexão sobre o trabalho que podem desenvolver os educadores (professores, pais e mães) em relação ao uso dos meios de comunicação por parte de crianças e jovens.

O autor defende que as crianças não são usuários passivos dos meios de comunicação, o que torna necessário examinar suas formas de crítica e as novas modalidades de aprendizagem.

Mayans, J. (2002). *Género chat. O cómo la etnografía puso un pie en el ciberespacio*. Barcelona: Gedisa.

É um dos primeiros livros escritos em nosso contexto referente ao chat. É baseado em um amplo e detalhado estudo das relações interpessoais e sociais que se estabelecem por meio dos chats. Merecem ser destacadas as reflexões sobre essas relações e o modo como são ilustradas, com exemplos obtidos da realidade dos internautas que usam os chats.

Monereo, C. (Ed.) (2005). *Internet e competências básicas*. Barcelona: Graó.

Dirigido a educadores, o livro revisa as denominadas competências básicas e as coloca no marco dos novos contextos educacionais criados por meio da internet e das tecnologias da informação e da comunicação. Cada uma das competências (ler, escrever, comunicar-se, colaborar, etc.) é analisada para, posteriormente, abordar o modo como a internet e as TIC permitem abordar a sua própria aprendizagem, tudo ilustrado com exemplos concretos que podem ser usados pelos educadores.

The Educational Podcast Network
http://www.epnweb.org/.

Recompilação de podcasts para fins educacionais.

Podfeed.net
http://www.podfeed.net/.

Um portal de podcasts com muitas categorias de classificação.

17

Ensino e aprendizagem de estratégias de busca e seleção de informações em ambientes virtuais

CARLES MONEREO E MARTA FUENTES

NECESSIDADE, IMPORTÂNCIA E IMPACTO SOCIAL DA BUSCA E SELEÇÃO DE INFORMAÇÕES

Buscar para sobreviver

O título não nos parece exagerado. Na sociedade-rede, na qual estamos irremediavelmente imersos, as possibilidades de escolher estão cada vez mais condicionadas pelas possibilidades de ter acesso e selecionar informação relevante na internet. Para comprar uma passagem de avião mais econômica, para encontrar uma oferta de trabalho mais apropriada ao nosso perfil ou para contatar uma pessoa, é preciso contar com as habilidades necessárias para isso ou nossas alternativas de desenvolvimento vital diminuirão.

Nos âmbitos acadêmico e profissional, esse impacto também é crescente. Completar uma tarefa acadêmica, desenvolver um projeto profissional com qualidade e pesquisar com o rigor exigido são atividades intelectuais que requerem o acesso a fontes informativas das mais diversas, exaustivas, acessíveis e confiáveis, e uma rede como a internet satisfaz muito bem essas expectativas. Será que também cumprem seu papel à altura os agentes buscadores, ou seja, os estudantes, profissionais e pesquisadores que mergulham na rede procurando pela melhor informação para alcançar seus objetivos? Os dados a esse respeito não trazem boas notícias. Alguns estudos realizados com estudantes de nível universitário (veja, por exemplo, Pujol, 2003; Nachmias e Gilad, 2002) demonstram que suas habilidades de busca e seleção na rede deixam muito a desejar. Se essa é a situação no nível universitário, podemos imaginar o que deve estar ocorrendo no restante dos níveis educacionais.

Formar os estudantes em estratégias e competências de busca de informação em ambientes virtuais é, portanto, uma necessidade iniludível. Henry (2006) utiliza uma expressão muito eloquente para referir-se a uma pessoa com esse conjunto de destrezas, as *gatekeeper skills*, ou seja, a capacidade de gerenciar o fluxo de informação que entra em um sistema e, por conseguinte, de localizá-la, filtrá-la, organizá-la e utilizá-la da melhor forma possível. Um *gatekeeper*, ou seja, um buscador eficaz, seria o aprendiz (aluno, profissional, pesquisador) capaz de enfrentar com sucesso os principais desafios de um mundo informatizado, nas duas acepções do termo: digitalizado e baseado na informação.

A partir da literatura, esses desafios podem ser sintetizados em seis características da rede: quantidade, atualidade, certeza, qualidade, compreensibilidade e consumibilidade. No que diz respeito ao primeiro dos desafios, a quantidade de informação a gerenciar, não é pela repetição que deixa de ser verdadeiro: a internet é imensa. A rede já foi comparada com uma teia de aranha inescrutável, com um novo continente insondável, com um oceano sem limites conhecidos; e o usuário é comparado com um colono ou com um navegante que, com frequência, perde o rumo, naufraga ou, o que é pior, tal como Cristóvão Colombo, chega a um território desconhecido pensando ser aquele que realmente estava procurando. O desafio, ainda não resolvido, é aprender a separar o joio do trigo, e para isso duas grandes estratégias resultam imprescindíveis: a busca eficaz por meio de dispositivos com diversas especificidades (buscadores gerais, metabuscadores, diretórios, etc.) e o exame crítico e seletivo dos documentos encontrados.

Quanto à atualidade da informação, as possibilidades de publicação que a internet oferece fazem com que a permanência de qualquer trabalho lançado na rede seja um indicador talvez não de qualidade, mas pelo menos de reconhecimento social. O espaço mais visitado permanece e, mesmo assim, se não for atualizado constantemente, as possibilidades de que desapareça crescem exponencialmente. Por outro lado, o usuário deve, cada vez mais, decidir o nível de atualização desejado e, em muitos casos, adotar medidas não apenas para filtrar a informação não desejada, mas também para se proteger e se defender dos sistemas de assédio permanente que invadem a rede (o famoso *spam* e seus derivados).

A certeza ou veracidade da informação é possivelmente o ponto de maior fragilidade da rede. A confiabilidade e validade da informação que circula na internet está sob suspeita. De fato, para definir essa fragilidade, foi cunhado um neologismo que tem feito sucesso: "infoxicação", intoxicação informativa. Ser capaz de obter evidências consistentes sobre o grau de confiabilidade de um dado, texto ou documento é uma das competências mais urgentes que um currículo sobre alfabetização digital deveria favorecer.

No que se refere à qualidade da informação, o valor de um material encontrado na rede não se limita ao seu rigor. Um documento pode ser muito confiável mas não trazer qualquer novidade, ou, inclusive, pode ser um plágio, o que é algo realmente fácil e muito frequente na internet. Além da veracidade do que é contado, é importante estimar sua originalidade, a qualidade de seu *design*, sua precisão no uso da terminologia, etc. Isso requer dotar o usuário de um sentido crítico que supere certa aceitação acrítica e relativista que impregna a sociedade-rede.

Quanto à compreensibilidade da informação que está na rede, saber ler e escrever com suportes tradicionais é uma condição necessária mas claramente insuficiente. A leitura e compreensão de documentos na internet requer estratégias específicas; ler de forma sequencial, de cima para baixo e da esquerda para a direita, sem perder detalhes, começando sempre pelo início, com muita frequência não é a melhor maneira de gerenciar uma grande quantidade de informação, que pode ser mostrada em diferentes linguagens (gráfico, áudio, vídeo, animação, etc.) e ter sua origem em outros contextos, acessíveis por meio de *hiperlinks*.

Finalmente, a consumibilidade ou grau de usabilidade da informação supõe uma última "volta de parafuso" na idoneidade de uma informação. Um dado confiável e original pode resultar pouco útil para os destinatários aos quais é dirigido. A *usefulness* (do inglês utilidade + usabilidade) de uma página informativa deve ter presentes as necessidades, características e recursos, tanto pessoais quanto tecnológicos, da pessoa que normalmente a visita, com a finalidade de que esta possa aproveitar ao máximo a informação oferecida.

Ao longo deste capítulo, tentaremos mostrar algumas pesquisas e modelos explicativos e instrucionais cujo objetivo central tem sido minimizar o impacto destas seis características e ajudar o aprendiz a extrair conhecimento da maior fonte de saber que a humanidade já teve, a internet. Em primeiro lugar, revisaremos de forma breve os antecedentes dos atuais modelos de busca, para depois focar nos modelos psicológicos de busca de informação, especialmente naqueles que foram desenvolvidos para otimizar a busca em redes com suporte digital.

Antecedentes: da busca centrada nos documentos ou na tecnologia à busca centrada nos processos psicológicos do buscador[1]

Os primeiros modelos de busca de informação eram mais orientados para os próprios objetos de busca, os documentos em si, ou para a tecnologia que permitia essa busca, do que para os processos psicológicos que presumivelmente deviam pôr em jogo o agente humano, o "buscador". Um dos precursores da busca documental, Calvin Mooers, a quem é atribuída a paternidade da noção de recuperação de informação – *information retrieval* –, afirmava, em 1950, que o problema da busca documental consistia em encontrar a informação em um depósito de documentos a partir de uma especificação correta dos temas contidos nesses documentos (López Yepes, 1996). Como se pode ver, nesta perspectiva documental a ênfase recai sobre o objeto de busca, os documentos, e a urgência de organizar seu conteúdo para facilitar o seu gerenciamento.

Um olhar diferente seria proporcionado, muito depois, por Miranda Lee Pao, em 1989, e sua definição da busca de informação como "(...) o ato a partir do qual se identifica e recupera uma informação relevante e precisa em resposta a uma consulta dada e se põe à disposição do usuário, ou seja, de quem gerou a consulta, no momento exato e da maneira mais adequada". A autora introduz aqui novas variáveis que merecem uma análise detalhada. Em toda a busca existe um usuário que consulta, que faz uma pergunta que supõe o início do processo e também seu objetivo: responder a essa pergunta. Existe, também, um procedimento de busca que proporciona um resultado que pode ser adjetivado como mais ou menos relevante, acurado, oportuno e utilizável. Finalmente, existe um *corpus* de informação na base do qual é feita a busca e a recuperação da informação. Graficamente, podemos representar este modelo conforme ilustra a Figura 17.1.

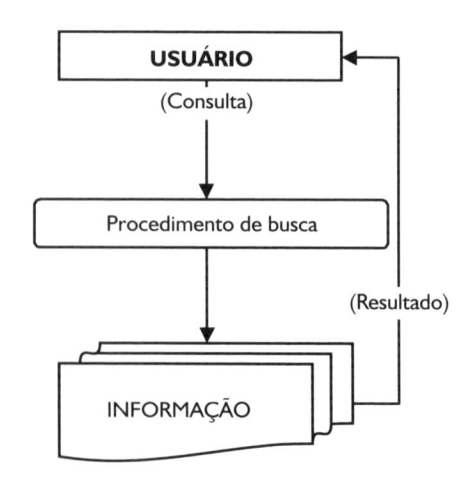

FIGURA 17.1
Modelo tecnológico de busca de informações.

---

[1] O termo *buscador* é utilizado aqui para designar a pessoa que decide iniciar a busca de informação na internet.

Neste caso, o aspecto central é o procedimento de busca, que é iniciado com uma consulta e finalizado com um determinado resultado. O processo de aplicação desse procedimento se mostra, contudo, pouco claro. Quem faz e como é feita a busca? Quem decide e como é decidido que o resultado é o adequado e que a busca terminou?

Para completar o esquema, deveríamos acrescentar novos elementos que respondessem às questões colocadas. Sobre quem faz e como é feita a busca, as possibilidades são múltiplas: pode ser o próprio usuário, um especialista (por exemplo, um biblioteconomista) ou um dispositivo automatizado que procure, por própria iniciativa, por um dado quando se cumprem determinadas condições (por exemplo, quando erramos várias vezes a escrita de uma frase, o computador procura frases parecidas em diferentes contextos). Os procedimentos de busca também podem ser diversos: manual, a partir de catálogos, por meio de motores de busca informatizados, etc. Por outro lado, a natureza da consulta também pode ter graus de exigência muito diversos: procurar um dado concreto, confirmar uma hipótese, compreender uma teoria, etc. No que diz respeito à adequação do resultado, as características que a informação selecionada deve ter serão estimadas em função de diversos critérios, como a necessidade de exatidão e a exaustividade, o tratamento que vamos dar à informação, a maneira como deve ser apresentada, etc.

Todos estes novos elementos fazem com que o foco da busca deixe de ser apenas a documentação e os procedimentos utilizados: resulta indispensável incluir também as competências, estratégias e processos que o agente desencadeia em cada situação, ou seja, os componentes psicológicos da busca (Monereo, Fuentes e Sánchez, 2000). A seguir, focaremo-nos na análise dos modelos de busca que levam em consideração esses componentes, colocando especial ênfase naqueles que mostram uma orientação nitidamente educacional e contemplam a internet como suporte privilegiado.

Estado da questão: revisão de marcos teóricos, conceitos fundamentais e linhas de pesquisa

Os modelos psicológicos de busca de informação

A análise dos principais modelos de busca orientados aos processos que aparecem na literatura especializada permite a identificação de três grandes grupos: modelos baseados nos produtos da busca, modelos baseados nos processos de pesquisa e modelos baseados nos processos psicológicos dos buscadores especialistas.

O primeiro grupo se caracteriza por focar as diferentes fases e operações de busca com base no gerenciamento de textos e documentos, ou seja, estritamente nos produtos da busca. São propostas surgidas no fim da década de 1980 e no início da de 1990, cujas ideias referem-se principalmente à busca em meios e suportes tradicionais, e não à busca em redes telemáticas como a internet. Talvez este fato explique a tendência desses modelos em entender a busca como um processo linear, não recursivo, e a julgar a avaliação do processo de busca como uma fase decisiva deste. Dentro desse grupo estão propostas como a Taxonomia REACTS (Stripling e Pitts, 1988) ou o *Model of the Information Search Process* (Kuhlthau, 1993). Uma exceção é o mundialmente conhecido modelo *BIG6 Skills* (Eisenberg e Berkowitz, 1988).[2] Trata-se de uma proposta que

---

[2] Disponível em http://www.big6.com/.

continuou se desenvolvendo e se aperfeiçoando ao longo do tempo e que, embora centralize as seis operações propostas em seu modelo no gerenciamento dos documentos, e não tanto nos processos cognitivos e metacognitivos envolvidos, inclui uma última fase de avaliação tanto do produto, que denomina *eficácia*, quanto do processo, ou *eficiência* da busca.

O segundo grupo inclui os modelos que consideram o processo de busca e seleção como subsidiário de qualquer processo de pesquisa, ou até mesmo sua espinha dorsal. São modelos propostos principalmente no fim da década de 1990 e que já consideravam a busca na internet. Possuem várias características singulares: dão muita importância à elaboração de um bom plano de busca que oriente o processo e os conhecimentos prévios sobre o tema; defendem uma contínua revisão desse plano, com uma expressa avaliação dos resultados intermediários que vão sendo obtidos e do próprio processo de busca; finalmente, destacam a necessidade de transferir os dados obtidos e a importância da comunicação e divulgação de resultados, visando a que o trabalho reverta sobre a própria comunidade científica. Fazem parte deste grupo contribuições como *Les étapes d'un project de recherche d'information*" (Bernhard e Guertin, 1998),[3] *The process of Inquiry & Research* (OSLA: *Ontario School Library Association's*, 1998), *The Organized Investigator (circular model)* (Loertscher, 1999) ou *The Research Cycle* (McKenzie, 2000).

O terceiro grupo engloba os modelos que baseiam sua proposta nos processos cognitivos e metacognitivos que os especialistas desenvolvem quando buscam informação, especialmente em redes como a internet. São contribuições mais recentes, realizadas a partir do final da década de 1990 até hoje, cuja principal referência é a busca na internet e nas quais podemos identificar cinco elementos definitórios:

1. A diferença-chave entre estratégias de busca (*searching*) e de exploração (*browsing*). Nestes modelos, o que se denomina "busca", em sentido estrito, é a fase prévia de localização de documentos, geralmente por meio de uma palavra-chave (*keyword*) escrita em um buscador; o termo "exploração", por sua vez, refere-se geralmente à revisão feita no interior de um documento previamente selecionado.

2. A importância concedida a variáveis de índole psicológica, como a necessidade e motivação pela busca, a superação de situações de bloqueio, a percepção de autoeficácia, etc. Autores como Kuhlthau (1993) chegaram a identificar um conjunto de estados emocionais que acompanhariam o processo de busca: incerteza e dúvidas no início da consulta; confusão e, às vezes, um excessivo otimismo no seu planejamento; confiança e segurança logo que a busca é focalizada e iniciada, e alívio, satisfação – ou, quando é o caso, descontentamento –, ao avaliar os resultados do processo.

3. A caracterização de condutas de busca e de diferentes perfis de usuários que, em termos gerais, estão distribuídos em um

---

[3] Project form@net: http://www.ebsi.umontreal.ca/jetrouve/projet/index.htm.

continuum ocupado, em um de seus extremos, por um tipo de buscador passivo que encontra a informação quase de maneira incidental e, no outro extremo, por um buscador ativo e seletivo que quase sempre consegue bons resultados graças a um planejamento e a uma regulação intencional e reflexiva do processo.

4. A importância atribuída às fases de planejamento e autorregulação e, pelo contrário, a inexistência de quaisquer fases de avaliação do produto e do processo seguido. Esta carência não deve ser interpretada como esquecimento, uma vez que se considera que a avaliação do processo e do produto estão incluídas no próprio processo acompanhado pelo buscador especialista que, juntamente com a localização de informação relevante, estaria avaliando a qualidade dos produtos intermediários encontrados e a correção dos processos envolvidos, decidindo em cada momento qual nova ação empreender, ou seja, autorregulando sua conduta.

5. Finalmente, e em estreita relação com o ponto anterior, estes modelos concebem a busca como uma atuação estratégica, ou seja, como um processo consciente, orientado a alcançar determinados objetivos de complexidade diversa, para o qual devem ser tomadas decisões intencionais que se ajustem a qualquer momento aos objetivos e às condições da busca.

Dentro deste bloco estão o *Model of Information Seeking Behaviours* (Ellis e Haugen, 1997); *Information Seeking in Electronic Environments* (Marchionini, 1995); *Model of Information Seeking* (Wilson et al., 1999), o Seeks project: *Information Seeking Strategies of adult learners in the Information Society*, apoiado pelos programas europeus Socrates e Minerva (Barajas e Higueras, 2003), ou o mais recente *Simultaneous Processes Involved in Information Literacy* (Lanz e Brage, 2006).

No Quadro 17.1, tentamos sintetizar os traços fundamentais que caracterizam estes três principais modelos psicológicos de busca da informação.

A comparação feita no Quadro 17.1 permite estabelecer um denominador comum, a identificação de seis macrofases que aparecem na maioria dos modelos baseados em processos psicológicos de busca que revisamos: início da consulta, planejamento da busca, sistemas de regulação da busca, avaliação do resultado da busca, avaliação do próprio processo de busca e utilização ou exploração dos resultados obtidos.

Até aqui, analisamos as propostas mais destacadas de modelização dos processos de busca de informação, assinalando suas divergências e destacando os pontos de coincidência. A seguir, e partindo das seis macrofases mencionadas, formularemos um modelo integrador das decisões que um buscador eficaz deveria tomar, ou seja, ser capaz de "ler corretamente" as condições relevantes de qualquer contexto de busca.

Rumo a um modelo psicoeducacional estratégico de busca de informação

No Capítulo 15, caracterizamos o aprendiz estratégico como aquele que toma decisões conscientes e intencionais

QUADRO 17.1
Comparação entre os principais modelos psicológicos de busca de informação

	Início da consulta	Planejamento antes da busca	Regulação durante a busca	Avaliação do produto ou resultado da busca	Avaliação do processo da busca	Utilização/exploração do resultado da busca
Modelos baseados nos produtos da busca	**Definição da tarefa de busca:** a) Escolha de um tópico b) Visão de conjunto sobre o tópico c) Redução do tópico d) Formulação de questões que guiem a busca	**Seleção dos recursos de busca:** a) Identificação de fontes prováveis b) Exame, seleção e rejeição, de recursos	**Gerenciamento da informação encontrada:** a) Seleção da informação importante b) Análise, interpretação e classificação da informação encontrada	Avaliação da adequação da informação encontrada		Criação e apresentação de um produto final
Modelos baseados em processos de pesquisa	**Preparação da busca:** a) Necessidade da busca b) Definir e situar o objeto de busca c) Conhecimento prévio em tarefas parecidas d) Exploração inicial e) Formulação de questões essenciais e subsidiárias	Desenvolvimento de um plano de busca: a) Identificar e procurar os recursos informativos b) Traçar mapas e navegar pelo espaço de informação	Seleção de informação útil: a) Selecionar os documentos b) Ler, olhar, escutar e coletar c) Comparar, contrastar, julgar e avaliar d) Filtrar e sintetizar a informação útil	**Transferência da informação selecionada:** a) Exame do ajuste aos objetivos de busca b) Tentar responder as questões apresentadas	Avaliação sobre o processo seguido: a) Revisão e validação do plano de busca b) Reinício, se for o caso, do processo de busca	Comunicação da informação encontrada: a) Apresentação em diferentes formatos, dependendo da audiência. b) Tomada de decisões a partir dos resultados

(CONTINUA)

QUADRO 17.1 (continuação)

	Início da consulta	Planejamento antes da busca	Regulação durante a busca	Avaliação do produto ou resultado da busca	Avaliação do processo busca	Utilização/exploração do resultado da busca
Modelos baseados em processos de busca de especialistas	**Fase de decisão (I):** a) Cenário da busca (factual, confirmativo, compreensivo, instrumental, ilustrativo, projetivo, motivacional e pessoal) b) Características psicossociais do contexto de busca	**Fase de decisão (II):** a) Conhecimento do tema de busca b) Conhecimento da Internet c) Identificação de recursos (p.e. surfing) d) Ativação de mecanismos psicológicos: percepção de auto-eficácia, expectativas de sucesso, enfrentamento do estresse, etc.	**Fase de busca: (Searching):** a) Condutas de busca (ativa <-> passiva) b) Encadeamento de links (chaining) **Fase de exploração (Browsing):** a) Revisão dos documentos e páginas (scanning) **Fase de seleção:** a) Diferenciação e sinalização (bookmarking) de informação relevante b) Subscrição de alertas para avisar sobre nova informação (monitoring) c) Extração da informação necessária (extracting)			Fase de uso

em função de certos objetivos de aprendizagem e de determinadas condições contextuais variáveis. Atuar estrategicamente na condição de buscador de informação significa, portanto, interpretar adequadamente as chaves do contexto de busca com a finalidade de tomar as decisões que possam contribuir para selecionar os dados mais pertinentes à consulta realizada e, em resumo, à tarefa que se pretenda completar (Monereo e Fuentes, 2005).

A partir dos modelos analisados, especialmente aqueles que tomam como ponto de partida as operações psicológicas que os especialistas realizam quando procuram informação na rede, é possível postular um modelo integrador caracterizado por três traços essenciais:

a) É centrado em um usuário-aprendiz, ou seja, em alguém que enfrenta uma tarefa de caráter educacional em um cenário também educacional. Portanto, as condições contextuais estarão marcadas por determinados tipos de ator, formato de interação, conteúdo e organização das atividades tipicamente educacionais.
b) Enfatiza a tomada contextualizada de decisões mais do que a execução de operações teoricamente corretas. Neste sentido, o modelo adota um enfoque mais pragmático do que ortodoxo, considerando que o buscador estratégico, mais que o especialista conhecedor do tema (e que, portanto, provavelmente não precisaria de estratégias de busca, dado que já conheceria endereços e documentação especializada) ou um experiente navegador na internet (que no caso já teria uma experiência considerável no uso de motores de busca), é um "leitor ou analisador" flexível e reflexivo, que opta pelas soluções mais econômicas em termos de relação entre esforço dedicado, meios disponíveis e fins perseguidos, em vez de propor alternativas ideais e sofisticadas.
c) Embora esteja em condições de realizar outras situações de pesquisa, orienta-se especialmente à busca em redes telemáticas como a internet.

A Figura 17.2 mostra esta proposta integradora,[4] cujos componentes comentaremos brevemente a seguir.

Fase I: Análise da consulta

Nesta primeira fase, as decisões devem ter relação com o sentido e a natureza da busca, e para isso será preciso revisar sua finalidade. Dito de outra maneira, será necessário esclarecer por que e para que precisamos localizar uma determinada informação. Entre as possíveis demandas de busca, Taylor (1991) identifica até oito: demanda factual (localizar um dado específico), confirmativa (verificar uma informação), compreensiva (compreender uma ideia), instrumental (resolver um problema), ilustrativa (exemplificar um fenômeno), projetiva (estimar a ocorrência de algo), motivacional (interessar-se por algo) e pessoal (cuidar da própria saúde, imagem, reputação, etc.). Em qualquer caso, estas demandas, formuladas sob forma de consulta, costumam exigir três níveis de elaboração. A consulta pode precisar de uma elaboração muito superficial, consistente em definir um tópico de busca simples (palavra ou frase). Mas também pode exigir uma reelaboração mais profunda do argumento de busca (por exemplo, uma cadeia de conec-

---

[4] Adaptada da tese de Doutorado "Estratègies de cerca i selecció d'informació a Internet. Anàlisi de les modalitats de cerca i selecció d'informació a Internet dels estudiants de 4t d'ESO", apresentada na UAB, em outubro de 2006, e realizada por Marta Fuentes sob direção de Carles Monereo.

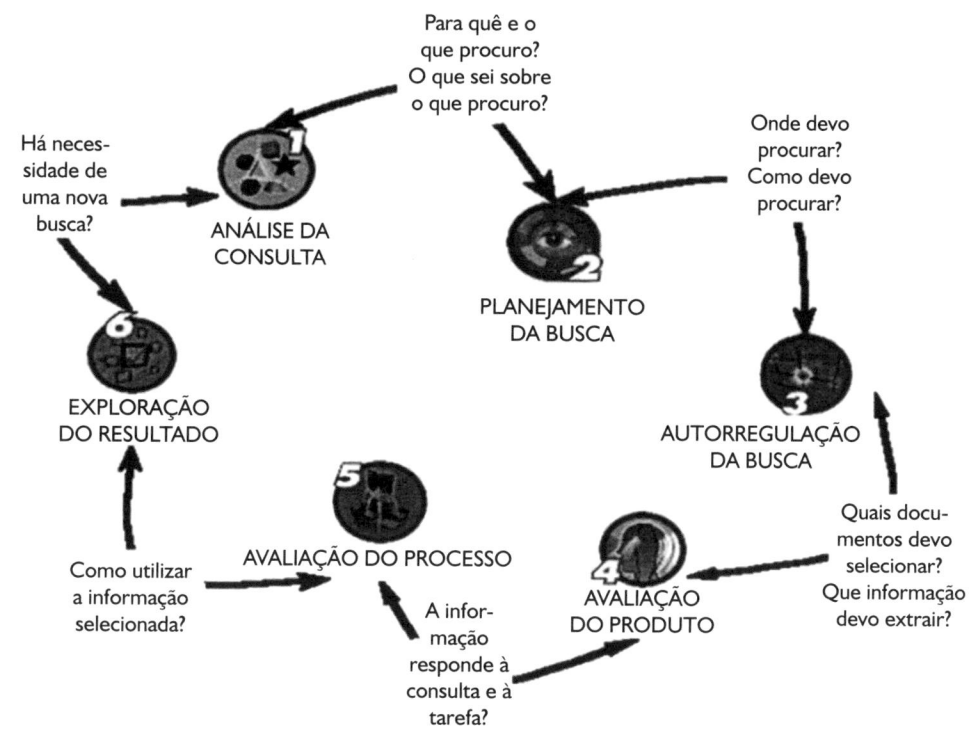

FIGURA 17.2
Modelo psicoeducacional de busca estratégica (Fonte: Fuentes, 2006).

tores booleanos). Em seu nível de maior complexidade, a busca pode solicitar uma análise detalhada do próprio processo de busca (por exemplo, comparar diferentes itinerários de busca a partir de determinados parâmetros). No primeiro caso, estaríamos falando de uma busca literal; no segundo, de uma busca argumentada, e, no terceiro, de uma busca metacognitiva.

Outro aspecto importante desta primeira fase, que ocorre em paralelo com a tentativa de dar sentido à demanda ou consulta, é a revisão dos próprios conhecimentos sobre o tópico da busca e sobre o processo de busca, o que pode desencadear uma primeira decisão: formular algumas perguntas iniciais e realizar uma exploração prévia, algo comparável à pré-leitura que se aconselha que o leitor faça quando enfrenta um texto desconhecido e, presumivelmente, complexo. Os conhecimentos cujo exame pode resultar de utilidade são de três tipos: os relativos à própria tarefa de busca (experiência neste tipo de tarefas), os referentes à temática específica e os relacionados com os sistemas de busca na internet, daqueles de caráter mais geral (por exemplo, formas de navegação), até os de tipo específico (conhecimento sobre buscadores, metabuscadores, diretórios, listas de discussão, etc., e sobre linguagens de consulta (*query language*), como a lógica de Boole).[5]

---

[5] Os leitores interessados nas linguagens de busca podem consultar o site http://recuperacionorganiza.tripod.com/.

Fase 2: Planejamento da busca

Nesta segunda fase, as decisões deverão ser orientadas à "leitura" do contexto em que ocorre a busca, o que exige abordar as questões sobre onde buscar e, muito especialmente, como buscar, segundo uma dupla perspectiva: por meio de quais procedimentos realizar a busca e com qual atitude empreender a busca. Quanto ao onde, as alternativas são variadas. É possível procurar em um ambiente tradicional, como, por exemplo, qualquer tipo de mediateca: hemeroteca, fonoteca, etc.), em um suporte digital (por exemplo, CD, DVD) ou por meio de algum dos recursos oferecidos pela internet (por exemplo, os mais frequentes: algum buscador genérico ou específico, um diretório especializado ou uma web temática). Adotar um ou outro dispositivo de busca vai depender, mais uma vez, de uma análise reflexiva que leve em consideração diferentes parâmetros, como os que são comparados no Quadro 17.2: a interatividade que oferece o meio, a facilidade com que permite modificar a busca, a necessidade de dispositivos especiais para o acesso, a permanência da informação ou sua durabilidade ou ainda o custo da busca em termos de tempo e esforço.

Quanto à disposição e atitude de busca, diversas pesquisas (Barajas e Higueras, 2003; Monereo, Fuentes e Sánchez, 2000; Nachmias e Gilad, 2002; Pujol, 2003; Wilson et al., 1999) tentaram identificar os principais perfis que costumam mostrar os aprendizes no momento de empreender a busca de informação na internet. Sintetizando essas contribuições, podemos diferenciar entre os perfis de um buscador passivo, um buscador ativo, um buscador seletivo e um buscador estratégico.

O buscador passivo obtém a informação de modo acidental, sem ter qualquer plano ou orientação específica para encontrá-la. Por meio de uma espécie de *zapping*, visita diferentes pontos de informação e, de maneira casual, vai recompilando informações que sejam relevantes para a tarefa que está realizando.

O buscador ativo, pelo contrário, procura a informação intencionalmente, mas faz isso de maneira quase mecânica, partindo de rotinas de busca e de pontos informacionais já conhecidos aos quais sempre apela (por exemplo, a Wikipedia). O buscador seletivo também tem um propósito em sua busca, mas considera certos parâmetros de qualidade para escolher a informação que finalmente vai recompilar, embora esses parâmetros se movimentem em um espectro bastante preestabelecido. Contrariamente aos anteriores, o buscador estratégico se caracteriza pela flexibilidade com que executa o processo de busca, partindo de poucos elementos prefixados e tentando elaborar estratégias

QUADRO 17.2
Comparação entre os principais parâmetros de busca informacional em diferentes meios

Parâmetros (papel, analógica)	Busca tradicional	Busca CD-ROM/DVD	Busca on-line (Internet)
Buscabilidade (interatividade)	BAIXA	ALTA	ALTA
Modificabilidade (atualização/manipulação)	BAIXA	MÉDIA	ALTA
Acessibilidade	ALTA	BAIXA	BAIXA
Durabilidade	ALTA	MÉDIA	BAIXA
Custo	ALTA	MÉDIA	BAIXA

(Fonte: Barajas e Higueras, 2003.)

ajustadas à peculiaridade de cada contexto de busca.

Um último aspecto do planejamento, que se superpõe claramente à fase seguinte de autorregulação, é a escolha dos procedimentos de busca. Possivelmente, a descrição mais clara e completa de procedimentos para a busca de informação na internet seja a de Marchionini (Marchionini, 1995; Marchionini e Komlodi, 1998). Os procedimentos descritos por este autor foram utilizados posteriormente em múltiplas ocasiões para registrar e analisar a maneira como os estudantes procuram informação na internet (veja, por exemplo, Barajas e Higueras, 2003). Marchionini agrupa em três categorias os procedimentos de busca: movimentos (*moves*), táticas (*tactics*) e estratégias (*strategies*). Enquanto os movimentos são ações comportamentais discretas, como escrever um endereço na barra de URL ou voltar à página anterior, as táticas consistem em decisões pontuais durante a busca, como modificar a palavra-chave inicial ou copiar e colar um dado, e as estratégias implicam o uso consciente e deliberado de um conjunto organizado de táticas, como escolher o recurso para a busca ou refinar a palavra-chave (*keyword*). No Quadro 17.3 há uma lista de cada um destes grupos de procedimentos.

Fase 3 (Auto)regulação da busca

Esta fase é decisiva. O buscador deve escolher os documentos que defi-

---

QUADRO 17.3
Lista de movimentos, táticas e estratégias de busca de informação segundo o modelo de Marchionini (1995)

MOVIMENTOS (*Moves*)	**TÁTICAS (*Tactics*)**	**ESTRATÉGIAS (*Strategies*)**
Scroll: Utilizar a barra de rolagem para revisar a informação.	*Review*: Revisar o material na tela para comprovar se essa informação é necessária.	*Choosing*: Escolha do recurso de busca (motor de busca, *web*, etc.)
Return: Voltar a uma informação anterior.	*Query*: Modificar a busca, mudando ou acrescentando termos na caixa de diálogo correspondente.	*Keyword broad*: Uso de uma palavra-chave ampla ou geral.
Frame: Mudar de quadro para encontrar informação.	*Switch*: Mudança para outro tipo de recurso de busca.	*Keyword narrox*: Uso de uma palavra-chave precisa ou específica.
Type: Escrever um endereço de URL.	*Copy*: Copiar informação de outro recurso e usá-la em um novo.	*Tree*: Busca de um tema mediante categorias semanticamente relacionadas (em árvore).
Arrow: Uso de *hyperlinks*.		*Locating*: Localização de recursos para resolver um problema de informação.
Keyboard: Uso do teclado para selecionar.		
Menus: Uso de menus para buscar.		*Verify*: Comprovar que uma informação encontrada é correta.
Right click: Uso do botão direito do mouse para salvar a informação.		*Previously*: Uso de informação adquirida previamente.
Print: Uso da função imprimir.		*Boolean code*: Uso dos conectores booleanos na caixa de diálogo para refinar a busca.
Home: Uso da tecla *home*.		

nitivamente utilizará e deve identificar a informação concreta que vai extrair deles. Para que o processo seja eficaz, ele deve conhecer e manejar alguns critérios de confiabilidade. Sem pretender ser exaustivos, entre os critérios de confiabilidade ou credibilidade que podem ser considerados (Monereo e Fuentes, 2005) estão os seguintes:

a) Em relação ao ajuste ao tópico de busca (a partir de um motor de busca, na fase de *searching*): a ordem que ocupa o documento na lista que foi gerada; o índice de afinidade mostrado pelo buscador (caso exista essa utilidade na ferramenta); a semelhança do tópico com o título do documento; sua proximidade semântica com o resumo ou *abstract* do documento, com os primeiros parágrafos, ou com os termos destacados topograficamente; a extensão e nível de aprofundamento no tópico em questão.
b) Em relação à qualidade relativa do documento (na fase de exploração do documento ou *browsing*): nível de objetividade da informação; adequação do tom, da sintaxe, do vocabulário e do estilo de comunicação do tema aos destinatários; aspectos de *design*, estética e originalidade do formato; pertinência e operatividade dos *links* incluídos; publicidade equilibrada e oportuna; opções de busca incluídas; uso de tecnologia apropriada para o gerenciamento do documento (por exemplo, interface de navegação).
c) Em relação ao rigor da informação: reputação dos seus autores e/ou produtores e do acesso ao seu endereço eletrônico; citação desse documento em outras páginas de referência e qualidade reconhecida; conteúdo contrastável; atualidade temática, coerência e qualidade dos *links*; frequência de atualização do documento ou ponto informativo; número de consultas que recebe.

Fase 4: Avaliação do produto ou resultado da busca

Uma vez selecionada a informação ou as informações, é conveniente extraí-las do documento original e integrá-las em um novo e único documento que permita uma avaliação global de sua idoneidade para responder às diferentes questões que o buscador pretendia no início da busca. A partir de um material defeituoso, dificilmente será possível construir um produto valioso (no mundo da computação, utiliza-se o aforismo *garbage-in, garbage-out*: se a entrada é lixo, a saída também será lixo).

Como nas outras fases, uma avaliação insatisfatória deveria levar a reiniciar a fase anterior.

Fase 5: Avaliação do processo de busca

A análise que for feita neste momento do processo pode condicionar a qualidade de buscas futuras. A possibilidade de contrastar o plano inicial e as mudanças que este sofreu, de estimar o acerto de algumas das decisões adotadas de avaliar a eficácia dos procedimentos de busca utilizados constitui a via para aprender a pesquisar melhor. Tal análise requer contar com uma representação clara e completa do processo seguido e, ao mesmo tempo, ser capaz de tomar distância da própria execução para apreciar melhor as decisões e os procedimentos alternativos que não foram contemplados ou estimados. Atualmente, os computadores permitem guardar com extrema fidelidade os itinerários de busca que foram seguidos por um usuário e, por conseguinte, podem facilitar muito essa análise, assim como o contraste com os itinerários seguidos por outros usuários com um nível diferente de perícia.

Fase 6: Utilização/exploração dos resultados da busca

Esta última fase nem sempre marca o fim do processo de busca, uma vez que pode representar o começo de um novo processo quando o que foi encontrado, depois de finalmente situado em seu contexto de destino, não satisfaz a demanda por ser incompleto, confuso, insuficiente, inadequado, etc. Também neste ponto, quando a matéria-prima obtida é aceitável, convém perguntar-se de que modo será utilizada, como vai ser apresentada ou publicada, que formato vai ter. Uma exploração inadequada da informação recompilada significaria um desperdício inaceitável com chance de invalidar todo o processo; contrariamente, uma utilização flexível e versátil dessa informação pode rentabilizar e justificar o esforço dedicado.

Como veremos a seguir, o desenvolvimento, a aplicação e a validação de modelos de busca estratégica, como o que foi descrito, marcam a agenda da intervenção e pesquisa neste âmbito para os próximos anos.

LINHAS EMERGENTES E DESAFIOS DA BUSCA DE INFORMAÇÕES

Um artigo de referência já citado, o trabalho de Nachmias e Gilad (2002) sobre o modo como os estudantes – neste caso, universitários – procuram informação na internet, conclui assinalando três linhas ou direções complementares que deveriam ser seguidas pela pesquisa e intervenção psicoeducacionais, caso se pretenda melhorar a qualidade da busca telemática. A primeira delas aponta para a otimização das ferramentas de busca.

Os autores queixam-se da atenção que as grandes companhias prestam ao aperfeiçoamento dos algoritmos e motores de busca e o escasso interesse que mostram por conhecer as estratégias que os usuários dessas ferramentas utilizam e em tentar incorporar esse conhecimento a elas. A segunda linha refere-se ao tratamento dos conteúdos que circulam na internet e ao estudo de novas maneiras de "mapear" ou estruturar essa informação para facilitar a tarefa do agente buscador. Lembramos que na pesquisa dos autores citados as estratégias que envolvem examinar documentos (por exemplo, a partir de diretórios ou catálogos) são mais eficazes do que aquelas que envolvem procurar informação por meio de motores de busca. A terceira linha refere-se à alfabetização informacional (*e-literacy*) dos usuários e, portanto, à possível inclusão das competências e estratégias de busca no currículo escolar. Os autores insistem na importância de dotar os alunos de uma espécie de metaconhecimento sobre seus processos de busca, para permitir que controlem e melhorem esses processos.

Dedicaremos esta última seção a comentar a terceira das linhas de desenvolvimento assinaladas. Em primeiro lugar, analisaremos resumidamente algumas orientações para a formação de aprendizes-buscadores estratégicos, para depois focar em algumas iniciativas instrucionais e de formação em rede sobre estratégias de busca na internet, que, segundo nosso critério, terão um impacto considerável nos próximos anos.

Com relação à proposta de elaborar currículos com padrões relativos às competências que os estudantes devem aprender para procurar e utilizar informação eficazmente por meio de redes telemáticas, a maior parte das iniciativas focam no ensino de habilidades centradas nas seis fases mencionadas no Quadro 17.1. Por exemplo, segundo a Washington Library Media Association (WLMA, 2002), para que um estudante possa realizar buscas efetivas na internet, ele deve dispor de seis habilidades essenciais: reconhecer uma necessidade de informação, construir uma estratégia para localizar essa informação, localizar e ter acesso à informação, avaliar e extrair informação, organizar e aplicar a informação e avaliar o produto e o processo de informação. Para cada um dos componentes destas habilidades são estabelecidos três níveis de dificuldade.

No âmbito espanhol, destaca-se o programa Hebori (Habilidades e Estratégias para Procurar, Organizar e Pensar a Informação), de Félix Benito (Gómez Hernández e Benito Morales, 2001). O modelo psicopedagógico para o currículo dos ensinos fundamental e médio apresentado por este autor em 1996 e atualizado para a busca na internet está focalizado nas fases que um processo de aprendizagem requer para "aprender a informar-se". O programa de aprendizagem proposto é composto por cinco módulos: crítico--transformacional, cognitivo-linguístico, documental-tecnológico, estratégico-pesquisador e criativo-transferencial. O primeiro módulo, crítico-transformacional, percorre a sociedade da informação refletindo sobre seus desafios em torno de três âmbitos interdependentes (ocupação/produção, comportamento/comunicação, e conhecimento/aprendizagem). No segundo módulo, cognitivo-linguístico, são questionados e explicados os raciocínios dos estudantes para que controlem e avaliem seu próprio pensamento por meio de pautas para a autoavaliação. No terceiro, o documental-tecnológico, são exploradas as bibliotecas e os documentos por meio da modelagem e da prática guiada de procedimentos documentais; também são avaliados o desenvolvimento histórico e tecnológico, os contextos de conservação e difusão e sua influência sociocultural. No quarto módulo, o estratégico-pesquisador, são realizados projetos cooperativos de trabalho e desenvolvidas atividades instrucionais para a busca e o manejo da informação a partir de oito papéis profissionais (filósofo, professor, explorador, detetive, jornalista, político, cientista e inventor). Finalmente, no quinto módulo, o criativo-transferencial, são projetados aplicativos documentais de caráter lúdico e acadêmico, utilizando as aprendizagens anteriores.

Quanto às iniciativas instrucionais que mais persistentemente estão favorecendo a alfabetização informacional dos alunos, destacaremos três propostas complementares que vêm tendo bastante repercussão na internet.

a) *Propostas baseadas na exploração e no descobrimento*. Caracterizam-se por apresentar aos alunos exercícios ou problemas com um conteúdo altamente motivador, dado seu caráter lúdico, desafiador ou devido à atualidade dos temas tratados, que exigem, para serem resolvidos, que o aluno localize uma informação específica. Existem múltiplas propostas que podemos agrupar em cinco grandes categorias, segundo o grau de estrutura e orientação que oferecem aos aprendizes:

1. As listas de *links* (*hotlist*) e os blocos de notas multimídia (*scrapbook*) pretendem aumentar o conhecimento do estudante sobre um tema a partir da reunião de diversas fontes, previamente selecionadas, todas acessíveis pela internet. O estudante tem a oportunidade de revisar, com rapidez e profundidade, um determinado núcleo temático. De qualquer maneira, a margem de liberdade do aluno é escassa, uma vez que ele está limitado à exploração

das fontes escolhidas pelo professor.

2. As denominadas "caças ao tesouro" (*Treasure Hunter, Scavenger Hunt* ou *Knowledge Hunt*),[6] além de enfatizar o correspondente conteúdo temático, fazem com que o estudante pratique o uso de *keywords*, combinações de conectores booleanos e uso de buscadores. Neste tipo de atividade, os participantes, que frequentemente participam como competidores, devem encontrar respostas para as perguntas apresentadas, cuja dificuldade geralmente é crescente, por meio da consulta a *links* que podem ter sido parcialmente pré-selecionados pelo professor. Embora a atividade continue sendo muito estruturada, o aluno tem a opção de decidir onde realizar a busca e quais dados selecionar.

3. Atividades que vão além da simples resposta a perguntas concretas sobre um fato, fenômeno ou conceito e que são denominadas "buscas guiadas" ou "guias didáticas de navegação", conhecidas como *WebQuest*.[7] Uma *WebQuest* costuma propor aos estudantes uma questão, problema ou enigma complexo a ser resolvido; para consegui-lo, os estudantes devem iniciar um processo de pesquisa guiado pelas indicações, pistas e recursos (limitados pelo professor) que a própria *web* oferece.

4. As denominadas viagens virtuais (conhecidas pelas siglas VFT: *virtual field trips* ou *internet field trips*).[8] Estas atividades permitem aos estudantes explorar um espaço ou um conjunto de documentos virtuais com a finalidade de preparar uma saída (por exemplo, uma visita a um museu ou uma excursão ao zoológico), reforçar os conteúdos expostos na aula ou, simplesmente, substituir a visita real por uma visita virtual. Tanto a estruturação quanto a orientação são mais abertos do que nos casos anteriores.

5. Finalmente, os questionários exploratórios e as pautas de autoquestionamento, que permitem aos estudantes realizar buscas de informação de maneira refletida, planejar e regular a atividade de busca, avaliar os instrumentos que utilizarão e o processo a ser seguido, selecionar a estratégia mais adequada, analisar os resultados e avaliar os conteúdos da rede.

b) *Propostas baseadas em tutoriais digitais ou* internet workshops *sobre busca de in-*

---

[6] Geradores de "caças ao tesouro": http://www.aula21.net/cazas/caza.htm. Exemplos: http://www.education-world.com/a_curr/curr113.shtml.
[7] Geração de *WebQuest*: http://webquest.sdsu.edu/taskonomy.html e http://www.phpwebquest.org/.
[8] Exemplos de viagens virtuais em http://www.uh.edu/~jbutler/anon/gpvirtual.html e http://campus.fortunecity.com/newton/40/field.html

formação. De modo geral, são materiais autoformativos organizados em torno de uma página Web temática[9] e que complementam a informação mais teórica com exemplos, análises de casos e propostas de atividades concretas. Cabe mencionar a este respeito a extensa recompilação de guias *Web* destinadas ao ensino de processos de busca em diferentes áreas realizada por Ury, Meldrem e Johnson em 1999. Dois bons tutoriais são *Into Info* (Thomasson e Fjallbrant, 1996), que gera um percurso por cinco etapas descritas em detalhes a partir das finalidades da busca, e *Tonic* (Netskills, 1998),[10] que permite que os estudantes acessem os conhecimentos necessários para realizar buscas eficazes por meio de uma navegação simples e atraente e inclui exercícios, atividades práticas e provas de autoavaliação.

c) *Propostas baseadas em programas específicos de ensino*. São propostas muito mais extensas e formalmente articuladas que funcionam como cursos formativos específicos sobre busca e seleção de informação na internet. Um exemplo representativo desse tipo de programa é o SEARCH (Henry, 2006), acrônimo integrado pelas operações *S-Set*, *E-Employ*, *A-Analyze*, *R-Read*, *C-Cite* e *H-How*.

S-Set: Definir uma finalidade ou meta para a busca. Responde à pergunta: que informação preciso para...? Os professores ajudam os estudantes a gerarem perguntas que guiem a busca.

E-Employ: Usar estratégias de busca eficazes. Os docentes podem ajudar os alunos em vários sentidos: favorecendo a ativação de conhecimentos prévios relevantes mediante procedimentos como o *brainstorming*, a elaboração de mapas conceituais e a escolha e correta redação de palavras-chave (*keywords*). Eagleton, Guinee e Langlais (2003) oferecem algumas orientações para reduzir o foco da busca: ser exato e utilizar as mesmas palavras ou frases que se deseja encontrar; ser direto e procurar um único tópico ou expressão de cada vez; ser específico e não repetir o mesmo foco, eliminando as palavras desnecessárias; ser conciso e selecionar as palavras-chave conscientemente.

A-Analyze: Analisar os resultados obtidos com um buscador. Técnicas de leitura rápida, como o *skimming*[11] e o *scanning*[12] podem resultar úteis para fazer uma primeira seleção ou descartar um documento. O ensino das diferentes estruturas de textos eletrônicos existentes também pode ser de grande utilidade na formação do aluno.

---

[9] Exemplos de tutoriais digitais podem ser encontrados nos sites da Universidade de Berkeley (*Finding information on the Internet*), em http://www.lib.berkeley.edu/TeachingLib/Guides/Internet/FindInfo.html; da Keene Public Library (*Searching the Internet Workshop*), em http://www.ci.keene.nh.us/library/researchtools.htm; e na Universidade Central da Flórida (*Untangle the Web*), em http://library.ucf.edu/Reference/Instruction/Internet).

[10] http://www.netskills.ac.uk/onlinecourses/tonic/.

[11] O *skimming* é um processo de leitura a grande velocidade que implica buscar visualmente pistas de significado nas frases de um texto. É executado a uma velocidade muito mais elevada (700 palavras por minuto) do que quando se lê para compreender (em torno de 200-230 palavras por minuto) e, portanto, proporciona resultados de compreensão mais pobres, especialmente quando se aplica em materiais ricos em informação. Disponível em http://en.wikipedia.org/wiki/Skimming_reading.

[12] O *scanning* é uma técnica utilizada no ensino da leitura para encontrar rapidamente uma informação específica em um texto, sem atender ao seu significado global. Disponível em http://en.wikipedia.org/wiki/Scanning.

R-Read: Ler de forma crítica e sintetizar a informação. Isso significa ensinar o aluno a discernir dois aspectos de uma informação previamente selecionada: se é acurada, válida, confiável, completa e imparcial, e se resulta útil para os objetivos perseguidos. A página de W. Howe, por exemplo, proporciona alguns critérios interessantes para avaliar a qualidade de uma informação.[13] Outras propostas consistem em apresentar informações deliberadamente erradas para que o aluno aprenda a detectar os erros, falsidades, lacunas, contradições, etc.

C-Cite: Aprender a citar ou referenciar adequadamente as fontes consultadas. Visa ensinar os alunos a documentarem convenientemente a informação localizada e utilizada segundo as normas de citação mais conhecidas (por exemplo, em Psicologia, as normas da APA, a Associação Psicológica Americana). Mais uma vez, existem alguns *sites* especialmente projetados para ajudar os estudantes nessa tarefa, como a ferramenta *Citation Machine* do *Landmark Project*.[14]

H-How: Determinar se a busca foi bem-sucedida. É preciso ajudar o aluno a refletir conscientemente sobre as estratégias de busca utilizadas e promover seu conhecimento condicional ou estratégico sobre quando e por que é preferível usar um ou outro procedimento de busca.

Como se vê, trata-se de um programa de ensino semelhante ao modelo psicoeducacional de busca estratégica anteriormente comentado e que representamos na Figura 17.2. Afirmávamos, ao iniciar este capítulo, e assim tentamos mostrar ao longo desse, que diante da "selva" informativa que já é, e será cada vez mais, a internet, a única maneira de sobreviver é formar produtores, buscadores e usuários de informação com as competências necessárias para sua organização e gerenciamento. Se pensarmos que somente um tratamento adequado da informação – matéria-prima do chamado quarto poder* – pode garantir que os valores democráticos que sustentamos continuem orientando nossas vidas e as de nossos descendentes, é imprescindível que a alfabetização informacional presida nossos currículos nos próximos anos.

REFERÊNCIAS

Barajas, M. e Higueras, E. (2003). *Project SEEKS. Initial Taxonomy of Information Seeking Behaviours*. University of Barcelona: Minerva Seeks. Consultado (15.10.2007) em: http://www.ub.es/eueelearning/seeks/FINAL%20VERSION%20UB_DEL3.pdf/.

Bernhard., P. e Guertin, H. (1998). *La recherche d'information à l'école secondaire*. Paris: Isabelle Laplante.

Eagleton, M.B., Guinee, K. e Langlais, K. (2003). Teaching Internet literacy strategies: The hero inquiry project. *Voices from the Middle*, *10*, 28-35.

Eisenberg, M. B. y Berkowitz, R. E. (1988). *Information Problem Solving: The Big Six Skills Approach to Library and Information Skills Instruction*. Norwood, N.J.: Ablex.

Ellis, D. e Haugen, M. (1997). Modelling the information seeking patterns of engineers and research scientists in an industrial environment. *Journal of Documentation*, 53(4), 384-403.

---

[13] Veja em http://www.walthowe.com/navnet/quality.html.
[14] http://citationmachine.net/.
* N. de R. O chamado "quarto poder" é uma expressão criada para qualificar, livremente, o poder da mídia ou do jornalismo, em uma alusão aos três poderes típicos do Estado democrático (Legislativo, Executivo e Judiciário). Fonte: *Wikipedia*.

Fuentes, M. (2006). *Estratègies de cerca i selecció d'informació a Internet. Anàlisi de les modalitats de cerca i selecció d'informació a Internet dels estudiants de 4t d'ESO*. Tese de Doutourado não-publicada. Universidade Autônoma de Barcelona.

Gómez Hernández, J.A. e Benito Morales, F. (2001). De la formación de usuarios a la alfabetización informacional. Propuestas para enseñar habilidades de información. *Scire*, 7(1); 53-83. Consultado (15.10.2007) em: http://www.um.es/gtiweb/jgomez/publicaciones/alfabinforzaragoza2.pdf/.

Henry, L.A. (2006). SEARCHing for an Answer: The Critical Role of New Literacies While Reading on the Internet. *The Reading Teacher*, 59(7), 614–627.

Kuhlthau, C.C. (1993). *Seeking Meaning. A process Approach to Library and Information Services*. Norwood, W.J.: Ablex.

Lantz, A. e Brage, C. (2006). Towards a Learning Society – Exploring the Challenge of Applied Information Literacy through Reality-Based Scenarios. *ITALICS Journal (Innovation in Teaching and Learning Information and Computer Science)*, 5(1). Consultado (15.10.2007) em: http://www.ics.heacademy.ac.uk/italics/vol5iss1.htm.

Loertscher, D. V. (1999). *Taxonomies of School Library Media Program*, 2nd. Ed. San Jose, California: Hi Willow Research & Publishing.

López Yepes, J. (1996). *Manual de Información y documentación*. Madrid: Pirámide.

Marchionini, G. (1995) *Information Seeking in Electronic Environments*. Cambridge, MA: Cambridge University Press.

McKenzie, J. (2000). *Beyond Technology: Questioning, Research and the Information Literate School*. Canada: From Now On.

Monereo, C. e Fuentes, M. (2005). Aprender a buscar y seleccionar en Internet. Em C. Monereo (Ed.), *Internet y competencias básicas* (p. 27-50). Barcelona: Graó.

Monereo C., Fuentes M. e Sánchez S. (2000). Internet search and navigation strategies used by experts and beginners. *Interactive Educational Multimedia*, 1, 24-34. Consultado (15.10.2007) em: http://www.ub.es/multimedia/iem.

Nachmias, R. e Gilad, A. (2002). Needle in a hyperstack: Searching for information on the World Wide Web. *Journal of Research on Technology in Education*, 34, 475-486.

Netskills (1998). *Tonic*. University of Newcastle. Consultado (15.10.2007) em: http://www.netskills.ac.uk/onlinecourses/tonic/

OSLA (1998). *Information Studies: K-12*. Ontario: Curriculum for schools & Library Information Centers. Consultado (15.10.2007) em: http://www.accessola.com/action/positions/info_studies/html/research.html.

Pujol, L. (2003). Efecto en la conducta de búsqueda de información precisa en hipermedios de dos variables personales: estilo de aprendizaje y uso de estrategias metacognitivas. *Actas del Congreso Internacional Edutec*. Universidad Central de Venezuela. Consultado (15.10.2007) em: www.ucv.ve/edutec/Ponencias/72.doc.

Stripling, B. e Pitts, J. (1988). *Brainstorms and Blueprints: Teaching Research as a Thinking* Process. USA: CSU School of Library and Information Science. Engelwood: Libraries Unlimited.

Thomasson, G. e Fjallbrant, N. (1996). EDUCATE: The Design and Development of a Networked End-user Education Program. Education for Information, 14, 295-304.

Ury, C.J., Meldrem, J.A. e Johnson, C.V. (1999). Academic Library Outreach Through Faculty Partnerships and Web-Based Research Aids. *Reference Librarian*, 67-68, 243-256.

Washington Library Media Association (2002). *Essential Skills for Information Literacy: Benchmarks for Information Literacy*. Washington: WLMA/OSPI.

Wilson, T., Ellis, D., Ford, N. e Foster, A. (1999). *Uncertainty in information Seeking*. London: Library and Information Comission Research; report 59.

GLOSSÁRIO

Alfabetização informacional (*Information Literacy*). Conjunto de conhecimentos relativos a quando e por que a informação é necessária, onde encontrá-la, como avaliá-la, utilizá-la e comunicá-la de maneira apropriada.

Busca efetiva. Quando o processo e os procedimentos de busca desenvolvidos mostram sua eficácia ao culminar na obtenção da informação desejada.

Busca eficaz. Quando o produto da busca, o documento ou a informação obtidos respondem às características do produto procurado.

Estratégias de busca de informação (*searching*). Conjunto de atividades intencionais de busca em um espaço documental amplo com o fim de localizar um determinado documento.

Estratégias de exploração da informação (*Browsing*). Conjunto de atividades intencionais de busca no espaço correspondente a um único documento.

RECURSOS

Gómez Hernández, J. A. (Coord.) (2000). *Estrategias y modelos para enseñar a usar la información: guía para docentes, bibliotecarios y archiveros*. Murcia: Editorial KR.

Nesta obra, são revisadas, a partir da perspectiva da alfabetização informacional, algumas das experiências e modelos de formação mais inovadores. Abrange, a partir de uma tripla dimensão educacional, tecnológica e documental, o conjunto de procedimentos, conceitos e valores necessários para resolver problemas que envolvem a busca, seleção, organização, análise e comunicação da informação. O livro pretende dar ideias para que os profissionais da educação e da documentação ensinem conjuntamente o acesso e o uso crítico e criativo da informação socialmente disponível, por meios convencionais e eletrônicos.

Bastien, R. e Léveillé, Y. (1998). *La recherche d'information à l'école secondaire*. Paris: Isabelle Laplante.

As autoras deste livro apresentam um processo exaustivo de busca de informação condensado em seis etapas: delimitação do tema, busca de fontes de informação, seleção de documentos, extração de informação, tratamento da informação e produção do trabalho. Estas etapas, que podem ser abordadas sucessivamente ou de forma simultânea, segundo as práticas de trabalho e o ritmo de cada aluno, são expostas de maneira minuciosa e com uma finalidade eminentemente prática, visando desenvolver habilidades que permitam que os alunos encontrem, selecionem e comuniquem a informação.

Guertin, H. e Bernhard, P. (2003). Chercher pour trouver: L'espace des élèves. Outil de recherche d'information, *Bulletin des bibliothèques de France* (BBF), *4*, 85-89. Consultado (15.10.2007) em: http://bbf.enssib.fr/consulter/bbf-2003-04-085-016/.

Considerando que os bibliotecários escolares desempenham um papel psicoeducacional relevante na formação dos alunos dos ensinos fundamental e médio no que se refere à busca de informação, e com a intenção de favorecer um trabalho conjunto entre estes especialistas e os professores, em Québec foi criado um grupo de trabalho liderado por Yves Léveillé, preocupado em desenvolver um marco teórico de referência que facilitasse a compreensão de todos os componentes imprescindíveis envolvidos na busca de informação. Esta obra expõe esse marco de referência.

Barajas, M. e Jones, B. (2004). *Adult Learners' Information Seeking Behaviours Using the Web*. Consultado (15.10.2007) em: http://www.elearningeuropa.info/index.php?page=doc&doc_id=5075&doclng=1.

No marco do programa Sócrates-Minerva, e considerando as estratégias de busca utilizadas pelos usuários da internet, os autores oferecem pautas para projetar planos de estudo que incorporem um uso adequado das TIC e, especialmente, da busca e uso de informações que a internet pode oferecer.

IMPRESSÃO:

Pallotti
GRÁFICA EDITORA
IMAGEM DE QUALIDADE

Santa Maria - RS - Fone/Fax: (55) 3220.4500
www.pallotti.com.br